都立西高等学校

〈収録内容〉

便利な DL コンテンツは右の QR コードから

解答用紙　過去年度　リスニング

⇒

※データのダウンロードは 2025 年 3 月末日まで。
※データへのアクセスには、右記のパスワードの入力が必要となります。 ⇒ 370842

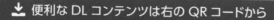

本書の特長

実戦力がつく入試過去問題集

- ▶ 問題 …………… 実際の入試問題を見やすく再編集。
- ▶ 解答用紙 …… 実戦対応仕様で収録。
- ▶ 解答解説 …… 詳しくわかりやすい解説には、難易度の目安がわかる「基本・重要・やや難」の分類マークつき（下記参照）。各科末尾には合格へと導く「ワンポイントアドバイス」を配置。採点に便利な配点つき。

入試に役立つ分類マーク

基本 確実な得点源！
受験生の 90%以上が正解できるような基礎的、かつ平易な問題。
何度もくり返して学習し、ケアレスミスも防げるようにしておこう。

重要 受験生なら何としても正解したい！
入試では典型的な問題で、長年にわたり、多くの学校でよく出題される問題。
各単元の内容理解を深めるのにも役立てよう。

やや難 これが解ければ合格に近づく！
受験生にとっては、かなり手ごたえのある問題。
合格者の正解率が低い場合もあるので、あきらめずにじっくりと取り組んでみよう。

合格への対策、実力錬成のための内容が充実

- ▶ 各科目の出題傾向の分析、合否を分けた問題の確認で、入試対策を強化！
- ▶ その他、学校紹介、過去問の効果的な使い方など、学習意欲を高める要素が満載！

解答用紙ダウンロード 解答用紙はプリントアウトしてご利用いただけます。弊社ＨＰの商品詳細ページよりダウンロードしてください。トビラのＱＲコードからアクセス可。

UD FONT 見やすく読みまちがえにくいユニバーサルデザインフォントを採用しています。

次のページもご覧ください ▶▶▶

都立 西《にし》 高等学校

https://www.metro.ed.jp/nishi-h/

〒 168-0081　杉並区宮前 4-21-32
☎ 03-3333-7771
交通　京王井の頭線久我山駅　徒歩 10 分
　　　ＪＲ中央線西荻窪駅、ＪＲ中央線荻窪駅　バス

普通科

制　服　なし

[カリキュラム] ◇三学期制◇

- 授業は１コマ50分。週３回７時間授業。平成31年度から**３学期制**に戻る。
- **「自主自律」**、**「文武二道」**、**「授業で勝負」**で、とどまることのない技術革新・グローバル化等、これからの予測困難な社会で通用する**「調和のとれた器の大きな人間」**を日常的・継続的かつ多様で自律的な質の高い学びと実践の累積で育成する。
- 早い時期に進路を決定せず、多くの教科、科目を学ぶことによって自分の能力や適性を熟慮し、それから進路を選ぶよう指導している。そのため１～２年次は全員共通の必修科目をできるだけ多く設定し、幅広い分野の学習をする。
- ３年次には、**文系**と**理系**に分かれ、さらにセンター対応の選択科目を設けることにより、一人ひとりの進路希望の実現に対応している。
- 英語の４技能検定試験を１・２・３年生全員受験。

[部活動]

加入率180％。運動部と文化部の兼部加入も少なくない。最近の主な実績は以下のとおり。

＜令和４年度＞

囲碁将棋部が全国高校囲碁選抜大会で準優勝した。

＜令和３年度＞

陸上競技部がインターハイに出場し、男子400mで全国第２位になった。**アメリカンフットボール部**が全国高校選手権予選兼関東大会秋季都予選でベスト８、**女子ハンドボール部**が全国選抜大会都予選でベスト16になった。**文芸部**が全国高等文芸コンクール小説部門で入賞した。**生物部**が日本生物学オリンピックに参加した。**数学研究会**がAlympiad（数学国際大会）の国内予選に参加した。

★設置部（※は同好会）

アメリカンフットボール、剣道、ソフトテニス、硬式テニス、サッカー、水泳、体操、卓球、バスケットボール、バドミントン、バレーボール、ハンドボール、硬式野球、陸上競技、ワンダーフォーゲル、ダンス、囲碁将棋、イラスト研究、宇宙研究、映画研究、園芸、演劇、化学、華道、管弦楽、写真、吹奏楽、生物、美術、物理、文芸、歴史研究、茶道、ゴスペルフリークス、かるた、新聞、放送、CR東日本、ディベート、※軽音楽、※シブ楽隊、※つるばみ、※数学研究

[行　事]

年２回実施される**クラスマッチ**は、２週間ほどかけて放課後に行われ、全クラス対抗で得点を競う。種目はサッカー、卓球、バスケットボール、バレーボールといった球技の他、百人一首大会や大縄跳びなどもある。締めくくりに学校の外周を走る駅伝も、たいへんな盛り上がりを見せる。

５月	運動会、遠足（２・３年）
６月	生徒総会、夏季クラスマッチ
７月	林間学校（１年、志賀高原３泊４日）
９月	記念祭（文化祭）
10月	修学旅行（２年）
11月	文化講演会（２年）
３月	芸術鑑賞教室、春季クラスマッチ

[進　路]（令和５年３月）

- ほぼ全員が四年制大学進学を希望。第一志望の大学への**現役合格**を目指した進路指導が行われている。
- **学年集会**やＨＲ担任との**面接**などにより、生徒一人ひとりに高い目標をもたせ、そのための支援をしている。**自習室**も設置（夜8時まで開放）。
- **実力考査**も年に２回実施。また**土曜特別講座**（全34講座開設・ほぼ毎週実施）、**訪問講座**、**夏期講習**などにも力を入れている。
- **キャリアガイダンス**（各界の第一線で活躍する先輩の話を聞く会）や**「進路ノート」**による情報提供など、様々なサポートを行っている。

★卒業生の進路状況

＜卒業生312名＞

大学161名、短大０名、専門学校０名、就職０名、その他151名

★卒業生の主な合格実績

東京大、京都大、北海道大、東北大、お茶の水女子大、千葉大、筑波大、電気通信大、東京外国語大、東京学芸大、東京工業大、東京農工大、一橋大、横浜国立大、大阪大、防衛医科大学校、東京都立大、横浜市立大、早稲田大、慶應義塾大、上智大、東京理科大

[トピックス]

- 昭和12年、府立第十中学校として創立。25年より都立西高等学校と名称を変える。卒業生は28,000名を超え、各界で活躍している。
- 都の教育委員会より**進学指導重点校**、**Global Education Network20**、**理数研究校**の指定を受けている。
- 課題図書を挙げ、年間25冊以上の本を読ませる**読書指導**を行っている。
- 教科教育や部活動だけでなく、**海外交流**、**言語活動**、**理数研究**を３本柱として、広い教養を身につける機会を設けている。
- 他の都立高校に先駆け**「海外リーダーシッププログラム」**を実施。アメリカを訪れ、世界最先端の大学や研究機関で学生や研究者と交流し、進学に向けての意欲を高めていく。
- 平成28年から**英国大学進学支援事業**、29年からインドネシア（ジャカルタ）の高校と**姉妹校提携**、英語教育も充実し**オンライン英会話**がスタート。

[学校見学]（令和５年度実施内容）

★授業公開　６月５回　７・10月各１回　11月４回
★入試問題解説会　7・12月（要予約）
★夏の学校見学会　７・８月計13回（要予約）
★学校説明会　10・11月（要予約）

入試!インフォメーション

※本欄の内容はすべて令和６年度入試のものです。

受検状況

科名・コース名	募集人員	推薦に基づく入試				第一次募集・分割前期募集			
		募集人員	応募人員	応募倍率	合格人員	募集人員	受検人員	受検倍率	合格人員
普　通	316	64	189	2.95	64	252	368	1.46	260

入学者選抜実施方法

推薦	科名・コース名	推薦枠		調査書の活用		満点					備考
		割合（%）	特別推薦の有無	観点別学習状況の評価	評定	調査書点	集団討論・個人面接	小論文	作文	実技検査	
推薦	普　通	20	−	−	○	360	240	−	300	−	

第一次・分割前期	科名・コース名	分割募集	男女枠緩和	学力検査		調査書		学力検査：調査書	満点					備考
				教科	学校指定による傾斜配点	教科の評定の扱い 学力検査を実施する教科	教科の評定の扱い 学力検査を実施しない教科		学力検査	調査書点	面接	小論文・作文	実技検査	
第一次・分割前期	普　通	−	○	5*		1倍	2倍	7：3	700	300	−	−	−	＊国数英は自校作成。

〈本校の期待する生徒の姿〉

本校は生徒に確かな学力を身に付けさせ、希望進路を実現させるとともに、卒業後も更に伸びる生徒の育成に努めています。

そして、生徒・保護者が「ここで学べて」・「ここに入れて」良かったと言える学校であるように、常に改善を重ねています。

次の１から５までが本校の期待する生徒の姿です。

できるだけ多くの項目に該当し、学校見学や学校説明会等を通して、本校の教育内容を理解している生徒の入学を期待します。

1　教科と教科以外の活動のそれぞれにおいて、得意な分野をもっている生徒
2　読書を通じて、幅広い教養を身に付けようとする生徒
3　他者のため、集団のために行動することができる生徒
4　自然現象、社会事象、文学、芸術、スポーツ等の分野に、強い興味や探究心をもっている生徒
5　自己の生き方について将来の展望をもち、諦めずに挑戦する意欲の高い生徒
※　特に推薦選抜においては、上記１から５のいずれかの項目で、本校入学後も指導的役割を果たしていこうとする生徒が望ましい。

難易度（偏差値）	ＡＡ（72－70）	併願校選択例	東京学芸大附属、筑波大附属、桐朋、法政大、中央大杉並

過去問の効果的な使い方

① **はじめに**　入学試験対策に的を絞った学習をする場合に効果的に活用したいのが「過去問」です。なぜならば，志望校別の出題傾向や出題構成，出題数などを知ることによって学習計画が立てやすくなるからです。入学試験に合格するという目的を達成するためには，各教科ともに「何を」「いつまでに」やるかを決めて計画的に学習することが必要です。目標を定めて効率よく学習を進めるために過去問を大いに活用してください。また，塾に通われていたり，家庭教師のもとで学習されていたりする場合は，それぞれのカリキュラムによって，どの段階で，どのように過去問を活用するのかが異なるので，その先生方の指示にしたがって「過去問」を活用してください。

② **目的**　過去問学習の目的は，言うまでもなく，志望校に合格することです。どのような分野の問題が出題されているか，どのレベルか，出題の数は多めか，といった概要をまず把握し，それを基に学習計画を立ててください。また，近年の出題傾向を把握することによって，入学試験に対する自分なりの感触をつかむこともできます。

過去問に取り組むことで，実際の試験をイメージすることもできます。制限時間内にどの程度までできるか，今の段階でどのくらいの得点を得られるかということも確かめられます。それによって必要な学習量も見えてきますし，過去問に取り組む体験は試験当日の緊張を和らげることにも役立つでしょう。

③ **開始時期**　過去問への取り組みは，全分野の学習に目安のつく時期，つまり，9月以降に始めるのが一般的です。しかし，全体的な傾向をつかみたい場合や，学習進度が早くて，夏前におおよその学習を終えている場合には，7月，8月頃から始めてもかまいません。もちろん，受験間際に模擬テストのつもりでやってみるのもよいでしょう。ただ，どの時期に行うにせよ，取り組むときには，集中的に徹底して取り組むようにしましょう。

④ **活用法**　各年度の入試問題を全問マスターしようと思う必要はありません。できる限り多くの問題にあたって自信をつけることは必要ですが，重要なのは，志望校に合格するためには，どの問題が解けなければいけないのかを知ることです。問題を制限時間内にやってみる。解答で答え合わせをしてみる。間違えたりできなかったりしたところについては，解説をじっくり読んでみる。そうすることによって，本校の入試問題に取り組むことが今の自分にとって適当かどうかが，はっきりします。出題傾向を研究し，合否のポイントとなる重要な部分を見極めて，入学試験に必要な力を効率よく身につけてください。

数学

各都道府県の公立高校の入学試験問題は，中学数学のすべての分野から幅広く出題されます。内容的にも，基本的・典型的なものから思考力・応用力を必要とするものまでバランスよく構成されています。私立・国立高校では，中学数学のすべての分野から出題されることには変わりはありませんが，出題形式，難易度などに差があり，また，年度によっての出題分野の偏りもあります。公立高校を含め，ほとんどの学校で，前半は広い範囲からの基本的な小問群，後半はあるテーマに沿っての数問の小問を集めた大問という形での出題となっています。

まずは，単年度の問題を制限時間内にやってみてください。その後で，解答の答え合わせ，解説での研究に時間をかけて取り組んでください。前半の小問群，後半の大問の一部を合わせて50%以上の正解が得られそうなら多年度のものにも順次挑戦してみるとよいでしょう。

英語

英語の志望校対策としては，まず志望校の出題形式をしっかり把握しておくことが重要です。英語の問題は，大きく分けて，リスニング，発音・アクセント，文法，読解，英作文の5種類に分けられます。リスニング問題の有無(出題されるならば，どのような形式で出題されるか)，発音・アクセント問題の形式，文法問題の形式(語句補充，語句整序，正誤問題など)，英作文の有無(出題されるならば，和文英訳か，条件作文か，自由作文か) など，細かく具体的につかみましょう。読解問題では，物語文，エッセイ，論理的な文章，会話文などのジャンルのほかに，文章の長さも知っておきましょう。また，読解問題でも，文法を問う問題が多いか，内容を問う問題が多く出題されるか，といった傾向をおさえておくことも重要です。志望校で出題される問題の形式に慣れておけば，本番ですんなり問題に対応することができますし，読解問題で出題される文章の内容や量をつかんでおけば，読解問題対策の勉強として，どのような読解問題を多くこなせばよいかの指針になります。

最後に，英語の入試問題では，なんと言っても読解問題でどれだけ得点できるかが最大のポイントとなります。初めて見る長い文章をすらすらと読み解くのはたいへんなことですが，そのような力を身につけるには，リスニングも含めて，総合的に英語に慣れていくことが必要です。「急がば回れ」ということわざの通り，志望校対策を進める一方で，英語という言語の基本的な学習を地道に続けることも忘れないでください。

国語

国語は，出題文の種類，解答形式をまず確認しましょう。論理的な文章と文学的な文章のどちらが中心となっているか，あるいは，どちらも同じ比重で出題されているか，韻文(和歌・短歌・俳句・詩・漢詩)は出題されているか，独立問題として古文の出題はあるか，といった，文章の種類を確認し，学習の方向性を決めましょう。また，解答形式は，記号選択のみか，記述解答はどの程度あるか，記述は書き抜き程度か，要約や説明はあるか，といった点を確認し，記述力重視の傾向にある場合は，文章力に磨きをかけることを意識するとよいでしょう。さらに，知識問題はどの程度出題されているか，語句(ことわざ・慣用句など)，文法，文学史など，特に出題頻度の高い分野はないか，といったことを確認しましょう。出題頻度の高い分野については，集中的に学習することが必要です。読解問題の出題傾向については，脱語補充問題が多い，書き抜きで解答する言い換えの問題が多い，自分の言葉で説明する問題が多い，選択肢がよく練られている，といった傾向を把握したうえで，これらを意識して取り組むと解答力を高めることができます。「漢字」「語句・文法」「文学史」「現代文の読解問題」「古文」「韻文」と，出題ジャンルを分類して取り組むとよいでしょう。毎年出題されているジャンルがあるとわかった場合は，必ず正解できる力をつけられるよう意識して取り組み，得点力を高めましょう。

数学　出題傾向の分析と合格への対策

▼年度別出題内容分類表……

出題内容			2020年	2021年	2022年	2023年	2024年
数と式		数の性質	○	○	○	○	○
数と式		数・式の計算	○	○	○	○	○
数と式		因数分解					
数と式		平方根	○	○	○	○	○
方程式・不等式		一次方程式	○	○	○		
方程式・不等式		二次方程式	○	○	○	○	○
方程式・不等式		不等式			○		
方程式・不等式		方程式・不等式の応用	○	○	○	○	○
関数		一次関数	○	○	○	○	○
関数		二乗に比例する関数	○	○	○	○	○
関数		比例関数			○		
関数		関数とグラフ	○	○	○	○	○
関数		グラフの作成					
図形	平面図形	角度		○	○	○	
図形	平面図形	合同・相似	○	○	○	○	○
図形	平面図形	三平方の定理	○		○	○	
図形	平面図形	円の性質	○	○	○	○	○
図形	空間図形	合同・相似					
図形	空間図形	三平方の定理					
図形	空間図形	切断					
図形	計量	長さ		○	○	○	○
図形	計量	面積	○	○	○	○	○
図形	計量	体積	○			○	
図形		証明	○	○	○	○	○
図形		作図	○	○	○	○	○
図形		動点				○	
統計		場合の数			○	○	
統計		確率	○	○	○	○	○
統計		統計・標本調査	○		○	○	○
融合問題		図形と関数・グラフ	○	○	○	○	○
融合問題		図形と確率					
融合問題		関数・グラフと確率					
融合問題		その他					
その他			○	○	○	○	○

都立西高等学校

――出題傾向とその内容――

出題数は大問4問，小問数にして14問であった。本年度も解答にいたる途中式や計算，推論の過程を記述する問題が[2]，[3]，[4]に含まれていた。他の自校作成問題出題校と同様に，「受験生の思考過程や推論の過程を重視する」というねらいに基づいた問題構成になっている。

出題内容は，[1]が根号を含む計算，二次方程式，確率，箱ひげ図，作図等の小問群，[2]は図形と関数・グラフの融合問題，[3]は合同や相似，円の性質を利用した長さ，比を求める問題，記述式証明の平面図形の総合問題，[4]は式の計算，平方根を利用した応用問題であった。例年通り，標準・応用レベルの思考力を問う問題が出題され，実力が試された。

――来年度の予想と対策――

学習のポイント★★★

自校作成問題出題校の数学は，記述による解答が要求されているので，途中の考え方や式・図による説明などを日頃からマメに練習しておくことが大切である。また，特定の分野におさまらない問題の出題率も高く，証明や記述の問題も工夫された内容になっているので，これまであまり出会ったことのない問題が出されても，戸惑うことなくその場で自分の力で考えていく姿勢を養っておくことが大切である。数の性質を使って理由を説明する問題も出題されているので，過去の問題集の解説も参考にして説明のしかたを練習しておいた方がよい。出題率があまり高くない空間図形なども含めて，幅広い分野にわたる総合力を身につけておきたい。他の自校作成問題出題校の問題も参考にし，自分の知っている公式や知識を用いて，それを応用し，自らの力で問題を解決していく練習をしておこう。

英語　出題傾向の分析と合格への対策

▼年度別出題内容分類表……

	出題内容	2020年	2021年	2022年	2023年	2024年
話し方・聞き方	単語の発音					
	アクセント					
	くぎり・強勢・抑揚					
	聞き取り・書き取り	○	○	○	○	○
語い	単語・熟語・慣用句					
	同意語・反意語					
	同音異義語					
読解	英文和訳(記述・選択)					
	内容吟味	○	○	○	○	○
	要旨把握	○	○	○	○	○
	語句解釈		○	○	○	○
	語句補充・選択	○	○	○	○	○
	段落・文整序	○	○	○	○	
	指示語					
	会話文	○	○	○	○	○
文法・作文	和文英訳					
	語句補充・選択			○		
	語句整序	○	○	○	○	○
	正誤問題					
	言い換え・書き換え					
	英問英答			○		
	自由・条件英作文		○	○	○	○
文法事項	間接疑問文	○	○	○	○	○
	進行形	○	○	○	○	○
	助動詞	○	○	○	○	○
	付加疑問文					
	感嘆文					
	不定詞	○	○	○	○	○
	分詞・動名詞	○	○	○	○	○
	比較	○	○	○	○	○
	受動態	○	○	○	○	○
	現在完了	○	○	○	○	○
	前置詞	○	○	○	○	○
	接続詞	○	○	○	○	○
	関係代名詞	○		○	○	○

都立西高等学校

――出題傾向とその内容――

大問数は，リスニングテスト1題，会話文読解1題，長文読解2題の4題となっている。

リスニングテストは，例年通り東京都の公立高校入試と共通。選択式と記述式の双方の出題だった。長文読解は2題共に論説文であった。

長文問題の文章の量はかなり多く，語いにも難しいものが含まれ，また問題も多岐にわたっている。公立高校入試問題としては難易度が高いものであることに変わりはない。

――来年度の予想と対策――

学習のポイント★★★

リスニングと読解と英作文を中心とした出題に変化はないものと思われる。

東京都共通のリスニング対策としては，問題演習を通して耳を慣らしておくことに尽きる。

会話文・長文読解は，多岐にわたった出題になっており，いろいろな題材に幅広く触れておく必要がある。教科書を完全に読みこなした上で，難易度の高い他府県の過去問や他の自校作成問題を解くのがよい対策になる。

例年，条件英作文が出題されているので，英文を書き慣れておく必要がある。

長文中心の問題集を数冊は仕上げておこう。時間配分は大切であり，限られた時間内で，大量の英文を正確に読む訓練も大切である。

国語　出題傾向の分析と合格への対策

▼年度別出題内容分類表……

出題内容			2020年	2021年	2022年	2023年	2024年
内容の分類	読解	主題・表題					
		大意・要旨					
		情景・心情	○	○	○	○	○
		内容吟味	○	○	○	○	○
		文脈把握	○	○			○
		段落・文章構成	○	○	○	○	○
		指示語の問題		○			
		接続語の問題					
		脱文・脱語補充					
	漢字・語句	漢字の読み書き	○	○	○	○	○
		筆順・画数・部首					
		語句の意味	○	○		○	
		同義語・対義語					
		熟語					
		ことわざ・慣用句					
	表現	短文作成					
		作文（自由・課題）	○	○	○	○	○
		その他					
	文法	文と文節					
		品詞・用法			○		
		仮名遣い					
		敬語・その他					
	古文の口語訳						
	表現技法						
	文学史						
問題文の種類	散文	論説文・説明文	○	○	○	○	○
		記録文・報告文					
		小説・物語・伝記	○	○	○	○	○
		随筆・紀行・日記					
	韻文	詩					
		和歌（短歌）		○			
		俳句・川柳					○
	古文		○	○			○
	漢文・漢詩				○	○	○

都立西高等学校

――出題傾向とその内容――

大問数は，漢字問題が2題と長文読解問題が3題の計5題。記述式もあり，論説文の内容を踏まえた200字以内の課題作文に特徴がある。

漢字の読み書きは，その言葉を知っていれば教科書の知識で対処できるものが多いが，一部に難しい語句が含まれている。

文学的文章では，登場人物の心情などを読み取る力が中心に問われた。説明的文章では，筆者の主張，内容を理解し，吟味する力が問われる問題が見られた。読み取った内容や自分の考えをまとめて表現する力が必要とされる。

俳句や漢詩を含む説明文は，筆者が現代語で説明を加えながら論を展開している。

全体的に深く読解する力が求められ，思考力や表現力が重視される傾向にある。

――来年度の予想と対策――

学習のポイント★★★

来年度は出題パターンに多少の変化が見られるかもしれないが，これまでに学習したどの内容が出題されてもあわてることのないように準備しておきたい。

漢字の読み書き，文学的文章の読解，説明的文章の読解，作文は必出と考えて，きちんとした学習をしておかなければならない。文法・語句などの基本的な国語の知識もマスターしておこう。

読解問題は，ふだんから問題集などで練習を積み重ね，慣れておくようにしたい。自分の弱点がどんな問題にあるのかを知り，その補強をしておくことが大切である。

記述式解答の対策としては，文章の要旨などを短文でまとめるような練習をしておくとよい。

理科 ●●●●● 出題傾向の分析と合格への対策 ●●●●●

出題傾向とその内容

〈最新年度の出題状況〉

大問1は，全領域からの小問で，大問2の生徒研究ではクジャク石に含まれる銅の割合の計算，光の屈折の作図などの出題があった。大問3の地学は，透明半球での太陽の日周経路の観察，北極側から見た地球の自転，緯度の高低と夜の長さの考察であった。大問4の生物は，光合成の対照実験では顕微鏡操作と光合成の条件，光の明るさと光合成量・呼吸量の関係の考察であった。大問5の化学は，電解質と非電解質，溶解度曲線の温度と水溶液の濃度の変化のグラフの考察と溶質を全て取り出すための計算問題があった。大問6の物理は，斜面上での台車の運動と斜面上の台車の力の分解，作用・反作用の法則，位置／運動エネルギー，仕事とエネルギーの考察があった。探究の過程重視で，実験データや資料の読解力，分析力，判断力，科学的思考力等が試され，地学と化学で文章記述があった。

〈出題傾向〉

毎年，各学年の教科書の第一分野・第二分野からバランスよく出題される。大問1は各分野の基礎的問題で，大問2は資料や実験データの読みとり，計算，作図など科学の方法の基本的問題である。大問3から大問6は，各領域ごとに，一つのテーマについて，実験や観察から調べていきデータ(資料)をもとに考察し，総合的に活用して解く問題であり，論理的な問題解決能力が要求される。出題内容は，実験操作，モデル化，化学反応式，計算，グラフ化，データや資料の読みとりなどである。

物理的領域 大問は，6年は斜面上の台車の運動と力の分解，作用・反作用，位置／運動エネルギー，仕事，5年は電圧と電流と抵抗，電力の実験とグラフ，電力量，4年は斜面を下る小球の運動，力学的エネルギー，3年はフレミングの左手の法則，電磁誘導，右ねじの法則，回路の抵抗であった。

化学的領域 大問は，6年は電解／非電解質，溶解度曲線の温度と水溶液の濃度・溶質の取り出し，5年はイオンの粒子モデルと塩化銅／水の電気分解，4年は電池の電極での化学変化，水の電気分解，中和実験でのイオン数，3年は熱分解のモデル・実験方法・pH，質量変化の規則性であった。

生物的領域 大問は，6年は光合成の対照実験・顕微鏡操作，光の明るさと光合成量・呼吸量の関係，5年は消化の対照実験・柔毛での吸収・血液の循環・細胞の呼吸，4年は花のつくりと生殖，メンデルの実験の応用，3年は光合成の対照実験，光の明るさと光合成量・呼吸量の関係であった。

地学的領域 大問は，6年は透明半球の太陽の日周経路，北極側からの地球の自転，緯度の高低と夜の長さ，5年は露点の測定実験と湿度，雲の発生実験と寒冷前線，4年は火成岩と堆積岩，地質年代の示準化石や脊椎動物，柱状図，3年は空気中の水蒸気量，寒冷前線，季節と気圧配置であった。

来年度の予想と対策

実験・観察を扱った問題を中心に，基礎的理解力と並んで，後半の大問4題では，複数の実験や観察について考察しながら教科書の発展応用問題を解くといった総合的な問題解決能力を試す出題が予想される。グラフや作図，化学反応式など自ら発想して解答を得るなど，探究の過程重視と思われる。

教科書を丁寧に復習し，基礎的な用語は正しく理解し押さえておこう。日頃の授業では，仮説，目的，方法，結果，考察等の探究の過程を意識して，実験や観察に積極的に参加しよう。実験装置は図を描き，実験・観察結果は図や表，グラフ化など分かり易く表現し，記録しよう。考察は結果に基づいて自分で文章を書く習慣を身につけよう。資料から情報を読み取る学習においても，身近に発生している現象と重ねあわせて考察し，生じた疑問をさらに調べるといった自ら学ぶ姿勢を身につけたい。

⇨学習のポイント

・教科書の「実験・観察すべて」が基礎・基本。用語，図表，応用発展，資料がすべてテスト範囲。
・過去問題を多く解き，応用問題にも挑戦しよう。日常生活や社会にかかわる探究活動も大切!!

年度別出題内容の分析表　理科

※★印は大問の中心となった単元／　　は出題範囲縮小の影響がみられた内容

分野	学年	出題内容	27年	28年	29年	30年	2019年	2020年	2021年	2022年	2023年	2024年
第一分野	第1学年	身のまわりの物質とその性質	○	○	○			★			○	
		気体の発生とその性質	○	○	○	○	○	○		○	○	
		水溶液		○		○	○	○		○	○	★
		状態変化	○	○	○		○	○		○		
		力のはたらき（2力のつり合いを含む）		○			○		○	○		
		光と音	○	○	○	○	○	○	○	○	○	○
	第2学年	物質の成り立ち	○	○	★	○	○	○	○	○	○	○
		化学変化，酸化と還元，発熱・吸熱反応	○	○	○	○	○	○		○		○
		化学変化と物質の質量	★				★		★			○
		電流（電力，熱量，静電気，放電，放射線を含む）	○	★	○	○	○	★	○	○	★	○
		電流と磁界			○	★	○		★			
	第3学年	水溶液とイオン，原子の成り立ちとイオン	○		○	○		○	○	○	★	○
		酸・アルカリとイオン，中和と塩	○	★	○		○		○	○		
		化学変化と電池，金属イオン				★				★		
		力のつり合いと合成・分解（水圧，浮力を含む）		○	○					○	○	○
		力と物体の運動（慣性の法則を含む）	○		★	○	○		○	★	○	★
		力学的エネルギー，仕事とエネルギー	★		○	○	★	○		○		○
		エネルギーとその変換，エネルギー資源		○		○		○				
第二分野	第1学年	生物の観察と分類のしかた										
		植物の特徴と分類	○							○		
		動物の特徴と分類	○		○			○	○			○
		身近な地形や地層，岩石の観察	○		○	○		○		○		○
		火山活動と火成岩		○	○	○		○		○	○	
		地震と地球内部のはたらき		○			★		○			
		地層の重なりと過去の様子	★		○	★	○			★		○
	第2学年	生物と細胞（顕微鏡観察のしかたを含む）										○
		植物の体のつくりとはたらき	★	○		★	○		★	○	○	★
		動物の体のつくりとはたらき	○	○	★	○	○	★	○	○	★	○
		気象要素の観測，大気圧と圧力	○		○				○		★	○
		天気の変化	○	○	★	○	○	○	★	○	○	
		日本の気象							○			
	第3学年	生物の成長と生殖		○		○		○		○	○	
		遺伝の規則性と遺伝子		★	○		★		○	★		
		生物の種類の多様性と進化			○					○		
		天体の動きと地球の自転・公転		○			○		○		○	★
		太陽系と恒星，月や金星の運動と見え方	○	★	○	○		★		○		
		自然界のつり合い		○		○	○				○	○
自然の環境調査と環境保全，自然災害							○	○				
科学技術の発展，様々な物質とその利用					○	○		○	○			
探究の過程を重視した出題			○	○	○	○	○	○	○	○	○	○

— 東京都公立高校 —

社会　出題傾向の分析と合格への対策

出題傾向とその内容

〈最新年度の出題状況〉

本年度の出題数は，例年同様，大問6題，小問20題である。解答形式は，マークシートの記号選択式が17題で，記述問題は各分野1題ずつ計3題であった。大問は，日本地理1題，世界地理1題，歴史2題，公民1題，地理分野・歴史分野・公民分野の各出題で構成された大問が1題である。基礎・基本の定着と，資料を読みとり，考察する力を試す総合的な問題が出題の中心となっている。

地理的分野では，略地図を中心に，表・グラフといった統計資料を用いて，諸地域の特色・産業・貿易・気候・人々のくらしなどが問われている。歴史的分野では，説明文・略年表などをもとに，日本の歴史が総合的に問われている。公民的分野では，基本的人権・財政・国際問題等の中から基礎的な知識が問われている。

〈出題傾向〉

全体として，3分野について基礎的な知識をみるとともに，資料を活用して社会的事象を考察し，適切に表現する能力をみる出題である。

地理的分野では，地形図・略地図・表・グラフ・雨温図などを読みとらせることで，知識の活用が行えるかを確認している。出題の形式がやや複雑なので，応用力を重要視していると言えるだろう。

歴史的分野では，テーマ別の通史という形で出題することにより，歴史の流れを理解しているかを確認している。即ち，歴史全体を大きくつかむ力を重要視していると言えるだろう。

公民的分野では，現代の日本の状況をきちんと分析する力を重要視していると言えるだろう。

なお，問題の大部分がマークシートでの解答となっていることに留意して，練習を重ねておこう。

来年度の予想と対策

来年度も，形式・内容ともに，大きな変化はないものと思われる。したがって，対策としては，まず，教科書を十分に読んで基礎力をつけることが必要である。基礎をしっかり固めて，入試過去問題集のとりくみをくり返せば，高得点も不可能ではない。

具体的には，地理では，地図帳や資料集を活用し，地図や統計，各種資料などを読み取る力を養う必要がある。歴史では，各時代のキーワードとなる語句を整理し，政治・外交・社会・文化などの特色や流れを総合的につかむようにしよう。その際，世界史の流れと関連づけて把握すると，理解が深まるであろう。公民では，当然知っておくべき知識を簡潔に整理すると同時に，新聞やテレビのニュースなどで世の中の動きにも目を向ける必要があると言えるだろう。

なお，例年出題されている記述問題の対策として，複数の資料からそれぞれ読みとれることを記した上で，文章にまとめる練習を十分にしておきたい。

⇨学習のポイント

- 地理では，地形図や各種の地図に慣れ，世界各国・日本各地の特徴をつかもう！
- 歴史では，略年表に慣れて，時代の流れをつかもう！　また世界史も視野に置こう！
- 公民では，政治・経済の基礎を幅広く理解し，地方自治・国際社会等の問題にも目を配ろう！

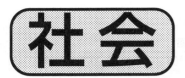

年度別出題内容の分析表　社会

※　　は出題範囲縮小の影響がみられた内容

		出題内容	27年	28年	29年	30年	2019年	2020年	2021年	2022年	2023年	2024年
地理的分野	日本	地形図の見方	○	○	○	○	○	○	○	○	○	○
		日本の国土・地形・気候	○			○			○	○		○
		人口・都市	○	○	○		○	○	○		○	
		農林水産業	○	○		○	○		○		○	○
		工業	○	○			○	○	○	○	○	○
		交通・通信						○	○	○	○	○
		資源・エネルギー			○							
		貿易			○						○	
	世界	人々のくらし・宗教									○	○
		地形・気候	○	○	○	○	○	○	○	○	○	○
		人口・都市		○				○	○	○	○	
		産業	○	○	○	○	○	○	○	○	○	○
		交通・貿易	○		○	○	○	○	○	○		○
		資源・エネルギー										
	地理総合				○		○	○				
歴史的分野	日本史—時代別	旧石器時代から弥生時代	○	○								
		古墳時代から平安時代	○	○	○	○	○	○	○	○	○	○
		鎌倉・室町時代	○	○		○	○	○	○	○	○	○
		安土桃山・江戸時代	○	○	○	○	○	○	○	○	○	○
		明治時代から現代	○	○	○	○	○	○	○	○	○	○
	日本史—テーマ別	政治・法律	○	○	○	○	○	○	○	○	○	○
		経済・社会・技術	○	○	○	○	○	○	○	○	○	○
		文化・宗教・教育	○	○	○	○	○	○	○	○	○	○
		外交	○	○			○					○
	世界史	政治・社会・経済史					○	○	○	○	○	○
		文化史				○						
		世界史総合										
	歴史総合											
公民的分野		憲法・基本的人権		○	○	○	○			○	○	○
		国の政治の仕組み・裁判		○	○		○	○	○	○		○
		民主主義										○
		地方自治	○			○			○			
		国民生活・社会保障		○			○					
		経済一般	○	○	○	○	○	○	○	○	○	
		財政・消費生活	○	○	○	○	○	○	○	○	○	○
		公害・環境問題		○		○					○	
		国際社会との関わり	○		○	○	○	○			○	○
時事問題												
その他												

— 東京都公立高校 —

2024年度　合否の鍵はこの問題だ!!

都立西高等学校

数　学　①〔問1〕，②〔問3〕

①〔問1〕

　計算の問題は，工夫できたら時間短縮につながる可能性が高い。自分が一番解きやすい解法を思いつくかが合否の鍵になると考えられる。

（別解）　$\left(-\frac{3}{\sqrt{2}}\right)^3=-\frac{27}{2\sqrt{2}}$，$9\left(\frac{\sqrt{2}}{3}+\frac{\sqrt{3}}{9}\right)^2=9\left(\frac{3\sqrt{2}+\sqrt{3}}{9}\right)^2=\frac{(3\sqrt{2}+\sqrt{3})^2}{9}=\frac{21+6\sqrt{6}}{9}=\frac{7+2\sqrt{6}}{3}$

だから，$\frac{27}{\sqrt{3}}\div\left(-\frac{3}{\sqrt{2}}\right)^3+9\left(\frac{\sqrt{2}}{3}+\frac{\sqrt{3}}{9}\right)^2=\frac{27}{\sqrt{3}}\times\left(-\frac{2\sqrt{2}}{27}\right)+\frac{7+2\sqrt{6}}{3}=-\frac{2\sqrt{2}}{\sqrt{3}}+\frac{7+2\sqrt{6}}{3}=-\frac{2\sqrt{6}}{3}+\frac{7+2\sqrt{6}}{3}=\frac{7}{3}$

　計算過程の途中で，有理化を行うタイミングは工夫できるところである。正確に速く解答に辿りつくためにも，日頃から工夫した計算をできるように練習しておきたい。

②〔問3〕

　比を求める際には，直接長さを求める解法もあれば，面積比を利用して求める解法もある。問題によって，何が最適なのかを考える癖をつけたい。

（別解）　△ACBと△ECDにおいて，∠Cは共通…①　∠ABC＝∠EDC＝90°　…②　①，②より2組の角がそれぞれ等しいので，△ACB∽△ECD　CB：CD＝2：1より，AB：ED＝2：1　ここで，ED＝x，AG＝yとおくと，GB＝AB－AG＝2ED－AG＝$2x-y$となる。△AEGと四角形GBDEの面積は等しいので，△AEG＝四角形GBDE　$\frac{1}{2}\times AG\times BD=\frac{1}{2}\times(GB+ED)\times BD$　$AG\times BD=(GB+ED)\times BD$　$AG=(GB+ED)$　$y=\{(2x-y)+x\}$　$y=3x-y$　$y=\frac{3}{2}x$　したがって，AG：GB＝$\frac{3}{2}x:\left(2x-\frac{3}{2}x\right)=\frac{3}{2}x:\frac{1}{2}x=3:1$

英 語 2〔問3〕，3〔問7〕，4〔問7〕

ここでは大問2の〔問3〕，大問3の〔問7〕，大問4の〔問7〕の要旨把握・内容一致［真偽］問題を取り上げることにする。各4点×6問=合計24点と配点が高いので，当設問の出来が合否の鍵を握っていると言っても過言ではない。

いずれの設問も，4つの英文からそれぞれ構成されている小問(A)・(B)から成り立ち，その中から本文の内容と合っている英文の選択肢を記号で選ぶことになるが，内容と一致している選択数は明らかにされていない。

選択肢の真偽を判断する際には，思い込みは避けて，キーワード等を利用しながら，必ず本文の該当箇所でその当否を確認することが大切である。

本年度は3題の長文読解問題が出題され，いずれも長文が長かったので，上記の作業を手早く行うことが肝要である。従って，日頃から，長文を正確に素早く読む＜精読&速読＞練習を積んでおくことが必要である。

国 語 4〔問7〕

入試の作文は，条件に従って書くことが大切である。

① テーマと条件を確認する。

・現代において「他者理解」を実現するために必要なことについて自分の考えを書く。

・本文の内容を踏まえる。

・200字以内で書く。書き出しや改行の際の空欄や句読点・符号なども字数に数える。

② 人類学の他者理解の変化について，本文の内容を読み取る。

・以前の文化人類学……自分たち(＝西洋の人類学者)とは異なる他者を科学的に理解する。

・ギアツ……人間の行為から現地の人々が読みとる意味を，人類学者が解釈する。

・サイード，マーカスら……西洋の人類学者による調査対象者への「知」の支配に対する批判，文化の一貫性という前提が崩壊しているという指摘，多声性の重視。

③ 自分の意見を書く。

本文の内容を踏まえてわかりやすく書く。書き終わったら読み返して，設問で要求されたことが書けているかどうかを確かめる。誤字や脱字，原稿用紙の使い方の誤りなどは減点の対象になるので，注意する。

MEMO

大切なことはメモしておこうネ！

スピーキングテスト
★★★★★★★★★★★★★★★★★★★★★★★★★★★★★★★★★★

練　習　問　題

スピーキングテスト（ESAT−J）は，
PartA，PartB，PartC，PartDの
4つのパートに分かれています。

【PartA】
英文を声に出して読むパートです。
2問の出題が予想されます。

【PartB】
図，表，イラストなどの与えられた情報をもとに
質問に答える問題と，あなたから問いかける問題です。
5問の出題が予想されます。

【PartC】
4コマイラストについて，ストーリーを英語で話す問題です。
1問の出題が予想されます。

【PartD】
質問に対して，自分の考えと理由を英語で述べる問題です。
1問の出題が予想されます。

本書では，各パート1問ずつの練習問題を収録しています。
アプリではさらに多くの練習ができます。
詳しくは巻頭「収録内容」ページの下部QRコードから
アクセスしてご確認ください。

(2)　スピーキングテスト　練習問題　　　　　　　**東京都**

東京都中学校英語スピーキングテスト（ＥＳＡＴ－Ｊ）について

東京都立高等学校入学者選抜では，東京都中学校英語スピーキングテスト（ＥＳＡＴ－Ｊ）の結果を令和5年度入学者選抜（令和4年度実施）から活用しました。

1　実施方法について

中学校英語スピーキングテストのために用意されたタブレットとヘッドセット（マイク付きヘッドフォン）を使います。

タブレット（タブレットのサイズ　幅197.97×奥行119.82×高さ8.95mm　重さ約320g）

・バックアップのための音声が録音されます。
・録音の状況を、「見て」確認できます。
・画面上で文字の大きさを選択できます。
・指示文にはルビが付いています。
・問題のイラストを白黒で見やすいように表示します。

ヘッドセット（装着時にマイクは左側にきます。）

・耳をしっかり覆い、集中できるように設計されています。

2　問題の構成と評価の観点について

Part	出題形式	出題数	評価の観点		
			コミュニケーション達成度	言語使用	音声
A	英文を読み上げる	2			○
B	質問を聞いて応答する／意図を伝える	5	○		
C	ストーリーを英語で話す	1	○	○	○
D	自分の意見を述べる	1	○	○	○

3　令和６年度の実施ついて（予定）

実施日　令和６年１１月２４日（日）　予備日：令和６年１２月１５日（日）

＜スピーキングテスト　練習問題＞

【Part A】

　聞いている人に，意味や内容が伝わるように，英文を声に出して読んでください。はじめに準備時間が30秒あります。録音開始の音が鳴ってから解答を始めてください。解答時間は30秒です。

　英語部員のあなたは，他の部員に向けて，祖母の家に遊びに行った思い出について短いスピーチをすることになりました。次の英文を声に出して読んでください。
(準備時間30秒／解答時間30秒)

I have a grandmother in Aomori. Last fall, my family and I stayed at her house for two days. She has a large apple field there. My grandmother made an apple cake for us. It looked interesting for me to make it, so I helped her then. The cake was delicious.

【Part B】

　画面上の情報を見て，英語で話してください。準備時間は10秒です。録音開始の音が鳴ってから解答を始めてください。解答時間は10秒です。
　あなたは地域のお祭りに友だちと一緒に参加しようとしていて，そのチラシを見ながら，友だちと話しています。友だちからの質問に対して，画面上のチラシをもとに，英語で答えてください。
(準備時間10秒／解答時間10秒)

Question: What time should you get to the hall if you want to join the City Festival?

City Festival

Date : May 3　　Place : City Hall　　Time : From 1:00 p.m.

◆You need to come to the hall 15 minutes before the starting time.

(4)　スピーキングテスト　練習問題　　　　　東京都

【Part C】

これから画面に表示される１コマめから４コマめのすべてのイラストについて，ストーリーを英語で話してください。はじめに準備時間が30秒あります。録音開始の音が鳴ってから解答を始めてください。解答時間は40秒です。

あなたは，昨日あなたに起こった出来事を留学生の友だちに話すことになりました。イラストに登場する人物になったつもりで，相手に伝わるように英語で話してください。
(準備時間30秒／解答時間40秒)

【Part D】

質問に対して，自分の考えとそう考える理由を英語で述べる問題です。はじめに準備時間が１分あります。解答時間は40秒です。録音開始の音が鳴ってから解答を始めてください。

あなたは友人と高校入学後の学校生活について話をしています。次の質問について自分の考えを述べ，その理由を説明してください。
(準備時間１分／解答時間40秒)

Question: Do you want to join a club in high school? Answer the question and explain why you think so.

スピーキングテスト　練習問題

解 答 例 と 解 説

＜解 答 例＞

【Part A】 解説参照

【Part B】 We should get to the hall at 12:45 pm.

【Part C】 One day, I decided to study. I needed my pencil, so I looked for it on the desk, but I couldn' t find it. It was night when I found it. I was tired and sleepy and went to bed.

【Part D】 I want to belong to a club. Playing baseball is very fun for me. Also, I want to make a lot of friends. This is my idea.

＜解 説＞

【Part A】

≪問題文訳≫

私には青森に祖母がいます。この間の秋，家族と私で2日間彼女の家に泊まりました。彼女はそこに大きなリンゴ農園を持っています。祖母は私たちにリンゴケーキを作ってくれました。それを作るのが私には面白そうに見えたので彼女を手伝いました。ケーキは美味しかったです。

≪解説≫

発音は概ね正しく，強勢，リズムや抑揚が，聞き手の理解の支障とならないことを目指そう。言葉や言い回しを考えたり，言い直したりするために，間《ま》を取っても良いが，発話中の間は，不自然に長くならないようにする。

全体を通して発音の誤りが生じていたり，抑揚がほとんどなかったり，言いよどみが多かったり，聞き手が話についていくのが難しいほど沈黙が長かったりすると減点となるので注意する。

【Part B】

≪図の訳≫

都　市　祭　り

日時：5月3日　　場所：シティホール　　時間：午後 1:00 から

◆開始時刻の 15 分前までにホールへ来る必要があります。

≪質問文訳≫

もし，都市祭りに参加したいのであれば，あなたは何時にそのホールへ着くべきですか？

≪解答例訳≫

私たちは午後12時45分にはホールに着くべきです。

≪解説≫

設問の問いかけに対して適切な内容を答えるようにしよう。

時間は午後1：00からとあり，下部に「開始時刻の15分前までにホールへ来る必要があります。」と記載されている。よって，午後12時45分にはホールに着くべきと答える。

【Part C】

≪解答例訳≫

ある日，私は勉強をすることにしました。鉛筆が必要だったので，机の上を探したのですが，見つかりませんでした。見つけたとき，夜でした。私は疲れて眠くなり，ベッドに入りました。

≪解説≫

各コマのイラストから読み取れる事実を伝えるようにしよう。語彙や文構造，文法の使い方の誤りは減点となるので注意する。

【Part D】

≪質問文訳≫

あなたは高校で部活動に加入したいと思いますか？質問に答えて，なぜそう考えるのか説明してください。

≪解答例訳≫

私は部活動に加入したいです。私にとって野球をすることはとても楽しいです。また，私は多くの友達を作りたいです。これが私の考えです。

≪解説≫

自分の考えを伝え，それをサポートする理由を伝えよう。幅広い語彙・表現や文法を柔軟に使用して答えると良い。質問に対する答えになっていなかったり，理由が不明瞭であったりすると減点となるので注意する。

都立西高等学校

2024年度

★★★★★★★★★★★★★★★★★★★★★★★★

入　試　問　題

2024年度

●くわしい解説……35ページ

＜数学＞

時間　50分　　満点　100点

【注意】答えに根号が含まれるときは，**根号を付けたまま，分母に根号を含まない形で表しなさい。**
また，**根号の中を最も小さい自然数にしなさい。**

1　次の各問に答えよ。

〔問1〕　$\dfrac{27}{\sqrt{3}}\div\left(-\dfrac{3}{\sqrt{2}}\right)^3+9\left(\dfrac{\sqrt{2}}{3}+\dfrac{\sqrt{3}}{9}\right)^2$　を計算せよ。

〔問2〕　2次方程式　$2\pi x(x+1)=(\pi x-\pi)(6x+2)$　を解け。
ただし，πは円周率である。

〔問3〕　1から6までの目の出る大小1つずつのさいころを同時に1回投げる。
大きいさいころの出た目の数をa，小さいさいころの出た目の数をbとするとき，$\dfrac{b}{2a}$が整数となる確率を求めよ。
ただし，大小2つのさいころはともに，1から6までのどの目が出ることも同様に確からしいものとする。

〔問4〕　右の**図1**は，40人が受けた数学と英語それぞれのテストの得点を箱ひげ図に表したものである。**図1**から読み取れることとして正しく説明しているものを，次の**ア**～**エ**のうちから**2つ**選び，記号で答えよ。

図1

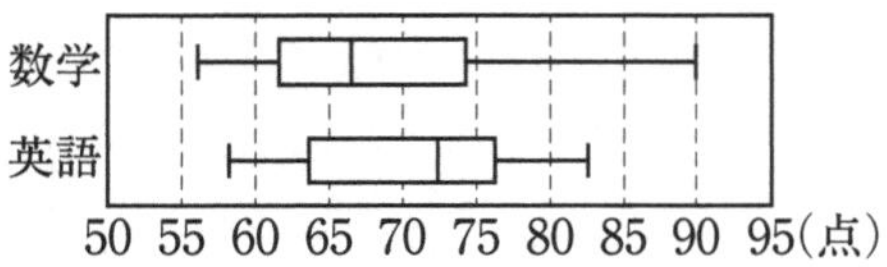

ア　85点以上の生徒は，数学にはいるが，英語にはいない。
イ　70点以上の生徒は，数学，英語ともに20人よりも多い。
ウ　80点以上85点以下の生徒は，数学，英語ともに必ずいる。
エ　数学の得点の高い方から20番目の生徒の数学の得点は，英語の得点が低い方から10番目の生徒の英語の得点より高い。

〔問5〕　右の**図2**で，点Pは，線分OAを半径とするおうぎ形OABの$\overset{\frown}{\mathrm{AB}}$上にある点である。
点Pにおけるおうぎ形OABの接線をℓとした場合を考える。
解答欄に示した図をもとにして，点Pで直線ℓに接し，線分OAにも接する円を，定規とコンパスを用いて作図によって求めよ。
ただし，作図に用いた線は消さないでおくこと。

図2

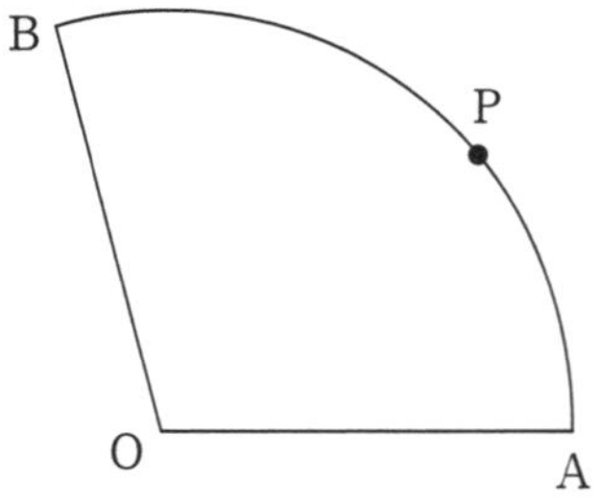

2 右の**図1**で，点Oは原点，曲線fは関数$y=\frac{1}{2}x^2$のグラフ，曲線gは関数$y=-\frac{1}{4}x^2$のグラフを表している。

曲線f上にありx座標が$t\,(t>0)$である点をA，点Aを通りy軸に平行な直線を引き，曲線gとの交点をB，点Bを通りx軸に平行な直線を引き，曲線gとの交点をCとする。

線分BCとy軸との交点をD，2点A，Cを通る直線をℓ，直線ℓとy軸との交点をEとする。

点Oから点(1，0)までの距離および点Oから点(0，1)までの距離をそれぞれ1cmとして，次の各問に答えよ。

図1

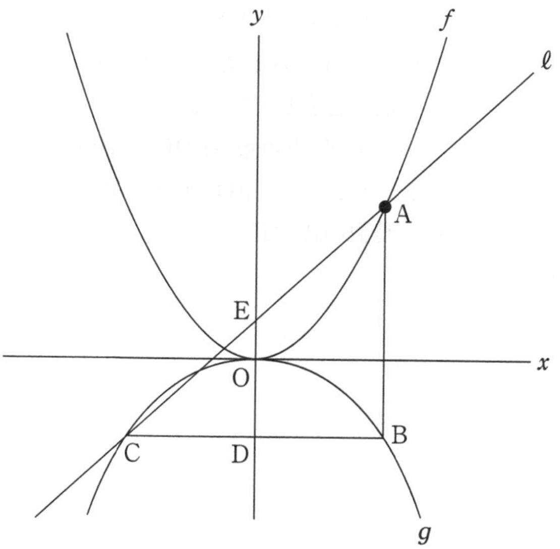

〔問１〕 AB＝3cmのとき，直線ℓの式を求めよ。

〔問２〕 右の**図2**は，**図1**において，直線ℓの傾きが1のとき，曲線f上にありx座標が2である点をFとし，点Aと点F，点Eと点Fをそれぞれ結んだ場合を表している。

△AEFの面積は何cm^2か。

ただし，答えだけでなく，答えを求める過程が分かるように，途中の式や計算なども書け。

図2

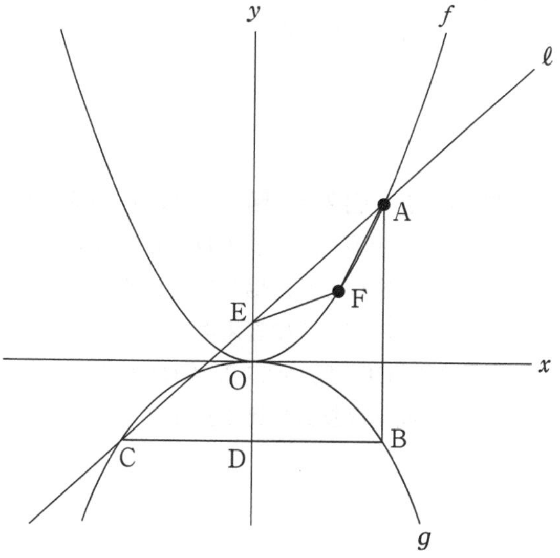

〔問３〕　右の**図３**は，**図１**において，線分AB上にあり，点Aと一致しない点をG，2点E，Gを通る直線をmとした場合を表している。

直線mが四角形AEDBの面積を2等分するとき，AG：GBを最も簡単な整数の比で表せ。

図３

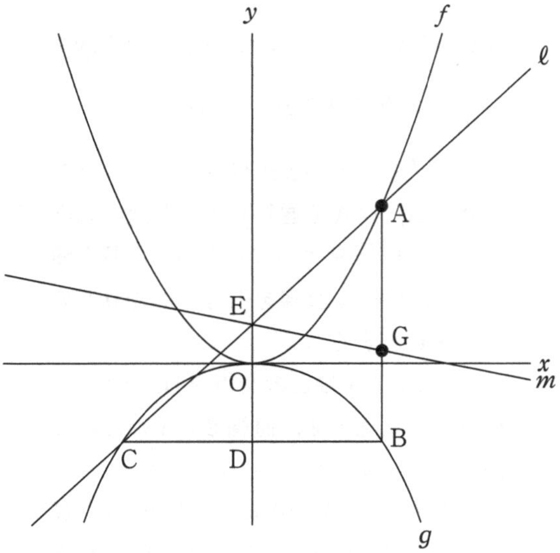

3

右の**図１**で，四角形ABCDは平行四辺形である。

辺CD上にある点をEとし，頂点Bと点Eを結ぶ。頂点Aから線分BEに垂直な直線を引き，線分BEとの交点をFとする。

次の各問に答えよ。

図１

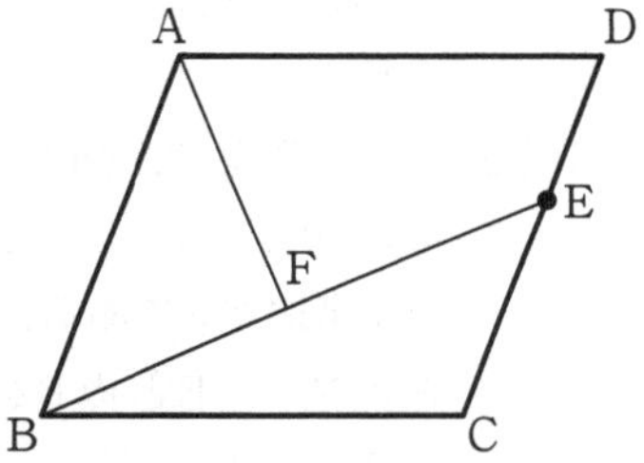

〔問１〕　右の**図２**は，**図１**において，線分AFをFの方向に延ばした直線と，辺CDをCの方向に延ばした直線との交点をGとした場合を表している。

次の(1)，(2)に答えよ。

(1)　CE：ED＝3：2，CD＝CGのとき，BF：FEを最も簡単な整数の比で表せ。

図２

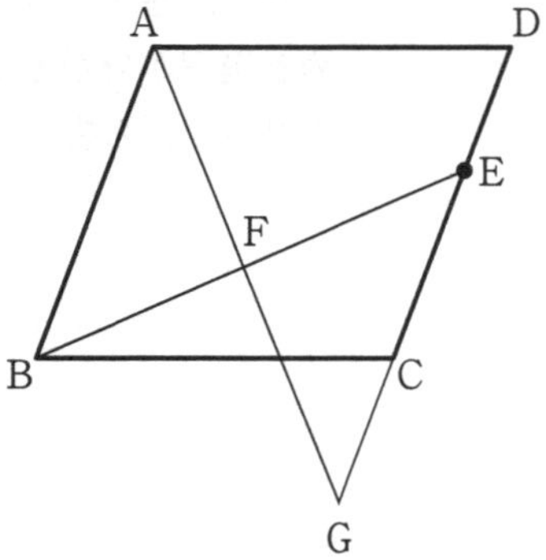

⑵　右の**図3**は，**図2**において，線分BEをEの方向に延ばした直線と，辺ADをDの方向に延ばした直線との交点をHとし，点Gと点Hを結んだ場合を表している。

BF＝FEのとき，△HAF≡△HGFであることを証明せよ。

図3

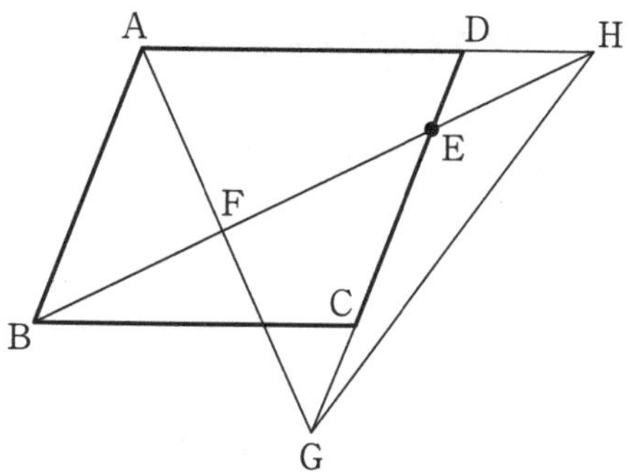

〔問２〕　右の**図4**は，**図1**において，線分CE上にある点をPとし，頂点Bと点Pを結び，頂点Aから線分BPに垂直な直線を引き，線分BPとの交点をIとした場合を表している。

AB＝4cm，∠EBC＝20°，点Pが線分CE上を頂点Cから点Eまで動き，点Eで止まるとき，点Iが動いてできる曲線の長さは何cmか。

ただし，円周率はπとする。

図4

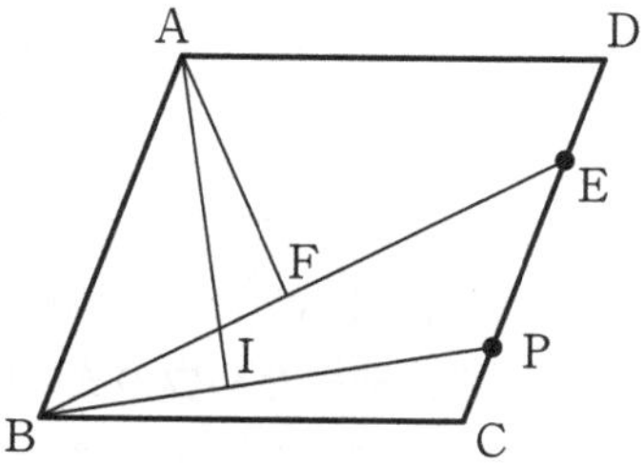

4　高校生のNさんは，夏休みに母校の中学校で数学の学習補助のボランティア活動に参加した。

Nさんは，そこで中学生の太郎さんがノートに次のような計算をしているのを見付けた。Nさんは間違っているところに×を書いた。

太郎さんのノート

ア　$\sqrt{9+\frac{2}{5}}=\sqrt{3^2+\frac{2}{5}}$　1行目

$=3\sqrt{\frac{2}{5}}$　×　2行目

イ　$\sqrt{4+\frac{4}{3}}=\sqrt{2^2+\frac{4}{3}}$　3行目

$=2\sqrt{\frac{4}{3}}$　4行目

太郎さんは，$\sqrt{a^2+b}$が$a\sqrt{b}$になると勘違いしており，そのため**ア**の計算には間違ったところがある。Nさんは，太郎さんが同様の勘違いで**イ**の計算を行ったと考え，太郎さんのノートの4行目のところで×を付けようと思ったが，正しく計算した答えと同じになるため×を付けることができなかった。Nさんは，aが正の整数，bが正の数のとき，太郎さんのノートの3行目から4行目の計算のように$\sqrt{a^2+b}=a\sqrt{b}$となる例が他にもないか調べてみたところ，Nさんは，$a=10$のとき，$b=$ (あ) となるのを見付けた。

〔問１〕　(あ) に当てはまる値を求めよ。

次に，Nさんは中学生の花子さんがノートに次のような式の展開をしているのを見付けた。N

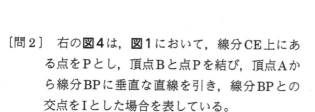

さんは，間違っているところに×を書いた。

花子さんのノート

ウ $(x+5)^2-(x+4)(x+2)=(x^2+5^2)-(x^2+4\times2)$ × 1行目

$=25-8$ 2行目

$=17$ 3行目

エ $(x+7)^2-(x+10)(x+4)=(x^2+7^2)-(x^2+10\times4)$ 4行目

$=49-40$ 5行目

$=9$ 6行目

花子さんは，x，yがどんな値でも，$(x+y)^2$がx^2+y^2に，$(x+c)(x+d)$がx^2+cdになると勘違いしており，そのため**ウ**の式の展開には間違ったところがある。Nさんは，花子さんが同様の勘違いで**エ**の式の展開を行ったと考え，花子さんのノートの4行目のところで×を付けようと思ったが，×を付けることができなかった。Nさんは，花子さんの勘違いによる式の展開と，正しく式の展開をしたときの結果が同じになるときは，どんな場合か興味をもった。

e，f，gを自然数として$f>$g，$x\neq0$とすると，Nさんは，$(x+e)^2-(x+f)(x+\mathrm{g})$を花子さんの勘違いによる方法で展開したときと，正しく展開したときの結果が同じになるときは，$(x+e)^2-(x+f)(x+\mathrm{g})=A$としたとき，$\sqrt{A}$が必ず自然数になることに気が付いた。

〔問2〕 上記の下線部が正しい理由を，文字x，e，f，g，Aを用いて説明せよ。

ただし，説明の過程が分かるように，途中の式や考え方なども書け。

なお，2つの数X，Yについて，**【表】**で示される関係が成り立ち，**オ**～**ケ**には偶数か奇数のどちらかが入る。説明するときに**【表】**の**オ**～**ケ**に偶数か奇数を正しく当てはめた結果については，証明せずに用いてよい。

【表】

	X，Yともに偶数	X，Yともに奇数	X，Yどちらかが偶数でもう一方が奇数
$X+Y$	偶数	**オ**	**カ**
$X-Y$	**キ**	**ク**	**ケ**

Nさんは，誤った計算方法でも正しい答えが出てくる場合について，他にどのような例があるか調べたところ，hを1以上9以下の整数，i，jをそれぞれ0以上9以下の整数としたとき，$(h+i+j)^3=100h+10i+j$となる場合があることが分かった。

そこでNさんは，kを1以上9以下の整数，ℓ，m，nをそれぞれ0以上9以下の整数として，$(k+\ell+m+n)^4$の値がk，ℓ，m，nを左から順に並べた4桁の数と等しくなる場合があるか考え，そのようなk，ℓ，m，nの組を見付けることができた。

〔問3〕 Nさんが見付けたk，ℓ，m，nについて，$\sqrt{1000k+100\ell+10m+n}$の値を求めよ。

＜英語＞　時間　50分　満点　100点

1 リスニングテスト(**放送**による**指示**に従って答えなさい。)

〔問題A〕 次の**ア**～**エ**の中から適するものをそれぞれ**一つずつ**選びなさい。

＜対話文 1＞

ア One dog.
イ Two dogs.
ウ Three dogs.
エ Four dogs.

＜対話文 2＞

ア Tomatoes.
イ Onions.
ウ Cheese.
エ Juice.

＜対話文 3＞

ア At two.
イ At one thirty.
ウ At twelve.
エ At one.

〔問題B〕 ＜Question 1＞では，下の**ア**～**エ**の中から適するものを**一つ**選びなさい。
＜Question 2＞では，質問に対する答えを英語で書きなさい。

＜Question 1＞

ア Two months old.
イ One week old.
ウ Eleven months old.
エ One year old.

＜Question 2＞

(15秒程度，答えを書く時間があります。)

2 次の対話の文章を読んで，あとの各問に答えなさい。
(＊印の付いている単語・語句には，本文のあとに〔**注**〕がある。)

*During spring break, two Japanese high school students, Saya and Daisuke are visiting universities in the US. One day they visit a university and meet a university student, Grace. She is going to show them her *laboratory. They have just met in front of her laboratory.*

Grace : Hi! Thank you for coming to our university. How are you today?
Saya : I'm so happy to be here!
Daisuke : Not so bad.
Grace : Great! Today, I'll show you my laboratory. Come in!

Daisuke : Wow! There are so many desks and machines here.

Saya : This is so cool!

Grace : I'm glad you think so.

Saya : I've heard you study *engineering here.

Grace : Yes. Are you interested in engineering?

Saya : Yes! I would love to be an engineer and make robots in the future.

Grace : I study engineering, but I don't make robots. I hope you're not disappointed!

Saya : I'm not. That's still interesting!

Daisuke : So what kind of engineering are you studying here?

Grace : I study *materials engineering. I learn how to develop or *utilize materials in this laboratory.

Saya : Materials? You study materials like plastic, wood...?

Grace : No. In this laboratory, we are studying materials *inspired by living things in the ocean.

Daisuke : [(a)]

Grace : Actually, it's not! We already have many products using such materials around us. For example, there are many products using materials inspired by shark skin like planes, ships and *swimsuits.

Daisuke : I've heard about the swimsuits before. My friend in my swimming club told me about them. We can swim very fast when we wear them.

Saya : I don't think that's possible.

Daisuke : Yes, it is.

Saya : How?

Daisuke : Ah... maybe shark skin gives swimmers the power to do that.

Saya : [(b)] Do you, Grace?

Grace : Maybe this can help. Look at the picture on my computer.

Saya : Wow! There are so many tiny things in the picture. What are they?

Grace : They're shark *scales. When we look at shark skin through an *electron microscope, it looks like this.

Saya : I see.

Grace : Look at these scales carefully. You can see *grooves on each scale. These grooves help reduce water *resistance when sharks swim in the ocean.

Daisuke : So they can swim fast! Swimsuits inspired by shark skin were inspired by shark scales.

Saya : Wow, that makes sense. Now I understand why we can swim fast when we wear them.

Daisuke : I want to wear one in a swimming competition.

Grace : Ah.... You may be disappointed. Now rules about swimsuits are stricter and they are banned in most competitions.

Daisuke : Oh no!

Grace : Sorry, Daisuke. But many companies are still interested in shark skin for other products.

Daisuke : [(c)]

Grace : The *surface of shark skin is always clean thanks to the grooves on the scales.

Saya : What does that mean?

Grace : I mean *barnacles don't *stick to shark skin because of the grooves on the scales, though they stick to living things in the ocean such as whales. So now *coatings inspired by shark skin are used for ships.

Saya : I see. So you're studying sharks.

Grace : I like sharks, but I'm actually studying something else. *Shellfish!

Saya : Shellfish? I can't imagine anything inspired by shellfish.

Grace : We have a lot of things to learn from shellfish! Recently, researchers in Japan and other countries have invented *adhesives inspired by *mussels.

Daisuke : Mussels! How did they invent mussel adhesives? I can't imagine adhesives inspired by them.

Grace : Mussels have a special *protein and they can stick to rocks and other things by using it. The researchers invented adhesives inspired by the protein.

Daisuke : I see.

Grace : Mussel adhesives are different from other kinds of adhesives.

Saya : [(d)]

Grace : We usually use adhesives in dry conditions. We can't use them in water because they won't stick when they are wet. But mussel adhesives stick in water!

Daisuke : That's amazing!

Grace : Yes! And now researchers are trying to invent medical adhesives inspired by mussels.

Daisuke : Why are they trying to do that?

Grace : Now, one of the problems during operations in hospitals is that we cannot use adhesives in wet conditions, but mussel adhesives can be used in such conditions.

Daisuke : Wow! I never realized that learning about sharks and shellfish was so useful for us.

Grace : Not only that, but doing this is good for the environment, too.

Daisuke : Is it?

Grace : Yes. Do you remember the coatings inspired by shark skin for ships?

Saya : Yes, you talked about them before.

Grace : They are also eco-friendly. People used *organotin compounds for ship coatings before, but they were bad for the ocean. So now, we use ship coatings inspired by shark skin and other eco-friendly ship coatings because they don't include organotin compounds.

Daisuke : Oh! When we learn from living things, we can make things that are good for humans and the environment.

Saya : When I become an engineer, I want to learn from living things, too!

Grace : Great, Saya! There's another important thing to remember.

Saya : [(e)]

Grace : Working together is important when we invent things. When I started to study materials engineering, I realized that I should know not only about engineering but also about living things in the ocean, environmental issues, and many other things.

Saya : Wow. I didn't know that (2)【ア things イ become ウ to エ many オ to be カ had キ done ク so】 an engineer.

Grace : Remember, you don't need to work alone. You can ask other engineers and researchers to help you. They may also ask you for help. When people in different fields work together and help each other, it becomes quicker and easier to think of new *inventions.

Daisuke : Oh! So working together is really important!

Saya : When I create robots, I'll ask other researchers and engineers for help. Maybe I can create robots inspired by animals! I want to learn how they move, and use their abilities for my robots when I become an engineer. It's going to be so exciting!

Daisuke : Maybe I can learn how to swim fast from sharks or other fish!

Saya : Then you'll be a great swimmer.

Grace : I think so too! I'm glad you two are interested in materials engineering. I hope you enjoyed today's visit. Now, it's time for lunch. If you like, why don't we go to the university cafeteria? They have a delicious shellfish pizza.

Daisuke : Sounds good! I want to go.

Saya : Yes! Let's go!

〔注〕 laboratory 研究室　engineering 工学　material 材料
utilize 利用する　inspire 着想を与える　swimsuit 水着
scale うろこ　electron microscope 電子顕微鏡　groove 溝
resistance 抵抗　surface 表面　barnacle フジツボなど固着性甲殻類の総称
stick くっつく　coating コーティング　shellfish 貝
adhesive 接着剤　mussel ムラサキイガイ　protein タンパク質
organotin compound 有機スズ化合物　invention 発明

〔問1〕 本文の流れに合うように，[(a)]～[(e)]の中に，英文を入れるとき，最も適切なものを次の中からそれぞれ**一つずつ**選びなさい。ただし，同じものは二度使えません。

ア What is it?

イ Why are they interested in it?

ウ That sounds difficult.

エ How are they different?

オ I don't understand.

〔問2〕 (2)【ア things　イ become　ウ to　エ many　オ to be　カ had　キ done　ク so】とあるが，本文の流れに合うように，【　　　】内の単語・語句を正しく並べかえたとき，**1番目**と**4番目**と**7番目**にくるものは，それぞれ**ア**～**ク**の中ではどれか。

〔問3〕 次の(A)，(B)について，本文の内容に合っている英文を全て選ぶとき，最も適切なものは，それぞれ下の**ア**～**コ**の中ではどれか。

(A)

① Saya found out that Grace did not make robots, and she was so disappointed that she could not ask any more questions after that.

② Grace studies materials engineering and learns how to utilize materials such as plastic or wood.

③ Before Daisuke met Grace at her university, one of his club members told him about swimsuits inspired by shark skin.

④ Sharks have grooves on their scales and always keep their skin clean, so barnacles stick to sharks.

ア	①	**イ**	②	**ウ**	③
エ	④	**オ**	①　②	**カ**	①　③
キ	①　④	**ク**	②　③	**ケ**	②　④
コ	③　④				

(B)

① Adhesives inspired by mussels are special because only researchers in Japan know how to invent them.

② Researchers are now trying to invent medical adhesives inspired by mussels because mussel adhesives can be used in wet conditions.

③ Ship coatings inspired by shark skin are good for the environment because they include organotin compounds.

④ Saya wants to learn from animals to utilize their abilities when she becomes an engineer and makes robots.

ア	①	**イ**	②	**ウ**	③
エ	④	**オ**	①　②	**カ**	①　③
キ	①　④	**ク**	②　③	**ケ**	②　④
コ	③　④				

〔問4〕 次の文章は，Daisuke が書いた日記の文章である。対話文の内容に一致するように，(a)～(d)の中に，それぞれ適切な**英語1語**を入れなさい。

Today, Saya and I visited a university in the US and met Grace. She studies how to develop materials inspired by living things in the ocean. As an (a) of products made from such materials, we talked about swimsuits inspired by shark skin. Then, Grace explained why we could swim fast by (b) the swimsuits. She is now studying materials inspired by shellfish and told us about adhesives inspired by mussels. I realized that (c) from living things is good because we can invent useful and eco-friendly things by doing so. Grace told us that working together and helping each other is important because we can think of new inventions more quickly and (d). Saya and I enjoyed today's visit very much.

3 次の文章を読んで，あとの各問に答えなさい。
（*印の付いている単語・語句には，本文のあとに〔注〕がある。）

When you were small, what kind of activity was your favorite? Some of you may answer drawing pictures or reading books, and some of you may answer folding paper: origami. Origami is the traditional Japanese art of folding paper. Even small children can create plants, animals, and various other things by just folding a piece of paper. (1) However, origami is more than this. It has the power to *innovate technology. Some great examples of this are shown in the field of space science.

You may wonder how origami is connected to space science. Have you ever *unfolded the origami that you created? The beautiful *geometric lines on the paper may be surprising to you. In the past, some people noticed that those lines could be helpful in math and science. In the 1970s, a Japanese scientist studied them to help create rockets and planes, and invented a famous *folding pattern: the Miura-ori. The Miura-ori (2)【 quickly open / to / even a / allows / large / you / and close 】 piece of paper by just pulling and pushing on its *diagonal corners. In Japan, the folding pattern is found in various products such as paper pocket maps that are opened and closed easily.

The Miura-ori was a key to developing space science in Japan. The folding pattern was used for the *solar panels of the Space Flyer Unit (SFU), Japan's *satellite for space experiments and *observations. The SFU was developed to perform many missions, and one important mission was to find out how the solar panels could work well in space. The solar panels needed to have a large *surface area to get a lot of energy from sunlight. ア At the same time, however, they needed to become small enough to keep in the SFU for delivery. イ You may think scientists and engineers needed to make the impossible possible. ウ Thanks to the folding pattern, the solar panels could be folded and unfolded, and this problem was solved. エ In 1995, the SFU was *launched and the use of the solar panels in space was successful. オ

One example of space science using another folding pattern is the space yacht developed by *JAXA: (4)IKAROS. Please think of yachts with *sails on Earth. How do they move? They are moved by the wind on their sails. Then how about the space yacht? There is no air in space, but IKAROS is moved by the *pressure from sunlight on a large, square, and thin *membrane called a solar sail. IKAROS also has thin *solar cells on its sail. Like the solar panels of the SFU, a (5)-a sail is effective to get energy from sunlight, but a (5)-b one is also convenient when IKAROS is leaving Earth. To make this possible, a special folding pattern was used for the solar sail. The IKAROS project leader said that there were various main missions of the project and the most difficult mission was to unfold the large, square, and thin solar sail in space. While the project team members were preparing to launch IKAROS, they tried various folding patterns and then decided on the best one. Thanks to these efforts and many others, IKAROS was launched in 2010 and the main missions were all successful. IKAROS became the first space yacht that realized the use of a solar sail in space.

Origami is getting a lot of attention not only in Japan but also around the world. *NASA invented a *prototype of a starshade. Some people use a sunshade or a *parasol, especially during summer. As the name shows, a sunshade provides *shade from sunlight. So a starshade provides shade from starlight, and the shape of the starshade is actually similar to a parasol. However, why is shade from starlight necessary in space? Planets move around stars in space, but it is not possible to see the planets well because of the strong starlight from the stars. One of the ways to solve this problem is to use a starshade. A space *telescope will carry the folded starshade. The starshade will unfold, and at the same time fly to the spot between the space telescope and a star, and *block the starlight from the star. If this plan is realized, it may be possible to get a clear look at [(6)] and study for signs of life there. The starshade uses a folding pattern called the flasher pattern. It is folded into a small size and unfolded into a huge one. The starshade is still a prototype and only one example in the field of space science, so its future may change greatly.

The power of origami is not just for space science. It has been innovating other technology such as medical tools and robots. Scientists and engineers have found ideas to innovate technology from origami. New ideas may come from things you do or use in your daily life. So please take a look at the things around you. They may lead you to great discoveries.

〔注〕

innovate　革新する	unfold　開く	geometric　幾何学の
folding pattern　折り方	diagonal　対角の	solar panel　太陽光パネル
satellite　人工衛星	observation　観測	surface area　表面積
launch　打ち上げる	JAXA　宇宙航空研究開発機構	sail　帆
pressure　圧力	membrane　膜	solar cell　太陽電池
NASA　米国航空宇宙局	prototype　試作機	parasol　日傘
shade　陰	telescope　望遠鏡	block　遮断する

〔問1〕 本文の流れに合うように，[(1)]の中に英文を入れたとき，最も適切なものは，次の**ア**～**エ**の中ではどれか。

ア So most of you may think that it is simple.

イ So most of you may think that it is difficult.

ウ So most of you may not think that it is for children.

エ So most of you may not think that it is for adults.

〔問2〕 (2)【 quickly open / to / even a / allows / large / you / and close 】とあるが，本文の流れに合うように，【　　　　　】内の単語・語句を正しく並べかえなさい。

〔問3〕 次の英文は，[ア]～[オ]のいずれかに入る。この英文を入れるのに最も適切な場所を選びなさい。

However, the Miura-ori has the power to do so.

〔問4〕 (4)IKAROSについて，その内容を正しく表した英文の組み合わせとして最も適切なものは，下の**ア～カ**の中ではどれか。

① Just like yachts with sails on Earth that are moved by the wind, IKAROS also needs wind energy in space.

② IKAROS has a small, square, and thick membrane called a solar sail and also has thick solar cells on its sail.

③ According to the IKAROS project leader, the most difficult mission was to open the solar sail in space.

④ After the IKAROS project team members tried various folding patterns, they decided on the best one.

ア	①　②	**イ**	①　③	**ウ**	①　④
エ	②　③	**オ**	②　④	**カ**	③　④

〔問5〕 本文の流れに合うように，[(5)-a]，[(5)-b]の中に単語を入れたとき，その組み合わせとして最も適切なものは，次の**ア～エ**の中ではどれか。

	[(5)-a]	[(5)-b]
ア	small	small
イ	large	large
ウ	small	large
エ	large	small

〔問6〕 本文の流れに合うように，[(6)]の中に入る**同じ段落中**の適切な**英語1語**を書きなさい。

〔問7〕 次の(A)，(B)について，本文の内容に合っている英文を全て選ぶとき，最も適切なものは，それぞれ下の**ア～コ**の中ではどれか。

(A)

① Origami is the modern art of folding paper in Japan, and small children can create things like plants and animals with it.

② By studying geometric lines to help create rockets and planes, a Japanese scientist invented a famous folding pattern that is used in various products.

③ The SFU had a lot of missions, and an important one was to find its solar panels in space.

④ The solar panels of the SFU used a different folding pattern from the solar sail of IKAROS.

ア	①	**イ**	②	**ウ**	③
エ	④	**オ**	①　②	**カ**	①　③
キ	①　④	**ク**	②　③	**ケ**	②　④
コ	③　④				

(B)

① JAXA developed IKAROS, and it became the first space yacht that was able to use starlight on its sail.

② NASA invented a prototype of a starshade that provides shade from starlight, and its shape is like a parasol.

③ A space telescope will fly to the spot between the starshade and a star, and block the starlight from the star.

④ There are many great examples using ideas from origami in the field of space science such as the SFU, IKAROS, the sunshade, and the starshade.

ア	①	イ	②	ウ	③
エ	④	オ	①　②	カ	①　③
キ	①　④	ク	②　③	ケ	②　④
コ	③　④				

4 次の文章を読んで，あとの各問に答えなさい。

(*印の付いている単語・語句には，本文のあとに〔注〕がある。)

When you think of Japanese culture, you may imagine things like Japanese food, gardens, shrines, temples, and anime. However, one of the things that tourists from different countries are surprised to see when they visit Japan is something you often see in your daily life: vending machines. There are a lot of vending machines in Japan, and they sell a variety of things. In reality, now the number of vending machines in Japan is the second largest in the world after the US. However, if you think of the population and area of both countries, you have more chances to see vending machines in Japan than in the US. You may think that the vending machine was invented in Japan. Actually, [　　(1)　　].

You will probably be surprised to learn that the first vending machine in the world was invented in ancient Egypt. An engineer invented a *device that sold *holy water in temples. At that time, people washed their face and hands with holy water before entering temples. When a coin was put into the device, it landed on a plate that was connected to a *lever. The *weight of the coin pulled the lever, and then a *valve opened and holy water came out. When the coin fell off the [(2)-a], the [(2)-b] went back to its original spot, and the [(2)-c] closed. Thanks to this device, people could not take more than the amount of holy water that they bought, and almost the same amount was provided to each person. You now know the first vending machine was created a long time ago, so you may think that since then vending machines have developed over the centuries little by little. However, more modern vending machines were not invented for a long time.

*Commercial vending machines first appeared in the late 19th century in the UK. In 1883, vending machines selling stationery such as postcards, paper, and envelopes were *installed at train stations in London. People really liked these machines because they could use them even on Sundays, and they met people's need to communicate with others through writing.

In 1888, vending machines selling *chewing gum were introduced at train stations in New York, in the US. By the early 1890s, vending machines were also installed in Germany and sold things like chocolate and chewing gum. In 1897, a company in the US put pictures on chewing gum vending machines to make their products more attractive and draw customers' attention.

Another type of vending machine was introduced in Germany at the end of the 19th century. In 1895, a *coin-operated fast food restaurant called an "automat" appeared. In this restaurant, simple foods and drinks were served through vending machines and there were usually only a few staff members. [ア] In 1902, an automat opened in a city called *Philadelphia on *the East Coast. [イ] A lot of vending machines were installed there, and customers could buy foods such as sandwiches, pies, and soups by putting coins in the machines. [ウ] It was a great *success, so its managers planned to open another automat in a bigger and busier city. In 1912, they met their goal, and a new automat opened in New York. [エ] During their most popular period, in the 1950s, automats were serving about 750,000 customers a day. [オ] However, in the 1960s, fast food chains such as hamburger chains became popular. So, many automats started to close, and finally the last one in New York disappeared in 1991.

You probably see a lot of (4)drink vending machines in your daily life, so let's talk about their history now. The world's first drink vending machine was invented in France in 1891. In 1926, soft drink vending machines appeared in amusement parks in New York. At that time, bottles were not used, and instead drinks were put into paper cups. About 10 years later, in 1937, a company in the US created a new vending machine selling *bottled drinks. In Japan, the first soft drink vending machine was introduced in 1957 and it sold orange juice for 10 yen. For the first few years it was a huge success, but around that time prices rose quickly, so the same orange juice could not be provided for the same price anymore. In 1965, the number of vending machines increased a lot, but there was a problem. The vending machines accepted only coins not paper money. Also, 100-yen coins used at that time were very expensive to make, so they did not *circulate among people. To solve this problem the Japanese government started to make a new 100-yen coin in 1967. This coin was less expensive to make and also very convenient because with this coin people could easily buy drinks from vending machines. In 1976, vending machines that could serve both hot and cold coffee were invented, so people could enjoy hot coffee even on a cold day almost anywhere in Japan. Because of all of these changes, buying drinks from vending machines has become more [(5)] in Japan. Around that time vending machines selling train tickets were also installed, and as a result the number of vending machines in Japan increased quickly in the 1970s and 1980s.

In the 21st century, like other technologies, vending machines developed. One good example is that customers could choose to pay with *cash or *credit card. Around 2006, vending machines that could accept credit cards became *available in the US. Cash is not necessary anymore, so more expensive products are sold now. For example, in Singapore there is a huge vending machine about 45 meters high. In this machine about 60 expensive cars are sold. As you do with other vending machines, if you (6)【ア pushing　イ as　ウ do　エ a　オ as simple　カ something　キ button】, the selected product will be carried down to the ground in about two minutes. Vending machines are still getting smarter and smarter, so these days various kinds of IC cards and even smartphones can be used to buy things from many of the vending machines available in the world.

As we discussed above, vending machines have developed in a variety of ways. With some vending machines, *IoT technology is used, so today the record of your drink *purchases, for example, can be kept on the Internet. If this system is used across Japan in the future, this record may be used for selling drinks. When you buy a drink from a vending machine, you may be asked a question like, "Would you like the one you usually get?"

〔注〕
device　装置
weight　重み
install　設置する
Philadelphia　フィラデルフィア
bottled　瓶詰めされた
credit card　クレジットカード
purchase　購入
holy water　聖水
valve　バルブ
chewing gum　チューインガム
the East Coast　東海岸
circulate　流通する
available　利用できる
lever　レバー
commercial　商業用の
coin-operated　硬貨で稼《か》動《どう》する
success　成功
cash　現金
IoT　インターネット化

〔問1〕　本文の流れに合うように，[　(1)　]の中に英語を入れたとき，最も適切なものは，次の**ア**～**エ**の中ではどれか。

ア　this will be true
イ　this will not be true
ウ　this is true
エ　this is not true

〔問2〕　本文の流れに合うように，[(2)-a]，[(2)-b]，[(2)-c]の中に単語を入れたとき，その組み合わせとして最も適切なものは，次の**ア**～**カ**の中ではどれか。

	(2)-a	(2)-b	(2)-c
ア	lever	plate	valve
イ	lever	valve	plate
ウ	plate	lever	valve
エ	plate	valve	lever
オ	valve	plate	lever
カ	valve	lever	plate

〔問3〕　次の英文は，[　ア　]～[　オ　]のいずれかに入る。この英文を入れるのに最も適切な場所を選びなさい。

This new business style actually became a big hit in the US.

〔問4〕　(4)drink vending machinesについて，それに関連した内容を正しく表した英文の組み合わせとして最も適切なものは，下の**ア**～**コ**の中ではどれか。

① The first drink vending machine in the world was created in the US.

② In 1926, drinks were provided in paper cups in amusement parks in New York.

③ In Japan, a 100-yen coin was necessary to buy orange juice in 1957.

④ The new 100-yen coin was made by the Japanese government in 1967.

⑤ In Japan, hot coffee was sold in vending machines before 1976.

ア	①　②	イ	①　③	ウ	①　④
エ	①　⑤	オ	②　③	カ	②　④
キ	②　⑤	ク	③　④	ケ	③　⑤
コ	④　⑤				

〔問５〕　本文の流れに合うように，(5)の中に入る**同じ段落中**の適切な**英語１語**を書きなさい。

〔問６〕　(6)【**ア** pushing　**イ** as　**ウ** do　**エ** a　**オ** as simple　**カ** something　**キ** button】とあるが，本文の流れに合うように，【　　　　　】内の単語・語句を正しく並べかえたとき，**１番目**と**３番目**と**５番目**にくるものは，それぞれ**ア～キ**の中ではどれか。

〔問７〕　次の(A)，(B)について，本文の内容に合っている英文を全て選ぶとき，最も適切なものは，それぞれ下の**ア～コ**の中ではどれか。

(A)

① Anime is one of the things tourists from different countries are surprised to see when they visit Japan.

② These days, there are more vending machines in the US than in any other country in the world.

③ When people visited temples in ancient Egypt, they bought holy water to wash their arms and legs before entering them.

④ With the world's first vending machine, exactly the same amount of holy water was provided to each person.

ア	①	イ	②	ウ	③
エ	④	オ	①　②	カ	①　③
キ	①　④	ク	②　③	ケ	②　④
コ	③　④				

(B)

① In London, in the late 19th century, vending machines selling stationery such as paper were installed at train stations, and people could use them even on Sundays.

② In the US, in 1897, to make products sold through vending machines more attractive and draw customers' attention, pictures were put on chocolate vending machines.

③ Today, if you have enough electronic money on your IC cards or smartphones, real money is not necessary to buy things from any vending machines in the world.

④ In the future, when you buy a drink from a vending machine, it may ask a question like, "Would you like the one you usually get?" because of the record of your purchases.

ア	①	イ	②	ウ	③
エ	④	オ	①　②	カ	①　③
キ	①　④	ク	②　③	ケ	②　④
コ	③　④				

〔問8〕　下の英文を読み，それに対して，**40語以上50語以内**の英語の文章を**1つの段落**にまとめて書きなさい。「．」「，」「！」「？」などは，語数に含めません。これらの符号は，解答用紙の下線部と下線部の間に入れなさい。

Choose a product or food that is a unique part of Japanese daily life and culture. Explain what it is and why it is unique. Write the answer to someone who does not know much about the product or food. You cannot write about either vending machines or origami.

ウ　体の故障と老いにより自由がきかない如亭と、病苦に耐える日々を送る子規が、共に人生のはかなさを凧揚げの情景に重ねているということ。

エ　子規も如亭も、新年を迎えた自宅で不如意な生活を送りながらも、偶然見かけた凧揚げをする少年の姿の先に遠い故郷を見ているということ。

〔問4〕 (4)頰杖《ほおづえ》をついた とあるが、本文中の六如の漢詩の中では、どのように表現されているか。漢詩の中から抜き出した場合、最も適切なものを、次のうちから選べ。

ア　淰淰風

イ　老年

ウ　火籠中

エ　搘頤

〔問5〕 (5)空に揚がっている凧 とあるが、ここでは何を意味していると言えるか。その説明として最も適切なものを、次のうちから選べ。

ア　正月の青空を泳ぎ回るいくつもの凧の情景から、大人たちは、少年時代を思い出し、現在の自分との差異に改めて気づかされ、現実を再認識させるということ。

イ　凧揚げは、少年時代をなつかしく想起させることにとどまらず、たった一本の糸で地上と繋がっている凧の有り様が、人間の生の実相と通底しているということ。

ウ　凧がゆらめく大空を見ながら、私たちは波にたゆたう舟のような人間存在の不安定さを思い、懸命に生きようとする己を凧に重ね勇気を感じているということ。

エ　江戸の大人たちは、空に揚がる凧を見て懐旧の情にかられ、故郷で過ごした少年時代を思う一方で、凧の様子から、今後の生活に不安を抱いているということ。

と繋がって空に漂う凧の寄るべなさが、大きな時の流れのなかでの人間存在の頼りなさというものを感じさせるからかもしれない。

（揖斐高「江戸漢詩の情景」（一部改変）による）

〔注〕一三・等躬《とうきゅう》・太祇《たいぎ》・蓼太《りょうた》——江戸時代初期から中期にかけての俳人。一三は読み方不明。
日本橋《にほんばし》馬喰町《ばくろちょう》——東京都中央区の地名。
淡島寒月《あわしまかんげつ》——明治時代の作家、画家。
纏《まとい》——江戸時代の町火消しが用いた旗印の一種。
鳶口《とびぐち》——鳶のくちばし状の鉄製の穂先を長い柄につけた道具。
小普請方《こぶしんかた》大工棟梁《とうりょう》——小普請奉行配下で、江戸城をはじめ、幕府直轄の寺社の建築や修繕を行う大工の束ね役。
不如意《ふにょい》——金銭が乏しくて何もできないこと。
逼塞《ひっそく》——落ちぶれて世間から身を隠していること。

〔問1〕(1)凧は江戸時代には地域によってさまざまな名称で呼ばれていた。とあるが、「いか」や「たこ」と呼ばれたのはなぜか。その説明として最も適切なものを、次のうちから選べ。

ア　江戸期の代表的文学といえる俳諧において、季語である凧には、春を待つ人々の切なる思いが込められていたと認められるから。

イ　江戸以外の土地では、その地域に伝わる文学作品に触発されることにより、さまざまな名称が凧につけられたと考えられるから。

ウ　烏賊や章魚を泳がせながら凧揚げに興じるかのように、江戸の人は仰ぎ見た大空を、青い大海原になぞらえたと推測されるから。

エ　俳諧の中心は江戸だったが、畿内においては、江戸時代以前からの漢詩の影響が凧の名称にも色濃く反映していたと言えるから。

〔問2〕(2)なんとも微笑《ほほえ》ましい情景であるとあるが、このように言えるのはなぜか。その説明として最も適切なものを、次のうちから選べ。

ア　子どもたちが揚げていた凧糸が切れて、郊外の山の上を悠然と飛んで行く正月の情景に、心が和んだから。

イ　主人のわずかな隙を好機と捉えた子どもが、急いで外に出て行き凧揚げをする様子に、心が温まったから。

ウ　陸奥国での、大人が読書をして正月を過ごす一方、子どもが凧揚げを楽しむ様子に、心が満たされたから。

エ　うとうととしながら縁側に座っている時に見た、子どもの凧が破れて落ちてきた情景に、心が躍ったから。

〔問3〕(3)同じような とあるが、どういうことか。その説明として最も適切なものを、次のうちから選べ。

ア　貧しい生活を強いられ手持ち無沙汰にしている如亭と、闘病生活を送る子規が、共に自宅の庭に落ちてきた凧の情景を詠んでいるということ。

イ　子規も如亭も苦難と向き合い、共に庭先に出て冷たい風を受けながら、青空を泳ぎ回っていた凧が落下してくる情景を詠んでいるということ。

と題する次のような七言絶句がある。

幾欲尋梅怯剰寒
残書在手擁爐眠
侍童伺我齁齁作
走向後園放紙鳶

幾《いく》たびか梅《うめ》を尋《たず》ねんと欲して　剰寒《じょうかん》を怯《おそ》る
残書《ざんしょ》手《て》に在《あ》りて　爐《ろ》を擁《よう》して眠《ねむ》る
侍童《じどう》　我《わ》が齁齁《こうこう》の作《おこ》るを伺《うかが》ひて
走《はし》りて後園《こうえん》に向《お》いて紙鳶《しえん》を放《はな》つ

火鉢を抱え込むようにしてうたた寝をし始めた私が、やがて鼾《いびき》をかくようになったのを幸いに、側使《そばづか》いの小坊主は走って裏庭へ行き、凧揚げに興じているというのである。(2)なんとも微笑《ほほえ》ましい情景である

が、白河《しらかわ》藩主になったばかりの松平定信《まつだいらさだのぶ》が、天明五年（一七八五）に江戸に住む妹に白河から書き送った随想『関《せき》の秋風《あきかぜ》』のなかで、「わらんべのいかのぼりあげぬも又にくし」「子どもたちが凧揚げをしないのもまた残念なことだ。」と記しているように、陸奥国《むつのくに》白河の地では子供たちの凧揚げが見られないのが、江戸育ちの定信には物足りなかったようだ。

ほぼ同じ頃、幕府の＊小普請方《こぶしんかた》大工棟梁《とうりょう》を勤め、江戸の市中に住んでいた柏木如亭《かしわぎじょてい》は、「春興《しゅんきょう》」と題する次のような七言絶句を詠んでいる。

遇花無酒又無銭
坐着南簷尽日眠
識得群児閙街口
風中紙破落庭鳶

花《はな》に遇《あ》ひて　酒《さけ》無《な》く又た銭《ぜに》無《な》し
南簷《なんえん》に坐着《ざちゃく》して尽日眠《じんじつねむ》る
織《し》り得《え》たり　群児《ぐんじ》の街口《がいこう》を閙《さわが》すを
風中《ふうちゅう》　紙破《かみやぶ》れて　庭《にわ》に落《お》つる鳶《とび》

為《な》すこともなく南向きの縁側で日がな一日うたた寝をしていた時、表通りで賑《にぎ》やかに凧揚げをしていた子供の紙鳶が風に破られ、我が家の小庭に舞い落ちてきたというのである。凧揚げに興じた無邪気な子供時代は追憶の彼方《かなた》に去り、今や＊不如意《ふにょい》な生活を余儀なくされて＊逼塞《ひっそく》している青年詩人は、そこはかとない倦怠感《けんたいかん》に身を委ねている。

明治三十一年、三十二歳の正岡子規も、病床に臥《ふ》せりがちだった根岸《ねぎし》の子規庵《しきあん》で、「忽然《こつぜん》と凧落《たこお》ち来る小庭哉《こにわかな》」という、如亭のこの詩と(3)同じような情景の句を詠んでいる。

六如にはまた、みずからの子供時代の凧揚げを追憶する「春寒」と題する七言絶句もある。

花信猶寒淰淰風
老年情味火籠中
揞頤乍憶童時楽
何処鳶箏鳴遠空

花信《かしん》　猶《な》ほ寒《さむ》し　淰淰《だんだん》の風《かぜ》
老年《ろうねん》の　情味《じょうみ》　火籠《かろう》の中《なか》
頤《あご》を揞《ささ》へて　乍《たちま》ち憶《おも》ふ　童時《どうじ》の楽《たの》しみ
何《いず》れの処《ところ》の鳶箏《えんそう》か　遠空《えんくう》に鳴《な》る

まだ冷たい風が吹いている春先の一日、老いた私には炬燵《こたつ》の暖かさが心地よい。炬燵にあたってぬくぬくしていると、遠くの空に揚がっている凧の唸りが風に運ばれて聞こえてくる。炬燵に(4)頬杖《ほおづえ》をついたまま、私の思いはたちまちのうちに少年の日の楽しかった凧揚げへと遡《さかのぼ》っていく。遠空に鳴る鳶箏《えんそう》（凧の唸り）が詩人の郷愁《ノスタルジー》を掻《か》き立てるきっかけになったのである。

(5)空に揚がっている凧には、現在を過去へと牽《ひ》き戻す力があるのかもしれない。凧揚げが子供の好んだ遊びだったために、六如の詩のように、凧揚げが少年時代の思い出の情景として蘇《よみがえ》るというのもその表われの一つであろうが、より根源的な感覚でいえば、一本の糸で地上

うなことが必要か。本文の内容を踏まえ、あなたの考えを、**二百字以内**にまとめて書け。さらに、あなたの書いた文章にふさわしい**題名**を解答用紙の所定の欄に書け。なお、、や。や「などのほか、書き出しや改行の際の空欄も一字と数えよ。

5

次の文章を読んで、あとの各問に答えよ。（〔 〕内は現代語訳を補ったものである。*印の付いている言葉には、本文のあとに〔**注**〕がある。なお、本文中の○は、江戸時代の辞典の見出し語と説明文を区別する記号である。）

凧《たこ》が文献に多く登場し、文学作品にも取り上げられるようになるのは江戸時代に入ってからである。(1)凧は江戸時代には地域によってさまざまな名称で呼ばれていた。江戸時代中期の方言辞典『物類称呼《ぶつるいしょうこ》』には次のように解説されている。

いかのぼり○畿内《きない》にて、いかといふ。関東《かんとう》にて、たこといふ。西国《さいごく》にて、たつ、また、ふうりうといふ。唐津《からつ》にては、たことい
ふ。長崎《ながさき》にて、はたといふ。上野《こうずけ》および信州《しんしゅう》にて、たかといふ。越路《こしじ》にて、いか、また、いかこといふ。伊勢《いせ》にて、はたといふ。奥州《おうしゅう》にて、てんぐばたといふ。土州《どしゅう》にて、たこといふ。

鳶《とび》（鴟《とび》）や鳳《おおとり》という鳥が空を飛ぶのは自然だが、見立て好きな江戸人は空を海に見立て、そこに烏賊《いか》や章魚《たこ》が泳いでいると見たのであろうか。そうすると、凧と地上を繋《つな》ぐ凧糸は、釣糸ということになる。

春風や水なき空に凧《いかのぼり》　*一三（俳諧洗濯物《はいかいせんたくもの》）

江戸時代において文学作品として凧が多く詠《よ》まれたのは何といっても俳諧《はいかい》においてである。凧は春の季語として、正岡子規《まさおかしき》の『分類俳句《ぶんるいはいく》全集《ぜんしゅう》』には百五十五首もの凧を詠んだ江戸時代の句が収められている。凧は春の空には欠くことのできない景物だった。

形《かたち》無き風に目鼻《めはな》や凧《いかのぼり》　*等躬《とうきゅう》（小弓俳諧集《しょうきゅうはいかいしゅう》）

山路《やまじ》来て向ふ城下や凧《たこ》の数　*太祇《たいぎ》（新五子稿《しんごしこう》）

きれ凧《だこ》の夕こえ行くやまつち山《やま》　*蓼太《りょうた》（蓼太句集《りょうたくしゅう》）

江戸の*日本橋馬喰町《にほんばしばくろちょう》で幼少期を過ごしたという*淡島寒月《あわしまかんげつ》の「凧の話」には、「その頃、男の子の春の遊びというと、玩具《おもちゃ》では*纏《まとい》や*鳶口《とびぐち》、外の遊びでは竹馬や独楽《こま》などであったが、第一は凧である。電線のない時分であるから、初春の江戸の空は狭きまで各種《いろいろ》の凧で飾られたものである」と回想されている。ここでは凧揚げは男の子の遊びとして紹介されているが、大凧を揚げることは大人たちも熱中する遊びだった。凧には角形のもののほか、奴凧《やっこだこ》や鳶凧《とんびだこ》や扇凧《おうぎだこ》などさまざまな意匠を凝らしたものがあり、形も大小さまざまであったが、ただ空に揚げて楽しむだけではなく、空で唸《うな》りが響くように竹片や鯨《くじら》の髭《ひげ》を付けたり、敵の凧に絡ませて凧糸を切るために「がんぎ」というものを付けたりする競技的な遊び方もあった（大田才次郎《おおたさいじろう》『日本児童遊戯集《にほんじどうゆうぎしゅう》』）。

江戸時代になって凧が俳諧に多く詠まれるようになっても、なぜか和歌に凧が詠まれることはあまりなかった。しかし、漢詩では凧は時折り詠まれた。京都に住んでいた詩僧六如《りくにょ》に、「春寒《しゅんかん》、戯《たはむ》れに作《つく》る」

エ　従来の人類学のあり方を乗り越えるために、今までの人類学者による民族誌を批判し、非西洋社会の一員である原住民の側からの解釈を明らかにしようとする学問的潮流のこと。

〔問4〕(4)人類学者が異文化を研究することの正当性すらも否定された。とあるが、それはなぜか。その説明として最も適切なものを、次のうちから選べ。

ア　今までの人類学研究は、人類学者が植民地主義的思考によって一方的に現地の人々を研究対象だと決めつけており、自らも研究対象になりうるという中立な視点が欠落していたから。

イ　今までの人類学研究は、西洋の価値観を非西洋社会に押しつけ、西洋による植民地支配を引きずって現地の人々が自由に生きる権利を奪われた状態でのみ調査されたものだったから。

ウ　今までの人類学研究は、近代国家による植民地主義的な支配構造にもとづいた、西洋の人類学者が現地の人々の声を無視して一方的に解釈するという権力の行使に過ぎなかったから。

エ　今までの人類学研究は、現地の人々が植民地としての歴史を強制的に踏襲させられるだけでなく、現地人は自らの声を科学的テクストに翻訳できないという不平等なものだったから。

〔問5〕(5)構築された理解とはどのようなことか。その説明として最も適切なものを、次のうちから選べ。

ア　人類学者が事前にこしらえた解釈に当てはまるのかどうかを判別するだけの、単純な解釈のこと。

イ　表現様式や象徴体系を読み取ることで人類学者が思い描いていた、恣意的で一貫した解釈のこと。

ウ　近代的な西洋社会の論理によって形成される、人類学者の期待を押しつける包括的な解釈のこと。

エ　現地人に感情移入することによって、無意識に人類学者の願望が反映された近代的な解釈のこと。

〔問6〕この文章の論理展開を説明したものとして、最も適切なものを、次のうちから選べ。

ア　はじめにギアツの解釈人類学の概要を説明し、次にこの解釈が人類学の根底的な概念になる具体例を紹介し、最後に文化を理解するうえで多様性が重視されるようになったことを指摘している。

イ　はじめにギアツの文化に対する捉え方を説明し、次に人類学の解釈が新たな局面をむかえたことにふれ、最後にギアツを中心とした人類学者たちが異文化を解釈しなおした経緯をまとめている。

ウ　はじめにギアツの主張する解釈人類学の概要を紹介し、次にギアツと若い世代の人類学者の解釈を比較しながら、最後にこれまでの議論から文化の理解には多声性が必要であると強調している。

エ　はじめにギアツの考える人類学について紹介し、次にその考えがどのように否定されていったかを複数の具体例を挙げて説明し、最後に人類学における他者理解のあり方について言及している。

〔問7〕人類学の他者理解はどのように変化したのだろうか？とあるが、現代において「他者理解」を実現するためには、どのようことか。その説明として最も適切なものを、次のうちから選べ。

ア　人類学が、普遍的法則を追求する科学的学問ではなく、現地人の解釈による行為をさらに解釈する学問だと見なされるが、その捉え方も解釈を相対化するものへ更新されていったということ。

イ　人類学が、普遍的法則の抽出を求める科学の一分野ではなく、現地人の行為をフィールドワークにより実証的に解釈し、行為の具体的意味を探るものだと捉えられるようになったということ。

ウ　人類学が、普遍的法則を探究する実験科学ではなく、現地人の行為という記号の意味を解釈するものだと捉え直されるが、やがて解釈学的研究の中立性の欠如が指摘されていったということ。

エ　人類学が、普遍的法則を見出そうとする科学的研究ではなく、意味を帯びた記号である現地人の行為を、具体的な筋道を明らかにしつつ解釈するものだと見なされるようになったということ。

〔問2〕(2)インドネシアのジャワとバリ とあるが、両者の違いの説明として最も適切なものを、次のうちから選べ。

ア　ジャワの人々は、感情による内部世界と言動による外部世界が対立し合っている自己の概念をもつが、バリの人々は、公的演劇性を帯びた内外が不可分な自己の概念をもつということ。

イ　ジャワの人々は、自己を形成する内外の要素のうち瞑想的な内面の部分を重視しているが、バリの人々は、自分自身が他者からどう見られるかという外面の部分を重視するということ。

ウ　ジャワの人々は、内的な感情と外的な言動からなる対比的な自己の概念をもつが、バリの人々は、類型化された公的な自分の役割を演じるという演劇的な自己の概念をもつということ。

エ　ジャワの人々は、自己の内面と外面のそれぞれに二面性のある自分を概念化しているが、バリの人々は、型にはめた性格類型に合わせて演技している自分を概念化しているということ。

〔問3〕(3)従来の人類学が根底から批判され、それを刷新しようとする実験的試みが生まれた。とあるが「実験的試み」とはどういうことか。その説明として最も適切なものを、次のうちから選べ。

ア　異文化を偏りのない視点から研究するために、調査者が被調査者の原住民ときちんと対話し、なるべく多様な現地の声を紹介しながら文化を記述しようとする学問的潮流のこと。

イ　従来の人類学のあり方を批判するために、被調査者との対話に基づいた原住民の声を矛盾を含んだ部分まで提示することで、極力科学的な他者理解を模索する学問的潮流のこと。

ウ　異文化を中立な立場から記述するために、被調査者の原住民の声を矛盾するものも含めて広く調査することで、従来の人類学者による民族誌を再解釈していく学問的潮流のこと。

一九七九年に出した『オリエンタリズム』、そしてフリーマンの『マーガレット・ミードとサモア』がもたらした論争だ。前節でとりあげたフリーマンのミード批判は、人類学者が書くものへの信頼を大きく失墜させた。さらに『オリエンタリズム』では、(4)人類学者が異文化を研究することの正当性すらも否定された。

エルサレム生まれのパレスチナ人であるサイードは、西洋人が非西洋を描く「表象」に潜む権力性を告発した。異文化を理解し、表現する特権はもっぱら西洋人にだけある。アラブ人など非西洋社会の人びとは意見を述べる権利を剝奪《はくだつ》されている。それは西洋による植民地主義的な「知」の支配がいまも継続していることを意味する。このサイードのオリエンタリズム批判は、西洋の人類学者が非西洋社会を研究し、その文化を書くこと自体が権力の行使に他ならないと断罪するものだった。

もはや異文化についての人類学の他者理解が科学的な正確さをもつ客観的で中立的な知識であると受けとめることは不可能になった。マーカスらは、こうした批判を乗り越えようとする実験的試みを検討し、文化の一貫性という前提が崩れ、多声性が重視されはじめたことを指摘する。

ときに矛盾をはらむような現地の多様な声は、これまで民族誌の作者という権威的な単一の声に従属させられてきた。実験的民族誌では、調査者と被調査者との対話にもとづき、人類学者の一方的解釈だけでなく、さまざまな声が提示されるようになった。

そんな実験的民族誌を書いた一人であるヴィンセント・クラパンザーノは、『文化を書く』で、ギアツのバリの闘鶏についての論文「深い遊び《ディープ・プレイ》」を痛烈に批判している。「『深い遊び』の中には原住民の視点から見た原住民の理解など実は存在しない。あるのはただ、構築された原住民の、構築された視点から見た、(5)構築された理解のみである」。人類学者は住民の後ろに隠れながら、理解の＊ヒエラルキーの頂点に君臨してきたのだ。

文化を書くことには非対称な力関係が潜んでいる。それは同書でタラル・アサドが提起した「文化の翻訳」の問題でもあった。人類学者と調査対象者のあいだには「言語の力の不平等」が存在する。人類学者だけが異文化を科学的テクストに翻訳できるからだ。その書かれたテクストは、人びとの声よりも権威あるものとして歴史に刻まれる。アサドは、この「文化の翻訳」には避けがたく権力が入り込み、「汚されたものになりうる」と論じた。

（松村圭一郎「旋回する人類学」（一部改変）による）

〔注〕草創――新しく物事を始めること。

ルース・ベネディクトやマーガレット・ミード――共に二〇世紀を代表するアメリカの文化人類学者。

前節で紹介した二つのスキャンダル――ミードの研究がずさんだったことと、マリノフスキが現地人を嫌悪していたことが『日記』の出版で明るみに出たこと。

マリノフスキ――ポーランド出身のイギリスの文化人類学者。

エドワード・サイード――パレスチナ系アメリカ人の文学研究者。

ヒエラルキー――上下関係によって序列化された組織。

〔問1〕(1)この「解釈学的転回」ともいわれる潮流は、人類学のあり方を大きく揺るがした。とあるが、「解釈学的転回」とはどういう定義するのか、どんな「自己」の概念をもっているのかだ。ギアツはそれぞれの場所で人びとが自分や仲間に対して用いる言葉やイメージ、制度、行動といった「象徴」の形態をもとに、それを分析した。

たとえば、ジャワでは「内《バティン》」と「外《ライール》」、「磨き上げられた《アルース》」と「荒削りな《カサール》」という二つの対比が自己の概念をかたちづくっている。「内」は、経験の感知できる領界のことで感情生活全般を指す。「外」は、人間行動の観察しうる領界のことで目に見える動きや姿勢、会話などを指す。内なる領界では瞑想《めいそう》など宗教的鍛錬によって、外なる領界では事細かに定められた礼儀作法によってそれぞれ「磨き上げられた」状態が達成される。この静止させられた感情の内部世界と型にはめられた行動の外部世界とがはっきりと異なる二領域をなし、その二面性をもった自己が概念化されている。

イスラム化されたジャワが内省的な静かさをもつとしたら、ヒンドゥー教が存続したバリには華麗さや演劇性がある。バリの人びとは複雑な呼び名や称号の体系のなかに位置づけられ、その地位の役を演じている。人は私的な運命をたどる個人ではない。規格化された地位の類型を代表し、演じる存在なのだ。それは、人びとにもっとも〈近い=経験〉としては「レク」という観念にあらわれる。舞台の上で「緊張する=あがる」という意味だ。人びとは文化的位置によって要請される公の演技を演じ損ない、仮面の下にある個人性が表に出て、みなが居心地悪くなることをとても恐れている。バリの人びとにとって演劇的自己という感覚は、つねに守られねばならないのだ。

こうした「解釈」を現地の人が明確に意識しているわけではない。ギアツは「解釈」をするときに大切なのは、ローカルな文脈における細部である〈近い=経験〉と、それを意味づける包括的な概念である〈遠い=経験〉とのあいだを行きつ戻りつする「解釈学的循環」だと強調する。

マリノフスキの『日記』は、異文化に共感できない人類学者の姿をさらけだした。ギアツは、他者の主観性を理解し説明するために、そうした他者への感情移入や仲間意識はかならずしも必要ないとして、マリノフスキを擁護《ようご》している。むしろ人びとの表現様式や象徴体系を読みとり、解釈する能力こそが重要なのだ。

ギアツの解釈人類学は、人類学に急旋回をもたらした。だがその旋回も、すぐにさらなる大きな渦にのみ込まれた。

一九八〇年代、人類学の歴史上、最大の危機が訪れる。批判と実験の時代の到来だ。(3)従来の人類学が根底から批判され、それを刷新しようとする実験的試みが生まれた。

ギアツの解釈人類学は、この変革を呼び込む予兆でもあった。ギアツの著作から人類学を学んだ若い世代が議論の中核を担《にな》っていただけではない。人類学者が異文化を解釈すべきテクストとして読み解くように、人類学者の民族誌自体が検討すべきテクストとして再解釈されるようになった。もちろん、ギアツの著作も批判の矢面に立たされた。

一九八六年、この時代を象徴する二冊の本がアメリカで出版される。ジョージ・マーカスとマイケル・フィッシャーが書いた『文化批判としての人類学』、ジェイムズ・クリフォードとマーカスが編集した『文化を書く』だ。

『文化批判としての人類学』の冒頭、マーカスらは、人類学が陥った窮地を象徴する二つの論争をとりあげる。＊エドワード・サイードが

エ　鶴ヶ島が作った作品に関する細かい説明の描写を入れることで、鶴ヶ島の技術が卓越していることと同時に、それを見て理解できるワコ自身の実力も読み取れるよう配慮されている。

4　次の文章を読んで、あとの各問に答えよ。（*印の付いている言葉には、本文のあとに〔注〕がある。）

文化人類学は、一九世紀末から少しずつ制度化されてきた「若い」学問分野である。だからこそ*草創期には、一貫して人類文化を解明する科学としての地位を確立しようとしてきた。自分たちとは異なる他者を科学的に理解すること。それが、進化論者であれ、文化決定論者であれ、人類学の使命であり、学問の正統性の根拠だった。ところが一九六〇年代、人類学が自然科学と同じような科学であることに疑問が呈されるようになった。

その転回を主導したのが、*ルース・ベネディクトやマーガレット・ミードの次の世代を代表するアメリカの人類学者、クリフォード・ギアツだ。

ギアツは、文化を「意味の網」ととらえた。人間は、その自分自身がはりめぐらした意味の網にかかっている動物であり、人類学者の役割は、その意味を解釈することだ。それは普遍的な法則性を探究する実験科学とは全く異なる。ギアツはそう主張した。

この(1)「解釈学的転回」ともいわれる潮流は、人類学のあり方を大きく揺るがした。人間の行為は意味を帯びた記号である。それはつねに現地の人によっても解釈されている。人類学者は、その人びとが読みとる意味をさらに解釈する。それは科学的な研究というより、文学作品を読み解いていく作業に近い。*前節で紹介した二つのスキャンダルは、こうして人類学の「科学性」や「実証性」が揺さぶられるなかで起きた。人類学の他者理解はどのように変化したのだろうか？

人類学者が綿密なフィールドワークをもとに描く「民族誌的事実」は科学的に検証されうる「事実」ではない。ギアツは、その解釈は証明されない仮説にとどまり、つねに未完のものだという。それに「自然科学の実験に基づくような権威を与えるのは、単に方法論上のごまかしに過ぎない」。解釈とは、抽象的な規則性や法則をとりだすことではない。人類学者のやるべき仕事は、そこで何が起き、どう受けとめられているのか、具体的な脈絡をたどり、その意味を探る「厚い記述」をすることだ。

ギアツは*マリノフスキの『日記』にも言及している。『日記』が提起したのは、人類学者の道徳上の問題ではない。それは住民の視点からものを見るときに、無理なく自然に理解できる〈近い＝経験〉と学問的で専門的な概念という〈遠い＝経験〉をどう使い分けるか、という問題である。ギアツは言う。

〈近い＝経験〉だけに自己限定すれば民族誌学者は身近なものに流されて、卑俗な言葉で足がもつれることになる〈遠い＝経験〉だけに自己限定すれば抽象の内にさ迷い、難解な専門用語の中で窒息することになる。

ギアツは、自身が研究してきた(2)インドネシアのジャワとバリ、そしてモロッコの例をあげる。焦点は、人びとが自分自身を人としてど現することで、ワコが抱いたイメージを自分の上生菓子に表したということ。

〔問3〕 (3)自分の姿が映った時よりも晴れがましさを感じる。とあるが、なぜか。その理由を六十字以内で説明せよ。

〔問4〕 (4)それだけ言うと、鶴ヶ島は立ち去った。とあるが、「鶴ヶ島」の様子から読み取れることは何か。その説明として最も適切なものを、次のうちから選べ。

ア　審査時間中も他の職人を近づけようとしない様子から、他の職人たちに対する強い対抗心と優越感を読み取ることができる。

イ　コンテストに優勝しても喜ぶ素振りもみせず、冷静に結果を受け止める様子から、和菓子作りの技術への自信が感じられる。

ウ　作品の味は審査対象外なのに、妥協せずに味を追求し独創的な技法を用いる様子に、職人としての自尊心が表現されている。

エ　ワコに対して、他の職人に対する態度と同様のそっけなさを見せる様子に、職人技術で劣る他者を見下す心情がうかがえる。

〔問5〕 (5)お菓子に表現するやり方が違っている。とあるが、どういうことか。その説明として最も適切なものを、次のうちから選べ。

ア　景色や風物について、感じ取った人の感じ方を具体的にどう表現するかに感性が表れると言っていたが、実際にはテーマを象徴する風物を写実的にお菓子に表現しているに過ぎない、ということ。

イ　情景を直接形作ることなく、自分自身の情景の感じ方をどのように説明するかで感性が問われると言っていたが、実際はテーマから容易に思いつくものを選び作品にしたに過ぎない、ということ。

ウ　テーマから連想できる自然そのものを、どれだけ共感しやすい形で表現できるかに感性が表れると言っていたが、実際には連想されやすい風物を共感されやすいものとみなしている、ということ。

エ　自然の変化を感じる日常の多様な瞬間を、どれだけ具体的に表現できるかで感性が問われると言いながら、実際には単にテーマから想起しやすいものを日常的なものとみなしている、ということ。

〔問6〕 本文の表現や内容について述べたものとして最も適切なのはどれか。次のうちから選べ。

ア　桜の花の様子にワコが感性について考えを深めていく様子が投影されているように、ワコの内面をさまざまな情景によって表現し、視覚的にも理解できるよう表現が工夫されている。

イ　コンテストへの参加を決意した日から表彰までの経過を時系列に沿って具体的、写実的に説明しており、コンテストという特殊な状況に読者が混乱なく入り込めるようになっている。

ウ　「自分の心臓が音を立てているのが聞こえるよう」のように、ワコの視点から物語を描写する表現によって、読者がワコの感覚と同一化して物語の世界を味わえるようになっている。

明だ。これは柿です、という説明をしているに過ぎないんだ。むしろ、花落ち側の頭をつくったらどうだ。そうすることで、柿の木を見上げた時の秋の夕映えの景色が目に浮かんでくる。ウグイスも、姿をそのままつくったならば説明だ。『初音』という菓銘ならば、鳴き声をつくるようにしろ。」

鳴き声!?　ワコは絶句した。

（上野歩「お菓子の船」による）

〔注〕練りきり―和菓子の種類の一つ。
求肥《ぎゅうひ》―和菓子の材料の一つ。
宮大工―伝統的な木造建築の修理や建築にあたる大工。
飾り職人―金属の細かい装飾品を細工する職人。
仲見世《なかみせ》―浅草の雷門から続く商店街。
作務衣《さむえ》―日常の作業や労働をするときに着る和服。
中綿《なかわた》―練りきりの中に入れるあん。
菓銘―菓子につけられた名前。
浅野《あさの》・浜畑《はまはた》―奥山堂の職人。

〔問1〕(1)曽我がワコに目を向ける。とあるが、ここから読み取れる曽我の心情はどのようなものか。その説明として最も適切なものを、次のうちから選べ。

ア　感性に関するワコの説明が今までとは打って変わって独創的なものになっており、コンテストで鶴ヶ島に勝てるような菓子職人に成長する可能性をも感じている。

イ　和菓子作りに必要な感性についてのワコの言葉から、ワコが理解を深めたことを感じとり、どのように感性を和菓子に表現するつもりなのか興味をひかれている。

ウ　感性を突き詰めろと伝えた自分の言葉を、ワコが正確に理解したことを実感し、ワコが見せている和菓子職人として認められようとする姿勢に対して驚いている。

エ　ワコが話した感性の内容から大きな進歩は感じられないが、和菓子作りに対する強い信念が感じられ、ワコの和菓子にどのような影響が出るか関心を抱いている。

〔問2〕(2)ワコは感性を発露させた。とあるが、どういうことか。その説明として最も適切なものを、次のうちから選べ。

ア　「春」と「秋」を具体的に表現するために、職人として和菓子を作り続ける日々を通して感じた喜びや充実感を活用することで、上生菓子作りに重要な感性がどういうものなのか示したということ。

イ　「春」と「秋」にこめられた主催者の意図を、奥山堂で身につけた技術を発揮して具体的な風物に置き換えることで、和菓子をどういうものだと理解したのかの答えを上生菓子にこめたということ。

ウ　「春」と「秋」を表現するために、コンテストの準備期間である二ヵ月を費やして見つけ出すことができた情景を上生菓子に投影することで、正しい感性がどのようなものなのか説明したということ。

エ　「春」と「秋」というテーマに対し、感じたり思い描いたりしたものを職人としての五年間の経験を生かして具体的に表つくった。それぞれ『初音《はつね》』、『照り柿』という*菓銘を付けている。自信作だった。(3)自分の姿が映った時よりも晴れがましさを感じる。スクリーンのお菓子と自分に向けて、出場者とギャラリーが拍手を送り続けてくれていた。ワコは胸がいっぱいになる。

しかし審査員長が再びマイクを握ると、ワコの興味はすでにほかに移っていた。

「優勝は、笹野庵の鶴ヶ島選手です。」

ワコは準優勝した上生菓子を、五センチ四方のプラスチックの菓子ケースに入れて奥山堂に持ち帰り、作業場の皆に見せた。コンテストは、店が忙しくなる週末ではなく平日に開催されていた。

「よくできてるよ。ねえ、ハマさん。」

と*浅野《あさの》が感心したように言う。

「さっすが準優勝の作品。三百人中の二番だろ、大したもんだ。」

*浜畑《はまはた》がそう褒《ほ》めてくれた。

もちろん嬉《うれ》しい。けれど、ワコの表情はすぐれない。鶴ヶ島の作品を見た途端、準優勝の喜びは吹っ飛び、敗北感ばかりが募《つの》ってきたのだ。鶴ヶ島がつくった優勝作品の菓銘は、春が『おぼろ月』、秋が『もみじ』である。春のほうは一見すると普通の蒸し羊羹のようだ。けれど、四角いこし餡の中に杏子《あんず》のシロップ漬《づ》けが沈んでいる。ぼかしという手法で、まさに柔らかくほのかにかすんで見える春の夜の月というたたずまいだった。秋のほうは、求肥餅にすりごまを混ぜてつくった濡《ぬ》れたような石に、紅《あか》いもみじの葉が一枚落ちている。それだけで、清らかな冷たい水の流れが見えるのだ。そこには、過ぎ去った夏の思い出さえ感じられる。なにより……とワコは思う。なにより、どちらのお菓子もとてもおいしそうだ。

表彰式の時、鶴ヶ島はワコのほうをちらりとも見なかった。真っ直ぐに前を向いていた。鶴ヶ島がつくった上生菓子も壇上に運ばれていた。ワコは、そのふたつの菓子に視線が釘《くぎ》づけになっていた。

表彰式が終わるとワコは、「おめでとうございます。」夢中で鶴ヶ島に声をかけた。「ツルさんがコンテストに出場されてるなんて、意外でした。」

「俺が出場する理由は、自分の技術の確認のためだ。店の連中が、俺に注意することはないからな。自分の技量が落ちていないかを、客観的に査定する機会が必要だからだ。」

(4)それだけ言うと、鶴ヶ島は立ち去った。よいお菓子をつくりたい、それだけに没頭している人。

「どうした?」

曽我の声に、物思いにふけっていたワコははっとする。

「浮かない顔だな。」

「優勝したツルさんのお菓子とは、たいへんな隔たりがあります。」

曽我が頷《うなず》いていた。

「ワコ、おまえの上生菓子は技巧的には確かに優れている。しかし、このお菓子におまえが言った感性があるだろうか?」

再び激しいショックを受ける。

「コンテストの前、おまえは感性について自分なりに語ってみせた。それはいいだろう。だが、(5)お菓子に表現するやり方が違っている。蔕《へた》ある側の柿をつくるのでは、たとえそれがよくできていても単なる説業台にいて、ワコは中ほどにいた。離れてはいるが、鶴ヶ島の背中を斜め後方から眺めることになる。気になった。

　だが審判員の、「始め！」の声が会場に響き渡ると、すべては消し飛ぶ。

　持ち時間は二時間だ。練り切りの生地をつくるところから始める。餅粉《もちこ》に水を加えてこね、耳たぶくらいの硬さにする。＊中綿《なかわた》にするこし餡《あん》は、昨日のうちにつくって冷蔵庫で冷ましたものを各自持参していてそれを使う。

　この五年間、お菓子づくりに役立つと聞けば、自然とその方向に足が向いた。ほかのお店のお菓子を見て歩いたり、美術館で絵画を鑑賞したり、百貨店の着物売り場で美しい晴れ着の柄を眺めたりした。思わず入ってしまった格式のある呉服屋で、店員に高い帯を勧められて困ったことも……。目にして印象に残ったものは、絵や文で書き留めるように努めてきた。そうした日々のさまざまな積み重ねが、自分を自然と刺激してくれていたらいい。

　つまんで伸ばし、粘りを出し、裏ごしし、もみ込んで生地をつくる。できた生地に色素を加えて着色し、形をつくり、角棒で刻みを入れる。制限時間内に、春と秋の上生菓子が十個ずつはつくれるだろう。それぞれ一番よくできたものを提出する。

　時間は刻々と経《た》ってゆく。だが、この張り詰めたような空間の中でも、お菓子づくりの喜びと確かな充実がある。そして、(2)ワコは感性を発露させた。

「終了！」

　その声を聞いた途端、力尽きてその場にくたりと座り込みそうになる。

　審判員によって、出場者はスタジオの外に出るよう促《うなが》された。味は審査の対象にならない。作業台に残された菓子の姿だけが審査されるのだ。

　競技会場から退出した職人たちは、ロビーで手持ち無沙汰の時間を過ごす。顔見知り同士は会釈《えしゃく》したり、話し込んでいる姿もある。そうした人たちは笑顔を浮かべてはいるが、どこか虚《うつ》ろだ。みんなが落ち着かない待ち時間を費やしていた。人々の向こうに、鶴ヶ島の姿が見える。挨拶しに行きたいが、近寄りがたい雰囲気を纏《まと》っていた。

　審判員の指示で、再び会場に戻る。

「結果発表——。」

　審査員長が正面のステージに立ってそう宣告した。会場中が固唾を呑《の》んでいる。もちろんワコも。自分の心臓が音を立てているのが聞こえるようだった。

　なんの前触れもなく、ワコの顔がステージ上のスクリーンに大写しになる。その顔は、きょとんとしていた。

「和菓子コンテスト東京大会準優勝は、奥山堂の樋口選手。」

　それを聞いた途端、自分の心臓は確かに一度止まったかもしれない。耳にいっさいの音が届かなくなった。

　スタッフに案内され、ふわふわした足取りでステージに登壇《とうだん》する。突然、大きな拍手の音が耳の中になだれ込んできた。自分よりも若い振り袖姿の女子が、渋い和皿に載せた上生菓子を運んでくる。ワコがつくったお菓子だ。壇上のテーブルに置かれたそのお菓子が、スクリーンに映し出される。春をテーマにウグイスを、秋をテーマに柿をい、つくり手の創意工夫で自由に表現される。いわば、和菓子の華だ。

「上生菓子をつくるには、感性を磨くことが必要だ。」作業場に出ると、曽我が声をかけてきた。「では、その感性とはなんだと思う?」

ワコは応えられなかった。

「私は以前、みんなに曖昧さを排除しようと言った。〝なぜ、そうするのか〟を具体的、論理的にしろとな。おまえなりに感性を具体的、論理的に突き詰めるんだ。そこからワコの上生菓子が生まれるはずだ。」

——あたしの上生菓子。

出勤の時に眺める桜の蕾《つぼみ》がふくらんでいき、やがて花開いた。

「たとえば朝起きて、窓の外を見ると雪が降っていたとします。顔を洗おうと蛇口をひねると、刺すように水が冷たい。見たもの、感じたもので真冬という季節をどう表現するか？　その表現力の豊かさだと思います。」

「まだ足らんな。」

曽我に一蹴された。

奥山堂からの帰路、夕暮れの隅田公園でワコはふと立ち止まる。桜吹雪が舞う中、浅草寺《せんそうじ》の鐘の音が聞こえた。浅草でお菓子の修業ができてよかったとワコは思う。まがい物めいたものもあるけれど、確かな伝統も息づいている。ある日突然、隣の*宮大工のおじいさんが人間国宝になったり、*飾り職人のおじさんが伝統産業功労賞を受賞したりする。ワコは夜の*仲見世《なかみせ》を歩くのも好きだった。賑《にぎ》わう昼間とは違い、静かなシャッター通りがライトに照らされた風景は幻想的ですらある。この街は、見る人の目によってさまざまに映るだろう。

……そこではっと気づいた。

「雪の朝、顔を洗おうとしたら、あまりに水が冷たかった。それでまた布団《ふとん》に戻り、もぐり込んでしまう人。あるいは顔を洗ったあと、さらに手で冷たい水をすくって飲む人。その水によって身体が浄化されたようで、思わず雪の中に飛び出して駆け回りたい衝動にかられる人。雪の朝をどのような形で表現するかが感性だと思います。」

(1)曽我がワコに目を向ける。

「おまえがそう思うなら、やってみろ。」

その日は来た。日本橋《にほんばし》にある和菓子協会東京本部のキッチンスタジオには、三百人の年齢が異なる和菓子職人がコンテストのために集まった。ガラスの向こうでは、大勢のギャラリーが中を覗《のぞ》き込んでいる。

「ほほう、女の職人とは珍しい。」

審判員を務めるベテランの協会員が、作業台に向かって立つワコの前で聞こえよがしに呟《つぶや》く。確かにそのとおりで、出場者の中に女性は自分ひとりきりだった。

「今の自分の実力が知りたいんです。」と曽我には言った。しかし、こうして参加したからには勝ちたい。それになにより、ひとりの人物が混じっていた。

——ツルさん！

おそらく笹野庵の制服なのだろう、鶴ヶ島は紫色の*作務衣《さむえ》を着ていた。長い作業台が横三列、縦十列並んでいる。ひとつの作業台に十人ずつが横並びになってお菓子づくりを行う。鶴ヶ島は前のほうの作

〈国語〉

時間　五〇分　満点　一〇〇点

【注意】　答えは**特別の指示**のあるもののほかは、各問の**ア・イ・ウ・エ**のうちから、最も適切なものをそれぞれ**一つずつ**選んで、その記号を書きなさい。また、答えに字数制限がある場合には、**、や。や「などもそれぞれ一字と数えなさい。**

1

次の各文の――を付けた漢字の読みがなを書け。

(1) 衷心から感謝する。

(2) 笛や琴をかきならし、歌舞吹弾に興じる。

(3) 街灯の光が夜霧に潤む。

(4) 人を操るために策を弄する。

2

次の各文の――を付けたかたかなの部分に当たる漢字を楷書で書け。

(1) 堅実な捜査によって、事実のショウサをとらえた。

(2) 状況から判断すると、この裁定はシットウである。

(3) 時がたち、来訪もマドオになった。

(4) 昆虫をテンガンキョウで観察する。

3

次の文章を読んで、あとの各問に答えよ。（*印の付いている言葉には、本文のあとに〔注〕がある。）

樋口和子《ひぐちわこ》（ワコ）は、浅草《あさくさ》にある和菓子の老舗「奥山堂《おくやまどう》」の職人となった。奥山堂では、工場長の曽我《そが》のもと、鶴ヶ島《つるがしま》という職人が、職人としての心構えを後輩に教えていたが、笹野庵《ささのあん》からの誘いを受けて退職してしまう。鶴ヶ島が去った後も腕を磨き続け、自分の実力を試したいと思うようになったワコは、コンテストへの出場を決意した。

「どうした、まさかおまえまで辞めると言い出すんじゃないだろうな？」

初出社した日、〝石の上にも三年ではなく五年と思え〟と曽我に言われた、その五年が過ぎたのだった。

「あたし、コンテストに出たいんです。」

和菓子協会が主催するコンテストの東京大会が五月にある。それに出場して力を試すのが、自分の店を持つことへの第一歩と考えたのだ。だが口にしたあと、すぐにワコは顔が熱く火照《ほて》る。

「まったく身のほど知らずだとは思うのですが……。」

「コンテストに出場するのはいいとして、五月まで準備期間が二ヵ月しかないぞ。」

「今の自分の実力が知りたいんです。」

「分かった。この五年間で身に付けた技術を出し切れ。」

通勤途中に通り抜ける隅田公園《すみだこうえん》の桜並木が、ほんの少し色づき始めていた。

コンテストの課題は、春と秋をテーマにした上生菓子をひとつずつつくること。上生菓子の代表格は、白あんを着色して四季折々の風物に題材を取った、*練りきりだろう。ほかにも羊羹《ようかん》、*求肥《ぎゅうひ》などを使

2024年度

解答と解説

《2024年度の配点は解答欄に掲載してあります。》

＜数学解答＞

1 〔問1〕 $\frac{7}{3}$　〔問2〕 $x=\frac{3\pm\sqrt{17}}{4}$　〔問3〕 $\frac{5}{36}$

〔問4〕 ア，エ　〔問5〕 右図

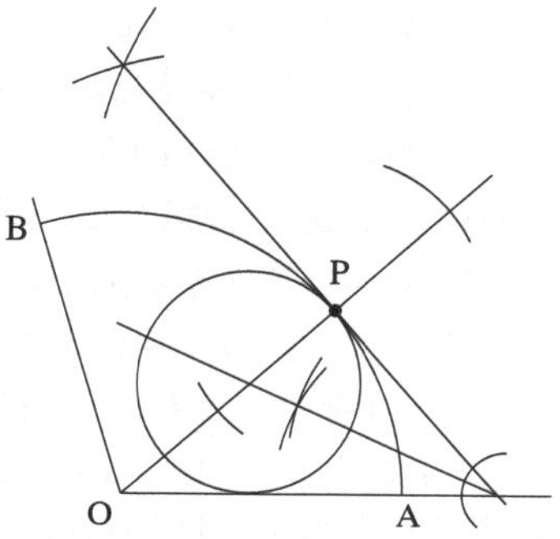

2 〔問1〕 $y=\frac{3}{4}x+\frac{1}{2}$　〔問2〕 $\frac{32}{27}\mathrm{cm}^2$(途中の式や計算は解説参照)　〔問3〕 AG：GB＝3：1

3 〔問1〕 (1) BF：FE＝5：8　(2) 解説参照

〔問2〕 $\frac{4}{9}\pi$ cm

4 〔問1〕 $\frac{100}{99}$　〔問2〕 解説参照　〔問3〕 49

○配点○

1 各5点×5　2 〔問1〕 7点　〔問2〕 10点　〔問3〕 8点

3 〔問1〕 (1) 7点　(2) 10点　〔問2〕 8点

4 〔問1〕 7点　〔問2〕 10点　〔問3〕 8点　計100点

＜数学解説＞

1 (数・式の計算，平方根，二次方程式，確率，箱ひげ図，作図)

〔問1〕 $\frac{27}{\sqrt{3}}=9\sqrt{3}$，$\left(-\frac{3}{\sqrt{2}}\right)^3=-\frac{27}{2\sqrt{2}}=-\frac{27\sqrt{2}}{4}$，$9\left(\frac{\sqrt{2}}{3}+\frac{\sqrt{3}}{9}\right)^2=9\left(\frac{3\sqrt{2}+\sqrt{3}}{9}\right)^2=\frac{(3\sqrt{2}+\sqrt{3})^2}{9}=\frac{21+6\sqrt{6}}{9}=\frac{7+2\sqrt{6}}{3}$だから，$\frac{27}{\sqrt{3}}\div\left(-\frac{3}{\sqrt{2}}\right)^3+9\left(\frac{\sqrt{2}}{3}+\frac{\sqrt{3}}{9}\right)^2=9\sqrt{3}\div\left(-\frac{27\sqrt{2}}{4}\right)+\frac{7+2\sqrt{6}}{3}=9\sqrt{3}\times\left(-\frac{4}{27\sqrt{2}}\right)+\frac{7+2\sqrt{6}}{3}=-\frac{4\sqrt{3}}{3\sqrt{2}}+\frac{14+4\sqrt{6}}{6}=-\frac{4\sqrt{6}}{6}+\frac{14+4\sqrt{6}}{6}=\frac{14}{6}=\frac{7}{3}$

重要 〔問2〕 2次方程式$2\pi x(x+1)=(\pi x-\pi)(6x+2)$　$2\pi x^2+2\pi x=6\pi x^2+2\pi x-6\pi x-2\pi$　$4\pi x^2-6\pi x-2\pi=0$　$2x^2-3x-1=0$　2次方程式の解の公式から，$x=\frac{-(-3)\pm\sqrt{(-3)^2-4\times2\times(-1)}}{2\times2}=\frac{3\pm\sqrt{9+8}}{4}=\frac{3\pm\sqrt{17}}{4}$

基本 〔問3〕 大小2つのさいころの出方は全部で$6\times6=36$(通り)　ここで，$\frac{b}{2a}$が整数となる出方は，$(a, b)=(1, 2)$，$(1, 4)$，$(1, 6)$，$(2, 4)$，$(3, 6)$の5通り。よって，求める確率は$\frac{5}{36}$

基本 〔問4〕

ア　数学のテストの点数の最大値は90点であり，英語のテストの点数の最大値は85点未満であるので，正しい。

イ　英語では，中央値により，70点以上の生徒が20人よりも多いことがわかる。一方で，数学では，70点以上の生徒が20人よりも多いとはわからない。よって，正しくない。

(追加説明)テストは40人受けているため，点数が低い人から20番目の人の点数と21番目の人の点数の平均値が中央値となる。

ウ　英語では，最大値により，80点以上85点以下の生徒がいることがわかる。一方で，数学では，80点以上85点以下の生徒がいるとはわからない。よって，正しくない。

エ　数学では，中央値により，得点の高い方から20番目の生徒の数学の得点は65点以上だとわかる。また，英語では，第1四分位数より，得点が低い方から10番目の生徒の英語の得点は65点未満だとわかる。よって，正しい。

(追加説明)テストは40人受けているため，点数が低い方から10番目の人の点数と11番目の人の点数の平均値が第1四分位数となる。

〔問5〕(着眼点)接線ℓと半直線OAに接する円を作図するために，角の二等分線を利用する。(作図手順)次の①～⑦の手順で作図する。①　半直線OAを引く。②　半直線OPを引く。③　点Pを中心とする円を描き，その円と半直線OPの交点をC，Dとする。④　点C，Dを中心とする半径が等しい円を描き，その交点および点Pを通る直線(接線ℓ)と半直線OAの交点をEとする。⑤　点Eを中心とする円を描き，その円と半直線OA，接線ℓの交点をF，Gとする。⑥　点F，Gを中心とする半径が等しい円を描き，その交点と点Eを通る直線(∠OEPの二等分線)を引く。⑦　半直線OPと⑥で作図した直線(∠OEPの角の二等分線)の交点をHとし，点Hを中心として，半径HPの円を描く。(ただし，解答欄には点C，D，E，F，G，Hを記入しない)

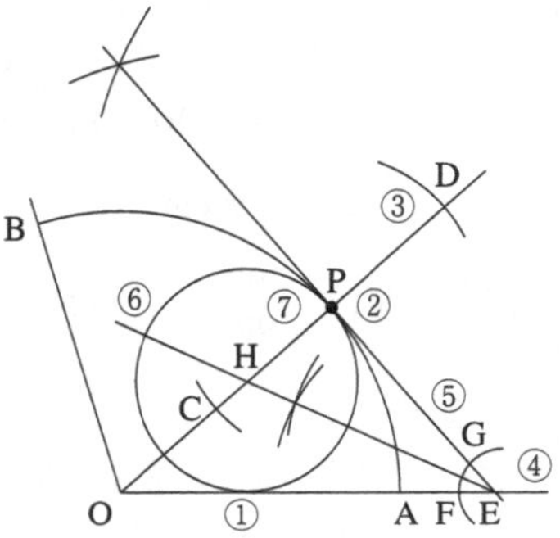

2　(図形と関数・グラフ)

〔問1〕　点Aのx座標をtとおくと，$A\left(t,\ \frac{1}{2}t^2\right)$，$B\left(t,\ -\frac{1}{4}t^2\right)$である。$AB=\frac{1}{2}t^2-\left(-\frac{1}{4}t^2\right)=\frac{3}{4}t^2$と表せるので，$\frac{3}{4}t^2=3$　$t^2=4$　$t>0$より，$t=2$となり，A(2，2)となる。直線ℓの式の傾きは$\frac{AB}{BC}=\frac{AB}{2BD}=\frac{3}{2\times2}=\frac{3}{4}$だから，直線$\ell$の式は，$y=\frac{3}{4}x+b$となる。直線$\ell$が，点A(2，2)を通るから，$2=\frac{3}{4}\times2+b$　$b=\frac{1}{2}$　したがって，$y=\frac{3}{4}x+\frac{1}{2}$

重要　〔問2〕(例)点Aのx座標をtとおくと，$A\left(t,\ \frac{1}{2}t^2\right)$，$B\left(t,\ -\frac{1}{4}t^2\right)$，$C\left(-t,\ -\frac{1}{4}t^2\right)$である。直線$\ell$の傾きが1だから，AB＝BCである。ゆえに，$\frac{t^2}{2}+\frac{t^2}{4}=t+t$　$t\left(\frac{3}{4}t-2\right)=0$　$t>0$より$t=\frac{8}{3}$となる。したがって，$A\left(\frac{8}{3},\ \frac{32}{9}\right)$となる。E(0，$a$)とおくと，直線$\ell$の傾きが1だから，直線$\ell$の式は，$y=x+a$となる。直線$\ell$が，点$A\left(\frac{8}{3},\ \frac{32}{9}\right)$を通るから，$\frac{32}{9}=\frac{8}{3}+a$　ゆえに，$a=\frac{8}{9}$　したがって，点$E\left(0,\ \frac{8}{9}\right)$である。また，点F(2，2)となり，直線OFの傾きも1より，ℓ∥OFだから，△AEFの面積は△AEOの面積と等しい。△AEOの面積は，$\frac{1}{2}\times\frac{8}{9}\times\frac{8}{3}=\frac{32}{27}$ (cm^2)

やや難　〔問3〕　△ACBと△ECDにおいて，∠Cは共通…①　∠ABC＝∠EDC＝90°　…②　①，②より2組の

角がそれぞれ等しいので，△ACB∽△ECD　CB：CD＝2：1より，△ACB：△ECD＝4：1　△ACB：四角形AEDB＝4：3となる。直線mが四角形AEDBの面積を2等分しているため，△ACB：△AEG＝4：$\frac{3}{2}$…③　また，CE＝AEより，△ACB：△AEB＝2：1…④　③，④より，△AEG：△BEG＝△AEG：(△AEB－△AEG)＝$\frac{3}{2}$：$\left(2-\frac{3}{2}\right)$＝3：1　したがって，高さが共通している三角形の底辺の比は，三角形の面積の比と等しくなるため，AG：GB＝△AEG：△BEG＝3：1

3 (平面図形，図形の証明，長さ)

〔問1〕　△ABFと△GEFにおいて，対頂角は等しいので，∠AFB＝∠GFE…①　四角形ABCDは平行四辺形だから，AB∥DC　よって，AB∥EG　平行線の錯角は等しいから　∠ABF＝∠GEF…②　①，②より，2組の角がそれぞれ等しいので，△ABF∽△GEF　したがって，BF：EF＝AB：GE　ここで，CE＝$3a$とおくと，CE：ED＝3：2，CD＝CGより　ED＝$2a$，CG＝$5a$　平行四辺形の対辺は等しいので，AB＝CD＝CE＋ED＝$5a$　ゆえに，BF：FE＝AB：GE＝AB：(GC＋CE)＝$5a$：$(5a+3a)$＝5：8

重要　〔問2〕　(証明)(例)△ABFと△GEFにおいて，　仮定より，BF＝EF…①　対頂角は等しいから，∠AFB＝∠GFE…②　四角形ABCDは平行四辺形だから，AB∥DC　よって，AB∥EG　平行線の錯角は等しいから∠ABF＝∠GEF…③　①，②，③より，1組の辺とその両端の角がそれぞれ等しいから，△ABF≡△GEF…④　次に，△HAFと△HGFにおいて，HFは共通…⑤　AF⊥BEだから，∠AFH＝∠GFH＝90°　…⑥　④より，合同な三角形の対応する辺は等しいから，AF＝GF…⑦　⑤，⑥，⑦より，2組の辺とその間の角がそれぞれ等しいから，△HAF≡△HGF

やや難　〔問3〕　2点I，Fが直線ABについて同じ側にあり，∠AFB＝∠AIB＝90°　だから，円周角の定理の逆より，4点A，B，I，Fは同じ円周上にある。ABの中点をMとすると，4点A，B，I，Fを通る円の中心はMとなり，その円の半径はAM＝2(cm)となる。また，頂点Aから線分BCに垂直な直線を引き，線分BCとの交点をJとする。点Pが線分CE上を頂点Cから点Eまで動くとき，点Iは弧JF上を点Jから点Fまで動く。円周角の定理により，∠FMJ＝2∠FBJ＝2∠EBC＝40°　となるため，弧JFの長さは$2\mathrm{AM}\times\pi\times\frac{40}{360}=4\times\pi\times\frac{1}{9}=\frac{4}{9}\pi$となる。したがって，点Pが線分CE上を頂点Cから点Eまで動き，点Eで止まるとき，点Iが動いてできる曲線の長さは$\frac{4}{9}\pi$(cm)となる。

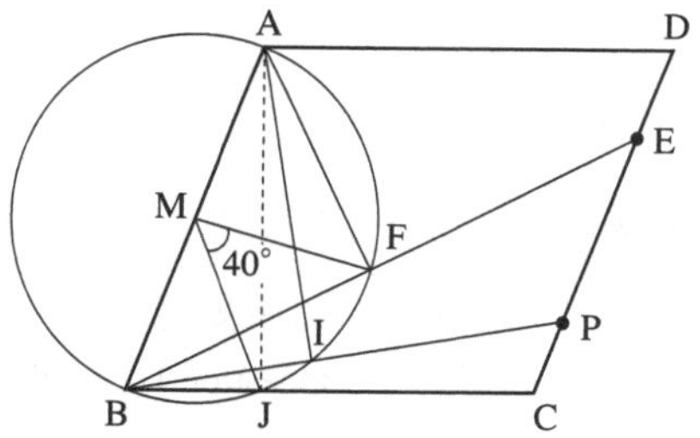

4 (展開，平方根)

〔問1〕　$\sqrt{a^2+b}=a\sqrt{b}$の等式に$a=10$を代入すると，$\sqrt{10^2+b}=10\sqrt{b}$　$10^2+b=100b$　$b=\frac{100}{99}$

やや難　〔問2〕　(例)$(x+e)^2-(x+f)(x+g)=(x^2+2ex+e^2)-(x^2+gx+fx+fg)=(2e-f-g)x+(e^2-fg)$

花子さんの計算で正しい答えが出てくるときには，$x\neq0$だから$2e-f-g=0$…①

このとき，$(x+e)^2-(x+f)(x+g)=e^2-fg$となる。また，①より，$e=\frac{f+g}{2}$　これを，e^2-fgに代入すると　$e^2-fg=\left(\frac{f+g}{2}\right)^2-fg=\frac{f^2+2fg+g^2-4fg}{4}=\frac{f^2-2fg+g^2}{4}=\left(\frac{f-g}{2}\right)^2$　$f>g$より，$f-g$は

正の数である。 したがって，$\sqrt{A}=\sqrt{\left(\frac{f-g}{2}\right)^2}=\frac{f-g}{2}$ また，①から，$2e=f+g$となり，eは自然数より$2e$が偶数だから，$f+g$は偶数である。 ゆえに，【表】の結果を用いて，fとgはともに偶数か，ともに奇数のいずれかである。 fとgがともに偶数のときは$f-g$は偶数となり，fとgがともに奇数のときも$f-g$は偶数となる。 したがって，$f-g$は2の倍数であるから$\frac{f-g}{2}$は自然数となる。

やや難　〔問3〕 $(k+l+m+n)^4$は4桁の整数であり，$10^4=10000$であるため，$(k+l+m+n)^4<10^4$であることがわかる。4乗数で4桁の整数は$9^4=6561$，$8^4=4096$，$7^4=2401$，$6^4=1296$の4通りあり，この中で条件を満たすのは$k+l+m+n=7$のときである。したがって，$\sqrt{100k+100l+10m+n}=\sqrt{(k+l+m+n)^4}=(k+l+m+n)^2=7^2=49$と求められる。

★ワンポイントアドバイス★

[4]〔問2〕の難易度が高い。問題を理解し，解法を思いつくまでの時間が他の問題よりもかかると思われるために，時間配分が重要だと考えられる。
[2]〔問2〕は，直線ℓと直線OFの傾きが同じであるから，等積変形を利用してみよう。関数と図形の融合問題では，三角形の面積を求めさせる問題が多いが，等積移動や等積変形を利用すると，解きやすくなることがある。
[3]〔問3〕は，円周角の定理の逆を利用して考えよう。平面図形の問題では，円周角の定理の逆を利用することで，解法が思いつく問題も多い。等しい角度の組や直角を見つけたら，円周角の定理の逆が利用できないか考える癖をつけておくとよい。

＜英語解答＞

[1]　〔問題A〕 ＜対話文1＞ イ　＜対話文2＞ ウ　＜対話文3＞ エ
〔問題B〕 ＜Question 1＞ ア　＜Question 2＞ To give it a name.

[2]　〔問1〕 (a) ウ　(b) オ　(c) イ　(d) エ　(e) ア
〔問2〕 1番目 ク　4番目 カ　7番目 ウ　〔問3〕 (A) ウ　(B) ケ
〔問4〕 (a) example　(b) wearing　(c) learning　(d) easily

[3]　〔問1〕 ア　〔問2〕 allows you to quickly open and close even a large
〔問3〕 ウ　〔問4〕 カ　〔問5〕 エ　〔問6〕 planets
〔問7〕 (A) ケ　(B) イ

[4]　〔問1〕 エ　〔問2〕 ウ　〔問3〕 ア　〔問4〕 カ　〔問5〕 convenient
〔問6〕 1番目 ウ　3番目 オ　5番目 ア　〔問7〕 (A) イ　(B) キ
〔問8〕 (例)Ramen is a noodle that is served in many kinds of soups often made from soy sauce, miso, or salt with vegetables and meat. Though it came from China, ramen has developed in a unique way in Japan. Today, many ramen shops can be seen even in different countries.

○配点○
[1]　各4点×5

2 〔問3〕 各4点×2　他　各2点×10 (問2完答)
3 〔問7〕 各4点×2　他　各2点×6
4 〔問7〕 各4点×2　〔問8〕 12点　他　各2点×6(問6完答)　計100点

＜英語解説＞

1 (リスニングテスト)

放送台本の和訳は，2024年度都立共通問題38ページに掲載。

2 (会話文問題：文補充・選択，語句整序，要旨把握，内容吟味，分詞・動名詞，不定詞，助動詞，受動態，比較，現在完了，進行形，接続詞，間接疑問文，前置詞，関係代名詞)

(全訳)*春休み中に，2人の日本人高校生，サヤとダイスケがアメリカの大学を訪問している。ある日，彼らは大学を訪れ，大学生のグレイスと会う。彼女は彼らに研究室を案内することになる。彼らは彼女の研究室の前でちょうど会ったところである。*

グレイス(以下G)：こんにちは。私達の大学を訪れてくれて，ありがとうございます。今日の体調はいかがですか。／サヤ(以下S)：ここに来られて，とてもうれしいです。／ダイスケ(以下D)：悪くありません。／G：良かったです。今日は，私の研究室を案内します。中に入ってください。／D：ワオー，とても多くの机と機械がここにはありますね。／S：とても素晴らしいですね。／G：そう思ってくれて，うれしいです。／S：ここでは工学を勉強している，と聞いたのですが。／G：ええ。あなたは工学に興味がありますか。／S：はい！　私は技術者になって，将来，ロボットを作りたいと思っています。／G：私は工学を勉強していますが，ロボットは作っていません。あなたががっかりしなければよいのですが。／S：しません。それでも，工学は興味深いです。／D：それで，ここではどのような類の工学を勉強されているのですか。／G：材料工学を学んでいます。この研究室で，材料を開発したり，利用したりする方法を勉強しています。／S：材料ですか？　プラスチック，木のような材料を研究されているのですか？／G：違います。この研究室では，海の生物により着想が得られた素材を研究しているのです。／D：(a)ウ難しそうですね。／G：実際には，そうでもありません。私達の周囲には，そのような素材を使った多くの製品が既にあるのです。例えば，飛行機，船，水着のように，サメの肌から着想が得られた素材を利用した多くの商品があるのです。／D：以前，水着のことは聞いたことがあります。私が所属する水泳部の友人が話していました。その水着を着れば，とても速く泳げると。／S：そのようなことが可能だとは，思えないのだけれど。／D：いいや，可能なんだ。／S：どうやって？／D：えーと…，おそらく，サメ肌により，泳ぐ人が速く泳ぐための力を得るのでは？／S：(b)オ理解できないわ。グレイス，わかりますか？／G；多分，これが手掛かりになるでしょう。私のコンピューターの写真を見てください。／S：うわあ！　写真には，とても多くの小さなものが写っていますね。これらは何ですか。／G：サメのうろこです。サメ肌を電子顕微鏡で見ると，このように見えます。／S：なるほど。／G：これらのうろこを注意深く見てください。各うろこに溝が見えます。サメが海洋を泳ぐ際に，これらの溝が水の抵抗を軽減するのに役立っているのです。／D；だから，サメは速く泳げるのですね。サメ肌によりもたらされた水着は，サメのうろこがきっかけとなっていたのですね。／S：おお，それで，納得しました。それを身につけると，なぜ速く泳げるのかが理解できました。／D：水泳大会で，それを着たいなあ。／G：あっ，がっかりするかもしれませんね。現在では，水着に関する規則がより厳しくなり，その水着はほとんどの競技会で禁じられているのです。／D：なんてことだ。／G：残念ですね，ダイスケ。でも，他の商品にサメ肌を活かすことに，いまだに多くの会社が関心を寄せているのです。／D：(c)イなぜ彼らは興味があるのですか。／G：うろこにある溝のおかげで，サメ肌の表面は常に清潔さが保たれているのです。／S：どういうことですか。／G：フジツボ類はクジラのような海洋生物に付いても，サメのうろこにはこれらの溝があるので，サメ肌には付着しないのです。従って，現在，サメ肌にヒントを得たコーティングが，船舶に対して用いられています。／S：なるほど。だから，サメが研究されているのですね。／G：私はサメが好きですが，実は他のものも研究しています。貝です。／S：貝ですか？　貝から導き出されたもの？　何も想像できません。／G：私達は貝から多くのことを学ぶことができるのです。最近，日本や他国の研究者達が，ムラサキイガイから着想された接着剤を考案しました。／D：ムラサキイガイ！　どうやって彼らはムラサキイガイの接着剤を開発したのでしょうか。それらによって導き出された接着剤を想像できません。／G：ムラサキイガイには特別なタンパク質があり，それを利用して，岩や他のものにくっつくことができるのです。研究者たちはこのたんぱく質に着目して，接着剤を考え出したのです。／D：なるほど。／G：ムラサキイガイの接着剤は他の種類の接着剤と異なっています。／S：(d)エどのように違うのでしょうか。／G：通常，乾いた状態で接着剤は使われます。濡れると，付かないので，水中では接着剤を使うことはできません。でも，ムラサキイガイの接着剤は水中でくっつくのです。／D：それはすごいですね。／G：そうでしょう！　そして，今では，ムラサキイガイに端を発した医療用の接着剤を開発しようとしているのです。／D：なぜそれを成し遂げようとしているのですか。／G：現在，病院における手術中の問題の1つに，湿った状況下で接着剤が使えないというのが挙げられるのですが，ムラサキイガイの接着剤はそのような条件でも使えるのです。／D：うわあ！　サメや貝について学ぶことがそれほど私達に役立つとは思いもしませんでした。／G：それだけではなくて，そうすることが環境にも良いのです。／D：そうなのですか？／G：ええ。サメに発想を得た船のコーティングのことを覚えていますか？／S：ええ，先ほど話してくれましたね。／G：それらの素材は，環境にもやさしいのです。以前は，船のコーティングに有機スズ化合物が使われていましたが，海には有害だったのです。従って，有機スズ化合物を含んでいないので，現在では，サメ肌に着想を得た船舶のコーティングや環境にやさしい他の船のコーティングが使われています。／D：うわあ！　生物から学ぶと，人や環境に良いものを作ることができるのですね。／S：私が技術者になったら，私も生物から学びたいと思います。／G：良いですね，サヤ。もう1つ覚えておくべき大切なことがあります。／S：(e)アそれは何ですか？／G：ものごとを考案する際には，力を合わせるということが重要なのです。私が材料工学を学び始めた時に，工学に関してだけではなく，海の生物，環境問題，そして，多くの他のものごとについても知るべきだと悟ったのです。／S：うわあ。技術者になるには，それほど多くのことがなされなければならないということを知りませんでした。／G：いいですか，1人だけで取り組む必要はないのです。他の技術者や研究者の支援を求めることは可能なのですから。彼らもあなたの助けを求めてくるかもしれませんね。異種の領域の人々が協力し，互いに助け合えば，新しい発明を思いつくことが，より早く，より容易になるでしょう。／D：へえ！　だから協力することは本当に重要なのですね。／S：私がロボットを作る時には，他の研究者や技術者に助けを求めようと思います。ことによると，動物からヒントを得てロボットを作り出せるかもしれません。技術者になったら，どのように動物が動いているかを学び，私のロボットに動物の能力を活用したいと思います。とても刺激的な経験になりそうです。／D：もしかしたら，僕はサメや他の魚から，速く泳ぐ方法を学べるかもしれません。／S：そうすれば，あなたは偉大な泳者になるでしょう。／G：私もそう思います。材料工学に2人が興味をもってくれて，うれしいです。今日の訪問を楽しんでくれたら，幸いです。さて，昼食の時間です。もし良かったら，大学の食堂へ行きませんか。美味しい貝のピザがあります。／D：いいですね！　行きたいです。／S：ええ。行きましょう。

基本 〔問1〕 (a)グレイス：この研究室では，海の生物により着想を与えられた素材を研究している。／ダイスケ：(a)ウ難しそうだ。[That sounds difficult.]／グレイス：そうでもない。私達の周囲には，そのような素材を使った多くの製品が既にある。 sound C「Cのように思われる」 We already have many products using such materials ～ ← <名詞 ＋ 現在分詞 ＋ 他の語句>「～している名詞」現在分詞の形容詞的用法 (b)サヤ：なぜサメ肌に着想を得て開発された水着では，速く泳ぐことが可能なのか？／ダイスケ：えーと，多分，サメ肌が泳ぐ人に速く泳ぐための力を与えるのでは。／S：(b)オ理解できない。[I don't understand.]グレイス，わかる？／以下，グレイスの説明が続く。 shark skin gives swimmers the power to do that. ← 不定詞[to ＋ 原形]の形容詞的用法<名詞 ＋ 不定詞>「～する(ための／べき)名詞」 (c)ダイスケ：水泳大会で，その水着を着たい。／G：現在では，水着の規則が厳しくなり，その水着はほとんどの競技会で禁じられている。／D：なんてことだ。／G：でも，他の商品にサメ肌を活かすことに，いまだに多くの会社が関心を寄せている。／D：(C)イなぜ彼らは興味があるのか。[Why are they interested in it ?]／G：うろこの溝のおかげで，サメ肌の表面は常にきれいだから。 may be disappointed ← may「～かもしれない，してもよい」／助動詞付きの文の受動態<助動詞 ＋ be ＋ 過去分詞> stricter ← strict「厳しい」の比較級 are banned ← 受動態<be動詞 ＋ 過去分詞>「～される」 <be動詞 ＋ interested in>「～に興味がある」 thanks to「～のおかげで，せいで」 (d)G：ムラサキイガイの接着剤は他の種類の接着剤と異なっている。／S：(d)エどのように違うのですか。[How are they different ?]／G：通常，乾いた状態で接着剤は使われる。濡れると，付かないので，水中では接着剤を使うことはできない。でも，ムラサキイガイの接着剤は水中でくっつく。 different from「～と違う」 (e)G：もう1つ覚えておくべき大切なことがある。／S：(e)アそれは何か？ [What is it ?]／G：ものごとを考案する際には，力を合わせるということが重要だ。 There's another important thing to remember. ← 不定詞[to ＋ 原形]の形容詞的用法<名詞 ＋ 不定詞>「～する(ための／べき)名詞」 working together is ～ ← 動名詞[原形 ＋ ing]「～すること」

重要 〔問2〕 (I didn't know that)so many things had to be done to become(an engineer.) so many things ← so 副詞「とても，それほど，そんなに，そのように」／接続詞「それで」 had to be done「なされなければならなかった」← <have to do>「～しなければならない，にちがいない」の過去形 ＋ 不定詞の受け身<to be ＋ 過去分詞> to become ～ ← 不定詞の副詞的用法(目的)「～するために」

重要 〔問3〕 (A)①「サヤはグレイスがロボットを作っていないことを知り，あまりにも失望して，その後，それ以上は質問をすることができなかった」(×)グレイスの I study engineering, but I don't make robots. I hope you're not disappointed ! という発言に対して，サヤはI'm not. That's still interesting. と答えているので，不一致。find out「見つけ出す」 so ～ that・・・「とても～なので，・・・である」 was disappointed ← disappoint「(人を)失望させる」 not ～ any more「もはや～しない，これ以上は～しない」 ②「グレイスは材料工学を勉強して，プラスチック，あるいは，木のような材料の活用法を学んでいる」(×)サヤの You study materials like plastic, wood ... ? という疑問に対して，グレイスは No. と答えているので，不一致。<how ＋ 不定詞[to ＋ 原形]>「いかに～するか，～する方法」 B such as A「AのようなB」 ③「ダイスケがグレイスに大学で会う前に，サメ肌に着想を与えられた水着に関して，彼のクラブの部員が彼に話した」(○)グレイスの there are many products using materials inspired by shark skin like planes, ships and swimsuits. という発言に対して，ダイスケは I've heard about the swimsuits before. My friend in my swimming club told me about them. と答えているので，一致。many products using materials ～ ← ＜名詞 ＋ 現在分詞[原形 ＋ －ing]＋ 他の語句＞「～している名詞」現在分詞の形容詞的用法 I've heard ～ ← 現在完了＜have[has]＋ 過去分詞＞(完了・経験・結果・継続) ④「サメはうろこに溝があり，常に皮膚を清潔に保っており，フジツボがサメに付着する」(×)グレイスの発言(barnacles don't stick to shark skin because of the grooves on the scales, though they stick to living things in the ocean such as whales.)より，不一致。～ , so・・・「～である，それで・・・」 ＜because of ＋ 名詞(相当語句)＞「～の理由で，が原因で」 (B) ①「日本の研究者のみがその作り方を知っているので，ムラサキイガイがきっかけとなった接着剤は特別な存在である」(×)グレイスが Recently, researchers in Japan and other countries have invented adhesives inspired by mussels. と述べているので，不一致。how to invent ～ ← ＜how ＋ 不定詞[to ＋ 原形]＞「～する方法，いかに～するか」 have invented ～ ← ＜have[has]＋ 過去分詞＞現在完了(完了・経験・結果・継続) ②「ムラサキイガイの接着剤は湿った状況下でも使用できるので，現在，研究者達はムラサキイガイに着想を得た医療用の接着剤を考案しようとしている」(○)グレイスは now researchers are trying to invent medical adhesives inspired by mussels.／one of the problems during operations in hospitals is that we cannot use adhesives in wet conditions, but mussel adhesives can be used in such conditions. と述べており，一致。are trying ← 現在進行形＜be動詞 ＋ 現在分詞[－ing]＞ can be used ← 助動詞付きの受動態＜助動詞 ＋ be ＋ 過去分詞＞ ③「サメ肌がきっかけとなり生み出された船のコーティングは，有機スズ化合物を含んでいるので，環境に良い」(×)有機スズ化合物やサメ肌に導かれた船のコーティングに関するグレイスの発言(People used organotin compounds for ship coatings before, but they were bad for the ocean. So now, we use ship coatings inspired by shark skin and other eco－friendly ship coatings because they don't include organotin compounds.)により，不一致。接続詞 so「それで」 ④「サラは技術者になり，ロボットを作る折には，動物の能力を活用するために，動物から学びたいと考えている」(○)サヤは I want to learn how they〔animals〕move, and use their abilities for my robots when I become an engineer. と述べているので，一致。I want to learn how they move, ～ ← 疑問文(How do they move ?)が他の文に組み込まれる[間接疑問文]と，＜疑問詞 ＋ 主語 ＋ 動詞＞の語順になる。

やや難 〔問4〕 (全訳)今日，サヤと僕はアメリカの大学を訪れて，グレイスに会った。彼女は海洋生物に端を発した物質の開発法を学んでいる。そのような物質から作られた製品の1つのa例として，サメ肌から着想を得た水着について話した。それから，その水着bを着て，なぜ速く泳ぐことができるのかを，グレイスは説明してくれた。現在，彼女は貝由来の物質を研究していて，ムラサキイガイがきっかけとなって開発された接着剤に関して，僕らに話してくれた。役立ち，環境に良いものを考え出すことができるので，生物からc学ぶことは良いことである，ということがわかった。新発見をより素早く，よりd簡単に，思いつけるので，協力することや互いに助け合うことは重要である，とグレイスは僕らに話してくれた。サヤと僕は今日の訪問をとても楽しむことができた。 (a) 「例」example products made from ～ ← ＜名詞 ＋ 過去分詞 ＋ 他の語句＞「～された名詞」過去分詞の形容詞的用法 (b) 「～を着る」は wear だが，前置詞 by の後ろにくるので，動名詞 wearing にする。Grace explained why we could swim fast ～ ← ← 疑問文(Why could we swim fast ～ ?)が他の文に組み込まれる[間接疑問文]と，＜疑問詞 ＋ 主語 ＋ 動詞＞の語順になる。 (c) ダイスケが When we learn from living things, we can make things that are good for humans and the environment. と述べているのを参考にすること。「学ぶ」は learn だが，主語となるので，動名詞 learning にする。things that are ～ ← ＜先行詞 ＋ 主格の関係代名詞 that ＋ 動詞＞　(d)　グレイスの発言(When people in different fields work together and help each other, it becomes quicker and easier to think of new inventions.)を参考にすること。空所の位置は動詞を修飾する副詞が当てはまることに注意。正解は，(more)easily となる。working together and helping each other ← 動名詞[原形 ＋ －ing]「～すること」each other「互い」 more quickly ← quickly「速く」の比較級　more easily ← easily「簡単に」の比較級　quicker ← quick「速い」の比較級　easier ← easy「簡単な」の比較級

3 **(長文読解問題・論説文：文の挿入，語句整序，語句解釈，語句補充・選択・記述，要旨把握，接続詞，助動詞，前置詞，分詞・動名詞，比較，不定詞，受動態，関係代名詞，間接疑問文)**

(全訳)幼かりし頃，どのような種類の活動がお気に入りだっただろうか。絵を描く，本を読むと答える人がいるかもしれないし，紙を折る，折り紙と言う人もいるだろう。折り紙は，紙を折るといった伝統的日本芸術である。小さな子供でさえも，単に紙を折るだけで，植物，動物，そして，様々な他のものを作り出すことができる。(1)ア従って，ほとんどの人はそれが単純なものと考えるかもしれない。だが，折り紙はそれ以上のものだ。折り紙は技術を革新する力を有しているのである。この顕著な例のいくつかが，宇宙科学の分野で発揮されている。

いかにして折り紙が宇宙科学に結びついているのだろうかと疑問を抱くかもしれない。いったん作った折り紙を開いたことがあるだろうか。紙上の美しい幾何学の線に驚くかもしれない。過去に，これらの線が数学や科学に役立つと気づく人達がいた。1970年代には，ある日本人科学者が，ロケットや飛行機を作る手助けとなるように，これらの線を研究して，有名な折り方，ミウラ折りを考案した。ミウラ折りにより，対角線の角を単に引っ張ったり，押したりするだけで，(2)大きな紙でさえも，素早く開いたり，閉じたりすることができるのである。日本では，この折り方が，簡単に開閉できる紙製のポケット地図のような様々な製品において，取り入れられている。

ミウラ折りは，日本の宇宙科学を発達させる秘訣となった。宇宙実験・観測用の日本の人工衛星，SFUの太陽光パネルに，この折り方が採用された。SFUは多くの任務を遂げるために開発され，その重大な使命の1つが，どのようにすれば太陽光パネルが宇宙で上手く機能するのか，を探し出すことだった。太陽光から多くのエネルギーを得るために，太陽光パネルは大きな表面積を必要とした。だが，同時に，運搬時にSFUに保管できる位に小さくする必要があった。科学者や技術者が不可能を可能にする必要があった，と考えるかもしれない。ウしかしながら，ミウラ折りが，そのことを実現する能力を有しているのである。この折り方のおかげで，太陽光パネルの開閉が可能となり，この問題は解決された。1995年に，SFUは打ち上げられ，宇宙における太陽光パネルの使用は成功した。

別の折り方を活用した宇宙科学の別の例が，宇宙航空研究開発機構によって開発された宇宙ヨット，(4)イカロス(IKAROS)である。地球上の帆付きヨットを考えてみて欲しい。どのように動くか？　帆に風を受けて，動かされている。それでは，宇宙ヨットはどうだろうか。宇宙には風がないが，太陽帆と呼ばれる大きな，四角い，薄い膜に，太陽光から圧力を受けて，イカロスは稼働する。イカロスには，その帆に薄い太陽電池も装着されている。SFUの太陽光パネルのように，(5)-a大きな帆は太陽光からエネルギーを得るには効果的だが，イカロスが地球を離れる際には，(5)-b小さいものの方が好都合である。このことを実現するために，ある特別の折り方が太陽帆に用いられた。プロジェクトにはさまざまな主だった任務があったが，最も困難なものが，宇宙上で，

大きな，四角い，薄い太陽帆を広げることだった，とイカロスプロジェクトの指導者は述懐している。プロジェクトメンバーがイカロスを打ち上げる準備を進める一方で，様々な折り方が試されて，最善なものに決着した。これら，あるいは，他の多くの努力のおかげで，2010年にイカロスは打ち上げられ，主だった任務はすべて成功した。イカロスは，宇宙で太陽帆の使用を実現した最初の宇宙ヨットとなった。

折り紙は，日本だけではなく，世界中で多くの注目を浴びている。米国航空宇宙局は，スターシェード(遮光板)の試作機を考案した。特に夏季には，日傘，パラソルを使う人達がいる。名前が示すように，日傘は太陽光に対して日陰を作る。従って，スターシェードは，星明かりを遮って影を作り，実際，その形はパラソルに酷似している。でも，なぜ宇宙では星明かりに対する影が必要なのだろうか。宇宙では，惑星が星の周囲を動いているが，星からの強い光により，惑星をはっきりと見ることができない。この問題を解決する1つの手段が，スターシェードを使うことである。宇宙望遠鏡が折りたたまれたスターシェードを運搬する。スターシェードは開かれて，同時に，星と宇宙望遠鏡の間の地点まで飛行して，星からの明かりを遮断する。もしこの計画が実現されれば，(6)惑星をはっきりと視界にとらえ，その地における生物の痕跡を探す研究が現実のものとなるかもしれない。スターシェードには，フラッシャーパターンと呼ばれる折り方が適用される。スターシェードは小さく折りたたまれて，強大なサイズへと広げられる。スターシェードはいまだに試作段階であり，宇宙科学の分野のほんの一例にすぎず，その将来は大いに変わるかもしれない。

折り紙の威力は単に宇宙科学に留まらない。折り紙により，医療器具やロボットのような他の技術が刷新されてきた。科学者や技術者は，折り紙に技術革新を成し遂げるためのアイディアを見出してきた。新しい考えは，日常生活で使ったり，行ったりするものから，誕生するかもしれない。だから，周囲の物事を見ること。そのことが偉大なる発見へとあなたを導くかもしれない。

基本　〔問1〕「小さな子供でさえも，単に紙を折るだけで，植物，動物，そして，様々な他のものを作り出すことができる。(1)ア従って，ほとんどの人はそれが単純なものと考えるかもしれない。だが，折り紙はそれ以上のものだ。折り紙は技術を革新する力を有しているのである」前置詞 so「それで」 may「～かもしれない，してもよい」 by just folding a piece of paper ← ＜前置詞 + 動名詞[-ing]＞ however「しかしながら」 more than「～どころではなく，以上で」 the power to innovate ～ ← 不定詞[to + 原形]の形容詞的用法＜名詞 + 不定詞＞「～する(ための)，するべき名詞」 イ「従って，ほとんどの人はそれが難しいと考えるかもしれない」 ウ「従って，ほとんどの人がそれは子供のためのものであると考えないかもしれない」may not「～でないかもしれない，してはいけない」 エ「従って，ほとんどの人がそれは大人のものであると考えないかもしれない」

やや難　〔問2〕 (The Miura-ori) allows you to quickly open and close even a large (piece of paper by just pulling and pushing on its diagonal paper.) ＜allow + 人 + 不定詞[to + 原形]＞「人が～するのを許す」 quickly は open／close を直前から修飾「素早く開閉する」。 even「～でさえ，すら，平らな，偶数の，平らにする，等しくする」 a piece of paper「1枚の紙」 by pulling and pushing ← ＜前置詞 + 動名詞[-ing]＞

重要　〔問3〕 太陽光から多くのエネルギーを得るために，太陽光パネルは大きな表面積を必要とした。［ア］だが，同時に，運搬時にSFUに保管できる位に小さくする必要があった。［イ］科学者や技術者が不可能を可能にする必要があった，と考えるかもしれない。ウしかしながら，ミウラ折りが，そのことを実現する能力を有しているのである。この折り方のおかげで，太陽光パネルの開閉が可能となり，この問題は解決された。［エ］1995年に，SFUは打ち上げられ，宇宙における太陽光パネルの使用は成功した。［オ］ however「しかしながら，どんなに～しようとも」the power to do so ← 不定詞[to ＋ 原形]の形容詞的用法＜名詞 ＋ 不定詞＞「～する(ための)，すべき名詞」／to do so ＝ to make the impossible possible　at the same time「同時に」 may「～してもよい，かもしれない」 make the impossible possible ← make O C「OをCの状態にする」 thanks to「～のおかげで，のせいで」 could be folded and unfolded ← ＜助動詞 ＋ be ＋ 過去分詞＞助動詞の文の受動態　was solved／was launched ← 受動態＜be動詞 ＋ 過去分詞＞「～される」

重要　〔問4〕 ①「風により動かされる地球上の帆付いたヨットと全く同様に，イカロスも宇宙で風エネルギーを必要とする」(×)There is no air in space, but IKAROS is moved by the pressure from sunlight on a large, square, and thin membrane called a solar sail.(第4段落第6文)とあるので，不適。yachts with sails on Earth that are moved by ～ ← 主格の関係代名詞that／受動態＜be動詞 ＋ 過去分詞＞「～される」 thin membrane called a solar sail ← ＜名詞 ＋ 過去分詞 ＋ 他の語句＞「～された名詞」過去分詞の形容詞的用法　＜S ＋ be動詞 ＋ called ＋ C＞「SはCと呼ばれる」 ②「イカロスには，小さくて，四角で，太陽光帆と呼ばれる分厚い膜が装備されており，また，分厚い太陽電池が帆に付いている」(×)第4段落第6・7文(IKAROS also has thin solar cells on its sail.)より，不適。第4段落第6文 → 選択肢①の解説参照。 ③「イカロスプロジェクトの指導者によると，最も困難な任務が宇宙で太陽帆を開くことだった」(○)第4段落第10文(The IKAROS project leader said that ～ the most difficult mission was to unfold the large, square, and thin solar sail in space.)に一致。according to「～によれば，よると，に従って」 the most difficult ← difficult「難しい」の最上級　unfold ⇔ fold「たたむ」 ④「イカロスプロジェクトチームの構成員がさまざまな折り方を試した後に，最良のものに決定した」(○)第4段落第11文(While the project team members were preparing to launch IKAROS, they tried various folding patterns and then decided on the best one.)に一致。decide on「～に決定する」 best「もっともよい[よく]」good／well の最上級　one ― ＜前に出てきたa[an]＋ 単数名詞＞の反復をさける代用用法　were preparing ← ＜be動詞 ＋ 現在分詞[－ing]＞進行形

基本　〔問5〕 空所を含む文は「SFUの太陽光パネルのように，(5)-a 帆は太陽光からエネルギーを得るには効果的だが，イカロスが地球を離れる際には，(5)-b ものの方が好都合である」の意。以下のSFU太陽光パネルの例を参考にすること。The solar panels needed to have a large surface area to get a lot of energy from sunlight. At the same time, however, they needed to become small enough to keep in the SFU for delivery.(第3段落第4・5文)one ― ＜前に出てきたa[an]＋ 単数名詞＞の反復をさける代用用法 IKAROS is leaving Earth ← 進行形＜be動詞 ＋ 現在分詞[－ing]＞ small enough to keep ～ ← ＜形容詞 ＋ enough ＋ 不定詞[to ＋ 原形]＞「～するには十分に・・・」

やや難　〔問6〕 空所を含む文は「もしこの(スターシェード)計画が実現されれば，(6) をはっきりと視界にとらえ，その地における生物の痕跡を求めて研究することが可能となるかもしれない」の意。スターシェード計画の目的については，Planets move around stars in space, but it is not possible to see the planets well because of the strong starlight from the stars. One of the ways to solve this problem is to use a starshade.(第5段落第7・8文)と書かれているので，空所に当てはまる語は planets「惑星」となる。is realized ← 受動態＜be動詞 ＋ 過去分詞＞「～される」 it may be possible to get ～ and study ～ ← may「～かもしれない，してもよい」／　＜It is ＋ 形容詞 ＋ 不定詞[to ＋ 原形]＞「～するのは・・・である」← it is not possible to see ～　＜because of ＋ 名詞(相当語句)＞「～のために」

重要　〔問7〕 (A)①「折り紙は日本における紙を折るという現代的芸術で，幼い子供達がそれで植物や動物のようなものを作りだすことができる」(×)第1段落第3文に Origami is the traditional Japanese art of folding paper. とあるので，不可。modern ≠ traditional　art of folding paper ← ＜前置詞 ＋ 動名詞[－ing]＞　②「ロケットや飛行機を作り出す手助けとなる幾何学的線を研究することで，ある日本人科学者は有名な折り方を考案し，さまざまな製品で活用されている」(○)第2段落第5文・最終文(a Japanese scientists studied them[geometric lines] to help create rockets and planes, and invented a famous folding pattern ～／the folding pattern is found in various products such as ～)に一致。by studying ～ ← ＜前置詞 ＋ 動名詞[－ing]＞　a famous folding pattern that is used in ～ ← 主格の関係代名詞 that／受動態＜be動詞 ＋ 過去分詞＞「～される」← is found　help create ～ ← ＜help ＋ 原形＞「～する手助けをする」　③「SFUは多くの任務を抱えていて，重要な使命は宇宙で太陽光パネルを見つけることだった」(×)第3段落第3文に The SFU was developed to perform many missions, and one important mission was to find out how the solar panels could work well in space. とあるので，不適。one ― ＜前に出てきたa[an]＋ 単数名詞＞の反復をさける代用用法　was developed ← 受動態　＜be動詞 ＋ 過去分詞＞「～される」　to perform ～ ← 不定詞の副詞的用法(目的)「～するために」　find out「見つけ出す」　～ find out how the solar panels could work well ～ ← 疑問文(How could the solar panels work well ～ ?)が他の文に組み込まれる[間接疑問文]と，＜疑問詞 ＋ 主語 ＋ 動詞＞の語順になる。　④「SFUの太陽光パネルでは，イカロスの太陽光帆とは異なる折り方が用いられた」(○)SFUの太陽光パネルにはミウラ折りが使われており(第3段落第1・2文；The Miura－ori was a key to developing space science in Japan. The folding pattern was used for the solar panels of SFU ～)，イカロスには別の折り方が用いられたので(第4段落第1文；One example of space science using another folding pattern is the space yacht developed by JAXA：IKAROS.)，一致。different from「～とは違う」　a key to developing ～ ← ＜前置詞 ＋ 動名詞[－ing]＞　was used ← 受動態＜be動詞 ＋ 過去分詞＞「～される」space science using another folding pattern is the space yacht developed by JAXA ← 現在分詞の形容詞的用法＜名詞 ＋ 現在分詞 ＋ 他の語句＞「～している名詞」／過去分詞の形容詞的用法＜名詞 ＋ 過去分詞 ＋ 他の語句＞「～されている名詞」

(B)①「宇宙航空研究開発機構はイカロスを開発し，それは帆に受けた星明りを利用することができる最初の宇宙ヨットとなった」(×)第4段落第6文に IKAROS is moved by the pressure from sunlight on a large, square, and thin membrane called a solar sail. とあるので，不可。the first space yacht that was able to use ～ ← 主格の関係代名詞 that／＜be動詞 ＋ able ＋ 不定詞[to ＋ 原形]＞「～できる」　is moved ← 受動態＜be動詞 ＋ 過去分詞＞「～される」 thin membrane called a solar sail ← ＜名詞 ＋ 過去分詞 ＋ 他の語句＞「～された名詞」過去分詞の形容詞的用法　②「星明りを遮って影を作るスターシェードの試作機を米国航空宇宙局は考案して，その形はパラソルのようである」(○)NASA invented a prototype of a starshade.／a starshade provides shade from starlight, and the shape of the starshade is actually similar to a parasol,(第5段落第2・5文)と記されているので，一致。a starshade that provides shade ← 主格の関係代名詞 that　similar to「～と同じような，似通った」　③「宇宙望遠鏡はスターシェードと星の間に飛び，星からの星明りを遮る」(×)第5段落第10文に The starshade will unfold, and at the same time fly to the spot between the space telescope and a star, and block the starlight from the star. とあるので，不一致。between A and B

「AとBの間」 block A from B「AをBから遮る」 unfold ⇔ fold「折りたたむ」 ④「SFU，イカロス，日よけ，スターシェードのように，宇宙科学の分野で，折り紙からのアイディアを使った多くの素晴らしい例が存在する」(×)日よけは，宇宙科学の分野に該当せず，折り紙からのアイディアも用いられているわけではないので，不可。many great examples using ideas from ～ ← ＜名詞 ＋ 現在分詞[－ing]＋ 他の語句＞「～している名詞」現在分詞の形容詞的用法

4 **（長文読解問題：論説文，語句補充・選択・記述，文挿入，語句解釈，語句整序，要旨把握，自由・条件英作文，助動詞，受動態，不定詞，分詞・動名詞，関係代名詞，現在完了，比較，前置詞，接続詞，間接疑問文）**

(和訳)日本文化を考える時に，日本の食べ物，庭園，神社，寺，そして，アニメのようなものを想像するかもしれない。でも，他国からの旅行者が来日時に見て驚くものの1つは，日常生活でしばしば見かけるもの，自動販売機である。日本には多くの自動販売機があり，様々なものを販売している。実際，現在日本の自動販売機数は，アメリカに続いて世界2位である。しかし，両国の人口や面積を考えると，アメリカよりも日本においての方が，自動販売機を見かける機会がより多い。自動販売機は日本で考案されたと考えるかもしれない。実は，(1)エこのことは事実ではない。

世界で初の自動販売機が古代エジプトで発明されたと知ったら，おそらく驚くことだろう。ある技術者が寺で聖水を販売する装置を考案したのが始まりである。当時，人々は寺に入る前に，聖水で自らの手や顔を洗った。硬貨が装置に投入されると，その硬貨はレバーに連結された受け皿に落ちた。硬貨の重さでレバーが引かれ，そしてバルブが開いて，聖水が出た。硬貨が(2)-a受け皿から落ちると，(2)-bレバーは元の位置に戻り，(2)-cバルブは閉まった。この装置のおかげで，人々は購入した量以上の聖水を手にすることはできなくなり，ほぼ同量が各人に提供されるようになった。今や，最初の自動販売機が大昔に作られたことを知ったのだから，それ以来，自動販売機は少しずつ何世紀にもわたり発達してきた，と考えるかもしれない。しかしながら，より近代的な自動販売機は長い間発明されなかった。

商業用の自動販売機は，イギリスで19世紀後半に初めて出現した。1883年に，はがき，紙，封筒などの文房具を販売する自動販売機がロンドンの駅舎に設置された。日曜日でさえも利用することができたので，これらの機械は大好評で，文章を綴って他者と意思疎通をするという人々の欲求と合致していた。1888年に，チューイングガムを売る自動販売機が，アメリカのニューヨークの駅で導入された。1890年初頭までには，自動販売機はドイツにも設置され，チョコレートやチューイングガムのようなものが売られた。1897年に，アメリカのある会社が，商品をより魅力的にして，顧客の注意を喚起するために，チューイングガムの自動販売機にイラストを掲示した。

19世紀の末に，別の種類の自動販売機がドイツで導入された。1895年に，“オートマット”と呼ばれる硬貨で稼働するファーストフードレストランが出現した。このレストランでは，自動販売機を通じて軽易な食べ物や飲み物が提供されて，通常，ほんのわずかな人数の従業員しかいなかった。アこの新しいビジネススタイルはアメリカでおおいに流行した。1902年に，東海岸のフィラデルフィアと呼ばれる都市でオートマットが出店した。そこには多くの自動販売機が据え付けられ，機械に硬貨を入れることで，サンドウィッチ，パイ，スープなどの食べ物を客が買うことができた。大成功を収めたので，その責任者達は，より大きな，にぎやかな都市に，別のオートマットを出店することにした。1912年に，彼らの目標は達成され，新たなオートマットがニューヨークにて開店した。最も忙しい時期の1950年代には，オートマットは1日におよそ750.000人に飲食物を提供した。しかし，1960年代には，ハンバーガーチェーンのようなファーストフード販売網が普及するように

なった。従って，多くのオートマットが閉店し始め，ニューヨークの最後の店は1991年に消滅した。

おそらく日常生活で多くの(4)飲み物の自動販売機を目にしているだろうから，現在のそれらの歴史について記すことにする。世界初の飲み物の自動販売機は1891年にフランスで考案された。1926年には，ニューヨークの遊園地に清涼飲料の自動販売機が出現した。当時，瓶は使われずに，代わりに飲み物は紙コップに入れられた。約10年後の1937年には，アメリカのある会社が瓶詰めされた飲み物を販売する新しい自動販売機を作り出した。日本では，最初の清涼飲料の自動販売機は1957年に導入され，オレンジジュースを10円で販売していた。最初の数年間は，大成功だったが，その頃，物価が急上昇したので，同じオレンジジュースを同価格で提供することはもはやできなくなった。1965年には，自動販売機の数は非常に増加したが，ある問題が生じた。当時の自動販売機は，硬貨のみ利用可で，紙幣を受け付けなかった。また，当時使われていた100円硬貨は製造するのに非常に高かったので，人々の間で流通していなかった。この問題を解消するために，日本政府は1967年に新しい100円硬貨を作り始めた。この硬貨は製造するにはより安価で，この硬貨を使って，自動販売機から冷たい飲み物を簡単に買うことができたので，非常に便利でもあった。1976年に，温かい，そして，冷たいコーヒーの両方を提供できる自動販売機が発明されたので，日本中のほぼどこにおいても，寒い日でさえ，温かいコーヒーを楽しむことができるようになった。これらの全ての変化のおかげで，日本で自動販売機から飲み物を買うことは，より(5)便利になった。その頃，電車の切符を販売する自動販売機も設置されるようになり，その結果，日本の自動販売機数が1970年代から1980年代にかけて急速に増加した。

21世紀には，他の技術と同様に，自動販売機は発達した。好例が，現金，あるいは，クレジットカードで払うことを顧客が選べるようになったことである。2006年頃には，クレジットカードを受けつける自動販売機がアメリカで利用できるようになった。現金がもはや必要ないので，現在では，より高価な商品が販売されている。例えば，シンガポールには高さ約45メートルの巨大な自動販売機が存在する。この機械では，約60台の高価な車が売られている。他の自動販売機の場合と同様に，(6)ボタンを押すといった単純なことをすれば，選択された商品が約2分で地上へ降ろされる。自動販売機はさらにますます賢くなっているので，最近では，世界中で利用可能な多くの自動販売機から物品を購入するのに，様々な種類のICカードやスマートフォンでさえも使用できるようになっている。

前述したように，自動販売機は様々な形態で，発達してきた。自動販売機によっては，インターネット化技術が使われているので，今日では，例えば，飲み物の購入履歴をインターネット上に保存することが可能となっている。自動販売機から飲み物を買った際に，「いつも買うものが欲しいですか？」というような質問をされているのかもしれない。

基本　〔問1〕　空所(1)の前文が「自動販売機が日本で発明されたと思うかもしれない」，後続文が「世界初の自動販売機が古代エジプトで発明されたと知ったら，おそらく驚くだろう」となっていることから，考える。正解は，エ this is not true.「それは真実ではない」。may「～かもしれない，してもよい」 was invented ← ＜be動詞 ＋ 過去分詞＞受動態「～される」 You will probably be surprised to learn ～ ← ＜感情を表す表現 ＋ 不定詞[to ＋ 原形]＞不定詞の副詞的用法 ― 感情の原因・理由「～してある感情がわきあがる」 ア「このことは真実だろう」 イ「このことは真実ではないだろう」 ウ「このことは真実だ」

基本　〔問2〕「硬貨が装置に投入されると，その硬貨はレバーに連結された受け皿に落ちた。硬貨の重さでレバーが引かれ，そしてバルブが開いて，聖水が出た。硬貨が(2)-a受け皿から落ちると，(2)-bレバーは元の位置に戻り，(2)-cバルブは閉まった」空所を含む箇所は，直前に記されている聖水が出るまでの過程の逆の手順となっていることから考える。

基本　〔問3〕 挿入文は「この新しいビジネススタイルは実際にアメリカで大いに流行した」。［ア］の前で，別の種類の自動販売機，automat がドイツで導入された，という趣旨が述べられているので，正解は，ア。another type of vending machine → this new business style　was introduced ← 受動態＜be動詞 ＋ 過去分詞＞「～される」 a coin－operated fast food restaurant called an "automat" appeared. ← ＜名詞 ＋ 過去分詞 ＋ 他の語句＞「～された名詞」過去分詞の形容詞的用法

重要　〔問4〕 ①「世界初の飲み物の自動販売機はアメリカで作られた」(×)第5段落第2文に The world's first drink vending machine was invented in France in 1891. とあるので，不可。was created／was invented ← 受動態＜be動詞 ＋ 過去分詞＞「～される」 ②「1926年にニューヨークの遊園地では，飲み物が紙コップで提供された」(○)第5段落第3・4文(In 1926, soft drink vending machines appeared in amusement parks in New York.　At that time, bottles were not used, and instead drinks were put into paper cups.)に一致。were provided／were not used／were put ← 受動態＜be動詞 ＋ 過去分詞＞「～される」 ③「日本では，1957年にオレンジジュースを買うには，100円硬貨が必要だった」(×)第5段落第6文に In Japan, the first soft drink vending machine was introduced in 1957 and it sold orange juice for 10 yen. とあるので，不適。was introduced ← 受動態＜be動詞 ＋ 過去分詞＞「～される」 ④「1967年に新しい100円硬貨が日本政府により作られた」(○)第5段落第11文(the Japanese government started to make a new 100－yen coin in 1967.)に一致。was made ← 受動態＜be動詞 ＋ 過去分詞＞「～される」 ⑤「日本では1976年以前に，温かいコーヒーが自動販売機で売られていた」(×)第5段落最後から第3文目に In 1976, vending machines that could serve both hot and cold coffee were invented, ～ とあるので，不適。was sold／were invented ← 受動態＜be動詞 ＋ 過去分詞＞「～される」 vending machines that could serve ～ ← 主格の関係代名詞 that

やや難　〔問5〕 空所(5)を含む文意は「これらの全ての変化のおかげで，日本で自動販売機から飲み物を買うことは，より［(5)］なった」。第5段落では，紙コップから瓶詰めの飲み物が売られるようになり，硬貨だけしか使えなかったのが紙幣を使えるようになり，温かい飲み物も提供されるようになった等の変化が記されている。これらの変化によって，自動販売機での飲み物の購入がどうなったかを考える。直前に more があるので，比較級を作る際に，＜more ＋ 原級＞になるものが空所に該当することになる。同段落第12文に This coin was less expensive to make and also very convenient because with this coin people could easily buy drinks from vending machines. とある(「買いやすくなった」→「便利になった」)。よって，正解は，convenient「便利に」。＜because of ＋ 名詞(相当語句)＞「～のために」 buying drinks ← 動名詞＜原形 ＋ －ing＞「～すること」 has become ← ＜have[has]＋ 過去完了＞(完了・結果・経験・継続) more convenient ← convenient「便利な」の比較級　less expensive「より安い」← less「(量・程度が)より少ない，より少なく，より～でない」

重要　〔問6〕 (As you do with other vending machines, if you)do something as simple as pushing a button(, the selected product will be carried down to the ground in about two minutes.)as接続詞「～と同じくらい，のように，のとき，だから」／前置詞「～として」＜as ＋ 原級 ＋ as ＋ A＞「Aと同じくらい～」 something simple ← something は後ろから形容詞が修飾するので注意。　pushing a button ← 動名詞(－ing)「～すること」 will be carried down ← 助動詞付きの受動態＜助動詞 ＋ be ＋ 過去分詞＞／carry down「降ろす」

in「～の中で[に，の]，(時間の経過)～に，たったら」

重要　〔問7〕 (A)①「来日した際に，アニメは，異なった国々から来た旅行者が見て驚くものの1つである」(×)第1段落第2文に one of the things that tourists from different countries are surprised to see when they visit Japan is something you often see in your daily life : vending machines. とあるので，不一致。one of the things▼tourists from different countries are surprised to see／something▼you often see ← 目的格の関係代名詞の省略／＜感情を表す表現 ＋ 不定詞[to ＋ 原形]＞不定詞の副詞的用法 — 感情の原因・理由「～してある感情がわきあがる」 one of the things that tourists ～ are surprised to see ← 目的格の関係代名詞 that　②「この頃，世界のいかなる他の国よりも，アメリカにはより多くの自動販売機がある」(○)第1段落第4文(now the number of vending machines in Japan is the second largest in the world after the US.)に一致。the second largest「2番目に大きい」 ← ＜the ＋ 序数 ＋ 最上級＞「X番目に最も～」 after「(時間・順序が)～のあとに[の]」 ③「古代エジプトで人々が寺を訪問した時には，寺に入る前に，腕や足を洗うための聖水を購入した」(×)古代エジプトでの寺を参拝する際の習慣に関して，第2段落第3文に people washed their face and hands with holy water before entering temples. と書かれているので，不可。before entering them[temples] ← ＜前置詞 ＋ 動名詞[－ing]＞　④「世界初の自動販売機により，正確に同量の聖水が各人へと提供された」(×)第2段落第文に Thanks to this device, people could not take more than the amount of holy water that they bought, and almost the same amount was provided to each person. とあるので，不一致。exactly the same amount of holy water ≠ almost the same amount　was provided ← 受動態＜be動詞 ＋ 過去分詞＞「～される」 thanks to「～のおかげで，せいで」 more than「～以上」 holy water that they bought ← 目的格の関係代名詞 that

(B)①「ロンドンでは，19世紀後半に，紙のような文具を売る自動販売機が列車の駅に据え付けられ，日曜日でさえも人々はそれらを利用することができた」(○)ロンドンの自販機に関して書かれている第3段落第2・3文(In 1883, vending machines selling stationery such as ～ paper ～ were installed at the train stations in London. People really liked these machines because they could use them even on Sundays, ～)に一致。vending machines selling stationery ← ＜名詞 ＋ 現在分詞 ＋ 他の語句＞「～している名詞」現在分詞の形容詞的用法

②「アメリカでは，1897年に，自動販売機で売られた商品をより魅力的にして，客の注意を引き付けるために，チョコレートの自動販売機にイラストが掲載された」(×)第3段落の最終文に In 1897, a company in the US put pictures on chewing gum vending machines to make their products more attractive and draw customers' attention. とあるので，不可。make products sold through vending machines more attractive ← make O C「OをCの状態にする」／＜名詞 ＋ 過去分詞 ＋ 他の語句＞「～された名詞」過去分詞の形容詞的用法／through「～を通り抜けて，の至る所を，の間じゅう，を終えて，を通じて，よって」／more attractive ← attractive「魅力的」の比較級　③「今日，ICカードやスマートフォンに十分な電子マネーがあれば，世界の全ての自動販売機から物を買うのに現金は必要ない」(×)第6段落最終文に these days various kinds of IC cards and even smartphones can be used to buy things from many of the vending machines available in the world. とある。any「肯定文；どの～でも，どんな～でも／否定文；どれも～ない／疑問文；何か」 can be used ← 助動詞付き受動態＜助動詞 ＋ be ＋ 過去分詞＞　available「利用できる，入手できる，(人が)手が空いている」　④「将来，自動販売機から飲み物を買う時に，購買記録のために，『いつも買ってい

るものを欲しいですか？』のような質問をされるかもしれない」(○) 第7段落第2・4文(With some vending machines, IoT technology is used, so today, the record of your drink purchases, for example, can be kept on the Internet.／When you buy a drink from a vending machine, you may be asked a question like, “Would you like the one you usually like ?”)に一致。may「～してもよい，かもしれない」 Would you like ～ ?「～はいかがですか」 <because of ＋ 名詞(相当語句)>「～の理由で，が原因で」 is used／can be kept／may be asked ← 受動態<be動詞[助動詞 ＋ be]＋ 過去分詞>　～, so ...「～，それで…」 the one▼you usually like ← 目的格の関係代名詞の省略

やや難 〔問8〕 (指示文訳)「日本の日常生活や文化の独自の一部を構成する製品や食べ物を選びなさい。それが何なのか，なぜそれが唯一の存在なのかを説明しなさい。その製品や食べ物について詳しくない人への回答を書きなさい。自動販売機や折り紙について書くことはできない」 a product or food that is unique／someone who does not know ～ ← 主格の関係代名詞 that Explain what it is and why it is unique. ← 疑問文(What is it ?／Why is it unique ?)が他の文に組み込まれる[間接疑問文]と，<疑問詞 ＋ 主語 ＋ 動詞>の語順になる。 not either A or B「A，Bのどちらでもない」 (正答例訳)「ラーメンは，野菜や肉と共に，醤油，みそ，あるいは，塩からしばしば作られた多くの種類のスープで出される麺である。中国由来であるが，ラーメンは日本で独自の方法で発展してきた。今日，異なった国々でさえも，多くのラーメン店が見受けられる」 設問で扱われた2テーマ(折り紙／自動販売機)を除いて，日本独自の製品か，食品を選び，なぜ特異なのかという理由を添えて，40語以上50語以下の1段落構成の英文にまとめる自由・条件英作文。

★ワンポイントアドバイス★

4〔問8〕を取り上げる。大問に属した小問形式となっているが，独立した自由・条件英作文と言っても良い問題である。対策としては，基礎的文法事項を身につけたうえで，熟語，構文も含めた語い力の養成に日頃から努めること。

＜国語解答＞

1　(1)　ちゅうしん　(2)　すいだん　(3)　うる(む)　(4)　ろう(する)

2　(1)　証左　(2)　失当　(3)　間遠　(4)　天眼鏡

3　〔問1〕 イ　〔問2〕 エ　〔問3〕 (例)自信作である和菓子を評価されることは，和菓子職人として認めてほしいワコにとって，自分が評価されるより誇らしいことだから。
〔問4〕 イ　〔問5〕 ア　〔問6〕 ウ

4　〔問1〕 エ　〔問2〕 ウ　〔問3〕 ア　〔問4〕 ウ　〔問5〕 イ　〔問6〕 エ
〔問7〕 (例)〈題名〉終わりなき他者理解

他者を理解することは非常に難しい。西洋の人類学者に限らず，私たちは無意識のうちに自分の社会や文化に立脚して他者の言動を解釈し，評価してしまいがちだからだ。理解に近づくためには，自分や特定の「他者」だけでなく，いろいろな文化や価値観を知り，他者と自分を平等な存在として相対化する必要がある。また，他者も自分も常に変化する

可能性があることを念頭において，理解するために不断の努力をしなければならない。

5 〔問1〕 ウ　〔問2〕 イ　〔問3〕 ア　〔問4〕 エ　〔問5〕 イ

○配点○

1　各2点×4　　2　各2点×4　　3 〔問3〕 6点　　他　各4点×5

4 〔問7〕 14点　他　各4点×6　　5　各4点×5点　　計100点

＜国語解説＞

1 （知識－漢字の読み書き）

(1) 「衷心」は，本当の気持ち。 (2) 「吹」は笛などを吹くこと,「弾」は琴などを弾くこと。 (3) 「潤」には「ジュン・うるお(う)・うるお(す)・うる(む)」という読みがある。 (4) 「策を弄する」は，いろいろとはかりごとをめぐらすという意味。

2 （知識－漢字の読み書き）

(1) 「証左」は証拠のこと。 (2) 「失当」は，当を得ていないという意味。 (3) 「間遠」は，間隔が長くあいている様子。 (4) 「天眼鏡」は，易者などが用いる大型の凸レンズ。

3 （小説―情景・心情，内容吟味）

〔問1〕 曽我は，ワコに感性について問いかけた。その回答に対する言葉が「まだ足らんな」から「やってみろ」になったことに注意する。曽我は，ワコの感性が深まったことを感じ，その感性をもとに和菓子をつくることを促したのである。正解はイ。アの「鶴ヶ島に勝てる」かどうかという観点やウの驚きは，この場面から読み取れない。エは，「大きな進歩は感じられない」が誤りである。

〔問2〕 「発露」は，心のうちが具体的な形で表れること。傍線部(2)は，ワコが和菓子職人になってからの5年間で積み重ねてきたものを生かして，感じたことを具体的に表した上生菓子をつくったということである。エが正解となる。アは，「喜びと確かな充実」はコンテストの最中のワコの思いなので，本文と合わない。イは，「主催者の意図」が不適切。表現したのはワコ自身の感性である。ウは,「正しい感性」の「説明」としている点が不適切である。

やや難 〔問3〕 ワコは，自分が「珍しい女性の職人」として注目されるのではなく，自分が和菓子職人としてつくりあげた上生菓子が高く評価されたことを喜んでいる。この内容を,「自信作である和菓子を評価されることは，お菓子職人として認めてほしいワコにとって，自分が評価されるより誇らしいことだから。」などと書く。

基本 〔問4〕 表彰式で「真っ直ぐ前を向いていた」様子や,「俺が出場する理由は……自分の技量が落ちていないかを，客観的に査定する機会が必要だからだ」という言葉から，鶴ヶ島が自分の技術に自信をもち，優勝を当然のこととして受け止めていることがわかるので，イが正解となる。他の職人は眼中にない様子なので，アの「強い対抗心と優越感」や，エの「職人技術で劣る他者を見下す心情」は不適切。ウの「味」について「おいしそうだ」とは書かれているが，実際にどうだったかは本文に書かれていない。

重要 〔問5〕 曽我は傍線部(5)に続けて,「姿をそのままつくった」ものは「感性」の表現ではなく「説明」だと言っている。「姿をそのままつくった」を「写実的」と言い換えたアが正解。イの「情景を形作ることなく」は，以前には言われていないことなので不適切。ウの「共感」，エの「日常」は，ここで求められている観点ではないので，不適切である。

〔問6〕 桜についての描写はあるが，ワコの内面は情景以外のものでも表現されているので，アは不適切。イの「時系列に沿って」は，コンテスト当日の場面に回想が挿入されていることなどから不適切。ウの「ワコの視点」からの描写，「読者がワコの感覚と同一化」は，適切な説明である。エは，「それを見て理解できる」ことはワコの実力として描写されていないので，不適切である。

4 （論説文－内容吟味，段落・文章構成，作文）

〔問1〕 傍線部(1)の「解釈学的転回」は，1960年代にギアツが主導したものである。以前の人類学は「自分たちとは異なる他者を科学的に理解すること」を使命として「普遍的な法則性」を探求していたが，ギアツは「人間の行為は意味を帯びた記号である」として人類学者の役割は現地の人びとが読みとる行為の意味を「解釈すること」だとした。この変化を説明したエが正解。アの「解釈の相対化」はこの段階では行われていない。イは，現地人の解釈をさらに解釈するという本文の内容と合っていない。ウの「中立性の欠如」の指摘は，1980年代以降に行われたことである。

基本 〔問2〕 ジャワの人々が「感情の内部世界」と「行動の外部世界」という二つの対比によって「自己が概念化されている」のに対し，バリの人々は「複雑な呼び名や称号の体系の中に位置づけられ，その地位の役を演じている」という本文の説明と合致するウが正解。アの「内外が不可分な自己」は，バリの人々が「公の演技」と「仮面の下にある個人性」を区別していることと合わない。イはジャワの人々が「内面の部分を重視している」とするが，外面も「磨き上げ」ているので不適切。エは，「内面と外面のそれぞれに二面性のある自分を概念化している」が本文と合わない。

〔問3〕 マーカスらが検討した「実験的試み」は，「調査者と被調査者との対話」にもとづいて「現地の多様な声」を提示するものであったので，アが正解となる。イは，「極力科学的な他者理解を模索する」が不適切。ウは，「中立な立場から記述する」が「人類学の他者理解が……中立的な知識であると受けとめることは不可能になった」と矛盾する。本文の「人類学者の一方的解釈だけでなく」は，人類学者が解釈することを否定するものではないので，エは誤りである。

重要 〔問4〕 サイードは，それまでの人類学研究について，「西洋の人類学者が非西洋社会を研究し，その文化を書くこと自体が権力の行使に他ならない」と批判した。正解はウである。アの「自らも研究対象になりうる」は本文にない内容。また，ここで問題になっているのは「知」の支配であり，イの「現地の人々が自由に生きる権利を奪われた状態」やエの「植民地」としての歴史の踏襲ではない。

〔問5〕 ギアツは「感情移入」は「かならずしも必要ない」として「人びとの表現様式や象徴体系を読み取り，解釈する能力」を重視した。この場合の「解釈」は，「ときに矛盾をはらむような現地の多様な声」ではなく，「人類学者の一方的解釈」なので，この内容と合致するイが正解。アは，「事前にこしらえた解釈」かどうかはわからないので不適切。ウは，「期待を押しつける」が不適切。エは，「現地人に感情移入する」がギアツの姿勢と矛盾する。

〔問6〕 この文章は，まず文化人類学の「解釈学的転回」を主導したギアツの説を紹介し，さらなる変革でギアツの著作が「批判の矢面に立たされた」ことについてマーカスやサイードの例を挙げて具体的に説明している。そして，「人類学者の他者理解」を「客観的で中立的な知識」として受けとめることが不可能であるのにもかかわらず，人類学者と調査対象者のあいだには「言語の力の不平等」があることを指摘する。正解はエ。アは，ギアツの解釈が批判されたことを説明していないので誤り。イは，「ギアツを中心とした人類学者たちが異文化を解釈しなおした経緯」が本文の内容と合わない。ウは，「多声性」だけでは文化を理解することができないので，不十分である。

やや難　〔問7〕　現代社会において「他者理解」を実現するために必要なことについて，本文の内容を踏まえて自分の考えを200字以内にまとめて書き，内容にふさわしい題名をつける。解答例は，必要なこととして「相対化」と「不断の努力」を挙げている。文字だけでなく，句読点，記号，書き出しや改行の空欄も1字と数える。誤字・脱字や原稿用紙の使い方の誤り，不自然な表現などは減点の対象になるので注意する。

5　(古文・俳句・漢詩を含む説明文―内容吟味，文脈把握)

〔問1〕　『物類称呼』の引用の後に「見立て好きな江戸人は空を海に見立て，そこに烏賊や章魚が泳いでいると見たのであろうか」と説明されているので，これと合致するウが正解。アは名称に言及していないので不適切。イは「江戸以外の土地」，エは「畿内」に限定して説明している点が不適切。また，その地域に伝わる文学作品や漢詩と名称との関連は，本文からは読み取れない。

〔問2〕　詩僧六如の漢詩に描かれた「私―うたた寝」「小坊主―凧揚げ」という構図を読み取る。正解はイ。アは，「凧糸が切れて」という情景は六如の漢詩に描かれていないので誤り。ウは，漢詩の「侍童伺我齁齁作」を踏まえていないので不適切。エは，「子どもの凧が破れて落ちてきた」は六如の漢詩の情景ではなく，後の柏木如亭の漢詩の情景である。

重要　〔問3〕　「不如意な生活を余儀なくされて逼塞している」如亭の漢詩の「風中紙破落庭鳶」と，「病床に臥せりがちだった」子規の俳句「忽然と凧落ち来る小庭哉」は，いずれも自宅の庭に落ちてきた凧の情景を詠んでいるので，アが適切である。イは，「共に庭先に出て冷たい風を受けながら」が不適切。いずれも室内から見た庭の情景である。ウは「体の故障と老い」が誤り。如亭は「青年詩人」であり，体の不調は示されていない。エは「遠い故郷」への思いが漢詩からも俳句からも読み取れないので，不適切である。

基本　〔問4〕　書き下し文の「頤を揺へて」は「あごをささえて」と読むので，エ「頤揺」が正解。

やや難　〔問5〕　筆者は，「空に揚がっている凧」には「現在を過去へと牽き戻す力」があり，「少年時代の思い出の情景として蘇る」だけでなく，「一本の糸で……人間存在の頼りなさを感じさせる」と考えている。筆者の考察と合致するイが正解。アは，「人間存在の頼りなさ」，ウは「少年時代の思い出」に触れていないので不十分。エ「今後の生活に不安を抱いている」は，「人間存在の頼りなさ」を「根源的な感覚」で捉えたものではないので，不適切である。

★ワンポイントアドバイス★

古典や韻文が引用されている文章は，2度読む。1度目はさっと読んで全体の流れをつかみ，2度目は書き下し文・現代語訳・文章中の解説・語句注などと照らし合わせて丁寧に読むことで，内容をより深く理解できるようになる。

都立西高等学校

2023年度

★★★★★★★★★★★★★★★★★★★★★★

入　試　問　題

2023年度

●くわしい解説……37ページ

＜数学＞

時間50分　満点100点

【注意】答えに根号が含まれるときは，**根号を付けたまま，分母に根号を含まない形で表しなさい。**
また，**根号の中を最も小さい自然数にしなさい。**

1 次の各問に答えよ。

〔問1〕 $\sqrt{\dfrac{25}{8}}-(3-\sqrt{5})\div\dfrac{(\sqrt{5}-1)^2}{\sqrt{2}}$ を計算せよ。

〔問2〕 2次方程式 $\dfrac{1}{2}(2x-3)^2+\dfrac{1}{3}(3-2x)=\dfrac{1}{6}$ を解け。

〔問3〕 1から6までの目の出る大小1つずつのさいころを同時に1回投げる。

大きいさいころの出た目の数をa，小さいさいころの出た目の数をbとするとき，$a\sqrt{b}<4$となる確率を求めよ。

ただし，大小2つのさいころはともに，1から6までのどの目が出ることも同様に確からしいものとする。

〔問4〕 右の表は，ある中学校の生徒40人が行ったゲームの得点をまとめたものである。得点の中央値が12.5点であるとき，x，yの値を求めよ。

得点(点)	0	5	10	15	20	計
人数(人)	2	x	3	y	11	40

〔問5〕 右の図のように，円Pと円Qは互いに交点をもたず，円Pの周上に点Aがある。

解答欄に示した図をもとにして，点Aにおいて円Pに接し，かつ円Qにも接するような円の中心のうち，円Pおよび円Qの外部にある円の中心Oを，定規とコンパスを用いて作図によって求め，中心Oの位置を示す文字Oも書け。

ただし，作図に用いた線は消さないでおくこと。

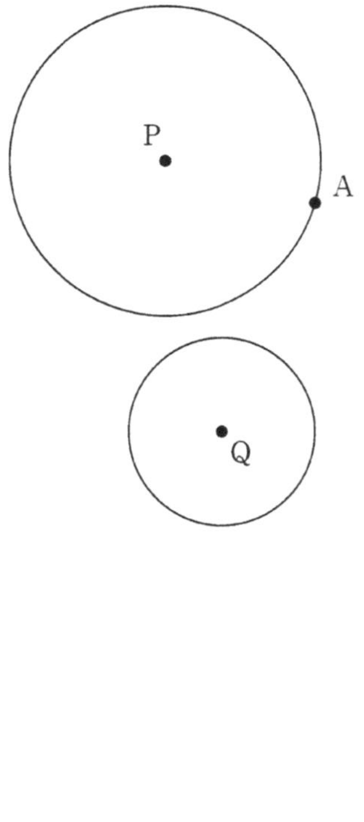

2 右の**図1**で，点Oは原点，点Aの座標は(0，3)であり，直線ℓは一次関数$y=x+3$のグラフ，曲線fは関数$y=2x^2$のグラフを表している。

曲線f上の点Pは，点Oを出発し，x軸の負の方向に動き，直線ℓ上の点Qは，点Aを出発し，x軸の正の方向に動くものとする。

点Pと点Qは同時に出発し，出発してからt秒後のx座標は，それぞれ$-\dfrac{t}{2}$，tである。

点Oから点(1，0)までの距離，および点Oから点(0，1)までの距離をそれぞれ1cmとして，次の各問に答えよ。

図1

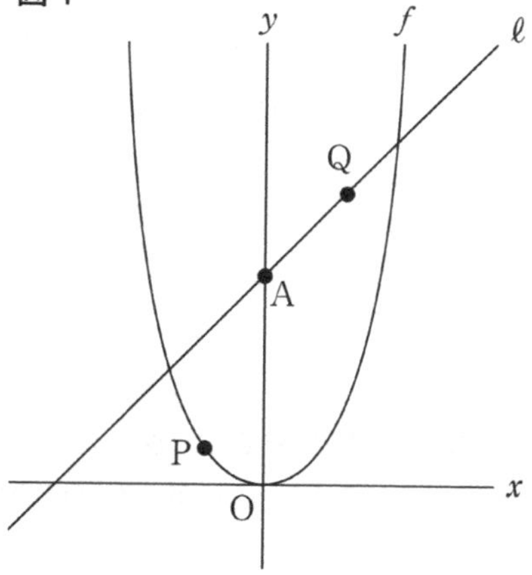

〔問1〕 点Pが点Oを出発してから1秒後の2点P，Qの間の距離は何cmか。

〔問2〕 右の**図2**は，**図1**において，点Aと点P，点Pと点Qをそれぞれ結び，線分PQがx軸に平行な場合を表している。

△APQの面積は何cm^2か。

ただし，答えだけでなく，答えを求める過程が分かるように，途中の式や計算なども書け。

図2

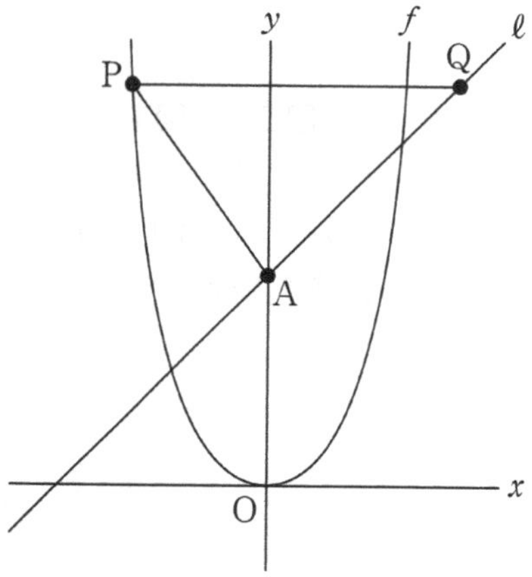

〔問3〕 右の**図3**は，**図1**において，曲線fと直線ℓとの2つの交点のうち，x座標が負の数である点をBとし，点Pが点Oを出発してから3秒後，点Pと点Q，点Pと点Bをそれぞれ線分で結んだ場合を表している。

このとき，△PBQを直線ℓの周りに1回転してできる立体の体積は何cm^3か。

図3

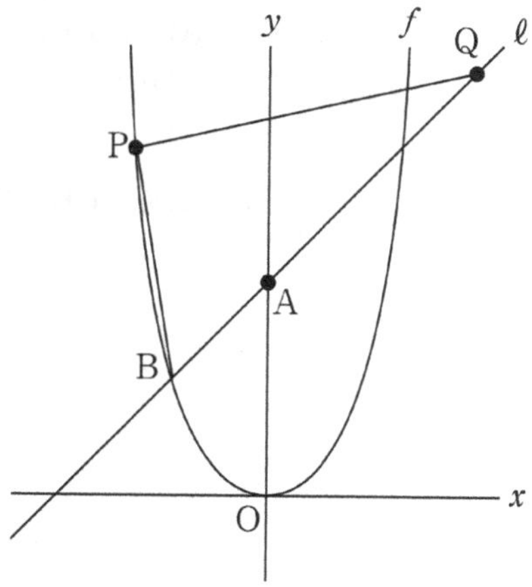

3　右の**図1**で，四角形ABCDは，円Oの周上にすべての頂点がある四角形である。

頂点Aと頂点C，頂点Bと頂点Dをそれぞれ結び，線分ACと線分BDとの交点をEとする。

次の各問に答えよ。

図1

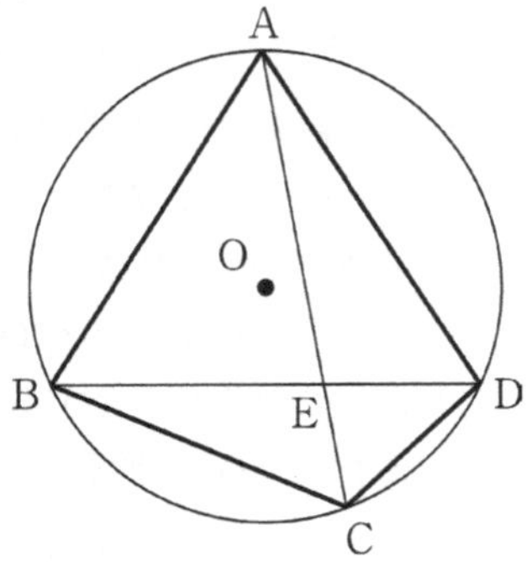

〔問1〕　右の**図2**は，**図1**において，辺CDが円Oの直径に一致し，点Eが線分ACの中点となる場合を表している。

CD＝10cm，AD＝8cmのとき，線分DEの長さは何cmか。

図2

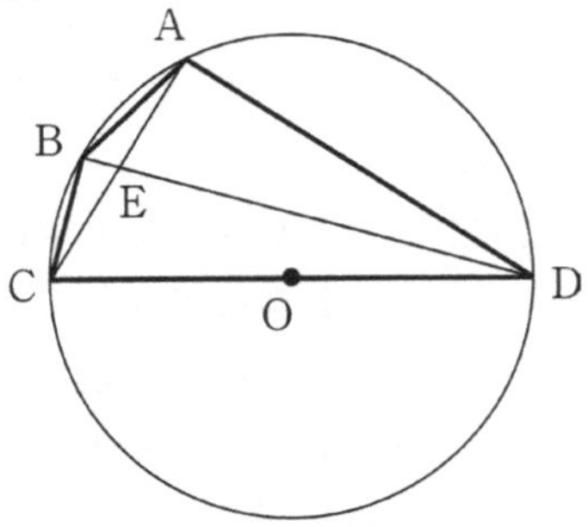

〔問2〕　右の**図3**は，**図1**において，∠BAC＝∠CADの場合を表している。

AB＝6cm，AD＝8cm，∠BAC＝30°のとき，△BCDの面積は何cm^2か。

図3

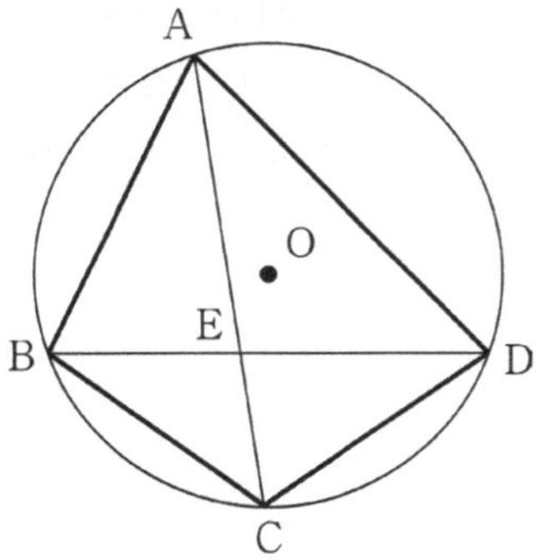

〔問3〕　右の**図4**は，**図1**において，点Oが四角形ABCDの内部にあり，AC⊥BDとなるとき，点Oから辺BCに垂線を引き，辺BCとの交点をHとした場合を表している。

このとき，AE×CH＝OH×BEであることを証明せよ。

図4

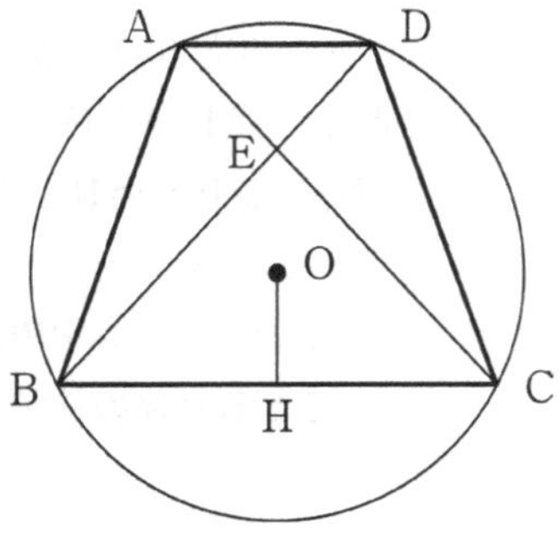

4　nを1より大きい整数とし，1からnまでの整数を1つずつ書いたn枚のカードがある。これらn枚のカードをよく混ぜて，左から順に横一列に並べてできるn桁の数をAとする。

このAについて，以下の**【操作】**を行う。

次の**図1**から**図3**は，$n=4$でAが3421の場合について，それぞれの**【操作】**1から3を表している。

【操作】

1　一番左のカードに書かれた数を確認し，その数をmとする。

2　左からm枚のカードを順番に取り出す。

3　取り出したカードの順番を逆にして左から順に戻す。

図1

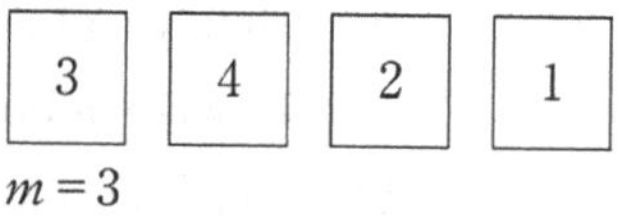

図2

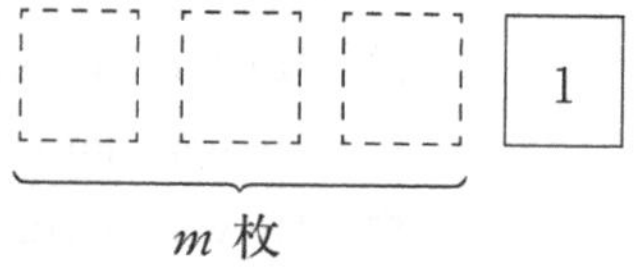

図3

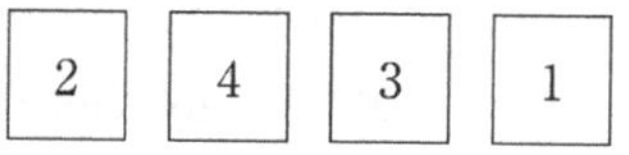

今，Aに**【操作】**を繰り返し行い，一番左に書かれた数が1になったところで**【操作】**を終了する。また**【操作】**が終わるまでの回数を$N(\mathrm{A})$とする。ただし，Aの一番左の数が1であるときは**【操作】**を行わず，$N(\mathrm{A})=0$とする。

例えば，$n=4$として，Aが3421の場合，**【操作】**を繰り返し行うと3421→2431→4231→1324となり，$N(3421)=3$である。

次の各問に答えよ。

〔問1〕　$N(31452)$の値を求めよ。

〔問2〕　$n=4$とする。a，b，c，dは互いに異なる整数で1，2，3，4のいずれかとする。

以下の等式①，②，③が同時に成り立つとき，a，b，c，dの値を求めよ。

ただし，答えだけでなく，答えを求める過程が分かるように，途中の式や考え方なども書け。

①$N(abcd)+N(bcda)=N(abcd)$

②$N(abcd)\times N(cadb)=N(abcd)$

③$N(abcd)=4$

〔問3〕　$n=5$で$N(\mathrm{A})\geqq 1$とする。

Aに行った**【操作】**が終了したときの数を調べたところ，12345や14235などは存在した。しかしどんなAで**【操作】**を行っても，**【操作】**が終了したときの数で，例えば，13254は存在しなかった。全てのAについて**【操作】**が終了したときに存在しなかった数を調べたところ，13254も含めて全部で9個の数があることが分かった。

これら9個の数の中で3番目に大きい数を求めよ。

＜英語＞

時間　50分　　満点　100点

1　リスニングテスト(**放送**による**指示**に従って答えなさい。)

〔**問題A**〕　次の**ア**～**エ**の中から適するものをそれぞれ**一つずつ**選びなさい。

＜対話文1＞

ア　To have a birthday party.

イ　To write a birthday card for her.

ウ　To make some tea.

エ　To bring a cake.

＜対話文2＞

ア　He was giving water to flowers.

イ　He was doing his homework.

ウ　He was eating lunch.

エ　He was reading some history books.

＜対話文3＞

ア　He got there by train.

イ　He took a bus to get there.

ウ　He got there by bike.

エ　He walked there.

〔**問題B**〕　＜Question 1＞では，下の**ア**～**エ**の中から適するものを**一つ**選びなさい。

＜Question 2＞では，質問に対する答えを英語で書きなさい。

＜Question 1＞

ア　Studying English.

イ　Students' smiles.

ウ　Sports festivals.

エ　Students' songs.

＜Question 2＞

(15秒程度，答えを書く時間があります。)

2　次の対話の文章を読んで，あとの各問に答えなさい。

(＊印の付いている単語・語句には，本文のあとに〔**注**〕がある。)

*Japanese high school students, Ren and Sakura, an English teacher from the UK, John, and an English teacher from the US, Kate, are at school and practicing for an English speech contest. Ren and Sakura are going to *participate in the contest as the *representatives of their school.*

Ren　　：Thank you for helping us today.

Sakura：Yes, thank you so much. It was great practice!

John　：You're welcome.

Kate　: My pleasure.

John　: Ren and Sakura, you did a good job today, but it will be better for both of you to change your *scripts a little.

Ren　: Oh, you think so? OK. How should we change them?

John　: Both of your scripts will be heard by listeners from different countries, and they won't know who you are or what you're going to talk about before the contest, so tell them the things they should know to understand your speeches.

Sakura : Wow. I didn't think of that. Thank you for your advice.

Kate　: Can both of you finish changing your scripts this weekend?

Ren　: Ah... I will think about it.

Sakura : It will be hard. [(a)]

John　: OK. So, can you meet us next Monday to check your scripts again? Kate and I have time after school.

Sakura : Maybe... yes... but....

Kate　: That will be great.

Ren　: Actually... next Monday is an important day.

John　: What do you mean?

Ren　: It's our friend's birthday, and we're going to have a birthday party.

Kate　: How nice! I hope you enjoy it.

Ren　: [(b)]

John　: All right. Then we will see you on Monday.

Kate　: Have a nice weekend.

Ren　: Ah... Sakura already said next Monday is our friend's birthday.

John　: Yes, say happy birthday to your friend!

Ren　: Oh, I will.... OK... goodbye then.

Kate　: See you after school on Monday.

Sakura : Ah... actually we have a lot of things to prepare for the party that day.

John　: Wait. Then can you still meet us next Monday?

Ren　: [(c)]

Kate　: Really? But you can still finish with your scripts this weekend, right?

Sakura : I mean... no because it will be a big party, so we will be busy all weekend.

Kate　: Oh no, but I thought you said "yes" at first.

Sakura : Ah... in Japanese, "yes" sometimes means "no."

Ren　: Also, "I will think about it" or "it will be hard" often means "no" or "I can't do it."

Kate　: Oh... OK. I think I understand, but it's a little hard for me.

Ren　: I'm sorry.

John　: You don't have to say sorry because now I can understand why you answered that way. I think we have different communication styles.

Ren　: Communication styles?

John　: Yes, I guess Ren and Sakura don't want to say "no" when they *decline an *offer. On the other hand, Kate and I try to say "no" clearly.

Sakura : I think saying "no" is too *direct, and it sounds *rude.

Kate　: But saying "no" is important. If you don't say "no," people may think you're telling a *lie.

Ren　: Oh, really? But I think telling others a direct "no" is too strong.

John　: I think good communication style may mean something different to each of us. What do you think, Kate? What does good communication mean to you?

Kate　: In my opinion, good communication is direct, simple, and clear.

John　: I agree.

Sakura : I can understand that. But I think good communication is about sharing messages through not only the things we say, but also the things we don't.

Ren　: [(d)]

Sakura : So in Japanese, people often read between the lines.

Ren　: Read... what?

Sakura : "Read between the lines." It means trying to understand someone's real feelings or *intentions not only from the things people say or write, but also from the things they don't.

Ren　: Oh, I didn't know what it was called in English.

Kate　: But how is reading between the lines *related to Japanese culture?

Sakura : Good question! Japanese people put importance on reading between the lines to try to communicate well with others.

Ren　: Yes, we use it as an effective communication tool.

Kate　: Interesting! I didn't realize how important reading between the lines was in Japan. So, we have to understand when "yes" actually means "yes" or when it means "no."

John　: Does anyone have another example of reading between the lines?

Sakura : [(e)] When I asked my friend to go to a movie with me, I said, "I want to see a movie. Do you have club activities tomorrow?" instead of asking "Can you come with me?"

Kate　: After that, what did your friend answer?

Sakura : She understood my intention and said, "I can go with you. I'm looking forward to it!"

John　: I see. That's a Japanese style of communication. I think language and communication style affect each other a lot.

Ren　: Then I guess good communication style may be different from language to language.

Kate　: Sometimes that's true, but both John and I speak English and we have different communication styles.

Ren　: What do you mean?

Kate　: When I first met John a year ago, he introduced himself to me in an interesting way. Do you remember that day, John?

John　: Of course.

Kate　: At that time, he said, "I can't work with someone who doesn't drink tea!" I believed it because he looked serious.

John　: Haha! That's a popular British joke.

Kate　: When American people make jokes, we often say "*just kidding" and laugh, so everyone can understand it's a joke. On the other hand, British people don't usually do that, but they can still understand it's a joke.

Sakura : So, that means British and American people may share clearer messages than Japanese people, but American people may share clearer messages than British people.

Ren　: Then good communication style may be different from country to country, or culture to culture, too.

John　: Good points! Direct communication styles are *assumed to have a low level of shared *reference points, while less direct ones have a high level of common *background knowledge and information. These may be related to the country's history and education.

Sakura : So, the most important thing here is to understand that we all have our own communication styles.

Ren　: I (2)【ア what kind of　イ other cultures　ウ talk with　エ communication style　オ when we　カ is　キ people from　ク wonder　ケ effective】.

Sakura : In my opinion, if we read between the lines in our own cultural ways, the messages we receive may become different from the messages other people send. So, it's better to pass messages clearly.

Kate　: That's true. This can also be *applied to the contest because your speeches will be in English.

Sakura : Yes, because the listeners may have different communication styles, we should try to give direct, simple, and clear speeches at the contest!

Ren　: All right. Then let's change our scripts and pick another day to meet!

〔注〕

participate in ～　～に参加する		representative　代表者	Script　原稿
decline　断る	offer　申し出	direct　直接的な	rude　無礼な
lie　うそ	Intention　意図	related to ～　～に関係がある	
just kidding　冗談だ	assume　想定する	reference point　判断基準	
background knowledge　背景となる知識		apply　適用する	

〔問1〕 本文の流れに合うように，［　(a)　］～［　(e)　］の中に，英文を入れるとき，最も適切なものを次の中からそれぞれ**一つずつ**選びなさい。ただし，同じものは二度使えません。

ア　I don't think so.

イ　I was just going to say so.

ウ　But I will do my best.

エ　What about this?

オ　Thank you for your understanding.

〔問２〕　(2)【ア what kind of　イ other cultures　ウ talk with　エ communication style　オ when we　カ is　キ people from　ク wonder　ケ effective】とあるが，本文の流れに合うように，【　　　】内の単語・語句を正しく並べかえたとき，**１番目**と**４番目**と**８番目**にくるものは，それぞれ**ア**～**ケ**の中ではどれか。

〔問３〕　次の(A)，(B) について，本文の内容に合っている英文を全て選ぶとき，最も適切なものは，それぞれ下の**ア**～**コ**の中ではどれか。

(A)

① Ren and Sakura will change their scripts because the listeners know them and topics of their speeches before the contest.

② John and Kate thought that they could check the scripts on Monday, but Ren and Sakura actually did not mean that.

③ Kate thought that if people have to decline an offer but do not say "no" clearly, it may mean that they are telling a lie and being rude.

④ Japanese people often read between the lines and understand when "yes" means "no" though it is not said clearly.

ア	①	イ	②	ウ	③
エ	④	オ	①　②	カ	①　③
キ	①　④	ク	②　③	ケ	②　④
コ	③　④				

(B)

① Though Sakura did not ask her friend to go to a movie in a direct way, her friend understood her intention and they were able to communicate with each other.

② When Kate met John for the first time, his joke was so popular that she noticed he was making a joke.

③ British and American people always share clear messages, and this does not change in any situation.

④ Less direct communication styles are good for the speech contest because the listeners can read between the lines in their own cultural ways.

ア	①	イ	②	ウ	③
エ	④	オ	①　②	カ	①　③
キ	①　④	ク	②　③	ケ	②　④
コ	③　④				

〔問４〕　次の文章は，Renが書いた日記の文章である。対話文の内容に一致するように，（ a ）～（ d ）の中に，それぞれ適切な**英語１語**を入れなさい。

Today, Sakura and I practiced for the English speech contest with John and Kate. After that, we tried to choose a （ a ） for the next practice, but Sakura and I have plans to hold a party next week. And we tried to tell John and Kate that, but it was （ b ） for them to understand our intentions because of the difference in our communication styles. I realized that (c) speakers have a less direct communication style. Also, though John and Kate speak the (d) language, we found an interesting difference between them. Finally, we discussed how to give a better speech at the contest.

3 次の文章を読んで，あとの各問に答えなさい。
（＊印の付いている単語・語句には，本文のあとに〔注〕がある。）

These days, it has become quite common to see fake meat in supermarkets, cafes, and restaurants in Japan. It is more common in other countries such as China, the US and the UK. In fact, more and more people are now interested in it and choose it over real meat. The need for fake meat has been growing every year. There is even a report saying that people will eat more fake meat than real meat for *protein in less than 30 years.

Eating animal meat is, of course, not a new idea. Our *ancestors hunted wild animals and ate their meat in the past. It gave them the energy to survive. These days, most of us do not hunt animals as our ancestors did, but we still eat animal meat for protein. Even people in some countries who did not eat animal meat before eat it in their daily life now, and its *consumption has grown. This means that animal meat is one of the main *sources of protein in the world, and a lot of people probably cannot imagine life without meat. [(1)]

There are several reasons for people to eat fake meat such as health, *ethical and environmental reasons. [ア] First, people are beginning to think about the food they eat and trying to eat healthy food. It is true that protein is important for our health and eating animal meat is an effective way to get protein. [イ] However, you need to remember that eating too much animal meat may be bad for your health. Second, some people choose fake meat for ethical reasons. The idea of taking the lives of livestock animals such as cows, pigs, and chickens is probably causing people to reduce real meat consumption. [ウ] Livestock animals are all living things, just like us humans. So is it OK for us to take livestock's lives and eat their meat? [エ] Third, people eat fake meat to protect the environment. As you may know, raising livestock animals uses a lot of water, *grain, and land. [オ] Let's take cows as an example. To [(3)-a] 1 kilogram of beef, we need 20,600 liters of water and 11 kilograms of grains. And a large amount of land is needed to raise cows, so a lot of trees are cut down to create land for them. Another environmental problem is that when livestock animals such as cows, pigs, and sheep *breathe, they [(3)-b] a lot of *methane. This *contributes more to global warming than CO_2. So eating fake meat instead of real meat helps us to protect our environment.

Let's look at fake meat now. There are two kinds of fake meat. One is plant-based meat, and the other is *cultured meat. Plant-based meat is not made from animal meat. It is made from *ingredients such as soybeans, mushrooms, nuts, seeds, and vegetables, so it seems healthier than real meat. It is made into different types of meat such as beef and *chicken breast. So it can be used in various kinds of dishes like hamburgers, salads, and soups. If you see it, you will probably believe that it is real meat. And, when you eat it, you will feel like you are eating real meat. You may think that there is nothing terrible about plant-based meat, but there are some things that you need to worry about. Plant-based meat sometimes has a lot of *artificial ingredients and *additives. A lot of salt and sugar are often added for *seasoning too, so you may think that plant-based meat is a kind of *processed food. Some scientists say that plant-based meat has a smaller amount of *minerals than real meat. So you may not be able to get enough *nutrients when you eat it.

Scientists have also developed another type of fake meat called cultured meat. It is grown in *cell culture, not inside of animals. First, small cells are taken from animals. Then, scientists feed the cells nutrients. The cells grow and increase to make meat. Cultured meat can be produced without as much pollution as animal meat and without taking animals' lives. You may think that it is an excellent *substitute for real meat, but scientists need a lot of money and time to make just a tiny [(4)]. Also, scientists (5)【 how / to / cultured meat / the government / is / need / safe / show 】. So we may need to wait long until it becomes a substitute for real animal meat.

As we discussed above, [(6)-a] people are interested in fake meat for health, ethical, and environmental reasons, but there are both good and bad things about this type of meat. Fake meat may become more common and a good substitute for real meat in the future, but [(6)-b] knows about it now. It is true that we need protein to survive, but at the same time we should remember the things discussed above when we get protein from animal meat. How to get enough protein has become a problem these days, so [(6)-c] needs to think about a possible solution. Would you eat fake meat as a substitute for real meat? Do you think more people will try fake meat in the future?

〔注〕

protein　タンパク質	ancestor　祖先	consumption　消費	source　供給源
ethical　倫理的な	grain　穀物	breathe　呼吸する	methane　メタン
contribute　一因となる	cultured meat　培養肉	ingredient　材料	
chicken breast　鶏むね肉	artificial　人工の	additive　添加物	
seasoning　味付け	processed　加工された	mineral　ミネラル	nutrient　栄養素
cell culture　細胞培養	substitute　代替物		

〔問1〕　本文の流れに合うように，[(1)]の中に英文を入れたとき，最も適切なものは，次の**ア**～**エ**の中ではどれか。

ア　So why do a lot of people continue to eat animal meat?

イ　So why did some people start to eat fake meat?

ウ　But why did our ancestors try to get protein only from animal meat?

エ　But why do only a few people eat fake meat?

〔問2〕　次の英文は，[**ア**]～[**オ**]のいずれかに入る。この英文を入れるのに最も適切な場所を選びなさい。

Some people are against this behavior.

〔問3〕　本文の流れに合うように，[(3)-a]，[(3)-b]の中に**共通して入る英語1語**を書きなさい。

〔問4〕 本文の流れに合うように，(4)の中に入る**本文中**の**英語1語**を書きなさい。

〔問5〕 (5)【how / to / cultured meat / the government / is / need / safe / show】とあるが，本文の流れに合うように，【　　　】内の単語を正しく並べかえなさい。

〔問6〕 本文の流れに合うように，(6)-a，(6)-b，(6)-cの中に単語・語句を入れたとき，その組み合わせとして最も適切なものは，次の**ア～ク**の中ではどれか。

	(6)-a	(6)-b	(6)-c
ア	just a few	no one	every one of us
イ	just a few	no one	someone
ウ	just a few	everyone	every one of us
エ	just a few	everyone	someone
オ	quite a few	no one	every one of us
カ	quite a few	no one	someone
キ	quite a few	everyone	every one of us
ク	quite a few	everyone	someone

〔問7〕 次の(A)，(B)について，本文の内容に合っている英文を全て選ぶとき，最も適切なものは，それぞれ下の**ア～コ**の中ではどれか。

(A)

① Fake meat can be found in more places such as cafes and restaurants in the UK than in Japan.

② Eating animal meat is the easiest and most effective way for people today to get protein.

③ A lot of trees are cut down to create land for livestock animals such as cows, pigs, and sheep.

④ Fake meat is better for the environment because methane has more influence on it than CO_2.

ア	①	**イ**	②	**ウ**	③
エ	④	**オ**	①　②	**カ**	①　③
キ	①　④	**ク**	②　③	**ケ**	②　④
コ	③　④				

(B)

① Plant-based meat looks like real meat, so you cannot tell the difference between them until you actually eat it.

② Plant-based meat sometimes includes ingredients that are not from nature but made by humans.

③ Cultured meat is made outside of animals' bodies, so producing cultured meat does not take animals' lives.

④ Cultured meat is more common than plant-based meat, so it can be found in more markets now.

ア	①	イ	②	ウ	③
エ	④	オ	①　②	カ	①　③
キ	①　④	ク	②　③	ケ	②　④
コ	③　④				

4　次の文章を読んで，あとの各問に答えなさい。
（＊印の付いている単語・語句には，本文のあとに〔注〕がある。）

In 1964, a big international project began in Egypt. A famous *Egyptian *monument called Abu Simbel was facing a huge problem. To solve this problem, the monument was moved from its original spot. About fifty countries joined this project, and it lasted until 1968. Why was the monument moved and why did it take such a long time?

It is important to understand some things about Abu Simbel first. Its *construction started around 1264 *BC by order of *Ramesses Ⅱ in the south of Egypt and it continued until 1244 BC. Ramesses Ⅱ built many great buildings and monuments that can be seen across Egypt today, so he is often thought of as the greatest *pharaoh of Ancient Egypt. Among them, Abu Simbel is probably the most famous, and a lot of tourists from around the world still visit it. It is also called “Abu Simbel temples” because there are two different temples close to each other. One is the Great Temple, *dedicated to the sun gods *Amun-Ra and *Ra-Horakhty, and the other is the Small Temple, dedicated to the pharaoh’s wife *Queen Nefertari. The Great Temple stands about 33 meters high and 35 meters wide. The Small Temple is, as it is named, smaller than the Great Temple. It stands about 12 meters high and 28 meters wide. [　　(1)　　].

At the gate of the Great Temple, four statues of Ramesses Ⅱ stand side by side. Each statue is 20 meters tall. Next to each statue’s feet, there are small statues of the pharaoh’s mother, wife, and children. The four statues, from the left to the right, show the pharaoh in his 30s, 40s, 50s, and 60s. The second statue from the left broke seven years after its construction, but the rest of them still stand in almost original condition. If you go 63 meters inside to the deepest part of this building, you will find a room with four *seated statues. One of them is Ramesses Ⅱ and the others are gods including Amun-Ra and Ra-Horakhty. There is one thing that has made this monument surprisingly special. The Great Temple was designed carefully, so sunlight could go through the inside and reach this room twice a year. It *shone on three of the four statues Ramesses Ⅱ, Amun-Ra, and Ra-Horakhty. Abu Simbel was built about 3,000 years ago. However, even now, this event happens every year, and many tourists come and enjoy seeing this beautiful scene. Also, on the walls, (2)【ア drawn　イ to　ウ the pharaoh　エ scenes　オ show　カ of　キ fought　ク are　ケ various battles】 his power at that time. These two great temples can be seen in safe conditions now, but there was once a big problem with them.

In Egyptian history, the Nile River and its water were necessary for local people’s lives. People living along the river used its water not only for drinking and washing but also for growing food. They were able to live well because of the water from the river. [(3)-a], the water also caused various problems and it sometimes made people's lives difficult and caused danger. There was a plan to solve this problem by *controlling the amount of water. Then, in 1902 the Egyptian government built the Aswan Low Dam. It was used for years, but as people's lives became better, a new dam became [(4)] to fill their needs. This new dam is called the Aswan High Dam, and the Egyptian government started to build it in 1960. [(3)-b] this dam, it became possible for people to work in large areas along the river. Also, it has made the river's *current slow and safe. Now many people enjoy boat trips along the river and can visit *historical buildings on nearby islands. On the other hand, something bad happened too. After the construction of the new dam, a lot of water ran into the river all at once, so a new lake called Lake Nasser appeared near Abu Simbel. [(3)-c], the water level rose so high that Abu Simbel was in danger of water damage.

This news ran around the world, and a lot of countries started to suggest possible solutions. Finally, UNESCO started a project to move Abu Simbel to a spot about 60 meters above and 210 meters west of the original spot. It was easier said than done. Raising and carrying such large temples was of course difficult, and there was a danger of damaging them. To make this huge project possible, a surprising solution was suggested and used. From 1964 to 1968, the monuments were cut into more than a thousand large blocks with machines. Then, they were carried one by one. Finally, they were put together again at the new spots. All the work was done with care by more than a thousand engineers from different countries and local people. The task of cutting the pharaoh's faces lasted day and night because it needed special care and no machines could be used for it. To put the cut blocks together again, a number was given to each block, and the blocks were *registered and kept like books in a library. Carrying the blocks and putting them together again was also difficult because each block was about 20 to 30 tons. Because of (5)these difficulties, almost five years were spent finishing this project. This amazing project and its success drew much attention from all over the world, and people started to be interested in historical monuments and sites, and to understand how important it is to save them. This movement led to the *adoption of *the World Heritage Convention in 1972 and *the World Heritage Committee in 1976. Abu Simbel and some other monuments around that area were registered as a World Heritage site in 1979.

[(6)]

As we discussed above, the construction of the Aswan High Dam certainly brought a better life for people there, but at the same time big changes like this can affect *habitats and the animals that live there. So each of us has to think of how we should take action both to live a happy life and to save our precious heritage.

〔注〕 Egyptian　エジプトの　　monument　建造物　　construction　建設
BC　紀元前　　Ramesses Ⅱ　ラムセス２世　　pharaoh　ファラオ
Dedicated　捧《ささ》げられた　　Amun-Ra　アメン・ラー

ra-Horakhty　ラー・ホルアクティ　　Queen Nefertari　ネフェルタリ女王
seated　鎮座した　　shine on ～　～を照らす　　control　管理する
current　流れ　　historical　歴史的な　　register　登録する
adoption　採択　　the World Heritage Convention　世界遺産条約
the World Heritage Committee　世界遺産委員会　　habitat　生息地

〔問１〕 本文の流れに合うように，[(1)]の中に英文を入れたとき，最も適切なものは，次の**ア**～**エ**の中ではどれか。

ア If you see them yourself, you may think that they are really large.
イ If you see them yourself, you may think that they are really beautiful.
ウ If you see their pictures, you may think that they are really large.
エ If you see their pictures, you may think that they are really beautiful.

〔問２〕 (2)【**ア** drawn　**イ** to　**ウ** the pharaoh　**エ** scenes　**オ** show　**カ** of　**キ** fought　**ク** are　**ケ** various battles】とあるが，本文の流れに合うように，【　　　】内の単語・語句を正しく並べかえたとき，**1番目**と**4番目**と**8番目**にくるものは，それぞれ**ア**～**ケ**の中ではどれか。

〔問３〕 本文の流れに合うように，[(3)-a]，[(3)-b]，[(3)-c]の中に単語・語句を入れたとき，その組み合わせとして最も適切なものは，次の**ア**～**ク**の中ではどれか。

	(3)-a	(3)-b	(3)-c
ア	However	According to	As a result
イ	However	According to	For example
ウ	However	Thanks to	As a result
エ	However	Thanks to	For example
オ	And so	According to	As a result
カ	And so	According to	For example
キ	And so	Thanks to	As a result
ク	And so	Thanks to	For example

〔問４〕 本文の流れに合うように，[(4)]の中に入る**同じ段落中**の**英語１語**を書きなさい。

〔問５〕 (5)these difficulties について，その内容を正しく表した英文の組み合わせとして最も適切なものは，下の**ア**～**コ**の中ではどれか。

① All the work for this project was done without the help of machines.
② The whole project was finished by only people from Egypt.
③ People continued to work on the pharaoh's faces through the night.
④ The cut blocks were once kept in a library before they were carried.
⑤ The cut blocks were large and heavy, so it was hard to carry and put them together.

ア	①　②	**イ**	①　③	**ウ**	①　④
エ	①　⑤	**オ**	②　③	**カ**	②　④
キ	②　⑤	**ク**	③　④	**ケ**	③　⑤
コ	④　⑤				

〔問6〕 [　(6)　] の中には，次の**A**～**C**の英文が入る。本文の流れに合うように正しく並べかえたとき，その組み合わせとして最も適切なものは，下の**ア**～**カ**の中ではどれか。

A　As this number shows, UNESCO has been trying hard to protect our precious heritage by increasing people's interest in this movement.

B　However, because people are more interested, we are facing new problems now.

C　Since then, UNESCO has registered more than a thousand sites or monuments as either Cultural or Natural World Heritage sites.

ア　A→B→C

イ　A→C→B

ウ　B→A→C

エ　B→C→A

オ　C→A→B

カ　C→B→A

〔問7〕 次の(A)，(B)について，本文の内容に合っている英文を全て選ぶとき，最も適切なものは，それぞれ下の**ア**～**コ**の中ではどれか。

(A)

①　Ramesses Ⅱ ordered people at the time to build Abu Simbel in the north of Egypt and the construction lasted for about 20 years.

②　The Great Temple was dedicated to Ramesses Ⅱ, and the Small Temple was dedicated to his wife, Queen Nefertari.

③　Among the four statues of Ramesses Ⅱ at the gate of the Great Temple, the statue that shows him in his 40's is broken, but the other three statues are in good condition.

④　Even today, sunlight shines on the three seated statues in the deepest room of the Great Temple twice a year.

ア	①	イ	②	ウ	③
エ	④	オ	①　②	カ	①　③
キ	①　④	ク	②　③	ケ	②　④
コ	③　④				

(B)

①　Thanks to the construction of the Aswan High Dam, now people can visit islands along the Nile River by boat and enjoy sightseeing of the historical buildings there.

②　When Abu Simbel was in danger of water damage, the Egyptian government had a plan to solve the problem.

③　After Abu Simbel was moved to a safe spot, the World Heritage Committee was created in 1976 and three years later Abu Simbel became a World Heritage site.

④　The construction of the Aswan High Dam has brought only good things, so we should try to take action to save our precious heritage sites.

ア	①	イ	②	ウ	③
エ	④	オ	① ②	カ	① ③
キ	① ④	ク	② ③	ケ	② ④
コ	③ ④				

〔問8〕 下の質問に対して，**40語以上50語以内**の英語の文章を**1つの段落**にまとめて書きなさい。「．」「，」「！」「？」などは，語数に含めません。これらの符号は，解答用紙の下線部と下線部の間に入れなさい。

If you were going to recommend a monument or natural site in Japan that you would like visitors from abroad to go to, what monument or natural site would you recommend?

Please include all the points below：

○ The name of the monument or natural site

○ Information about the monument or natural site

○ Why you would like to recommend it

たということ。

〔問3〕(3)この唱和の大きさや含みを十分に解き明かすには、科学者列伝や文人列伝という形を取る通俗科学史や古めかしい文学史の手法では、不十分である。とあるが、なぜか。その理由を次のように説明するとき、空欄に当てはまる言葉を**二十字以内**で本文から探し、その最初と最後の**三字**を抜き出せ。

［　　　　］ことが確立されていないから。

〔問4〕(4)その図式は、ポストコロニアル理論における東西の図式と同じく、単純ではない。とあるが、どういうことか。その説明として最も適切なものを、次のうちから選べ。

ア　支配された植民地の文化が支配者である帝国に影響を与えたように、西洋伝来と思われているモノは、実は東アジア発祥だったということ。

イ　帝国主義による植民地支配が、その後さまざまな点から論じられたように、西洋と東アジアとの関係も、いまだに定まっていないということ。

ウ　帝国による支配が、植民地と帝国の双方に影響を与えたように、西洋と東アジアの関係も、相互に影響し合う多様性を持っていたということ。

エ　帝国主義によって植民地に多くのモノが行き交うようになったように、東アジアの発明が西洋文化を発展させ、豊かにしていったということ。

〔問5〕(5)引き合わせたについて、ここでいう「引き合わせる」と同じ意味を表す語句を、次のうちから選べ。

ア　対照する。

イ　例証する。

ウ　引用する。

エ　適合する。

〔注〕清朝《しんちょう》―十七世紀に成立し、二十世紀に滅亡した中国の王朝。
阮元《げんげん》―十八世紀、清朝の政治家・考証学者。
考証学―文献上の証拠に基づいて、実証的に解釈する学問手法。
大儒《たいじゅ》―偉大な儒教研究者。
マテオ・リッチ―十六世紀のカトリック宣教師。中国で布教活動を行い、北京で没した。
『疇人伝《ちゅうじんでん》』―阮元が編纂した、数学者・天文暦学者の伝記集。
賦《ふ》す―漢詩を作る。
佐久間象山《さくましょうざん》―十九世紀、江戸時代の人。
唱和―詩歌を贈答すること。
自乗―二乗。平方。
阿倍仲麻呂《あべのなかまろ》―奈良時代の遣唐留学生。唐で高位に昇った。
王維《おうい》―唐を代表する詩人。
無窮―無限。
ポストコロニアル理論―植民地主義や帝国主義に関わる文化や歴史を批判し、分析する思想。

〔問1〕(1)痛烈な批判とあるが、どのような批判か。その説明として最も適切なものを、次のうちから選べ。

ア　自然科学の知識が集まる中心にいたにもかかわらず、西洋の自然科学がもたらした知識を享受するにとどまっていたということ。

イ　西洋の自然科学のもたらした未知なる情報に、驚きのあまり、清朝発祥の考証学による解析ができないままになったということ。

ウ　中国古来の天文学に加え、西洋のもたらした自然科学を学んでいても望遠鏡を用いた実践を行うまでは至らなかったということ。

エ　清朝を代表する文人であり官僚としては、考証学を西洋伝来の自然科学に照らし合わせ考察する経験が不足していたということ。

〔問2〕(2)何という高みに達した唱和であろうか。とあるが、どういうことか。その説明として最も適切なものを、次のうちから選べ。

ア　西洋自然科学の文献を阮元が望遠鏡というモノを用いて実証することで王維を超えたことにならって、象山も壮大な宇宙を蘭学の知識で捉えて、阮元を超えるみごとな詩を今に残したということ。

イ　西洋の貴重な望遠鏡で与えられた視覚的イメージを、阮元が考証学の知識をもとに詩に詠《よ》んだことで、象山もまた独自の自然科学で捉えた宇宙を詩という広大な世界に描くことができたということ。

ウ　西洋からもたらされた文献と望遠鏡により、阮元は宇宙空間をテーマとしながら、王維よりはるかに正確で美しい表現を手にすることができ、象山も王維をしのぐ詩的世界を生み出したということ。

エ　望遠鏡という西洋のモノが見せた宇宙を、阮元が実証的に捉えて作った詩に応ずるように、象山もまた自らの文化や伝統を土壌にしながら、宇宙の世界を詠んだ美しい詩を作り上げりの空《くう》であった。王維が「万里」と大雑把に書く一方で、阮元と象山は地球と月の距離の細かい数字をそれぞれ手にしていた。

王維持とはまた別の、(2)何という高みに達した唱和であろうか。阮元も佐久間象山もそれぞれ、中国や日本の情報網の要にいて、西洋の自然科学の情報をつかむことができた。中国には文字によって過去を記憶する記憶文化の伝統があり、その究極とも言える清朝考証学がマテオ・リッチらの説を洩《も》らすはずも無かったし、日本の蘭学《らんがく》は、ヨーロッパの書籍の流通網の確かな一部であった。ふたりの文人の手もとにはそれぞれ、西洋に由来する望遠鏡があった。これらによって得た視覚像を、おのおのが、壮大な宇宙空間を天体の発する光が行き交う、みごとな詩句に輝かせた。

（中略）

(3)この唱和の大きさや含みを十分に解き明かすには、科学者列伝や文人列伝という形を取る通俗科学史や古めかしい文学史の手法では、不十分である。宗教や勃興しつつある帝国主義という権力《パワー》と、文学や科学の言説との関係を探る言説分析。図像史と科学史を重ね合わせる、美術史ならぬ図像学、事実の羅列に堕さぬ科学史。そしてとりわけ、例えば書籍や望遠鏡といったメディアあるいはモノが、いかに視覚、学問、言説を編成したかを分析する、メディアの文化史、モノの学問史。そのようなメディアやモノに過去が記憶されるさまに光を当てる文化的記憶論。これら全てを併《あわ》せ持つ、現代ドイツの文化学（Kulturwissenschaft）を以《もっ》てすれば、阮元と佐久間象山の唱和の含意をかなり解き明かせるのではあるまいか。

そのためには人文科学の方法論上の努力が要る。ドイツの文化学は、当然のことながらヨーロッパの文化史に重点を置くからであり、ヨーロッパ外の文化を扱う経験がまだまだ少ないからだ。オリエントから古代ギリシアへ、古代ローマを経て中世以後のヨーロッパへ――こんな古めかしい歴史把握の典型を忠実になぞって足れりとする文化史記述にざらにお目にかかる。歴史学はとうにグローバル史（global history）という分野を確立し、世界の各地域の諸要素がいかに絡み合って世界史を紡《つむ》いでいったか、各地域をなるべく平等に見ながら記述することを試みてきたのに。グローバル史に合わせてドイツ流文化学をアップデートする努力が必要なのだ。

＊ポストコロニアル理論の中核に、書く西洋と書かれる東洋、という対立の図式があったとするならば、阮元と佐久間象山の唱和の解読に必要なのは、望遠鏡というモノを送り込むヨーロッパと、それを受け取って書く東アジアとの比較文化である。勿論《もちろん》(4)その図式は、ポストコロニアル理論における東西の図式と同じく、単純ではない。例えば、望遠鏡というモノを生み出すには、精細な銅板図を載せた自然科学書が活版印刷で行きわたる必要があり、そのためには中国から紙というモノが伝播《でんぱ》していなければならなかったろう。モノの地球規模の文化史と比較文学・比較文化とを結び合わせることが望まれるのである。

文化学、グローバル史、比較文学・比較文化を(5)引き合わせたところに、人文科学が取り組むべき広大な領域が開けている。そのなかでモノの文化史、モノの学問史は中核的位置を占めている。望遠鏡で望んだ月についての二篇《へん》の漢詩は、こうしたことを示していよう。

（縄田雄二「モノと媒体《メディア》の人文学」による）

その詩はつぎの八行で閉じられる。

彼中鏡子若更精　彼《か》の中の鏡子《きやうし》 若《も》し更に精なれば
呉剛竟可窺吾面　呉剛《ごがう》 竟《つひ》に吾《わ》が面を窺《うかが》う可《べ》し
吾与呉剛隔両洲　吾《われ》と呉剛と両洲《りやうしゆう》を隔つ
海波尽処誰能舟　海波の尽くる処 誰《たれ》か能《よ》く舟《ふね》せん
義和敲日照双月　義和《ぎわ》 日を敲《たた》けば双月を照らし
分出大小玻璃球　大小の玻璃《はり》球を分出す
吾従四十万里外　吾 四十万里の外より
多加明月三分秋　明月に多く加う三分の秋

（『揅経室集《さんけいしつしゅう》』四集巻一一）

月に住む伝説の人物、呉剛と地球上の自分は、それぞれ望遠鏡でお互いを見ている。もしも呉剛の望遠鏡の精度がもっと高ければ、私の顔を判別できるであろう。われわれは宇宙空間を隔てて両側に分かれているが、あいだは海ではないので舟で渡るわけにはいかない。太陽の御者、義和が太陽を敲くと、その光がふたつのガラス玉、地球と月を照らしだす。地球は月の四倍の大きさだから、秋の明るい月と地球で明るさ比べをすると、差し引き三倍の差で地球がまさる。こういうのであろう。

阮元は「地球の月球よりも大なること四倍、地月の相距《へだ》たること四十八万余里なり」と自注している。地球と月の距離を「四十八万余里」とするのは、『疇人伝』巻四四のマテオ・リッチの章にある情報と一致する。

これに、日本の官僚・自然科学者・文人の*佐久間象山《さくましょうざん》が嚙みつく。科学的に見て不正確というのだ。「望遠鏡中望月歌和阮雲台」（「望遠鏡中に月を望む歌　阮雲台に和す」）と題した象山の漢詩は、阮元（号して雲台）の詩への*唱和であるが、(1)痛烈な批判を含む。結びはこうだ。

惟恨洋中難認舟　惟《た》だ恨む　洋中 舟を認め難《がた》く
疾風雖快不可御　疾風快しと雖《いへど》も御すべからず
霄顥無力駕気球　霄顥《しやうかう》　気球を駕《が》するに力無きを
何人得飛入月中　何人《なんぴと》か月中に飛び入るを得ば
夜夜飽看十倍秋　夜夜飽《あ》くまで看《み》ん十倍の秋

（『象山先生詩鈔』）

地球と月の間の宇宙空間に舟は見えない、気球で快い疾風に乗ろうにも、空間にそれだけの気体の力が無いので無理だ、誰かが月のなかに飛び込んで地球を振り返れば、地球から見る月よりも一〇倍も明るい地球を毎晩見て楽しめるだろうに、というのである。象山は自注で、地球と月の直径の詳しい数字を挙げ、天体を見ての面積が直径の*自乗に比例することを根拠に、阮元のいうように四倍の違いではなく、概数で言って「十倍」の違いだ、と述べている。

唐から日本に帰ろうとした*阿倍仲麻呂《あべのなかまろ》を送る名高い詩で*王維《おうい》は極めがたい海をゆく君は空《くう》に乗じて万里をゆくようなものだ、これからは異域間で音信を通ずることもままならない、と嘆いた（『唐詩撰』所収「送秘書晁監還日本国」）。それから一〇〇〇年余《あまり》。阮元の没後に象山が応答するという緩慢さではあったが、両者の間で一種の音信が交わされた。そこで話題になった*無窮の空間は、海ではなく宇宙、文字通限界を知ることで、自然と人類の共存共栄の仕組みを構築しつつ、人間中心でなく自然自体の尊厳と価値を認める行動が期待される。

ウ　人間が経済活動を行うためには、エネルギー資源は不可欠であるが、その有限な資源をいかに将来にわたり、経済成長実現のために有効に使うかを、社会目標として共有する態度を維持すべきだ。

エ　経済成長に不可欠なエネルギー資源は、世界的には不足しているが、日本の自然エネルギーの潜在的能力は高いので、日本からの輸出量を増加して、さらなる経済成長を目指す意識を示すべきだ。

〔問6〕　この文章の論理展開を説明したものとして、最も適切なものを、次のうちから選べ。

ア　最初に「脱成長」という言葉を紹介し、次にその言葉がラトゥーシュらによってどのように考察されてきたかを説明し、最後に我が国の自然エネルギーの可能性とその課題について論じている。

イ　最初に「脱成長」とは何かをさまざまな側面から分析し、次にラトゥーシュたちの業績を用いて今日的な課題をあぶり出し、最後に「脱成長」と経済成長の融合の可能性について提言している。

ウ　最初に「脱成長」という言葉をラトゥーシュの見解を用いて紹介し、次に持続可能な発展を目指すことの重要性を比喩と引用を用いて主張し、最後に我が国が目指すべき将来像に言及している。

エ　最初に「脱成長」について世界が実施した取り組みを説明し、次に日本を始め世界中が直面する諸問題についての識者の意見を紹介し、最後に各国が協力し合うことの必要性を強調している。

〔問7〕　新しい豊かさとは何か。あなたの考えを、**二百字以内**にまとめて書け。さらに、あなたの書いた文章にふさわしい**題名**を解答用紙の所定の欄に書け。なお、、や。や「などのほか、書き出しや改行の際の空欄も一字と数えよ。

5　次の文章を読んで、あとの各問に答えよ。（*印の付いている言葉には、本文のあとに〔**注**〕がある。）

*清朝《しんちょう》の官僚、*阮元《げんげん》は、*考証学の立場から大部の書物をつぎつぎに編《へん》纂《さん》した*大儒《たいじゅ》だ。そのなかに、ヨーロッパの自然科学に関するものも含まれていた。中国古来の天文学のみならず、宣教師・*利瑪竇《りまとう》（マテオ・リッチ）らが伝えたヨーロッパの天文学についての情報をも集成した*『疇人伝《ちゅうじんでん》』である。阮元は当時の東アジアにおいて、ヨーロッパの自然科学についての情報が集まる中心のひとつであった。阮元は自然科学者でもあったのだ。

阮元はヨーロッパの自然科学を自ら実践もした。望遠鏡に目を当てて月を窺《のぞ》いたのだ。むかしの中国の官僚は、多くの場合文人でもあり、阮元もそうであった。望遠鏡の向こうに開けた未知の視覚像に驚いた彼は、望遠鏡の中に月を望んだ歌、「望遠鏡中望月歌」という詩を*賦《ふ》した。

イ　エコ社会主義は自然環境に与える悪影響を減らすことが目標の一つであるが、自国の経済成長を優先させる新自由主義とは、真っ向から対立する考えだから。

ウ　経済成長を目指す議論で欠けていた視点として、「ＳＤＧｓ」と大量生産との両立の必要性が挙げられるが、この点に脱成長論者は早くに気付いていたから。

エ　「脱成長」という言葉は、負の側面を連想させるといった誤解を生みかねないものではあるが、経済成長を無批判に評価する態度を軌道修正するものだから。

〔問3〕 (3)「かたつむりの知恵」とあるが、ラトゥーシュは、このたとえでどのようなことを述べようとしているのか。その説明として最も適切なものを、次のうちから選べ。

ア　かたつむりが、生活維持のために自ら殻の成長を制御するように、どの国も他国に劣ることのない自国の経済発展実現のために、富の分配と既得権益の譲渡が急がれるということ。

イ　かたつむりが、より長く生きるために、自分で殻の成長を止めるように、人間も失業者数の増加にブレーキをかけつつも、顕著な経済発展の実現を目指すことが可能だということ。

ウ　かたつむりが、過度な成長を制御することで、動きやすい自分の身を獲得するように、人間も地球上のどの地域に移住しても生活できる程度の経済成長に抑えるべきだということ。

エ　かたつむりが、自身の活動を維持していくために、殻の重さを制御するように、人間も経済成長を拒否する中でこそ、だれもが適切な生活水準を手にすることができるということ。

〔問4〕 (4)エコロジーとデモクラシーの挟撃《きょうげき》のなかでますます困難になるだろうとあるが、なぜこのように言えるのか。その説明として最も適切なものを、次のうちから選べ。

ア　地球規模の生態系を維持しつつ、各国が民主主義を尊重するためには若年層の政治参加が不可欠であるが、欧米諸国以外の政治的関心はそれほど高くないという現状があるから。

イ　エコ・マルクス主義への転換は一朝一夕には実現しないけれども、近年の世界の気候変動の加速を止める有効な手立ては、各国の思惑の違いを超えて合意に向かっているから。

ウ　生態系の危機は一刻の猶予もない状況であると同時に、若者を中心とした新自由主義的資本主義への批判的なうねりが世界的に展開されているという両面からの抵抗があるから。

エ　我が国では、気候変動を乗り越えるべく地道な取り組みが広がりつつあり、また生態系崩壊に反対する世論が大きいにもかかわらず、政府の施策の緩慢が改善されていないから。

〔問5〕 (5)責任ある世話とケアとあるが、どのように取り組むことが求められるか。その説明として最も適切なものを、次のうちから選べ。

ア　人間が自然を支配しているというおごりを捨て、自然が本来持っている環境変化への耐性を引き出すことで、人間ひとりひとりが自然と共に生きる新たな世界観の構築を志す姿勢が切望される。

イ　人間の経済活動が生態系の一部だと再認識し、地球生態系のな役割を長年はたしてきた。火山列島である日本は地震や津波との付き合いは避けられないが、地熱はプラスのポテンシャルをもち、国策として今後も十分に活用すべきだろう。地熱資源量で日本は、アメリカ、インドネシアに次いで世界第三位だが、実際の発電容量は世界第八位（この二五年は横ばい）で、資源量の二・二％を活用しているにすぎない。問題は、長年にわたり国政と財界を担《にな》う指導者たちの間でエネルギー転換の問題全般への意識が弱く、国策としての転換がうまく実現されていないところにある。

（千葉眞「資本主義・デモクラシー・エコロジー」（一部改変）による）

〔注〕グリーン・ニューディール ― 新新済財団（ＮＥＦ）が発表した報告書。
セルジュ・ラトゥーシュ ― フランスの経済学者。
ディーセントな ― 適正な。良識にかなった。
〈人間の屑《くず》〉 ― ラトゥーシュによれば、経済成長社会では、必然的に経済的勝者と敗者が生み出され、敗者は屑のように扱われる。
アンチテーゼ ― ある主張と対立する主張。
エコロジスト ― 自然環境保護活動を行う人。
ガンディー ― インドの政治指導者。
人新世時代（アントロポセン） ― 人類が地球の地質や生態系に与えた影響に注目して提案されている、地質時代における現代を含む区分。
イヴァン・イリイチ ― オーストリアの哲学者。
上述の ― これ以前の部分で、筆者は日本における流行や伝統的な武道の中に、社会を改革するヒントがあると述べている。
共愉 ― イリイチが提唱した概念で、「生き生きしている様子」。
エルンスト・ブロッホ ― ドイツの哲学者。
グローバル・ノースとグローバル・サウスの国々 ― 世界がグローバル化した後も南北問題（経済格差）を抱えている国々。
ラディカル ― 革命的。急進的。
タイアップする ― 協力して行う。
淵源《えんげん》 ― 起源。
グレタ・トゥーンヴェリ ― スウェーデンの環境保護活動家。
ガイアー ― ギリシャ神話の「大地の女神」から、大地・地球の意。

〔問1〕(1)経済成長イデオロギーへの批判を含意していた。と言えるのはなぜか。その説明として最も適切なものを、次のうちから選べ。

ア　「ＳＤＧｓ」などのモデルは、途上国に利益はもたらさず、先進国との経済格差を更に広げるものだから。

イ　「ＳＤＧｓ」などの持続可能な発展を目指すモデルも、その実態は経済成長を前提としているものだから。

ウ　「ＳＤＧｓ」などのモデルは、世界の今日的課題である生産と消費の肥大化に歯止めをかけるだけだから。

エ　「ＳＤＧｓ」などの新たな取り組みも、先進諸国が長年抱えてきた失業問題の解決には有効ではないから。

〔問2〕(2)くさびを打ち込むものといえよう。と考えるのはなぜか。その説明として最も適切なものを、次のうちから選べ。

ア　以前から脱成長を支持する論者たちは、経済成長の鈍化を歓迎はしているものの、持続可能な社会への緩やかな移行を受身的に期待しているにすぎないから。

ます困難になるだろうということだ。自然生態系の限界が新自由主義的資本主義の跳梁《ちょうりょう》を許さないし、世界の多くの民衆が、地球が悲鳴を上げていることに気づいて警鐘を鳴らし始めている。今日とくに気候変動の危機に対して、世界各地で一〇代後半と二〇代を中心に若者たちが批判の声を上げている。その背景には*グレタ・トゥーンヴェリさんらの超人的な働きなどによって、世界の若者たちが過去数世代の産業活動や経済活動による気候変動の負の遺産を背負わされるのは自分たちの世代だという認識がある。日本においてもまだ小規模ではあるが、高校生や大学生を中心とした「未来のための金曜日」運動や地道な学習活動や取り組みが各地で展開されている。近年の日本もそうだが、世界各地で生じている異常気象による自然災害の大規模化は尋常ではなく、他方、各国政府や国際諸機構の取り組みはきわめて緩慢に見え、パリ協定後もあまり進んでいない。気候危機に対して、若者たちだけでなく各国の生活者市民が、大きな反省と悔恨、責任感と決意を胸に、自分たちの問題として受け止めると同時に、気候正義を求める運動を提起していく必要があろう。

　二一世紀の将来に向けた*ガイアへの(5)責任ある世話とケア(planetary stewardship of Gaia)が必要不可欠な課題として浮上してきたことは確実であろう。そこでは自然観の構造転換も必須である。つまり、初期近代から受容されてきた、無限の資源の宝庫としての自然観、機械論的自然観の克服が急務であり、この自然観が前提としている人間例外主義および自然／人間社会の二元主義を乗り越えることが大事となってくる。ここで重要なのは、人間の経済活動は自然の生態系の一部であることをかなり早い時期から強く主張していた玉野井芳郎《たまのいよしろう》、レスター・ブラウン、ラヴロック、藤原保信《ふじわらやすのぶ》らが共有するエコロジカルな前提である。結局のところ、気候危機に効果的に対処するためには、地球生態系の再生産能力と自己調整能力の限界を越えた環境負荷を生みだしている現状の改革が急務である。そのためには、従来の自然観の克服、自然と人類種との共存共生の仕組みの構築が、哲学と倫理、人間観と自然観、また実際の暮らしにおいて重要な課題となってきた。

　これはまた、別の視点からいえば、自然それ自体の価値と尊厳への承認を要請しているといえよう。いわゆる「自然の権利」(right of nature)論は法学界全般において忌避《きひ》されているが、先住民は自らの感性に基づいて「母なる地球の権利」について語り、二〇〇八年のエクアドル憲法は第七一条で「自然の権利」を謳《うた》っている。また環境哲学、環境倫理学、キリスト教倫理学ほかの分野では、人間の利害に基づいて自然を手段視してきた人間中心主義を克服し、自然それ自体の尊厳と価値を承認しようとする議論が展開されている。例えばドイツのキリスト教法倫理学を専攻するヴォルフガング・フーバーは、自然への態度において従来の「自己保護の人間中心主義」を打破し、「自然の尊厳」を認め、人類が「自由」において「自己制限の倫理」を稼働《かどう》させ、「法秩序の生態学的転換」を図るべきだと主張する。

　日本は、多くの識者が指摘するように、自然エネルギー（再生エネルギー）のポテンシャルがきわめて高い国である。風力と太陽光に加えて、地域によっては豊かなエネルギー資源として地熱発電があり（大分県、岩手県、秋田県など）、また海流・潮流発電も実験段階にあり（宮城県や鹿児島県など）、そして水力は多くの山あいの地域で大き政治的なものへの「尊厳」を与えるものにほかならず、その課題は*グローバル・ノースとグローバル・サウスの国々の双方で、「自律的で共愉にあふれる社会」の構築であるとする。

デイリーの定常型経済論に深い影響を与えたのは、ラトゥーシュの師のニコラス・ジョージェスク＝レーゲンだった。ラトゥーシュ自身も、イリイチと同様にジョージェスク＝レーゲンの強い影響下にあった。その意味では定常型経済論と脱成長論の間に、かなりの共通点があるのは明白である。だが、ラトゥーシュは定常型経済論やゼロ成長論に対しても批判的であり、「環境保全と経済的支配の「既得権益」を調和しようとする妥協案」と見なしている。さらに定常型経済論は、経済成長イデオロギーの生産至上主義と成長主義と消費主義の論理と様式を根本からくつがえすには十分に*ラディカルではないと認識しているようである。

そして脱成長論は、環境の保全にとどまらず、地球の破滅を防止するために必要最低限の社会正義の枠組みを再導入することが不可欠だと論じている。

脱成長論への批判としては、これまで完全雇用が経済成長と結びつけて論じられてきたこともあり、失業に対して無防備ではないかという問題を想定することも可能だろう。この意味では、エコロジカルには望ましいものであっても、社会的持続可能性の観点からは支持できないとされてしまうかもしれない。これに対するラトゥーシュの反論は、経済成長社会から脱却してはじめて、万人が適正な生活水準と良識的な活動を享受する展望を得ることができるというものである。生産力至上主義、少数の富裕層の出現、労働者の搾取《さくしゅ》、賃金の不公正と不平等という経済成長社会の問題点を克服することで、より多くの雇用を生むであろうことは十分に理解可能である。多くの先進工業諸国において、スワラージ（自律自治社会）の理念は、産業の脱グローバル化をもたらし、地産地消のローカル化と*タイアップすることで、多くの雇用を呼び戻すことになるであろうし、この形態はこの一〇年すでに目に見える形で実現されてきている。脱成長論は、地域に根ざしたエコロジカルな民主主義の創造を目指すものだ、とラトゥーシュは指摘している。

脱成長論のもう一つの重要な立場は、エコ・マルクス主義ないしエコ社会主義のアプローチであろう。この議論は古くはもちろんマルクスの『ゴータ綱領批判』やエンゲルスの『自然弁証法』に*淵源《えんげん》すると思われるが、近年、とくに新たに発見されたマルクスの手稿やノート（とくに「新メガ版」）の刊行を契機に、『資本論』の読み直しが進み、世界規模でエコロジカルなマルクス主義像が次第に明確な形をとり始めつつある。斎藤幸平《さいとうこうへい》著『人新世の「資本論」』は、そうした新たな脱成長論をマルクス主義から紡《つむ》ぎ出し、啓発的で刺激的な議論を提示している。さらに岩佐茂《いわさしげる》・佐々木隆治《ささきりゅうじ》編著『マルクスとエコロジー』も必読の著作である。

また、二〇二〇年一二月に急逝された佐々木力《ささきちから》氏の遺作となった力作の論文「エンゲルスの未完の「自然弁証法」プロジェクト」も、エコ社会主義の今日的意義を強調しており、このエコ・マルクス主義の系譜に属するといえよう。

本章から見えてくるのは、将来にむけて新自由主義的資本主義の「時間かせぎ」は、(4)エコロジーとデモクラシーの挟撃《きょうげき》のなかでます脱成長の道は一つの選択である。自由な条件の下で自主的に選び取る脱成長は、受け身の状態で我慢を強いられる脱成長とは異なる。

……脱成長の道は、経済成長優先社会が生み出す大量の退廃と剝奪から抜け出すための道である。それは自尊心を取り戻すための脱出の道である。*ディーセントな社会を再構築するための道である。……それは〈*人間の屑《くず》〉を生産しない社会である。

脱成長論は、国連の「ブルントラント報告」（一九八七年）、リオデジャネイロでの「地球サミット」（一九九二年）、国連で採択された「持続可能な開発目標」（SDGs）などを通じて既定路線となった「持続可能な発展」モデルに対する*アンチテーゼの意味合いを有する。このモデルは、既述したように、今日ではグリーン経済またはグリーン・ニューディールと呼ばれており、環境的持続可能性、社会的持続可能性、経済的持続可能性という三本の柱から形成されている。けれども、とくに*エコロジストから見れば、それが経済成長イデオロギーに依拠していることは明らかである。脱成長論が掲げる最優先課題としてラトゥーシュは、「経済成長という宗教から抜け出し、経済というカルトを脱退する」ことを挙げている。彼は、脱成長社会に相応《ふさわ》しい政治制度として、地方自治のレヴェルでの*ガンディーのスワラージ（自律自治社会）を挙げている。その思想はエコロジカルでローカルな民主主義とでも呼ぶべきもので、「自律的で節度ある共生社会」の構築を目指すものといえよう。その意味ではグローバルなグリーン・ニューディール論と同様に、しかしそれとは一八〇度異なった仕方で脱成長論は、*人新世時代（アントロポセン）の課題と向き合う試みでもある。そして今日のフランスで脱成長のプロジェクトは、ガソリンなどの価格の高騰、社会的不平等、経済的苦境への抗議を続ける労働者と中間層の「黄色いベスト」運動、世界の高校生たちが主導する環境的正義と社会正義のための「未来のための金曜日運動」（FFF）との結びつきを深めている。

脱成長論の思想的源泉の一つに*イヴァン・イリイチの共生思想や倫理思想があるが、ラトゥーシュも、イリイチが比喩的に語る(3)「かたつむりの知恵」に言及している。かたつむりは、成長過程で殻づくりに励むが、幾重もの渦巻きを広げた後はパタッと殻づくりをやめる。というのも、殻を一重ふやすだけで殻の大きさは倍以上になるものもある。そうなると、その重荷に耐えきれず、安定した活動が不可能になる。それゆえにかたつむりは、過剰成長を拒否する知恵を発揮し、善く生きるための暮らしの術を磨くのである。ここには、*上述の「スモール・イズ・ビューティフル」や柔道の反転／転回の作法と同質の知恵を見てとることもできる。

ラトゥーシュは次のように言う。「この［かたつむりの知恵の］譬喩《ひゆ》は、われわれに〈脱成長〉社会——可能ならば平和で*共愉にあふれる〈脱成長〉社会——を考える筋道を示している」。そして彼は、脱成長を*エルンスト・ブロッホの言う「具体的ユートピア」になぞらえて、「もう一つの世界が可能だ」という仮説なしには「政治は存在しない」と主張する。ラトゥーシュにとって政治は、たんなる日常の「人間と物の行政的管理」に堕するリスクに抵抗するものである。そこではどのような「政治的課題」が目指されているのだろうか。脱成長論は、では失礼になる」という表現から、国枝が常に指導者として模範的な態度をとるよう心掛けていることがわかりやすく示されている。

ウ　「乙矢の背中が目の前にある。」「きっと視線は怖いほど鋭く、的をにらんでいるのだろう。」のように、楓の視点を通して情景を描くことで、弓を射る様子が臨場感あふれるものになっている。

エ　「精進なんて古い言葉、よく使えるなあ」「そうかなあ。」のように、心に思い浮かんだ疑問を地の文で表現することで、読者の疑問を代弁すると同時に、楓への共感を強める効果も生んでいる。

4

次の文章を読んで、あとの各問に答えよ。（*印の付いている言葉には、本文のあとに〔注〕がある。）

「脱成長」を意味する「デクロワサンス」（décroissance）という言葉は、国連や世界銀行やＩＭＦなどが推進する*グリーン・ニューディールの標語である「持続可能な発展」を含む近代産業社会の(1)経済成長イデオロギーへの批判を含意していた。中野佳裕《なかのよしひろ》によれば、脱成長論は、近代の産業文明が依拠した科学・技術・経済の三位一体構造を機軸に物質的豊かさを追求してきたプロジェクトへの批判から出発している。それはまた、近代のこの経済成長のプロジェクトの展開においてしばしば見失い捨象されていった「節度」の感覚を人間生活に回復しょうとする試みでもあった。日本における*セルジュ・ラトゥーシュの紹介者でもある中野はいくつかの著書を翻訳しているが、とくに最近刊行された『脱成長』は、ラトゥーシュの脱成長の思想のエッセンスを伝えている。

脱成長の議論の起原は古いが、論争的な概念としてとくに注目されたのは二〇〇一年以降であった。それは、フランスのエコ社会主義の系譜に由来し、経済成長イデオロギー、生産力至上主義からの脱却を意味するスローガンでもあった。この「脱成長」という言葉は、景気後退やマイナス成長や緊縮財政という消極的な意味合いをどうしても払拭《ふっしょく》しきれない。ラトゥーシュはそうした誤解の危険性に自覚的であり、その意味を次のように説明している。第一に「脱成長」は、「経済成長を崇拝しない態度（acroissance）」を意味する。それは、C・ハミルトンの指摘と軌を一にするが、富の物神崇拝への批判であり、新自由主義に根ざした代替宗教としての経済成長神話（フェティシズム）の非神話化を意味している。その意味で脱成長論は、「イデオロギー的かつ擬似宗教的な性質を帯びた心性」に(2)くさびを打ち込むものといえよう。第二点として、ポジティヴに表現すれば、それはほんものの「善き生活／善く生きること」（buen vivir）の探求を意味し、「自主的に選択する脱成長」である。つまりそれは、生活の質、空気や水の質、物の質の向上に裏打ちされた「節度ある豊かさ」（abondance frugale）と、エコロジカル・フットプリント［人間の生活が自然環境にどれだけ依存しているかを示す指標］の削減を探求する概念と言うことができる。それは、「節度ある豊かな社会」、「経済成長なき繁栄」を目指す「新しい豊かさ」のプロジェクトでもあると指摘されている。

ラトゥーシュは脱成長について次のように説明している。

で気持ちを納得させようとしている。

エ　自信をもって臨んだ審査で自分の射が評価されなかったため、国枝に指導を受けてもこれ以上の上達が見込めないのではないかという不安をのぞかせている。

〔問3〕 X乙矢の顔がさっと曇った。Y乙矢の顔はさらに歪《ゆが》んだ。とあるが、ここから読み取れる乙矢の心情の動きを**八十字以内**で説明せよ。

〔問4〕 (3)国枝は優しい目をしたまま説明した。とあるが、ここから読み取れる心情はどのようなものか。その説明として最も適切なものを、次のうちから選べ。

ア　乙矢同様にまっすぐに気持ちを向けてくる楓に対して、その思いを受け止め理解しつつも、弓道の先輩として考えを伝えて、自分自身で気付きが得られるよう導こうとしている。

イ　秘《ひそ》かに悩み苦しむ乙矢とは対照的に、素直に感情を表に出す楓をみて、楓の無邪気さを好ましく思う一方で、弓道において心を平静に保つことの重要性を説明しようとしている。

ウ　高校生らしく葛藤する様子をみせる楓に対して、乙矢と同様の若々しさを感じて喜ばしく思うと同時に、自分の内面と向き合い続けることの意味を誤解なく伝えようとしている。

エ　乙矢の苦しみに共感し自分の苦しみとして感じている楓の様子を見て、そのやさしさや正直さに好感を覚えるとともに、弓道における他者への配慮の意義を教えようとしている。

〔問5〕 (4)見守ることと(5)見守ること。とあるが、国枝と楓は「見守ること」についてそれぞれどのように考えているか。その説明として最も適切なものを、次のうちから選べ。

ア　国枝は、内面と向き合うことの重要性を知った乙矢ならば自分で問題を克服できると考えているのに対し、楓は、実力に劣り乙矢と親しいわけでもない自分は国技の考えに従うほかないと考えている。

イ　国枝は、自分の内面にある原因を乙矢自身が見つけ出すのを待つべきだと考えているのに対し、楓は、乙矢に助言できるだけの弓道の技量がないため余計なことをせずにそばで支えようと考えている。

ウ　国枝は、乙矢が本当に助けを必要とするまでは自分で努力することが重要だと考えているのに対し、楓は、自分に乙矢を助けることはできないため乙矢の努力を徹底してサポートしようと考えている。

エ　国枝は、乙矢が抱える問題は乙矢自身で克服すべきで周りが手助けするものではないと考えているのに対し、楓は乙矢と親しくもなく弓の実力も劣るため自分にできることは何もないと考えている。

〔問6〕 本文の表現や内容について述べたものとして最も適切なものはどれか。次のうちから選べ。

ア　「その顔は暗く、もやもやしたものを胸に抱えているようだった。」という表現から、自分の内面に向き合う覚悟を決めた乙矢に対する失礼な発言を、楓が後悔していることがはっきり読み取れる。

イ　「そんな時でもぴんと背筋が伸びている。」「くだけた言い方楓がきっぱりと返事すると、国枝は破顔一笑した。

「わからないことの答えを探し続けることも、大事なことですよ。何もかも簡単に答えがわかったら、つまらないじゃないですか。」

そうかなあ。口には出さないが、楓は心の中で思っている。わからないことがすぐに解決する方がすっきりするのに。

「ともかく、乙矢くんの問題は乙矢くん自身で解決しなければなりません。私たちができることは、ただ(4)見守ることくらいです。」

(5)見守ること。確かに、それくらいしか自分にできることはない。それほど親しくもないし、乙矢より弓道が下手な自分は、相談相手にもならないだろう。

「さあ、もう少し引きましょう。今度は立射*で。」

そう国枝に促されて、楓は矢を持ち直し、射場の定位置へと歩いて行った。

（碧野圭「凜として弓を引く」による）

〔注〕射場―弓道場のうち、射手が的に向かって弓を引く場所。
跪坐《きざ》―右ひざをついて左ひざを少し浮かせ、つま先を立てたかかとに腰掛けるように座る座り方。
カケ―弓を引くときに弦から手を保護するために右手にはめる革製の手袋。
笠原《かさはら》さん―弓道会の会員の一人。
巻藁《まきわら》をやる―藁を束ねて作られた的の前で、型を練習する。
矢取り―射終わった矢を的のある場所まで取りに行くこと。
射型―弓を引くときの一連の体の動きや姿勢。
畢竟《ひっきょう》―結局。
立射―立った姿勢で矢をつがえて射ること。審査のときは、跪坐の姿勢で矢をつがえてから立って射る。

〔問1〕(1)楓はまずいところに居合わせてしまった、と思った。とあるが、なぜか。その説明として最も適切なものを、次のうちから選べ。

ア　乙矢が他人に見られることを避けていた切迫した姿を、後輩である自分がのぞき見たことに罪悪感を覚えたから。

イ　国枝と深刻な様子で話す乙矢の姿を目にして、うかつに二人の前に姿を現すと怒りを買ってしまうと考えたから。

ウ　切実な事情を抱えている様子の乙矢を見て、国枝との会話を邪魔してしまうことに対して気まずさを感じたから。

エ　先輩である乙矢が悩む様子を見ていたのを国枝に気付かれ、今後国枝と疎遠になってしまうことを心配したから。

〔問2〕(2)乙矢が待ち構えたように国枝に尋ねた。とあるが、ここから読み取れる心情はどのようなものか。その説明として最も適切なものを、次のうちから選べ。

ア　審査に通過できなかったことで弓道への関心を失ったため、国枝に自分の射の長所を評価してもらい弓道への前向きな気持ちを取り戻したいと切望している。

イ　参段の審査に通過できなかった理由が自分ではわからないため、国枝にならば正しい評価と上達のための指導をしてもらえるはずだという期待をもっている。

ウ　技術に自信があったのに参段を取得できなかったことに不満があるため、国枝に自分の欠点を明確に指摘してもらうことで出て行った。その顔は暗く、もやもやしたものを胸に抱えているようだった。乙矢の姿が見えなくなると、楓は国枝に聞いた。

「私、何か乙矢くんについて、まずいことを言ったのでしょうか？　乙矢くんの射、とてもいいと思っているんですけど。」

　それを聞いて、国枝は微笑《ほほえ》んだ。

「いえ、正直に話してくれて、乙矢くんも感謝してると思いますよ。」

「だけど……。」

　自分の言葉を聞いて、乙矢はショックを受けたようだ。乙矢を貶《おとし》めるようなことを口にしてしまったのではないだろうか、と楓は気にしている。

　楓の想いを察したのか、(3)国枝は優しい目をしたまま説明した。

「そろって弓を引く場合には大前のタイミングにみんなが合わせるものですが、一方で大前こそ続く人たちのことを把握しておかなければならない。双方がお互いのことを意識しあって、初めて三人が一体となるんです。あなたが焦った、ということは、大前があなたの歩く速度を考慮していなかった、あなたのことが見えてなかった、ということなんです。」

　確かに、国枝とやった時のような安心感、一緒に弓を引いている、という充実した気持ちはなかった。乙矢に遅れまい、とするだけで精一杯だった。

「それに、射をする時には『中ててやろう』という意識を剝《む》き出しにしてはいけません。そういう姿勢は醜いとされているんです。」

「なぜですか？　弓を引く時は誰だって中てよう、と思うんじゃないですか？」

　楓の言葉に、国枝は再び微笑んだ。

「教本通りの答えで言うなら、的に囚《とら》われているのは美しくない、ということになります。」

「教本ですか。」

　弓道会に入会した時、『弓道教本』があることを教えられた。全日本弓道連盟が作った、弓道の教科書のようなものだ。第一巻の射法篇《へん》というものを購入するようにと言われ、母に頼んでネットで購入してもらった。だけど、写真が古めかしく、言葉も難しいので、楓はぱらぱらめくるだけで、ちゃんと読んではいない。

「教本通りじゃないとダメなんですね。」

「ええ。ですが、ただ教本に書かれているのを鵜呑《うの》みにして、それを形だけ真似《まね》するというのも、よくないことだと私は思います。教本は道しるべではありますが、なぜそうなるのか、自分の射がどういうものかは、毎日修練して自分でみつけねばならない。*畢竟《ひっきょう》それが弓を引くことの意味だと私は思っています。」

「よく……わかりません。」

　だとしたら、別に乙矢が悪いわけではない、ということにならないだろうか。

「わからなくてもいいのです。いまわからなくても、いつかわかる時が来るかもしれない。」

「ずっとわからないこともあるんですか？」

　楓が聞くと、逆に国枝が問い返す。

「それは嫌ですか？」

「ええ。」

いる。その目は楓の位置からは見えないが、きっと視線は怖いほど鋭く、的をにらんでいるのだろう。いつもそうであるように。

乙矢の射は力強く、一直線で的に中《あた》った。続く楓の射は三時の方向に矢が逸《そ》れた。国枝は力みなく真ん中に中《あ》てる。二射目も同様に、乙矢と国枝は的に中て、楓だけ大きく外した。

退場して矢取り*をして戻って来ると、(2)乙矢が待ち構えたように国枝に尋ねた。

「どうでしたか?」

はやる乙矢を、まあまあ、というように国枝は制した。

「私より先に、このお嬢さんに感想を聞いてみましょう。この前、ふたりでやった時と比べて、どうでしたか?」

「あの時はふたりだったし、立ち順も違うので、単純な比較は難しいんですけど。」

いきなり話を振られて、楓は少し口ごもった。何と言えば、乙矢のことをうまく表現できるだろう。

「今回は、二番目だったので、大前に合わせなきゃ、ということを考えて、ちょっと焦《あせ》りました。歩幅が違うので、早く歩かなきゃいけないし。前は自分が大前だったので、自分のペースでできたんですが。」

X乙矢の顔がさっと曇った。何か自分はまずいことを言っただろうか、と楓は思う。

「乙矢くんの射についてはどう思いましたか?」

「カッコよかったです。的を絶対外さない、という気迫を感じました。」

楓は乙矢をフォローしたつもりだったが、Y乙矢の顔はさらに歪《ゆが》んだ。逆効果だったようだ。

「わかりましたね。このお嬢さんが、あなたの射の欠点をみごとに見抜いている。」

「はい。」

乙矢が力なくうなだれる。楓には、訳がわからない。

「あなたは何をそんなに焦っているのですか？　それが射に表れている。」

「焦っている……?」

「審査当日の射を見てないので、これはあくまで私の考えですが。」

国枝は優しい目で乙矢を見ながら、一語一語言葉を選ぶようにゆっくり語った。

「あなたの射型*はきれいだし、的中もする。参段なら合格にしてもよかったかもしれない。だけど、若い方には正しい射を身に付けてほしい、という思いが我々先人にはあるんです。だから、あえて厳しくみる、そういうことだったのかもしれません。」

国枝の言葉を嚙《か》みしめるように、乙矢は視線を下に向けている。

「問われているのは技術ではなく、弓に向かう姿勢ではないでしょうか。」

「弓に向かう姿勢……。」

乙矢は深い溜《た》め息を吐いた。

「ありがとうございます。もっと精進いたします。」

精進なんて古い言葉、よく使えるなあ、と楓は感心して聞いている。

乙矢は弓と矢をしまい、「ありがとうございます。」と弓道着のまま

「先に弦を張るんですか？」

「そうですよ。弓はしばらく置いた方が落ち着きますから。」

「わかりました。」

言われた通りに弦を張り、更衣室で胴着に着替えていると、射場から声が聞こえてきた。国枝が誰かと話をしているようだ。

嫌だな。またあの厳しそうな＊笠原《かさはら》さんが来てるのかな。

着替えを終えると、楓はおそるおそる射場の方に出ていく。

「それで、あなたは私に何をしてほしいのですか？」

国枝の声がはっきり聞こえてきた。

「僕の射を見てほしいんです。」

相手の声には聞き覚えがある。乙矢だ。声の調子が切迫している。

(1)楓はまずいところに居合わせてしまった、と思った。更衣室に戻って隠れていようか、と迷ったが、それより先に乙矢の視線が楓をとらえた。乙矢の目が驚きで見開かれた。

「なんで、きみがここに？」

乙矢の声は裏返っている。楓が答えあぐねていると、国枝が代わって返事をした。

「ジョギングでここを通りかかったので、私がいっしょにやろうと誘ったんだよ。この子は無段だけど、うちの弓道会に所属しているっていうから。」

「そうだったんですね。」

納得したような、していないような返事だった。それどころではない、という切羽詰まった雰囲気を乙矢はまとっていた。

「では僕の方も見てもらえますか？」

「いいですよ。あなたも着替えていらっしゃい。」

それで、乙矢は自分の使っている弓を取り出して弦を張ると、更衣室へと向かった。

国枝は乙矢のことなど気にしていない様子で、楓に話し掛ける。

「じゃあ、＊巻藁《まきわら》をやってみましょうか？」

「はい。」

そして、巻藁の前で国枝の指導を受けていると、着替えを終わった乙矢が出て来た。

「せっかく三人いるんだから、審査の動きでやりましょう。」

乙矢は少し驚いたようだったが、「はい。」とうなずいた。

「立ち位置はどうしましょう？」

乙矢が尋ねる。

「あなたに大前をやってもらって、私が落ちでいいですか？」

「はい。」

乙矢が同意した。楓は真ん中に立つ。大前のタイミングに合わせればいいので、真ん中は気楽だ。日頃の練習でも、いちばん経験の浅い人間が真ん中にいちばん格上の人間が落ち、つまりいちばん後ろを務めることが多い。

そして、射場の隅に三人で立つ。乙矢の背中が目の前にある。背筋がぴんと伸びて、きれいな立ち姿だ。お辞儀をして入場をする。乙矢は楓より背が高いので、その分歩幅も広い。楓はいつもより少し速いテンポで歩く。楓はまだ袴《はかま》の扱いに慣れていないので、座ったり立ったりするタイミングが少し遅れ気味だ。そして、跪坐の姿勢を取ると、後ろから立っている乙矢を見る。乙矢の身体には力がみなぎって

〈国語〉

時間　五〇分　満点　一〇〇点

【注意】 答えは**特別の指示**のあるもののほかは、各問の**ア・イ・ウ・エ**のうちから、最も適切なものをそれぞれ**一つずつ**選んで、その記号を書きなさい。また、答えに字数制限がある場合には、**、や。や「などもそれぞれ一字と数えなさい。**

1 次の各文の――を付けた漢字の読みがなを書け。

(1) 会議は暫時、休憩となった。

(2) 壁に補強材を充塡する。

(3) 値千金のホームラン。

(4) 意見の衝突を来す。

2 次の各文の――を付けたかたかなの部分に当たる漢字を楷書で書け。

(1) キャンプ場でバクエイする。

(2) 手土産にミズガシを持って行く。

(3) 佳人が洋館のソウカにたたずんでいる。

(4) 正義感の強さでは、ジンゴに落ちない。

3 次の文章を読んで、あとの各問に答えよ。（＊印の付いている言葉には、本文のあとに〔注〕がある。）

矢口楓《やぐちかえで》は高校一年生である。高校入学後、部活動ではなく、地元の弓道会に所属することを決心した。五十年の弓道歴があるベテランの国枝《くにえだ》が創設したこの弓道会には、楓と同じ高校の三年生で、弐《に》段の腕前である真田乙矢《さなだいつや》が所属している。乙矢は高校生にとって難関である参段の取得を目指したが、今回の昇段審査ではうまくいかなかった。

やっぱり、国枝さん、来ているんだ。

楓は奥の弓道場まで小走りで行った。＊射場には、国枝がひとりだけで立っていた。国枝はちょうど弓を引き終わったところのようで、矢を取りに行くために＊跪坐《きざ》をして＊カケを外そうとしていた。そんな時でもぴんと背筋が伸びている。

ああ、こういう何気ない姿勢も決まってるな。長くやっている人はそうなのかしら。

楓が足を止めて見惚《みと》れていると、国枝が気がついてにっこり笑った。

「おはよう。また来たんだね。」

「はい。いまはお盆休みで、ご指導もお休みなんです。」

「では、また一緒にやりますか？」

「ご迷惑でなければ、ご一緒させてください。」

思わず敬語になった。くだけた言い方では失礼になる、そう思わせるようなたたずまいが国枝にはあった。

「迷惑なんてとんでもない。また一緒に引けるのは嬉《うれ》しいです。今日は弓道着は持って来ていますか？」

「はい。リュックに入れてきました。」

「じゃあ、弓に弦《つる》を張ったら、着替えてください。」

MEMO

大切なことはメモしておこうネ！

2023年度

解答と解説

《2023年度の配点は解答欄に掲載してあります。》

＜数学解答＞

1 〔問1〕 $\dfrac{3\sqrt{2}}{4}$　〔問2〕 $x=2,\ \dfrac{4}{3}$

〔問3〕 $\dfrac{5}{18}$　〔問4〕 $x=15,\ y=9$

〔問5〕 右図

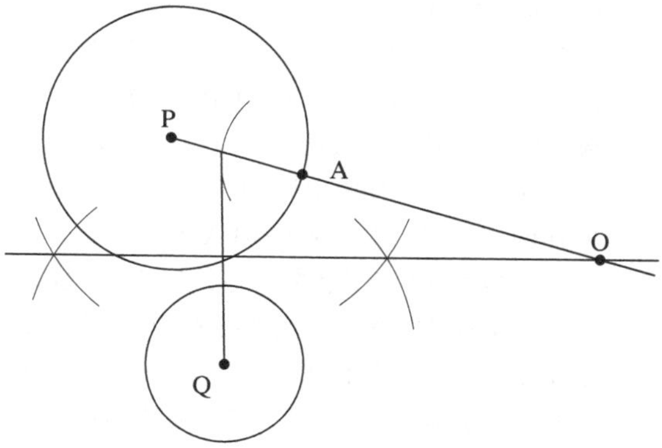

2 〔問1〕 $\dfrac{\sqrt{58}}{2}$cm

〔問2〕 $\left(6+\dfrac{3}{2}\sqrt{7}\right)$cm^2 （途中の式や計算は解説参照）　〔問3〕 $6\sqrt{2}\,\pi$cm^3

3 〔問1〕 $\sqrt{73}$ cm　〔問2〕 $\dfrac{13\sqrt{3}}{3}$ cm^2

〔問3〕 解説参照

4 〔問1〕 7　〔問2〕 $a=3,\ b=1,\ c=4,\ d=2$ （途中の式や計算は解説参照）

〔問3〕 15234

○配点○

1 各5点×5　2 〔問1〕 7点　〔問2〕 10点　〔問3〕 8点

3 〔問1〕 7点　〔問2〕 8点　〔問3〕 10点

4 〔問1〕 7点　〔問2〕 10点　〔問3〕 8点　計100点

＜数学解説＞

1 （数・式の計算，平方根，二次方程式，確率，統計・標本調査，作図）

〔問1〕 $\sqrt{\dfrac{25}{8}}=\dfrac{5}{2\sqrt{2}}=\dfrac{5\sqrt{2}}{4}$，$(3-\sqrt{5})=\dfrac{2(3-\sqrt{5})}{2}=\dfrac{6-2\sqrt{5}}{2}$，$\dfrac{(\sqrt{5}-1)^2}{\sqrt{2}}=\dfrac{(\sqrt{5})^2-2\times\sqrt{5}\times1+1^2}{\sqrt{2}}=\dfrac{6-2\sqrt{5}}{\sqrt{2}}$だから，$\sqrt{\dfrac{25}{8}}-(3-\sqrt{5})\div\dfrac{(\sqrt{5}-1)^2}{\sqrt{2}}=\dfrac{5\sqrt{2}}{4}-\dfrac{6-2\sqrt{5}}{2}\div\dfrac{6-2\sqrt{5}}{\sqrt{2}}=\dfrac{5\sqrt{2}}{4}-\dfrac{6-2\sqrt{5}}{2}\times\dfrac{\sqrt{2}}{6-2\sqrt{5}}=\dfrac{5\sqrt{2}}{4}-\dfrac{\sqrt{2}}{2}=\dfrac{5\sqrt{2}}{4}-\dfrac{2\sqrt{2}}{4}=\dfrac{3\sqrt{2}}{4}$

重要 〔問2〕 2次方程式$\dfrac{1}{2}(2x-3)^2+\dfrac{1}{3}(3-2x)=\dfrac{1}{6}$　両辺を6倍して，$3(2x-3)^2+2(3-2x)=1$，$3(2x-3)^2-2(2x-3)-1=0$　$2x-3$をAと置くと，$3A^2-2A-1=0$。2次方程式$ax^2+bx+c=0$の解は，$x=\dfrac{-b\pm\sqrt{b^2-4ac}}{2a}$で求められるので，$A=\dfrac{-(-2)\pm\sqrt{(-2)^2-4\times3\times(-1)}}{2\times3}=\dfrac{2\pm\sqrt{4+12}}{6}=\dfrac{2\pm\sqrt{16}}{6}=\dfrac{2\pm4}{6}=1,\ -\dfrac{1}{3}$　Aを$2x-3$に戻すと，$2x-3=1,\ -\dfrac{1}{3}$　$x=2,\ \dfrac{4}{3}$

〔問3〕 大小２つのさいころの目の出方は全部で$6\times6=36$通り。ここで，$a\sqrt{b}<4$　となる出方は，$(a,\ b)=(1,\ 1)$，$(1,\ 2)$，$(1,\ 3)$，$(1,\ 4)$，$(1,\ 5)$，$(1,\ 6)$，$(2,\ 1)$，$(2,\ 2)$，$(2,\ 3)$，$(3,\ 1)$の10通り。よって，求める確率は$\dfrac{10}{36}=\dfrac{5}{18}$

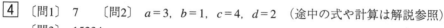

基本 〔問4〕 中央値は資料の値を大きさの順に並べたときの中央の値。生徒の人数は40人で偶数だから，数の小さい方から20番目と21番目の平均値12.5点が中央値となる。よって，20番目の生徒の得点は10点で，21番目の生徒の得点は15点とわかる（$\frac{10+15}{2}=12.5$となるため）。これより，10点以下が20人いるため$2+x+3=20$　$x=15$，15点以上が20人いるため$y+11=20$　$y=9$となる。

やや難 〔問5〕 （着眼点）点Aにおいて円Pに接するため，点P，点A，中心Oは一直線上になり，中心Oは半直線PA上にあることがわかる。また，点Aから半直線PA上に円Qの半径をとり，点Pに近い方を点Rとすると，OR＝OQとなり，線分RQの垂直二等分線と半直線PAの交点が中心Oとなる。（作図手順）次の①～③の手順で作図する。　①　半直線PAを引く。　②　右図のように，点Aを中心として，円Qと同じ半径の円を描き，半直線PAとの交点をRとする。　③　点R，Qを中心とする半径が等しい円を描き，その交点を通る直線（線分RQの垂直二等分線）と半直線PAの交点を中心Oとする。（ただし，解答欄には点Rを記入しない）

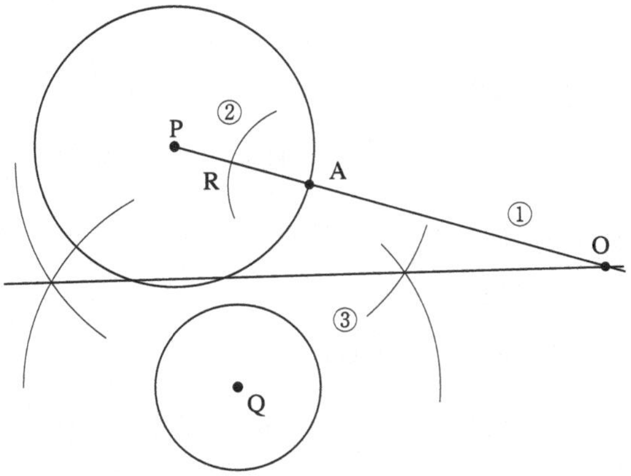

2 （図形と関数・グラフ）

〔問1〕 点Pが出発してから1秒後のx座標は$x=-\frac{1}{2}$，　$y=2x^2$上にあるから，y座標は$y=2\times\left(-\frac{1}{2}\right)^2=2\times\frac{1}{4}=\frac{1}{2}$，P$\left(-\frac{1}{2},\ \frac{1}{2}\right)$。また，点Qが出発してから1秒後の$x$座標は$x=1$，　$y=x+3$上にあるから，y座標は$y=1+3=4$，Q(1，4)。三平方の定理を用いて，（2点P，Q間の距離）＝$\sqrt{\left\{1-\left(-\frac{1}{2}\right)\right\}^2+\left(4-\frac{1}{2}\right)^2}=\sqrt{\left(\frac{3}{2}\right)^2+\left(\frac{7}{2}\right)^2}=\sqrt{\frac{9}{4}+\frac{49}{4}}=\frac{\sqrt{58}}{2}$cm

やや難 〔問2〕 （途中の式や計算など）〔例〕点Pが点Oを出発してから，t秒後の2点P，Qの座標はP$\left(-\frac{t}{2},\ \frac{t^2}{2}\right)$，Q$(t,\ t+3)$であるので，線分PQが$x$軸と平行となるとき，$\frac{t^2}{2}=t+3$が成立する。$t^2-2t-6=0$を解くと，$t=\frac{2\pm\sqrt{(-2)^2-4\times1\times(-6)}}{2}$　$t=\frac{2\pm\sqrt{28}}{2}$　$t=\frac{2\pm2\sqrt{7}}{2}$　$t=1\pm\sqrt{7}$　$t\geqq0$より，$t=1+\sqrt{7}$　このとき，△APQの面積をtを用いて表すと，$\left\{t-\left(-\frac{t}{2}\right)\right\}\times\{(t+3)-3\}\times\frac{1}{2}=\frac{3}{4}t^2$であるので，したがって，求める面積は$\frac{3}{4}(1+\sqrt{7})^2=\frac{3}{4}(8+2\sqrt{7})=6+\frac{3}{2}\sqrt{7}$

重要 〔問3〕 点Pが点Oを出発してから，3秒後の2点P，Qの座標はP$\left(-\frac{3}{2},\ \frac{9}{2}\right)$，Q(3，6)となる。点Aの座標はy軸と$y=x+3$の交点なので，A(0，3)となり，点Bの座標は$y=2x^2$と$y=x+3$の交点なので，$2x^2=x+3$　$2x^2-x-3=0$　$x=\frac{-(-1)\pm\sqrt{(-1)^2-4\times2\times(-3)}}{2\times2}$　$x=\frac{1\pm\sqrt{1+24}}{4}$　$x=\frac{1\pm\sqrt{25}}{4}$　$x=\frac{1\pm5}{4}$　$x=-1,\ \frac{3}{2}$，x座標が負の数のため$x=-1$，y座標は$y=2\times(-1)^2=2$，B$(-1,\ 2)$となる。三平方の定理を用いて，（2点B，Q間の距離）＝$\sqrt{\{3-(-1)\}^2+(6-2)^2}=\sqrt{4^2+4^2}=\sqrt{32}=4\sqrt{2}$(cm)，（2点P，A間の距離）＝$\sqrt{\left\{0-\left(-\frac{3}{2}\right)\right\}^2+\left(3-\frac{9}{2}\right)^2}=\sqrt{\left(\frac{3}{2}\right)^2+\left(-\frac{3}{2}\right)^2}=\sqrt{\frac{18}{4}}=\frac{3\sqrt{2}}{2}$(cm)。

PA⊥BQより，△PBQを直線ℓの周りに1回転してできる立体の体積は，$\frac{1}{3}\times\pi\times PA^2\times AQ+\frac{1}{3}\times\pi\times PA^2\times AB=\frac{1}{3}\times\pi\times PA^2\times(AQ+AB)=\frac{1}{3}\times\pi\times PA^2\times BQ=\frac{1}{3}\times\pi\times\left(\frac{3\sqrt{2}}{2}\right)^2\times4\sqrt{2}=\frac{1}{3}\times\pi\times\frac{18}{4}\times4\sqrt{2}=6\sqrt{2}\pi$ (cm^3)

（補足説明）PA⊥BQの説明。点Qとy座標が等しい点Rをy軸にとると，直線BQの傾きは1のため，△ARQはRA＝RQの直角二等辺三角形とわかる。同様に，点Pとy座標が等しい点Sをy軸にとると，直線PAの傾きが$\frac{3-\frac{9}{2}}{0-\left(-\frac{3}{2}\right)}=\frac{-\frac{3}{2}}{\frac{3}{2}}=-1$のため，△ASPはSA＝SPの直角二等辺三角形とわかる。よって，∠RAQ＝∠SAP＝45°となり，∠RAQ＋∠SAP＝90°　したがって，PA⊥BQとなる。

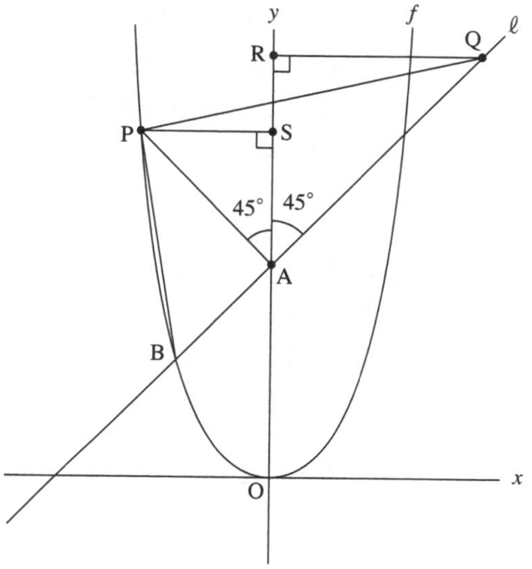

3 **（平面図形，長さ，面積，図形の証明）**

〔問1〕 半円の弧に対する円周角は90°であるため，∠CAD＝90°となる。△ACDにおいて，三平方の定理を用いて，$CD^2=AC^2+AD^2$　$10^2=AC^2+8^2$　$AC^2=10^2-8^2=36$　AC＞0より，AC＝6cm。点Eは線分ACの中点のため，$AE=\frac{1}{2}AC=\frac{1}{2}\times6=3$(cm)　△AEDにおいて，三平方の定理を用いて，$DE^2=AE^2+AD^2=3^2+8^2=73$　DE＞0より，$DE=\sqrt{73}$cm

やや難

〔問2〕 点Dから辺ABに垂線を引き，交わった点をFとすると，△AFDは30°　60°　90°の直角三角形となり，3辺の比は1：2：$\sqrt{3}$であるため，$AF=\frac{1}{2}AD=\frac{1}{2}\times8=4$(cm)，$DF=\frac{\sqrt{3}}{2}AD=\frac{\sqrt{3}}{2}\times8=4\sqrt{3}$(cm)となる。また，BF＝AB－AF＝6－4＝2(cm)，△BFDにおいて，三平方の定理を用いて，$BD^2=DF^2+BF^2=(4\sqrt{3})^2+2^2=48+4=52$　BD＞0より，$BD=2\sqrt{13}$cmとなる。ここで，△BCDについて考える。弧BCに対する円周角は等しいので，∠BAC＝∠BDC＝30°，弧CDに対する円周角は等しいので，∠CAD＝∠CBD＝30°，∠BCD＝180°－∠BDC－∠CBD＝180°－30°－30°＝120°となり，△BCDは30°　120°の二等辺三角形とわかる。これより，点Cから辺BDに垂線を引き，交わった点をGとすると，△BCGは30°　60°　90°の直角三角形となり，3辺の比は1：2：$\sqrt{3}$であるため，$BG=\frac{1}{2}BD=\frac{1}{2}\times2\sqrt{13}=\sqrt{13}$(cm)，$CG=\frac{1}{\sqrt{3}}BG=\frac{1}{\sqrt{3}}\times\sqrt{13}=\frac{\sqrt{13}}{\sqrt{3}}$(cm)となる。したがって，$\triangle BCD=\frac{1}{2}\times BD\times CG=\frac{1}{2}\times2\sqrt{13}\times\frac{\sqrt{13}}{\sqrt{3}}=\frac{13}{\sqrt{3}}=\frac{13\sqrt{3}}{3}$ (cm^2)

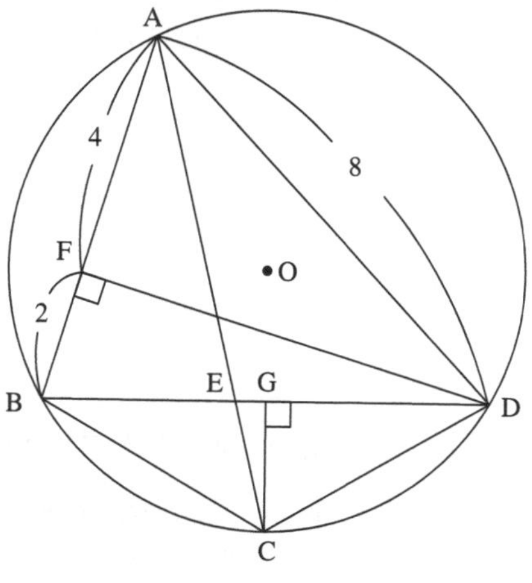

重要　〔問3〕　(証明)(例)点Oと頂点C，点Oと頂点Bをそれぞれ結ぶ。　△OBHと△OCHにおいて　OB＝OC(円の半径)…①　△OBCは二等辺三角形となるので∠OBH＝∠OCH(二等辺三角形の底角)…②　また，仮定から∠OHB＝∠OHC＝90°…③　①，②，③より　直角二等辺三角形の斜辺と1つの鋭角がそれぞれ等しいので　△OBH≡△OCH　ゆえに∠HOB＝∠HOC　よって∠HOC＝$\frac{1}{2}$∠COB…④　△AEBと△OHCの相似を考える。　円周角の定理より∠CAB＝$\frac{1}{2}$∠COB…⑤　④，⑤より∠CAB＝∠HOC　すなわち　∠EAB＝∠HOC…⑥　仮定より　∠AEB＝∠OHC(＝90°)…⑦　⑥，⑦より２組の角がそれぞれ等しいので△AEB∽△OHC　よってAE：OH＝BE：CHから　AE×CH＝OH×BE

4　(規則性，場合の数)

〔問1〕　【操作】を繰り返し行うと31452→41352→53142→24135→42135→31245→21345→12345となり，N(31452)＝7となる。

〔問2〕　(途中の式や考え方など)(例)①より，$N(bcda)=0$と分かる。したがって，$b=1$である。また，②より$N(cadb)=1$で$b=1$なので$c=4$となる。このとき③は，$N(a14d)=4$となる。$(a,\ d)=(2,\ 3)$，$(3,\ 2)$のいずれかであるが$(a,\ d)=(2,\ 3)$とすると$N(2143)=1$となり不適。また，$(a,\ d)=(3,\ 2)$とすると3142→4132→2314→3214→1234で$N(3142)=4$となり適する。以上から$a=3$，$b=1$，$c=4$，$d=2$

やや難　〔問3〕　【操作】が終了したときに存在しなかった数は，左から2番目に2の数，左から3番目に3の数，左から4番目に4の数，左から5番目に5の数が入らない数となる。右図のように，樹形図をかくと，13254，13452，13524，14253，14523，14532，15234，15423，15432の9個となることがわかる。よって，15234が３番目に大きい数になる。

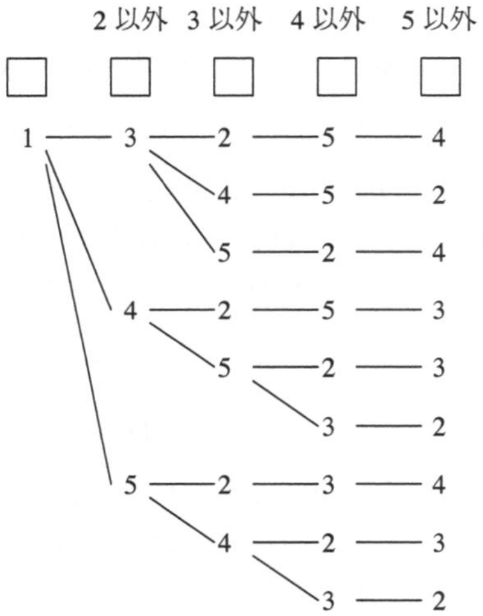

★ワンポイントアドバイス★

1〔問5〕と4〔問3〕の難易度が高い。解法を思いつくまでの時間が他の問題よりもかかると思われるために、時間配分が重要だと考えられる。　2〔問3〕は，点Pから直線BQへの垂線を引き，交点の座標の位置を考えてみよう。回転体の体積を求める問題は，回転軸と回転軸から一番離れた点(今回は点P)との距離を考えてみよう。
3〔問2〕は，円周角の定理を利用してみよう。30°　60°の角度を利用して補助線を引き，30°　60°　90°の直角三角形を作りだしてみよう。

＜英語解答＞

1　〔問題A〕　＜対話文1＞　ア　＜対話文2＞　エ　＜対話文3＞　ウ
〔問題B〕　＜Question 1＞　イ　＜Question 2＞　To visit other countries.

2　〔問1〕　(a)　ウ　(b)　オ　(c)　ア　(d)　イ　(e)　エ
〔問2〕　(1番目)　ク　(4番目)　カ　(8番目)　キ　〔問3〕　(A)　ケ　(B)　ア
〔問4〕　(a)　day　(b)　hard　(c)　Japanese　(d)　same

3　〔問1〕　イ　〔問2〕　エ　〔問3〕　produce　〔問4〕　amount
〔問5〕　need to show the government how safe cultured meat is
〔問6〕　オ　〔問7〕　(A)　キ　(B)　ク

4　〔問1〕　ア　〔問2〕　(1番目)　エ　(4番目)　ウ　(8番目)　イ　〔問3〕　ウ
〔問4〕　necessary　〔問5〕　ケ　〔問6〕　オ　〔問7〕　(A)　コ　(B)　カ
〔問8〕　I recommend Mt. Fuji. It is the tallest mountain in Japan, so you can see beautiful views when you climb it. Though it is tall, it is not so difficult to reach the top. I would like visitors from abroad to try it someday.(44 words)

○配点○
1　各4点×5
2　〔問3〕　各4点×2　他　各2点×10(〔問2〕完答)
3　〔問7〕　各4点×2　他　各2点×6
4　〔問7〕　各4点×2　〔問8〕　12点　他　各2点×6(〔問2〕完答)　計100点

＜英語解説＞

1　(リスニングテスト)

放送台本の和訳は，2023年度都立共通問題36ページに掲載。

2　(会話文問題：文挿入・選択，語句整序，内容吟味，要旨把握・語句補充，動名詞，不定詞，関係代名詞，接続詞，間接疑問文，助動詞，進行形，受動態，比較)

(全訳)*日本人の高校生，レンとサクラ，英国出身の英語教師，ジョン，さらに，アメリカ出身の英語教師，ケイトが学校にいて，英語のスピーチコンテストの練習をしている。レンとサクラは学校の代表者として，コンテストに参加することになっている。*

レン(以下R)：本日私達を手助けしていただき，ありがとうございます。／サクラ(以下S)：そうですね，本当にありがとうございます。素晴らしい練習でした！／ジョン(以下J)：どういたしまして。／ケイト(以下K)：こちらこそ，どういたしまして。／J：レンとサクラ，あなた達は今日，よく頑張りましたが，2人とも原稿を少し変えた方がより良くなるでしょう。／R：えっ，そうお考えですか？　わかりました。私達はどのように変えるべきですか？／J：あなた達の原稿は両方共，違った国々の聴衆によって聞かれることになり，コンテストの前に，あなた達が誰なのか，あるいは，何について話すのかが彼らには分からないので，スピーチを理解するために彼らが知るべき事柄を伝えてください。／S：あっ，私はそのことに思いが至りませんでした。助言をいただきありがとうございます。／K：二人とも，今週末に，原稿を変更し終えることが可能かしら？／R：あぁ……検討してみます。／S：それは難しそうですね。(a)ウでも，全力を尽くしましょう。／J：よろしい。それでは，あなた方の原稿を再び確認するために，次の月曜日に私達に会うことができますか？　ケイトと私は放課後時間があいています。／S：おそらく……大丈夫……でも……／K：それは良かった。／R：実は……，翌月曜日は重要な日なのです。／J：どういうことですか？／R：私達の友人の誕生日で，私達は誕生会を行う予定なのです。／K：何て素晴らしいのでしょう！　あなた達が楽しむことを願っているわ。／R：(b)オ理解していただきありがとうございます。／J：よろしい。それでは，月曜日に会いましょう。／K：良い週末を過ごしください。／R：あぁ……サクラが次の月曜日は私達の友人の誕生日だと既に言いましたよね。／J：ええ，あなたの友人に誕生日おめでとうと伝えてください！／R：あっ，伝えます。……良かった……。それではさようなら。／K：月曜日の放課後会いましょう。／S：あのー……，実は，その日には，パーティーのために準備すべきことが私達には沢山あります。／J：待ってください。それでも，次の月曜日に会うことができるのですよね？／R：(c)アそうは思いません。／K：本当ですか？　でも，今週末には，あなた達の原稿を終えることができるのでしょう？／S：私が言っているのは……大きなパーティーで，週末はずっと私達は忙しくなるので，終らないかと。／K：えっ，あら，でも，最初にあなたは『はい』と言った，と思ったのだけれども。／S：あの……，日本語では『はい』がたまには『いいえ』を意味することがあります。／R：それに，『検討します』あるいは『難しそうです』は，しばしば『いいえ』や『できません』を意味します。／K：まあ……わかりました。理解したと思いますが，私には少し難しいですね。／R：すみません。／J：なぜそのように答えたのかが今理解できたので，あなたが謝る必要はありません。私達は異なった意思疎通手段を有しているのだと思います。／R：意思疎通手段ですか？／J：ええ，レンとサクラは，申し出を断る際に，『いいえ』と言いたくないのだと思います。一方で，ケイトと私は『いいえ』をはっきり言おうとします。／S：『いいえ』と言うのは，直接すぎて，無礼に聞こえるのではないかと，私には感じられます。／K：でも，『いいえ』と言うことは大切です。『いいえ』と言わなければ，人々はあなたが嘘をついていると考えるかもしれません。／R：えっ，本当ですか？　他者に向かって，直接的『いいえ』を言うのは，強烈すぎると感じます。／J：良い意思疎通法とは，私達個人により，異なったものを意味しているかもしれない，と私は考えます。ケイト，あなたはどう思いますか？　良いやり取りとはあなたにとって何を意味しますか？／K：私の考えでは，良いコミュニケーションとは，直接的で，単純で，かつ，明らかなものです。／J：同感ですね。／S：そのことは理解できます。でも，良い意思疎通とは，口に出したものだけではなくて，言葉にしないものをも通じて，メッセージを共有することだ，と私は思います。／R：(d)イ私もただそう言おうと思っていました。／S：ですから，日本語では，人々がしばしば行間の意味を読み取るのです。／R：読む……何を？／S：『行間の意味を読み取る』です。それは，人々が述べたり書いたりしたことからだけではなくて，そうしないことからも，真意や意図を理解しようと努めることを意味します。／R：へえー，そのことを英語で何と呼ぶのか知りませんでした。／K：でも，行間の意味を読み取ることが，どのように日本の文化に関係があるのでしょうか？／S：良い質問です！　他者と上手く意思疎通をしようと，日本人は行間の意味を読み取ることに重点を置いているのです。／R：そうですね，私達はそれを効果的な伝達道具として用いています。／K：興味深いですね！　日本で行間を読むことがいかに重要であるかを，私は認識していませんでした。なので，いつ『はい』が実際に『はい』を意味していて，いつそれが『いいえ』を意味するかを，理解しなければならないのですね。／J：行間の意味を読み取ることの他の例をどなたか挙げてもらえませんか？／S：(e)エこれはどうですか？　一緒に映画へ行くことを友人に尋ねる時に，『私と一緒に来ることができますか？』と尋ねる代わりに，私は『私は映画を見たいと思います。明日，部活はありますか？』と尋ねました。／K：その後，あなたの友達は何と答えたのですか？／S：彼女は私の意向を理解して，『一緒に行くことができます。楽しみにしています！』と答えました。／J：なるほど。それが日本式のコミュニケーション方法なのですね。言語とコミュニケーション方法は互いに大いに影響を与え合っていると私は思います。／R：それでは，良い伝達方法は言語によって異なっているかもしれませんね。／K：時には，そうかもしれませんが，ジョンと私は2人共，英語を話しますが，私達のコミュニケーション方法は異なっています。／R：どういうことですか？／K：私が1年前にジョンに初めて会った際，興味深いやり方で彼は自己紹介をしたのです。ジョン，その日のことを覚えていますか？／J：もちろんです。／K：その時，彼は「お茶を飲まない人とは一緒に働くことはできない！」と言ったのです。彼は真剣な表情だったので，私は彼の言葉を信じてしまいました。／J：ワハハ！　それはよく耳にする英国ジョークです。／K：アメリカ人がジョークを言う時には，しばしば『冗談を言っているだけだよ』と言って，笑うので，それがジョークであることが誰にでも分かります。一方で，イギリス人はそうはしないけれども，それでも彼らにはそれが冗談であることが理解できます。／S：では，英国人と米国人は日本人よりも明らかなメッセージを共有しているかもしれないけれど，英国人よりも米国人の方がより明確なメッセージを分かち合っているかもしれない，ということなのですね。／R：そして，良いコミュニケーション方法は，国によって，あるいは，文化によっても，異なっているかもしれないのですね。／J：鋭い視点ですね！　より間接的な伝達方法は，高次元の共通の背景知識や情報を有していて，直接的な伝達方法は，共通の判断基準を低い程度にしか有していないと想定されます。これらはその国の歴史や教育に関係しているかもしれません。／S：では，ここで最も重要なことは，私達は皆，独自のコミュニケーション方法を有しているということですね。／R：(2)他の文化から来た人々と話す際に，どのような種類のコミュニケーション方法が，効果があるのでしょうか。／S：仮に，自分自身の文化的なやり方で言外の意味を読み取ってしまうと，私達が受け取るメッセージは，他の人々が送るものとは異なってしまうかもしれない，と私は考えます。よって，メッセージは明らかに伝えた方が良いでしょう。／K：それは事実です。あなた達のスピーチは英語でなされるので，このことはコンテストにも適用できますね。／S：ええ，聴衆の意思疎通方法は違うかもしれないので，コンテストでは，直接的，単純で，明快なスピーチを私達は提供しようとするべきなのですね！／R：わかりました。それでは，私達の原稿を手直しして，会う別の日を選びましょう！

やや難　〔問1〕 (a)ケイトの「今週末に原稿を修正し終えることが可能か」に対するサクラの応答文を選ぶ。空所に続いて，ジョンにより話題が修正原稿を確認する日程に移行していることから，(a)ではサクラは肯定の趣旨で応答したと推測される。正解は，ウ「(難しいだろう。)でも，最善を尽くそうと思う」。do one's best「全力を尽くす」 finish changing your scripts ← 動名詞<原形＋－ing>「～すること」 (b)レン：「原稿を確認する日に友人の誕生会が重なっている」→ ケイト：How nice！ I hope you enjoy it. → レン：「 (b) 」正解は，オ「理解していただきありがとう」。当日は忙しくて原稿を確認する時間が取れないという真意が相手に伝わったとレンが考えて発したせりふ。 (c)ジョン：「(原稿の確認のために)次の月曜日に会うことができるか」→ (c) → ケイト：「本当ですか？　それでも，今週末に原稿を終えることができるのでしょう」正解は，ア「そうとは思わない」。 (d)空所(d)の前後のサクラの発言から，空所(d)では，レンがサクラに同調していることが分かる。正解は，イ「ちょうどそう言おうとしていた」。<be動詞＋going＋不定詞>「～しようとしている，するつもりである」not only A but also B「AだけではなくてBもまた」the things▼we say「私達が言うもの」← 目的格の関係代名詞の省略<先行詞(＋ 目的格の関係代名詞)＋ 主語 ＋ 動詞>「主語が動詞する先行詞」～．So …「～である。だから…」 (e)「誰か行間を読む別の例を挙げてくれないか」というジョンの発言を受けて，サクラは空所(e)を挟んでその例を挙げているので，正解は，エ「これはどうですか？」。

重要　〔問2〕 (I) wonder what kind of communication style is effective when we talk with people from other cultures(.)疑問文(What kind of communication is effective ～ ?)が他の文に組み込まれる[間接疑問文]なので，＜疑問詞 + 主語 + 動詞＞の語順になる。ここでは主語の位置に疑問詞があるので，最初から＜疑問詞[主語]+ 動詞＞の語順になっている。

重要　〔問3〕 (A)①「聴衆はコンテストの前に彼らのこととスピーチの話題について知っているので，レンとサクラは自らの原稿を変更しようとしている」(×)ジョンが they[listeners] won't know who you are or what you're going to talk about before the contestと述べている。疑問文(Who are you ?／What are you going to talk ～ ?)が他の文に組み込まれる[間接疑問文]と，＜疑問詞 + 主語 + 動詞＞の語順になる。＜be動詞 + going + 不定詞＞「～しようとしている，するつもりである」 ②「ジョンとケイトは月曜日に原稿を確認することができると考えたが，レンとサクラは実際にはそのようには意図していなかった」(○)レンとサクラが月曜日に友人の誕生会があると繰り返し発言しても，ジョンとケイトは Then we will see you on Monday.／See you after school on Monday.／Then can you still meet us next Monday ? と応じている。③「人々が申し出を断らなければならないが，はっきりと『いいえ』と言わない場合，嘘をついて，無礼であることを意味するかもしれない，とケイトは考えた」「いいえ」を言わないと嘘をついていると思われるかもしれないとケイトは述べているが(Kate : If you don't say "no", people may think you're telling a lie.)，無礼だと考えるのはサクラなので(Sakura : I think saying "no" is too direct, and it sound rude.)，不一致。＜have + 不定詞[to + 原形]＞「～しなければならない，に違いない」may「～かもしれない，しても良い」are telling a lie／are being rude ← 進行形＜be動詞 + 現在分詞[原形 + －ing]＞ saying "no" ← 動名詞＜原形 + －ing＞「～すること」 ④「日本人はしばしば行間を読み，はっきりは言わなくとも，いつ『はい』が『いいえ』を意味するかを理解する」(○)以下のサクラとケイトの発言に一致(Sakura : So in Japanese, people often read between the lines. ～ "Reading between the lines" means trying to understand someone's real feelings or intentions not only the things people say or write, but also from the things they don't.／Kate : I didn' t realize how important reading between the lines was in Japan. So, we have to understand when "yes" actually means "yes" or when it means "no".)。～ and understand when "yes" means "no" ～ ← 疑問文(When does "yes" mean "no" ?)が他の文に組み込まれる[間接疑問文]と，＜疑問詞 + 主語 + 動詞＞の語順になる。it is not said ← 受動態＜be動詞 + 過去分詞＞ reading between the lines「行間を読むこと」／trying to understand「理解しようとすること」← 動名詞＜原形 + －ing＞「～すること」not only A but also B「AばかりでなくBもまた」the things▼people say or write「人々が言ったり書いたりするもの」目的格の関係代名詞の省略　～ . So ...「～である。だから[それで]…」＜have + 不定詞[to + 原形]＞「～しなければならない，であるに違いない」

(B)①「サクラは直接的なやり方で映画に行くことを友人に尋ねなかったが，彼女の友人は彼女の意図を理解して，互いに意思疎通ができた」(○)空所(e)に続くサクラとケイトのやり取りに一致。though「～にもかかわらず」＜be動詞 + able + 不定詞＞「～できる」each other「お互い」instead of「～の代わりに」look forward to「～を楽しみに待つ」 ②「ケイトがジョンに初めて会った時に，彼のジョークは非常にポピュラーなものだったので，彼女は彼が冗談を言っていることに気づいた」(×)ケイトがジョンの冗談を聞いた時の反応は I believed it because he looked serious. なので，不一致。for the first time「初めて」so ～ that ...「とても～なので…」was making a joke ← 過去進行形＜was[were]+ 現在分詞[原形 + －ing]＞ ③「英国人と米国人は常に明らかな意図を共有していて，いかなる状況でもこのことが変わることはない」(×)以下からもわかるように，英国人と米国人との間には意思疎通方法に差がある。ケイト：both John and I speak English and we have different communication styles.／サクラ：American people may share clearer messages than British people. both A and B「AとBの両方」may「～かもしれない，してもよい」clearer ← clear「明らかな」の比較級

④「聴衆は独自の文化的なやり方で行間の意味を読み取ることができるので，より直接的でない伝達方法がスピーチコンテストには適している」(×)以下(サクラの最後と最後から2番目の発言とケイトの最後の発言)より，選択肢④は本文と不一致であると判断される。サクラ：「独自の文化でのやり方で行間の意味を読み取ると，私達が受け取るメッセージは他の人々が送ったそれとは異なってしまうかもしれない。よって，メッセージは明らかに伝えた方が良い」／ケイト：「それは事実だ。あなた達のスピーチは英語でなされるので，このことはコンテストにも適用できる」／サクラ：「ええ，聴衆は違った意思疎通方法を有しているかもしれないので，コンテストでは，直接的で，単純で，明快なスピーチを私達は提供しようとするべきだ」less「～でない」← little の比較級　the messages▼we receive／the messages▼other people send ← 目的格の関係代名詞の省略＜先行詞(＋ 目的格の関係代名詞)＋ 主語 ＋ 動詞＞「主語が動詞する先行詞」so「だから，それで」 better ← good／well の比較級「より良い[良く]」it's better to pass messages clearly ← ＜It is ＋ 形容詞 ＋ 不定詞＞「～[不定詞]するのは…[形容詞]である」

can be applied ← ＜助動詞 ＋ be ＋ 過去分詞＞助動詞付きの文の受動態　may「かもしれない，してもよい」should「すべきである，するはずだ」

やや難　〔問4〕(全訳)「本日，ジョンとケイトと一緒に，サクラと僕が英語のスピーチコンテストの練習を行った。その後に，僕らは次の練習の$_a$日にちを決めようとしたが，サクラと僕には翌週にパーティーを開く計画があった。そして，僕らはそのことをジョンとケイトに告げようとしたが，意思疎通の方法が異なったので，彼らが僕らの意図を理解することが$_b$困難であった。$_c$日本人の話者がより直接的ではない意思疎通法を有しているということに僕は気づいた。また，ジョンとケイトは$_d$同じ言語を話すが，彼らの間には興味深い違いが存在していることに僕らは気づいた。最終的に，コンテストでより良いスピーチをする方法に関して，僕らは議論した」

形式は日記の空所を補充する形だが，実態としては会話文の要約を完成させる問題。(a)「日付」day　(b)「困難な」hard　(c)「日本人の話者」Japanese speakers　(d)「同じ言語」same language

3 (長文読解問題・論説文：文挿入・選択，語句補充・選択・記述，語句整序，要旨把握，接続詞，前置詞，不定詞，助動詞，受動態，比較，間接疑問文，現在完了，動名詞，進行形，関係代名詞)

(全訳)　最近，日本におけるスーパー，カフェ，そして，レストランで，模造肉を目にすることが非常に当たり前のことになっている。中国，アメリカ，そして，イギリスのような他国では，(日本よりも)さらに普及している。実際に，ますます多くの人々が，現在それに関心を抱いており，本当の肉を超えて，模造肉を選択している。模造肉に対する需要は年々増えてきている。30年もしないうちに，人々はタンパク質を求めて，本当の肉と比べてより多くの模造肉を食べているだろう，と報じる報告さえ存在している。

動物の肉を食べることは，もちろん，新しい考えではない。過去には，我々の祖先は野生の動物を狩猟して，その肉を食べた。肉は生存するためのエネルギーを彼らに与えた。最近，我々のほとんどは，祖先がしてきたように，動物を狩猟することはないが，それでも我々はタンパク質を求め

て，動物の肉を食べている。以前は動物の肉を食べていなかった国の人々でさえ，現在では，日常生活でそれを食しており，その消費は拡大している。このことは，動物の肉は世界で，タンパク質の主要な供給源の1つであることを意味しており，恐らくは，多くの人々は肉なしでの生活を想像することができないだろう。(1)イでは，なぜ一部の人々は模造肉を食べ始めたのだろうか？

健康的，倫理的，そして環境的理由など，人々が模造肉を食べる理由がいくつか存在している。まず，人々は自分が食する食べ物について考え始めて，健康的な食品を食べようと試みている。タンパク質は我々の健康にとっては大切であり，動物の肉を食べることはタンパク質を得る効率的な方法であることは事実だ。だが，動物の肉を食べすぎると，健康を害するかもしれない，ということを覚えておく必要がある。次に，倫理的理由で，模造肉を選択する人々もいる。牛，豚，鶏のような家畜の生命を奪うという考えが，おそらくは本当の肉を消費することへの抑制につながっているのであろう。私達人間と全く同様に，家畜は全て生き物である。そこで，私達が家畜の生命を奪って，その肉を食べることは良いことなのだろうか？　エ一部の人々はこのような振る舞いに対して，反対している。第3に，環境を守るために，模造肉を食べる人々がいる。ご存じかもしれないが，家畜を育てるには，多くの水，穀物，そして土地を利用する。例えば，牛を例にとってみよう。1キログラムの牛肉を(3)－a生産するには，20,600リットルの水と11キログラムの穀物が必要となる。そして，牛を育てるには，多くの土地が必要なので，牛のために土地を生み出す目的で，沢山の木々が伐採されている。別の環境問題は，牛，豚，羊のような家畜が呼吸すると，多くのメタンが(3)－b生み出されることである。二酸化炭素よりも，このことの方が，地球温暖化のより深刻な一因となっている。従って，本当の肉の代わりに模造肉を食べることは，環境を保護する手助けとなっているのである。

今度は，模造肉を考察してみよう。模造肉には2種類ある。1つは植物由来の肉で，もう1つは培養肉である。植物由来の肉は動物の肉から作られていない。大豆，キノコ，ナッツ，種，そして，野菜などの材料から作られているので，本当の肉より身体に良いように思える。植物由来の肉は，牛肉や鶏のむね肉のような異なった種類の肉へと成形される。よって，ハンバーガー，サラダ，そして，スープのようなさまざまな種類の料理に使用することが可能である。一見すると，おそらくは本当の肉だと信じてしまうだろう。そして，食べると，本当の肉を食べているような気がするだろう。植物由来の肉に関しては，何も悪いことはないように感じるかもしれないが，心配しなければならないことがいくつか存在する。植物由来の肉は，時には多くの人工の材料や添加物を含むことがある。多くの塩や砂糖がしばしば味付けのために加えられてもいるので，植物由来の肉は一種の加工食品であると考えてもよい。植物由来の肉は本当の肉よりもミネラルの含有量が少ないと唱える科学者もいる。従って，それを食べても，十分な栄養素が得られないかもしれない。

科学者は，培養肉と呼ばれる別の種類の模造肉も開発してきた。それは動物の体内ではなく，細胞培養で育てられる。まず，小さな細胞が動物から取られる。そして，科学者はその細胞に栄養素を与える。細胞は成長して，肉をつくるまで増える。培養肉は，動物の肉ほど多くの汚染を引き起こすことなく，動物の命を奪わずに，生産されうる。それは本当の肉に対して素晴らしい代替物であると考えてもよいが，単にごくわずかの(4)量を作るのに，科学者には多くのお金と時間が必要となる。また，科学者は(5)培養肉がいかに安全であるかを政府に示す必要がある。従って，培養肉が本当の動物の肉の代替物になるまで，私達は長い間待つ必要があるかもしれない。

上述した通り，(6)－aかなり多くの人々が，健康的，倫理的，そして，環境的理由で，模造肉に対して興味を抱いているが，この種類の肉に関しては，良い点と悪い点の両面が存在する。模造肉はもっと広まり，将来，本当の肉の良い代替品になるかもしれないが，現在，(6)－bそのことに関してわかっている者は誰もいない。生存するためには，私達にはタンパク質が必要であるのは事実だが，同時に，動物の肉からタンパク質を得る際には，上記で論じられたことを記憶しておくべきだ。どのようにして十分なタンパク質を得るかは最近問題となっているので，(6)-c私達の個々が考え得る解決法について考察する必要がある。本当の肉の代替物として，あなたは模造肉を食べるだろうか？　将来，もっと多くの人々が模造肉を食べてみることになる，とあなたは考えるだろうか？

基本　〔問1〕　空所(1)を受けて，次の第3段落では，模造肉を食べる理由が列記されていることから考えること。正解は，イ「では，なぜ一部の人々は模造肉を食べ始めたのだろうか」。So「だから」　ア「では，なぜ多くの人々が動物の肉を食べ続けるのだろうか」a lot of「多くの～」　ウ「でも，なぜ我々の祖先は動物の肉のみからタンパク質を得ようとしたのか」　エ「でも，なぜわずかな人々しか模造肉を食べないのか」only a few「ほんのわずかの～」

基本　〔問2〕「私達が家畜の生命を奪って，その肉を食べることは良いことなのだろうか」→ エ「一部の人々はこのような振る舞いに対して反対している」<be動詞 + against>「～に反対である」is it OK for us to take livestock lives ～ ? ← <It is ... for + S + 不定詞[to + 原形]>「Sにとって～[不定詞]することは…である」

やや難　〔問3〕「1キログラムの牛肉を(3)-a生産するには，20,600リットルの水と11キログラムの穀物が必要となる」／「別の環境問題は，牛，豚，羊のような家畜が呼吸すると，それらは多くのメタンを(3)-b生み出すことである」共通に当てはまる語は produce。such as「～のような」a lot of「多くの」

やや難　〔問4〕　空所(4)を含む文は「それは本当の肉に対して素晴らしい代替物であると考えるかもしれないが，単にごくわずかの (4) を作るのに，科学者には多くのお金と時間が必要となる」の意。正解は amount「量」。ちなみに本文では以下の2か所で amount が使われている。And a large amount of land is needed to raise cows, so a lot of trees are cut down to create land for them.(第3段落最後から第4文目)／Some scientists say that plant-based meat has a smaller amount of minerals than real meat.(第4段落最後から第2文目)may「～かもしれない，しても良い」is needed「必要とされている」／are cut down「伐採される」← 受動態 ～, so ...「～である，だから…」a lot of「多くの」smaller ← small「小さい」の比較級

重要　〔問5〕 (Also, scientists) need to show the government how safe cultured meat is(.) 疑問文(How safe is cultured meat?)が他の文に組み込まれる(間接疑問文)と，<疑問詞 + 主語 + 動詞>の語順になる。

基本　〔問6〕「上述した通り，(6)-a 人々が，健康的，倫理的，そして，環境的理由で，模造肉に興味を抱いているが，この種類の肉に関しては，良い点と悪い点の両方が存在する」第1段落第3・4文に In fact, more and more people are now interested in it[fake meat] and choose it over real meat. The need for fake meat has been growing every year. とあるので，空所には quite a few「かなり多数の」が当てはまる。<be動詞 + interested in>「～に興味がある」both A and B「AとBの両方」in fact「実際には」more and more ← <比較級 + and + 比較級>「ますます～」has been growing ← <have[has] + been + -ing>現在完了進行形 ― 動作動詞の継続を示す。／「模造肉はもっと広まり，将来，本当の肉の良い代替品になるかもしれないが，現在，そのことに関してわかっている者は (6)-b 」文脈，特に逆接の接続詞 but の意味に注意して考えること。正解は，no one「誰もいない」。more common ← common「ありふれた」の比較級／「どのようにして十分なタンパク質を得るかは最近問題となっているので，(6)-c私達の個々が(every one of us)考え得る解決法について考察する必要がある」how to get ← <how + 不定詞[to + 原形]>「～する方法」these days「この頃」～, so ..,「～である，

だから[それで]…」just a few「ほんのわずかの～」everyone「皆」someone「誰か」

重要　〔問7〕 (A)①「模造肉は，日本よりも，英国のカフェやレストランのような場所でより多く見かける」(○)第1段落第1・2文に一致(These days, it has become quite common to see fake meat in supermarkets, cafes, and restaurants in Japan. It is more common in other countries such as China, the US and the UK.)。can be found ← ＜助動詞 + be + 過去分詞＞助動詞付きの文の受動態　more ← many／much の比較級「もっと(多くの)」these days「この頃」more common ← common「ありふれた，一般的」の比較級　②「動物の肉を食べることは，人々が現在タンパク質を得るには，最も簡単で，最も効果的な方法である」(×)第3段落第3文に eating animal meat is an effective way to get protein とは述べられているが，動物の肉を食べることがタンパク質を得るうえで最も簡単な方法である，とは書かれていない。easiest ← easy「簡単な」の最上級　most effective ← effective「効果的」の最上級　eating animal meat「動物の肉を食べること」← 動名詞＜原形 + －ing＞「～すること」 ③「牛，豚，そして，羊のような家畜のために土地を生み出す目的で，多くの木々が伐採されている」(×)豚や羊はメタンの発生源の例として取り上げられているが，木々の伐採のところでは言及されていない。(第3段落最後から第3・4文目：And a large amount of land is needed to raise cows, so a lot of trees are cut down to create land for them. Another environmental problem is that when livestock animals such as cows, pigs, and sheep breathe, they produce a lot of methane.)a lot of「多くの」are cut down／is needed「必要とされている」← 受動態＜be動詞 + 過去分詞＞「～される，されている」such as「～のような」～，so …「～である，だから[それで]…」 ④「メタンは二酸化炭素よりもより多くの影響を環境に及ぼすので，模造肉の方が環境により良い」(○)第3段落最後から第1・2文目に一致(This[methane]contributes more to global warming than CO_2. So eating fake meat instead of real meat helps us to protect our environment.)。better ← good／well の比較級「より良い[良く]」A have influence on B「AはBに影響がある」more ← many／much の比較級「もっと(多くの)」～. So …「～である。だから[それで]…」eating fake meat「模造肉を食べること」← 動名詞「原形 + －ing」「～すること」instead of「～の代わりに」

(B)①「植物由来の肉は本当の肉のように見えるので，実際に食べてみるまでその違いがわからない」(×)第4段落第8・9文に If you see it[plant－based meat], you will probably believe that it is real meat. And, when you eat it, you will feel like you are eating real meat. とあり，植物由来の肉を実際に食べてみても本当の肉を食べているように感じる，と記されているので，不可。～，so …「～である，だから[それで]…」feel like「～のような気がする」are eating ← 現在進行形＜be動詞 + －ing＞「～しているところだ」 ②「植物由来の肉は，時には自然からではなくて，人間によって作られた材料を含む」(○)第4段落第11文(Plant－based meat sometimes has a lot of artificial ingredients and additives.)に一致。ingredients that are not ← ＜先行詞 + 主格の関係代名詞 that + 動詞＞「～［動詞］する先行詞」are made ← 受動態＜be動詞 + 過去分詞＞「～される，されている」a lot of「多くの～」 ③「培養肉は動物の体外で作られるので，培養肉を作ることは動物の生命を奪うことにならない」(○)第5段落第2文(It[cultured meat]is grown in cell culture, not inside of animals.)に一致。is made／is grown「育てられる」← 受動態＜be動詞 + 過去分詞＞「～される，されている」A, not B「AであってBではない」～，so …「～である，だから[それで]…」producing cultured meat ← 動名詞＜原形 + －ing＞「～すること」 ④「培養肉は植物由来の肉よりもありふれているので，現在，より多くの食料品店で見受けられる」(×)第5段落の最終文で，we may need to wait long until it[cultured meat]becomes a substitute for real animal meat. と述べられており，培養肉は普及していない。more common ← common「ありふれた，一般的」の比較級　～，so ...「～である，だから[それで]…」can be found ← ＜助動詞 + be + 過去分詞＞助動詞付きの文の受動態　may「かもしれない，してもよい」

4 **(長文読解問題・論説文：文挿入，語句補充・選択・記述，語句整序，語句解釈，文整序，要旨把握，自由・条件英作文，助動詞，関係代名詞，受動態，不定詞，接続詞，分詞，比較，動名詞，現在完了，前置詞，進行形)**

(全訳)　1964年に，エジプトで大規模な国際的事業が始まった。アブシンベルと呼ばれる有名なエジプトの建造物が大きな問題に直面していた。この問題を解決するために，建造物は元あった場所から動かされた。およそ50か国がこの事業に参加して，1968年まで継続した。なぜこの建造物は移動され，なぜその移動にはこのような長い時間を要したのだろうか？

まず，アブシンベルに関して，いくつかのことを理解することが重要である。その建築は紀元前1264年頃，ラムセス2世の命令によって，エジプトの南部で始まり，紀元前1244年まで続いた。ラムセス2世は，今日エジプト中で見かける多くの素晴らしい建物や遺跡を作り出したので，古代エジプトで最も偉大なファラオとしてしばしば見なされている。それらの中でも，アブシンベルはおそらくは最も有名で，世界中から多くの観光客が今でも訪れている。2つの違った寺院が互いに近接して存在しているので，“アブシンベル神殿”とも呼ばれている。1つは大神殿で，太陽神，アメン・ラーとラー・ホルアクティに捧げられていて，もう1つは小神殿で，ファラオの妻，ネフェルタリ女王に捧げられている。大神殿は高さ約33メートルで，幅が35メートルである。小神殿は，名付けられている通り，大神殿よりも小さい。高さは約12メートルで，幅が28メートルである。(1)自分自身でそれらを見れば，本当に大きいと思うかもしれない。

大神殿の門には，ラムセス2世の4つの像が横に並んでいる。各像は高さ20メートルである。各像の足元の隣には，ファラオの母，妻，子供達の小さい像がある。4つの像は，左から右へと，30代，40代，50代，そして，60代のファラオを示している。左から2番目の像は建築から7年後に壊れたが，他は未だにほぼ元の状態で立っている。この建物の最深部まで63メートルを内部へと進めば，4つの鎮座した像がある部屋に行き着くだろう。それらの1つがラムセス2世で，他はアメン・ラーとラー・ホルアクティを含む神である。この遺跡を驚くほど特別にしている点がある。大神殿は注意深く設計されており，1年間に2回，太陽光が内部を貫通して，この部屋に到達していたのである。太陽光はラムセス2世，アメン・ラー，そして，ラー・ホルアクティの4つの像のうち3つを照らしていた。アブシンベルはおよそ3,000年前に建てられた。だが，今でも，この事象は毎年起きて，多くの旅行客がやって来て，この美しい光景を目にして楽しんでいる。また，壁には，当時の彼の勢力(2)を示すために，ファラオが戦ったさまざまな戦いの場面が描かれている。これらの2つの素晴らしい寺院は，現在では安全な状況下で見学することが可能であるが，かつては大きな問題が存在していた。

エジプトの歴史上，ナイル川とその水は，地域の人々の生活にとって欠かすことのできないものだった。川沿いに住んでいる人々は，飲用や洗濯のためだけではなくて，食物を育てるためにも，その水を活用した。川の水により，人々は満足のいく生活を送ることができた。(3)－aしかしながら，同時に，水は様々な問題を起こし，時には人々の生活を困難なものとして，危険な状態をもたらした。水の量を管理して，この問題を解決する計画が持ち上がった。そして，1902年にエジプト政府はアスワンロウダムを建設した。それは何年間も使用されたが，人々の生活が改善されるにつれて，彼らの欲求を満たすために，新ダムが(4)必要となった。この新しいダムはアスワンハイダムと呼ばれて，エジプト政府は1960年にそれを建築し始めた。このダム(3)−bのおかげで，人々は川沿いの広い地域で仕事に従事することが可能となった。また，このダムにより，川の流れはゆるやかで安全なものになっている。現在，川に沿って船で旅することを多くの人々が楽しんでおり，周辺の島々にある歴史的建造物を訪れることも可能となっている。一方で，悪い事態も発生した。新しいダムが建設されて，大量の水が突然川へと流れ込んでしまったために，ナセル湖と呼ばれる新しい湖がアブシンベルの近くに出現した。(3)−cその結果，水位がとても上昇したために，アブシンベルは水害の危険に瀕《ひん》したのである。

このニュースは世界中を駆け巡り，多くの国々が考え得る解決策を提案し出した。最終的に，元の場所から約60メートル上部で，210メートル西へとアブシンベルを移動する事業をユネスコが開始した。それは「言うは易く行うは難《かた》し」であった。そのような大きな寺院を持ち上げて，運ぶことは，もちろん難しく，遺跡を傷つける危険があった。この巨大な事業を可能にするために，驚くべき解決法が提案されて，用いられた。1964年から1968年まで，遺跡は機械で1,000以上の大きな塊に切り刻まれた。そして，それらは1つずつ運搬された。最終的に，それらは新しい場所で再び組み立てられた。全ての作業は，地元の人々と，異なった国々からやって来た1,000人以上の技師により，注意深く実施された。特別な用心が必要で，その用途にいかなる機械も使えなかったので，ファラオの顔を切断する任務は昼夜続いた。切断された塊を再び組み立てるためには，1つの数字が各塊に割り当てられ，図書館の本のように，塊は登録，保存された。各塊はおよそ20トンから30トンあったので，塊を運び，再び組み立てることも困難だった。(5)これらの困難さゆえに，ほぼ5年間をこの事業を終了するのに要した。この驚くべき事業とその成功は世界中から多くの注目を得て，人々は史跡や遺跡に興味を抱くようになり，それらを守ることがいかに重要であるかを理解し始めた。この動きは，1972年の世界遺産条約と1976年の世界遺産委員会の採択につながった。アブシンベルとその地域周辺の他の遺跡は1979年に世界遺産として登録された。

(6)Cそれ以来，文化，あるいは，自然世界遺産のどちらかとして，ユネスコは1,000以上の遺跡や記念建造物を登録してきた。Aこの数が示すように，この運動に対する人々の関心を高めることで，ユネスコは，我々の貴重な遺産を守ろうと懸命に尽力してきた。Bしかしながら，人々がより関心を抱くようになり，現在，私達は新たな問題に面している。上述したように，アスワンハイダムの建設は，確かにそこの人々に対してより良い生活をもたらしたが，同時に，このような大きな変化はそこに生息する動物やその生息地へ影響を及ぼす可能性がある。よって，幸福な生活を送り，我々の貴重な遺産を守るといった両方の目的のために，私達各々はどのように行動を起こすべきかを考えなければならない。

基本　〔問1〕　直前に，大神殿と小神殿の寸法が記載されていることから考えること。正解は，(1)「自分自身でそれらを見れば，本当に大きいと思うかもしれない」。may「かもしれない，してもよい」　イ「自分自身でそれらを見れば，本当に美しいと思うかもしれない」　ウ「それらの写真を見れば，本当に大きいと思うかもしれない」　エ「それらの写真を見れば，本当に美しいと思うかもしれない」

重要　〔問2〕　(Also, on the walls,)scenes of various battles the pharaoh fought are drawn to show(his power at that time.)「また，壁には，当時の彼の勢力を示すために，ファラオが戦ったさまざまな戦いの場面が描かれている」various battle▼the pharaoh fought ← 目的格の関係代名詞の省略＜先行詞(＋目的格の関係代名詞)＋主語＋動詞＞「主語が動詞する先行詞」are drawn ← 受動態「be動詞＋過去分詞」「～される，されている」to show ← 不定詞の副詞的用法(目的)「～するために」

重要　〔問3〕「川の水により，人々は満足のいく生活を送ることができた。(3)−aしかしながら

[However]，同時に，水は様々な問題を起こし，時には人々の生活を困難なものとして，危険な状態をもたらした」＜be動詞 + able + 不定詞＞「〜できる」＜because of + 名詞相当語句＞「〜のせいで，の理由で」made people's lives difficult ← make O C「OをCの状態にする」／「この新しいダムはアスワンハイダムと呼ばれて，エジプト政府は1960年にそれを建築し始めた。このダム(3)－bのおかげで[Thanks to]，人々は川沿いの広い地域で仕事に従事することが可能となった」S is called C「SはCと呼ばれている」／「新しいダムが建設されて，多量の水が突然川へと流れ込んでしまったために，ナセル湖と呼ばれる新しい湖がアブシンベルの近くに出現した。(3)－cその結果[As a result]，水位がとれも上昇したために，アブシンベルは水害の危険に瀕した」a lot of「多くの〜」all at once「突然」〜，so ...「〜である，だから[それで]…」a lake called Lake Nasser ← ＜名詞 + 過去分詞 + 他の語句＞「〜された名詞」過去分詞の形容詞的用法　so 〜 that …「とても〜なので…」in danger of「〜の危険がある」

やや難　〔問4〕「アスワンロウダムは何年間も使用されたが，人々の生活が改善されるにつれて，彼らの欲求を満たすために，新ダムが (4) なった。この新しいダムはアスワンハイダムと呼ばれて，エジプト政府は1960年にそれを建築し始めた」正解は，necessary「必要に」。necessary は第4段落第1文(In Egyptian history, the Nile River and its water were necessary for local people' s lives.)に使われている。was used／is called ← 受動態＜be動詞 + 過去分詞＞ better ← good／well の比較級「より良い[良く]」

やや難　〔問5〕①「この事業のすべての作業は機械の助けなしで行われた」(×)ファラオの顔を切る作業は機械ではできないと記されているが(第5段落第10文；The task of cutting the pharaoh's faces lasted day and night because it needed special care and no machines could be used for it.)，他の切り出しには機械が使用されている(第5段落第6文；the monuments were cut into more than a thousand large blocks with machines.)。was done／were cut「切断された」← 受動態＜be動詞 + 過去分詞＞ could be used ← ＜助動詞 + be + 過去分詞＞助動詞を含む文の受動態　more than「〜以上」②「全ての事業がエジプトの人々のみによって行われた」(×)All the work was done with care by more than a thousand engineers from different countries and local people.(第5段落第9文)とあるので，不可。was finished／was done「なされた」← 受動態＜be動詞 + 過去分詞＞ more than「〜以上」③「人々は夜間を通じてファラオの顔に取り組み続けた」(○)The task of cutting the pharaoh's faces lasted day and night 〜(第5段落第10文)とあるので，正解。work on「〜に取り組む」④「切断された塊は運ばれる前に，いったん図書館に保存された」(×)the blocks were registered and kept like books in a library(第5段落第11文)とあり，図書館の蔵書のように，塊は登録され保存された，とは記されているが，実際に図書館で保存されたわけではない。were kept／were carried／were registered「登録された」← 受動態＜be動詞 + 過去分詞＞ ⑤「切断された塊は大きく重いので，運搬して，組み立てるのが困難だった」(○)Carrying the blocks and putting them together again was also difficult because each block was about 20 to 30 tons.(第5段落第12文)に一致。the cut blocks ← 過去分詞の形容詞的用法＜過去分詞 + 名詞＞「〜された名詞」〜，so ...「〜である，それで…」it was hard to carry 〜 ← ＜It is ＋形容詞 + 不定詞[to + 原形]＞「〜[不定詞]するのは…[形容詞]だ」carrying the blocks「塊を運ぶこと」／putting them together again「それらを再び組み合わせること」← 動名詞＜原形 + －ing＞「〜すること」

重要　〔問6〕「アブシンベルとその周辺の他の遺跡は1979年に世界遺産として登録された」→ C「それ以来，文化，あるいは，自然世界遺産のどちらかとして，ユネスコは1,000以上の遺跡や記念建造物を登録してきた」→ A「この数が示すように，この運動に対する人々の関心を高めることで，ユネスコは，我々の貴重な遺産を守ろうと懸命に尽力してきた」→ B「しかしながら，人々がより関心を抱くようになり，現在，私達は新たな問題に直面している」→「前述したように，アスワンハイダムの建設は，人々に対してより良い生活をもたらしたが，このような大きな変化はそこに生息する動物やその生息地へ影響を及ぼす可能性がある」were registered ← 受動態 has registered＜have[has]+ 過去分詞＞現在完了(完了・結果・経験・継続)more than「～以上」either A or B「AかBのいずれか」has been trying ← ＜have[has]been + －ing＞現在完了進行形(動作動詞の継続を表す)by increasing ← ＜前置詞 + 動名詞＞ however「しかしながら」副詞　are facing「～に直面している」← ＜be動詞 + 現在分詞[原形 + －ing]＞進行形

重要　〔問7〕 (A)①「ラムセス2世は当時の人々に北部エジプトにアブシンベルを建設するように命令して，建設は約20年間続いた」(×)第2段落第2文に Its construction started around 1264 BC by order of Ramesses Ⅱ in the south of Egypt and it continued until 1244 BC. とあり，建設地はエジプト南部なので，不可。　②「大神殿はラムセス2世に奉納され，小神殿は彼の妻のネフェルタリ女王に献ぜられた」(×)第2段落第6文に One is the Great Temple, dedicated to the sun gods Amu－Ra and Ra－Horakhty, ～ とあるので，不一致。was dedicated ← ＜be動詞 + 過去分詞＞受動態　③「大神殿の門のラムセス2世の4つの像の中で，彼の40代を示す像は壊れているが，他の3つの像は良い状態にある」(○)第3段落第4・5文(The four statues, from the left to the right, show the pharaoh in his 30s, 40s, 50s, and 60s. The second statue from the left broke seven years after its construction, but the rest of them still stand in almost original condition.)に一致。the statue that shows him in his 40's is broken ← 主格の関係代名詞 that／受動態＜be動詞 + 過去分詞＞　④「今日でさえも，1年に2回，大神殿の最深部の部屋にある3つの鎮座した像を太陽光が照らしている」(○)第3段落第9・10・12文(The Great Temple was designed carefully, so sunlight could go through the inside and reach this(deepest)room twice a year. It shone on three of the four statues ～ . However, even now this event happens every year, ～)に一致。the three seated statues ← 過去分詞の形容詞的用法　deepest ← deep「深い」の最上級　was designed「デザインされた」受動態＜be動詞 + 過去分詞＞ ～ , so ...「～である，だから[それで]…」

(B)①「アスワンハイダムが建築されたおかげで，現在，人々は船でナイル川に沿った島々を訪れることができ，そこの歴史的建造物を見学して楽しむことができる」(○)第4段落第11文で，アスワンハイダムの建築の結果，「現在，川に沿って船で旅することを多くの人々が楽しんでおり，周辺の島々にある歴史的建造物を訪れることも可能となっている」と述べられている。thanks to「～のおかげで」　②「アブシンベルが水害の危険にさらされている時に，エジプト政府がその問題を解決する計画を有していた」(×)水害という言葉が出てくるのは，第4段落最終文(Abu Simbel was in danger of water damage.)だが，解決策を提案したのは世界中の多くの国々であり，最終的に，神殿の移築を主導したのはユネスコである(第5段落第1・2文；a lot of countries started to suggest possible solutions. Finally, UNESCO started a project to move Abu Simbel ～)。in danger of「～の危険にさらされて」　③「アブシンベルが安全な場所へ移された後に，世界遺産委員会は1976年に設立されて，3年後にアブシンベルは世界遺産になった」(○)第5段落の最後から第1・2文に一致。was moved／was created／were registered「登録された」← 受動態＜be動詞 + 過去分詞＞　④「アスワンハイダムの建設は良いことだけをもたらしてきたので，私達は貴重な世界遺産を守る行動を取ろうとするべきだ」(×)アスワンハイダムの建築は引き起こした悪い事例に関しては，第4段落最後から第1・2・3

文目に，On the other hand, something bad happened too. After the construction of the new dam, a lot of water ran into the river all at once, so a new lake called Lake Nasser appeared near Abu Simbel. As a result, the water level rose so high that Abu Simbel was in danger of water damage. と記されている。～ , so …「～である，だから[それで]…」should「～すべきだ，はずだ」on the other hand「他方では」a lot of「多くの」all at once「突然」a new lake called ～「～と呼ばれる新しい湖」← 過去分詞の形容詞的用法<名詞 + 過去分詞 + 他の語句>「～された名詞」as a result「その結果」so ～ that ...「とても～なので…」

やや難　〔問8〕 設問：「外国からの訪問者に行ってもらいたい日本の遺跡や自然遺産を勧めるのならば，どの遺跡や自然遺産を推薦するか？／以下の全ての点を含んでください。／●遺跡や自然遺産の名前。／●遺跡や自然遺産に関する情報。／●なぜそれを推奨したいのか。」(解答例訳)「私は富士山を勧めたい。それは日本で最も高い山なので，それに登ると，美しい光景を見ることができる。それは高いが，頂上まで到達することがそれほど難しくない。外国からの訪問者に，いつの日かそれに挑戦してもらいたい」設問の指示に従い，40語以上50語以内の英語の文章で1段落にまとめるといった自由・条件英作文。

★ワンポイントアドバイス★

大問[4]〔問6〕の文整序問題を取り上げる。正しく並べ換えるのは、最終段落の冒頭に配置される3つの英文である。つなぎ言葉やキーワード等を手掛かりにして、論旨の展開に注意しながら、正しい順番に文を並べ換えること。

＜国語解答＞

[1]　(1)　ざんじ　(2)　じゅうてん　(3)　あたいせんきん　(4)　きた(す)

[2]　(1)　幕営　(2)　水菓子　(3)　窓下　(4)　人後

[3]　〔問1〕　ウ　〔問2〕　イ　〔問3〕　(例)楓の素直な言葉によって，大前の役割を見失っていたことに気づかされたばかりか，的へのこだわりがはっきり表に出ていたことも痛感させられ，苦悩を深めていっている。(78字)　〔問4〕　ア　〔問5〕　エ　〔問6〕　ウ

[4]　〔問1〕　イ　〔問2〕　エ　〔問3〕　エ　〔問4〕　ウ　〔問5〕　イ　〔問6〕　ア
〔問7〕　(例)〈題名〉豊かさのはじまり

物や金を所有し，蓄積する豊かさは，限界を迎えている。豊かさが満足感や幸福感に結びつくものだと考えると，新しい豊かさは，好きなことを見つけたり，居心地のいい場所をつくったりするところから始まるのではないか。そして，それを深めたり広げたりする過程で，新しい価値や世界と出会い，変化や融合を繰り返していく。それぞれの満足感や達成感がつながってより大きくなっていけば，社会もまた豊かになっていくと思う。(198字)

[5]　〔問1〕　ア　〔問2〕　エ　〔問3〕　各地域～述する　〔問4〕　ウ　〔問5〕　ア

○配点○

[1]　各2点×4　[2]　各2点×4　[3]　〔問3〕　6点　他　各4点×5
[4]　〔問7〕　14点　他　各4点×6　[5]　各4点×5点　計100点

＜国語解説＞

1　(知識－漢字の読み書き)

(1)「暫時」は，しばらくの間という意味。少しずつという意味の「漸次」(ぜんじ)と混同しない。

(2)「充填」は，すき間や穴を埋めること。　(3)「値千金」は，非常に価値が高いことを言う。

(4)「来」には「ライ・く(る)・きた(る)・きた(す)という読みがある。

2　(知識－漢字の読み書き)

(1)「幕営」は，テントを張ること。(2)「水菓子」は，果物の古い言い方。(3)「窓」を「ソウ」と読む熟語には,「車窓」「同窓会」などがある。(4)「人後に落ちない」は，他人にひけをとらない，他の人に負けないという意味である。

3　(小説―情景・心情，内容吟味)

基本　〔問1〕 楓が「まずい」と思ったのは，着替えている間に来た乙矢の「声の調子が切迫して」いたからである。楓が乙矢に切実な事情があることを察して，その場に自分がいてはいけないという気持ちになったことを説明するウが正解。アは,「のぞき見た」が不適切。イは,「怒りを買ってしまうと考えた」が本文から読み取れない。エは「国枝に気付かれ」とあるが，楓に気付いたのは乙矢である。また,「国枝と疎遠になってしまう」が文脈に合わない。

〔問2〕 乙矢は「射型はきれいだし，的中もする」が，参段を取得することはできなかった。その理由を知り，早く上達するためには，国枝に正しく評価され，指導してもらうしかないという思いが「僕の射を見てほしい」という切迫した言葉や傍線部(2)の行動につながったのである。正解はイ。アは「弓道への関心を失った」が誤り。乙矢の目標は，気持ちを納得させることではなく，参段取得なので，ウは不十分。乙矢は国枝を信頼しているので,「不安」と説明するエは誤りである。

やや難　〔問3〕 波線部Xの前の楓の言葉は，乙矢が「続く人たちのことを把握しておかなければならない」という大前の役割を見失っていたことを示すものであり，波線部Yの前の楓の言葉は，乙矢の姿勢が「『中ててやろう』という意識を剥き出し」にした「醜い」ものであったことを表わしていた。初心者である楓の素直な言葉が乙矢の欠点を言い当てたことで，乙矢が苦悩を深めていったことを説明する。

重要　〔問4〕 国枝は，楓の想いを察して大前の役割や射の心得を説明したが,「わからないことの答えを探し続けることも，大事なこと」と言っている。弓道の先輩として自分の考えを伝えながら，最後のところは自分で考えるよう促しているのである。正解はアである。国枝が伝えようとしたのは，イの「心を平静に保つことの重要性」，ウの「自分の内面と向き合い続けることの意味」，エの「他者への配慮の意義」にとどまらない。

〔問5〕 国枝の「乙矢くんの問題は乙矢くん自身で解決しなければならない」という言葉と，楓の「それほど親しくもないし，乙矢より弓道が下手」「相談相手にもならない」という思いを踏まえたエが正解。アは,「国枝の考えに従うほかない」が不適切。楓は自分で考えて「見守ること」しかできないという結論を出している。イは，乙矢の問題を「原因を見つける」に限定している点，楓が「そばで支えよう」と考えている点が不適切。ウは,「乙矢が本当に助けを必要とする」ときには国枝が助けるという説明になっており，本文と合わない。

〔問6〕 アの表現は乙矢の顔を客観的に描写したものであり，楓の後悔が読み取れるとは言えない。イの説明は,「くだけた～」と考えているのは楓なので，本文と合わない。ウの「楓の視点を通して情景を描く」という指摘やその効果の説明は適切である。エは，「精進なんて〜」は疑問ではなく感嘆の言葉なので，説明として不適切である。

4 (論説文ー内容吟味，段落・文章構成，作文)

基本 〔問1〕 傍線部(1)は，「脱成長」に関する説明である。ラトゥーシュの言葉を引用した後で，「脱成長」と対立するSDGsなどの「持続可能モデル」が「経済成長イデオロギーに依拠している」と説明されているので，イが正解。他の選択肢は，「脱成長」「SDGs」「経済成長」の関係を，正しく説明していないので，不適切である。

〔問2〕「くさびを打ち込む」は，敵陣に攻め込んで勢力をそぐこと。ここで「敵」とされるのは，経済成長を最優先することである。「脱成長」という言葉に対する誤解の危険性に触れつつ，経済成長崇拝を「軌道修正」すると説明するエが正解。アの「以前から脱成長を支持する論者たち」との対比は，ここでは問題になっていない。イの「真っ向から対立する」は言い過ぎ。ウの「『SDGs』と大量生産の両立」は，脱成長論者の視点にはない。

〔問3〕「かたつむりの知恵」は，「過剰成長を拒否する知恵」「善く生きるための暮らしの術」と説明されている。殻が重くなり過ぎないようにすることで，安定した活動ができるようにしているのである。この内容を踏まえたエが正解。アとイは，「経済発展」の実現を目指しているので誤り。ウの「移住」は，本文にない観点である。

〔問4〕 新自由主義的資本主義は経済成長を優先するが，「自然生態系の限界」や「若者たちが批判の声を上げ」ることによって，進めるのが難しくなりつつある。このことを説明したウが正解。アは，日本でも活動が展開されていることを無視しており，誤り。イは，本文の「各国政府や国際諸機構の取り組みは……あまり進んでいない」と合わない。エは，問題を日本に限定している点や「世論」についての説明が不適切である。

〔問5〕 傍線部(5)においては，自然が「無限の資源の宝庫」ではないという自然観，「人間の経済活動」が「自然の生態系の一部」であるという認識，「自然と人類種との共存共生の仕組みの構築」，「自然それ自体の価値と尊厳への承認」が求められる。このことを説明するイが正解。アは，「自然が本来持っている環境変化への耐性を引き出す」が本文にない内容。ウとエは，経済成長を目指す説明となっており，不適切である。

〔問6〕 この文章は，「脱成長」という言葉を紹介し，ラトゥーシュによる考察につなげている。そして，「ガイアへの責任ある世話とケア」という観点から現代の人間に求められていることを示して，最後に日本の自然エネルギーのポテンシャルの高さと意識の弱さについて述べている。この展開に合っている説明は，アである。イの「『脱成長』と経済成長の融合」，ウの「持続可能な発展」は，この文章の主旨から外れる。エは最後の内容を「各国」の協力としている点が誤りである。

やや難 〔問7〕「新しい豊かさ」について，本文の内容をふまえて自分の考えを二百字以内にまとめて書き，内容にふさわしい題名をつける。筆者の考えと同じものでも異なるものでも構わない。解答例は，「脱成長」ではなく，「豊かさのはじまり」に焦点を当てている。文字だけでなく，句読点，記号，書き出しや改行の空欄も１字と数える。誤字・脱字や原稿用紙の使い方の誤り，不自然な表現などは減点の対象になるので注意する。

5 (漢詩を含む説明文—内容吟味，語句の意味)

やや難 〔問1〕 阮元と象山はいずれも実際に望遠鏡を用いて月を見たが，阮元が月と地球の明るさを直径に比例すると想像しているのに対し，象山は明るさを面積に比例するものとして計算している。

象山は，阮元について，知識を享受するだけで計算ができていないと批判しているので，アが正解となる。阮元ができなかったことはイの「考証学による解析」やエの「考証学と自然科学との照合」ではない。「望遠鏡を用いた実践」は阮元も行っているので，ウは誤りである。

重要　〔問2〕「唱和」は，一方が作った詩歌に応じる形で他方が詩を作ること。阮元は清朝考証学の立場から西洋の自然科学に触れ，望遠鏡で実際に月を見て詩を詠んだ。一方，蘭学によって西洋の知識と望遠鏡を手にした象山は，阮元が作った詩に応答する形で詩を詠んでいる。両者の関係を適切に説明しているのは，エである。他の選択肢は，「唱和」を正しく説明していないので，不適切である。

〔問3〕　傍線部(3)と同じ段落の後半に，阮元と象山の唱和の大きさや含みを「現代ドイツの文化学」が解明する可能性が示唆されている。ただし，ドイツの文化学はヨーロッパの文化史に重点を置くため，そのままでは不十分である。解明のためには，さらにグローバル史に合わせて「各地域をなるべく平等に見ながら記述する」ことを確立しなければならない。

〔問4〕「その図式」は，「望遠鏡というモノを送り込むヨーロッパと，それを受け取って書く東アジアとの比較文化」を指している。ヨーロッパと東アジアは，単純な送り手と受け手ではなく，紙や活版印刷など様々な物や技術の伝播が複雑に絡み合っている。正解はウ。アの「西洋伝来と思われているモノは，実は東アジア発祥だった」，エの「東アジアの発明が西洋文化を発展させ，豊かにしていった」は，ヨーロッパと東アジアの文化交流の一部に過ぎない。また，「単純ではない」は，イの「いまだに定まっていない」という意味ではない。

基本　〔問5〕　傍線部(5)の「引き合わせる」は，いくつかのものを比べ合わせるという意味なので，ア「対照する。」と同じ意味になる。

★ワンポイントアドバイス★

漢字の問題を解くには語句の知識が必要であるが，知らない語句が出題されたときは，前後の文脈から語句の意味と漢字を類推して書いてみよう。そこで間違ったとしても，後で調べて知識を身に着けることができればよい。

都立西高等学校

2022年度

★★★★★★★★★★★★★★★★★★★★★★★

入　試　問　題

●くわしい解説……43ページ

＜数学＞

時間50分　満点100点

【注意】答えに根号が含まれるときは，根号を付けたまま，分母に根号を含まない形で表しなさい。
また，根号の中を最も小さい自然数にしなさい。

1

次の各問に答えよ。

〔問1〕　$\frac{2}{3\sqrt{3}}(1-2\sqrt{2})^2-2\sqrt{3}\div\frac{3}{3-\sqrt{2}}$　を計算せよ。

〔問2〕　2次方程式　$x^2+0.3(2x-3)=\frac{4}{5}x(x+1)$ を解け。

〔問3〕　右の図1のように，0，2，4，6，7，8の数が1つずつ書かれた6個のボールが入っている袋Aと，1，2，3，5，7，9の数が1つずつ書かれた6個のボールが入っている袋Bがある。

2つの袋A，Bから同時にそれぞれ1個のボールを取り出す。

袋Aから取り出されたボールに書かれた数を a，袋Bから取り出されたボールに書かれた数を b とするとき，$\frac{\sqrt{b}}{\sqrt{a}+\sqrt{b}}$ が有理数となる確率を求めよ。

ただし，2つの袋A，Bそれぞれについて，どのボールが取り出されることも同様に確からしいものとする。

図1

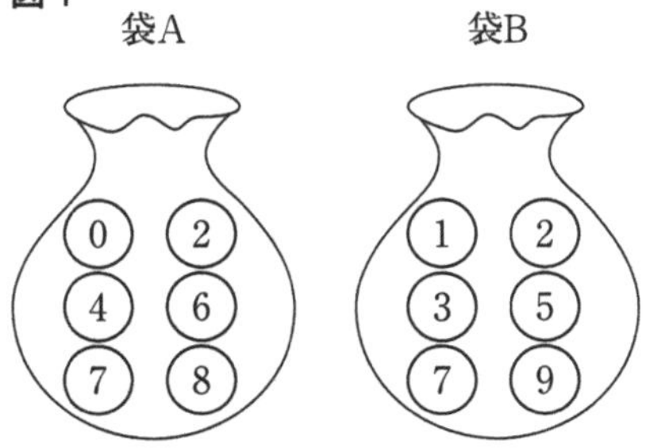

〔問4〕 a を整数とする。次の a を含む8個の整数の中央値をMとする。

a, 25, 26, 27, 30, 31, 32, 35

このとき，Mの取り得る値は何通りあるか。

〔問5〕 右の図2は，線分AB上の点をPとし，線分ABを直径とする半円を，折り返した弧と線分ABが点Pで接するように1回だけ折り，できた折り目を線分QRとしたものである。

解答欄に示した図をもとにして，線分QRを定規とコンパスを用いて作図せよ。

ただし，作図に用いた線は消さないでおくこと。

図2

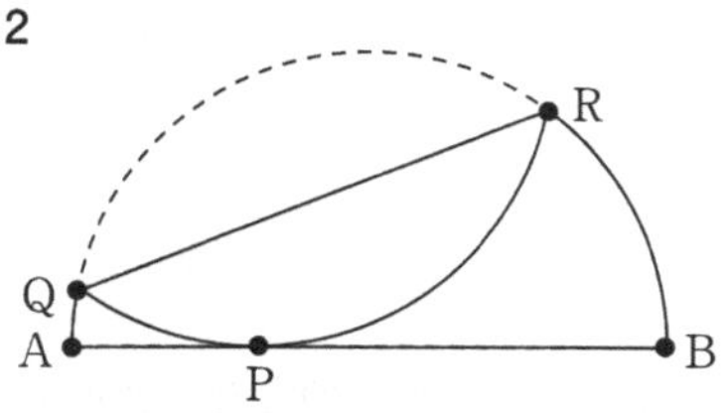

2 右の図1で，点Oは原点，点Aの座標は（-1, 0），点Bの座標は（0, 1）であり，曲線 f は関数 $y=x^2$ のグラフを表している。

2点C，Pはともに曲線 f 上にあり，点Cの x 座標は -2，点Pの x 座標は t（$t>-1$）である。

点Oから点(1, 0)までの距離，および点Oから点(0, 1）までの距離をそれぞれ1cmとして，次の各問に答えよ。

図1

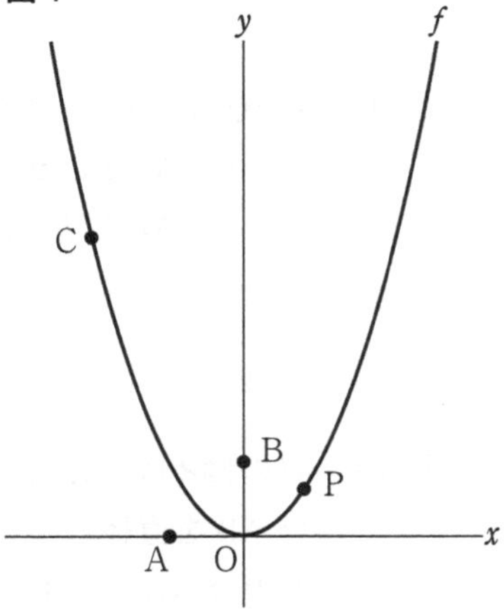

〔問1〕 $t=\dfrac{3}{2}$ のとき，2点C，Pの間の距離は何cmか。

〔問2〕 右の図2は，図1において，点Aと点P，点Pと点B，点Bと点C，点Cと点Aをそれぞれ結んだ場合を表している。

このとき，線分AP，線分PB，線分BC，線分CAで作られる図形をDとする。

次の(1)，(2)に答えよ。

(1) 図形Dが三角形となるとき，t の値を全て求めよ。

ただし，答えだけでなく，答えを求める過程が分かるように，途中の式や計算なども書け。

図2

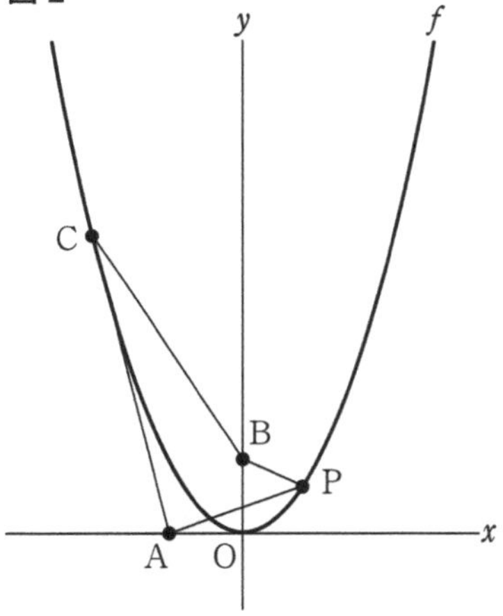

⑵　右の図3は，図2において，図形Dが2つの三角形からなる場合を表しており，この2つの三角形の面積の和を図形Dの面積とする。

$t=3$ のとき，図形Dの面積は何 cm^2 か。

図3

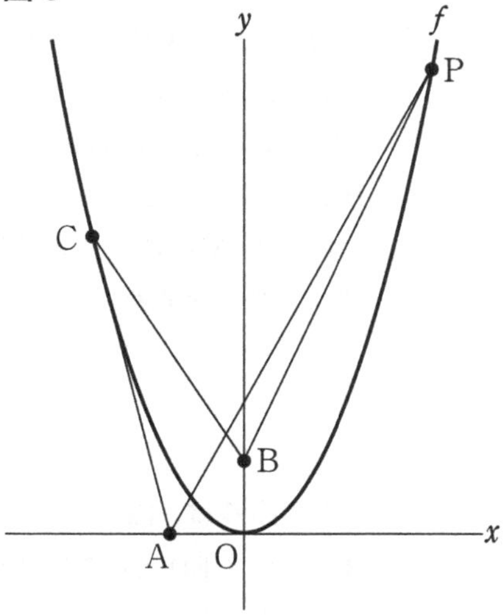

3　右の図1で，△ABCは，AB＝ACの二等辺三角形である。点Dは，線分BCをCの方向に延ばした直線上にある点である。

頂点A，頂点B，点Dを通る円を円Oとする。

点Eは，円Oの内部または円周上の点で，直線BCについて頂点Aと同じ側にあり，2点C，Dからの距離が等しい点である。

点Aと点D，点Cと点E，点Dと点Eをそれぞれ結ぶ。

次の各問に答えよ。

図1

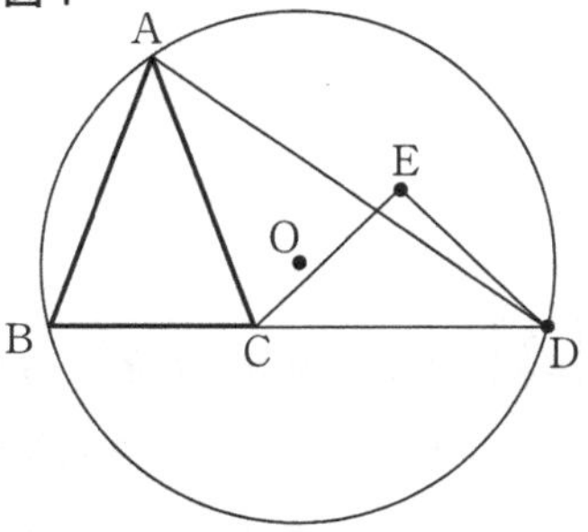

〔問1〕　右の図2は，図1において，点Eが円Oの内部にあり，頂点Cが点Oに一致するとき，線分CEをEの方向に延ばした直線と円Oとの交点をFとし，頂点Bと点Fを結んだ場合を表している。

AC：CE＝$\sqrt{2}$：1のとき，∠ABFの大きさは何度か。

図2

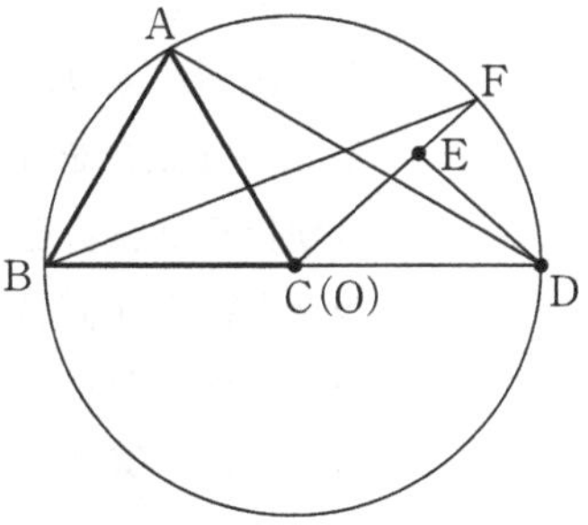

〔問2〕 右の図3は，図1において，点Eが円Oの内部にあり，BC：CD＝2：1，∠BAC＝∠CEDとなるとき，線分ADと線分CEとの交点をG，線分DEをEの方向に延ばした直線と円Oとの交点をHとし，頂点Aと点Hを結んだ場合を表している。

四角形ABDHと△GCDの面積の比を最も簡単な整数の比で表せ。

図3

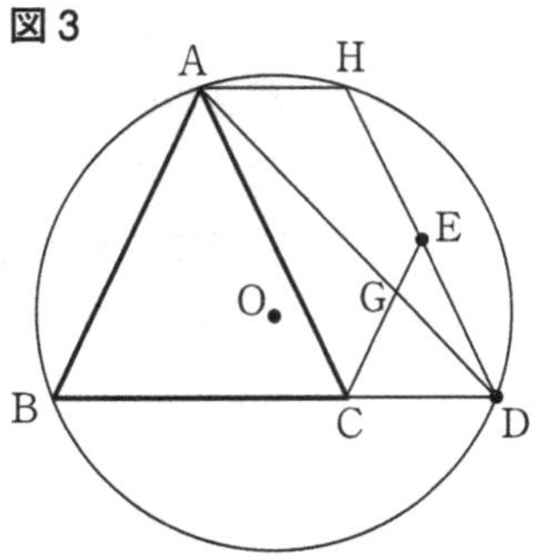

〔問3〕 右の図4は，図1において，BC＝CD，∠BAC＝∠CEDとなる場合を表している。

点Eは，円Oの周上にあることを証明せよ。

図4

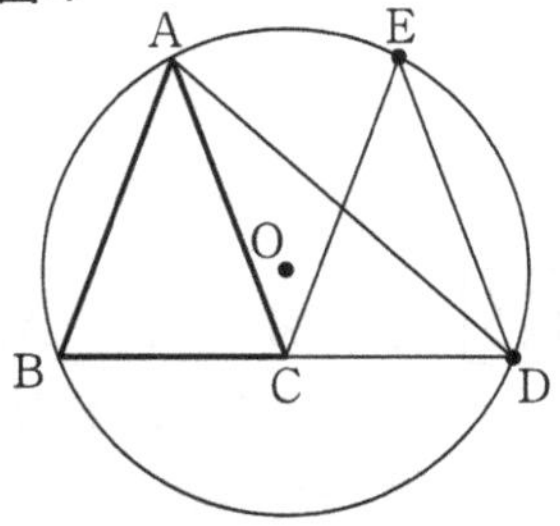

4 A組，B組，C組，D組，E組，F組，G組，H組の8クラスが，種目1，種目2，種目3の3種目でクラス対抗戦を行う。全クラスが，3種目全てに参加し，3種目それぞれで優勝クラスを決める。各生徒は，3種目のうちいずれか1種目に出場することができる。

次の各問に答えよ。

〔問1〕 種目1，種目2は，8クラスが抽選で右の図1の①，②，③，④，⑤，⑥，⑦，⑧のいずれかの箇所に入り，①と②，③と④，⑤と⑥，⑦と⑧の4試合を1回戦，1回戦で勝った4クラスが行う2試合を準決勝，準決勝で勝った2クラスが行う1試合を決勝とし，決勝で勝ったクラスが優勝となる勝ち残り式トーナメントで試合を行い，優勝を決める。

次の(1)，(2)に答えよ。

図1

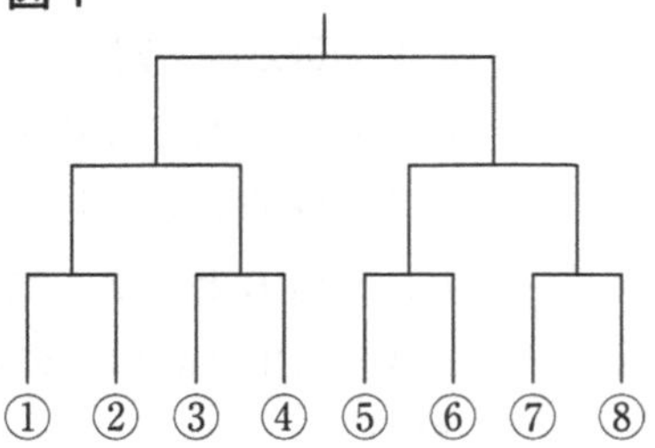

(1)　右の**図2**は，**図1**において，A組が①，B組が④，C組が⑤，D組が⑧の箇所に入った場合を表している。

図2において，1回戦の試合の組み合わせは全部で何通りあるか。

図2

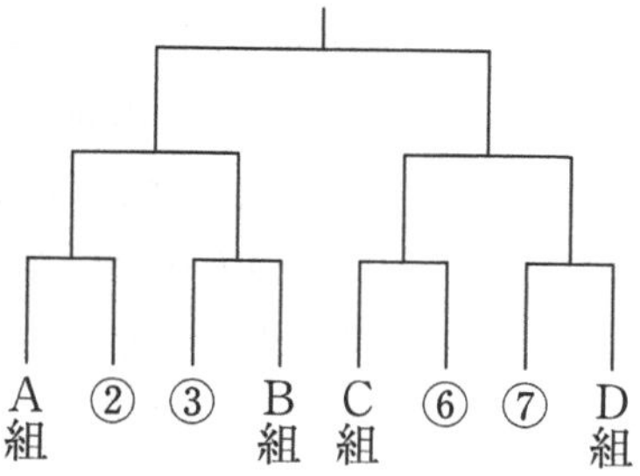

(2)　種目1，種目2の試合は，それぞれ1会場で1試合ずつ行い，最初の試合は同時に始めるものとする。

種目1と種目2の試合が，次の**【条件】**を満たすとき，種目1の1試合の試合時間は何分か。

ただし，答えだけでなく，答えを求める過程が分かるように，途中の式や計算なども書け。

【条件】

[1]（種目1の1試合の試合時間）：（種目2の1試合の試合時間）＝2：3である。

[2] 種目1，種目2とも，試合と試合の間を5分あけ，最初の試合が始まってから決勝までの全ての試合を続けて行う。

[3] 種目2の5試合目が終了するとき，同時に種目1の決勝が終了する。

〔問2〕 種目3では，各クラス4人が1周200mのトラックを，走る順番ごとに決められた周回数を走り，次の人にタスキを渡す駅伝を行い，優勝を決める。

右の**表1**は，第1走者，第2走者，第3走者が走る周回数を表している。

表1

	第1走者	第2走者	第3走者
周回数(周)	10	6	9

B組が，種目3に出場する各クラスの選手の速さや走る順番を分析したところ，A組が優勝候補であった。

右の**表2**は，B組がA組に勝つ方法を考えるために，A組，B組の第1走者，第2走者，第3走者の速さをまとめたもので，aには，B組の第2走者の速さがあてはまる。

表2

	第1走者	第2走者	第3走者
A組（m/min）	250	240	250
B組（m/min）	240	a	240

A組，B組の第4走者の速さを調べると，B組の第4走者が不調のときでも，第3走者から第4走者に**【時間差1】**でタスキを渡せば，B組は逃げ切ってA組に勝て，B組の第4走者が好調なときは，第3走者から第4走者に**【時間差2】**でタスキを渡せば，B組は逆転でA組に勝てる。

B組の第3走者が，**【時間差1】**から**【時間差2】**までの時間差で第4走者にタスキを渡すためのB組の第2走者の速さaの値の範囲を，不等号を使って $\boxed{} \leqq a \leqq \boxed{}$ で表せ。

【時間差1】

A組が第3走者から第4走者にタスキを渡すより12秒早くB組が第3走者から第4走者にタスキを渡す。

【時間差2】

A組が第3走者から第4走者にタスキを渡すより18秒遅くB組が第3走者から第4走者にタスキを渡す。

＜英語＞

時間　50分　　満点　100点

※リスニングテストの音声は弊社HPにアクセスの上，
音声データをダウンロードしてご利用ください。

1 リスニングテスト（放送による指示に従って答えなさい。）

〔問題A〕 次のア～エの中から適するものをそれぞれ一つずつ選びなさい。

＜対話文1＞

ア　This afternoon.
イ　This morning.
ウ　Tomorrow morning.
エ　This evening.

＜対話文2＞

ア　To the teacher's room.
イ　To the music room.
ウ　To the library.
エ　To the art room.

＜対話文3＞

ア　One hundred years old.
イ　Ninety-nine years old.
ウ　Seventy-two years old.
エ　Sixty years old.

〔問題B〕 ＜ Question1 ＞では，下のア～エの中から適するものを一つ選びなさい。
＜ Question2 ＞では，質問に対する答えを英語で書きなさい。

＜ Question1 ＞

ア　Walking.
イ　Swimming.
ウ　Basketball.
エ　Skiing.

＜ Question2 ＞

（15秒程度，答えを書く時間があります。）

2 次の対話の文章を読んで，あとの各問に答えなさい。
（*印の付いている単語・語句には，本文のあとに〔注〕がある。）

Ken and Risa are Japanese high school students. Ken and Risa have known each other since they were little. George is from the UK. He is doing a homestay at Ken's house. Diane is from France. She is doing a homestay at Risa's house. Ken's family and Risa's family are going to go to Kyoto with George and Diane. They are at Tokyo Station.

Ken : If we go up the stairs, we can get to platform eighteen.

Risa : We'll be able to get on the train there.

George : This is my first time taking a shinkansen in Japan.

Diane : Me too. Look! The *passengers are waiting in line. They're not all over the place.

Ken : Here comes the shinkansen! It leaves at eight thirty.

Risa : It's here. Let's get on!

George : Where are our seats? I hope we can sit by the window.

Ken : Our parents are sitting in the back. Our seat numbers are 5D, 5E, 6D and 6E.

Risa : You can take seats, 5E and 6E! George and Diane should have the window seats. I hope that you two will be able to see some beautiful views.

Diane : [(a)]

Ken : Oh! Look outside! The train is starting to move!

Diane : How far is it from Tokyo to Kyoto?

Ken : It's about 368 kilometers.

George : And how long does it take from Tokyo to Kyoto by shinkansen?

Ken : It takes about two hours and fifteen minutes.

Diane : The speed on the *screen is increasing quickly! How fast do shinkansen travel?

Risa : They have a top speed of 285 kilometers *per hour.

George : [(b)]

Ken : The shinkansen is one of the best things Japan has created. Most of Japan's islands, including Honshu, Kyushu and Hokkaido, are served by a network of high speed train lines that connect Tokyo and most of the country's big cities.

Diane : When did people start using shinkansen in Japan?

Risa : They started when the Tokaido Shinkansen line was built in 1964. Since then, Japan has improved shinkansen for over half a century. For example, shinkansen made a lot of *noise, but now they do not.

Ken : I heard that the railway company thought a lot about sound and speed when they designed the shinkansen. The engineers got the idea for the shape from a bird. They designed it to look like a bird's *beak. They thought that to (2)【ア needed to イ the shape of ウ very similar to エ the shinkansen オ and reduce noise カ the front of キ increase speed ク be】 the beak.

Risa : Yeah! They learned a lot from nature.

**Announcement: We will soon make a *brief stop at Shin-Yokohama Station.*

Diane : We arrived at Shin-Yokohama Station right on time.

George : [(c)]

Risa : Yes, shinkansen are well known for their *punctuality. The *average *delay time in a year per train is less than one minute.

Ken : Any train *delayed by more than a minute is *officially late.

George : In the UK, any train delayed by more than ten minutes is officially late. Last week, I took the Yamanote line, and there were many people on the platform. I was surprised that there were no delays.

Ken : Yeah, on all Japanese Railway lines if the train arrives even three minutes later, companies *apologize over the speakers.

Diane : Wow, three minutes! In France, any train delayed by more than fifteen minutes is officially late.

George : What is the key to the shinkansen's punctuality?

Ken : The drivers need to stop the shinkansen without the help of computers. The train may be as much as 400 meters long, and the drivers must stop at a stop line. Because of the drivers' hard work, passengers can get on and off quickly.

Diane : Wow! I'm surprised to hear how difficult it is.

Risa : Passengers' *cooperation is important, too. To get on and off in time passengers need to be ready to get off as soon as the doors open, and passengers waiting to get on need to line up outside the doors on the platform.

Ken : Also, shinkansen have few problems because they have good *mechanics. They often check the shinkansen carefully.

George : Ah, so shinkansen's punctuality is all possible because of teamwork from drivers, passengers, and mechanics.

Twenty-five minutes later.

Ken : ［ (d) ］ Mt.Fuji looks beautiful!

Diane : How wonderful! I have only seen photos of Mt.Fuji before.

George : Mt.Fuji looks very beautiful! The windows were cleaned, so we can see outside easily. The whole train is so clean.

Risa : Workers always clean the cars between each trip, so passengers can feel *comfortable.

Ken : And, the seats have a lot of space, so you can relax.

Announcement: The Shinkansen has arrived at Nagoya Station.

George : Wow, we're already in Nagoya. It's only ten after ten. What's the next stop?

Ken : The next station is our stop, Kyoto!

Diane : How many times have you been to Kyoto, Ken?

Ken : This will be my second time, but I often travel by shinkansen.

George : Many people are getting on. How many people can take the shinkansen at a time?

Ken : This shinkansen, for example, has space for over one thousand three hundred people.

Risa : Also, over the shinkansen's fifty-year history, they have carried over one billion passengers. ［ (e) ］

Diane : The shinkansen is really a safe way to travel!

Twenty-five minutes later.

George : What time is it now?

Risa : It's ten thirty-eight.

George : Really? Time flew by. I can't believe that over two hours passed. We're almost there.

Ken : Soon, we will be able to move faster than we can now. A railway company has developed a shinkansen which can run at speeds of as much as 400 kilometers per hour.

Diane : When I come to Japan next, I want to take it. I think that Japanese companies have been working hard to finish it. I'm sure this news has made many people across Japan excited.

Risa　:　It has! The *development of the shinkansen is connected to the *cultural importance of punctuality, *comfort, and safety in Japan.

George　:　That's so interesting!

Announcement: We will soon make a brief stop at Kyoto Station.

Risa　:　Let's get ready. We'll get to Kyoto Station soon.

Diane　:　We should clean up. Let's go!

〔注〕

passenger　乗客
noise　騒音
brief stop　停車
delay　遅れ
apologize　謝罪する
comfortable　快適な
comfort　快適さ
screen　スクリーン
beak　くちばし
punctuality　定時性
delayed　遅れた
cooperation　協力
development　発展
per ～　～につき
announcement　アナウンス
average　平均の
officially　公式に
mechanic　整備士
cultural　文化的な

〔問1〕 本文の流れに合うように，[(a)]～[(e)]の中に，英文を入れるとき，最も適切なものを次の中からそれぞれ**一つずつ**選びなさい。ただし，同じものは二度使えません。

ア　Really? That's so fast!
イ　Thank you for your kindness!
ウ　And there has not been a single accident during this time.
エ　Have a look outside!
オ　I heard that Japanese trains are almost never late.

〔問2〕 (2)【ア needed to　イ the shape of　ウ very similar to　エ the shinkansen　オ and reduce noise　カ the front of　キ increase speed　ク be】とあるが，本文の流れに合うように，【　　】内の単語・語句を正しく並べかえたとき，**1番目と4番目と8番目**にくるものは，それぞれア～クの中ではどれか。

〔問3〕 本文の内容に合う英文の組み合わせとして最も適切なものは，下のア～コの中ではどれか。

① Diane took the shinkansen for the first time and was surprised to see the people in line on the platform at Tokyo Station, but it was not George's first time on a shinkansen.

② Ken and George sat in the window seats to enjoy the good views, and Risa and Diane sat in the window seats on the other side to see the sea.

③ France has a stronger sense of punctuality than the UK, and Japan's is stronger than France's.

④ Not only the hard work of drivers and mechanics but also the cooperation of passengers makes the shinkansen's punctuality possible.

⑤ Workers sometimes clean the cars after every trip and the seats in shinkansen have little space, so we can relax.

⑥ The shinkansen that the four students took arrived at Nagoya Station more than two hours after it left Tokyo Station.

⑦ Shinkansen have carried hundreds of millions of passengers safely for more than fifty years.

⑧ By taking the shinkansen Risa learned that its development is connected to Japanese culture and society.

ア	① ③	イ	② ⑦	ウ	③ ⑥
エ	④ ⑤	オ	④ ⑧	カ	① ② ⑤
キ	① ④ ⑧	ク	② ③ ⑥	ケ	③ ⑦ ⑧
コ	④ ⑥ ⑦				

〔問4〕 次の文章は，George が日本からイギリスにいる友人に送ったメールの文章である。対話文の内容に一致するように，（ a ）～（ d ）の中に，それぞれ適切な英語１語を入れなさい。

I went to Kyoto with my Japanese friends and another homestay student by shinkansen. We talked a lot about the shinkansen on the train, and I learned that it has four great points. First, the shinkansen runs very fast. The top speed is 285 kilometers per hour. We can travel to many places quickly. Second, it is almost always on (a). The train staff's hard work makes this possible. It is also possible because the train staff and passengers work (b). By using the shinkansen, we can make plans for travel or business easily (c) worrying about delays. Third, we can enjoy comfortable travel because the whole train is clean and the seats have a lot of space. Finally, the shinkansen is (d). There have been no accidents since it was developed over fifty years ago. I think the shinkansen is so popular among people in Japan because of these great points. If you come to Japan, I want you to travel by shinkansen. I think that you will have a great time.

3 次の文章を読んで，あとの各問に答えなさい。
(*印の付いている単語・語句には，本文のあとに〔注〕がある。)

What do you eat on New Year's Day? Many people may eat rice cakes. Rice cakes, a traditional Japanese food, are eaten to wish for a long life, but just like any other food, we must eat them while they are fresh. What happens when they are not fresh anymore? As you know, white and green things often start to grow on the rice cakes. They are called (1)mold. When mold covers the rice cakes, we cannot eat them anymore.

Because mold looks strange and it can make food dangerous to eat, people usually think that it is just a bad thing. However, a British scientist made great medicine from mold in the early twentieth century. Its name is penicillin. It has saved the lives of many people with *infectious diseases that no medicines before could *cure. Before that time, no one thought that mold could be useful in curing infectious diseases. [(2)-a], we are using many medicines created from mold to save many people.

Mold is a kind of fungus. Funguses have lived on the Earth for more than 500 million years, so they have a longer history than humans. Funguses are living things, but they are not plants or animals. There are many different kinds of funguses around us. [(2)-b], *shiitake* is one kind of fungus. We can eat it and get a lot of *nutrients that make our body healthy and strong.

Another fungus called yeast is used when we make bread. Many people who make bread at home for the first time are surprised to see how yeast *expands the *dough of the bread. This is the result of *carbon dioxide gas which is produced when the yeast breaks down the nutrients in the dough. When the dough is warm, carbon dioxide gas is produced again and again. That makes the bread more delicious.

As you can see, fungus is useful in our daily life both for our health, as medicine, and for our *eating habits, as food. However, there are many other interesting things about fungus. In fact, people in some parts of the world have started to use fungus for more *environmentally-friendly *crop production. Fungus is solving *agricultural problems around the world. With today's growing population, producing enough food for all the people living on the Earth is not as easy as before. It leads to the use of many *chemical fertilizers which not only have a bad influence on us, but also reduce the health of the *soil. We have to use more environmentally-friendly ways to produce crops. Because of this, some scientists studied "arbuscular mycorrhizal fungus" and found that the fungus was good for producing crops in safer ways. Arbuscular mycorrhizal fungus lives in the *roots of plants and spreads its *mycelium from the roots into the soil. The scientists say that the mycelium can get a lot of water and nutrients from the soil and send them to the plant even in poor soil conditions. By using this fungus in producing crops, [(3)].

Also, funguses are now used to solve a big problem in Africa. When you hear about Africa, you may think of the desert, an area which is full of sand without any plants and trees. A research center in *Senegal has started to work on using funguses to help plants to grow even in such desert areas. In this project, researchers took different kinds of funguses from the desert and studied how each fungus acts with jujube trees, a kind of tree which is often seen in the deserts in Africa. (4)They have chosen a fungus called "Glomus aggregatum." This fungus can live in the desert. When Glomus aggregatum is put on young jujube trees, their roots become so large that they can take in the nutrients necessary for the trees to grow well from the soil. The research team has found that the fungus helps jujube trees to grow strong even under the difficult conditions in the desert.

The researchers hope the work of the Glomus aggregatum will be a part of a large project called "Great Green Wall." This project's (5)【 to / goal / forest / is / large / will / build / a / be / that 】 15 kilometers wide and 7,775 kilometers long, and cover eleven African countries from cities at the very west end to cities at the very east end of Africa. The project began in 2007 and not only African countries but also many countries around the world are working on it. Ten years after the start of the project, they have already finished more than 1,000 kilometers.

Why is this project so important? Today, the forest area in Africa is [(6)-a] than before, and in the future, may be [(6)-b] than the area now. This serious *desertification problem is just one of the many other problems that are happening there today. However, people in Africa will be able to solve some other problems if people there and in other countries work on this desertification problem. Trees around the Great Green Wall can make the soil good for crop production. Then, people will be able to grow more new crops around the wall. They will be able to produce more food in their own countries and create local businesses. In this way, this project will help not only to solve the desertification problem but also to reduce *poverty.

Fungus is often smaller than we can see, so we do not usually think much about it. However, we have used fungus to improve our lives for years. And now, fungus is helping to solve global problems such as agricultural problems, desertification and poverty. As research of funguses continues in the future, we may be able to use them more often, create new technologies, and realize dreams that no one imagined before. Fungus can [(7)] the Earth.

〔注〕

infectious　伝染性の	cure　治療する	nutrient　栄養分
expand　膨らませる	dough　生地	carbon dioxide gas　炭酸ガス
eating habit　食生活	environmentally-friendly　環境に優しい	
crop　農作物	agricultural　農業の	chemical fertilizer　化学肥料
soil　土壌	root　根	mycelium　菌糸体
Senegal　セネガル	desertification　砂漠化	poverty　貧困

〔問1〕 (1)mold について，その内容を正しく表した英文の組み合わせとして最も適切なものは，下のア～カの中ではどれか。

① White or green mold comes up on food that is fresh and safe to eat.

② People did not think that mold was good for us because it was a dangerous food.

③ A medicine to cure infectious diseases was made from mold by a British scientist.

④ No one imagined that people could use mold for medicine before penicillin was made.

⑤ There are many kinds of mold on the Earth, and fungus is one of them.

ア	①　③	イ	①　⑤	ウ	②　④
エ	②　⑤	オ	③　④	カ	④　⑤

〔問2〕 本文の流れに合うように，[(2)-a]，[(2)-b] の中に単語・語句を入れたとき，その組み合わせとして最も適切なものは，次のア～カの中ではどれか。

	(2)-a	(2)-b
ア	But now	However
イ	But now	For example
ウ	Because of this	Of course
エ	Because of this	For example
オ	For example	Of course
カ	For example	However

〔問3〕 本文の流れに合うように，[(3)] の中に英語を入れたとき，最も適切なものは，次のア～エの中ではどれか。

ア some countries in the world will be able to solve serious agricultural problems with the help of chemical fertilizers

イ we will be able to realize more environmentally-friendly crop production with the help of chemical fertilizers

ウ it will be easier for crops to grow in a more environmentally-friendly way without the help of chemical fertilizers

エ it will be easier for some countries in the world to reduce the health of soil without the help of chemical fertilizers

〔問4〕 (4)They have chosen a fungus called "Glomus aggregatum." とあるが，この文に関する次の質問に答えたとき，最も適切な答えは，下のア～エの中ではどれか。

Why have the researchers in a research center in Senegal chosen a fungus called "Glomus aggregatum"?

ア Because Glomus aggregatum will help the trees that cannot grow at all in the desert.

イ Because young jujube trees can grow strong in the desert by putting Glomus aggregatum on the trees.

ウ Because the roots of Glomus aggregatum become so large that they can take in the nutrients from the soil.

エ Because Glomus aggregatum will put the desert soil under more difficult conditions.

〔問5〕 (5)【to / goal / forest / is / large / will / build / a / be / that】とあるが，本文の流れに合うように，【　　　】内の単語を正しく並べかえなさい。

〔問6〕 本文の流れに合うように，(6)-a，(6)-b の中に共通して入る本文中の英語1語を書きなさい。

〔問7〕 本文の流れに合うように，(7) の中に本文中の英語1語を書きなさい。

〔問8〕 本文の内容に合う英文の組み合わせとして最も適切なものは，下のア～コの中ではどれか。

① Fungus is a kind of plant which started to live on the Earth long before the first humans were born there.

② Yeast is a kind of mold, and it makes the bread bigger because it produces carbon dioxide gas when it breaks down the nutrients in the dough.

③ Mold, *shiitake*, and yeast are all funguses, though how they look and how they are used are very different.

④ Arbuscular mycorrhizal fungus spreads its mycelium into the roots of plants, and from there it can send water and nutrients to the plants.

⑤ Researchers at a research center in Senegal started to study different kinds of funguses because they wanted strong trees that can grow in the desert.

⑥ The Great Green Wall project was started in the early twenty-first century, and has finished most of its goal.

⑦ Eleven African countries are now working hard on the Great Green Wall project alone, so they hope that other countries will help them with it in the future.

⑧ Solving the desertification problem in Africa is very important, because the problem is connected to solving other problems such as poverty.

ア	①　⑤	イ	②　⑥	ウ	③　⑤
エ	④　⑦	オ	①　③　⑧	カ	①　⑤　⑦
キ	②　⑤　⑦	ク	②　③　⑥	ケ	③　④　⑥
コ	③　⑤　⑧				

4 次の文章を読んで，あとの各問に答えなさい。
（*印の付いている単語・語句には，本文のあとに〔注〕がある。）

Some people say that we now live in “the Anthropocene.” The Anthropocene is the name of an *epoch which some scientists started to use at the beginning of the twenty-first century. *Anthropo* means “man” in English, and *cene* means “new.” They call the newest period in the Earth’s history the Anthropocene epoch because human activity has a great influence on the Earth’s environment. Animals are, of course, an example of this.

Every *species of animal has *evolved for billions of years to survive in their environment. For example, the process of each species’ *evolution has decided how each animal looks. [ア] Because of this, each species can better protect itself from its *predators and survive in the environment around it. [イ] Since the Anthropocene epoch started, however, some species have changed how they look over a very short period of time. [ウ] In this epoch, human activity is causing quick changes. [エ] One example of these changes is a species of *moth called the peppered moth. [オ]

Peppered moths live in Europe. Their bodies are white, with some *marbled patterns on the wings. Most of the moths that live in England once had that same light color. In the late nineteenth century, however, peppered moths began to become dark especially in factory areas.

(2)Why did this change happen? In the early nineteenth century, more and more factories were built. The air pollution *caused by the black smoke from these factories killed a lot of *lichens on the *bark of trees that lived near the factories, and the color of the bark became dark. Peppered moths rest on these trees during the day. When lichens live on the bark and the trees look light, it is easy for white moths to hide themselves from their predators, birds. When lichens do not cover the bark and the trees look dark, however, it is hard for birds to find dark peppered moths. Dark moths have a higher chance of surviving in this changed environment. In fact, the same species of the peppered moths that live in the *countryside, away from factories, have stayed light.

An English researcher did experiments in 1953 and 1955 to show that it was easier for dark peppered moths to hide themselves from birds. His group *released many peppered moths in the woods both near factory areas and in the countryside. Then, after some time, they caught the moths that survived. The results are shown in the table on the next page. In the table, the numbers show how many light and dark moths were released and caught again. We can see that more of the dark peppered moths in factory areas were able to survive. Where the peppered moth lives and how it looks is very important for the species to survive.

area (year)	released / caught again	light moths	dark moths
[a] (1953)	released	137	447
	caught again	18	123
[b] (1955)	released	64	154
	caught again	16	82
[c] (1955)	released	496	473
	caught again	62	30

However, some scientists have said that other *factors may be influencing the increase of dark peppered moths. In fact, scientists are now doing some research on the *genes of these moths, so we will know more about it someday. Though we are still researching this, it is clear that the changes in their environment are connected in some ways to the changes in the color of the moths. This is one example to show how during the Anthropocene epoch human activity is influencing on animal life more than before.

In fact, human activity has not only influenced animals but also plants in the Anthropocene epoch. Just like the peppered moth, a species of plant has changed [(4)] in a very short time. In the peppered moth's case, humans changed their environment, and then some of the moths became dark to hide themselves from their predators. But in this plant's case, the predators are humans. This means that human activity influences this plant more *directly. The name of this plant is Fritillaria delavayi.

Fritillaria delavayi grows in China. In the past, its flowers were only bright yellow, and its leaves were only bright green. It has a *herbal component in its *bulbs, so people have picked it to make medicine for at least 2,000 years. In the late twentieth century, however, the need for the medicine started to increase not only in China but also in other countries. Since then, people in China have picked the plants more often. Something strange has started to happen to the plants because of this.

What has happened to Fritillaria delavayi? The answer is this: the colors of its flowers and leaves have become dark. Some of the plants are now grey, and others brown. Why? They grow in mountain areas near rocks and stones, so dark colors like grey or brown are less *noticeable. [(5)]

Why has this happened?

According to research done over six years in China, the plants growing in places that humans cannot reach easily, like very high places near the tops of the mountains, stay bright, while the plants growing in places that humans can reach easily are becoming dark. If nobody comes to pick the plants, the next *generations will stay bright because they will not have to make themselves less noticeable. However, the next generations of the plants living near humans will become dark to make themselves less noticeable. Again, where Fritillaria delavayi grows and how it looks is very important for the species to survive.

There may be other factors that have caused these changes in color. Though no researchers have started studying the genes of this plant yet, more and more scientists want to research Fritillaria delavayi because it is one of the very few examples of plants that have experienced quick changes in color.

Many factors have influenced how life on the Earth has evolved for billions of years, but today, the influence that [(6)] is having on it is greater than before. Though some people call this epoch "the Anthropocene", the Earth is not just for humans, but for everything living on it. We should all make every effort to move from the Anthropocene epoch into a new better epoch in the future. We do not know when we will be able to realize this, but we can say *for sure that it is better to realize it sooner than later.

〔注〕
epoch 時代　species 種《しゅ》　evolve 進化する
evolution 進化　predator 捕食者　moth 蛾《が》
marbled pattern 霜降り模様　cause 引き起こす
lichen 岩石や樹木に生育するコケなどの生物群　bark 樹皮
countryside 田園地帯　release 放つ　factor 要因
gene 遺伝子　directly 直接的に　herbal component 薬草成分
bulb 球根　noticeable 目立つ　generation 世代
for sure 確実に

〔問1〕 次の英文は，[ア] ～ [オ] のいずれかに入る。この英文を入れるのに最も適切な場所を選びなさい。

In the Earth's history, such evolutions have usually taken a long time.

〔問2〕 (2)Why did this change happen? とあるが，その答えとして最も適切なものは，次のア～エの中ではどれか。

ア　Because many lichens on the bark of the trees in the woods near factory areas died and the bark lost the original dark color.

イ　Because more lichens started to cover the bark of the trees in the woods near factory areas after many were built there.

ウ　Because the color of the bark of the trees in the woods near factory areas became dark after a lot of lichens growing on their bark died.

エ　Because the smoke from the factories began to cover the bark of the trees in the woods near them and the color of the trees became light.

〔問3〕 本文の流れに合うように，表中の [a] ～ [c] の中に，単語・語句を入れたとき，その組み合わせとして最も適切なものは，次のア～エの中ではどれか。

	a	b	c
ア	factory area	factory area	countryside
イ	factory area	countryside	factory area
ウ	countryside	factory area	countryside
エ	countryside	countryside	factory area

〔問4〕 本文の流れに合うように，[(4)] の中に本文中の英語３語を書きなさい。

〔問5〕 [(5)] の中には，次のA～Dのうち三つの文が入る。本文の流れに合うように正しく並べかえたとき，その組み合わせとして最も適切なものは，次のページのア～クの中ではどれか。

A　Some of the plants, however, have stayed as bright as before.

B　Which will be easier for their predators, humans, to find in such places, bright plants or dark plants?

C　Of course, dark plants will be easier for them to find.

D　It is easy to answer this question.

ア　A → B → C
イ　A → B → D
ウ　B → C → A
エ　B → D → A
オ　C → B → D
カ　C → D → A
キ　D → A → C
ク　D → B → C

〔問6〕 本文の流れに合うように，［　(6)　］の中に本文中の英語２語を書きなさい。

〔問7〕 本文の内容に合う英文の組み合わせとして最も適切なものは，次のページのア～コの中ではどれか。

① Some scientists started to use the name “the Anthropocene epoch” just after the twentieth century began, because they thought it was an epoch of a new kind of humans.

② We can say by looking at the example of peppered moths that humans started to quickly reduce the speed of the changes in color of some species of animals in the Anthropocene epoch.

③ The color of the peppered moths living in the countryside did not change even after more factories were built in other areas because the color of the bark of the trees there stayed the same as before.

④ Some scientists are studying the genes of peppered moths, so we will know in the future why many peppered moths in the factory areas in England have changed their environment.

⑤ We can say that humans are influencing peppered moths more directly than Fritillaria delavayi because the predators of peppered moths are not birds but humans.

⑥ People in China have thought that Fritillaria delavayi is an important plant for their health for a long time because it has a herbal component in its flowers and leaves.

⑦ How easy it is for people to visit places will decide the colors of the next generations of Fritillaria delavayi which grow in these places.

⑧ The number of scientists who do research on Fritillaria delavayi will increase in the near future because there are very few other plants which have moved to different places.

ア	① ④	イ	② ⑥	ウ	③ ④
エ	③ ⑦	オ	④ ⑧	カ	① ② ⑤
キ	② ③ ⑦	ク	② ⑦ ⑧	ケ	③ ④ ⑦
コ	⑤ ⑥ ⑧				

〔問8〕 下の質問について，あなたの考えや意見を，40語以上50語以内の英語で述べなさい。「.」「,」「!」「?」などは，語数に含めません。これらの符号は，解答用紙の下線部と下線部の間に入れなさい。

What is one thing that we should do to reduce our influence on the Earth's environment? Why is it important to do so?

ウ　わざわざ行っただけのことはあった。

エ　失敗しても、やれるだけやってみる。

〔問4〕(4)たっぷりとした楽観の哲学を生むことになる。のはなぜか。その説明として最も適切なものを、次のうちから選べ。

ア　川の水が休むことなく流れ続けるように、人と人との結びつきは永遠であることが示されているから。

イ　川の流れが時とともに変化するように、人生の目的はそれぞれ多様であることが示されているから。

ウ　川の流れが次第に大きくなるように、人間の向上心は限りないものであることを想起させるから。

エ　川の水が途切れなく流れ続けるように、人間の営みは綿々と続いてゆくことを想起させるから。

〔問5〕□の漢詩の解釈として、最も適切なものを、次のうちから選べ。

ア　王維は、止めるのも聞かずに旅立ってしまう祖詠を、「我をして悲しましむ」と責めながらも、王維とは違い洛陽で順調に出世する旧友の前途を心から祝している。

イ　王維は、前半は「涙糸の如し」という比喩によって、祖詠への悲痛な惜別の思いを述べ、後半は自身の境遇への無念を、友人へ伝言を託すという形で表現している。

ウ　王維は、「為に報ぜよ」と呼びかけるような表現で読者を引きつけつつ、長い旅路で疲れ果ててしまっている祖詠の姿を、最終句の倒置法によって印象づけている。

エ　王維は、前半は「南浦」という漢詩の類型的な表現によって率直な心情を述べ、後半は話題を一転させて、洛陽への旅で亡くなった人々への追悼を主題化している。

〔注〕杜甫――中国盛唐の詩人。
『老子』――道家の思想家である老子の著書と伝えられる。老子の思想は、荘子の思想と合わせて老荘思想と呼ばれる。
鼓吹《こすい》――意見や思想を盛んに主張し、相手に吹きこむこと。
『楚辞《そじ》』――中国戦国時代の詩集。
梁《りょう》――六世紀半ばの中国の国の一つ。
『文選』――中国南北朝時代の詩集。
王維《おうい》――中国盛唐の詩人。
科挙――かつて中国で行われていた官吏の登用試験。

〔問1〕(1)自然界に具体的な形をとって存在している水 についての説明として最も適切なものを、次のうちから選べ。

ア 『老子』の中の「上善」がその水に当たり、「水」は善と悪のいずれのイメージも喚起するものとして用いられた。

イ 『論語』の中の「流水」がその水に当たり、「川上の嘆」では刹那主義的な生き方を象徴するものとして用いられた。

ウ 川の名の「漢水」の「水」がその水に当たり、川を流れる水である「流水」は時間の流れの比喩として用いられた。

エ 固有名詞としての「洞庭水」がその水に当たり、杜甫の漢詩によって世に知られ、湖の代名詞として用いられた。

〔問2〕(2)常に、かけがえのない真理の比喩となった。とはどういうことか。その説明として最も適切なものを、次のうちから選べ。

ア 概念としての水は、決まった形のない柔弱なものだが、「点滴石を穿《うが》つ」の言葉通《どお》り、堅牢なものを破壊できるという点で、既存の思想に対する新たな思想に喩《たと》えられてきたということ。

イ 物質名としての水は、高いところから低いところに集まる性質をもつと同時に、付和雷同することがない意志の強さをもつ点で、理念に近いものとして喩えられてきたということ。

ウ 「河」や「湖」の総称である水は、争いを嫌う弱いものと捉えられる一方で、多くの谷川を大海に導く計り知れない力をもつという点で、不穏な思想に喩えられてきたということ。

エ 「河」や「湖」などにたたえられている水は、あらゆる生物に恩恵を与える尊いものであるが故に、自然の王者であり、その摂理を体現するものとして喩えられてきたということ。

〔問3〕(3)だけ と同じ意味・用法のものを、次のうちから選べ。

ア 書けば書くだけ、文字は美しくなる。

イ 詳しい内容は、二人だけで説明する。

一方、具体的な形を持つ後者の水は、具体的で、鮮明なイメージの喚起力を持つ(3)だけに、文学作品にはいっそう好んで取り上げられた。その中から「流水」と「南浦《なんぽ》」を取り上げてみよう。「流水」は、川を流れる水である。古くは『論語』子罕《しかん》篇の「逝《ゆ》く者は斯《か》くの如《ごと》きかな、昼夜を舎《を》かず」（流れゆく者はかくの如きであるのか、昼も夜も休むことがない）によって、この「流水」の語は特定のイメージを持つことになった。これは一般に、孔子の「川上《せんじょう》の嘆《たん》」と呼ばれている。川の水の流れ、それは時間の流れの比喩である。もっともこの時間の比喩は、後世になると、さらに二つの異なった意味に用いられることになる。すなわち、去ったきり二度と回帰しない「時間の一回性」をそこに見るのか、それとも、永遠に尽きることのない「時間の永続性」を見るのか。前者の解釈は、人生の短命を嘆く悲観と容易に結びつくであろうし、後者の解釈によれば、おのれの人生の限度を超えた大きな時間の流れ（歴史）を視野に納め置くことによって、(4)たっぷりとした楽観の哲学を生むことになる。

「南浦」は、文字通りには、南の入り江の岸辺。しかしこれが詩文に現れるとき、それは実際の位置とは関係なく、別れの岸辺を意味することになる。『*楚辞《そじ》』の九歌「河伯《かはく》」に、「美人を南浦に送る」（良き人を南の岸辺に見送る）、また南朝、*梁《りょう》の江淹《こうえん》の「別れの賦《ふ》」（『*文選』巻一六）に「君を南浦に送るとき、傷《いた》めども之を如何《いかん》せん」［岸辺で恋人に別れる。その悲しみはどうしようもない。］と見えている。次に読む*王維《おうい》の詩は、南浦を詠じた最も美しい詩であろう。

斉州送祖三

送君南浦涙如糸
君向東州使我悲
為報故人憔悴尽
如今不似洛陽時

斉州《せいしゅう》にて祖三《そさん》を送《おく》る　　王維

君《きみ》を南浦《なんぽ》に送《おく》れば　涙《なみだ》　糸《いと》の如《ごと》し
君《きみ》は東州《とうしゅう》に向《む》かひ我《われ》をして悲《かな》しましむ
為《ため》に報《ほう》ぜよ故人《こじん》は憔悴《しょうすい》し尽《つ》くし
如今《じょこん》は似《に》ず洛陽《らくよう》の時《とき》に

君を南の岸辺に見送るとき、涙は途切れずに、糸のように流れ落ちる。君は洛陽へと旅立って、自分をこうも悲しませるのだ。洛陽に着いたならば、我がために伝えておくれ、君たちの親友は、やつれはてて、今はもう一緒に洛陽にいた時とは別人のようになってしまった、と。

「祖三」は、王維の詩友である祖詠《そえい》を指す。王維は、二十一歳で*科挙（進士科）に合格して間もなく、斉州（山東省済南《せいなん》市）に左遷されている。この詩は、その時期の作である。左遷の途中、洛陽を通過しているので「洛陽の時」の語があるのであろう。なお「東州」は、長安から見て東にある洛陽を指すもので、王維がいた斉州から見れば西にある。「故人」は、旧友、ここでは王維自身のことを指す。

（松原朗「漢詩の流儀――その真髄を味わう」による）

〔問7〕 知識をもっていることと、それらの知識を適切に使うこととは、まったく別の能力なのである。と筆者は述べているが、あなたはどのように考えるか。本文の内容を踏まえ、あなたの考えを、二百字以内にまとめて書け。さらに、あなたの書いた文章にふさわしい題名を解答用紙の所定の欄に書け。なお、、や。や「などのほか、書き出しや改行の際の空欄も一字と数えよ。

5

次の文章を読んで、あとの各問に答えよ。（〔 〕内は現代語訳を補ったものである。＊印の付いている言葉には、本文のあとに〔注〕がある。）

水は、両義に用いられる。一つはいわゆる水、つまり物質の名としての水である。もう一つは、(1)自然界に具体的な形をとって存在している水、つまり河・湖・海などの総称としての水である。今は「漢江《かんこう》」「湘江《しょうこう》」と称される長江の支流も、古くはよく「漢水《かんすい》」「湘水《しょうすい》」と書かれた。この場合の「水」は、「江」の意味である。また＊杜甫の五言律詩「岳陽楼《がくようろう》に登る」の第一句に見える「洞庭水」は「洞庭湖」であり、この「水」は「湖」のことである。

観念化された前者の用法については、『＊老子』が最も豊かなイメージを提供している。例えば、

上善《じょうぜん》は水の若《ごと》し。水は善《よ》く万物を利して、争はず。衆人の悪《にく》む所に居《を》る。故に道に幾《ちか》し。

（すぐれた善は、水に似ている。水は万物を利するが、決して他者と争わない。人々の嫌う低いところに溜《た》まる。だから道に近いのである。）

江海《こうかい》の能《よ》く百谷《ひゃっこく》の王たる所以《ゆゑん》の者は、其の善く之《これ》に下《くだ》るを以《もっ》てなり。故に能く百谷の王為《た》り。

（長江や大海が、多くの谷川の王者である理由は、それが谷川の下に位置するからである。だから、多くの谷川の王者たりうるのである。）

天下、水より柔弱なるは莫《な》し。而《しか》も堅彊《けんきょう》なるを攻むる者《こと》、之に能く先んずる莫し。其の以て之に易《かは》ること無きを以てなり。

（この世界に、水より弱いものはない。しかし堅固なものを攻めることで、水に勝るものはない。それは水が、自らの柔弱なる本性を決して変えないからである。）

ここに描かれる水は、自ら低く身構えることによって、万物を受け入れて包容するものであり、またその柔軟な本性のゆえに、最後までしぶとく自己を主張し続ける強靭《きょうじん》性を備えるものなのである。こうして水は、道家の思想（老荘思想）が＊鼓吹《こすい》されるところでは、(2)常に、かけがえのない真理の比喩となった。

⑨学生は、専門家の判定とほぼ同一だが、正反対のものもあった。

ア　①④⑦
イ　①⑤⑧
ウ　①⑥⑨
エ　②④⑧
オ　②⑤⑨
カ　②⑥⑨
キ　③④⑧
ク　③⑤⑦
ケ　③⑥⑦

〔問5〕(5)科学的「であるかのような」説明を喜んでしてしまうし、喜んで受け取ってしまう傾向をもっている　と筆者が述べるのは、なぜか。その説明として最も適切なものを、次のうちから選べ。

ア　知識には誘惑幻惑効果が働くため、正しくない説明であっても専門的な用語に惑わされてしまうことに加えて、科学的事実が即《すなわ》ち真理であるかのように妄信されてしまうから。

イ　人間は科学的な装いをまとった説明を好む傾向があり、説明する側も説明される側も、根拠が明確でなくとも科学的な根拠があるかのような説明に魅了させられてしまうから。

ウ　科学技術に関わることなしに市民生活が成り立たなくなっていることに加え、知識の誘惑幻惑効果によって、科学技術の成果は完全に正しくて有効だと信じ込んでしまうから。

エ　人間は科学技術に取り囲まれて生活しているため、ある物質の実在という事実と物質の有効性を簡単に結びつけてしまい、新しい治療法は素晴らしいと思い込んでしまうから。

〔問6〕この文章の論理展開を説明したものとして、最も適切なものを、次のうちから選べ。

ア　科学技術が社会のためのものであるという確信を証明するために、人間生活の変化をデータを基に紹介し、一方で人間が科学技術や科学的用語に弱い原因を、科学的知識の欠如であるとしている。

イ　科学技術が人間に大きな影響を及ぼしていることを例に挙げて示しつつ、人間が事実と価値を取り違えやすいことを指摘し、安易に科学的用語に惑わされている現代社会を、痛烈に批判している。

ウ　技術的革新によって人口が急増することから、人間が科学技術に支配されているという現状を示すとともに、知識の誘惑幻惑効果が判断力を乱し、科学の支配力が強化される仕組みを示している。

エ　科学の内容面が変化し、生活が科学技術に依存していることから、人間のために科学技術は存在すると指摘しつつも、実証的な研究を紹介しながら知識の誘惑幻惑効果に対して注意喚起している。

ア　世界人口の急増とともに、食料の生産や物資の生産といった人間の生活そのものに科学技術が必須のものとなり、科学は人間活動のほとんど全てに関わるものとなったから。

イ　病院で生まれ、コンピュータや携帯電話といった科学技術の中で生き、医療技術に囲まれて亡くなるということが、科学技術の有用性と人間生活への支配を示しているから。

ウ　共同体内のさまざまな行事でさえも、科学技術の恩恵を受けないものはなくなり、人間の生活全体が科学とその成果によって取り囲まれていると言っても過言ではないから。

エ　元来は共同体内で確認され、共通了解事項とされた生や死という事象でさえ、現在ではほとんど病院内の医療という科学技術によって把握されるべき事象となっているから。

〔問3〕(3)人に関する事実の記述が、たちまちある種の価値を帯びてしまう事態 とは、どういうことか。その説明として最も適切なものを、次のうちから選べ。

ア　ハグや母乳を与えることによって、気持ちが落ち着くという事実が誘惑幻惑効果によって高められ、価値を帯びてしまうということ。

イ　ある事象が起こるという事実に、価値判断や好みを無意識に上乗せして、論理的に関係のない行為が善だと考えてしまうということ。

ウ　オキシトシンの有用性という事実が与えられると、何の関係もない行動に対しても、応用してしまおうという風潮があるということ。

エ　科学的な用語は使われるだけで満足してしまう傾向があるため、科学的事実の一部は、社会的価値と無関係でいられないということ。

〔問4〕(4)科学的用語の有無が、読み手への説得力にどのように影響するか とあるが、どのように影響したのか。その説明に合う文の組み合わせとして最も適切なものを、後のア～ケの中から選べ。

①一般人は内容が判別できず、科学的用語だけで評価した。

②一般人は、適切な説明も科学的用語があると低く評価した。

③一般人は、内容が同じでも科学的用語があるものを高く評価した。

④専門家は科学的用語が用いられても、説明に適していないものを低く評価した。

⑤専門家は科学的用語を吟味して、正確に用いられているものだけを高く評価した。

⑥専門家は科学的用語が用いられていなくとも、内容に適していないものを低く評価した。

⑦学生は、不適切な説明を一般人より高く評価した。

⑧学生は、科学的用語が用いられている説明を高く評価した。

ひとつは、説明を受ける側が、内容の妥当性を問わず、一見科学的な装《よそお》いをまとっただけの説明のほうを好んでしまうということ。もうひとつは、説明をする側がなまじ科学的な知識をもっていると、実際にはその知識を当てはめるのが不適切な場合でも一見科学的な説明をしがちになってしまうということ。

科学的な根拠が明確でないことにまであたかも科学的根拠があるかのように語ることは、良いことではない。それはもはやトンデモ科学、疑似科学であり、医学の領域でそのようなインチキ治療法が語られると、人の生き死にに関わる暴力的な行為となる。

だが、ぼくたちは仮にそれがインチキであっても、(5)科学的「であるかのような」説明を喜んでしてしまうし、喜んで受け取ってしまう傾向をもっているのだ。

（佐倉統「科学とは何か」による）

〔注〕アリストテレス――古代ギリシアの哲学者。
レオナルド・ダ・ヴィンチ――一五世紀の科学者・芸術家。
シュレーディンガーの猫――オーストリアの物理学者シュレーディンガーの思考実験の名称。
還元論的説明――複雑な事象を、単純な概念だけで説明すること。

〔問1〕(1)科学技術の内容自体が「人を含む」ように変わってきている とは、どういうことか。その説明として最も適切なものを、次のうちから選べ。

ア　人を対象とした科学研究は、古くは基礎科学と臨床医学しか存在しなかったが、生命科学の領域では観測者としてだけではなく、研究成果の享受者として人間と関わらなければならなくなったということ。

イ　昔と異なって科学が身近なものになってきており、環境や物理現象だけが研究対象ではなく、人間自身も対象になっているので、科学技術は一般市民や生活者のためのものに変化してきているということ。

ウ　物理学や天文学では人間は中立な観測者であり、観察対象に含まれていなかったが、物理学が観測者の影響は排除できないとしただけでなく、生物学が人間を研究対象として取り込んでいったということ。

エ　物理学が人間は中立な観測者ではあり得ず、事象のあり方を変化させてしまうという量子力学の体系に行き着いたことにより、人間は事象の内部の存在であり、研究対象とするしかなくなったということ。

〔問2〕(2)人生そのものが「科学技術に縁取られている」といってもいいかもしれない。と言えるのは、なぜか。その説明として最も適切なものを、次のうちから選べ。

アメリカの認知科学者ディーナ・ワイスバーグらは、ぼくたちは自然現象や心理現象については一段階下位のレベルでの説明（*還元論的説明）を欲《ほっ》し、そのような説明が不適切な場合であっても、科学的な用語が使われるだけで満足してしまう傾向――知識の「誘惑幻惑効果（seductive allure effect）」――があることを報告している。

だから、今の世の中、科学的事実の少なくとも一部は、社会的価値と無関係ではいられないのだ。これは科学者、研究者の側の心構えだけでなく、科学知識や技術を使う社会、一般市民の側の心構えの問題でもある。

知識の「誘惑幻惑効果」は、本書の議論にとって重要なので、少し詳しく見ておこう。

ワイスバーグらが最初にこれを報告したのは二〇〇八年。彼女と同僚たちは、イェール大学二年生の秀才たちを対象とした脳神経科学入門講義の最終回に、ある実験をおこなった。人間の認知に関する現象がなぜ起こるかを説明したいくつかの文章を読ませて、その良し悪しを判定してもらうというものだ。

説明文は、学術的に妥当なものと不適切なものの二種類があり、さらにそれぞれが科学的用語を含むものと含まないものの二種類ずつ、計四種類が用意された。二種類の妥当な説明の内容は、科学的用語の有無を除けば、まったく同じものである。不適切な説明も同様。これらを比較することにより、(4)科学的用語の有無が、読み手への説得力にどのように影響するかを測定できるというわけだ。

脳神経科学を学んだ経験のない一般人は、不適切な説明であっても科学的な用語が加わっていると、説明の内容部分は同じなのに、科学用語がない説明より高く評価した。

それに対して専門家は、科学的用語の有無にかかわらず、不適切な説明文は低く評価した。さらに、適切な説明文に科学的用語が加わったものは、その科学的用語の内容が不正確であり説明内容に適していないとの判断から、科学的用語がない説明よりむしろ低く評価した。

しかし、脳神経科学入門の講義を半年間聴《き》いてきた学生たちは、専門家とは真逆の反応を示した。一般の素人《しろうと》と同じく、不適切な説明文でも科学的用語があれば、そうでないものより高く評価し、さらにあろうことか、適切な説明文でも科学的用語が加わったほうを、より優れた説明と評価したのだ。これは、専門家の判定とは正反対だ。

つまり、脳神経科学の知識をもっていることと、それらの知識を適切に使うこととは、まったく別の能力なのである。むしろ、知識があることがその適切な使い方を妨げ、その知識を使わないほうがより適切な場面でも知識を使ってしまう誘惑に、ぼくたちは駆られている。知識は、使うように使うようにと人を誘惑し、幻惑する。

この研究は、その後も追試や関連研究が続けられており、二〇一六年には、知識の誘惑幻惑効果は脳神経科学に限らず、物理学や数学、心理学などでも広く見られることが報告されている。普遍的かつ強力なのだ、知識の魔力は。

この知識の誘惑幻惑効果は、二つのことを示唆《しさ》している。

この「自然界」の中に、人は原則として含まれていない。もちろん、*アリストテレスは人間について述べているし、*レオナルド・ダ・ヴィンチも詳細な解剖図を残している。だが、これらの多くは医学という文脈で発展することが多かった。人を対象とした科学的研究は、つねに基礎科学と臨床医学のあいだで揺れてきた。

もっと明確に自然界を対象とする科学、たとえば物理学や天文学では、人はつねに「観測者」であって、観測される現象とは独立した中立な存在とされてきた。観測者の影響は対象におよばないように、できるだけ排除することが良しとされていた。

しかし、その点を最も先鋭的に追求してきた物理学が、結局は量子力学という体系に行き着き、観測者の影響は排除できない、場合によっては観測者こそが事象のあり方を決定する、という状況に至ってしまった。箱の中の猫は、箱を開けて状態を確認するまでは生きているか死んでいるかの状態が確定しないという*「シュレーディンガーの猫」。

物理学や天文学の場合、ここでの人間は観測者、すなわち科学者である。一般市民ではない。しかし、これが生命科学の領域になると、観測者だけでなく研究成果の受け取り手として、専門家以外の人たちを含まざるをえないという状況が現出している。

もともとは博物学の一分野だった生物学が、一九世紀に独立した分野となり、生理学、進化学、細胞学、遺伝学、分子生物学と新しい領域を広げていくにつれて、人とそれ以外の生物との境界はどんどん消失しつづけた。この流れは、二〇世紀後半の脳神経科学の発展に至って頂点に達し、基礎研究の成果がそのまま、人間についての言明に直結するという事態を招来した。ヒトを対象とする医学と、ヒト以外の生物を対象としてきた生命科学との関係は以前から密接ではあったが、両者が実質的に融合して「生命医科学（biomedicine）」となったのは二〇世紀の後半、分子生物学がさかんになってからといってよいだろう。

たとえば、人と人がハグをしたり、お母さんが赤ちゃんに母乳をあげると、オキシトシンという神経伝達物質が増えて、落ち着いた感情がもたらされる、といった類の研究結果がある。こういった実験の結果は科学的「事実」である、すなわち、価値をともなわない中立な事柄である、と研究者たちはいう。それはそのとおりだし、オキシトシンの話は科学的にとても興味深い結果なのだが、それがひとたび科学界の「外」に出てしまうと、(3)人に関する事実の記述が、たちまちある種の価値を帯びてしまう事態は避けられない。

オキシトシンが出て気持ちが落ち着くのだから、お子さんをハグしてあげましょう。赤ちゃんには母乳をあげましょう――。オキシトシンが出て気持ちが落ち着くことと、その状態を積極的に求めるべきだということのあいだには、じつはなんの論理的つながりもない。「気持ちが落ち着くのは良いことだ」という無意識の価値判断や好みがはたらいて初めて、つながっているように感じるにすぎない。

（中　略）

持つ白扇の描写によって、優勝決定戦前の、篤のいさみ立つ気持ちを鮮明に表現している。

イ　長く伸ばした呼び上げの声や「カン、カン、カン」という拍子木の擬音語、「はっけよーい！」という行司の声により、取組前の臨場感を描出し、緊張感の高まりを効果的に表現している。

ウ　詳細な取組の描写や「全身が心臓になったみたいに」という比喩表現と、「光景がスローモーションで見えた。」などにより、事実や登場人物から一定の距離を置き、客観的に表現している。

エ　「こくんと小さく頷いて篤に目配せをする。」、「篤が小さく頷くと、宮川さんは苦笑してみせた。」という動作や表情により、優勝決定戦の前後の、宮川の自信と失望を的確に表現している。

4

次の文章を読んで、あとの各問に答えよ。（*印の付いている言葉には、本文のあとに〔注〕がある。）

二一世紀の科学技術は、一般市民、生活者、社会のためのものである。そうある「べきだ」という規範の面でもそうだし、実際にそう「なっている」という事実としても、それ以外にありえないと確信している。

なぜそうなのか。第一に、(1)科学技術の内容自体が「人を含む」ように変わってきているからである。第二に、社会全体の科学技術への依存度が格段に高くなっていて、科学技術と関わることなしには市民生活が成り立たなくなっているからである。

第二の点については今さら繰り返すまでもないだろう。世界の人口は、技術的革新が起こるたびに急増してきた。人類の存在自体が、科学技術に支えられている。今のぼくたちの生活もすみずみまで、医療も交通も食べ物も教育も娯楽も、すべて科学技術抜きには成り立たない。

(2)人生そのものが「科学技術に縁取られている」といってもいいかもしれない。人の生誕や死去は、元来は共同体で確認していく社会的な営みだった。だから、お七夜やお食い初めや七五三があり、通夜《つや》があり初七日がある。家族や共同体のメンバーが、この子はたしかに生まれた、ちゃんと育っているということを確認し、あの爺《じい》さんはたしかに死んだ、もう生き返らないということも共通了解としていくのである。

今では、出生も死亡も病院で確認される。出産は病院と診療所を合わせればほぼ一〇〇パーセント、自宅での出産はほとんどゼロだ。死亡は、日本ではとくに病院が多く、約八割にのぼるが、この数が自宅での死亡数を越えたのはさほど昔ではなく、一九七六年のことである。病院や診療所での出産が自宅出産を上回ったのはそれより前だが、それでも一九六〇年代初頭だ。

以下では、第一の、科学技術の内容が変化してきて、その対象に「人が含まれる」ようになっている点を見ていこう。

科学はもともと、自然界の成り立ちを調べる活動である。

〔問2〕 (2)直之さんが声を発した瞬間、場内の空気がほんのわずかに揺れた。とあるが、この表現から読み取れる場内の様子はどのようなものか。その説明として最も適切なものを、次のうちから選べ。

ア　朗々と響き渡る直之の声が、観客の気持ちを一新させ場内のざわめきを静める契機となる様子。

イ　場内の隅まで届く直之の声が、観客だけではなく篤や達樹をも感嘆させるほどすばらしい様子。

ウ　太くまっすぐ発せられた直之の声が、観客で埋まった会場を揺るがすほどに反響している様子。

エ　観客を一瞬にして引き込んだ直之の声が、聞いている篤や達樹にねたましさを感じさせる様子。

〔問3〕 X篤は自分の耳を疑った。から Y白扇を握り直して息を大きく吸い、篤は土俵に上がった。までで、篤の心情はどのように変化したか。六十字以内で説明せよ。

〔問4〕 (3)その二分間は、篤が今まで見たどんな取組よりも長く感じた。とあるが、なぜこのように感じたのか。その説明として最も適切なものを、次のうちから選べ。

ア　初めて優勝決定戦の大舞台で呼出を務めたために、宮川の戦いぶりにも集中できない程、最後まで緊張し続けた取組だったから。

イ　初めて優勝決定戦の呼出の大任を果たし、その大舞台に臨んだ宮川の一挙手一投足を見ることができた、特別な取組だったから。

ウ　序ノ口で勇大が復活優勝を遂げた取組が、何年経っても忘れられないほど、篤や他の観客にとって印象に残る名勝負だったから。

エ　序ノ口の優勝決定戦で、篤とは立場は違えど共に精進している宮川が見事な戦いぶりを見せ、誇らしく思える名勝負だったから。

〔問5〕 (4)声には出さなかったけれど、何と言っているのか、篤にはわかった。「つえーな。」だ。とあるが、篤は宮川のどのような心情を理解したのか。その説明として最も適切なものを、次のうちから選べ。

ア　相手の強さを身にしみて感じ、力を出し切って戦ったのに勝てなかった取組結果に対して、落胆している心情。

イ　相手の強さに感服すると同時に、自分も互角の戦いができたことに満足し、次の取組に向けて奮起する心情。

ウ　自分への声援は無くとも、全力で戦った取組の結果に悔いは無く、素直に相手の実力を称《たた》えようとする心情。

エ　自分への拍手や声援が無いことに落胆し、相手との力の差を見極めることもできず、悲嘆に暮れている心情。

〔問6〕 本文の表現や内容について述べたものとして最も適切なのはどれか。次のうちから選べ。

ア　「白扇を持つ手までもが大きく震え始めた」、「篤は扇をぱっと開き、東方を向いた。」という呼出の

(4)声には出さなかったけれど、何と言っているのか、篤にはわかった。「つえーな。」だ。

　篤が小さく頷くと、宮川さんは苦笑してみせた。負けた直後に宮川さんが笑うのを、篤は初めて見た。負けたはずなのに、その顔は晴れ晴れとしていた。力を出し切った人の顔だった。

　勇大、やっぱ格が違うな。ああいう人は、人気も実力も、何もかも持ってんだな。

　ここにいる客の多くは、きっと数年後も、勇大が序ノ口で復活優勝を遂げたことは覚えているはずだ。一方で、そのときの対戦相手が朝霧部屋の宮川だということまで覚えている人は、ほとんどいないだろう。

　でも。篤は心の中で呟《つぶや》く。

　俺は勇大と宮川さんが大舞台で戦ったこと、そしてその一番の呼び上げを、自分が担当したことは、何年経《た》っても絶対忘れない。宮川さんも、今日の晴れ舞台は一生、忘れないだろう。

（鈴村ふみ「櫓太鼓がきこえる」による）

〔注〕序ノ口――大相撲の番付《ばんづけ》（力士の序列の一覧表）で一番下の力士。
場所――大相撲の興行をする所、またその期間。
千秋楽――芝居・相撲などの興行の最後の日。
たっつけ袴《はかま》――膝から下を細く仕立てた袴。
進《すすむ》さん――最初に篤に「呼出」の指導をしてくれた人。
十両――力士の階級の一つ。
勇大《ゆうだい》――関取《せきとり》経験者で、怪我のため休場し番付を下げたが、人気のある力士。
四股名《しこな》――大相撲の力士の呼び名。
蹲踞《そんきょ》――つま先立ちで深く腰を下ろし、膝を開いて上体を正した姿勢。

〔問1〕(1)まるで、ぽんと誰かに背中を押されたみたいに。とあるが、この表現からどのようなことが読み取れるか。その説明として最も適切なものを、次のうちから選べ。

ア　千秋楽の日だから、普段より緊張して土俵に臨みつつも、練習の成果を生かそうと思い精一杯大きな声を出したということ。

イ　いつもとは異なり、今日を最善の状態で迎えるために、篤が昨夜から準備してきた手際の良さが功を奏しているということ。

ウ　千秋楽の日だから、今日で終わりだと思うと篤の気持ちも軽くなり、自然と後ろの客席まで届くような声を出せたということ。

エ　いつもとは異なり、強い意志をもって土俵に臨んだ思いが、篤の呼び上げの声に無意識のうちに反映されているということ。

た。

ひがあああーーーーしいいいいーーーー　ゆうう
うーーーだあああいいいーーーー

踵《きびす》を返して西方に向き直り、扇をまっすぐ、顔の前に掲げた。もう一度息を、思いきり吸う。

にいいいいーーーーしいいいーーー　みやああああーーー
があああわあああーーー

声を出し切った瞬間、会場はふたたび大きな声援と拍手の渦に呑《の》み込《こ》まれた。その声と音の大きさに、さきほどよりもずっと、熱気が高まっているのがわかった。

今度は扇を箒《ほうき》に持ち替え、土俵のまわりを掃いていく。手を動かすたび、「ゆうだーい！」「ゆうだーーい！」の歓声が飛ぶ。篤は勇大と宮川さんに背を向けた。箒を動かすことに集中するため、宮川さんの方は見なかった。土俵をちょうど半周したところで、行司のアナウンスが入った。

「東方、勇大。西方、宮川。呼出は篤。行司、木村宗太朗《きむらそうたろう》。序ノ口優勝決定戦であります。」

客席から乱れ飛ぶ声と拍手が、うねるように響く。観客の声と拍手を全身で浴び、土俵を掃き終えると篤は土俵を下り、西方の花道の奥へと移動した。勇大と宮川さんは、まだ*蹲踞《そんきょ》をしていた。両者が同時に、片手を土俵につけたのを確認すると、行司は足を大きく開き、軍配を縦にかざした。

勇大が左手を土俵につける。宮川さんも、ゆっくりと右手をおろした。

はっけよーい！

勢いよく行司の声がかかった瞬間、土俵上の光景がスローモーションで見えた。

宮川さんが重心を低くして立ち上がる。勢いをつけて、鋭く踏み込んで勇大にぶつかっていく。

篤が宮川さんの相撲を見た中で、おそらく一番低く、すばやい立ち合いだった。

しかし勇大の方がずっと低く、速かった。

勇大の両手が、宮川さんの胸に突き刺さる。そのまま腕を伸ばし、思い切り突っ張った。

そのひと突きで宮川さんの両足が、大きく後ろへ下がる。あっという間に土俵際に追い込まれてしまった。

宮川さんが両足に力を込めて踏ん張るよりも先に、勇大の腕がまた伸びた。胸の真ん中にもう一度重い突っ張りを受け、宮川さんの右のかかとが土俵を割った。

客席から、大きな拍手と甲高い声が一斉に湧き上がる。行司の軍配が返ってから、ほんの十秒程度の出来事だった。

宮川さんはただちに円の内側に戻り、一礼して土俵を下りた。所作を行っている時間も含めると、宮川さんが土俵に立っていたのはおよそ二分くらいだ。しかし(3)その二分間は、篤が今まで見たどんな取組よりも長く感じた。

勝ち名乗りを受けた勇大は、四方から温かい拍手と声援を受けていた。二分間で場内に響いたのは勇大への応援ばかりで、少なくとも篤には、宮川さんへの拍手や声援は確認できなかった。

花道の奥に篤の姿を見つけると、宮川さんは口を動かした。

念願が叶ったものの理解が追いつかず、たどたどしい話し方になった。篤がすんなり引き受けないので、親方は面倒くさそうに、「どうしてって、そう決まったものは決まったんだ。それとも、やりたくないのか。」と逆に聞き返してきた。

反射的に、篤は首を横に振っていた。

「じゃあ決まりだ。*十両の取組が終わったら出番だからな、間違えないように。」親方が決定戦の段取《だんどり》を説明し始めたので、篤は必死で耳を傾けた。

十両の取組がすべて終わり、土俵がまっさらに掃き整えられた。カン、カン、カン、と甲高い拍子木の音が場内に鳴り響く。徐々に緊張が高まっていたが、一拍ずつ鳴らされるその音が余計に緊張を煽《あお》り、全身が心臓になったみたいに、心拍音が篤の体を支配していた。

「ここで十両以下は各段優勝力士の表彰式でありますが、序二段と序ノ口に同点者がありますので、優勝決定戦といたします。」

流暢《りゅうちょう》なアナウンスが流れると、歓声と拍手が会場中から一気に湧き上がった。篤がぎくしゃくと向正面《むこうじょうめん》の白房《しろぶさ》下に移動すると、ぐるりと周りを取り囲む客席が目に入った。

千秋楽を迎えた名古屋場所の会場は、四方のマス席はもちろんのこと、三階の椅子席に至るまで、ほとんど席が埋まっていた。朝一番、篤が呼び上げを行ったときとは比べ物にならない客の入りだ。目を凝《こ》らすと、観客たちは一様に、熱くなる瞬間を待ちわびるかのように手を叩き、期待を込めたまなざしで土俵を見下ろしていた。

やっぱり、俺には荷が重すぎる。

心臓が強く鳴るばかりか、急に足がすくんだ。

白扇を持つ手までもが大きく震え始めたとき、「はじめに、序ノ口の優勝決定戦を行います。」と東方《ひがしかた》の花道から*勇大《ゆうだい》と宮川さん、序ノ口格の若い行司が入場してきた。全員揃《そろ》って東の花道から入場することになっているが、宮川さんは西方《にしかた》で相撲を取る。宮川さんが向正面を横切って移動しようとしたとき、篤に気づいたらしく、はっと目を大きく見開いた。一瞬、こくんと小さく頷いて篤に目配せをする。そしてすぐさま真剣な顔つきになり、西方へと向かっていった。

宮川さんの、腹を決めたようなその顔を見た瞬間、真っ白になりかけていた脳が冷静さを取り戻した。ふたたび進さんと師匠の言葉がよみがえる。それから、この前喫茶店で直之さんが言ってくれたことも。

自分の役割は、これから戦う二人のために*四股名《しこな》を呼ぶことだ。いい呼び上げをすること、ただそれだけ考えればいい。

大丈夫、俺ならできる。

そう何度も、篤は自分に言い聞かせた。

拍子木がまた鳴った。いよいよ決戦のときだと言わんばかりに、だんだん打ち鳴らされるテンポが速くなる。Y白扇を握り直して息を大きく吸い、篤は土俵に上がった。

土俵上の照明が、頭のてっぺんや首筋に当たって熱い。それにも構わず、篤は扇《おうぎ》をぱっと開き、東方を向いた。客たちがわあわあと声援を送り、騒がしかった場内に、静寂が訪れとにかく今は一番一番に集中しよう、と自分に言い聞かせた。*進《すすむ》さんも師匠も、気持ちが大切だと言っていた。

いつもならば、千秋楽は「やっと今日で終わりだ。」と思っていたが、今日はそんなことは頭に浮かばなかった。今の自分にとって、一番いい呼び上げができるように。ただそれだけを考え、土俵に上がった。

目線を上げ、白扇《はくせん》を広げる。それから、大きく息を吸い込む。

ひがああしいいいーーーー　いずみいいさああとおおおおーーー

にいいいしいいーーーー　とりいいいーーごおおおええええーーーーーー

第一声から、思っていた以上に声が出た。(1)まるで、ぽんと誰かに背中を押されたみたいに。

その声を一番後ろの客席まで届けるつもりで、篤は息が続く限り、めいっぱい声を伸ばしていった。

土俵上の取組は着々と進んでいき、直之さんが呼び上げを行う番になった。

直之さんは扇子《せんす》と同じ、白色の着物にたっつけ袴を合わせていた。呼出たちは毎日違う色の着物を着用するが、直之さんにはこの着物が一番よく似合う。

直之さんは背筋をまっすぐに伸ばして東側を向いた。

ひがああーーーしいいいーーー　たんばにいいーーーーしいいーーきいいーーー

にいいいしいいいいーーーー　ぶんんごおおーーなあああーみいいいーーー

(2)直之さんが声を発した瞬間、場内の空気がほんのわずかに揺れた。いつもの、場内の隅まで響くような直之さんの声だ。さきほどまでお喋《しゃべ》りをしている客がちらほらいたが、直之さんが呼び上げた途端に客たちの声が止《や》み、太くまっすぐな声がよけいに反響して聞こえた。

「やっぱ、うめえな。たぶん今回の決定戦も直之さんだな。」

隣で聞いていた達樹も悔しそうに舌を巻く。篤もただ、頷《うなず》くしかなかった。

休憩に入る前、篤は審判部を担当している強面《こわもて》の親方に呼び出された。もしかして、審判交代のときに不手際《ふてぎわ》があったのだろうか。心当たりもなく、不安に顔を歪《ゆが》めながら親方の元へ行くと、そこで発せられた言葉に、X篤は自分の耳を疑った。

「……すみません、もう一回聞いていいですか。」

聞き返されて苛立《いらだ》ったのか、親方は「だから、序ノ口の決定戦の呼出はお前に頼んだ。」と早口で言い直す。色黒で眼光が鋭い親方なだけに、早口でものを言うだけで威圧感があり、今しがた聞いた内容と併《あわ》せて脳内のヒューズが飛びそうになった。てのひらにも汗が滲《にじ》む。

俺が決定戦の呼出?

直之さんが抜群に上手《うま》いのに、なぜ。いや、直之さんに限らず達樹とか他の兄弟子もいるのに、何で俺なんだ?

「えっと、その、どうしてですか。」

〈国語〉

時間　五〇分　満点　一〇〇点

【注意】答えは特別の指示のあるもののほかは、各問のア・イ・ウ・エのうちから、最も適切なものをそれぞれ一つずつ選んで、その記号を書きなさい。また、答えに字数制限がある場合には、、や。や「 などもそれぞれ一字と数えなさい。

1　次の各文の――を付けた漢字の読みがなを書け。

(1) 男は大仰な身振りで話した。

(2) 伝令を遣わす。

(3) 馬が草原を疾駆する。

(4) 常に泰然自若とした様子だ。

2　次の各文の――を付けたかたかなの部分に当たる漢字を楷書で書け。

(1) 事態のシュウソクを図る。

(2) 要人をゴエイする。

(3) 景勝の地をサンサクする。

(4) 二つの作品はドウコウイキョクである。

3　次の文章を読んで、あとの各問に答えよ。（＊印の付いている言葉には、本文のあとに〔注〕がある。）

篤《あつし》は朝霧部屋の新人の呼出《よびだし》である。「呼出」は、大相撲の取《とり》組《くみ》で力士を呼び上げる「呼び上げ」や土俵整備、太鼓叩《たいこたた》きなど競技の進行を務める。達樹《たつき》と直之《なおゆき》は呼出の先輩で、宮川《みやがわ》は、「＊序ノ口」の力士である。篤は、怪我《けが》を治して復帰した宮川を見守ってきた。今日は宮川の序ノ口優勝決定戦の日である。

いよいよ名古屋＊場所は＊千秋楽を迎えた。泣いても笑っても今場所は今日で最後だ、と篤はいつもより気合を入れて＊たっつけ袴《はかま》のひもを締めた。今日を最善の状態で迎えられるよう、昨日は喉《のど》にいいという蜂蜜の飴《あめ》を舐《な》めた。それから呼び上げの練習は早めに切り上げ、普段より早く床についた。

「今日、お前にしては覇気《はき》があるじゃん。何かいいことでもあった？」開口一番、達樹にもそう言われた。俺、そんなに普段覇気がないと思われてるのかと篤は思わず苦笑いをした。

まあ今日で終わりって思うと嬉《うれ》しくなるわな、と隣で着替え始めるやいなや、ふいに達樹が「今回の決定戦の呼び上げも直之さんなのかな。」と呟《つぶや》いた。篤も声を抑え、「どうでしょうね。」と返す。「俺も一回決定戦の呼び上げしてみたいけどなー。あの満員の中でやるんだもん、憧れる。」

達樹がそう言ってほどなく、直之さんも出勤してきた。篤と達樹を見るなり「おー、おはよー。」と無邪気に手を振る直之さんは、いつもと変わらなかった。

朝の準備が終わり、序ノ口の取組が始まるまでの間、篤は

MEMO

大切なことはメモしておこうネ！

2022年度

解答と解説

《2022年度の配点は解答欄に掲載してあります。》

＜数学解答＞

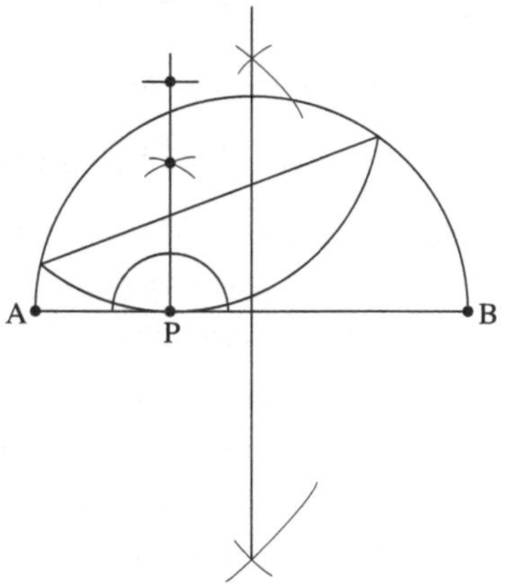

1　〔問1〕　$-\dfrac{2\sqrt{6}}{9}$　〔問2〕　$x=\dfrac{1\pm\sqrt{19}}{2}$　〔問3〕　$\dfrac{11}{36}$

〔問4〕　5通り　〔問5〕　右図

2　〔問1〕　$\dfrac{7\sqrt{5}}{4}$cm　〔問2〕　(1)　$t=\dfrac{1-\sqrt{5}}{2}$，$\dfrac{1}{2}$(途中の式や計算は解説参照)　(2)　$\dfrac{25}{6}$cm^2

3　〔問1〕　37.5度　〔問2〕　四角形ABDH：△GCD＝12：1

〔問3〕　解説参照

4　〔問1〕　(1)　24通り　(2)　20分(途中の式や計算は解説参照)　〔問2〕　$\dfrac{1800}{7}\leqq a\leqq 288$

○配点○

1　各5点×5　2　〔問1〕　7点　〔問2〕(1)　10点　(2)　8点

3　〔問1〕　7点　〔問2〕　8点　〔問3〕　10点

4　〔問1〕(1)　7点　(2)　10点　〔問2〕　8点　計100点

〈数学解説〉

1　(数・式の計算，平方根，二次方程式，確率，数の性質，統計・標本調査，場合の数，作図)

〔問1〕　$\dfrac{2}{3\sqrt{3}}=\dfrac{2\times\sqrt{3}}{3\sqrt{3}\times\sqrt{3}}=\dfrac{2\sqrt{3}}{9}$，$(1-2\sqrt{2})^2=1^2-2\times1\times2\sqrt{2}+(2\sqrt{2})^2=1-4\sqrt{2}+8=9-4\sqrt{2}$ だから，$\dfrac{2}{3\sqrt{3}}(1-2\sqrt{2})^2-2\sqrt{3}\div\dfrac{3}{3-\sqrt{2}}=\dfrac{2\sqrt{3}}{9}\times(9-4\sqrt{2})-2\sqrt{3}\times\dfrac{3-\sqrt{2}}{3}=\dfrac{2\sqrt{3}(9-4\sqrt{2})}{9}-\dfrac{2\sqrt{3}(3-\sqrt{2})}{3}=\dfrac{18\sqrt{3}-8\sqrt{6}}{9}-\dfrac{6\sqrt{3}-2\sqrt{6}}{3}=\dfrac{18\sqrt{3}-8\sqrt{6}-3(6\sqrt{3}-2\sqrt{6})}{9}=\dfrac{18\sqrt{3}-8\sqrt{6}-18\sqrt{3}+6\sqrt{6}}{9}=-\dfrac{2\sqrt{6}}{9}$

〔問2〕　2次方程式$x^2+0.3(2x-3)=\dfrac{4}{5}x(x+1)$　両辺を10倍して，$10x^2+3(2x-3)=8x(x+1)$　整理して，$2x^2-2x-9=0$　2次方程式の解の公式から$x=\dfrac{-(-2)\pm\sqrt{(-2)^2-4\times2\times(-9)}}{2\times2}=\dfrac{2\pm\sqrt{76}}{4}=\dfrac{2\pm2\sqrt{19}}{4}=\dfrac{1\pm\sqrt{19}}{2}$

〔問3〕　袋Aから1個のボールの取り出し方は，0，2，4，6，7，8の6通り。そのそれぞれの取り出し方に対して，袋Bから1個のボールの取り出し方が，1，2，3，5，7，9の6通りずつあるから，2つの袋A，Bから同時にそれぞれ1個のボールの取り出し方は全部で6×6＝36(通り)。ここで，$\dfrac{\sqrt{b}}{\sqrt{a}+\sqrt{b}}$…①　が有理数となる場合について，$a$と$b$が等しい場合と，等しくない場合に分けて考える。$a$と$b$が等しい場合，①$=\dfrac{\sqrt{a}}{\sqrt{a}+\sqrt{a}}=\dfrac{\sqrt{a}}{2\sqrt{a}}=\dfrac{1}{2}$より，有理数となり，これは$(a,\ b)=$

(2, 2), (7, 7)の2通り。aとbが等しくない場合，①の分母と分子に$\sqrt{a}-\sqrt{b}$をかけて，①$=\frac{\sqrt{b}(\sqrt{a}-\sqrt{b})}{(\sqrt{a}+\sqrt{b})(\sqrt{a}-\sqrt{b})}=\frac{\sqrt{b}\times\sqrt{a}-\sqrt{b}\times\sqrt{b}}{(\sqrt{a})^2-(\sqrt{b})^2}=\frac{\sqrt{ab}-b}{a-b}$　これより，①が有理数となるのは$\sqrt{ab}$が有理数となるときで，これは$(a, b)=(0, 1)$，(0, 2)，(0, 3)，(0, 5)，(0, 7)，(0, 9)，(4, 1)，(4, 9)，(8, 2)の9通り。よって，求める確率は$\frac{2+9}{36}=\frac{11}{36}$

〔問4〕　中央値は資料の値を大きさの順に並べたときの中央の値。整数の個数は8個で偶数だから，数の小さい方から4番目と5番目の平均値が中央値M。$a\leqq27$のとき，$\mathrm{M}=\frac{27+30}{2}=28.5$の1通り。$28\leqq a\leqq30$のとき，$\mathrm{M}=\frac{a+30}{2}$より，$\frac{28+30}{2}=29$，$\frac{29+30}{2}=29.5$，$\frac{30+30}{2}=30$の3通り。$31\leqq a$のとき，$\mathrm{M}=\frac{30+31}{2}=30.5$の1通り。以上より，Mの取り得る値は$1+3+1=5$(通り)。

基本　〔問5〕　(着眼点)円周の一部に弧QPRをもつ円の中心をSとすると，接線と接点を通る半径は垂直に交わることから，弧QPRと線分ABが点Pで接するということは，中心Sは点Pを通る線分ABの垂線上にある。また，線分ABの中点をTとしたとき，折り返したから円S≡円Tであり，よって，PS=ATである。　(作図手順)次の①～⑤の手順で作図する。　①　点Pを中心とした円を描き，線分AB上に交点をつくる。　②　①でつくったそれぞれの交点を中心として，交わるように半径の等しい円を描き，その交点と点Pを通る直線(点Pを通る線分ABの垂線)を引く。　③　点A，Bをそれぞれ中心として，交わるように半径の等しい円を描き，その交点を通る直線(線分ABの垂直二等分線)を引き，線分ABとの交点をTとする。　④　点Pを中心として，半径ATの円を描き，点Pを通る線分ABの垂線との交点をSとする。　⑤　点Sを中心として，半径PSの円を描き，円Tとの交点をQ，Rとし，線分QRを引く。(ただし，解答用紙には点Q，R，S，Tの表記は不要である。)

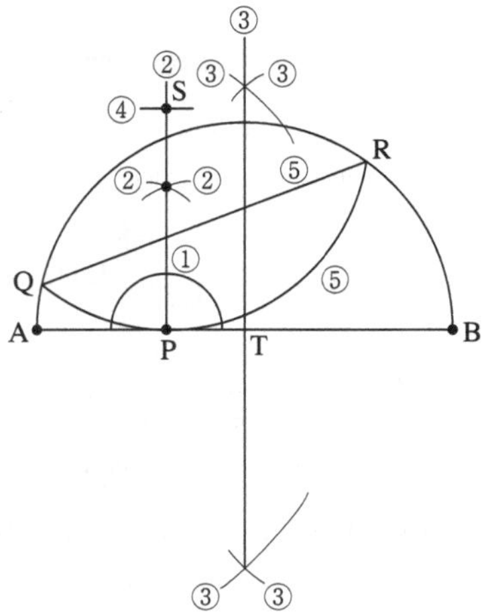

[2]　(図形と関数・グラフ)

〔問1〕　点C，Pは$y=x^2$上にあるから，y座標はそれぞれ$y=(-2)^2=4$，$y=\left(\frac{3}{2}\right)^2=\frac{9}{4}$　よって，C$(-2, 4)$，P$\left(\frac{3}{2}, \frac{9}{4}\right)$　三平方の定理を用いて，2点C，P間の距離$=\sqrt{\left\{\frac{3}{2}-(-2)\right\}^2+\left(\frac{9}{4}-4\right)^2}=\sqrt{\left(\frac{7}{2}\right)^2+\left(-\frac{7}{4}\right)^2}=\sqrt{\frac{49}{4}+\frac{49}{16}}=\frac{7\sqrt{5}}{4}$(cm)

〔問2〕

やや難　(1)　(途中の式や計算)(例)図形Dが三角形となる場合は，次の[1]と[2]に限られる。[1]$-1<t<0$で，3点A，P，Bがこの順に一直線上に並ぶとき　[2]$0<t<1$で，3点C，B，Pがこの順に一直線上に並ぶとき　[1]のとき　直線ABの式を$y=ax+b$とする。点Bを通るので，$b=1$…①　点Aを通るので，$-a+b=0$…②　①，②より，$a=1$，$b=1$　よって，直線ABの式は，$y=x+1$　点P(t, t^2)は直線AB上にあるので，$t^2=t+1$　よって，$t^2-t-1=0$を解の公式を用いて解くと$t=\frac{-(-1)\pm\sqrt{(-1)^2-4\times1\times(-1)}}{2\times1}=\frac{1\pm\sqrt{5}}{2}$　$-1<t<0$より　$t=\frac{1-\sqrt{5}}{2}$　[2]のとき　[1]と同様にして，直線CBの式は$y=-\frac{3}{2}x+1$　点P(t, t^2)は直線CB上にあるので，$t^2=-\frac{3}{2}t+1$

よって，$2t^2+3t-2=0$を解の公式を用いて解くと　$t=\frac{-3\pm\sqrt{3^2-4\times2\times(-2)}}{2\times2}=\frac{-3\pm\sqrt{25}}{4}=\frac{-3\pm5}{4}$　$0<t<1$より　$t=\frac{1}{2}$　［1］，［2］より，求めるtの値は　$t=\frac{1-\sqrt{5}}{2}$，$\frac{1}{2}$

重要　(2)　線分APと線分CBの交点をSとする。$t=3$のとき，P(3，9)　(1)より，(直線ABの傾き)$=1$　また，(直線CPの傾き)$=\frac{9-4}{3-(-2)}=1$より，(直線ABの傾き)=(直線CPの傾き)で，CP//ABだから，平行線と面積の関係より，△ACB=△APB　これより，△ACS=△ACB－△ASB=△APB－△ASB=△BPS　よって，(図形Dの面積)=△ACS+△BPS=2△ACS　(1)より，直線CBの式は$y=-\frac{3}{2}x+1$…①　また，直線APの式は$y=\frac{9}{4}x+\frac{9}{4}$…②　だから，交点Sの座標は，①と②の連立方程式を解いて，$\mathrm{S}\left(-\frac{1}{3},\ \frac{3}{2}\right)$　点Aを通り，y軸に平行な直線と直線CBとの交点をTとすると，そのx座標は点Aのx座標と等しく-1で，$y=-\frac{3}{2}x+1$上にあるから，$\mathrm{T}\left(-1,\ \frac{5}{2}\right)$　以上より，(図形Dの面積)=2△ACS=2(△ACT+△AST)$=2\left[\frac{1}{2}\times\mathrm{AT}\times\{(\text{点Aの}x\text{座標})-(\text{点Cの}x\text{座標})\}+\frac{1}{2}\times\mathrm{AT}\times\{(\text{点Sの}x\text{座標})-(\text{点Aの}x\text{座標})\}\right]=\mathrm{AT}\times\{(\text{点Sの}x\text{座標})-(\text{点Cの}x\text{座標})\}=\frac{5}{2}\times\left\{-\frac{1}{3}-(-2)\right\}=\frac{25}{6}(\mathrm{cm}^2)$

3　(平面図形，角度，面積比，図形の証明)

〔問1〕　△ABCにおいて，仮定より，AB=AC…①　円Oの半径だから，BC=AC…②　①，②より，AB=BC=ACだから，△ABCは正三角形で，∠ABC=60°　仮定より，CE=DE…③　AC：CE$=\sqrt{2}:1$より，CD：CE=AC：CE$=\sqrt{2}:1$…④　③，④より，CE：DE：CD$=1:1:\sqrt{2}$だから，△ECDは直角二等辺三角形で，∠FCD=45°　弧FDに対する中心角と円周角の関係から，∠FBD$=\frac{1}{2}$∠FCD$=\frac{1}{2}\times45=22.5$(°)　以上より，∠ABF=∠ABC－∠FBD$=60-22.5=37.5$(°)

〔問2〕　線分AHをHの方に延長した線上に点Pをとる。△ABCと△ECDにおいて，仮定のAB=AC，EC=EDより，AB：AC=EC：ED=1：1…①　∠BAC=∠CED…②　①，②より，2組の辺の比とその間の角がそれぞれ等しいので，△ABCと△ECDは相似な二等辺三角形である。これより，∠ACB=∠EDCで同位角が等しいから，AC//HD…③　弧AHDに対する中心角をa°，弧ABDに対する中心角をb°とすると，$a+b=360$(°)…④　弧AHDに対する中心角と円周角の関係から，∠ABD$=\frac{1}{2}a$(°)…⑤　弧ABDに対する中心角と円周角の関係から，∠AHD$=\frac{1}{2}b$(°)…⑥　④，⑤，⑥より，∠ABD+∠AHD$=\frac{1}{2}a+\frac{1}{2}b=\frac{1}{2}(a+b)=\frac{1}{2}\times360=180$(°)　これより，∠ABC=∠ABD$=180-$∠AHD=∠DHP…⑦　∠EDC=∠ACB=∠ABC…⑧　⑦，⑧より，∠DHP=∠EDC　錯角が等しいから，AH//CD…⑨　③，⑨より，2組の対辺がそれぞれ平行だから，四角形ACDHは平行四辺形。△ECDの面積をSとすると，△ABCと△ECDの相似比はBC：CD=2：1で，相似な図形の面積比は相似比の2乗に等しいから，△ABC：△ECD$=2^2:1^2=4:1$　△ABC=4△ECD$=4S$　(平行四辺形ACDHの面積)=2△ACD$=2\times\left(\triangle\mathrm{ABC}\times\frac{\mathrm{CD}}{\mathrm{BC}}\right)=2\times\left(4S\times\frac{1}{2}\right)=4S$　よって，(四角形ABDHの面積)=△ABC+平行四辺形ACDH$=4S+4S=8S$　平行線と線分の比の定理を用いると，CG：GE=AC：ED=BC：CD=2：1　よって，△GCD$=\triangle\mathrm{ECD}\times\frac{\mathrm{CG}}{\mathrm{CE}}=$

$S\times\frac{2}{2+1}=\frac{2}{3}S$　以上より，四角形ABDHと△GCDの面積の比は，$8S:\frac{2}{3}S=12:1$

重要　〔問3〕（証明）(例)△ABCと△ECDにおいて，仮定より　BC＝CD…①　∠BAC＝∠CED…②　△ABCは二等辺三角形なので，∠ABC＝∠ACB…③　△ECDは二等辺三角形なので，∠ECD＝∠EDC…④　②，③，④より，∠ABC＝∠ACB＝∠ECD＝∠EDC…⑤　①，⑤より，1組の辺とその両端の角がそれぞれ等しいので，△ABC≡△ECD　合同な図形の対応する辺の長さは等しく，△ABCと△ECDは二等辺三角形なので，AB＝AC＝EC＝EDとなる。したがって，AB＝ED…⑥　点Bと点Eを結ぶ。△ABDと△EDBにおいて，⑤より，∠ABD＝∠EDB…⑦　共通なので，BD＝DB…⑧　⑥，⑦，⑧より，2組の辺とその両端の角がそれぞれ等しいので，△ABD≡△EDB　合同な図形の対応する角の大きさは等しいので，∠BAD＝∠DEB　点Aと点Eは，直線BDについて同じ側にあるので，円周角の定理の逆より，点Eは，円Oの周上にある。

4　（場合の数，方程式・不等式の応用）

基本　〔問1〕（1）　②の箇所に入るのはE組，F組，G組，H組の4通りが考えられ，そのそれぞれに対して，③の箇所に入るのは，E組，F組，G組，H組のうち②の箇所に入った組以外の3通りが考えられ，そのそれぞれに対して，⑥の箇所に入るのは，E組，F組，G組，H組のうち②と③の箇所に入った組以外の2通りが考えられ，そのそれぞれに対して，⑦の箇所に入るのは，E組，F組，G組，H組のうち②と③と⑥の箇所に入った組以外の残った1通りが考えられから，1回戦の試合の組み合わせは全部で$4\times3\times2\times1=24$(通り)。

（2）（途中の式や計算）(例)種目1の試合時間をx分，種目2の試合時間をy分とする。条件[1]より，$x:y=2:3$　よって，$3x=2y$…①　条件[2]より，種目1の決勝が終了するまでかかる時間は，$7x+5\times6=7x+30$…②　種目2の5試合が終了するまでかかる時間は，$5y+5\times4=5y+20$…③　条件[3]，②，③より，$7x+30=5y+20$…④　①，④より，$x=20$　したがって，種目1の試合時間は20分

やや難　〔問2〕　A組の第1走者がスタートして，第3走者から第4走者にタスキを渡すまでにかかる時間は$\frac{200\times10}{250}+\frac{200\times6}{240}+\frac{200\times9}{250}=20\frac{1}{5}$(分)…①　B組の第1走者がスタートして，第3走者から第4走者にタスキを渡すまでにかかる時間は$\frac{200\times10}{240}+\frac{200\times6}{a}+\frac{200\times9}{240}=15\frac{5}{6}+\frac{1200}{a}$(分)…②　①，②より，B組の第3走者が，【時間差1】の時間差で第4走者にタスキを渡すためのB組の第2走者の速さaの値の範囲は，$15\frac{5}{6}+\frac{1200}{a}\geqq20\frac{1}{5}-\frac{12}{60}=20$　これより，$\frac{1200}{a}\geqq20-15\frac{5}{6}=4\frac{1}{6}$　これは，1200mをa(m/min)で走って$4\frac{1}{6}=\frac{25}{6}$(分)以上かかるという意味であり，$a\leqq\left(1200\div\frac{25}{6}\right)=288$…③　同様にして，B組の第3走者が，【時間差2】の時間差で第4走者にタスキを渡すためのB組の第2走者の速さaの値の範囲は，$15\frac{5}{6}+\frac{1200}{a}\leqq20\frac{1}{5}+\frac{18}{60}=20\frac{1}{2}$　これより，$\frac{1200}{a}\leqq20\frac{1}{2}-15\frac{5}{6}=4\frac{2}{3}$　これは，1200mをa(m/min)で走って$4\frac{2}{3}=\frac{14}{3}$(分)以内という意味であり，$a\geqq\left(1200\div\frac{14}{3}\right)=\frac{1800}{7}$…④　③，④より，B組の第3走者が，【時間差1】から【時間差2】までの時間差で第4走者にタスキを渡すためのB組の第2走者の速さaの値の範囲は，$\frac{1800}{7}\leqq a\leqq288$

★ワンポイントアドバイス★

[2]〔問2〕(1)は，3点A，P，Bがこの順に一直線上に並ぶときと，3点C，B，Pがこの順に一直線上に並ぶときに分けて考えてみよう。[3]〔問3〕は，円周角の定理の逆を利用することを考えてみよう。

＜英語解答＞

[1]　〔問題A〕　＜対話文1＞　ア　　＜対話文2＞　ウ　　＜対話文3＞　イ
　〔問題B〕　＜Question 1＞　エ　　＜Question 2＞　(例) They are interesting.

[2]　〔問1〕　(a)　イ　　(b)　ア　　(c)　オ　　(d)　エ　　(e)　ウ
　〔問2〕　(1番目)　キ　　(4番目)　カ　　(8番目)　ウ　　〔問3〕　オ
　〔問4〕　(a)　time　　(b)　together　　(c)　without　　(d)　safe

[3]　〔問1〕　オ　　〔問2〕　イ　　〔問3〕　ウ　　〔問4〕　イ
　〔問5〕　goal is to build a large forest that will be　　〔問6〕　smaller
　〔問7〕　save　　〔問8〕　コ

[4]　〔問1〕　イ　　〔問2〕　ウ　　〔問3〕　ア　　〔問4〕　how it looks　　〔問5〕　エ
　〔問6〕　human activity　　〔問7〕　エ
　〔問8〕　(解答例) We should stop cutting down trees in the forests. Many species of animals and plants live there, so if we continue, more of them will lose their homes. If we stop cutting down trees, many species will be safe, and we will stop destroying their environment. (46words)

○配点○

[1]　各4点×5
[2]　〔問3〕　8点　　他　各2点×10
[3]　〔問8〕　8点　　他　各2点×7
[4]　〔問7〕　8点　〔問8〕　10点　　他　各2点×6　　計100点

＜英語解説＞

[1]　**(リスニングテスト)**

放送台本の和訳は，2022年度都立共通問題36ページに掲載。

[2]　**(会話文問題：文補充・選択，語句整序，内容吟味，適語補充・記述，現在完了，比較，不定詞，前置詞，受動態，助動詞，接続詞，動名詞)**

(全訳)*ケンとリサは日本人高校生で，幼なじみである。ジョージはイギリス出身で，ケンの家にホームステイ中である。ダイアンはフランス出身で，リサの家にホームステイ中である。ケンの家族とリサの家族は，ジョージとダイアンを連れて京都へ行く予定である。彼らは東京駅にいる。*

ケン(以下K)：その階段を昇ったら，18番ホームに行けるよ。／リサ(以下R)：そこで電車に乗れるわ。／ジョージ(以下G)：僕が日本で新幹線に乗るのはこれが初めてだよ。／ダイアン(以下D)：私も。見て！　乗客が列に並んで待っていて，整然としているわ。／K：新幹線が来た！　8時半に発車するよ。／R：ここよ。乗りましょう！／G：僕たちの座席はどこ？　窓際に座れるといいな。／K：親たちは後ろに座っているよ。僕らの座席番号は5D，5E，6D，そして6Eだ。／R：あなたたちが5Eと6Eの席に座ってね！　ジョージとダイアンが窓際の席に座るべきだわ。二人が美しい景色を見られるといいなと思うの。／D：(a)イご好意ありがとう！／K：わあ！　外を見て！　列車が動き初めている！／D：東京から京都まではどのくらいの距離なの？／K：約368キロメートルだよ。／G：そして東京から京都までは新幹線でどのくらいの時間がかかるの？／K：約2時間15分だよ。／D：スクリーン上の速度が急上昇しているわ！　新幹線はどのくらい速く走るの？／R：最速は時速約285キロメートルよ。／G：(b)ア本当？　すごく速いね！／K：新幹線は日本が生み出した最高のものの一つだよ。本州，九州，北海道を含む日本列島のほぼ全域が，東京と全国の大都市をつなぐ高速鉄道ネットワークによって結ばれている。／D：日本ではいつから新幹線を使い始めたの？／R：1964年に東海道新幹線ができた時からよ。それ以来，日本は半世紀以上にわたって新幹線の改良を続けている。例えば，新幹線は騒音が大きかったけど，もうそうではないのよ。／K：鉄道会社が新幹線を設計した時，音と速度についてすごく考えたと聞いている。技師たちは鳥から形のアイデアを得たんだ。鳥のくちばしに見えるようにデザインしたんだよ。(2)速度を上げて騒音を減らすためには，新幹線の正面の形状をくちばしにとても良く似たものにする必要があると考えた。／R：うん！　彼らは自然からたくさん学んだのね。／

アナウンス：間もなく新横浜駅で停車します。

D：時間通りに新横浜駅に到着したわ。／G：(c)オ日本の列車はほとんど遅れないと聞いているよ。／R：ええ，新幹線は定時発着で有名なの。列車当たりの年間の平均遅延時間は1分未満よ。／K：１分を超えて遅れた列車が公式に遅延したことになる。／G：イギリスでは，10分を超えて遅れた列車が公式の遅延になるよ。先週，僕が山手線に乗ったとき，ホームにたくさんの人がいたけど，遅れが全くなかったので驚いた。／K：うん，日本の鉄道路線ではすべて，もし列車が3分でも遅れたら，会社が謝罪のアナウンスをするよ。／D：わあ，3分で！　フランスでは，15分を超えて遅れた列車が公式の遅延になるよ。／G：新幹線の正確さの秘訣は何だろう？／K：運転士はコンピューターの助けなしで新幹線を停止させる必要がある。列車は400メートルもの長さがあるけれど，運転士は停止線で止めなければならない。運転士の懸命な働きのおかげで，乗客たちは素早く乗り降りすることができるんだ。／D：わあ！　どんなに大変なことかを聞いて驚いたわ。／R：乗客たちの協力も必要ね。時間通りに乗降するためには，乗客はドアが開いたとたんに降りる用意ができていなければならないし，乗るのを待っている乗客はホームのドアの外に並んでいる必要があるわ。／K：優れた整備士たちがいるから，新幹線にはほとんど問題が起こらないということもあるよ。彼らは頻繁に新幹線を注意深くチェックするんだ。／G：あー，つまり新幹線の正確さはすべて運転士，乗客，整備士のチームワークのおかげなんだね。／

25分後。

K：(d)エ外を見て！　富士山が美しく見える！／D：なんてすばらしい！　私は富士山を写真でしか見たことがなかったの。／G：富士山はとても美しいね！　窓がきれいに掃除されているから，外が簡単に見えるね。車両全体がきれいだよ。／R：運行の合間に作業員が常に列車内を掃除するから，乗客は快適に感じることができるの。／K：そして，座席がゆったりしているから，みんなリラックスできるんだね。／

アナウンス：新幹線が名古屋駅に到着しました。

G：わあ，もう名古屋だよ。まだ10時10分だね。次の停車駅はどこ？／K：次の駅は僕たちが降りる京都だよ！／D：ケンは何回京都に行ったことがあるの？／K：これが2回目だけれど，新幹線でよく旅行するよ。／G：たくさんの人が乗ってくるね。新幹線は一度に何人の人を運ぶことができるの？／K：例えばこの新幹線は，1300人以上が乗れるスペースがあるよ。／R：新幹線はまた，過去50年間で10億人以上の乗客を運んできた。(e)ウそしてこの間，1度も事故がなかったのよ。／D：

新幹線は本当に安全な旅行手段だね！／

25分後。

G：今何時？／R：10時38分よ。／G：本当！　あっという間に時間が過ぎたね。2時間以上もたったなんて信じられないな。もう少しで到着だ。／K：僕たちは，やがて今よりも速く移動できるようになるよ。鉄道会社が，時速400キロメートルの速さで走る新幹線を開発したんだ。／D：次に日本に来たら，それに乗ってみたいな。日本の会社はそれを完成させようと頑張っていると思う。このニュースはきっと，日本中のたくさんの人たちを興奮させたはずね。／R：そうよ！　新幹線の発展は，日本において，時間的正確さ，快適さ，そして安全性が文化的に重要視されるということと結びついているのよ。／G：それはとても興味深いなあ！／

アナウンス：間もなく京都駅で停車します。

R：用意しましょう。すぐに京都駅に着くわ。／D：片付けなくちゃね。行きましょう！

基本　〔問1〕　(a)空所の直前でリサが「ジョージとダイアンが窓際の座席に座るべきだわ。二人が美しい景色を見られるといいなと思うの」と言っているので，ダイアンの言葉である(a)には謝意を述べる，イ「ご好意ありがとう！」が適する。　(b)4人が新幹線の速さを話題にしていて，直前でリサが「最速は時速約285キロメートルよ」と言っているので，それに対するジョージの応答としては，ア「本当？　すごく速いね！」が適する。～ kilometers per hourで「時速～キロメートル」という言い方。　(c)直前でダイアンが「時間通りに新横浜駅に到着したわ」と言っていて，直後にリサが「ええ，新幹線は定時発着で有名なの」と言っている。従って，(c)に入るジョージの言葉としては，オ「日本の列車はほとんど遅れないと聞いているよ」が正解。right on timeは「時間通りに」，be well known for ～は「～で有名である」の意味。　(d)ケンが続けて「富士山が美しく見える！」と言っていて，次にダイアンも「なんてすばらしい！　私は富士山を写真でしか見たことがなかったの」と言っているので，みんなが窓の外を見ているのが明らか。よって，空所(d)には，エ「外を見て！」が入る。　(e)リサが空所の直前で「新幹線はまた，過去50年間で10億人以上の乗客を運んできた」と言っている。そして空所(e)の直後にダイアンが「新幹線は本当に安全な旅行手段だね！」と言っているので，正解は，ウ「そしてこの間，1度も事故がなかった」である。not ... a single accidentは「一度として事故がない」という意味で，安全であることを強調した言い方。

重要　〔問2〕　まず，ケンの発話で下線部(2)よりも前にある3文を注意して読む。要点は「新幹線の設計では，音と速度(sound and speed)について熟慮した」「鳥のくちばし(bird's beak)に似せてデザインした」ということである。この内容をつかむと，次のように組み立てることが容易になる。(They thought that to) キ)increase speed→オ)and reduce noise→イ)the shape of→カ)the front of→エ)the shinkansen→ア)needed to→ク)be→ウ)very similar to (the beak.)　よって正解は，1番目＝キ，4番目＝カ，8番目＝ウ。to increase speed and reduce noiseは目的を表す副詞的用法の不定詞で，「速度を上げて騒音を減らすために」の意味。need to …「…する必要がある」，be similar to ～「～に似ている」

やや難　〔問3〕　会話文全体は非常に量が多いが，①～⑧の各英文は会話の内容順になっているので正誤がわかりやすい。ただし，正しい文の数が示されていないので各文を慎重に吟味する。①「ダイアンは初めて新幹線に乗って，東京駅のホームで人が列に並んでいるのを見て驚いたが，ジョージは初めて新幹線に乗ったのではなかった」(×)ダイアンについての記述は最初の発言の内容と合っているが，ジョージはダイアンより前の発言でThis is my first time taking a shinkansen in Japan.と言っているので誤り。②「ケンとジョージはよい景色を楽しむために窓際の席に座ったが，リサとダイアンは海を見るために反対側の窓際の席に座った」(×)3番目のケンの発言から，二人ずつon the other sideではなく，前後のシートに座ったことがわかる。またリサの3番目の発言から，窓際の席に座ることになったのはジョージとダイアンだけだとわかる。よって誤り。③「フランスはイギリスよりも時間厳守の意識が強く，日本はフランスよりも強い」(×)新横浜駅に停車したあとの話題は，新幹線の運行時間の正確さである。ジョージの6番目の発言から，イギリスでは列車が10分を超えて遅れると遅延扱いで，ダイアンの7番目の発言から，フランスでは15分を超えると遅延扱いになることがわかる。つまり時間厳守の意識はイギリスの方が強いので，誤り。④「運転士や整備士の懸命な働きだけでなく，乗客の協力が新幹線の運行の正確さを可能にしている」(○)ジョージの8番目の発言内容と合致している。本文は〈(S)shinkansen's punctuality (V)is (C)all possible／because of teamwork from A, B, and C.…〉というSVCの文型にbecause ofを用いた句がついている。一方，④の英文は〈(S)Not only the hard work of A and C but also the cooperation of B (V)makes (O)the shinkansen's punctuality (C)possible.〉というSVOCの文型で，主語にnot only ～ but also …の表現を用いている。⑤「作業員は毎回の運行後に時々車両を清掃するし，新幹線の座席はあまりスペースがないのでリラックスできる」(×)リサの9番目の発言に「運行の合間に作業員が常に列車内を掃除する」とあり，続いてケンの14番目の発言に「座席がゆったりしているから，みんなリラックスできる」とあるので間違い。⑥「4人の学生が乗った新幹線は，東京駅を出てから2時間以上あとに名古屋駅に着いた」(×)会話の最初のほうで，ケンの2番目の発言に「新幹線が来た！　8時半に発車するよ」とある。そしてジョージの10番目の発言に「わあ，もう名古屋だよ。まだ10時10分だね」とある。東京駅から名古屋駅まででかかった時間を計算すると，1時間40分だったことがわかるので，間違いである。⑦「新幹線は50年以上の間に，何億人もの乗客を運んできている」(×)リサの10番目の発言に「新幹線はまた，過去50年間で10億人以上の乗客を運んできた」とある。over one billion「10億以上」は，hundreds of millions「何億もの」よりも一桁大きい数字なので，誤り。⑧「新幹線に乗ってみて，リサは新幹線の発展が日本の文化と社会に結びついているのだとわかった」(○)リサの12番目の発言内容と合致しているので正しい。リサの発言中にあるthe cultural importance of punctuality, comfort, and safety in Japanを，⑧の英文ではJapanese culture and societyとまとめて言い換えている。

基本　〔問4〕（メールの全訳）僕は日本人の友人たちとホームステイ中のもう一人の学生と一緒に，新幹線で京都に行った。列車の中で新幹線についてたくさんの話をして，4つの優れた点がわかったよ。第一に，新幹線はとても速く走る。最大速度は時速285キロメートル。多くの場所にとても速く旅行することができる。第二に，ほとんどいつも(a)時間通りなんだ。これは列車のスタッフの頑張りが可能にしている。列車のスタッフと乗客が(b)協力するからでもある。新幹線を使えば，時間の遅れについて心配(c)することなく，旅行や仕事の計画を簡単に立てることができる。第三に，列車全体が清潔で座席がゆったりしているから，快適な旅行を楽しむことができる。最後に，新幹線は(d)安全だ。50年以上前に開発されて以来，ずっと事故がない。これらの素晴らしさのおかげで，新幹線が日本の人々の間でとても人気があるのだと思う。もし君が日本に来ることがあったら，新幹線で旅行をしてほしいな。素晴らしい時間を過ごすことができると思うよ。(a)on time「時間通り」(b)work together「協力する」(c)without ～ing「～しないで」(d)safe「安全な」対話文を読み取れていなくても，空所の次の英文の内容からsafeを導くことができる。

3　**(長文読解問題・論説文：語句解釈・選択，語句補充，適文補充・選択，内容吟味，語句整序，要旨把握，受動態，接続詞，不定詞，現在完了，動名詞，比較，関係代名詞，助動詞)**

(全訳)　あなたはお正月に何を食べるだろうか？　多くの人はもちを食べるかもしれない。伝統的な日本食であるもちは長寿を願って食べられるが，他の食べ物と同様に，新鮮なうちに食べなければならない。新鮮でなくなるとどうなるだろうか？　知っての通り，たいてい，白や緑色のものがもちの表面に出来始める。それらは(1)カビと呼ばれている。カビがもちの上に拡がると，もうそれは食べられない。

カビは奇妙に見えるし，食べると危険な食べ物になることがあるので，人はたいてい，カビは単に悪いものだと考える。しかし，20世紀前半に一人の英国人科学者がカビから優れた薬を作った。その名前はペニシリンである。前にはどの薬も治療することができなかったような伝染病にかかった多くの人の命を救ってきた。その時まで，伝染病の治療にカビが役立つとはだれも思わなかった。(2)－aしかし今や，たくさんの人々を救うために，カビから作り出された多くの医薬品が使われている。

カビは菌類の一種である。菌類は5億年以上前から地球上に存在していて，人類よりも長い歴史を持っている。菌類は生き物だが，植物や動物ではない。我々のまわりには多くのさまざまな菌類がある。(2)－b例えば，シイタケは菌類の一種である。我々はそれを食べて，身体を健康でじょうぶにする多くの栄養分を得ることができる。

酵母と呼ばれるもう一つの菌類はパンを作るときに使われる。家で初めてパンを作る人たちの多くは，酵母がパン生地を膨らませる様子を見て驚く。これは酵母菌が生地の栄養分を分解することによって生成した炭酸ガスの効果である。生地が温かいうちに，炭酸ガスが繰り返し発生する。それによってパンがより美味しくなる。

このように，菌類は健康のために薬として，そして食生活のために食品として，私たちの日常生活に役立つものである。しかし，菌類に関してはほかにも多くの興味深いことがある。実は，世界には菌類をより環境に優しい作物生産のために利用し始めている地域がある。菌類が世界中で農業問題を解決しつつあるのだ。今日の人口増加の状況下では，地球に住んでいるすべての人々にとって十分な量の食糧を生産することは以前ほど容易ではない。そのために大量の化学肥料を使用することになるが，それは私たちに悪影響があるだけでなく，土壌の状態も悪化させる。私たちは作物を生産するために，もっと環境に優しい方法を使わなければならない。このために，科学者たちの中には「アーバスキュラー菌根菌」を研究して，菌類がより安全に作物を生産することに役立つということを発見した人たちがいる。アーバスキュラー菌根菌は植物の根にいて，菌糸体を根から土壌に拡げる。菌糸体は土壌から多くの水分と養分を吸収し，やせた土壌でも植物にそれらを届けることができると，科学者たちは言う。作物の生産にこの菌類を使うことによって，(3)作物は化学肥料の助けを借りずに，もっと環境に優しい方法で育ちやすくなるだろう。

また，菌類は今やアフリカの大きな問題を解決するために使われている。アフリカについて聞くと，砂ばかりで草木のない地域である砂漠が思い浮かぶかもしれない。セネガルの研究センターはそのような砂漠地域でも植物が育つように菌類を利用する研究を始めた。このプロジェクトでは，研究者たちが砂漠から異なる種類の菌類を採取して，アフリカの砂漠でよく見かける木の一種であるナツメの木で，各菌類がどのように作用するかを研究した。(4)彼らは「グロムス・アグレガタム」と呼ばれる菌類を選んだ。この菌類は砂漠で生きることができる。グロムス・アグレガタムがナツメの若木に使われると，木の根がとても大きくなり，十分成長するために必要な養分を土壌から吸収することができる。研究チームは，菌類が砂漠の厳しい環境下でもナツメの木がしっかりと育つ助けになることを発見した。

科学者たちは，グロムス・アグレガタムの働きが，「グレート・グリーン・ウォール」と呼ばれる大プロジェクトの一部になることを希望している。このプロジェクトの(5)目標は大きな森林をつくることで，それは幅15キロメートルで長さ7775キロメートルにわたる大きな森林になり，アフリカ大陸の最西端の都市から最東端の都市までをつなぎ，アフリカの11か国にまたがるものになるだろう。プロジェクトは2007年に始まり，アフリカの国だけでなく，世界中の多くの国々が参加している。開始から10年後には，すでに1000キロメートルまで出来上がっている。

このプロジェクトはなぜ重要なのだろうか？　今日，アフリカの森林地域は以前よりも(6)-a小さいが，将来は今の地域よりも(6)-b小さくなるかもしれない。この深刻な砂漠化問題は，現在の地域で起きているほかの多くの問題の一つでしかない。しかし，現地と他国の人々がこの深刻砂漠化問題に取り組めば，アフリカの人々は他のいくつかの問題を解決することができるだろう。グレート・グリーン・ウォールの周りの樹木は，土壌を作物生産に適するものにすることができる。そうすれば，ウォールの周りでより多くの新しい作物を育てることができる。自国でより多くの食糧を生産し，地域の産業を創出することもできるようになるだろう。そうして，このプロジェクトは砂漠化問題を解決するだけではなく，貧困を減らす助けになるだろう。

菌類はたいてい目に見える大きさよりも小さいので，私たちはふつう，菌類についてあまり考えることがない。しかし，長年にわたって私たちは生活を改善するために菌類を利用してきた。そして今や菌類は，農業問題，砂漠化問題，貧困のような地球規模の問題を解決する手助けとなっている。将来，菌類研究が続くにつれて，私たちは菌類をもっと頻繁に利用し，新しい技術を開発し，以前には誰も想像もしなかったような夢を実現することができるかもしれない。菌類は地球を(7)救うことができる。

重要 〔問1〕 moldに語注がついていないが，第1段落の内容からカビを意味することが明らかである。①「白か緑色のカビが新鮮で食べても大丈夫な食べ物の上に発生する」(×)food that is fresh and safe to eatの部分が誤り。②「人々はカビは危険な食べ物だから私たちの役に立つとは考えなかった」(×)第2段落最初の文にpeople usually think that it is just a bad thingとあるので誤り。③「伝染病の治療をするための薬が，一人の英国人科学者によってカビから作られた」(○)第2段落第2～4文の内容と一致。④「ペニシリンができる前は，カビを薬として使えるとは誰も想像しなかった」(○)第2段落第5文の内容と一致。⑤「地球上には多くの種類のカビがあり，菌類はそれらの一つである」(×)第3段落最初の文にMold is a kind of fungus.とある。fungus(菌類)の意味が分からなくても誤りとわかる。よって，正解は③と④の組み合わせであるオ。

基本 〔問2〕 空所の(2)-aと(2)-bに入る語句は，いずれも前後の英文の内容をつかむことが重要。(2)-aの前の文では「その時まで，伝染病の治療にカビが役立つとはだれも思わなかった」とあり，(2)-aの直後では「たくさんの人々を救うために，カビから作り出された多くの医薬品が使われている」とあるので，空所には逆接の接続詞butを含むBut now(しかし今や)が適当である。すると，もう一つの空所(2)-bにはアのHoweverかイのFor exampleが入ることになる。(2)-bの前の文を見ると「我々のまわりには多くのさまざまな菌類がある」とあり，(2)-bの直後には「シイタケは菌類の一種である」とあるので，例を示すFor example(例えば)が入る。よって正解はイ。

重要 〔問3〕 空所(3)のある第5段落の中心的な内容をしっかりとつかむ。第6文で「大量の化学肥料を使用することになるが，それは私たちに悪影響があるだけでなく，土壌の状態も悪化させる」とある。そして第7文で「作物を生産するために，もっと環境に優しい方法を使わなければならない」と述べている。つまり，化学肥料ではなく，もっと環境に優しい方法が必要だということがポイントである。よって，空所(3)の直前のBy using this fungus in producing crops「作物の生産にこの菌類(fungus)を使うことによって」という内容に続くものを選択肢ア～エから選ぶと，正解はウの「作物は化学肥料を用いることなく，もっと環境に優しい方法で育ちやすくなるだろう」である。アとイはいずれもwith the help of chemical fertilizers「化学肥料を用いて」の部分が不適である。エはto reduce the health of soil「土壌の状態を悪化させる」の部分が誤り。第6文から，悪化させるのはfungusではなく化学肥料であることが明らか。

やや難　〔問4〕　質問の訳：「セネガルの研究センターの研究者たちは，なぜGlomus aggregatum（グロムス・アグレガタム）と呼ばれる菌類を選んだのか」ア「グロムス・アグレガタムは砂漠で全く育つことのできない木々を生かすだろうから」（×）下線部が誤り。研究者たちはアフリカの砂漠でよく見かける木の一種であるナツメの木で研究している。イ「ナツメの若木はグロムス・アグレガタムを木につけることによって砂漠でしっかりと育つことができるから」（○）第6段落第6・7文の内容と一致。ウ「グロムス・アグレガタムの根はとても大きくなるので，土壌の養分を吸収することができるから」（×）下線部が第7文の内容と不一致。エ「グロムス・アグレガタムは砂漠の土壌をよりひどい状況にしてしまうだろうから」（×）このような記述は本文にない。

基本　〔問5〕　まずThis project'sに続く名詞をさがして，This project's goal「このプロジェクトの目標」とする。This projectは，その直前のa large project called "Great Green Wall"を指す。並べかえ部分の後ろに幅と長さの記述があるので，このWallの大きさを示しているとわかる。This project's goalが主語であると考え，動詞になる部分を探してThis project's goal is to build「このプロジェクトの目標は～をつくることである」と続ける。そしてbuildの目的語としてa large forestを続ける。これは意味的にGreat Green Wall（大きな緑の壁）に対応するとわかる。すると残りは【will／be／that】なので，文法的に後ろの15 kilometers以下につながるように並べる。thatが関係代名詞であるとわかれば，a large forestを先行詞として，(This project's) goal is to build a large forest that will be (15 kilometers wide and ....)と組み立てることができる。

やや難　〔問6〕　どちらの空所も後にthanがあるので比較級が入るとわかる。直後の文がThis serious desertification（この深刻な砂漠化問題は）で始まるので，the forest area in Africa（アフリカの森林地域）は「より狭くなる」または「より小さくなる」と考えられる。このような意味を表す比較級の語を本文中から探すと，次の第9段落第1文にFungus is often smaller than we canseeとあるので，このsmallerを入れればよい。

やや難　〔問7〕　最終段落は，「人は長年菌類を利用してきた」→「今や，菌類は地球規模の問題を解決する助けになる」→「菌類研究によって，新しい夢の実現が可能になるだろう」という流れである。ただし，(7)の空所に入る適語は最終段落の中にはない。そこで本文に最初からさっと目を通すと，第2段落でカビからペニシリンが作られた歴史が書かれていて，最終文で，But now, we are using many medicines created from mold to save many people.とある。このsaveを(7)の空所に入れてFungus can save the Earth.「菌類は地球を救うことができる」とすると自然な流れになる。

重要　〔問8〕　①「菌類は，最初の人類が誕生するよりもはるか前に地球上に誕生した植物の一種である」（×）第3段落第3文にFunguses are living things, but they are not plants or animals.とあるので誤り。long before ～「～よりもはるか前に」②「酵母はカビの一種で，パン生地の栄養分を分解するときに炭酸ガスを発生させるので，パンを大きく膨らませる」（×）第4段落第1文にAnother fungus called yeast is「酵母と呼ばれるもう一つの菌類は」とあるので，酵母はカビではない。よって誤り。break down ～「～を壊す，分解する」③「カビ，シイタケ，そして酵母は見かけや利用方法がかなり異なっているが，全て菌類である」（○）カビとシイタケについては第3段落で，酵母については第4段落でいずれも菌類の一種であることや，実際の利用方法などについて述べられている。④「アーバスキュラー菌根菌は，菌糸体を植物の根に拡げて，そこから水分と養分を植物に届けることができる」（×）アーバスキュラー菌根菌については，第5段落第9・10文で次のように説明されている。Arbuscular mycorrhizal ... spreads its mycelium from roots into the soil「アーバスキュラー菌根菌は菌糸体を植物の根から土壌に拡げる」／mycelium can get a lot of water and nutrients from the soil ...「菌糸体は土壌から多くの水分と養分を吸収し」下線部が本文と不一致なので誤り。⑤「セネガルの研究センターの科学者たちは，砂漠で育つことのできる丈夫な木々を望んでいたので，異なる種類の菌類を研究し始めた」(○)セネガルの科学者たちの研究について述べられているのは第6段落である。第4文では異なる種類の菌類(different kinds of funguses)を採取したこと，そして最後の第8文では，菌類を利用して砂漠でも丈夫な木(strong trees)を育てられることを発見したという記述がある。⑥「グレート・グリーン・ウォール・プロジェクトは21世紀前半に始まり，目標のほとんどが達成された」(×)第7段落第3文にThe project began in 2007とあるので文の前半は正しい。しかし，第4文から10年後(in 2017)にはmore than 1,000 kilometersの長さまでしか完成していないので，第2文に書かれている目標の7,775 kilometers longには全く及ばない。よってこの選択肢の後半は間違いである。⑦「現在，アフリカの11か国だけがグレート・グリーン・ウォール・プロジェクトに熱心に取り組んでいるので，彼らは将来，他の国々もプロジェクトに協力してくれることを願っている」(×)第7段落第2文にグレート・グリーン・ウォールがcover eleven African countriesとある一方で，「11か国だけがプロジェクトに取り組んでいる」という記述はどこにもないので，誤り。⑧「貧困のようなほかの問題を解決することにつながるので，アフリカの砂漠化問題を解決することはとても重要だ」(○)第8段落の第4・8文の内容と一致する。be connected to ～「～につながる」，such as ～「～のような」〔問8〕の正解は，③⑤⑧の組み合わせであるコ。

4 **(長文読解問題・論説文：文挿入，語句補充・記述，語句整序，内容吟味，文整序，要旨把握，条件英作文，現在完了，間接疑問，動名詞，比較，分詞，進行形，受動態，助動詞，接続詞，不定詞)**

(全訳)我々は今やthe Anthropoceneの時代に生きているのだという人たちがいる。the Anthropoceneは，21世紀に入ってから一部の科学者たちが使い始めた時代名である。Anthropoは英語でman，*cene*はnewという意味である。地球の歴史で最も新しい時代をthe Anthropocene epoch(注：人新世時代)と呼ぶが，人間の活動が地球の環境に大きな影響を与えているからである。当然，動物はこの一例である。

どの動物の種も，個々の環境下で生存するために数十億年にわたって進化してきた。例えば，それぞれの種の進化の過程が各動物の外見を決定づけた。このおかげで，それぞれの種は捕食者から上手に身を守って，周辺の環境下で生き延びることができる。地球の歴史で，このような進化にはたいてい長い時間がかかった。しかし，the Anthropocene時代が始まってから，とても短時間の間に外見が変化した種も中にはある。この時代には人間の活動が速い変化を引き起こしている。これらの変化の1例が，peppered moth(注：オオシモフリエダシャク)と呼ばれる蛾の種族である。

peppered mothsはヨーロッパに生息している。胴体は白色で，羽に霜降り模様がついている。英国にかつて生息していた蛾のほとんどはその同じ淡色をしていた。しかし19世紀後半に，特に工場地帯ではpeppered mothが暗色になり始めた。

(2)なぜこの変化が起きたのだろうか？　19世紀前半には，多くの工場がどんどん建てられた。これらの工場からの黒い煙によって引き起こされた大気汚染が，工場の近辺にあった木々の樹皮に付いていた多くの地衣類を死滅させ，樹皮の色が黒っぽくなった。昼間，peppered mothsはこれらの木々に止まって休む。地衣類が樹皮に生えて木々が淡色に見えると，白い蛾は捕食者である鳥から自分たちを容易に隠すことができる。しかし，地衣類が樹皮を覆わずに木々が暗色に見えると，鳥が暗色のpeppered mothを見つけづらくなる。この変化した環境下では，暗色の蛾が生存する確率がかなり高い。事実，工場地帯から離れた田園地帯に生息している同種のpeppered mothは淡色のままである。

英国の科学者が1953年と1955年に，暗色のpeppered mothのほうが鳥から身を隠すのが容易であることを示すために実験を行った。彼の研究グループが，工場地帯付近と田園地帯の森の中でたくさんのpeppered mothを放った。そしてしばらくした後，生き残っていた蛾を採取した。結果は表に示されている。表の数値は，淡色と暗色の蛾の放たれた数と，後に採取された数を表している。工場地帯では暗色のpeppered mothのほうがより多く生存できたことがわかる。peppered mothが生息している場所と見え方が，昆虫が生存するためにとても重要であるということを示している。

しかし，他の要因が暗色のpeppered mothの増加に影響を与えているかもしれないと言う科学者たちもいる。実際，科学者たちが現在これらの蛾の遺伝子について研究しているので，いつかそれについてもっと多くのことがわかるだろう。だがまだ研究中であっても，環境における変化が蛾の色の変化にいくつかの点で結びついていることは明らかだ。これはthe Anthropocene時代になって，人間の活動が動物の生活にそれ以前よりも大きな影響を与えていることを示す一例である。

実際には，人間の活動がthe Anthropocene時代に動物だけでなく植物にも影響を与えている。まさにpeppered mothのように，ある植物種が非常に短期間に(4)見え方を変えた。peppered mothの場合には，人間が彼らの環境を変えてしまい，蛾の一部が捕食者から隠れるために暗色になった。しかし植物の場合には，捕食者は人間である。これは人間の活動がより直接的に植物に影響を与えているということである。この植物の名前はFritillaria delavayiである。

Fritillaria delavayiは中国に生えている。過去には，その花は明るい黄色(山吹色)のみで，葉は明るい緑色のみだった。球根に薬草成分があるため，人々は薬を作るために少なくとも2000年間採取してきた。しかし20世紀後半には，中国だけでなく他の国々でも薬剤への必要性が増し始めた。それ以来中国の人々がより頻繁に植物を採取してきた。このために不思議なことが植物に起こり始めた。

Fritillaria delavayiに何が起きたのだろうか？　その答えは，その花と葉の色が暗色になったということである。今や灰色の植物もあれば，茶色の植物もある。なぜか？　それらは山岳地帯の岩や石の近くに生えているので，灰色や茶色のような暗色は目立ちにくいのである。(5)B捕食者である人間にとって，明色の植物と暗色の植物のうち，そのような場所で見つけやすいのはどちらだろうか。Dこの質問に答えるのは簡単だ。Aしかし，中には前と同じくらい明るい色のままの植物もある。なぜこれが起きたのだろうか？

中国で6年間にわたって行われた研究によると，山頂近くの非常に高い場所のような，人間が簡単に到達できない所に生えている植物は明るい色のままである一方，人間が簡単に到達できる所に生えている植物は暗色になりつつある。もし誰も植物を採りに来なければ，目立たないようにする必要がないので，次世代は明るい色のままだろう。しかし，人間の近くに生えている植物の次世代は目立ちにくくするために暗色になるだろう。やはり，Fritillaria delavayiがどこに生えてどのように見えるかということが，植物が生き残るためにとても重要だということである。

これらの色の変化を引き起こしたほかの要因もあるかもしれない。この植物の遺伝子を研究し始めた科学者はまだいないが，色の素早い変化を経験した植物の数少ない例の一つなので，ますます多くの科学者たちがFritillaria delavayiの研究をしたがっている。

何十億年もの間に多くの要因が地球上の生物に影響を与えてきたが，今日，(6)人間の活動が及ぼしている影響は以前よりも大きい。この時代をthe Anthropoceneと呼ぶ人もいるが，地球は人間だけのものではなく，地球上に生きているすべてのためにある。将来は，the Anthropoceneからもっとよい時代に移っていけるように，私たちは最善を尽くすべきである。いつこれを実現できるかわからないが，確実に言えるのは，すぐにでもそれが実現すればなお良いということである。

重要 〔問1〕 挿入文の訳：「地球の歴史で，このような進化にはたいてい長い時間がかかった」第2段落第1文で「どの動物の種も…数十億年にわたって進化してきた」とあり，この進化の1例として，第2文で「動物の外見(how each animal looks)」の変化が挙げられている。第3文は「このおかげで(Because of this)」と始まるので，アに入る余地はない。さらに空所イの後ろの文の内容を見ると，逆接を導くhowever(しかしながら)があり，…changed how they look over a very short period of time「とても短時間の間に外見を変化させた」とあるので，挿入文のtaken a long time「長い時間がかかった」との対比の内容であるとわかる。よってイに入れるのが正解。

基本 〔問2〕 下線部(2)の訳：「なぜこの変化が起きたのだろうか」this changeは，第3段落最後の文にある「peppered mothが暗色になり始めた」という部分を指す。答えは第4段落の(2)よりも後の部分から探す。まず第3文に，「大気汚染が多くの地衣類を死滅させ，樹皮の色が黒っぽくなった」とある。次に第6文で「木々が暗色に見えると，鳥が暗色のpeppered mothを見つけづらくなる」とある。そして第7文の内容からも，生存のためにpeppered mothの暗色化が起きたのではないかと類する流れになっている。よって，選択肢の中から最適なものを選ぶと，正解はウである。ア「工場地帯近くの森で木々の樹皮に付いた多くの地衣類が死滅して，樹皮が本来の暗い色を失ったから」(×)本来は白色なので間違い。イ「多くの工場が建てられた後，工場地帯近くの森で，より多くの地衣類が樹皮を覆い始めたから」(×)下線部が間違い。ウ「樹皮に生えていたたくさんの地衣類が死滅した後，工場地帯近くの森の木々の樹皮が暗色になったから」(○)エ「工場からの煙が近くの森の木々の樹皮を覆い始めて，木々の色が淡色になったから」(×)このような記述はない。

基本 〔問3〕 第5段落の第1～第3文で実験方法が，そして第5文で結果を示す表の見方が述べられている。続く第6文で「工場地帯の暗色のpeppered mothのほうがより多く生存できたことがわかる」という考察が述べられている。本文にある表の中のa～cはareaを表す。light mothsとdark mothsの列を見て，releasedの時とcaught againの時の数値を見比べる。するとcの場合だけ，releasedの時とcaught againの時の数値で，light mothsの数がdark mothsの倍あることがわかる。よってこれは樹皮が白いままのcountrysideでの採取だとわかる。そしてaで，releasedの時とcaught againの時の数値を見比べる。light mothsは，caught againの時にはreleasedの時の10分の1くらいの数しか採取できなかった。一方，dark mothsは，caught againの時にはreleasedの時の4分の1くらいの数が採取できている。よって，dark mothsがたくさん残っているので，採取場所は工場地帯だとわかる。bも同様に考えると採取場所は工場地帯である。よって正解は「a：工場地帯，b：工場地帯，c：田園地帯」のアに決まる。

やや難 〔問4〕 第7段落の第1文を見ると，「人間の活動がthe Anthropocene時代に動物だけでなく植物にも影響を与えている」とあり，これ以降の話題が植物のことに移ることがわかる。(4)の空所がある第2文は「まさにpeppered mothのように，a species of plantが短期間に(4)を変えた」とあるので，体色に関する語句が入るはずだが，「本文中の英語3語」という規定があるので，peppered mothについて記述がある段落に戻って探す必要がある。すると第2段落第5文に..., some species have changed how they look over a very short period of timeという記述がある。(4)の空所がある第2文と文の形も意味も非常に良く似ている。しかし，(4)がある第2文の主語はa species of plantなので，theyで受けることはできない。さらに探すと，第5段落最終文にWhere the peppered moth lives and how it looks is very important for the species ....とある。指定の語数にも合うので，このhow it looksが正解である。

重要　〔問5〕 まずA～Dの文の意味をつかむ。Dが「この質問に答えるのは簡単だ」とあるので，Dの直前には，Whichで始まる疑問文であるB「捕食者である人間にとって，明色の植物と暗色の植物のうち，そのような場所で見つけやすいのはどちらだろうか」がくる。Cは「もちろん，暗色の植物のほうが彼らにとってより見つけやすいだろう」という意味だが，第9段落第5文で「山岳地帯の岩や石の近くに生えているので，灰色や茶色のような暗色は目立ちにくい」とある。よってB→Dに続く文にはならない。残るAでは「しかし，中には前と同じくらい明るい色のままの植物もある」と述べられている。(5)の空所の下の文はWhy has this happened?「なぜこれが起きたのだろうか」とある。thisは前の文Aの内容を指すと考えると自然な流れになる。B→D→Aとつながるので，正解はエである。

やや難　〔問6〕 文章のintroduction(導入)である第1段落では，第4文で「地球の歴史で最も新しい時代をthe Anthropocene epochと呼ぶが，人間の活動が地球の環境に大きな影響を与えているからである」とある。ここでhuman activity(人間の活動)という語句が初出する。この後空所(6)に行くまでに，文章全体でhuman activityは4回繰り返し出てくるので重要な言葉であることがわかる。human activityが地球環境に大きな影響を与えている例として，前半ではpeppered mothが，後半ではFritillaria delavayiの外見の変化が挙げられている。最後の段落はこの文章全体のまとめである。従って，第1文の空所(6)にはやはりhuman activityを入れて，「何十億年もの間に多くの要因が地球上の生物に影響を与えてきたが，今日，(6)人間の活動が及ぼしている影響は以前よりも大きい」とするのが文脈に合う。

重要　〔問7〕 ①「20世紀が始まってすぐに，一部の科学者たちがthe Anthropocene epochという名前を使い始めたが，それは新人類の時代だと彼らが思ったからだ」(×)第１段落第2文から，the Anthropocene epochという名前を使い始めたのはat the beginning of the twenty-first century(21世紀の最初に)とあるので間違い。②「peppered mothsの例を見ると，the Anthropocene epoch時代に人間たちが，一部の動物種の色の変化のスピードを急速に遅らせ始めたと言ってよい」(×)第2段落第5～7文から，スピードを遅らせたのではなく，速めている(human activity is causing quick changes)ということがわかるので誤り。③「田園地帯に生息しているpeppered mothsの色は，そこにある木々の樹皮の色が以前と同じままだったので，他の地域に多くの工場が建てられた後でさえ変化しなかった」(○)第4段落最終文の内容に一致。④「peppered mothsの遺伝子を研究している科学者たちもいるので，将来には，なぜ英国の工場地帯の多くのpeppered mothsが自分たちの環境を変えたのかがわかるだろう」(×)第4段落から，peppered mothsの環境を変えてしまったのは人間だと明らかなので誤り。⑤「peppered mothsの捕食者は鳥ではなく人間なので，人間はFritillaria delavayiよりもpeppered mothsに対してより直接的に影響を与えていると言える」(×)第4段落第5文からpeppered mothsの捕食者は鳥だとわかる。またFritillaria delavayiとpeppered mothsを比べる記述も本文にないので誤り。not A but B「AではなくBである」⑥「長い間中国の人々は，その花と葉に薬草成分があるので，Fritillaria delavayiが健康のために大事な植物であると考えてきた」(×)第8段落第3文から，薬草成分があるのはbulbs(球根)なので誤り。⑦「人間が訪れやすい場所かどうかが，その場所に生えているFritillaria delavayiの次世代の色を決めるだろう」(○)第10段落の内容に一致。How easy it is for people to visit placesという間接疑問が主語になっている文。⑧「異なる場所に移動したほかの植物は極めて少ないので，近い将来にはFritillaria delavayiの研究をする科学者の数が増えるだろう」(×)第11段落第2文に「色の素早い変化を経験した(have experienced quick changes in color)」とあって，「異なる場所に移動した」のではないので誤り。よって本文の内容に合う組み合わせは③と⑦なので，正解はエである。

やや難　〔問8〕（設問英語訳）「地球環境への影響を減らすために，我々がやるべき一つのことは何か？　なぜそうすることが重要なのか？」(40語以上50語以内という字数制限を守ること)

（解答例訳）「森林の木々の伐採をやめるべきである。そこに動植物の多くの種が生息しているので，我々が続ければ，その多くがすみかを失うだろう。もし我々が木々の伐採をやめれば，多くの種が守られて，それらの環境を破壊することを止められるだろう。」

★ワンポイントアドバイス★

今回も要旨把握問題が大問2・3・4のすべてで出題されている。各8点で総計24点と配点が非常に高い。内容が一致しているものの組み合わせを選ぶ記号問題であるが，一致する英文の数が一定でないので，注意が必要である。はっきりと誤りだとわかる英文も含まれているので，あわてないようにしたい。空所に，指示された語数の英語を本文中から抜き出して入れる問題にも注意が必要。英文を読み進めながら，繰り返し出てくる言葉をチェックするとよい。

＜国語解答＞

1　(1)　おおぎょう　　(2)　つか(わす)　　(3)　しっく　　(4)　たいぜんじじゃく

2　(1)　収束　　(2)　護衛　　(3)　散策　　(4)　同工異曲

3　〔問1〕　エ　　〔問2〕　ア　　〔問3〕　(例)大役を任され，心の中に生じた不安な思いが，真剣な宮川の表情を見たことにより，自分の使命を果たそうという決意へと変化した。(60字)
〔問4〕　イ　　〔問5〕　ウ　　〔問6〕　イ

4　〔問1〕　ウ　　〔問2〕　エ　　〔問3〕　イ　　〔問4〕　キ　　〔問5〕　ア　　〔問6〕　エ
〔問7〕　(例)〈題名〉プロテインは最強？
　私は，筆者が言うように，知識をもっていることと適切に使うこととは異なると考える。例えば，プロテインを飲めば筋肉がついて女子にモテるという人がいるが，「プロテインを飲めば筋肉がつく」という知識を使っても筋肉がつくとは限らない。また，筋肉量と，不特定多数の女性の好意や恋愛感情，交際の成功率とのあいだに，論理的なつながりはない。プロテインを飲めばモテるというのは，思い込みや願望にすぎないのである。(197字)

5　〔問1〕　ウ　　〔問2〕　イ　　〔問3〕　ウ　　〔問4〕　エ　　〔問5〕　イ

○配点○

1　各2点×4　　2　各2点×4　　3　〔問3〕　6点　　他　各4点×5

4　〔問7〕　14点　　他　各4点×6　　5　各4点×5点　　計100点

＜国語解説＞

1　(知識－漢字の読み書き)

(1)　「大仰」は，大げさな様子を表す。　(2)　「遣」には，「ケン・つか(う)・つか(わす)」という読みがある。　(3)　「疾駆」は，速く走ること。　(4)　「泰然自若」は，何があってもあわてずどっしりかまえている様子を表す四字熟語である。

2 （知識ー漢字の読み書き）

(1)「収束」は，おさまりがつくという意味。　(2)「護」も「衛」も「まもる」という意味の漢字である。　(3)「散策」の「策」のつくりを「束」としない。　(4)「同工異曲」は，ちょっと見ると違うようだが内容は同じであることをいう。

3 （小説ー情景・心情，内容吟味）

基本 〔問1〕 篤は，いつもと異なり，「今の自分にとって，一番いい呼び上げができるように」ということだけを考えていたことで，「思っていた以上に声が出た」のである。正解はエ。「誰かに背中を押されたみたいに」は自分の意志で大きな声を出したのではないことを表しているから，アは誤り。イの「手際の良さ」は文脈に合わない。ウの「今日で終わりだ」は，いつもならば思っていたことだが，「今日はそんなことは頭に浮かばなかった」とあるので，誤りである。

〔問2〕 傍線部(2)の二つ後の文の「さきほどまでお喋りをしている客がちらほらいたが，直之さんが呼び上げた途端に客たちの声が止み」と合致するアが正解。傍線部(2)は直之が「声を発した瞬間」の観客の無意識の変化を描写した表現なので，呼び上げの最中の会場の様子を説明したイやウの説明は不適切。エの「ねたましさ」は，本文から読み取れない。

やや難 〔問3〕 篤が「耳を疑った」のは，決定戦の呼出という大役を自分が任されるとは思っていなかったためである。「徐々に緊張が高まっていた」「俺には荷が重すぎる」などからは，篤の不安な気持ちが読み取れる。しかし，篤は宮川の「腹を決めたような」「真剣な顔つき」を見たことで，自分の役割が「四股名を呼ぶこと」であることを思い出し，「いい呼び上げ」をしようと決意するのである。心情が変化するきっかけに触れ，当初の不安と変化したあとの決意を含めて，60字以内で書く。

重要 〔問4〕 優勝決定戦は，呼出をした篤にとっても，戦った宮川にとっても大舞台であった。大任を果たした篤は，宮川の取組を特別な思いで集中して見ていたため，一つ一つの動きがスローモーションのように明確に見え，長く感じたのである。正解はイである。アは「宮川の戦いぶりにも集中できない」が誤り。ウは，篤は観客について「対戦相手が朝霧部屋の宮川だということまで覚えている人は，ほとんどいないだろう」と考えているので誤り。エは，宮川は勇大との取組で健闘したものの一方的に攻められており，「名勝負」とは言えないので，不適切である。

〔問5〕 決定戦で勇大に負けた宮川は，「晴れ晴れ」とした「力を出し切った人」の顔をしていた。「つえーな」は，自分の完敗を認め，素直に相手の強さをたたえる言葉なので，ウが正解となる。アやエの「落胆」「悲嘆」は読み取れない。イの「互角の戦い」は本文の内容と合わないので，不適切である。

〔問6〕 アは，「白扇を持つ手までもが大きく震え始めた」は篤の緊張と不安を表しているので誤り。イの，声や擬音語が臨場感や緊張感の高まりを表現しているという指摘は適切である。ウの「全身が心臓になったみたいに」は，客観的な表現とは言えない。エの宮川の動作や表情は，「自信と失望」を表現したものではないので不適切である。

4 （論説文ー内容吟味，段落・文章構成，作文）

〔問1〕「科学技術の内容」の変化について詳しく説明している第六段落以降の内容を確認する。物理学や天文学では，人はつねに「観測者」であって中立な存在とされてきたが，物理学が量子力学に行き着き，「観測者の影響は排除できない」という状況に至った。また，生物学は領域が広がるにつれて医学と融合して生命医科学となり，人間も研究対象となった。このことを説明したウが正解。アとイは，物理学で「観測者を排除できない」ことを説明していないので不十分。エは，物理学が人間を研究対象とするという説明になっており，本文と合わない。

基本　〔問2〕　本文の「人の生誕や死去は，元来は共同体で確認していく社会的な営みだった」が「今では，出生も死亡も病院で確認される」という内容に合致するエが正解となる。アの説明は，「人間の存在自体が，科学技術に支えられている」ことの根拠であり，傍線部(2)に対応していない。イの「科学技術の有用性と人間生活への支配」やウの行事と科学技術の関係は，本文にない内容である。

〔問3〕「母乳をあげるとオキシトシンが出て気持ちが落ち着く」という科学的「事実」と，「赤ちゃんには母乳をあげるべきだ」という主張に論理的なつながりはない。つながっているように感じるのは，「落ち着くのは良いことだ」という価値判断や好みが加わるためである。正解はイである。アの「誘惑幻惑効果」やエの「科学的用語」の使用は，傍線部(3)の説明として不適切。ウの「何の関係もない行動」については，ここでは言及していない。

〔問4〕　一般人は，「科学的な用語が加わっていると，説明の内容部分は同じなのに，科学用語がない説明よりも高く評価した」ので，③が正しい。①も間違いとは言えないが，②は誤りである。専門家は，「科学的用語の有無にかかわらず，不適切な説明文は低く評価した……科学的用語の内容が不正確であり説明内容に適していないとの判断から……低く評価した」とあるので，④と⑥は正しいが，⑤は本文に根拠がない。学生は，「一般の素人と同じく」「科学的用語があれば，そうでないものよりも高く評価」したので，⑧は正しいが⑦と⑨は誤り。したがって，すべてが適切なのは，キである。

〔問5〕「誘惑幻惑効果」は，「科学的な用語が使われるだけで満足してしまう傾向」を指す。科学的な用語が加わっている不適切な説明を適切だと勘違いしたり，科学的な「事実」に価値判断や好みを加えたものを「真理」だと信じたりしてしまうため，傍線部(5)のような傾向が生じるのである。このことを説明したアが正解。イは傍線部(5)の言い換えであり，理由の説明になっていない。ウの科学技術と市民生活との関わりは，文脈から外れている。エの物質の実在と有効性との結びつきや，「新しい治療法」に対する反応は，本文にない内容である。

重要　〔問6〕　この文章は，まず科学技術が人間や社会のためのものであることを述べ，その理由として「科学の内容が変わったこと」と「社会全体の科学技術への依存度が高くなっていること」の二つを挙げている。後半では，知識の誘惑幻惑効果について説明し，私たちは科学的用語の影響を受けがちであると注意を喚起している。正解はエ。本文は，アのような「データ」を示していない。本文は，事実の記述が価値を帯びるとは言っているが，事実と価値を取り違えるとは言っていないし，「現代社会を痛烈に批判している」とは言えないので，イは誤り。知識の誘惑幻惑効果によって「科学の支配力がを強化される仕組み」の説明は本文にないので，ウは不適切である。

やや難　〔問7〕「知識をもっていること」と「それらの知識を適切に使うこと」の関係について，本文の内容をふまえて自分の考えを200字以内にまとめて書き，内容にふさわしい題名をつける。筆者の考えに賛成でも反対でも構わない。文字だけでなく，句読点，記号，書き出しや改行の空欄も1字と数える。誤字・脱字や原稿用紙の使い方の誤り，不自然な表現などは減点の対象になるので注意する。

5　(漢文・漢詩を含む説明文－内容吟味，品詞・用法)

〔問1〕「具体的な水」については，傍線部(1)の直後に川の名の「漢水」「湘水」が挙げられ，傍線部(1)の後に文学作品の中の「流水」「南浦」が挙げられている。『論語』の「流水」では時間の流れの比喩として用いられたことが書かれているので，ウが正解となる。アの「上善」は，観念化された物質としての水である。イの「川上の嘆」は「時間の一回性」を嘆くものであり，刹那主義的な生き方の象徴ではない。エの「洞庭水」が湖の代名詞となったかどうかについては，本文からは読み取れない。

〔問2〕　水の「自ら低く身構えることによって万物を受け入れて包容する」性質や「最後までしぶとく自己を主張し続ける強靭性」は，老荘思想の「道」の理念に近いものであった。この内容を言い換えて説明したイが正解。アの「新たな思想」やウの「不穏な思想」は，傍線部(2)の「かけがえのない真理」とかみ合わない。エの生物とのつながりは，本文にない内容である。

基本　〔問3〕　傍線部(3)の「だけ」は，前の事態から推測して後の結果がふさわしいという意味を表す。アは，一方の程度が変わればそれに比例して他方の程度も変わることを表す。イは，限定を表す。ウは，前の事態から推測して後の結果がふさわしいという意味を表す。エは，限定を表す。

重要　〔問4〕　楽観の哲学は，水の流れに「時間の永続性」を見るものである。人間は短命だが，多くの人々による営みは途切れることなく続いて歴史を形作る。自分の人生を超えた大きな時間の流れの中に自分を位置づけることが個人の死に対する恐れを緩和し，楽観的な考え方につながるので，エが正解となる。アは,「流れ」を「人と人との結びつき」と解釈している点が不適切。イの「人生の目的」の多様性やウの「向上心」は，楽観の哲学とは無関係である。

やや難　〔問5〕　祖詠は科挙に合格して洛陽に旅立つので，アの「止めるのも聞かずに」と「順調に出世……心から祝している」は矛盾する。イは，前半の悲痛な惜別の思い,「故人は憔悴し尽くし」で表現されている無念などについて正しく説明している。ウは，最終句は王維自身について描写したものであり，祖詠の姿を描いたものではないので誤り。エは，友人との惜別と無関係な説明であり，誤りである。

★ワンポイントアドバイス★

落ち着いて 設問をよく読み，問われていることに答えよう。本文の内容との整合性はもちろん大切であるが,「どういうことか」という問いと「なぜか」という問いとでは，答える内容も違ってくる。

MEMO

大切なことはメモしておこうネ！

都立西高等学校

2021年度

★★★★★★★★★★★★★★★★★★★★★★★

入　試　問　題

●くわしい解説……43ページ

＜数学＞

時間 50 分　満点 100 点

【注意】答えに根号が含《ふく》まれるときは，根号を付けたまま，分母に根号を含まない形で表しなさい。また，根号の中を最も小さい自然数にしなさい。

1 次の各問に答えよ。

〔問1〕 $\left(-\dfrac{2}{\sqrt{6}}\right)^3-\dfrac{4}{\sqrt{24}}\div\dfrac{18}{\sqrt{6}-12}$ を計算せよ。

〔問2〕 2次方程式 $\dfrac{(x+1)(x-1)}{4}-\dfrac{(x-2)(2x+3)}{2}=1$ を解け。

〔問3〕 右の図1のように，1，2，3，4，6の数が1つずつ書かれた5枚のカードが入っている袋Aと，－1，－2，3，4の数が1つずつ書かれた4枚のカードが入っている袋Bがある。

2つの袋A，Bから同時にそれぞれ1枚のカードを取り出す。このとき，袋Aから取り出したカードに書かれた数を a，袋Bから取り出したカードに書かれた数を b とする。

$\sqrt{2a+b}$ が自然数になる確率を求めよ。

ただし，2つの袋A，Bそれぞれにおいて，どのカードが取り出されることも同様に確からしいものとする。

図1

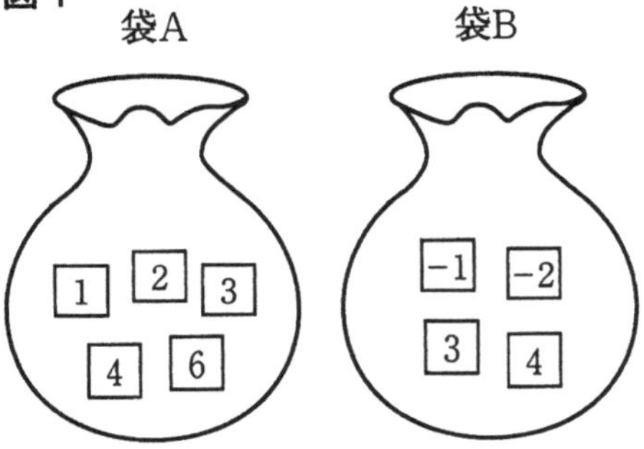

〔問4〕　右の**図2**で，点Oは線分ABを直径とする円の中心であり，3点C，D，Eは円Oの円周上にある点である。

5点A, B, C, D, Eは，**図2**のように，A, C, D, B, Eの順に並んでおり，互いに一致《いっち》せず，3点C，O，Eは一直線上にある。

線分ACをCの方向に延ばした直線と線分EDをDの方向に延ばした直線との交点をFとする。

点Aと点D，点Cと点Eをそれぞれ結ぶ。

$\angle \mathrm{AFE} = 52^\circ$，$\angle \mathrm{CEF} = 18^\circ$のとき，$x$で示した$\angle \mathrm{BAD}$の大きさは何度か。

図2

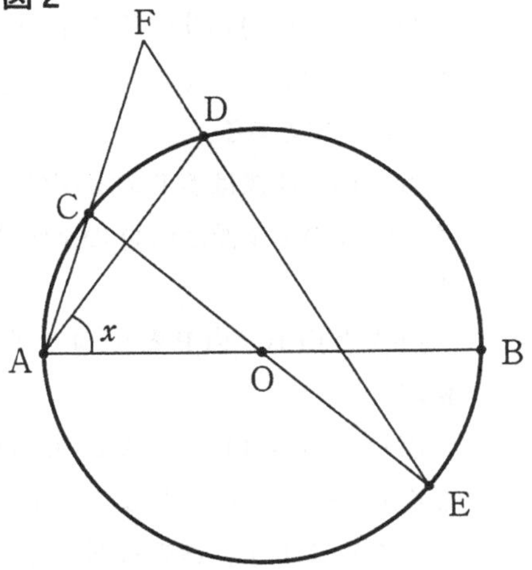

〔問5〕　右の**図3**で，点Pは線分ABを直径とする円の周上にあり，点Aを含《ふく》まない$\overset{\frown}{\mathrm{BP}}$の長さを$a$ cm，点Aを含む$\overset{\frown}{\mathrm{BP}}$の長さを$b$ cmとしたとき，$a : b = 1 : 23$を満たす点である。

解答欄《かいとうらん》に示した図をもとにして，$a : b = 1 : 23$となる点Pを直径ABより上側に定規とコンパスを用いて作図し，点Pの位置を示す文字Pも書け。

ただし，作図に用いた線は消さないでおくこと。

図3

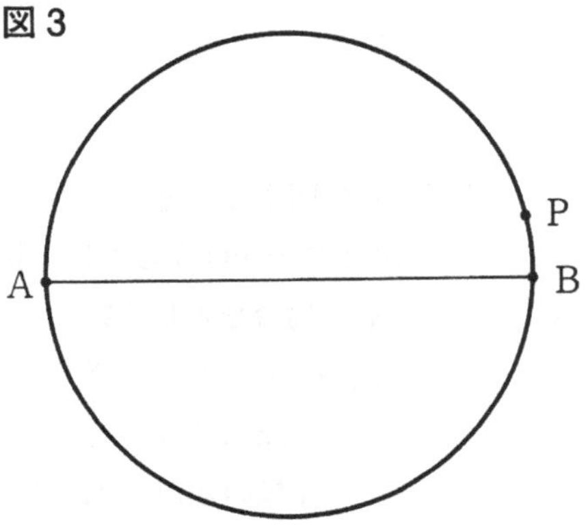

2 右の図1 で，点 O は原点，曲線 f は関数 $y=\frac{1}{2}x^2$ のグラフを表している。

4点 A, B, P, Q はすべて曲線 f 上にあり，点 P の x 座標は t （$t>0$），点 Q の x 座標は負の数である。

点 A の x 座標は点 P の x 座標より大きく，点 B の x 座標は点 Q の x 座標より小さい。

点 A と点 B，点 P と点 Q をそれぞれ結ぶ。

点 O から点（1，0）までの距離《きょり》，および点 O から点（0，1）までの距離をそれぞれ 1cm として，次の各問に答えよ。

図 1

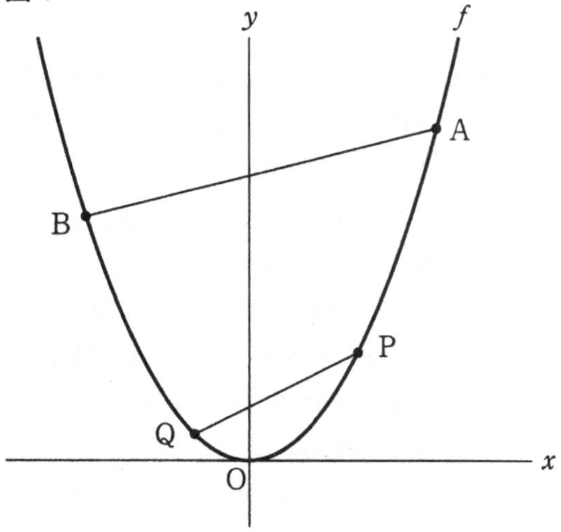

〔問1〕 右の図2 は，図1 において，線分 AB と線分 PQ がともに x 軸に平行になる場合を表している。

次の（1），（2）に答えよ。

（1） 点 A の y 座標と点 P の y 座標の差が t であり，AB = 4cm であるとき，t の値《あたい》を求めよ。

図 2

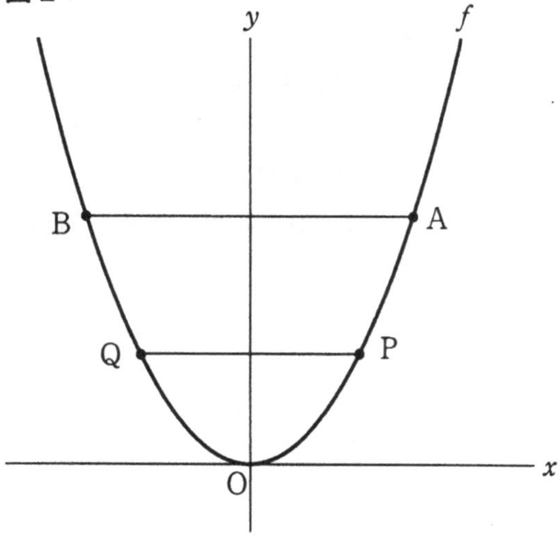

(2)　右の**図3** は，**図2** において，点 A の x 座標を 3 とし，点 O と点 A，点 B と点 P をそれぞれ結び，線分 OA と線分 PQ，線分 OA と線分 PB との交点をそれぞれ C，D とした場合を表している。

△ ABD と△ CPD の相似比《そうじひ》が 8：1 となるとき，点 D の座標を求めよ。

ただし，答えだけでなく，答えを求める過程が分かるように，途中の式や計算なども書け。

図 3

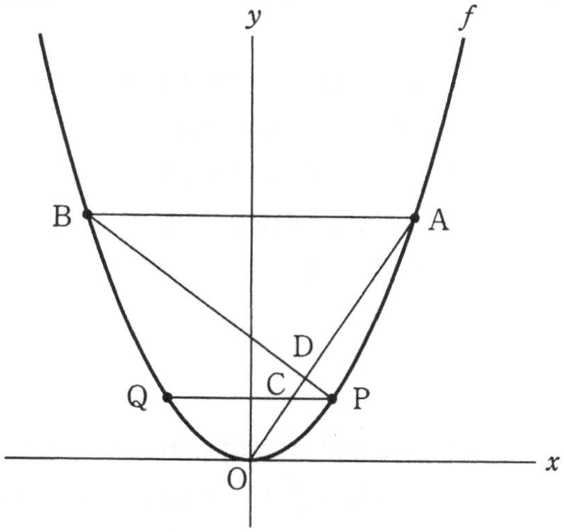

〔問2〕　右の**図4** は，**図1** において，点 Q の x 座標を $-\frac{t}{2}$，線分 AB 上にある点を R とし，点 O と点 P，点 O と点 Q，点 P と点 R，点 Q と点 R をそれぞれ結んだ場合を表している。

2 点 P，Q を通る直線の傾きが $\frac{1}{4}$ で，点 R が線分 AB 上のどこにあっても，常に△ RQP の面積が△ OPQ の面積の 3 倍となるとき，2 点 A，B を通る直線の式を求めよ。

図 4

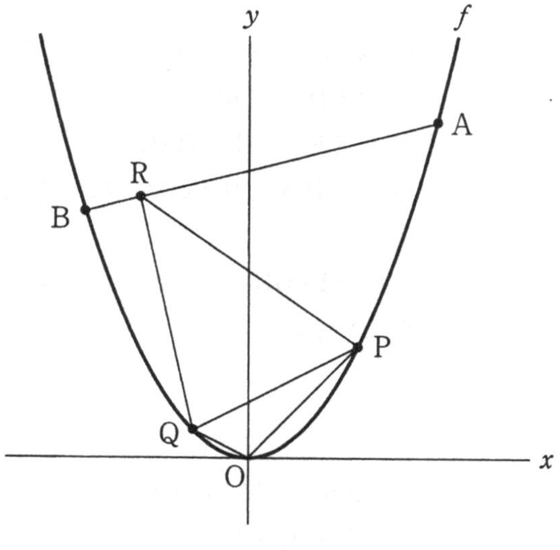

3 右の図1で，四角形ABCDは平行四辺形である。

点E，F，G，Hは，それぞれ辺AB，辺BC，辺CD，辺DA上にある点である。

点Eと点G，点Fと点Hをそれぞれ結び，線分EGと線分FHとの交点をIとする。

次の各問に答えよ。

図1

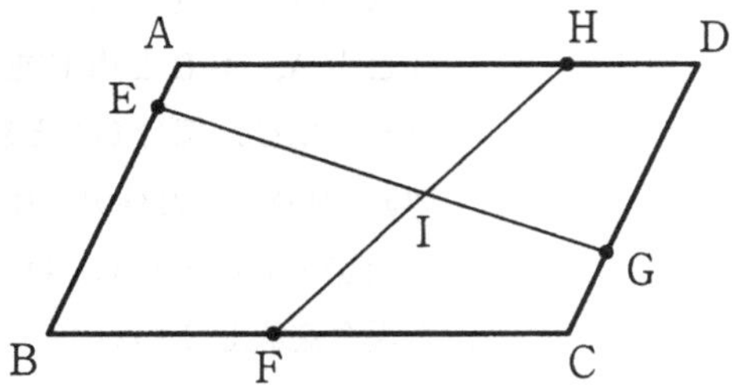

〔問1〕 右の図2は，図1において，点Gが頂点Cに一致《いっち》し，∠BEC＝90°，BE＝BF，EI＝ICとなる場合を表している。

∠ABC＝60°のとき，∠EIFの大きさは何度か。

図2

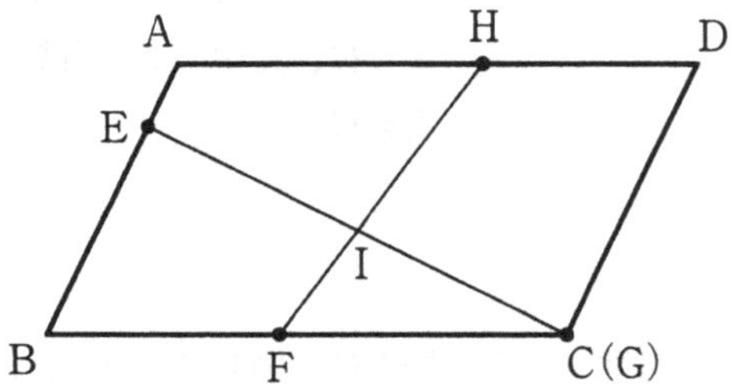

〔問2〕 右の図3は，図1において，点Iが四角形ABCDの対角線の交点に一致し，点Eと点F，点Eと点H，点Fと点G，点Gと点Hをそれぞれ結んだ場合を表している。

四角形EFGHは平行四辺形であることを証明せよ。

図3

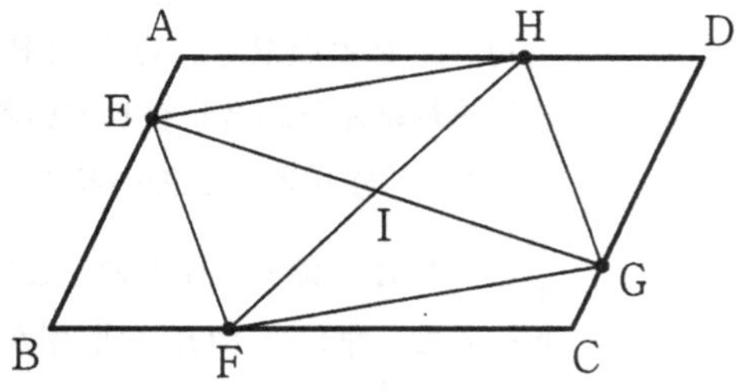

〔問3〕 右の図4は，図1において，

AE：EB＝CG：GD＝1：2，

BF：FC＝AH：HD＝m：$(2-m)$ $(0<m<2)$

となる場合を表している。

線分HIの長さと線分IFの長さの比をmを用いて表せ。

図4

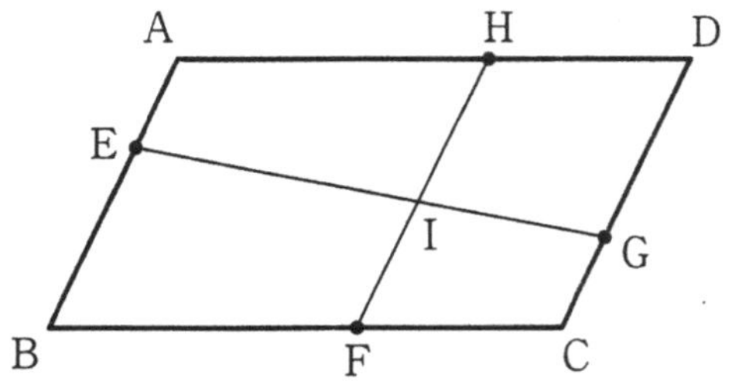

4　先生が数学の授業で次の【課題】を出した。この【課題】について考えている【太郎さんと花子さんの会話】を読んで，あとの各問に答えよ。

【課題】

3以上の自然数Nを，2つの自然数 x, y の和で，$\mathrm{N} = x + y$ と表す。ただし，$x > y$ とする。さらに，x と y の積 xy を考える。

このとき，積 xy が2つの自然数 m，n の平方の差で，$xy = m^2 - n^2$ と表すことができるのはNがどのような場合か考えよ。

【太郎さんと花子さんの会話】

太郎：まずはNに具体的な数を当てはめて考えてみよう。$\mathrm{N} = 8$ としたらどうかな。

花子：8は $7 + 1$ か $6 + 2$ か $5 + 3$ だから，$\mathrm{N} = 8$ のとき x と y の積 xy は3組あるね。

太郎：$7 \times 1 = 4^2 - 3^2$，$6 \times 2 = 4^2 - 2^2$，$5 \times 3 = 4^2 - 1^2$ だから，$\mathrm{N} = 8$ とすると積 xy は，必ず自然数の平方の差で表すことができるね。$\mathrm{N} = 7$ とするとどうかな。

花子：(1)積 xy は，必ずしも自然数の平方の差で表せるとは限らないね。

太郎：Nとしてもっと大きな数でいくつか考えてみようか。$\mathrm{N} = 2020$ や $\mathrm{N} = 2021$ の場合はどうかな。

花子：大きな数だからすぐには分からないけど，積 xy を自然数の平方の差で必ず表すためにはNに何か条件が必要だと思う。

太郎：そうか，分かった。(2)Nが偶数《ぐうすう》のときには，積 xy は必ず自然数の平方の差で表すことができるよ。

花子：$\mathrm{N} = x + y$ だから，2つの数 x，y がともに偶数ならNは偶数だね。

太郎：そうだね。ちなみに，2つの数 x，y について【表】で示される関係があるよ。ア～オには偶数か奇数のどちらかが必ず入るよ。

【表】

	x，y ともに偶数	x，y ともに奇数	x，y どちらかが偶数でもう一方が奇数
$x + y$	偶数	ア	イ
$x - y$	ウ	エ	オ

花子：なるほどね。じゃあ，$\mathrm{N} = 2021$ の場合は，積 xy は自然数の平方の差で必ずしも表せるとは限らないということかな。

太郎：そうだね。例えば，$2021 = x + y$ として，$x = 2019$，$y = 2$ のときは，積 xy は自然数の平方の差で表せないけど，(3)$x = 1984$，$y = 37$ のときは，積 xy は自然数の平方の差で表すことができるよ。

〔問1〕　(1)積xyは，必ずしも自然数の平方の差で表せるとは限らないね。とあるが，$N=7$の場合，自然数の平方の差で表すことができる$(x,\ y)$の組は1組である。このときxとyの積xyを求めよ。

〔問2〕　(2)Nが偶数《ぐうすう》のときには，積xyは必ず自然数の平方の差で表すことができるよ。が正しい理由を文字N，x，y，m，nを用いて説明せよ。

ただし，【表】のア～オに偶数か奇数を当てはめた結果については証明せずに用いてよい。

〔問3〕　(3)$x=1984$，$y=37$のときは，積xyは自然数の平方の差で表すことができるよ。とあるが，$1984\times37=m^2-n^2$を満たす自然数$(m,\ n)$の組は何組あるか。

＜英語＞

時間　50分　　満点　100点

※リスニングテストの音声は弊社HPにアクセスの上，
音声データをダウンロードしてご利用ください。

1 リスニングテスト（放送による指示に従って答えなさい。）

〔問題A〕 次のア～エの中から適するものをそれぞれ**一つずつ**選びなさい。

＜対話文1＞

ア　On the highest floor of a building.

イ　At a temple.

ウ　At their school.

エ　On the seventh floor of a building.

＜対話文2＞

ア　To see Mr. Smith.

イ　To return a dictionary.

ウ　To borrow a book.

エ　To help Taro.

＜対話文3＞

ア　At eleven fifteen.

イ　At eleven twenty.

ウ　At eleven thirty.

エ　At eleven fifty-five.

〔問題B〕 ＜Question1＞では，下のア～エの中から適するものを**一つ**選びなさい。
＜Question2＞では，質問に対する答えを英語で書きなさい。

＜Question1＞

ア　For six years.　　イ　For three years.

ウ　For two years.　　エ　For one year.

＜Question2＞

（15秒程度，答えを書く時間があります。）

2　次の対話の文章を読んで，あとの各問に答えなさい。
（＊印のついている単語・語句には，本文のあとに〔注〕がある。）

Japanese students, Tomoya and Nagisa, a student from England, Sophia, and a student from France, Michel, are at Tomoya's house to have a meeting about a group presentation in class.

Tomoya : First, let's decide on a topic for our presentation.

Nagisa : I think choosing a good topic is the most important part of preparing a good presentation.

Sophia : Michel! There's a *mosquito on your arm!

Michel : Ah!

Nagisa : The window is open!

Tomoya : It's hot today, so keep the window open. Wait a minute. I'll be back soon.

Tomoya goes out and comes back with something in his hand.

Sophia : What's that, Tomoya?

Tomoya : It's a *pyrethrum coil. Mosquitos don't like the smoke from this.

Sophia : I've never seen or heard of it before. Will it work well, Tomoya?

Tomoya : Yes, it will! OK, the smoke is coming out. What's wrong, Sophia? Does this have a bad perfume?

Sophia : Bad perfume.... I know what you wanted to say, and the answer is yes, but your English is a little strange.

Michel : ［　　(a)　　］

Tomoya : How is it strange?

Sophia : Perfume means a sweet or *pleasant *smell, so we don't say "bad perfume."

Nagisa : I thought that perfume was a *liquid with a pleasant smell to put on people's *skin or clothes.

Sophia : Of course, perfume means that, too, but it also has the same meaning as fragrance or scent. Both of these words mean a pleasant smell. I don't think the smell of this pyrethrum coil is pleasant.

Michel : This is my first time experiencing this smell, but I like it.

Nagisa : I like the smell very much, too.

Tomoya : Me, too.

Michel : So, the same smell is pleasant to some people, but it is *unpleasant to others.

Nagisa : Right.

Tomoya : Anyway, let's have coffee.　My mother has made some for us.

Michel : Hmm.... I like this aroma very much.

Tomoya : Aroma?　Does that mean taste or something?

Michel : No, it doesn't.　Aroma means a strong pleasant smell.

Sophia : It often means a good food smell in English.　Aroma.... I heard that your mother does *aromatherapy, Nagisa.

Nagisa : That's right.　She does it once a month.

Michel : My mother does aromatherapy, too!

Tomoya : What's aromatherapy?

Nagisa : My mother says it's a kind of *treatment.　They use *essential oils made from plants with pleasant smells.　For example, sometimes they smell the aroma of essential oils, put them on their body, or get a *massage with them.　This can reduce pain, and people's bodies and *minds can get better.

Tomoya : I see.　Did it start in your country, Sophia?

Sophia : [　(b)　]

Michel : Actually, it started in my country.　A scientist found that essential oils were good for our bodies, and used the word aromatherapy in his book for the first time in 1937.

Nagisa : I heard it's popular in many countries.

Michel : That's true, but at first there were differences in the ways of doing it between France and other countries.

Nagisa : My mother said that in England, people have used it to get healthier by keeping a balance between body and mind with the help of the aroma of essential oils.　Massages with them started there, too.

Michel : In my country, people first thought that they could use essential oils as medicine, so they often used them for treatment of *injuries.　But now, how people use aromatherapy in my country is the same as in England and in other countries.

Tomoya : There are several different words for smell in English, such as perfume, scent, fragrance, and aroma.　Are there any others, Sophia?

Sophia : Yes, there are.　There are some words for bad smells, too.

Tomoya : [　(c)　]

Sophia : Have you ever heard the word odor, Tomoya?

Tomoya : No, I haven't.

Sophia : It means an unpleasant smell. Also, stink means a very bad smell, and stench means a very strong bad smell.

Nagisa : That's very interesting. English has so many different words for smell. But why?

Michel : I think those words may have different *origins.

Sophia : I know that aroma comes from an old word for spice.

Tomoya : The word aroma means a good food smell for that reason!

Sophia : And perfume comes from "through smoke."

Nagisa : I don't know how those two are connected.

Michel : I'll *look it up on my smartphone. Here we are. I found an interesting story about it. People started to enjoy some nice smells just after starting to use fire. They burned plants or trees to make nice smells. I think "through smoke" came from this.

Tomoya : Oh! Then, people have enjoyed nice smells for a long time.

Michel : I found more stories. People in Europe produced essential oils and perfumes to get nice smells, and people in Asia found out how to enjoy the aroma of *incense by burning it. Nice smells have made people's lives better in many areas of the world.

Nagisa : [(d)] I understand why Japanese people have long enjoyed the smell of incense. Each country has its own culture of smells.

Sophia : What is incense?

Nagisa : It is made from trees with sweet pleasant scents. There are different shapes of incense and different ways of using it. *Sticks of incense are common in Japan. Smoke with a good scent comes out when they are burned.

Sophia : So, the way of using incense is similar to that pyrethrum coil.

Nagisa : The smell is similar, too.

Sophia : Really? Does incense have a nice smell? I don't like the smell of the smoke from that pyrethrum coil. So, I don't think the smell of incense will be pleasant to me.

Tomoya : [(e)]

Nagisa : I like the scent of incense as well as the smell of pyrethrum coils. My grandparents sometimes burn incense at home and also use pyrethrum coils almost every day in summer. I often visited my grandparents' house when I was little, so when I smell those scents I always remember my younger days.

Michel : Good point, Nagisa. Smell is strongly connected to our past experiences.

Nagisa : It's interesting to learn about the history and [(2)] of smells.
Tomoya : So, why don't we make a presentation about it?

〔注〕

mosquito	蚊《か》	pyrethrum coil	蚊取り線香《せんこう》		
pleasant	心地よい	smell	におい	liquid	液体
skin	皮《ひ》膚《ふ》	unpleasant	不快な	aromatherapy	アロマセラピー
treatment	治療《ちりょう》	essential oil	精油	massage	マッサージ
mind	心	injury	けが	origin	起源
look up ～	～を調べる	incense	お香	stick of ～	棒状の～

〔問1〕 本文の流れに合うように，[(a)] ～ [(e)] の中に，英文を入れるとき，最も適切なものを次の中からそれぞれ**一つずつ**選びなさい。ただし，同じものは二度使えません。

ア　That sounds interesting.　Please tell us about them.
イ　That's interesting, too.
ウ　I thought so, too.
エ　I'm sorry to hear that.
オ　I don't know, but I don't think it did.

〔問2〕 本文の流れに合うように，[(2)] の中に**本文中の英語１語**を書きなさい。

〔問3〕 本文の内容に合う英文の組み合わせとして最も適切なものは，右のページのア～シの中ではどれか。

① The word perfume does not only mean a liquid with a pleasant smell but also a pleasant smell like stink or fragrance.

② Michel smelled smoke from a pyrethrum coil for the first time at Tomoya's house, and he felt that the smell was unpleasant.

③ The word aroma means a pleasant smell like perfume, fragrance or stench, and it is often used when we eat or drink something.

④ Aromatherapy was started in England in the twentieth century, and people have long used it to make themselves healthier since then.

⑤ Massages with essential oils started in France because people there thought that they were able to use essential oils as medicine for treatments.

⑥ In Europe, people have enjoyed the aroma of smoke by burning essential oils or perfumes, but in Asia, people have enjoyed nice smells in different ways.

⑦ Nagisa said that incense had a smell of smoke like pyrethrum coils, so Sophia didn't think that she would enjoy the smell.

⑧ Nagisa often experienced the scent of incense and the smell of pyrethrum coils at her grandparents' house when she was younger, so she likes both of them.

ア	① ⑦	イ	③ ⑧	ウ	④ ⑦
エ	⑦ ⑧	オ	② ⑥ ⑧	カ	③ ⑤ ⑧
キ	④ ⑦ ⑧	ク	⑤ ⑥ ⑦	ケ	⑥ ⑦ ⑧
コ	① ② ⑥ ⑧	サ	② ③ ⑥ ⑦	シ	③ ④ ⑤ ⑧

〔問4〕 次の文章は，Tomoya たちが後日行ったプレゼンテーションの冒頭《ぼうとう》部分である。対話文の内容に一致《いっち》するように，（ a ）～（ d ）の中に，それぞれ適切な英語１語を入れなさい。

Hi, everyone. Today, we are going to make a presentation about smells. Humans learned to enjoy nice smells a long, long time ago when they discovered how to use（ a ）. They often created nice smells by burning plants and trees. In fact, in English, the origin of the word（ b ）is connected to this fact. Since then, humans have enjoyed nice smells in many different ways.

People have used nice smells to（ c ）and enjoy their lives. For example, they are used in aromatherapy. Some of you may know about it. People think that the pleasant smells of essential oils are good for the（ d ）of our body and mind.

3 次の文章を読んで，あとの各問に答えなさい。なお，[1]~[7] は段落の番号を表している。（＊印の付いている単語・語句には，本文のあとに〔注〕がある。）

[1] Can we make a day longer than 24 hours? Yes, we can, but how?

[2] To find the answer, let's first think about the next question. How do we know what time it is or how much time has passed? We can often know what time it is without a clock. For example, we may wake up or feel sleepy around the same time every day without checking a clock. Why can we do so? *According to scientists, humans and other animals have a circadian rhythm, a kind of body clock. The circadian rhythm *controls body *temperatures and *hormone levels, so we can know what time it is. In the early morning, our body temperatures start to go up and our melatonin levels start to go down. Melatonin is a hormone, and it helps us to sleep. In the late evening, our body temperatures start to go down and our melatonin levels start to go up. Because of this, we can wake up or sleep at about the same time every day.

[3] We can know how many seconds or minutes have passed without using a clock.

We have another body clock called an interval timing clock. It's like a stopwatch. Because of this body clock, we can know how many seconds or minutes have passed. Scientists have found that some animals also have an interval timing clock. The interval timing clock helps animals to survive in nature. They can find food and then come home quickly.

[4] Because of these two kinds of body clocks, we can know what time it is and how many seconds or minutes have passed. However, why do we sometimes feel time passes faster or more slowly? Scientists did an *experiment to learn how our interval timing clock changes during the day. In (1)<u>the experiment</u>, people were asked to *count to 10 seconds without using a stopwatch. When they finished counting, the scientists recorded how many seconds actually passed. They did it at 9：00, 13：00, 17：00, 21：00, 1：00, 5：00, and at 9：00 the next day. Their *core body temperatures and melatonin levels were checked every one hour. The recorded time was longer than 10 seconds in the first two tests and became shorter *toward the evening. It became shorter as their core body temperatures went up and melatonin levels went down. In the late evening, their core body temperatures started to go down and their melatonin levels started to go up. The recorded time became longer toward the early morning as their core body temperatures went down and their melatonin levels went up. In the morning, they felt time passed [a]. From the afternoon toward the evening, they felt time passed [b]. This shows that our circadian rhythm *affects our interval timing clock.

[5] How we spend time also affects our *sense of time. Why do we feel time passes more slowly? Let's take a look at an example. Some years ago, an airport in the United States added staff at the *baggage claim to make *travelers less *stressed when they were waiting for their bags after arriving at the airport. The airport was able to reduce their waiting time, but travelers were not happy with that. Why was that? Though they were able to get their bags faster, they were standing and waiting for most of the time at the baggage claim. So (3)<u>the airport tried something different</u>. The airport moved the *arrival gates away from the baggage claim. Travelers walked to the baggage claim and only needed to wait two minutes. Travelers felt like the airport carried their bags to them quickly. The airport gave them something to do during the waiting time without making it shorter. When we do nothing special and just check our watch to know how many minutes have passed, we feel time passes more slowly.

[6] Why do we feel time passes more quickly? Have you felt New Year has come faster this year than last year? Many people say that time passes more quickly when they get older. Scientists have found that there is a reason for this. How much information we receive affects our sense of time. When we receive a lot of new information, we need a long time to *process it, so we feel time passes more slowly. When we experience new things, or when we have strong *emotions, for example, when we are nervous, afraid, or excited, we pay greater attention to various things happening around us and remember more things. Because of this, we feel time passes more slowly. On the other hand, if we take in *familiar information, we feel time passes faster because we don't need much time to process it. So we think that time speeds up when we grow older. When the world becomes familiar, we get [c] new information, and we feel time passes [d].

[7] Time passes so fast. How do we stop it? What can we do to make our days longer and enjoy our life? Try new things, visit new places, and meet new people. These things give us a lot of new information. If it is difficult to do these things, pay attention to everything in your daily life. Even after reading a book once, read the book carefully again. You will find out new, interesting things. You have known your family and your friends for years, even so try to find out how they are doing. You may find that you know only a little about them. If you take the same road to go to school every day, pay attention to the things around you while you are walking. You will find something new. You may feel warm wind or (4)<u>【 you / the arrival / find / telling / small flowers / spring / of / about 】</u>. You can experience new things in your daily life. You can stay young and enjoy your life by continuing to learn.

〔注〕
according to ～　～によると　　control　制御《せいぎょ》する　　temperature　温度
hormone　ホルモン　　experiment　実験　　count to ～　～まで数える
core　深部　　toward　向かって　　affect　影響する
sense　感覚　　baggage claim　手荷物受取所
traveler　旅行者　　stressed　ストレスのある
arrival　到着　　process　処理する　　emotion　感情
familiar　よく知っている

〔問1〕 (1)<u>the experiment</u>とあるが，次の3つのグラフは，Recorded Time，Core Body Temperature，Melatonin Levelに関するグラフである。それぞれのグラフに示された折れ線A～C，D～F，G～Iの中から，実験結果と一致《いっち》するものを一つずつ選ぶとき，その組み合わせとして最も適切なものは，右のページのア～ケの中ではどれか。

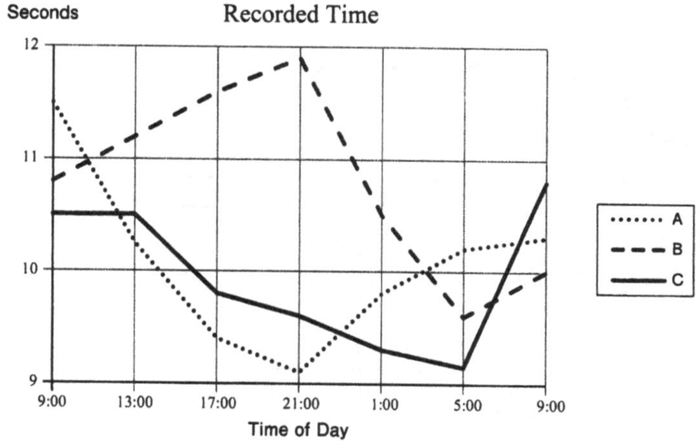

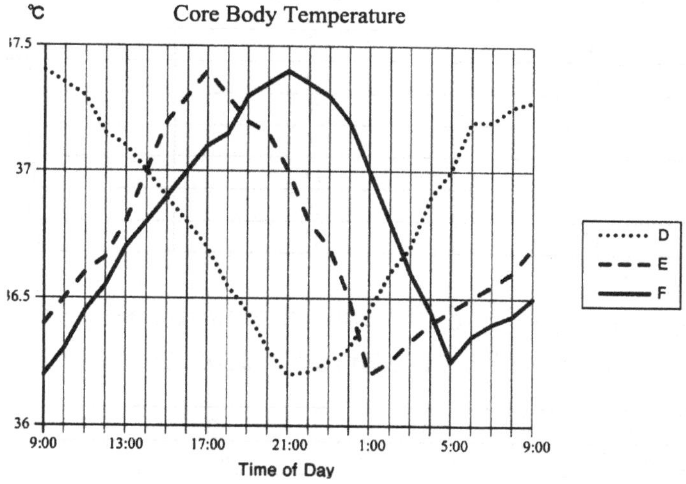

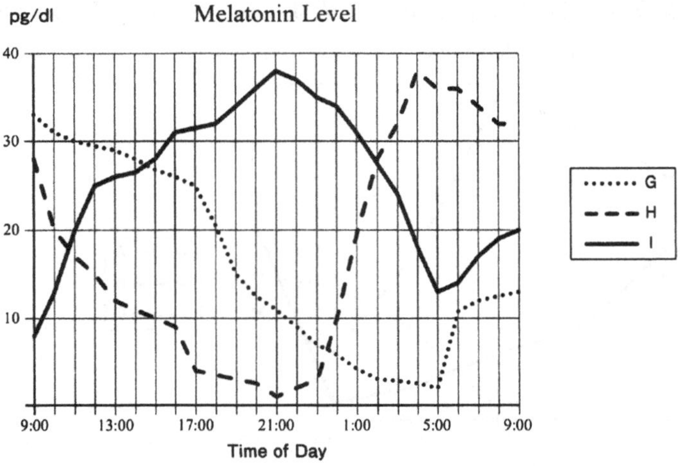

	Recorded Time	Core Body Temperature	Melatonin Level
ア	A	D	I
イ	A	E	H
ウ	A	F	H
エ	B	D	G
オ	B	E	I
カ	B	F	G
キ	C	D	I
ク	C	E	G
ケ	C	F	H

〔問2〕 本文中の a ～ d の中に，本文の流れに合うように単語・語句を入れたとき，その組み合わせとして最も適切なものは，次のア～カの中ではどれか。

	a	b	c	d
ア	more quickly	more slowly	less	more slowly
イ	more quickly	more slowly	more	more slowly
ウ	more quickly	more slowly	less	more quickly
エ	more slowly	more quickly	more	more slowly
オ	more slowly	more quickly	less	more quickly
カ	more slowly	more quickly	more	more quickly

〔問3〕 (3)<u>the airport tried something different</u>とあるが，その内容とそれに対する結果として最も適切なものは，次のア～エの中ではどれか。

ア The airport carried travelers' bags faster, so they got their bags faster after leaving the arrival gates.

イ The airport moved the arrival gates, so travelers got their bags slower after leaving the arrival gates.

ウ The airport carried travelers' bags faster, so they waited for a shorter time after arriving at the baggage claim.

エ The airport moved the arrival gates, so travelers waited for a shorter time after arriving at the baggage claim.

〔問4〕 (4)【 you / the arrival / find / telling / small flowers / spring / of / about 】とあるが，本文の流れに合うように，【　　】内の単語・語句を正しく並べかえなさい。

〔問5〕 本文の内容に合う英文の組み合わせとして最も適切なものは，下のア～シの中ではどれか。

① Humans and other animals know what time it is and how many seconds or minutes have passed without checking a clock because of their body clocks.

② We can wake up or sleep at about the same time every day because our melatonin levels start to go up in the early morning and they start to go down in the late evening.

③ Some animals know how much time has passed, so they can find food and come home quickly because of a body clock called a circadian rhythm.

④ We sometimes feel that time passes faster or more slowly because the interval timing clock affects the circadian rhythm.

⑤ According to the experiment, we feel that time passes more slowly when we check our watch to know how much time has passed.

⑥ We feel that time moves more slowly when we are nervous, afraid, or excited because we receive a lot of information to process

⑦ We should pay more attention to various new things because we need more time to remember things when we get older.

⑧ If it is difficult to get a lot of new information even after trying new things, we should pay attention to everything in our daily life.

ア	① ⑥	イ	② ⑤	ウ	③ ⑧
エ	④ ⑦	オ	① ⑥ ⑧	カ	② ④ ⑦
キ	③ ⑤ ⑥	ク	④ ⑤ ⑧	ケ	① ② ③ ⑧
コ	① ⑤ ⑥ ⑧	サ	② ③ ④ ⑥	シ	③ ⑥ ⑦ ⑧

4

次の文章を読んで，あとの各問に答えなさい。なお，[1]~[10] は段落の番号を表している。（*印の付いている単語・語句には，本文のあとに〔注〕がある。）

[1] Have you ever been lost in the streets or in the mountains? Many of you will say yes, but some of you have *probably never got lost and may say, "If I've been

to a place before and go back 10 years later, I will remember my way." Are such people really born with this special ability? The answer to that question is in *brain activity. They don't get lost because they have a much better ability to find out where they are and use *spatial memory.

[2] In the last few years, scientists (1)【we / have / the brain / use / which / discovered / part / for / of】 finding our way around an area. They say that we use two kinds of *cells in the brain. Place cells in the *hippocampus find out where we are, and grid cells outside the hippocampus help us to understand the spatial *relationship between that place and other places. With the help of place cells and grid cells in the brain, we can have a sense of place and use *way-finding abilities.

[3] Our brain can find the way by using either or both of these cells. Some people are really good at finding their way by remembering *objects in the environment. For example, they may say, "I'll go to the gas station and make a right turn." Other people may *depend on spatial memory and say, "I'll go 50 meters to the north, and then 50 meters to the east." Though we all depend on both kinds of memory, the brain may use one over the other.

[4] [ア] This kind of human way-finding ability was not well known for a long time, but in the 21st century, scientists began to understand more about this ability by doing research into the hippocampi of taxi drivers in London. [イ] Some taxi drivers drove for more than forty years and they had much more developed hippocampi. [ウ] If the taxi drivers spent more time on the job, the hippocampus began to develop more space for the large *amount of way-finding experience. [エ] This study shows that way-finding experience can have a direct influence on the brain itself. [オ]

[5] These days, however, these kinds of way-finding skills are becoming lost in the world of GPS, or global positioning systems. GPS helps people to get to their *destination. More people are losing the ability to find their way in new places by themselves. Now let's take a look at one example. [(3)] They say the growing use of such smartphones can lead to big problems because people depend too much on technology without understanding the world around them.

[6] In fact, scientists are afraid that the use of GPS can have bad *effects on brain activity. They worry a lot about its effects on human memories. Because of such technology, people don't have to create spatial maps of new places in their *

mind, so their *mental space for remembering and *observing their environment is becoming smaller. And if technology suddenly doesn't work at all, people will not be able to find out where they are by themselves.

[7] Scientists have done studies to know how using GPS *affects people's ability to find their way through the environment around themselves. They asked two groups of people to find their way through a city on foot in different ways. One group used a smartphone with GPS, and the other group used a paper map and compass to reach their destination. The study found the GPS group walked slower, made more stops, and walked farther than the map group. The GPS group made more mistakes and took longer to reach their destination. After their walks, the people in the GPS group also did not clearly remember the shape of the land and their way to their destination when they were asked to draw a map. The map group did much better in this study. The GPS group was looking down at a smartphone a lot and not really looking around at their environment. However, the map group did not depend on technology, and using a map with a compass helped them to pay attention to the natural world around them and remember it. This *experiment found that the use of map reading and way-finding skills to move through a spatial environment can improve the brain and help some areas to grow. It also showed that the use of modern way-finding technology can have bad effects on the brain, especially on memory. This means that people need to practice map reading and way-finding skills, like any other thinking skill, to stop their brain from becoming weaker.

[8] Scientists say that such brain training may help us even in our later years. In another experiment, some people found their way to a destination through a *maze on a computer just by learning the right way after repeating it until they remembered. And much older people did the same thing just by creating mental maps and getting a sense of place in their mind. The scientists found the older people's hippocampi grew through the experiment. Today, some people gradually lose the ability to think and do things in a normal way, with their brain and memory affected when they grow older. Brain training, like in the experiment, will help us to find new ways of stopping illnesses connected to human memory.

[9] As we have seen, we can improve our way-finding ability by practicing these skills. If we get out more and go to places, it is better. We will never [(4)]. Using our body improves the brain, and using our brain helps new cells in the brain to grow. We can use different skills for finding our way. The important thing is to practice those skills and *tune in to the environment. Technology is a very useful *tool, but

in the end the human brain is still the greatest map reader working at a higher, more difficult level.

[10] Humans move from one place to another with or without purpose. When we find out where we are and our *connection to a place by using our own "GPS" in the brain, we feel safe and we feel we are really living. We should not forget how true this is.

〔注〕

probably おそらく	brain 脳《のう》	spatial 空間の
cell 細胞	hippocampus 海馬（複数形は hippocampi）	
relationship 関係	way-finding 道を探す	object 物体
depend on ~ ~に頼る	amount 量	destination 目的地
effect 影響	mind 頭脳	mental 内的な
observe 観察する	affect 影響する	experiment 実験
maze 迷路《めいろ》	tune in to ~ ~になじむ	tool 道具
connection つながり		

〔問1〕 (1)【we / have / the brain / use / which / discovered / part / for / of】とあるが，本文の流れに合うように，【　　】内の単語・語句を正しく並べかえなさい。

〔問2〕 次の英文は，[4] の段落の [ア] ~ [オ] のいずれかに入る。この英文を入れるのに最も適切な場所を選びなさい。

They found that the drivers had many mental maps of the city in their memories and had larger hippocampi than other people.

〔問3〕 [(3)] の中には，次のA～Dのうち三つの文が入る。本文の流れに合うように正しく並べかえたとき，その組み合わせとして最も適切なものは，下の ア～クの中ではどれか。

A Police told them to learn way-finding skills without depending only on smartphones with GPS.

B The police thought that lost people in the mountains could not find their way without smartphones with GPS.

C The police saved lost people in the mountains many times and thought that kind of advice was necessary to reduce the number of such people.

D In some parts of England, many people walk long distances in the mountains.

ア　A→B→C
イ　A→D→B
ウ　B→D→A
エ　B→C→D
オ　C→A→B
カ　C→B→D
キ　D→B→A
ク　D→A→C

〔問4〕　本文の流れに合うように，[(4)]の中に本文中の英語２語を書きなさい。

〔問5〕　本文の内容に合う英文の組み合わせとして最も適切なものは，下のア～コの中ではどれか。

① Many people can go back to a place because they have much better spatial memory and ability to realize where they are.

② Grid cells find out where we are, and place cells understand the spatial relationship between a place and other places.

③ All of us depend on grid cells and place cells for finding our way, but the brain may use either or both of these cells.

④ Scientists are worried about the effects of GPS on people because they reduce space in people's minds for memory and attention to their environment.

⑤ The GPS group needed more time to reach their destination than the map group but easily remembered the shape of the land and their way.

⑥ In an experiment using a maze on a computer, older people's hippocampi became larger through the repeated process of remembering the right way.

⑦ People can practice skills for finding their way, but it is actually difficult to know much about their environment.

⑧ We should not forget that our sense of place, created by mental maps in the brain, leads us to feel safe and experience life.

ア	①　⑤	イ	②　④	ウ	③　⑤
エ	④　⑥	オ	⑤　⑦	カ	⑥　⑧
キ	①　④　⑥	ク	②　④　⑦	ケ	③　④　⑧
コ	③　⑥　⑦				

〔問6〕 下の質問について，あなたの考えや意見を，40語以上50語以内の英語で述べなさい。「.」「,」「!」「?」などは，語数に含《ふく》めません。これらの符号は，解答用紙の下線部と下線部の間に入れなさい。

Technology is a very useful tool, but sometimes has bad effects on us, like GPS, if we use it too much in our daily lives. What is another example of such technology, and why?

化や得られる自然の恩恵に対し、畏敬《いけい》の念を抱くのは当然であると考えている。

ウ　外界を変化させていく神秘の力に逆らうことをせず、常に人間は自然に対し服従する関係にあると認識し、環境の変化に対する人間の介入を極力避けることが必要だと考えている。

エ　周囲に存在する自然の存在を絶対視するとともに、自然がもつ神秘的な力が人間の空間に浸透することで、自らの生活を取り巻く様々な現象や変化をもたらしていると考えている。

イ　ものごとの流れを前後で仕切るだけでなく、仕切りに空間的な間隔《かんかく》を伴っていることを実感させる効果も持っているというもの。

ウ　前後の空間を物理的に仕切るだけでなく、その空間を刷新して支えるための力の存在を信じさせる効果も持っているというもの。

エ　流れゆく時空を区切る役割とともに、区切られた時空どうしが継続性を保っていることを明示する効果も持っているというもの。

〔問2〕(2)一日は、大きく分けると昼と夜から構成されるが、その昼と夜も時間ではなく、もともとは空間性をあわせもつ時空として意識されていた。とあるが、夜と昼の移り変わりをどのようなものとして意識していたのか。該当《がいとう》する箇所を本文中から二十一字以上二十五字以内で探し、書き抜け。

〔問3〕(3)このような意味とあるが、どのような意味か。その説明として最も適切なものを、次のうちから選べ。

ア　人間が季節の移ろいを感じる際には、実際に流れている時間に伴って桜の開花や紅葉が風景を支配していくという視覚的変化が重要であり、時間と場所の相互作用が必要となるという意味。

イ　人間が季節の訪れを知覚するには、四季の中心である春と秋をそれぞれ隔《へだ》てている夏の緑や冬の雪が重要であり、それによって春や秋の空間が刷新される過程を必要としているという意味。

ウ　人間が季節の変化を体感するにあたって、春や秋の気配が風景を変える様子を明確に把握《はあく》し認識することが必要であり、人間が世界を空間的にとらえることが前提とされているという意味。

エ　人間が季節の到来を実感する際に、春や秋を代表する自然現象が次第に目の前の風景に現れ、やがて周囲の世界を全て埋め尽くしていくという空間的な変化の過程が伴っているという意味。

〔問4〕(4)筆を起こして、とあるが、これと同じ意味・用法で「起こす」が用いられている短文を、次のうちから選べ。

ア　新たな健康増進キャンペーンを起こした。

イ　取材で録音した音声のデータを起こした。

ウ　彼のヒット作は社会的ブームを起こした。

エ　新年度の目標に向けてやる気を起こした。

〔問5〕(5)古代の人びとの世界像のありようとあるが、どのように世界を捉えているのか。その説明として最も適切なものを、次のうちから選べ。

ア　周囲の自然と対立するのを避《さ》けるために、外界との間に空間的境界を設定し距離《きょり》を保つ一方で、その境界を越えて浸透してくる自然の力により日々の生活が成立すると考えている。

イ　人間を中心とした空間と外部の自然が混ざり合う領域を重視し、相互に影響しあって生じる環境の変葉」の例はほとんど見られない。訓《よ》みもモミヂでなく清音のモミチになる。

その「黄葉」だが、それを促《うなが》す秋の霊威は、山から野を通じて人里に及んで来るものとされた。実際にも、「黄葉」は、寒暖の差の大きな山のあたりから山裾《やますそ》に向かって少しずつ深まっていくから、秋の霊威が人里に下りてくる様子は、視覚的にも捉えられていたことになる。そして、気がついてみると、いつの間にか人里は秋の気配にすっかり覆《おお》われていた。それが、当時の人びとの実感だっただろう。秋の霊威が、少しずつこの世界のさまざまなものに依り憑き、それがこの世界に充《み》ちてくると、世界全体が秋のまっただ中になる。(3)このような意味で、季節はやはり時間ではなく、空間性をもつものだったことがわかる。

「新代」に(4)筆を起こして、日本の古代の時間意識が空間性をもあわせもつ時空意識ともいうべきものであったことを述べてきた。ここで重要なのは、ヨ（代、世、齢、寿、節）にせよ、一日にせよ、季節にせよ、そこにはこの世界の外側から訪れる何らかの力が意識されていたことである。言い換えるなら、古代の日本人は、この世界を取り巻く外界を絶対的なものとして捉え、そこからやってくる霊威を受けとめるような感性、つまり受動的な感性をもっていたということになる。古代の人びとは、外界に対して、つねに受け身で接していたことになる。それはまた、古代の人びとは、この世界を人間中心のものとして見てはいなかったことを意味する。外界を自然と置き換えることもできるが、ならば、古代の人びとは、そのような外界＝自然に対してつねに謙虚な姿勢をもって臨《のぞ》んでいたことになる。現代人は、人間中心の文化を作り、自然に対して野放図に振る舞うあまり、時に手痛いしっぺ返しを受けたりもする。その意味で、(5)古代の人びとの世界像のありようを知ることは、けっして無駄《むだ》ではないと信じている。

（多田一臣「『万葉集』の言葉の世界」による）

〔注〕瑞祥《ずいしょう》――めでたい事のきざしとなるしるし。吉兆。
白栲《しろたへ》――カジノキやコウゾの皮の繊維で織った白い布。
褻《な》れる――着慣れる。
日本書紀《にほんしょき》――奈良時代に完成した歴史書。
崇神紀《すじんき》――第十代天皇である崇神天皇に関して書かれた記録。
跳梁《ちょうりょう》・跋扈《ばっこ》――悪者などが勢力をふるい、好き勝手にふるまうこと。
誰何《すいか》――声をかけて、だれかと名を問いただすこと。
受感――刺激に気づき、受け入れること。

〔問1〕(1)ヨの意義とあるが、どのようなものか。その説明として最も適切なものを、次のうちから選べ。

ア　時間的な流れを完全に区切るとともに、前後にある空白の期間を身体的な感覚を通して認識《にんしき》させる効果も持っているというもの。

（「崇神紀」十年九月条）

〔ときの人はその墓を名づけて箸墓という。その墓は昼は人が造り、夜は神が造った。〕

箸墓は、近年、卑弥呼《ひみこ》の墓ではないかとする説も示されているが、ここではその箸墓を、昼は人が作り、夜は神が作ったとある。夜、人は活動できないので、そこで神が作ったというのである。

夜が神の世界という時、その神には魔物や妖怪《ようかい》の類、悪《あっ》鬼《き》、悪霊《あくりょう》なども含《ふく》まれる。夜とは、そうした恐ろしいモノたちの*跳梁《ちょうりょう》・跋扈《ばっこ》する世界としてあった。そこで人は、夜の明けるまで、じっと家の中に隠《こも》ることを余儀《よぎ》なくされた。

その夜と昼の境界が、アシタ（朝）とユフへ（夕）になる。この境界の時間帯は、どちらも夜と昼の接点でもあるから、人は恐ろしいモノたちと遭遇《そうぐう》することもあった。アシタ、ユフへは、カハタレ時、タソカレ時とも呼ばれた。それは、明け方や夕暮れに、偶然《ぐうぜん》出遭《であ》った怪《あや》しい人影に向かって、「彼《か》は誰《たれ》（あれは誰か）」「誰《た》そ彼《かれ》（誰だあれは）」と*誰何《すいか》して、その正体を問いただす必要があったからである。

夜と昼の切り替わりを一瞬のものとして感じ取る場合もあるが、たとえば朝の場合には、どこか遠くの世界から、少しずつ朝の気配がこの世界に侵入《しんにゅう》し、気づいて見ると、いつの間にか朝になっていたというのが、実際であっただろう。ひそかに忍び寄る朝の気配は、人にはなかなか察知できない。それを真っ先に*受感するのは鳥たち、とりわけ「庭つ鳥」と呼ばれる鶏《にわとり》である。鶏の鳴く音《ね》によって、人は朝が近づいたことを知った。

季節の推移についても同様なことがいえる。季節は、現在では、春夏秋冬の四季に分かれ、それぞれが同じ長さをもつ時間として理解されているが、古代では、四季は対等には存在していなかった。その基本は、春と秋とにあった。夏と冬は、もともとは、それに付随する、あるいはそれを準備するための時期とされていた。

そこで、その春と秋だが、古代の人びとは、これを時間としてではなく、空間性をあわせもつ時空として捉《とら》えていた。『万葉集』では、春や秋が歌われる場合、多くその到来が意識されている。春の場合、とくにその傾向が顕著《けんちょ》にうかがえる。季節もまた、この世界にいつのまにかやってくる不思議な力の現れとして意識されていた。

現在でも桜前線という言葉があるが、桜の開花によって、古代の人びとは春の訪れを感じ取った。鶏の鳴く音によって、朝の訪れを知るのと同じである。いつのまにかこの世に忍び寄った春の霊威が、自然の何かに依《よ》り憑《つ》き、その萌《きざ》しをそこに現す。――古代の人びとは、そのように理解した。樹木などであれば、枝先の芽がふくらみ、それが花開くところに、春の気配の訪れを感じ取ったことになる。

このように、春はまずはその訪れが意識された。それは、春が甦《よみがえ》りの季節であることにもかかわっている。一方、秋はむしろその深まりが意識された。その秋の深まりは、木の葉の色づきによって捉えられた。なお、付言すれば、『万葉集』では、木の葉の色づきは通常「黄葉」と表記され、「紅葉」「赤一字と数えよ。

5　次の文章を読んで、あとの各問に答えよ。（〔　〕内は現代語訳を補ったものである。*印の付いている言葉には、本文のあとに〔注〕がある。）

　*瑞祥《ずいしょう》の出現によって、年号を改めることがあった。奈良《なら》時代には、不思議な亀《かめ》の出現によって、年号を改めた例がある。「霊亀《れいき》」「神亀」がそれである。そうした亀の出現が「新代《あらたよ》」の始まりとして意識されている。それでは、「新代」とは何か。その「代」を、ここで問題としたい。

　その「代」＝ヨだが、同音の文字を見ていくと、「世、齢、寿、節」などがある。この中で、(1)ヨの意義をもっともよく示すのが「節《よ》」である。竹の節《ふし》がわかりやすいが、節と節の間の空洞もヨと呼んだ。『竹取物語』でかぐや姫を発見したあと、竹取翁《たけとりのおきな》は「よごとに黄金《こがね》ある竹」を見つけたとある。その「よ」がこの「節《よ》」になる。この竹の「節《よ》」から、ヨが前後に明確なしきりをもつ空間であることが確かめられる。

　「代、世、齢、寿」も、これと同じである。これらは、今日では時間と考えられがちだが、「節《よ》」がそうであるように、空間性をもあわせもつ。つまり時空である。

　さらに大事なのは、このヨには、ヨを生成・維持《いじ》させる力があると信じられていたことである。ヨの時空を支える根源的な力といってもよい。その力は、ヨの推移とともに、次第《しだい》に衰えてくる。「齢、寿」は、年齢《ねんれい》＝寿命《じゅみょう》を意味するが、そこからも右のことは明らかであろう。生まれてから死ぬまでが寿命だが、その一生を支える生命力は次第に衰えてくる。次の歌は、そのことをよく示す。

　おのが齢《よ》の衰へぬれば*白栲《しろたへ》の袖《そで》の馴《な》れにし君をしそ思ふ

〔わが齢《よわい》のほどが衰えてしまったので、白栲《しろたえ》の袖が*萎《な》れるように、馴れ親しんだあなたのことばかりを思うことだ。〕

　「代、世」についても、同じことがいえる。「代、世」も、前後にしきりをもつ時空だが、それを支える根源的な力は徐々に減衰していく。それを立て直すのが、「世直し」である。改元は、まさにその世直しのために行われた。「新代」の誕生によって、「代、世」の時空は、生き生きとした生命力をもって生まれ変わる。まさにリセットである。改元の意義は、そこにある。改元に際して、「新しい時代になった」という感想が見られたのは、この「新代」の意識による。ならば、元号を成り立たせている時空意識が、西暦《せいれき》のような直線的な時間意識とは、決定的に異なっているのは明らかであろう。

　まずは、一日のありかたを考えてみたい。(2)一日は、大きく分けると昼と夜から構成されるが、その昼と夜も時間ではなく、もともとは空間性をあわせもつ時空として意識されていた。夜が神の世界としてあり、昼が人の活動の許される世界としてあったことが、その基本になる。そのことは、『*日《に》本書紀《ほんしょき》』『*崇神紀《すじんき》』の箸墓《はしはか》伝説の記事を見ることによっても、確かめられる。

　故《かれ》、時人《ときのひと》、その墓を号《なづ》けて箸墓と謂《い》ふ。是《こ》の墓は、日《ひる》は人作り、夜は神作る。

イ　樹木と幹や枝の関係を知らなくても、おいしいリンゴが手に入るために、リンゴが実っている幹を見定めることができなくなるように、いつの間にか情報収集能力が衰えていくから。

ウ　いくら情報を大量に集めても知識にはなり得ないにもかかわらず、ＡＩによる補助があると、もっともらしい回答が得られるために、検索システムの方がより優秀に感じられるから。

エ　インターネットによる検索結果は早い上に正確であり、その結果と体系的な知識を持った人が出した答えに違いがなければ、両者に質的な違いはないために、評価が曖昧になるから。

〔問５〕 (5)本を読んだり書いたりすることが可能にするのは、これらとは対照的な経験です。とあるが、どのような経験か。その説明として最も適切なものを、次のうちから選べ。

ア　最初に求めていた情報を得られなくとも、読書を通して自己の議論や考察が深められ、有益な事例と出会うことになるという経験。

イ　著者の論理の創造的展開をとらえ、自分の議論の有益な情報として引用しつつ、自分の意見との違いを詳しく検証するという経験。

ウ　検索システムとは異なり、情報を有機的に結びつけて体系化していく方法や、論述における論理の展開を発見していくという経験。

エ　表面上の記述に囚われたり、自分勝手な論理に陥《おちい》ることなく、著者が著《あらわ》した情報を模倣《もほう》して自己の論理を補強していくという経験。

〔問６〕 この文章の論理展開を説明したものとして、最も適切なものを次のうちから選べ。

ア　はじめにインターネットの発展を歴史的に紹介し、次に現代における検索システム利用の問題点を比喩を用いて述べ、最後に読書体験の重要性と検索システムの優秀性を平行して論じている。

イ　はじめに情報社会が日本発の概念であることを紹介し、次にインターネットの発展による生産の変化を書籍《しょせき》との相違に基づいて説明し、最後にＡＩと比較《ひかく》した知識の優位について論じている。

ウ　はじめに情報社会の発展の歴史を述べ、次に今後ＡＩの更《さら》なる活躍によって情報と知識の質的な相違が曖昧になることを予測し、最後に読書体験と検索システムの違いを比較して論じている。

エ　はじめに情報社会の到来を歴史的に紹介し、次に情報と知識における作者性と構造性の違いを解説しながら検索システムの問題点を指摘《してき》し、最後に検索システムの優位点と限界を論じている。

〔問７〕 (6)知識の構造とは何か。あなたの考えを、**二百字以内**にまとめて書け。さらに、あなたの書いた文章にふさわしい**題名**を解答用紙の所定の欄《らん》に書け。なお、、や。や「などのほか、書き出しや改行の際の空欄もる社会の到来を予測していたが、モバイル端末を代表とするネットワーク中心の未来ではなく大型電子計算機の活躍を予測していたということ。

〔問2〕(2)人々の日常のコミュニケーションが情報社会においてどのように根底から変容してしまうか　とあるが、どのように変容したのか。その説明として最も適切なものを、次のうちから選べ。

ア　大型コンピュータの開発によって人々の生活形態が変わり、物の生産を中心とした社会から、知的サービスの提供を中心とする情報生産を主眼とする社会へと変わっていった。

イ　情報を検索できるツールの開発によって、誰でも気軽に情報にアクセスできるようになっただけでなく、一部のメディアが占有《せんゆう》していた情報発信を誰もが行えるようになった。

ウ　これまで対面中心だったコミュニケーションがインターネットやモバイル端末の開発によって、いつでもどこでも利用可能になり、遠隔地《えんかくち》でも対話できるようになっていった。

エ　誰もが情報発信者となるシステムが構築され、意見や感想を気軽に発信できるようになったため、マスコミや知識人やジャーナリストの地位が相対的に低下することになった。

〔問3〕(3)ネット情報と図書館に収蔵されている本の間には、そもそもどんな違いがあるのでしょう。とあるが、どのような違いがあるというのか。その説明として最も適切なものを、次のうちから選べ。

ア　著作物は特定の著者が社会的評価を手に入れるために書かれるので責任が集中し、ネット情報は集合的に作られ責任が分散されるという違いがあるということ。

イ　特定の著者が存在するかどうかという作者性の違いと、単なるデータの集積ではなく、情報が体系化されているかどうかという構造性の違いがあるということ。

ウ　著作物は単なる情報の集合体ではなく、既存の概念や記述が相互に結びついて、状況を解釈できる体系的な意味を有するという構造的な違いがあるということ。

エ　単独の著者よりも複数がチェックする情報の方が相対的に正しいという違いと、情報が複雑に組み合わさった体系が成立しているという違いがあるということ。

〔問4〕(4)情報と知識の質的な違いを曖昧《あいまい》にしてしまう　のは、なぜか。その説明として最も適切なものを、次のうちから選べ。

ア　検索システムでは知識を断片化して情報として処理速度を高めるために、体系的な知識の構造を犠牲《ぎせい》にしているにもかかわらず、目的に即した結果が得られ、同等に感じられるから。

高い確率で求めていた情報には行き当ります。したがって、ある単一の情報を得るには、ネット検索のほうが読書よりも優れているとも言えるのです。

　同じ理由で、論文の剽窃チェックなども、コンピュータの検索システムのほうが熟達した研究者よりも高い確率で問題点を抽出《ちゅうしゅつ》します。人間は、論文で展開されている論理を読み解こうとしますから、表面的な記述の異同は気づきにくくなります。その論文が、誰の先行する理論に影響を受けているのか、論理展開の背景にどんなこだわりがあるのかは読み取るのですが、個々の表現の表面的な変化や異同は、なかなか細かくは見きれません。そこのところは、人間よりもコンピュータのほうがよほど精密にチェックできるのです。

　それでも、本の読者は一般的な検索システムよりもはるかに深くそこにある(6)知識の構造を読み取ることができます。これが、ポイントです。調べものをしていて、なかなか最初に求めていた情報に行きつかなくても、自分が考えを進めるにはもっと興味深い事例があるのを読書を通じて発見するかもしれません。それに図書館まで行って本を探していたならば、その目当ての本の近くには、関連するいろいろな本が並んでいて、そのなかの一冊に手を伸ばすことから研究を大発展させるきっかけが見つかるかもしれません。このように様々な要素が構造的に結びつき、さらに外に対して体系が開かれているのが知識の特徴です。ネット検索では、このような知識の構造には至らない。なぜなら検索システムは、そもそも知識を断片化し、情報として扱うことによって大量の迅速《じんそく》処理を可能にしているからです。

（吉見俊哉「知的創造の条件」による）

〔注〕捨象——ある要素や性質を考察するとき、他の要素や性質を考察の対象から切り捨てること。

アクセシビリティ——入手しやすさ。

剽窃《ひょうせつ》——他人の文章などを盗用し、自分のものとして発表すること。

〔問1〕(1)質的な構造次元を捨象*して、すべてを量的な変化で一元的に把握《はあく》されていました。とは、どういうことか。その説明として最も適切なものを、次のうちから選べ。

ア　情報ネットワークの発展を予測することができず、誰もが情報を気軽に手に入れて発信するようなことは、大型電子計算機の発展に比べれば取るに足らない社会変化だと考えていたということ。

イ　インターネットの爆発的な普及やＳＮＳの大流行といった現象も、情報の量的な増加という次元でとらえ、情報技術の革新こそが社会構造を進化させるという側面を重要視していたということ。

ウ　社会に流通する情報量や情報産業の割合の劇的な増加が、社会構造を変容させると専《もっぱ》ら考え、インターネットの開発やモバイル端末の普及といった質的な変化を考慮《こうりょ》していなかったということ。

エ　情報へのアクセスが容易になり、誰もが発信できてきた知識の構造やその中での個々の要素の位置関係など知らなくても、つまり樹木の幹と枝の関係など何もわからなくても、知りたい情報を瞬時に得ることができるわけです。つまり、ネットのユーザーは、その森のどのあたりがリンゴの樹《き》の群生地で、その中のどんな樹においしいリンゴの実がなっていることが多いかを知らなくても、瞬時にちょうどいい具合のリンゴの実が手に入る魔法を手に入れているようなものです。それで、その魔法の使用に慣れてしまうと、いつもリンゴの実ばかりを集めていて、そのリンゴが実っている樹の幹を見定めたり、そこから出ているいくつもの枝の関係を見極《みきわ》めたりすることができなくなってしまうのです。

さらにAIに至っては、ユーザーは自分がリンゴを探しているのか、オレンジを探しているのかがわからなくても、目的を達成するにはリンゴが適切であることをAIが教えてくれて、しかもまだ検索もしていない間に、適当なリンゴをいくつも探し出してきてくれるかもしれません。結局、私たちは検索システムやAIが発達すればするほど、自力で自分がどんな森を歩いているのかを知る能力を失っていく可能性があります。

(5)本を読んだり書いたりすることが可能にするのは、これらとは対照的な経験です。文学については言明を差し控《ひか》えますが、少なくとも哲学《てつがく》や社会学、人類学、政治学、歴史学などの本に関する限り、それらの読書で最も重要なのは、そこに書かれている情報を手に入れることではありません。その本の中には様々な事実についての記述が含《ふく》まれていると思いますが、重要なのはそれらの記述自体ではなく、著者がそれらの記述をどのように結びつけ、いかなる論理に基づいて全体の論述に展開しているのかを読みながら見つけ出していくことなのです。この要素を体系化していく方法に、それぞれの著者の理論的な個性が現れます。

古典とされるあらゆる本は、そうした論理の創造的展開を含んでおり、よい読書と悪い読書の差は、その論理的展開を読み込んでいけるか、それとも表面上の記述に囚《とら》われて、そのレベルで自分の議論の権威づけに引用したり、自分との意見の違いを強調したりしてしまうかにあります。最近では、おそらくはインターネットの影響で、出版された本の表面だけをつまみ食いし、それらの部分部分を自分勝手な論理でつないで読んだ気分になって書かれるコメントが蔓延《まんえん》しています。著者が本の中でしている論理の展開を読み取れなければ、いくら表面の情報を拾い集めてみても本を読んだことにはなりません。

今のところ、必要な情報を即座に得るためならば、ネット検索よりも優《すぐ》れた仕組みはありません。この点で紙の本の読書は、ネットに敵《かな》わない。わざわざ図書館まで行って、関係のありそうな本を何冊も借りて一生懸命読んでみても、知りたかった情報に行き当《あた》らないというのはよくある経験です。見当違いの本を選んでしまったのかもしれません。借りてきた本を隅《すみ》から隅まで読んでも、肝心なことは書かれていなかったということも起こり得ます。しかしネット検索ならば、はるかに短時間で、関係のありそうな本を読むよりもかなり生産のスタイルを大きく変えました。この変化の中で、今日、ネット情報をコピーしてレポートを作成する学生や、報道機関の記者が十分な取材をしないままネット情報を利用して記事を書いてしまい、後でその情報が間違っていたことがわかって問題となるケースなどが生じています。

　こうした状況を受け、レポートや記事を書く際、ネット情報の利用はあくまで補助的で、図書館に行って直接文献《ぶんけん》を調べ、現場へ足を運んで取材をすべきだと主張する人もいます。他方、そんなことをしていては変化に追いつけないので、ネット検索で得た情報をもとに書くことも認めるべき、さらに踏み込んで、書物や事典を参照して書くことと、ネット検索で得た情報をもとに書くことの間に本質的な差はないと主張する人もいます。(3)ネット情報と図書館に収蔵されている本の間には、そもそもどんな違いがあるのでしょう。私の考えでは、両者には作者性と構造性という二つの面で質的な違いがあります。まず本の場合、誰が書いたのか作者がはっきりしていることが基本です。著作権の概念そのものが、ある著作物には特定の作者がいることを前提に発展してきたわけです。つまり、本というのは、基本的にはその分野で定評のある書き手、あるいは定評を得ようとする書き手が、社会的評価をかけて出版するものです。ですから、書かれた内容に誤りがあったり、誰か他人の著作の*剽窃《ひょうせつ》があったりした場合、責任の所在は明確です。その本の作者が責任を負うのです。

　これに対してネット上のコンテンツでは、特定の個人だけが書くというよりも、みんなで集合的に作り上げるという発想が強まる傾向にあります。作者性が匿名《とくめい》化《か》され、誰にでも開かれていることが、ネットのコンテンツの強みでもあります。そこでは複数の人がチェックしているから相対的に正しいという前提があって、この仮説は実際、相当程度正しいのです。つまり、本の場合は、その内容について著者が責任を取るのに対し、ネットの場合は、みんなが共有して責任を取る点に違いがあるわけです。

　二つ目の、構造性における違いですが、これを説明するためには、「情報」と「知識」の決定的な違いを確認《かくにん》しておく必要があります。一言でいうならば、「情報」とは要素であり、「知識」とはそれらの要素が集まって形作られる体系です。たとえば、私たちが何か知らない出来事についてのニュースを得たとき、それは少なくとも情報ですが、知識と言えるかどうかはまだわかりません。その情報が、既存の情報や知識と結びついてある状況を解釈《かいしゃく》するための体系的な仕組みとなったとき、そのニュースは初めて知識の一部となるのです。

　知識というのはバラバラな情報やデータの集まりではなく、様々な概念や事象の記述が相互に結びつき、全体として体系をなす状態を指します。いくら葉や実や枝を大量に集めても、それらは情報の山にすぎず、知識ではありません。情報だけでは、そこから新しい樹木が育ってくることはできないのです。そしてインターネットの検索システムの、さらにはＡＩの最大のリスクは、この(4)情報と知識の質的な違いを曖昧《あいまい》にしてしまうことにあると私は考えています。

　というのもインターネット検索の場合、社会的に蓄積《ちくせき》され

4

次の文章を読んで、あとの各問に答えよ。（＊印の付いている言葉には、本文のあとに〔注〕がある。）

「情報社会（information society）」という概念は、日本から欧米《おうべい》に広まっていった概念であると言われています。その主役は増田米二《ますだよねじ》で、彼は「情報社会」という名称《めいしょう》を造語しただけでなく、海外での講演で彼が考える情報社会の未来像や政策的提案を持ち歩き、自らの命名を世界に広めたとされます。一九七〇年代半ば以降、欧米でも「情報社会」や「情報化」の概念が、新しい通信システムやコンピュータの発達を背景に広がります。そもそも「情報社会」についての想像力は、日本がアメリカに先行していたらしいのです。

とはいえ当時の情報社会論は、今日のネット社会の到来を正確に予言していたのでは必ずしもありません。まず、そこでは情報が、その(1)質的な構造次元を捨象*して、すべてを量的な変化で一元的に把握《はあく》されていました。情報社会論は、社会的に流通する情報の総量や経済活動の中の情報産業の割合《わりあい》などの量的変化が社会の構造的な変容をもたらすと考えました。

また、一九六〇年代の日本の情報社会論は、情報技術の革新が社会を根底から変えるという技術決定論を前提にしていました。その場合、彼らが社会革新の原動力として考えていたコンピュータは、今日のようなPCやモバイルを端末とするネットワークではなく、まだなお大型電子計算機でした。増田の議論では、工業社会から情報社会への移行によって、蒸気機関はコンピュータに、近代工場は情報ネットワークに、物的生産力は知的生産力に、市場経済は共働経済に、労働運動は市民運動に取って代わられていくことになっていました。すでに当時から、専門的技術サービス職による知的労働の拡大は予見されていましたが、産業の変化を超えて、(2)人々の日常のコミュニケーションが情報社会においてどのように根底から変容してしまうかを見通せていたわけではありません。

しかし、一九九〇年代以降、この一九六〇年代の情報社会論のビジョンは、そこで想像されていた射程を超えて実現していきます。この変化は、一九九五年にインターネットが爆発的《ばくはつてき》に社会に普及していくなかで決定的なものとなりました。そこでの変化のポイントは二つあって、一つは普通の人々にとっての情報や知識へのアクセシビリティ*が爆発的に拡大したことです。新しい検索《けんさく》システムが次々に登場し、ネット上の情報が豊かになっていくことによって、いつでも、どこでも、その時に必要だと思った情報に即時に容易にアクセスできる状況が実現していったのです。もう一つは、インターネットを通じ、誰もが情報発信者になっていったことです。それまでは、知識人やジャーナリストがメディアを介して情報を発信し、一般人はその受け手という構図が支配的でした。ネット普及を機に誰もが情報発信者となり、この構図が決定的に崩《くず》れていったのです。

検索によるネット上の莫大《ばくだい》な情報へのアクセシビリティの拡大と、それらの情報の編集可能性の拡大は、私たちの知的

けてはいられないという思いを抱き始めたから。

ウ　幸は、廉太郎が彼女の演奏とは関わりなくのびのびと演奏していることに気付き、自分も別に悩み苦しまなくてもよいという思いを抱き始めたから。

エ　幸は、彼女の演奏に合わせて廉太郎がピアノの音色を変化させてきたことに気付き、嫌な出来事を忘れ音楽を楽しもうという思いを抱き始めたから。

〔問4〕(4)そんな幸は、ばつ悪げに自分の視線を足元に落とした。とあるが、このときの心情はどのようなものか。その説明として最も適切なものを、次のうちから選べ。

ア　重奏中に、廉太郎のピアノの腕が上達したことを感じ取り、先入観にとらわれて慢心《まんしん》し練習をおろそかにしていた自分の演奏の拙《つたな》さを情けなく思う心情。

イ　重奏中に、今まで問題にもしていなかった廉太郎に音楽の才能があることを感じ取り、自分の失礼な言動が恥ずかしくなって心から謝《あやま》りたいと思う心情。

ウ　重奏中に、候補者の中で留学生に選ばれなかったにも関わらず祝辞を述べに来た廉太郎の度量の大きさを感じ取り、自分の狭量《きょうりょう》さを申し訳なく思う心情。

エ　重奏中に、祝辞を述べに来た廉太郎の誠意にうそがないと感じ取り、純粋な音楽の世界とは関わりの無い世評にとらわれていた自分を恥ずかしく思う心情。

〔問5〕波線部 x ずるい。思わず口をついて出た。と、y「だから、僕も頑張《がんば》らなくちゃなりません。」では、廉太郎の心情はどのように変化したか。六十字以内で説明せよ。

〔問6〕本文の表現や内容について述べたものとして最も適切なものはどれか。次のうちから選べ。

ア　「瀧君か。よく来たな。」「すまんな。」など、延の言葉をあえて男女の区別がつかないように表現し、様々な分野で女性が活躍し始めた明治という時代の風潮を感じ取れるようにしている。

イ　「手を緩《ゆる》めているかのようだった。」「追い立て、焼き尽くす。」など、ピアノやバイオリンの音色を擬人化《ぎじんか》して表現し、演奏することの戦いのような厳しさを感じ取れるようにしている。

ウ　「バイオリンの暴風」「蓋の奏でる密《ひそ》やかな音」など、見えない「音」を文学的に表現し、音楽に込められた激しい熱情や、一つの場面が終わるときの静かな調和を感じ取れるようにしている。

エ　「嫌味な人だわ。」「近くにいると腹立たしくもなる」など、幸が廉太郎を評する言葉を批判的に表現し、彼女が廉太郎を敵視しつつも高く評価していることを感じ取れるようにしている。

掃《は》き出し――室内の塵《ちり》を掃き出すための小窓。
アップライトピアノ――弦を垂直に張った家庭用・教育用の縦型ピアノ。
モーツァルト『ピアノとバイオリンのためのソナタＫＶ３８０』――ウィーン古典派の作曲家、モーツァルトの曲名。
ケーベル――ラファエル・フォン・ケーベル。廉太郎の師。
予科――戦前の旧制学校における、大学へ進む前の教育課程。

〔問1〕(1)紙が裂《さ》けるような声が部屋に満ちる。とあるが、この表現から読み取れる様子はどのようなものか。その説明として最も適切なものを、次のうちから選べ。

ア　新聞の根も葉もない報道に憤慨《ふんがい》した幸の、他者に自分の怒りを共有してもらおうとして故意に発した大声が部屋中に響く様子。

イ　新聞の心ない報道に傷つきいらだった幸の、他者に留学について触れられることを鋭く拒絶する声が部屋中に響きわたる様子。

ウ　新聞の悪意ある記事に意気消沈している幸の、他者と関わりたくないという思いが不意に声となって部屋中に響きわたる様子。

エ　新聞の批判的な記事に自信を失いつつある幸の、他者の留学についての意見を一切受け付けまいとする声が部屋中に響く様子。

〔問2〕(2)「幸さん、僕と重奏をしてくれませんか。」とあるが、なぜこのように言ったのか。その説明として最も適切なものを、次のうちから選べ。

ア　幸の悲しみを癒《い》やして心の重荷を軽くするには、志を共にする自分が渾身《こんしん》の演奏をするしかないと決意を固めたから。

イ　幸の瞳《ひとみ》から消えてしまった輝きを取り戻すには、美しい音楽によって心を慰《なぐさ》め励ますことが最善であると思ったから。

ウ　幸の音楽を諦《あきら》めようとしている思いを翻《ひるがえ》すには、バイオリンの演奏により自信を取り戻させるのがよいと考えたから。

エ　幸の音楽に対する純粋な情熱を呼び覚ますには、言葉で説得するよりも音楽の力を借りたほうがよいと判断したから。

〔問3〕(3)幸の目に、先ほどまでは曇っていて窺《うかが》うことのできなかったはずの光が戻ってきた。とあるが、なぜこのように変わったのか。その説明として最も適切なものを、次のうちから選べ。

ア　幸は、彼女の演奏に衝撃を受けた廉太郎のピアノが明瞭《めいりょう》でさわやかな音色になったことに気付き、その変化に応じようとする意欲を抱き始めたから。

イ　幸は、ケーベルの指示で重奏した時よりも廉太郎がピアノの腕を上げていることに気付き、自分も負廉太郎は高鳴る心音と共に鍵盤を必死で叩いた。もはや何かを考えている暇《ひま》はなかった。あらん限りの技術を用いて曲を追いかけ、次々にやってくる幸のバイオリンの暴風に耐《た》えた。

長いようで短い旅の末、最後の一音に至った時には、廉太郎は疲労困憊《こんぱい》の中にあった。二の腕が痛みを発し、指も攣《つ》りかけている。

振り返ると、ぎらぎらと目を輝かせた幸がそこに立っていた。

バイオリンを肩から降ろした幸が廉太郎に話しかけてきた。

「あなた、この演奏の途中で腕を上げたんじゃない？」

「かも、しれません。」

「嫌味な人だわ。自分の伸びしろを見せつけるなんて。」

「いや、そんなつもりは。」

慌てて言葉を否《いな》んだものの、どこかほっとしている廉太郎もいた。口ぶり、がいつもの幸に戻っていることに気づいた。

(4)そんな幸は、ばつ悪げに自分の視線を足元に落とした。

「わたしの留学を祝いに来たっていうのは本当みたいね。あなたのお祝い、確かに受け取った。あなたを見てると、深く考えるのが馬鹿馬鹿《ばかばか》しくなるわ。あなたは自分が伸び続けるんだって頭から信じているんだもの。口ではいろいろ言ってても。」

そうだろうか。今も壁《かべ》にぶつかって悩《なや》んでいる。実際、先の演奏だって音色が変化しただけで、右手が弱いという問題はまるで解決していない。

「あなたって屈託《くったく》がないのよね。だから近くにいると腹立たしくもなるけど、今日だけはありがたかったわ。世間がどんなに汚くったって、音の鳴り響く場だけはこんなにも純粋《じゅんすい》なんだって信じられる。」

そこまで一息に言い切ると、幸は手早くバイオリンをしまい、部屋から出ていってしまった。入ってきた時よりも足取りははるかに軽かった。その後ろ姿を見送っている延は呆れているようだったが、その顔に、穏《おだ》やかな笑《え》みが混じっているのを廉太郎は見逃さなかった。

「どうやら、妹は一つ皮が剥《む》けたらしい。礼を言う。」

「いえ、僕こそです。僕がここまでやってこられたのは、幸さんのおかげですから。」

*予科の時、もし幸の演奏を耳にしていなければ、もしかしたら今頃《いまごろ》官吏の道に進んでいたかもしれない。入学してからも、ことあるごとに幸が廉太郎の前に立ちはだかる壁であり続けてくれた。そのおかげで成長できたという思いがある。

「そうか。ありがたいことだ。」

y「だから、僕も頑張《がんば》らなくちゃなりません。」

廉太郎はアップライトピアノの蓋《ふた》をゆっくりと閉じ、立ち上がった。ことり、という蓋の奏でる密《ひそ》やかな音が、部屋の中に満ちた。

（谷津矢車「廉太郎ノオト」による）

〔注〕小山作之助《こやまさくのすけ》――東京音楽学校教授。

「何をやるの。」

「*モーツァルト『ピアノとバイオリンのためのソナタKV380』。」

廉太郎が口にしたその時、幸の顔が凍った。

因縁《いんねん》の曲だ。*ケーベルに弾いてみるようにと言われ、二人で思い切り斬《き》り合った。あの時は幸に勝ちを譲《ゆず》る形になってしまったが、ケーベルの評はむしろ幸に対して辛《から》かった。

「いいの？」怯《おび》えたような声で幸が言う。「アップライトピアノは連打に向かないんでしょう？あの曲は連打が多いんじゃ。」

「大丈夫です。戦うのではなく、語らうだけならば。」

廉太郎は息をつき、幸と息を合わせることなく、第一音を奏《かな》で始めた。持ち主の性格を反映してか四角四面で硬質な音質を持つこの家のピアノだが、音がわずかに柔らかく、固い打鍵感も和《やわ》らいでいる。まるで、持ち主の心配を汲《く》んで、この日ばかりはと手を緩《ゆる》めているかのようだった。

慌《あわ》てて幸が続く形で曲が始まった。

幸のバイオリンは精彩《せいさい》を欠いていた。いつもの思い切りがなく、萎《しお》れてしまっている。

廉太郎はピアノで幸を先導する。グランドピアノよりもわずかに遅い鍵盤の戻りがもどかしい。だが、納得できるだけの演奏にはなっている。もっとも、右手の旋律《せんりつ》は未《いま》だにわずかに弱い。

心中でため息をつきながらも廉太郎が曲全体を引っ張ってゆくと、次第《しだい》に幸の演奏にも変化が訪れ始めた。ふいごで空気を送ってやったかのように熱が上がった。周囲のものをちりちりと焼くほどの熱気に思わず振り返ると、幸の目は依然《いぜん》として輝かないものの、完成した立ち姿、まるで精巧《せいこう》なからくり人形のように体に染《し》みついた動作を繰り返している。それはあたかも、廉太郎の放つ音に無意識に反応しているようだった。

廉太郎は舌を巻く。こちらはアップライトピアノとはいえ、心の入らない演奏で廉太郎を凌《しの》ぐ腕を見せている。

天才、の二文字が頭を掠《かす》める。これまでおいそれと使ってこなかった言葉だが、幸になら使ってもいいか、という気にもなる。

X ずるい。思わず口をついて出た。

幸に対する妬《ねた》みが、指先に宿って激流となる。

廉太郎のピアノが音色を変えた。今の今までよりも音の一つ一つがよりシャープに、そして清涼《せいりょう》なものへと変わった。その変化に誰よりも戸惑っていたのは廉太郎だった。ピアノは均質な音を発するための楽器だ。音色まで変化することはありえない。

戸惑っているうちに、曲の底流に揺蕩《たゆた》っていた幸の演奏にも力が戻ってきた。思わず振り返ると、(3)幸の目に、先ほどまでは曇っていて窺《うかが》うことのできなかったはずの光が戻ってきた。顔はわずかに上気している。

先ほどまでとは比べ物にならぬほどに研《と》ぎ澄まされたバイオリンの音色が曲を底上げする。これこそが本来の幸田幸だ。共に曲を形作る仲間すらも追い立て、焼き尽くす。

だが、常ならぬ様子に廉太郎は驚いた。

なりはいつもと変わらない。だが、何かがあまりに違う。違和感を見極《みきわ》めようと首をひねるうち、ようやく正体に行き当《あた》った。

目だ。いつも、真夏の太陽を思わせるその目から輝きが失われている。目の下には隈《くま》ができてしまっているのも、暗く沈んだ目をなおのこと際立《きわだ》てている。

幸は、まるでうわ言のように口を開いた。

「何か用。」

これ、と延にたしなめられるものの、幸は意にも介さない。

廉太郎は息を呑《の》みながらも言葉を発した。

「お祝いに来たんです。海外留学の。」

幸は声を荒《あら》らげた。(1)紙が裂《さ》けるような声が部屋に満ちる。

「あなたも笑いに来たんでしょう。」

「そんなわけないじゃないですか。」

「本心を言えばいいじゃない。散々新聞で叩《たた》かれているわたしを笑いに来たって。」

ここまで荒れているとは、思いも寄らなかった。

過熱していた留学生候補報道は、正式発表で最高潮に達した。かねてより幸を推していた新聞は手を替え品を替えて幸のこれまでの実績の数々を筆で修飾《しゅうしょく》し、前途を寿《ことほ》いだ。一方、他の候補者を推していた新聞は音楽学校の決定に疑惑ありと書き立てた。曰《いわ》く、幸が選ばれたのは、音楽学校教授である延の横車が働いた結果であると。またある新聞は女性留学無用論を展開した。

横車などありえない。東京音楽学校は演奏という実力主義によって貫《つらぬ》かれている公平な場だ。いくら延が妹を無理矢理海外に送ろうと考えても、他の教授陣をうんと言わせることはできない。女性留学無用論も当たらない。性別など関係なしに、幸は最も優《すぐ》れた演奏者だ。幸とてそれは分かっているだろうが、新聞記事の内容は、あれほど揺《ゆ》らぐことのなかった幸の眼《め》の光をかき消してしまうほどにひどかった。

廉太郎は立ち上がった。

「(2)幸さん、僕と重奏をしてくれませんか。」

虚を衝《つ》かれたように幸は目を丸くした。

「僕らは音楽家です。百万語を費《つい》やすより、音で語らったほうが手っ取り早いと思いませんか。」

ややあって頷《うなず》いた幸は、いったん奥に戻った。その間に、廉太郎は部屋の隅《すみ》に置かれている*アップライトピアノに向かい、鍵盤《けんばん》の表面を手ぬぐいで払《はら》った。

二人きりの時に、延に声を掛けられた。

「すまんな。」

「何がですか。」

「いや、幸のことだ。あまりに君に頼りすぎている。」

「たぶん、そういう星の巡《めぐ》りだったんでしょう。」

「君には勝てないな。」

延がそう呆《あき》れ半分に口にした時、幸はバイオリンケースを抱えて戻ってきた。手早くバイオリンケースから取り上げた幸は、光の戻らない目でピアノの前に座る廉太郎に一瞥《いちべつ》をくれる。

＜国語＞

時間五〇分　満点一〇〇点

【注意】答えは特別の指示のあるもののほかは、各問のア・イ・ウ・エのうちから、最も適切なものをそれぞれ一つずつ選んで、その記号を書きなさい。また、答えに字数制限がある場合には、、や。や「などもそれぞれ一字と数えなさい。

1

次の各文の――を付けた漢字の読みがなを書け。

(1) 岩石が川の底に堆積する。

(2) 人心の掌握に努める。

(3) もっと自重した行動をとるべきだ。

(4) 経世済民の志を抱く。

2

次の各文の――を付けたかたかなの部分に当たる漢字を楷書《かいしょ》で書け。

(1) 北アルプスの山をジュウソウする。

(2) 国家のチュウセキと言える人物だ。

(3) 絶滅回避《かいひ》のため生物のイキナイ保全を図る。

(4) 松尾芭蕉《まつおばしょう》はフエキリュウコウを提唱した。

3

次の文章を読んで、あとの各問に答えよ。（＊印の付いている言葉には、本文のあとに〔注〕がある。）

明治三十年代、東京音楽学校（現東京藝術大学《とうきょうげいじゅつだいがく》）でピアノを専攻《せんこう》する瀧廉太郎《たきれんたろう》は、バイオリニスト幸田延《こうだのぶ》・幸《こう》姉妹と知り合う。延は廉太郎の師であり、幸は彼の一学年上であった。廉太郎と幸は共に東京音楽学校留学生の候補に挙がっていたが、日本でまだ学ぶことがあると考える廉太郎は、ひそかに辞退していた。

一月ほどのち、延以来中断されていた音楽学校留学生派遣《はけん》が正式に発表された。

選ばれたのは、幸田幸だった。＊小山作之助《こやまさくのすけ》の辞退は報じられたものの、廉太郎の話は表沙汰《おもてざた》にならなかった。

廉太郎は祝いの言葉を述べるために、日曜日、南千住《みなみせんじゅ》の延の家へと自転車を走らせた。

延の借家は驚くほどに静かだった。廉太郎が自転車を引いて小さな木の門をくぐると、演奏室の＊掃《は》き出しの近くに立っていた延が廉太郎に気づき、玄関へと回ってきた。

「瀧君か。よく来たな。」

「幸さんにお祝いの言葉をと思いまして。」

「ああ、わざわざすまない。上がってゆくといい。」

廉太郎は演奏室に通され、部屋の真ん中に置かれたティーテーブルに座らされた。紅茶を用意してから、延は家の奥へと向かっていった。

一人、しばらく待っていると、延に連れられて幸がやってきた。

MEMO

大切なことはメモしておこうネ！

2021年度

解答と解説

《2021年度の配点は解答欄に掲載してあります。》

＜数学解答＞

1 〔問1〕 $-\frac{1}{9}$　〔問2〕 $x=\frac{1\pm\sqrt{22}}{3}$　〔問3〕 $\frac{1}{5}$
〔問4〕 52度　〔問5〕 右図

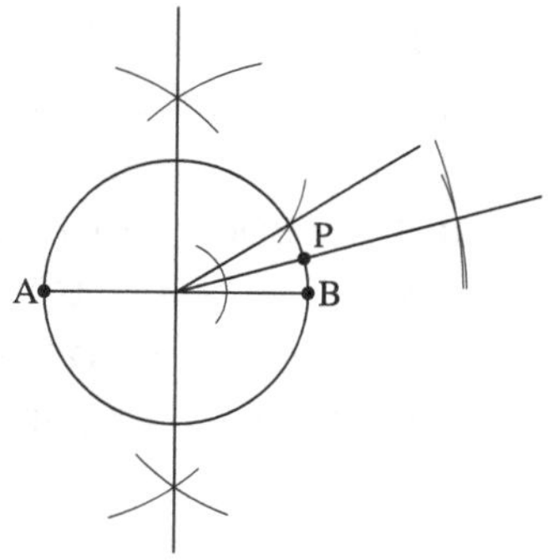

2 〔問1〕 (1) $t=-1+\sqrt{5}$
(2) $D\left(1,\ \frac{3}{2}\right)$(途中の式や計算は解説参照)
〔問2〕 $y=\frac{1}{4}x+1$

3 〔問1〕 90度　〔問2〕 解説参照
〔問3〕 HI：IF＝$(m+2)$：$(4-m)$

4 〔問1〕 12　〔問2〕 解説参照　〔問3〕 10組

○配点○

1 各5点×5　2 〔問1〕(1) 7点　(2) 10点　〔問2〕 8点
3 〔問1〕 7点　〔問2〕 10点　〔問3〕 8点
4 〔問1〕 7点　〔問2〕 10点　〔問3〕 8点　計100点

＜数学解説＞

1 (数・式の計算，平方根，二次方程式，確率，数の性質，角度，作図)

〔問1〕 $\left(-\frac{2}{\sqrt{6}}\right)^3=\left(-\frac{2}{\sqrt{6}}\right)\times\left(-\frac{2}{\sqrt{6}}\right)\times\left(-\frac{2}{\sqrt{6}}\right)=-\frac{8}{6\sqrt{6}}=-\frac{2\sqrt{6}}{9}$，$\frac{4}{\sqrt{24}}=\frac{4}{2\sqrt{6}}=\frac{\sqrt{6}}{3}$だから，$\left(-\frac{2}{\sqrt{6}}\right)^3-\frac{4}{\sqrt{24}}\div\frac{18}{\sqrt{6}-12}=-\frac{2\sqrt{6}}{9}-\frac{\sqrt{6}}{3}\times\frac{\sqrt{6}-12}{18}=-\frac{2\sqrt{6}}{9}-\frac{1-2\sqrt{6}}{9}=-\frac{1}{9}$

〔問2〕 乗法公式$(a+b)(a-b)=a^2-b^2$より，$(x+1)(x-1)=x^2-1^2=x^2-1$，分配法則を使って，$(x-2)(2x+3)=x(2x+3)-2(2x+3)=2x^2-x-6$だから，2次方程式$\frac{(x+1)(x-1)}{4}-\frac{(x-2)(2x+3)}{2}=1$は，$\frac{x^2-1}{4}-\frac{2x^2-x-6}{2}=1$　両辺を4倍して，$(x^2-1)-2(2x^2-x-6)=4$　整理して，$3x^2-2x-7=0$…①　2次方程式$ax^2+bx+c=0$の解は，$x=\frac{-b\pm\sqrt{b^2-4ac}}{2a}$で求められる。$x=\frac{1\pm\sqrt{22}}{3}$

〔問3〕 2つの袋A，Bから同時にそれぞれ1枚のカードを取り出すとき，全ての取り出し方は$5\times4=20$通り。このうち，$\sqrt{2a+b}$が自然数になるのは，$2a+b$の値が(自然数)^{2}になるときであり，$2\times1+(-1)=1=1^2$，$2\times3+(-2)=4=2^2$，$2\times3+3=9=3^2$，$2\times6+4=16=4^2$の4通り。
よって，求める確率は$\frac{4}{20}=\frac{1}{5}$

〔問4〕 弧CDに対する円周角なので，∠CAD＝∠CED＝18°　△CEFの内角と外角の関係から，∠ACO＝∠CFE＋∠CEF＝52°＋18°＝70°　△OACはOA＝OCの二等辺三角形だから，∠CAO＝∠ACO＝70°　以上より，∠BAD＝∠CAO－∠CAD＝70°－18°＝52°

基本 〔問5〕 (着眼点)中心角の大きさは弧の長さに比例するから，点Aを含まない弧BPに対する中心角の大きさは，$360°\times\frac{a}{a+b}=360°\times\frac{1}{1+23}=15°$である。 (作図手順)次の①～④の手順で作図する。 ① 点A，Bをそれぞれ中心として，交わるように半径の等しい円を描き，その交点を通る直線(線分ABの垂直二等分線)を引き，線分ABとの交点をO，線分ABを直径とする円の周との交点のうち，直径ABより上側の交点をCとする。 ② 点Cを中心として，半径OCの円を描き，線分ABを直径とする円の周との交点をDとする。(△OCDは正三角形で，∠COD＝60°より∠BOD＝∠BOC－∠COD＝90°－60°＝30°) ③ 点Oを中心とした円を描き，線分OB，OD上に交点をつくる。 ④ ③でつくったそれぞれの交点を中心として，交わるように半径の等しい円を描き，その交点と点Oを通る直線(∠BODの二等分線)を引き，線分ABを直径とする円の周との交点をPとする。(∠BOP＝∠BOD÷2＝30°÷2＝15°)(ただし，解答用紙には点O，C，Dの表記は不要である。)

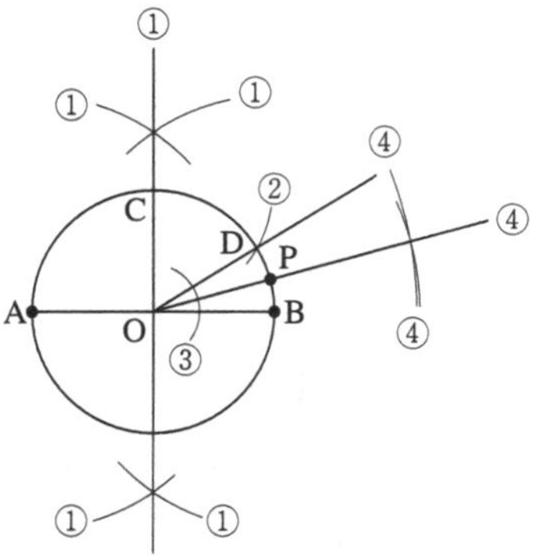

2 (図形と関数・グラフ)

〔問1〕 (1) 関数$y=\frac{1}{2}x^2$のグラフは，y軸について対称な曲線であるから，AB＝4cmのとき，点Aのx座標は$\frac{4}{2}=2$。点A，Pは$y=\frac{1}{2}x^2$上にあるから，y座標はそれぞれ$y=\frac{1}{2}\times2^2=2$，$y=\frac{1}{2}t^2$ よって，A(2，2)，$\mathrm{P}\left(t,\ \frac{1}{2}t^2\right)$ 点Aのy座標と点Pのy座標の差がtであるから，$2-\frac{1}{2}t^2=t$ 整理して，$t^2+2t-4=0$ 解の公式を用いて，$t=-1\pm\sqrt{5}$ ここで，$t>0$であるから，$t=-1+\sqrt{5}$

やや難 (2) (途中の式や計算)(例)$\mathrm{P}\left(t,\ \frac{1}{2}t^2\right)$，$\mathrm{Q}\left(-t,\ \frac{1}{2}t^2\right)$，$\mathrm{A}\left(3,\ \frac{9}{2}\right)$，$\mathrm{B}\left(-3,\ \frac{9}{2}\right)$である。△ABDと△CPDの相似比が8：1より，$\mathrm{PC}=6\times\frac{1}{8}=\frac{3}{4}$(cm)となるので，$\mathrm{C}\left(t-\frac{3}{4},\ \frac{1}{2}t^2\right)$と表せる。2点O，Aを通る直線の式は$y=\frac{3}{2}x$であり，点Cはこの直線上の点であることから，$\frac{1}{2}t^2=\frac{3}{2}\left(t-\frac{3}{4}\right)$ $4t^2-12t+9=0$ $t=\frac{12\pm\sqrt{(-12)^2-4\times4\times9}}{8}=\frac{12}{8}=\frac{3}{2}$ よって$\mathrm{P}\left(\frac{3}{2},\ \frac{9}{8}\right)$となる。そこで，2点B，Pを通る直線の式を$y=mx+n$とおくと $\begin{cases}\frac{3}{2}m+n=\frac{9}{8}\\ -3m+n=\frac{9}{2}\end{cases}$ これを解いて，$m=-\frac{3}{4}$，$n=\frac{9}{4}$ 2点B，Pを通る直線の式は，$y=-\frac{3}{4}x+\frac{9}{4}$である。したがって，点Dは直線$y=\frac{3}{2}x$と直線$y=-\frac{3}{4}x+\frac{9}{4}$との交点であるから，連立方程式を解いて，$x=1$，$y=\frac{3}{2}$

重要 〔問2〕 線分AB，PQとy軸との交点をそれぞれS，Tとする。また，$\mathrm{P}\left(t,\ \frac{1}{2}t^2\right)$，$\mathrm{Q}\left(-\frac{1}{2}t,\ \frac{1}{8}t^2\right)$だから，直線PQの傾きは，$\left(\frac{1}{2}t^2-\frac{1}{8}t^2\right)\div\left\{t-\left(-\frac{t}{2}\right)\right\}=\frac{3}{8}t^2\div\frac{3}{2}t=\frac{1}{4}t$ これが$\frac{1}{4}$に等しいから，$\frac{1}{4}t=\frac{1}{4}$より，$t=1$ よって，$\mathrm{P}\left(1,\ \frac{1}{2}\right)$，$\mathrm{Q}\left(-\frac{1}{2},\ \frac{1}{8}\right)$ 直線PQの式を$y=\frac{1}{4}x+b$とおくと，点Pを通るから，$\frac{1}{2}=\frac{1}{4}\times1+b$ $b=\frac{1}{4}$ よって，直線PQの式は$y=\frac{1}{4}x+\frac{1}{4}$であり，$\mathrm{T}\left(0,\ \frac{1}{4}\right)$である。点Rが線分AB上のどこにあっても，常に△RQPの面積が△OPQの面積の3倍となるから，△RQP＝3

△OPQ…①　△SQP＝3△OPQ…②　①，②より，△RQP＝△SQPより，RS//PQつまりAB//PQであり，これより，2点A，Bを通る直線の傾きは，2点P，Qを通る直線の傾きに等しく$\frac{1}{4}$である。点Sのy座標をsとすると，△SQP＝△SQT＋△SPT＝$\frac{1}{2}$×ST×(点Qのx座標の絶対値)＋$\frac{1}{2}$×ST×(点Pのx座標の絶対値)＝$\frac{1}{2}\times\left(s-\frac{1}{4}\right)\times\frac{1}{2}+\frac{1}{2}\times\left(s-\frac{1}{4}\right)\times1=\frac{3}{4}\left(s-\frac{1}{4}\right)$　同様に考えると，△OPQ＝$\frac{3}{16}$　②より，$\frac{3}{4}\left(s-\frac{1}{4}\right)=3\times\frac{3}{16}$　これを解いて，$s=1$　S(0，1)　以上より，2点A，Bを通る直線の式は$y=\frac{1}{4}x+1$である。

3　(平面図形，角度，図形の証明，線分の長さの比)

基本　〔問1〕 まず，△EBCは∠EBC＝60°，∠BEC＝90°，∠ECB＝30°の直角三角形だからEB：BC＝1：2　BE＝BFだからBF＝$\frac{1}{2}$BCとなり，Fは辺BCの中点である。次に，∠BEC＝90°から，円周角の定理の逆より，点Eは辺BCを直径とする円の円周上にある。また，△BEFはBE＝BFの二等辺三角形で，∠EBF＝∠ABC＝60°だから正三角形である。これより，BF＝EFだから，点Fは辺BCを直径とする円の中心であり，EF＝CF…①　問題の条件より，EI＝CI…②　共通な線分だから，FI＝FI…③　①，②，③より，3組の辺がそれぞれ等しいから，△EFI≡△CFI　よって，∠EIF＝∠CIFより，∠EIF＝180°÷2＝90°

重要　〔問2〕 (証明)(例)頂点Aと頂点Cを結ぶと，仮定より点Iは対角線AC上にある。△AIEと△CIGにおいて，点Iは，平行四辺形ABCDの対角線の交点より，AI＝CI…①　対頂角は等しいから，∠AIE＝∠CIG…②　平行四辺形の対辺なので，AB//DC…③　③より，錯角は等しいので，∠EAI＝∠GCI…④　①，②，④より，1組の辺とその両端の角がそれぞれ等しいので，△AIE≡△CIG　合同な図形の対応する線分の長さは等しいので，EI＝GI…⑤　頂点Bと頂点Dを結ぶと，仮定より点Iは対角線BD上にある。△BIFと△DIHにおいて，同様にして，△BIF≡△DIHであるから，FI＝HI…⑥　四角形EFGHにおいて，⑤，⑥より，対角線がそれぞれの中点で交わるので，四角形EFGHは平行四辺形である。

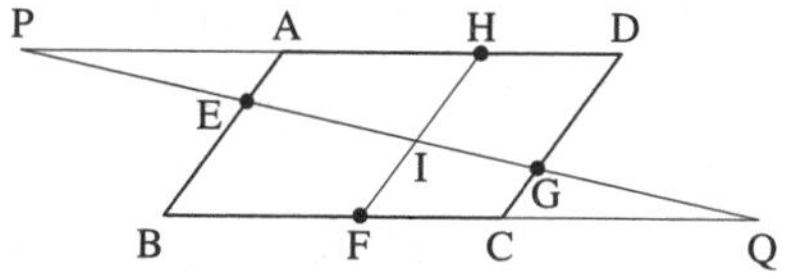

〔問3〕 AB＝DC＝a，AD＝BC＝bとする。AE：EB＝CG：GD＝1：2より，AE＝AB×$\frac{1}{1+2}=\frac{1}{3}a$，同様にして，CG＝$\frac{1}{3}a$　BF：FC＝AH：HD＝m：$(2-m)$より，BF＝BC×$\frac{m}{m+(2-m)}=\frac{1}{2}mb$　同様にして，AH＝$\frac{1}{2}mb$　よって，BF＝AH…①　また，四角形ABCDは平行四辺形であるから，BF//AH…②　①，②より，1組の対辺の長さが等しくかつ平行なので，四角形ABFHは平行四辺形であり，AB//HF//DCである。右上図のように，直線ADと直線EGの交点をP，直線BCと直線EGの交点をQとする。AE//DGより，平行線と線分の比についての定理を用いると，AP：DP＝AE：DG＝AE：(DC－CG)＝$\frac{1}{3}a:\left(a-\frac{1}{3}a\right)=\frac{1}{3}a:\frac{2}{3}a=1:2$　よって，点Aは線分DPの中点だから，AP＝AD＝AH＋HD＝$m+(2-m)=2$　同様にして，CQ＝2　AE//HIより，平行線と線分の比についての定理を用いると，AE：HI＝AP：HP＝AP：(AH＋AP)＝2：$(m+2)$　HI＝$\frac{\text{AE}\times(m+2)}{2}=\frac{\frac{1}{3}a\times(m+2)}{2}=\frac{a(m+2)}{6}$　同様にして，IF＝$\frac{a(4-m)}{6}$　以上より，HI：IF＝$\frac{a(m+2)}{6}:\frac{a(4-m)}{6}=(m+2):(4-m)$

4　（数の性質）

〔問1〕　7は6＋1か5＋2か4＋3だから，N＝7のときxとyの積xyは，$6\times1=6$か$5\times2=10$か$4\times3=12$の3組ある。このうち，自然数の平方の差で表すことができる(x, y)の組は，$4\times3=12=4^2-2^2$となる(4，3)の1組である。

やや難　〔問2〕　（説明）（例）$N=x+y$について，$xy=m^2-n^2$より　$xy=(m+n)(m-n)$　x，y，m，nは自然数で，$xy>0$，$m+n>0$なので　$m-n>0$となる。また，$m+n>m-n$である。$x>y$なので，$x=m+n$…①　$y=m-n$…②　とすると　①＋②より　$m=\frac{x+y}{2}$　①－②より　$n=\frac{x-y}{2}$　ここで，m，nが自然数となるには　$x+y$と$x-y$がともに偶数とならなければならない。$x+y$と$x-y$がともに偶数となるのは【表】よりxとyがどちらとも偶数か，どちらとも奇数の場合である。このとき，$N=x+y$より，Nは偶数となる。

〔問3〕　〔問2〕の結果より，$x>y$である自然数x，yについて，積xyが2つの自然数m，nの平方の差で表すことができるのは，xとyがどちらとも偶数か，どちらとも奇数の場合であるが，$1984\times37=2^6\times31\times37$より，$xy=1984\times37$を満たす$x$，$y$はどちらとも奇数であることはない。以上より，$1984\times37=m^2-n^2$を満たす自然数$(m, n)$の組の数は，$1984\times37=xy$を満たす$x>y$である偶数$(x, y)$の組の数に等しく，$xy=(2^5\times31\times37)\times(2)$，$(2^4\times31\times37)\times(2^2)$，$(2^3\times31\times37)\times(2^3)$，$(2^2\times31\times37)\times(2^4)$，$(2\times31\times37)\times(2^5)$，$(2^5\times37)\times(2\times31)$，$(2^4\times37)\times(2^2\times31)$，$(2^3\times37)\times(2^3\times31)$，$(2^5\times31)\times(2\times37)$，$(2^4\times31)\times(2^2\times37)$の10組ある。

★ワンポイントアドバイス★

2〔問1〕(2)は，△ABDと△CPDの相似比を利用して，tの値を求めることを考えてみよう。3〔問2〕は，5つの平行四辺形になる条件のうち，どの条件を使って証明するかを考えることがポイントである。

＜英語解答＞

1　〔問題A〕　＜対話文1＞　ア　　＜対話文2＞　エ　　＜対話文3＞　ウ
〔問題B〕　＜Question 1＞　イ　　＜Question 2＞　To tell her about their school.

2　〔問1〕　(a)　ウ　　(b)　オ　　(c)　ア　　(d)　イ　　(e)　エ
〔問2〕　culture　　〔問3〕　エ
〔問4〕　(a) fire　(b) perfume　(c) improve　(d) health

3　〔問1〕　ウ　　〔問2〕　ウ　　〔問3〕　エ
〔問4〕　find small flowers telling you about the arrival of spring　　〔問5〕　ア

4　〔問1〕　have discovered which part of the brain we use for　　〔問2〕　イ
〔問3〕　ク　　〔問4〕　get lost　　〔問5〕　ケ
〔問6〕　（例）　Internet communication tools are an example. They help us with sending messages but can have bad effects on our communication skills. If we use such tools too much, we will not be able to communicate well when we meet or talk to someone on the telephone.　(46 words)

○配点○

1　各4点×5

2 〔問3〕 8点　他　各2点×10
3 〔問5〕 8点　他　8点　各4点×4
4 〔問1〕 4点　〔問5〕 8点　〔問6〕 10点　他　各2点×3　計100点

＜英語解説＞

1 (リスニングテスト)

放送台本の和訳は、2021年度都立共通問題37ページに掲載。

2 (会話文問題：文補充・選択，語句補充・記述，要旨把握，内容吟味，間接疑問文，現在完了，比較，不定詞，前置詞，受動態，助動詞，接続詞，動名詞)

(全訳)*授業でのグループ発表に関する話し合いのために，日本人学生であるトモヤとナギサ，英国からの学生ソフィア，そして，フランスからの学生ミシェルがトモヤの家にいる。*
トモヤ(以下T)：まず，僕たちの発表の題材を決めよう。／ナギサ(以下N)：良い題材を選ぶことが，優れた発表の準備をするうえで，最も重要な部分だと私は思っているわ。／ソフィア(以下S)：ミシェル!あなたの腕に蚊がとまっているわ。／ミシェル(以下M)：えっ!／N：窓が開いているわね。／T：今日は暑いので，窓は開けておいて。ちょっと待って。すぐに戻ってくるので。
トモヤは部屋を出ると，手に何かを持って戻ってくる。
S：トモヤ，それは何かしら。／T：蚊取り線香だよ。蚊はここから出る煙が嫌いなのさ。／S：それに関して，私はこれまで見たり，聞いたりしたことはないわ。それって効果があるのかしら，トモヤ。／T：ああ，効果はあるよ。いいかい，煙が出ているよね。ソフィア，どうしたの？悪いにおい[bad perfume]がする？／S：悪い香り[bad perfume]…あなたが言いたかったことはわかるわ。答えは，そう，におうわね。でも，あなたの英語は少し変よ。／M：(a)ウ僕もそう思うよ。／T：どこがおかしいの？／S：芳香[perfume]とは，甘美な，あるいは，心地良いにおいを意味するので，「悪い芳香[bad perfume]」とは言わないのよ。／N：香水[perfume]とは，人々の肌や服につける心地良いにおいの液体だと思っていたわ。／S：もちろん，香水[perfume]にはその意味もあるけれど，同時に，芳香[fragrance]，あるいは，好香[scent]と同等の意味もあるのよ。これらの語は共に良い香りを指すの。この蚊取り線香のにおいは，心地良いとは思わないわね。／M：このにおいを経験する[を嗅ぐ」のは初めてだけれど，僕は好きだなあ。／N：私もこのにおいはとても好みよ。／T：僕も同じかなあ。／M：ということは，同じにおいでも，ある人には心地良いけれど，不快なにおいに感じる人々もいるということだね。／N：その通り。／T：とにかく，コーヒーを飲もうよ。母が僕らのために用意してくれているので。／M：うーむ，僕はこの香り[aroma]がとても好きだなあ。／T：アロマ[Aroma]？それは味か何かを意味しているの？／M：いいや，違うよ。アロマ[aroma]は非常に好感のもてるにおいを意味するのさ。／S：英語では，しばしば良い食べ物のにおいを指すのよ。アロマと言えば…，ナギサ，あなたのお母さんがアロマセラピーをしているそうね。／N：その通り。彼女は月に1回行っているのよ。／M：僕の母もしているよ。／T：アロマセラピーって何？／N：母によると，それは一種の治療とのこと。良いにおいを発する植物から抽出した精油を使うの。例えば，精油のにおいを嗅ぎ，それを体に塗りつけて，あるいは，それでマッサージを受けたりすることもあるのよ。そうすることで，痛みを軽減し，人々の心身がより良い状態になりうるの。／T：なるほど。ソフィア，それって，君の国が発祥なの？／S：(b)オわからないわ，でも，そうだとは思わないけれど。／M：実は，アロマセラピーはわれらの祖国から発祥しているんだ。精油が人の体に良いことを，ある科学者が突き止め

て，1937年に彼の著書において初めて，アロマセラピーという言葉を使ったのさ。／N：アロマセラピーは，多くの国で人気があると聞いているわ。／M：その通り。でも当初，フランスと他の国との間では，アロマセラピーのやり方に違いがあった。／N：母の話によると，英国では，精油の芳香の助けで，心身のバランスを保ち，健康になるために，人々がアロマセラピーを用いてきた，ということなの。それを用いたマッサージも英国で発祥したのよ。／M：我が祖国では，当初，精油は薬として利用することが可能だと考えられて，しばしばけがの治療に使われていた。でも，現在では，我が国におけるアロマセラピーの使用法は，英国やその他の国々と同様なんだ。／T：英語には，においに対して，perfume，scent，fragrance，aromaなどのいくつかの異なった語が存在しているわけだよね。ソフィア，他にもあるの？／S：ええ，あるわ。悪臭に対してもいくつかの言葉あるわね／T：(c)アそれは興味深いね。それらについて僕らに話をしてくれないかい。／S：トモヤ，あなたはodorという言葉を聞いたことがあるかしら。／T：いいや，聞いたことはないよ。／S：それは不快なにおいを意味するのよ。あるいは，stinkも非常にくさいにおいを意味して，また，stenchは非常に強い悪臭を指すわ。／N：それはとても興味深いわね。においに対して，英語にはとても多くの異なった言葉が存在するのね。でも，なぜかしら。／M：それらの語には違う起源があるからかもしれないわね。／S：アロマは，香辛料に対する古語に由来しているということを私は知っているわ。／T：そういった理由で，アロマという語は良いにおいを意味しているのだね。／S：そして，香水[perfume]という語は煙を通して[through smoke]に由来しているのよ。／N：これらの2つがどのように関連しているかがわからないわ。／M：スマートフォンで調べてみるね。ここにあった。興味深い話を見つけたよ。火を使い始めた直後に，人類は良いにおいを楽しみ始めたらしい。芳香を生み出すために，彼らは植物や木々を燃やしたのだね。煙を通して[through smoke]は，このことに由来しているのではないかなあ。／T：なるほど。そして，人々は長い間芳香を楽しんできたというわけだね。／M：もっと別の話も見つけたよ。ヨーロッパの人々は，良いにおいを得るために精油や香水を作り出し，一方で，アジアの人々は，お香を燃やすことで，その香りを楽しむ術を発見した。世界中の多くの地域で，良いにおいというものが，人々の生活をより良いものにしてきたのだね。／N：(d)イその点も興味深いわね。なぜ日本人が長い間お香に親しんできたかがわかったわ。各国ではにおいに関する独自の文化が存在するのね。／S：お香って何？／N：お香は良いにおいを有する木から作られるの。異なった形状のお香が存在していて，その使用法も異なるのよ。日本では棒状のお香が普及しているわ。それらを燃やすと，好いにおいと共に煙が出るのよ。／S：そうだとしたら，お香の使い方は，例の蚊取り線香と類似しているのね。／N：においも似ているわ。／S：本当に？お香は良いにおいがするのかしら。私は蚊取り線香の煙のにおいが好きではないわ。だから，お香のにおいは私にとって心地の良いものになるとは思えないの。／T：(e)エそれを聞いて残念だなあ。／N：私は蚊取り線香のにおいと同様に，お香のにおいも好きよ。時折，私の祖父母は家でお香を焚くし，夏にはほぼ毎日蚊取り線香も使っているの。幼かった頃，私はしばしば祖父母宅を訪れたので，これらのにおいを嗅ぐと，いつも幼かった頃の日々を思い出すわ。／M：ナギサ，それは重要な点だわ。においは私たちの過去の経験に強く結びついているのね。／N：においの歴史と(2)文化について学ぶことは興味深いわね。／T：それでは，僕らはそのことについて発表をしよう。

重要　[問1]　(a)「トモヤ：ソフィア，どうしたの？ 悪いにおい[bad perfume]がする？／ソフィア：bad perfume…あなたが言いたいことはわかる。～でも，あなたの英語は少し変だわ。／ミシェル：(a)／トモヤ：どこがおかしいの？」ソフィアがトモヤの英語がおかしい，と述べており，空所(a)の発言を受けて，トモヤはどこが変かを尋ねていることから考えること。ミシェルのセリフである空所(a)には，ソフィアの発言への同意を示す，ウ「私もそう思う」が当てはまる。I know what you wanted to say ← 疑問文が他の文に挿入される(間接疑問文)と<疑問詞 + 主語 + 動詞>の語順になる。　(b)「トモヤ：アロマセラピーは君の国[英国]が発祥なの？／ソフィア： (b) ／ミシェル：実は，アロマセラピーは私の祖国[フランス]が発祥なの」トモヤがアロマセラピーは英国で発祥したのかを尋ねて，ソフィアが空所(b)と答えた後に，ミシェルは，実はフランスが発祥の地であると発言している。従って，ソフィアは発祥の明らかな地に関して言及していないことになる。正解は，オ「わからないわ，でも，そうだとは思わないけれど」。(c)「ソフィア：悪臭に対してもいくつかの言葉ある。／トモヤ： (c) ／ソフィア：odorという言葉を聞いたことがある？」空所前でソフィアが悪臭に該当する言葉がいくつかあると述べて，空所(c)のトモヤのせりふを受けてから，空所後で悪臭に該当する語の説明をしていることから考えること。正解は，ア「それは興味深いね。それらについて僕らに話をしてくれないかい」< sound + 形容詞>「～のように聞こえる」　(d)「ミシェル：世界中の多くの地域で，良いにおいが人々の生活をより良いものにしてきた。／ナギサ： (d) なぜ日本人が長い間お香に親しんできたかがわかる」空所に続くナギサのせりふから，前出のミシェルのセリフに同調する言葉が当てはまることが推測される。正解は，イ「その点も興味深いわね」。ちなみに，(d)に先立って2つ前のナギサのせりふで That's very interesting. と発言している。また，同じく同調を表す選択肢アだと，空所の後続のせりふにつながらないので，不可。I understand why Japanese people have long enjoyed the smell of incense. ← 疑問文が他の文に挿入される(間接疑問文)と<疑問詞 + 主語 + 動詞>の語順になる。Have made／have enjoyed ← <have[has] + 過去分詞>現在完了(完了・結果・経験・継続) make AB「AをBの状態にする」better ← good／wellの比較級　(e)「ソフィア：私は蚊取り線香の煙からのにおいが好きではないわ。お香のにおいは私にとって心地の良いものになるとは思えない。／T： (e) 」蚊取り線香やお香のにおいが好きなトモヤの立場を考慮して，選択肢を考えること。正解は，エ「それを聞いて残念だね」。I'm sorry to hear ～ ← <感情を表す語句 + 不定詞「to + 原形」>「～をしてある感情がわきあがる」

やや難　[問2]　空所(2)を含む文は「においの歴史や (2) について学ぶことは興味深い」の意。本文では，有史以来の人とにおいの関わり＝歴史と，英語圏，日本，フランス，アジアなどのさまざまな文化圏におけるにおいに関して，会話が交わされている点を踏まえること。正解は「文化」に相当する culture となる。ちなみに，ミシェルのにおいと人類の関係に関する説明を受けて，ナギサ(最後から5番目のせりふ)は，Each country has its own culture of smell.と述べている。<It is + 形容詞 + 不定詞「to + 原形」>「～[不定詞]することは…形容詞」である」

重要　[問3]　「perfumeという語は，心地良いにおいがする液体を意味するだけではなくて，stink や fragrance などの気持ちの良いにおいも指す」(×)ソフィアはsink means a very bad smellと述べている(1番目の発言)。not only A but also B「AばかりでなくてBもまた」前置詞like「～のように」　②「ミシェルはトモヤの家で初めて蚊取り線香からの煙を嗅ぎ，そのにおいをくさいと感じた」(×)ミシェルは，初めての経験だが，蚊取り線香のにおいが好きだ，と述べている(3番目の発言)。for the first time「初めて」　③「aromaという語は，perfume, fragrance，あるいは，stenchのように心地良いにおいを意味して，私たちが何かを食べたり，飲んだりする際に，しばしば使われる」(×)stench means a very strong bad smellとある(ソフィアの11番目のせりふ)。また，アロマセラピーなどではaromaが治療や薬の一種などに使われている(ナギサの7番目のせりふ&ミシェルの10番目のせりふ)と述べられているだけで，飲食に用いられているという記述はない。it is often used ← <be動詞 + 過去分詞>「～される」受動態　④「アロマセラピーは20世紀に英国で始まり，それ以来，自身がより健康になるように人々は長い間使ってきた」(×)アロマセラピーはフランスで始まった(ミシェル8番目のせりふ)。was started ← ＜be動詞 + 過去分詞＞「〜される」受動態 have long used ← ＜be動詞 + 過去分詞＞現在完了(完了・結果・経験・継続) make themselves healthier ←make AB「AをBの状態にする」healthier ← healthy の比較級 ⑤「治療のための薬として精油を使うことができると考えたので，精油を用いたマッサージはフランスで始まった」(×)精油を使ったマッサージは英国で始まった(ナギサの9番目のせりふ)。＜be動詞 + able + 不定詞[to + 原形]＞「〜できる」have used ← ＜have[has] + 過去分詞＞現在完了(完了・結果・経験・継続) get healthier「より健康になる」healthier ← healthy の比較級 with the help of「〜の助けを得て」 ⑥「ヨーロッパでは，精油ないしは，香水を加熱することによる煙のにおいを人々が楽しんできたが，アジアでは，異なった方法で芳香が楽しまれてきた」(×)ヨーロッパやアジアでの良いにおいへの親しみ方に関するミシェルによる説明(最後から2番目のミシュルのせりふ)では，精油ないしは香水の加熱には言及されていない。Have enjoyed ← ＜have[has] + 過去分詞＞現在完了(完了・結果・経験・継続) ⑦「お香は蚊取り線香のような煙のにおいがする，とナギサが言ったので，ソフィアはそのにおいを楽しむであろうとは考えられなかった」(○)後半部分の発言(ナギサの最後から3・4番目のせりふ／ソフィアの最後と最後から2番目のせりふ)に一致。similar to「〜に似た」＜〜, So …＞「〜である。従って…」 ⑧「ナギサは幼い頃，彼女の祖父母宅で，お香と蚊取り線香のにおいをしばしば嗅いでいたので，その双方が好きだ」(○)ナギサの最後から2番目の発言に一致。younger「より若い」← youngの比較級＜〜, so…＞「〜，なので…」both A and B＝A as well as B「AとBの双方」

やや難 〔問4〕(全訳)「こんにちは，みなさん。今日は，私たちは，においに関して発表しようと思います。人類は(a)火[fire]の使い方を知ったはるか昔に，良いにおいを楽しむようになったのです。人類は植物や木を燃やすことで，しばしば良いにおいを作り出したのです。実のところ，英語の(b)香水[perfume]という語の起源は，この事実に関連しているのです。それ以来，人類は多くの異なったやり方で，良いにおいを楽しんできました。／人々は自らの生活を楽しみ，(c)改善する[improve]ために，良いかおりを用いてきました。例えば，それはアロマセラピーで用いられています。皆さんの中にはアロマセラピーについて知っている人もいることでしょう。精油の心地良いにおいは，心身の(d)健康[health]に良いと考えられています」 (a) 最後から3番目の発言でミシェルは People started to enjoy some nice smells just after starting to use fire.と述べている。＜how 不定詞[to + 原形]＞「〜する方法，どのように〜するか」 (b) ソフィアの最後から4番目(〜 perfume comes from “through smoke.”)とミシェルの最後から3番目の発言(I found an interesting story about it [perfume], 〜They burned plants and trees to make nice smells. I think “through smoke” came from this.)を参照すること。in fact「実際には」is connected to「〜と関連している」← 受動態＜be動詞 + 過去分詞＞「〜される」 (c) 最後から2番目の発言でミシェルは Nice smells have made people’s lives better in many areas of the world.と述べていることを参考にすること。make AB「AをBの状態にする」better ← good／wellの比較級make〜better＝improve (d) ナギサはアロマセラピーの効用を〜 people have used it to get healthier by keeping a balance between body and mind with the help of the aroma of essential oils.と述べていることを参考にすること。healthy「健康な」の比較級 → healthier by keeping ← ＜前置詞 + 動名詞[原形 + ing]＞

3 (長文読解問題・論説文：内容吟味，語句補充・選択，語句解釈，語句整序，要旨把握，分詞，

受動態，動名詞，間接疑問文，比較，接続詞，不定詞，助動詞，現在完了）

（全訳）［1］ 1日を24時間より延長することは可能か。それが，実現可能なのだ。でもその方法は？

［2］ その答えを見つけるために，まず，次の質問について考えてみよう。どうやって我々は，今，何時か，あるいは，どのくらい時間が経過したかを知りえるのだろうか。時計がなくとも，私たちは何時かを察することが多い。例えば，時計を確認しないまでも，毎日ほぼ同時刻に起床し，あるいは，眠気を感じることだろう。なぜそのようなことが起こりうるのか。科学者たちによると，人や他の動物は，生物リズム［circadian rhythm］，つまり，一種の体内時計を有しているというのだ。生物リズムが体温やホルモンの量を制御しているので，我々には何時かがわかるのである。早朝，私たちの体温は上昇し始めて，メラトニン値が減少し始める。メラトニンはホルモンの1種で，私たちが寝入るのを手助けする。夜遅くには，体温は下降し始め，私たちのメラトニン値が上昇し始める。こういったことが要因で，私たちが毎日ほぼ同時刻に起床して，就寝することが可能となるのだ。

［3］ 私たちは，時計を使わずに，何秒，または，何分経過したかがわかる。インターバル・タイミング・クロックと呼ばれる別の体内時計が備わっているからである。それはストップウォッチのようなものだ。この体内時計のおかげで，私たちは何秒，何分経過したかが掌握できるのだ。動物の中にも，インターバル・タイミング・クロックを有するものがいることを，科学者たちは突き止めた。動物が自然界で生存することができるのは，このインターバル・タイミング・クロックのおかげだ。それ故に，素早く食べ物を見つけて，棲みかに戻ってくることが可能となる。

［4］ こういった2種類の体内時計により，今何時か，そして，何秒，何分が経過したかを把握することが可能となる。けれども，時折，私たちは時間が速く，または，遅く経過するように感じることがあるが，それはなぜか。1日を通じて，我々のインターバル・タイミング・クロックがどのように変化するかを調べる実験が，科学者たちにより実施された。(1)その実験では，ストップウォッチを使わずに，10秒まで数えるように被験者は指示された。数え上げた後に，実際に何秒経過したかが，科学者らにより記録された。実験は9時，13時，17時，21時，1時，5時，そして，翌日の9時に行われた。彼らの深部の体温とメラトニン値は毎時計測された。記録された時間は最初の2回のテストでは10秒を超えて，夜に近づくにつれて短くなっていった。深部体温が上昇して，メラトニンの数値が下がるにつれて，時間は短くなっていた。夜遅くには，深部体温は下がり出し，メラトニン値は上昇し始めた。深部体温が下がり，メラトニン値が上昇するにつれて，早朝にむけて計測された時間が長くなっていった。朝は，時間がaより速く過ぎ去るように感じられた。午後から夕方にかけては，時間はbゆっくりと経過するように感じられた。このことは，生物リズムがインターバル・タイミング・クロックに影響を及ぼしていることを示している。

［5］ 私たちがどのように時間を過ごすかということも同様に，私たちの時間感覚に影響を与えるのである。なぜ時がよりゆっくりと経過しているように感じるのだろうか。例を見てみよう。数年前に，合衆国のある空港では，空港に到着後，荷物を待っている間の旅行者のストレスを低減する目的で，手荷物受取所の係官を増員した。空港は待ち時間を短縮することに成功したが，旅行者はこのことに満足しなかった。なぜだろうか。彼らは自分のかばんを早く手に取ることができたが，手荷物受取所でのほとんどの時間は，立ったまま待っていたからだ。そこで，(3)空港では別のことが試された。空港における到着ゲートを，手荷物受取所からより遠く離れたところに配置したのだ。旅行者は手荷物受取所まで歩いていき，2分間待つだけでよくなった。空港では，旅行者の荷物が素早く自分たちの元へ運ばれているように感じられるようになった。空港は，待ち時間を短縮することなく，その間に旅行者がするべきことを付加したのだ。何ら特別なこともせずに，単に何

分経過したかを時計で確認するだけだと，時間がよりゆっくりと過ぎているように感じられるのだ。

[6]　なぜ私たちにとって時間がより速く経過するように感じられる時があるのだろうか。昨年と比較して，今年は新年が早く巡ってきた，と感じたことはないだろうか。年をとると，時の移ろいが速い，と述懐する人は多い。これにはある理由が存在していることを，科学者は明らかにしてきた。私たちの時間に関する感覚は，いかに多くの情報を受け取るかによるという。多くの新しい情報を受けると，それを処理するのに長時間かかるので，時間が過ぎ去るのがより遅く感じるのだ。新しいことを経験したり，強い感情を感じる，例えば，緊張したり，恐怖心を抱いたり，わくわくしたりすると，周囲で起こっているさまざまなことに一層多くの注意が向くので，より多くのことが記憶に留まる。これ故に，私たちは時間がゆっくりと過ぎ去っていくように感じる。一方で，よく知っている情報を傍受すると，時間が速く経過するように思う。というのは，それを処理するのに多くの時間を要しないからだ。従って，年をとると，時間が速まっていくように感じるのである。世の中のことに精通すれば，新しい情報に接することが$_{c}$少なくなり，時が$_{d}$より速く過ぎ去っていくように感じる。

[7]　時の移ろいは非常に速い。私たちはどうやって時を止めることができるのだろうか。どうすれば我々が過ごす日々がより長くなり，自身の生活を楽しむことができるのだろうか。新しいことに挑戦して，初めての場所を訪れ，見知らぬ人々に会うことである。これらにより，私たちには多くの新しい情報がもたらされることになる。これらのことを実行することが困難ならば，日常におけるありとあらゆることに注意を払うことだ。ある本を1回読み終えたとしても，その本を注意深く再読してみよう。きっと新たな興味深いことを発見するだろう。あなたの家族や友人とは，何年も旧知の仲だろう。だが，たとえそうであったとしても，そういった人々の調子，具合を確認してみよう。彼らに関してほんのわずかしか知らないということに気づくかもしれない。毎日通学するのに同じ道を通るのであれば，歩いている間に周囲の事象に注目すると良い。新しい何かを発見することだろう。暖かい風を感じ，$_{(4)}$小さな花が春の訪れを告げてくれていることに，気づくかもしれない。日常生活でも新しいことを経験することは可能だ。学び続けることで，若々しいままに生活を謳歌することができるだろう。

重要　〔問1〕　第4段落の実験より，ア)記録された時間，イ)深部体温，ウ)メラトニン数値の推移を本文より確認して，該当するものを資料から探すこと。ア)記録された時間は以下の通り。1)9時・13時は10秒より長くて，それ以降は夕方にかけて短くなる。2)夜が更けてから早朝にかけて，長くなる。以上の条件を満たすのはA。イ)深部体温は以下の通り。1)朝から夜にかけて，体温上昇。2)夜が更けてから早朝にかけて，体温降下。以上の条件を満たすのはF。ウ)メラトニンは睡眠の導入につながるホルモンなので(第2段落)，就寝時間に向けて上昇して，起床してから減少する。以上の条件を満たすのはH。recorded time＜過去分詞 + 名詞＞「～された名詞」過去分詞の形容詞的用法　learn how our interval timing clock changes／recorded how many seconds actually passed ← 疑問文が他の文に組み込まれる(間接疑問文)と＜疑問詞 + 主語 + 動詞＞の語順になるので注意。後者は，疑問詞が主語の位置にあるので見た目は変わらない。(← How many seconds actually passed？)　were asked／were checked ← ＜be動詞 + 過去分詞[規則動詞：原形 + red]＞「～される」受動態　without using ← ＜without + 動名詞「原形 + *ing]＞「～しないで」　longer／shorter ← 規則変化の比較級：＜原形 + -er＞　go up ⇔ go down

やや難　[問2]　空所a・bを含む文はそれぞれ「朝[午前]には，時間が[a]経過するように感じられた。午後から夜にかけて，時間が[b]経過するように感じられた」の意。The recorded time～

became shorter toward the evening (from 9：00 and 13：00). It became shorter as their body temperatures went up and their melatonin levels went down. (第4段落8・9文) The recorded time became longer toward the early morning (from the late evening) as their core body temperature went down and their melatonin levels went up. (第4段落最後から4文目)より，朝は体温が上昇してメラトニンが減少して時間の経過が速く感じられ，夜は体温が下降してメラトニンが上昇し時間の経過が遅く感じられることを読み取ること。shorter ⇔ longer go up ⇔ go down　接続詞 as「～と同じくらい～のように，どおり／～するとき，と同時に／～するにつれて／～なので」 空所c・dを含む文は「世の中のことに精通すれば，私たちは[c]新しい情報に接することになり，時が[d]過ぎ去るように感じる」の意。空所c・dより2文前のif we take in familiar information, we feel time passes faster because we don't need much time to process itという英文や，年齢を経ると既知のことが増えるという事実から考えること。less「より少ない／より少ない程度に」⇔ more faster＝more quickly more slowly

基本　〔問3〕 下線部(3)以降に，「到着ゲートを手荷物受取所から遠く離れたところに配置したので，旅行者は手荷物受取所まで歩いていき，待ち時間の短縮につながった」ことが記されている。従って，正解はエ「空港は到着ゲートを移動したので，手荷物受取所に到着後，旅行者は待ち時間がより短くなった」。＜～, so…＞「～なので，…」 shorter「より短い」 after arriving ← ＜前置詞 ＋ 動名詞＞その他の選択肢は次の通り。　ア「空港は旅行者のかばんをより速く運んだので，到着ゲートを去った後に，かばんをより早く受け取った」(×)The airport gave them something to do during the waiting time without making it shorter(第5段落最後から2文目)より，手荷物を受け取る時間が早まったわけではないことがわかる。faster「より速く」← fastの比較級 something to do ← ＜名詞 ＋ 不定詞[to ＋ 原形]＞「～するための「するべき]名詞」不定詞の形容詞的用法＜without ＋ 動名詞＞「～しないで」　イ「空港は到着ゲートを移動したので，到着ゲートを去った後に，旅行者はかばんを受け取るのに以前よりも時間がかかるようになった」(×)下線部の記載なし。　ウ「空港は旅行者のかばんをより速く運んだので，手荷物受取所に到着してから待ち時間が短くなった」(×)下線部が事実とは異なる。

基本　〔問4〕 (You may feel warm wind or) find small flowers telling you about the arrival of spring (.) find の前には you may が省略されている。find small flowers telling～ ← ＜主語 ＋ 知覚[感覚動詞](視覚・聴覚・味覚・触覚・嗅覚などを表す動詞) ＋ O ＋ 現在分詞[原形 ＋ -ing]＞「主語はOが～[現在分詞]しているのを知覚する」may「～かもしれない／してもよい」

重要　〔問5〕 ①「人間と他の動物が，時計を確認しなくても，今何時か，そして，何秒，何分経過したかがわかるのは，体内時計による」(○)第2段落2・3・6・7文に一致。know what time it is and how many seconds or minutes have passed ← 疑問文が他の文に組み込まれる(間接疑問文)と＜疑問詞+主語+動詞＞の語源になるので注意。have passed ← 現在完了＜have[has] ＋ 過去分詞＞(完了・結果・経験・継続) without checking-＜without ＋ 動名詞＞「～しないで」＜because of ＋ 名詞(相当語句)＞「～の理由で」another body clock called an interval timing clock 過去分詞の形容詞的用法＜名詞 ＋ 過去分詞 ＋ 他の語句＞「～された名詞」＜～, so…＞「～，だから…」 ②「メラトニン値が早朝には上昇し始めて，夜遅くには下降し出すので，私たちはほぼ同じ時間に起床して，就寝する」(×)メラトニンは，早朝下降し，夜遅くには上昇する(第2段落最後から2文目・4文目)ので，不可。wake up「起床する」＜start ＋ 不定詞[to ＋ 原形]＞「～し始める」 ③「動物の中にはどのくらい時間が経過したかがわかるものがいるので，生物リズムと呼ばれる体内時計故に，すばやく食べものを探し出し，棲みかに戻ることができる」(×)どのくらい時間が経過して，素早く食べ物を探し出し，棲みかに戻ることができるのは，rhythm(生物リズム)ではなくて，interval timing clockのおかげである。(第3段落最後の3文) a body clock called a circadian rhythm ← ＜名詞 + called + C＞「Cと呼ばれる名詞」過去分詞の形容詞的用法＜名詞 + 過去分詞 + その他の語句＞「～される名詞」＜～, so…＞「～，だから…」 ④「インターバル・タイミング・クロックが生物リズムに影響を与えているので，時には時間がより速く，あるいは，より遅く経過するように感じる」(×)時間経過の速い，遅いという感覚を引き起こす理由としては，下線部の記載はない。faster ⇔ more slowly

⑤「実験によると，どのくらいの時間が経過したかを知るために，時計を確認した際に，時間がより遅く過ぎ去っているように感じる」(×)時間の経過が遅く感じる理由として，下線部への言及はない。　⑥「緊張したり，恐怖心を抱いたり，興奮した際に，時間の経過がより遅く感じるのは，対処しなければならない多くの情報を受け取るからである」(○)第6段落の最後から4・5文目に一致。a lot of「多くの～」information to process「名詞 + 不定詞[to + 原形]」「～するための，するべき名詞」不定詞の形容詞的用法 various things happening around us ← ＜名詞 + 現在分詞 + 他の語句＞「～している名詞」現在分詞の形容詞的用法　⑦「年をとると物事を記憶するのにより多くの時間が必要なので，さまざまな新しい事項に注意を払うべきだ」(×)記述なし。should「～すべきだ／するはずだ」more「より多い／より多く」many／muchの比較級older ← oldの比較級　⑧「新しいことを試みた後でさえも，多くの新しい情報を獲得するのが困難であれば，日常生活のすべてに注意を払うべきだ」(×)記述なし。＜It is + 形容詞 + 不定詞 [to + 原形]＞「～[不定詞」するのは…「形容詞]だ」should「～すべきだ／するはずだ」pay attention to「～に注意を払う」

4 (長文読解問題・論説文：語句整序，文挿入，文整序，語句補充・記述，内容吟味，要旨把握，条件英作文，現在完了，間接疑問文，動名詞，比較，分詞，進行形，受動態，助動詞，接続詞，不定詞)

(全訳)

[1]　あなたは今までに通りや山間部で道に迷ったことがあるだろうか。多くの人が道に迷ったことがある，と答えるだろう。だが，皆さんの中には，おそらくは1度も道に迷ったことがなく，「ある場所に以前行ったことがあり，10年後に戻ってきたとしても，その道を覚えているだろう」などと答える人がいるかもしれない。そのような人は本当にそういった特別な能力をもって生まれてきたのだろうか。この問いに対する答えは，脳活動にある。彼らが道に迷わないのは，どこに自分がいるかを知り，空間的記憶を活用するために非常に優れた能力を有しているからである。

[2]　ここ数年来，周囲の道を見つけるために(1)脳のどの部分を我々は用いているのか，という点が科学者たちにより解明された。彼らによると，私たちは脳内にある2種類の細胞を使っている。海馬にある場所細胞が我々の位置を探知して，海馬の外側の格子細胞が当該の場所と他の場所の空間的関係を，私たちが把握するうえで手助けをしているのだという。脳内の場所細胞と格子細胞のおかげで，私たちは場所に関わるある感覚を有し，道を探す能力を駆使することが可能となる。

[3]　脳内のこれらの細胞の両方，もしくは，片方が駆使されることで，私たちは道を見つけることが可能となる。周囲の物体を記憶することで，道を実に巧みに探し出す人たちがいる。例えば，そのような人々は「ガソリンスタンドまで進み，右折する」などと言うかもしれない。あるいは，他の人々は空間的記憶を頼りに，「北へ50メートル行き，それから，東へ50メートル移動する」などと言うだろう。私たち皆，両方の種類の記憶に頼っているが，おそらくは脳が一方より他方を優先して，用いているのだ。

[4]　この種の人間が道を見つける能力は，長い間知られていなかったが，21世紀になると，ロンドンのタクシー運転手の海馬を調べることで，この能力に関する科学者たちの理解がより深まっていった。$_{イ}$運転手は他の人に比べて海馬が大きくて，記憶上に多くの市中のメンタル・マップを有していることが判明したのだ。40年以上運転している人もいて，彼らの海馬は著しく発達していた。仮にタクシー運転手がより長くその仕事に従事していた場合には，道を探し出す膨大な経験に対して，より大きい空間を海馬が作り出していたのである。この調査は，道を探す経験が脳それ自体に直接的影響を持ちうるということを示している。

[5]　しかしながら，最近，GPS，つまり，グローバル・ポジショニング・システム[全地球測位システム]の世の中においては，このような類の道を見つける能力が失われつつある。GPSにより，人々は目的地に到着できるようになっているからだ。見知らぬ地で，人の助けを借りずに道を探し出す能力を喪失している人々が，ますます増加しているのである。さて，一例を挙げてみよう。(3)$_{D}$イギリスのある地域では，山あいを徒歩で長距離移動する人々が多い。$_{A}$GPS付きのスマートフォンだけに頼ることなく，道を見つける能力を身につけるようにと警察は人々に呼びかけたのだ。$_{C}$警察は何度も山間部で道に迷った人々を救った末に，このような人々の人数を削減するためには，そのような助言が必要だ，と考えたのである。

[6]　実際，GSPを使用することで，脳活動に悪影響が波及することを懸念する科学者も存在する。彼らは人間の記憶への影響を大いに心配しているのだ。このような技術が原因で，頭脳に新たな場所に応じた空間的地図を作成する必要がなくなり，周囲の状況を記憶し，観察するための内的空間が次第に縮んでいるというのだ。もし技術が突然作動しなくなったら，他人に頼らず自分がどこにいるのかを見出すことができなくなるだろう。

[7]　GPSを用いると，人々の周囲の道を見つけ出す能力に対してどのような影響が生じるかということを把握する目的で，科学者たちは研究を重ねてきた。2つの集団に対して，異なったやり方で，市中を徒歩移動する際の道を探し出すように，との指示が出された。1つの集団はGPS付きのスマートフォンを使用して，もう1つの集団は目的地に到達するために，紙地図とコンパスを用いた。その実験によると，地図集団に比較して，GPS集団の方が，歩く速度が落ちて，立ち止まることが多くなり，より多くの距離を移動することとなった。GPS集団の方が多くの過ちを犯し，目的地に到着するのに時間を多く要したのである。さらに，歩いた後に地図を描くように言われると，GPSの集団に属する人々は，地勢や目的地までの道筋をきちんと思い出すことができなかったのだ。この調査では，地図集団の方がはるかに上手く任務を遂行したのである。GPS集団はスマートフォンを頻繁に覗き込み，自分らの周囲を実際には見ていなかったのだ。一方で，地図集団は技術に頼ることなく，コンパスと地図を使うことで，周囲の実世界に注意を払い，そのことを記憶することにつながったのである。空間を移動するのに，地図を読み，道を見つける能力を駆使することで，脳機能が向上し，一定の部位が発達することが，この実験より明らかになった。また，現代の道路探知技術を用いると，脳，特に記憶に悪影響を及ぼしうるということが，この実験にて示された。このことは，他のいかなる思考能力と同様に，脳機能の劣化を防ぐためには，地図の判読や道を見つけ出す能力を私たちは鍛錬する必要があることを意味している。

[8]　科学者の見解によると，このような脳の訓練は，後年(私たちが年をとった時)でさえも，私たちの手助けとなるという。記憶するまで反復して初めて正しい道程を学習して，被験者がコンピューター上の迷路を経て目的地までの道のりを突き止める，という別の実験が実施された。そして，さらに年配の人々が，メンタル・マップを作りあげ，脳に場所に対する感覚を獲得するだけで，同等のことを成し遂げたのだ。この実験を通じて，これらの年配の人々の海馬が成長していたことが，科学者により明らかになった。現在，年を取るにつれて脳や記憶が影響を受けて，通常の

方法で物事を行ったり，考えたりする能力を徐々に喪失していく人たちがいる。先の実験で明らかになったように，脳を鍛えることで，人の記憶に関連した病を防ぐための新たな方法を見つける手助けとなるだろう。

[9]　これまで見てきた通り，道を見つける能力は，訓練することで向上させることが可能だ。頻繁に外出をして，いろいろな場所に行けば行くほど，より精度が向上するだろう。私たちは決して(4)道に迷うことはない。身体を使えば脳は発達し，自身の脳を活用することで脳内の新しい細胞が成長する手助けとなるからだ。道を見つけるのに，異なった能力を使うことも可能だ。重要なのは，これらの能力を鍛えて，周囲の環境になじむことだ。技術はとても有用な道具だが，それでも，最終的に人間の頭脳こそがより難しくて高次元において作動する最も優れた地図解読装置なのである。

[10]　人はある場所から別の場所へと目的を持ち，あるいは，無目的に移動する。脳内にある自身の‘GPS’を使うことで，どこに自分がいて，ある場所とのつながりがわかると，安全であることを実感し，本当に生きていると感じるのである。このことがいかに真実であるかを忘れるべきではない。

基本　〔問1〕（～, scientists）have discovered which part of the brain we use for（finding our way around the area.)「周囲の道を見つけるために脳のどの箇所を我々は用いているのか，という点を科学者たちが解明した」have discovered ← ＜have[has] + 過去分詞＞現在完了　which part of the brain we use～. 疑問文が他の文に組み込まれる(間接疑問文)と＜疑問詞 + 主語 + 動詞＞の語順になるので注意。(← Which part of the brain do we use for～?) for finding ← ＜前置詞 + 動名詞[原形 + -ing]＞

基本　〔問2〕「21世紀にロンドンのタクシー運転手の海馬を調べることで，この能力[人の道を見つける能力]に関する科学者たちの理解がより深まった」→ イ「運転手は他の人に比べて海馬が大きくて，記憶上に市中の多くのメンタル・マップを有していることが判明した」→「40年以上運転している人もいて，彼らの海馬ははるかに発達していた」more「より多い／より多く」many／muchの比較級　more than「～以上」　had much more developed hippocampi ← ＜過去分詞 + 名詞＞「～された名詞」過去分詞の形容詞的用法

基本　〔問3〕「初めて訪れる地において自力で道を探し出す能力を失っている人が増加している。以下，その例である」→ D「イギリスのある地域では山間部を徒歩で長距離移動する人が多い」→ A「GPS付きのスマートフォンに頼らず，道を探し出す能力を身につけるようにと警察は呼びかけた」→ C「警察は何度も迷った人々を救出したので，このような人々の数を減らすために，そのような助言が必要だと考えた」are losing ← ＜be動詞 + 現在分詞[原形 + -ing]＞「～しているところだ」進行形　by oneself「独力で，1人きりで」　without depending ＜without + 動名詞原形 + -ing]＞「～しないで」　depend on「～に依存する」他の選択肢は次の通り。　B「山で道に迷った人々はGPS付きのスマートフォンなしでは道をさがすことはできない，と警察は考えた」lost people ← ＜過去分詞+名詞＞「～された名詞」過去分詞の形容詞的用法

やや難　〔間4〕「訓練することで道を見つける能力を向上させることができる。頻繁に外出をしていろいろな場所に行けば行くほど，より精度が向上するだろう。私たちは決して (4) 」以上の文脈より，「道に迷わない」という意味の英文を完成させること。正解は(We will never) get lost (.) となる。more「もっと多くの)」← many／muchの比較級　better「より良い，より良く」← good／wellの比較級

重要　〔問5〕 ①「はるかに良い空間感覚やどこにいるのかを認識する能力を備えているので，多くの人々がある場所へ戻ることができる」第1段落の1・2文で，「多くの人々が道に迷ったことがあ

ると答えるだろう」と述べられており，第5段落1文にthese kinds of way-finding skills are becoming lost in the world of GPSとあるので，不可。much better＋＜much＋比較表現＞— 比較表現の強調　better「より良い，より良く」← good／wellの比較級　ability to realize where they are ← 疑問文が他の文に組み込まれる(間接疑問文)と＜疑問詞 ＋ 主語 ＋ 動詞＞の語順になるので注意。(←Where are they?)＜have been lost＞ ← 現在完了 ＋ 受動態　＜have＋been＋過去分詞＞are becoming lost＜be動詞＋現在分詞＋過去分詞＞進行形＋受動態　②「格子細胞[grid cell]は私たちがどこにいるのかを探し出し，場所細胞[place cell]はある場所と他の場所の空間的関係を理解する」(×)海馬の場所細胞が我々の位置を探知して，海馬の外側の格子細胞が当該の場所と他の場所の空間的関係を把握するうえでの手助けをしている(第2段落3文)。find out where they are(Where are they?)疑問文が他の文に組み込まれる(間接疑問文)と＜疑問詞 ＋ 主語 ＋ 動詞＞の語順になるので注意。find out「～をさがし出す」　③「私たちはみんな場所探しに，格子細胞と場所細胞を頼りにしているが，おそらく脳はこれらの細胞のどちらか一方，あるいは，両方を使っている」(○)第2段落最終文と第3段落最初の文に一致。may「～してもよい／かもしれない」either「どちらか一方(の)／両方の」both「両方(の)」with the help of「～の手助けを得て」　④「GPSは，記憶のための人々の心における空間，および，周囲の状況へ人々が向ける注意を減少させるので，科学者はGPSの人々に対する影響を心配している」(○)第6段落の記載内容に一致。＜because of+名詞(相当語句)＞「～のために」＜don't[doesn't]have＋不定詞[to＋原形]＞「～する必要がない」～so…「～なので…」＜will not be able ＋ 不定詞＞「～できないだろう」find out where they are ← 疑問文が他の文に組み込まれる(間接疑問文)と＜疑問詞 ＋ 主語 ＋ 動詞＞の語順になるので注意。(← where are they？)　⑤「GPS集団は地図集団よりも目的地に着くのにより時間を必要としたが，地勢や行き方を簡単に記憶した」(×)第7段落6文の記述に不一致。more「より多い，より多く」　⑥「コンピューター上での迷路を使った実験では，正しい道を覚える過程を繰り返したことで，年配者の海馬はより大きくなった」(×)コンピューター上の迷路を使った実験(第8段落)では，覚えるまで正しい道を繰り返し学習させたが，老人たちは，地図を思い浮かべるだけで同等のことを成し遂げた，と記されているので，不可。an experiment using a maze ←＜名詞＋現在分詞[原形 ing]＋その他の語句＞「～している名詞」現在分詞の形容詞的用法 larger「より大きい」← largeの比較級 older「より年配の」← oldの比較級　the repeated process ←＜過去分詞「規則動詞：原形＋-ed]＋名詞＞「～された名詞」過去分詞の形容詞的用法　⑦「人々は道を見つける能力を練習することは可能だが，実際，周囲の状況について多くを知ることは困難だ」(×)下線部の記述なし。it is difficult to know ← ＜It is＋形容詞＋不定詞[to＋原形]＞「～[不定詞]するのは…[形容詞]だ」　⑧「脳内のメンタル・マップにより作り出される場所に関する感覚は，安心を感じ，人生を経験することにつながるということを，忘れてはいけない」(○)第10段落2・3文に一致。＜should not＋原形＞「～するべきでない」our sense of place , created by～ ←＜名詞＋過去分詞「規則変化：原形＋-ed]＋その他の語句＞「～された名詞」過去分詞の形容詞的用法＜lead＋人＋不定詞[to＋原形]＞「人に～する気にさせる」

やや難　〔問6〕　(設問英語訳)「技術は非常に便利な道具だが，日常で使いすぎると，GPSのように，時には私たちに悪影響をあたえうる。そのような技術の別の例は何か，そして，なぜそう思うのか」40語以上50語以内という字数制限を守ること。(解答例訳)「インターネットコミュニケーションの器具が一例だ。私たちがメッセージを送る手助けとなるが，私たちの意思疎通能力に悪影響を与えうる。もしそのような道具を使いすぎれば，人と対面したり，電話で誰かと話したりする際に，意思疎通ができなくなるだろう」

★ワンポイントアドバイス★

要旨把握問題が[2]・[3]・[4]のすべてで出題されている。各8点で総計24点と割合が非常に高い。内容が一致しているものの組み合わせを選ぶ記号問題であるが，一致する英文の数が一定でないので，注意が必要である。

＜国語解答＞

[1]　(1)　たいせき　(2)　しょうあく　(3)　じちょう　(4)　けいせいさいみん

[2]　(1)　縦走　(2)　柱石　(3)　域内　(4)　不易流行

[3]　〔問1〕 イ　〔問2〕 エ　〔問3〕 ア　〔問4〕 エ

〔問5〕（例）無意識でも廉太郎を凌ぐ演奏をする幸への妬みが，幸がいたからこそ成長できたという自覚により，自分を鼓舞する思いに変化した。　〔問6〕 ウ

[4]　〔問1〕 ウ　〔問2〕 イ　〔問3〕 イ　〔問4〕 ア　〔問5〕 ウ　〔問6〕 エ

〔問7〕（例）〈題名〉知識は宇宙

「情報」は星だ。星は無数にあるが，私たちはそのすべてを把握することはできない。一人一人の「知識」は星の一部をまとめた「星座」や「太陽系」で，それぞれの知識の体系を集めればより大きな知識の銀河が構成できる。銀河は，やがて別の星雲と出会い，新しい体系を作り出す。ときには，ブラックホールに飲み込まれて初めからやり直すこともあるかもしれない。こうして，私たちの知識の宇宙は，どこまでも広がっていくのだ。

[5]　〔問1〕 イ　〔問2〕 この世界にいつのまにかやってくる不思議な力の現れ

〔問3〕 エ　〔問4〕 ア　〔問5〕 エ

○配点○

[1] 各2点×4　[2] 各2点×4　[3]〔問5〕 6点　他　各4点×5

[4]〔問7〕 14点　他　各4点×6　[5] 各4点×5点　計100点

＜国語解説＞

[1]　（知識－漢字の読み書き）

(1)「堆積」は，積み重なること。　(2)「掌握」の「掌」は，てのひらという意味の漢字。
(3)「自重」の「重」は，「ジュウ」と読まない。　(4)「経世済民」は，世の中を治め，人民を救うこと。

[2]　（知識－漢字の読み書き）

(1)「縦走」は，登山で尾根づたいに山を歩くこと。　(2)　この場合の「柱石」は，中心人物という意味である。　(3)「域内」は，ある一定の区域の内側ということ。　(4)「不易流行」は，絶えず変わることを描きながらその中に永遠に変わらないものの姿を捉えることを言う。

[3]　（小説―情景・心情，内容吟味）

〔問1〕　幸が「荒れている」のは，幸の留学をめぐる新聞の中傷記事のためである。それがあまりにひどいものであったため，幸は深く傷つき，友人の廉太郎が来ても「笑いに来た」と言っていらだちをぶつける。正解はイ。アは「他者に自分の怒りを共有してもらおうとして」が誤り。幸

は他者を拒絶している。ウは「不意に声になって」が不適切。「笑いに来た」は意図的な発言である。エは「自信を失いつつある」が，「最も優れた演奏者」という自覚をもつ幸の様子に合わない。

基本 〔問2〕 廉太郎が「重奏」を提案していることに着目する。傍線部(2)の後の廉太郎の言葉に「百万語を費やすより，音で語らったほうが手っ取り早い」とあるように，重奏は音楽家が「音で語らう」ことなのである。このことを説明するエが正解。アとイは廉太郎の演奏，ウは幸の演奏について述べており，「重奏」を提案した理由の説明になっていないので，誤りである。

重要 〔問3〕 幸の変化のきっかけは，演奏中に廉太郎のピアノの音色が変化したことである。廉太郎のピアノの音が「よりシャープに，そして清涼なものへと変わった」ことに気づいた幸が，「先ほどまでとは比べ物にならぬほど」の音色で「暴風」のような演奏をしたのである。正解はア。廉太郎の音色の変化は演奏中に起こったものなので，過去の演奏と比較するイは不適切。ウは，「廉太郎が彼女の演奏とは関わりなく」演奏しているという説明が誤り。廉太郎は，幸の演奏に必死でついていこうとしている。廉太郎の変化は幸に合わせたものではないので，エは誤りである。

〔問4〕「ばつが悪い」は，きまりが悪い，てれくさいという意味の言葉。廉太郎との重奏を通じて立ち直った幸は，廉太郎が本心から「留学を祝いに来た」ことを感じ取り，世間の中傷に振り回されて音楽への信頼を失いかけたことを恥ずかしく思ったのである。このことを説明したエが正解。アは，「自分の演奏の拙さ」が誤り。幸は自分の技術に自信をもっている。幸は「自分の失礼な言動」を謝ろうとはしていないので，イは不適切。幸は，廉太郎と自分の「度量の大きさ」を比べていないので，ウは不適切である。

やや難 〔問5〕 破線部xのときの廉太郎の心情は，「心の入らない演奏で廉太郎を凌ぐ」才能をもつ「幸に対する妬み」であった。それが，破線部yのときには，「ことあるごとに幸が廉太郎の前に立ちはだかる壁であり続けてくれた。そのおかげで成長できた」という思いに変化している。この内容を60字以内にまとめて説明する。

〔問6〕 アは，延の言葉は延の個性として表現されており，「明治という時代の風潮」ではないので不適切。風潮ならば他の登場人物の言葉も同じようなものになっているはずである。イは，「手を緩めているかのようだった」は「戦いのような厳しさ」を表現していないので誤り。ウは，「音」の文学的表現が生む効果の説明として適切である。エの幸の言葉は，表面的には廉太郎を批判しているようだが，幸は廉太郎を「敵視」してはいないので，不適切である。

4 （論説文－内容吟味，段落・文章構成，作文）

基本 〔問1〕 傍線部(1)は，「質的な変化を無視して量的な変化だけ考えていた」ということなので，「量や割合の増加」と「質の変化」に言及したウが正解。アは，「情報ネットワークの発展」による「社会変化」は軽視されていたのではなく，まったく想定されていなかったので不適切。イは，インターネットやSNSを「量」として捉えていたという説明が誤り。エは，「情報へのアクセスが容易になり，誰もが発信できる社会の到来を予測していた」が本文と合わない。

〔問2〕 本文で「変化のポイント」として示されているのは，「普通の人々にとっての情報や知識へのアクセシビリティが爆発的に拡大したこと」「誰もが情報発信者になっていったこと」の二つである。このことを説明したイが正解。アの生活形態の変化，ウの対話の変化，エのマスコミなどの地位の低下は，本文では「変化のポイント」とされていない。

〔問3〕 傍線部(3)の問いに対する答えは，次の文に「両者には作者性と構造性という二つの面で質的な違いがあります」と書かれている。作者性と構造性について正しく説明しているイが正解。アは，作者性の説明しかしていない。ウは，本の構造の説明に終始している。エは，インターネットの情報の信頼性と本の構造について述べているが，作者性と構造性の説明としては不十分である。

重要 〔問4〕「情報と知識の質的な違い」とは，「情報」は要素で「知識」は体系だということである。インターネットやAIで検索すれば断片的な情報は得られるが，知識の体系は得られない。しかし，必要な情報を得た人はそれだけで満足してしまい，知識と同等のものを手に入れたと勘違いしてしまいがちなのである。正解はア。イは，「情報収集能力が衰えていく」が誤り。問題は，知識の体系が得られないことである。ウは，「検索システムの方がより優秀に感じられる」が，「曖昧にしてしまう」ことの説明にならない。エは，「両者に質的な違いはない」が，本文の内容と合わないので誤りである。

〔問5〕 傍線部(5)の段落の後半に「重要なのは～著者がそれらの記述をどのように結びつけ，いかなる論理に基づいて全体の論述に展開しているのかを読みながら見つけ出していくこと」とある。情報の体系化や論理の展開の発見と説明するウが正解。筆者は，本の論理的展開を読み込まずに表面の情報を集めて「自分の議論の権威づけに引用」することに反対しているので，アとイは誤り。エは「著者が著した情報を模倣して自己の論理を補強していく」が本文の内容を合わないので，不適切である。

〔問6〕 本文は，はじめに「情報社会」という概念の誕生とその後の情報社会の発展の歴史を述べている。次に，ネット情報と本の違いとして，作者性と構造性を挙げて説明している。さらに，検索システムやAIのリスクを指摘し，ネット検索が優れていることを部分的に認めつつ，その限界について述べている。この展開を説明しているのはエである。アは，はじめの内容を「インターネット」に限定しているので誤り。イは，「インターネットの発展による生産の変化」が本文にない内容。ウは，「情報と知識の質的な相違が曖昧になる」が説明不十分。両者の質的な違いがなくなるのではなく，ユーザーが区別できなくなるのである。

やや難 〔問7〕 本文では「『情報』とは要素であり，『知識』とはそれらの要素が集まって形作られる体系です。」と述べている。これをふまえて，「知識の構造」についての自分の考えを書き，内容にふさわしい題名をつける。考えの内容は自由だが，誤字・脱字や原稿用紙の使い方の誤り，不自然な表現などは減点の対象になる。

5 **(古文を含む説明文―内容吟味，文脈把握，指示語の問題，語句の意味)**

基本 〔問1〕 この後の「ヨが前後に明確なしきりをもつ空間であること」「時間と考えられがちだが～空間性をもあわせもつ」と合致するイが正解。アは時間，ウは空間に限定した説明なので誤り。エの「区切られた時空どうしが継続性を保っていることを明示する」ことは，本文から読み取れない。

〔問2〕「夜と昼の移り変わり」は，「少しずつ」「いつの間にか」「ひそかに忍び寄る」ものであった。筆者は「季節の推移についても同様なことがいえる」と述べ，「この世界にいつのまにかやってくる不思議な力の現れ」として意識されていたと説明している。

重要 〔問3〕「このような意味」は，具体的には「桜の開花」が広がっていくことや，「黄葉」が「寒暖の差の大きな山のあたりから山裾に向かって少しずつ深まっていく」ことを指している。このことを説明したエが正解。アは「時間と場所の相互作用」が意味不明。イの「夏の緑や冬の雪」は，ここでは無関係。ウは，「春や秋の気配が風景を変える」「人間が世界を空間的にとらえることが前提」にあたる内容が本文にないので誤りである。

〔問4〕「筆を起こす」は，書き始めるという意味。アの「キャンペーンを起こす」が始めるという意味なので，これが正解。イの「音声のデータを起こす」は文字原稿にする，ウの「ブームを起こす」は始めて勢いを盛んにさせる，エの「やる気を起こす」は気持ちを生じさせるという意味である。

やや難 〔問5〕 最終段落の前半に，「古代の日本人は，この世界を取り巻く外界を絶対的なものとして捉え，そこからやってくる霊威を受けとめるような感性をもっていた」とある。正解はエである。アは，「外界との間に空間的境界を設定し」が不適切。イは，「人間を中心とした空間」を想定しているので誤り。古代の人びとは世界を人間中心のものとして見ていなかった。ウの「環境の変化に対する人間の介入を避ける」では，自然と関わることもできなくなってしまうので，不適切である。

★ワンポイントアドバイス★

漢字は，文字の読み書きを覚えるだけでは不十分。熟語の意味や使い方の知識も必要である。また，知らない熟語は，文脈から意味を考え，当てはまる漢字を類推して書く。どんな珍答でも，書かないよりはずっといい。

MEMO

大切なことはメモしておこうネ！

2020年度

★★★★★★★★★★★★★★★★★★★★★★★★

入　試　問　題

●くわしい解説……39ページ

＜数学＞　時間　50分　　満点　100点

【注意】 答えに根号が含まれるときは，**根号を付けたまま，分母に根号を含まない形で表しなさい。また，根号の中を最も小さい自然数にしなさい。**

1　次の各問に答えよ。

〔問1〕　$\dfrac{(\sqrt{10}-1)^2}{5}-\dfrac{(\sqrt{2}-\sqrt{6})(\sqrt{2}+\sqrt{6})}{\sqrt{10}}$　を計算せよ。

〔問2〕　2次方程式　$3(x+3)^2-8(x+3)+2=0$　を解け。

〔問3〕　右の**図1**は正五角形ABCDEで，点Pは頂点Aの位置にある。

1から6までの目の出る大小1つずつのさいころを同時に1回投げる。

大きいさいころの出た目の数を a，小さいさいころの出た目の数を b とする。

点Pは，頂点Aを出発して，出た目の数の和 $a+b$ だけ正五角形の頂点上を反時計回り（矢印の方向）に移動する。例えば $a+b=6$ のとき，点Pは頂点Bの位置にある。

点Pが頂点Eの位置にある確率を求めよ。

ただし，大小2つのさいころはともに，1から6までのどの目が出ることも同様に確からしいものとする。

図1

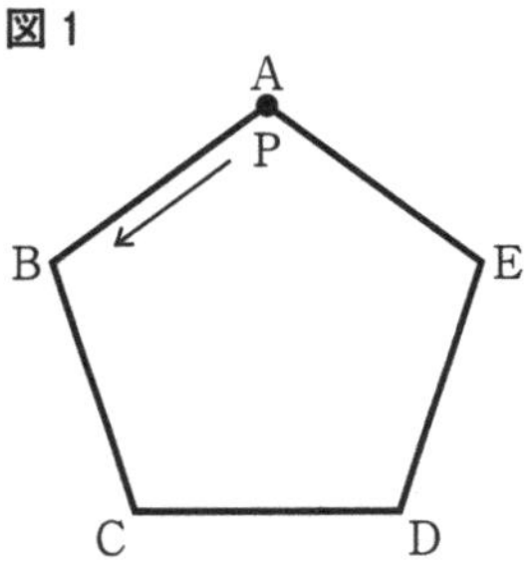

〔問4〕　2つの自然数 x，y は，$x^2-4y^2=13$ を満たしている。このとき，2つの自然数 x，y の値をそれぞれ求めよ。

〔問5〕　右の**図2**で，四角形ABCDは，$\angle ABC=60^\circ$ のひし形で，対角線BDを引いたものである。

解答欄に示した図をもとにして，ひし形ABCDを定規とコンパスを用いて作図し，頂点A，頂点Cの位置を示す文字A，Cもそれぞれ書け。

図2

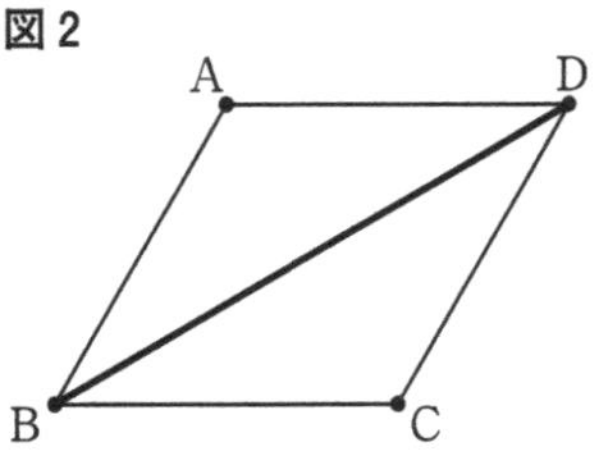

2　右の**図１**で，点Oは原点，曲線fは関数$y = ax^2 (a>0)$のグラフである。

2点A, Bはともに曲線f上にあり，点Aのx座標は負の数，点Bのx座標は正の数であり，点Aと点Bのx座標の絶対値は等しい。

点Aと点Bを結ぶ。

点Oから点(1, 0)までの距離，および点Oから点(0, 1)までの距離をそれぞれ1cmとして，次の各問に答えよ。

図１

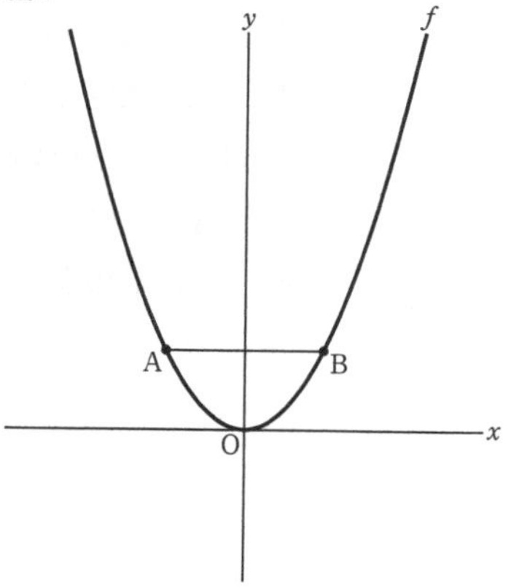

〔問１〕　右の**図２**は，**図１**において，$a = \frac{1}{2}$，点Aのx座標を-1とし，四角形ABCDが正方形となるようにy座標はともに正の数となる点Cと点Dをとり，点Bと点C，点Cと点D，点Dと点Aをそれぞれ結んだ場合を表している。

2点B，Dを通る直線の式を求めよ。

図２

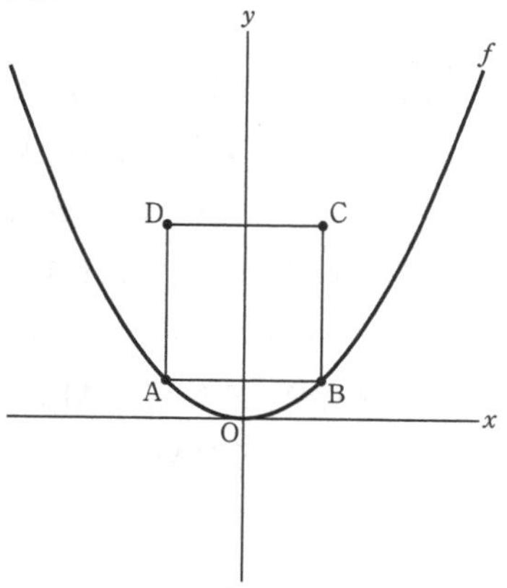

〔問２〕　右の**図３**は，**図１**において，点Aのx座標を-1とし，点Eは曲線f上にあり，x座標が3となる点とし，点Fは曲線f上にあり，x座標が負の数で，y座標が点Aのy座標より大きい点とし，点Oと点B，点Bと点E，点Eと点O，点Bと点F，点Fと点Aをそれぞれ結んだ場合を表している。

△BEOと△ABFの面積が等しくなるとき，点Fのx座標を求めよ。

ただし，答えだけでなく，答えを求める過程が分かるように，途中の式や計算なども書け。

図３

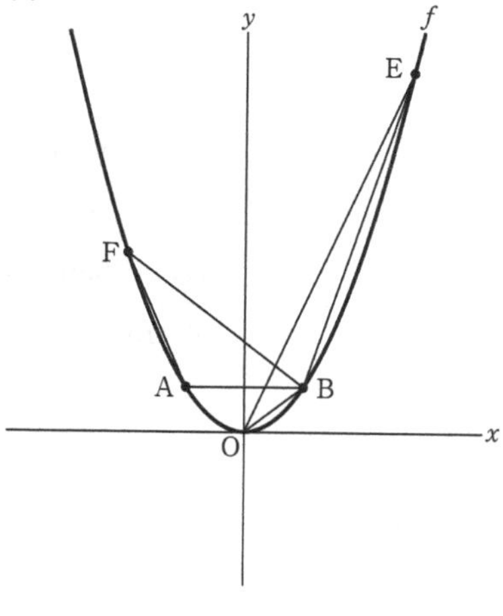

〔問3〕 右の**図4**は，**図1**において，点Aを通り，傾きが曲線fの式における比例定数aと等しい直線をℓとし，点Bから直線ℓに引いた垂線と直線ℓとの交点をGとし，点Bと点Gを結んだ場合を表している。

点Aのx座標が$-\sqrt{7}$，△ABGの面積が7cm^2のとき，aの値を求めよ。

図4

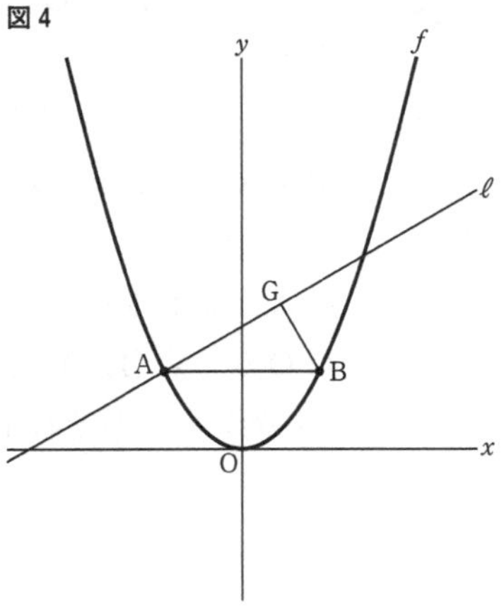

3

右の**図1**で，△ABCは，∠B＝90°の直角三角形で，辺AC上にあり頂点A，Cと異なる点をDとし，DA≧DBとする。点Dと頂点Bを結んだ線分を頂点Bの方向に伸ばした直線上にあり，DA＝DEとなる点をEとする。

点Dを中心とし，線分DAの長さを半径とする円D上の2点A，Eを結ぶ$\overset{\frown}{AE}$，線分DA，線分DEで囲まれた図形を，おうぎ形DAEとする。ただし，おうぎ形DAEの中心角は180°より小さいものとする。

次の各問に答えよ。

図1

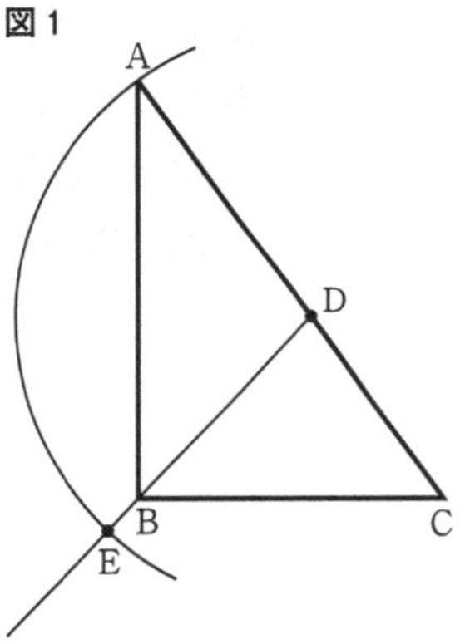

〔問1〕 右の**図2**は，**図1**において，頂点Bと点Eが一致した場合を表している。

DA＝3cm，BC＝$2\sqrt{3}$cmのとき，△DBCの面積は何cm^2か。

図2

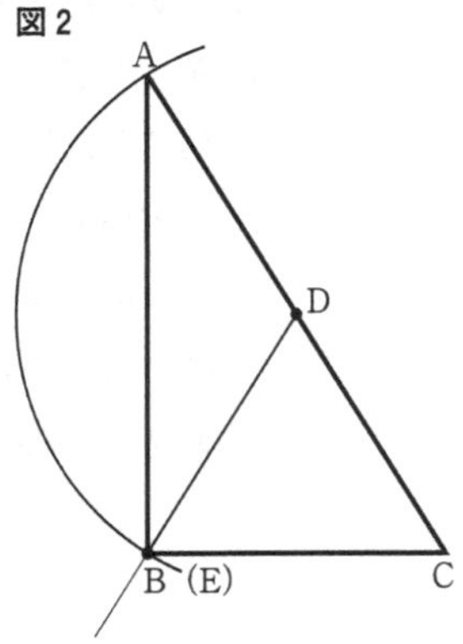

〔問2〕　右の**図3**は，**図1**において，点Dが$AD^2 + BD^2 = AB^2$を満たし，点Dを通り，辺ABに垂直な直線を引き，線分ABとの交点をF，直線DF上にある点をGとし，点Gと点Eを結んだ直線が円Dの点Eにおける接線となる場合を表している。

$AB = DG$であることを証明せよ。

図3

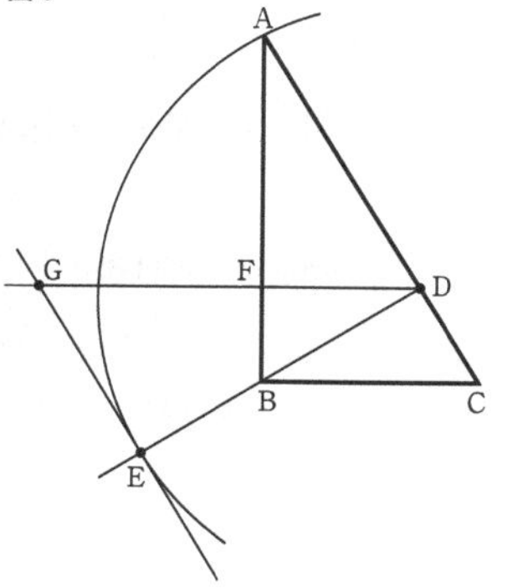

〔問3〕　右の**図4**は，**図1**において，$\angle ADB = 90°$の場合を表している。

$AB = 4\sqrt{3}$cm，$CD = 2$cmのとき，おうぎ形DAEの$\overset{\frown}{AE}$，線分EB，線分BC，線分CAで囲まれた図形を，直線ACを軸として1回転させたときにできる回転体の体積は何cm^3か。

ただし，円周率はπとする。

図4

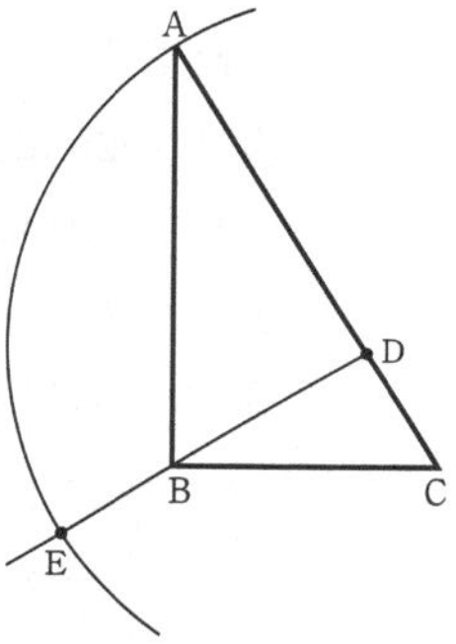

4

Mさんが，自由研究で自然数の性質について図書館で調べたところ，本の中に，次のような**操作**で，自然数がどのように変わっていくかが書かれていた。

本の内容

> **操作**
> ある自然数aが
> ①　偶数ならaを2で割る。
> ②　奇数ならaを3倍して1を加える。
>
> 自然数aに**操作**を行い，得られた数をbとし，bに対して**操作**を行ってcを得ることを自然数aに2回の**操作**を行うとし，3回，4回，5回，…の**操作**は同様とする。
> 例えば，7に3回の**操作**を行うと　$7 \to 22 \to 11 \to 34$　となる。
> 自然数aが10000以下のとき，自然数aに**操作**を繰り返し行うと必ず1になることは分かっている。

Mさんは自然数aが初めて1になるまでの**操作**の回数に興味を持った。そこで，自然数aに**操作**を繰り返し行い，初めて1になるまでの**操作**の回数を$N(a)$とし，$N(1) = 0$とした。

例えば，10に**操作**を繰り返し行うと，6回の**操作**で初めて1になるので，$N(10) = 6$である。

次の各問に答えよ。

〔問１〕 $N(6)$ を求めよ。

〔問２〕 $N(168)-N(8\times d)=3$ を満たす自然数 d を求めよ。
ただし，答えだけでなく，答えを求める過程が分かるように，途中の式や計算なども書け。

Mさんは，**操作**の回数だけでなく，1になるまでの自然数の変化にも着目してみた。下の表は2020に**操作**を繰り返し行い，2020が1になるまでに現れたすべての自然数を2020も含めて左から小さい順に並べたとき，最初から x 番目の自然数を y として，x と y の関係を表したものである。ただし，e，f，g にはそれぞれある自然数があてはまり，表の中の…の部分は自然数が省略されている。

x	1	2	3	4	…	$e-2$	$e-1$	e	$e+1$	…	$N(2020)$	$N(2020)+1$
y	1	2	4	5	…	172	f	g	344	…	2020	2752

表の y の値の中央値は233.5で，f は2020から37回**操作**を行ったときに現れる自然数で，2020から38回**操作**を行ったときに現れる自然数は98であり，$N(2020)=53+N(160)$ が成り立つ。

〔問３〕 このとき自然数の組 $(e,\ g)$ を求めよ。

＜英語＞

時間　50分　　満点　100点

※リスニングテストの音声は弊社HPにアクセスの上，
音声データをダウンロードしてご利用ください。

1 リスニングテスト（放送による指示に従って答えなさい。）

〔問題A〕　次のア～エの中から適するものをそれぞれ**一つずつ**選びなさい。

＜対話文1＞

ア　Tomorrow.

イ　Next Monday.

ウ　Next Saturday.

エ　Next Sunday.

＜対話文2＞

ア　To call Ken later.

イ　To leave a message.

ウ　To do Bob's homework.

エ　To bring his math notebook.

＜対話文3＞

ア　Because David learned about *ukiyoe* pictures in an art class last weekend.

イ　Because David said some museums in his country had *ukiyoe*.

ウ　Because David didn't see *ukiyoe* in his country.

エ　Because David went to the city art museum in Japan last weekend.

〔問題B〕＜Question1＞では，下の**ア～エ**の中から適するものを**一つ**選びなさい。
＜ Question2 ＞では，質問に対する答えを英語で書きなさい。

<Question1＞

ア　In the gym.

イ　In the library.

ウ　In the lunch room.

エ　In front of their school.

＜Question2＞　（15秒程度，答えを書く時間があります。）

2 次の対話の文章を読んで，あとの各問に答えなさい。
(*印の付いている単語・語句には，本文のあとに〔注〕がある。)

*Nao, Mark, and Yuta are high school students. They have finished their homework about *ecosystems, and they are talking about it.*

Nao: Mark, what did you write your report about?

Mark: I wrote about a problem in my hometown, New South Wales, Australia.

Nao: What problem?

Mark: The other day, my uncle who lives there sent me an email with a picture. Look at this picture he took of the swimming pool in his garden.

Yuta: Oh, cute koala! But why was the koala there?

Mark: The koala was drinking water from the swimming pool.

Yuta: What?

Nao: Usually, koalas live in forests, right?

Mark: Yes, they spend most of their time in *eucalyptus trees. Usually, koalas eat only eucalyptus leaves and also get water from them. They only leave a tree when they have to go to another tree. Koalas were never seen in the town before.

Yuta: Does this mean that koalas cannot get enough water in the forest now?

Mark: That's right. The forests were full of eucalyptus trees before, but now many trees are *damaged.

Nao: Why? Because of *climate change?

Mark: Yes. But this is not the only reason. Many of the eucalyptus trees were cut down.

Yuta: So sad. Koalas are losing their homes because of humans.

Nao: I heard that the number of koalas continues to *decrease.

Yuta: 　(a)　

Mark: Yes. In New South Wales, we have already lost about 25% of the koalas in the last 20 years and now there are only about 36,000 koalas. Scientists say that koalas in Australia will be *extinct in 30 years.

Nao: Oh, that is a serious problem. Forests have many kinds of living things. If we lose one *species, that means we also lose many other living things in the same ecosystem.

Mark: Yes. We have to think about how ecosystems work.

Nao: Right. Plants give animals and insects food. Plants also need animals and insects to live. Pollination is *essential for vegetables and fruits to grow, right?

Yuta: What is pollination?

Nao: When *butterflies, *bees, or some birds fly from one flower to another, they help vegetables and fruits to spread their *seeds.

Yuta: I think I understand. [(b)]

Mark: Sure. Some animals eat insects which carry *diseases. Thanks to this, other animals are protected from those diseases.

Yuta: Oh, every living thing is an important part of the ecosystem. Well, what did you write about, Nao?

Nao: I wrote about an animal damaging an ecosystem.

Yuta: What did it do?

Nao: When I joined a tour to climb mountains, the tour guide showed me big and special *frogs.

Mark: Why were they special?

Nao: Originally, they did not live there. But people brought them to the area from other countries.

Yuta: Why did people bring them to that area?

Nao: Because people heard that the special frogs had the *habit of eating *certain insects. Those insects are bad for some plants. People wanted to reduce the number of those insects.

Mark: Were they able to do so?

Nao: No. The special frogs ate only some of the insects. Instead, the frogs ate different insects and small animals. Now the number of small animals has decreased.

Yuta: Oh, no. Well, what happened to the frogs?

Nao: The frogs have strong *poison, so there are almost no animals that try to eat them. Now the number of the frogs has increased.

Yuta: So, the frogs are damaging the ecosystem.

Nao: But I feel sorry for the frogs.

Yuta: [(c)]

Nao: They didn't damage ecosystems before they were brought to the area. In the place the frogs originally lived in, some animals ate the frogs without becoming sick.

Yuta: I see.

Mark: Well, what did you write about, Yuta?

Yuta: I wrote about the Cat Project. When I visited an island, people who live there told me about the project.

Mark: Cat Project?

Yuta: Cats were brought to the island to reduce the number of *mice, but they became *wild in the forest. They are dangerous for birds, especially for birds people can see only on that island.

Mark: So, were the cats caught to protect the birds as a part of the project?

Yuta: Yes, they were. [(d)]

Nao: What happened to them after that?

Yuta: The cats were *trained to live with people. Now new owners take care of the cats.

Mark: Wow, it's a wonderful project which protects both the birds and the cats.

Yuta: Right. I remember the things people on the island told me. "Don't take plants and animals away from the forest." "Don't leave anything in the forest."

Nao: The tour guide said so, too. When we do something, we have to think about living things in ecosystems.

Mark: That's true. When we lose a species, we can never get it back.

Yuta: People need to understand that their actions can damage ecosystems.

Nao: Yes. We should always remember that we are part of an ecosystem and should respect nature.

〔注〕ecosystem 生態系　eucalyptus ユーカリ　damage 損なう
climate change 気候変動　decrease 減少する　extinct 絶滅した　species 種
essential 不可欠な　butterfly 蝶　bee 蜂　seed 植物の種子　disease 病気
frog カエル　habit 習性　certain ある　poison 毒　mice (mouse の複数形)ねずみ
wild 野生の　train 訓練する

〔問1〕 本文の流れに合うように，[(a)]～[(b)]の中に，英文を入れるとき，最も適切なものを次の中からそれぞれ**一つ**ずつ選びなさい。ただし，同じものは二度使えません。

ア What do you mean?

イ But this is not the end.

ウ I didn't know that. Is that true?

エ Are there any other examples?

〔問2〕 次の英文が本文の内容に合うように，□の中に入る**算用数字**を答えなさい。

About □ koalas lived in New South Wales in Australia 20 years ago.

〔問3〕 本文の内容に合う英文の組み合わせとして最も適切なものは，下の**ア**～**シ**の中ではどれか。

① Mark took a picture of a koala drinking water from the swimming pool in the garden in his hometown.

② Koalas are losing their homes because climate change damaged eucalyptus trees and many of them were cut down.

③ Nao joined the tour, climbed mountains, and showed the tour guide many kinds of special frogs.

④ The number of the special frogs has increased because there are almost no animals that try to eat them.

⑤ People brought cats to the island because mice were dangerous, especially for birds in the forest.

⑥ Yuta heard that people caught birds to protect them because they are seen only on the island.

⑦ Nao remembers the things people on the island said, so she thinks we should not take plants and animals away from the forest.

⑧ It is very important for us to think about living things because our actions can damage ecosystems.

ア	①　⑤	**イ**	②　⑥	**ウ**	③　④
エ	⑤　⑧	**オ**	①　③　⑥	**カ**	②　④　⑧
キ	②　⑥　⑦	**ク**	④　⑥　⑧	**ケ**	①　④　⑤　⑦
コ	②　③　⑦　⑧	**サ**	②　④　⑥　⑦	**シ**	③　⑤　⑦　⑧

〔問4〕 次の文章は，本文の中で述べられている内容についてまとめたものである。
(a)~(d)の中に，それぞれ適切な**英語1語**を入れなさい。

Plants and animals (a) each other in an ecosystem. Plants give other living things food. Thanks to animals and insects, plants can spread their seeds. Some animals eat insects which carry diseases, and other animals are safe from those diseases. However, we see some examples of how ecosystems are damaged. In Australia, koalas have to (b) forests because they cannot get enough water there. Frogs with a strong poison were taken from another ecosystem to reduce the number of insects. Now they are damaging the ecosystem. Cats were also damaging the ecosystem of an island. However, because of the (c) people started, not only the birds but also the cats are protected. We should not (d) that we belong to an ecosystem and have to respect nature.

3 次の文章を読んで，あとの各問に答えなさい。なお，[1] ～ [8] は段落の番号を表している。
（＊印の付いている単語・語句には，本文のあとに〔注〕がある。）

[1] What is laughing? Some people say that we don't have to learn to laugh. It's just something we're born with. Many babies laugh for the first time when they're 3 or 4 months old, long before they can speak. They laugh when they see something like their favorite toy, a pet, or their mother or father. When babies are *tickled, they laugh. The *laughter means they enjoy that very much. Laughing is a kind of language that babies use to communicate.

[2] A famous person once said, "Humans are the only animals that laugh." However, do you know that some *apes also laugh? When chimpanzees or gorillas are tickled, they make sounds. This means they are laughing. Of course, (1)【 very / make / are / from / they / the sounds / ours / different 】, but they're the beginning of human laughter. Some animals, such as dogs and dolphins, also use sounds to show that they're having fun during play. Like human babies, they communicate with each other by using sounds.

[3] One of the amazing things about laughing is that it does not happen for no reason. Let's try a simple *experiment. Try to laugh out loud right now. Or ask someone around you to laugh. (2) We all know that it's difficult to do so. That's because we need reasons to laugh, and laughing is one of the ways to express our *emotions and ideas.

[4] In many cases, we laugh when we're with other people. We laugh to show that we agree with them. By laughing with them, we also show that we like them. We want to show that we have something to share. Laughing is a message that we send to others.

[5] Laughing is *social and contagious. Contagious means that something spreads quickly among a group of people. If someone starts to laugh, then another person will also start to laugh. When we laugh together, a positive *relationship is created. If we share a laugh, we'll both feel happier, better and more positive. Shared laughter is one of the greatest ways of keeping our

relationships fresh and exciting. So laughing plays an important part in social relationships.

[6] Some scientists wanted to know how shared laughter would change a relationship between *strangers. So they did an experiment. In a room, *subject A watched some videos on TV. In a different room, subject B watched the same videos. While they were watching those videos, a *screen was showing what the other was doing through a camera. So subject A and subject B could see each other on the screen. When one subject laughed a lot at a video, the other subject also laughed a lot. When one subject laughed a little at another video, the other subject also laughed a little. After the experiment, both subjects felt positive emotions toward each other. They said, "We want to know more about each other because we laughed at almost all the same scenes. So maybe we have something *in common."

[7] There is another purpose for laughter. It works like medicine. Laughing makes our *immune systems stronger. Some university teachers in the US did an experiment. They *studied the stress levels and *short-term memory of 20 healthy people in their 60s and 70s. One group was asked to watch a funny video for 20 minutes. This group was called "*humor group." The other group was asked to sit without talking, reading, or using their smart phones for 20 minutes. This group was called "non-humor group." After 20 minutes, the subjects of both groups gave *saliva *samples and took short memory tests. Can you guess the results? When their saliva samples were studied, the "humor group" showed much lower levels of the stress *hormone than the "non-humor" group. In addition, the "humor group" did better on short-term memory tests than the "non-humor group." By laughing, we can improve our health.

[8] So what should you do in your everyday life? There are lots of things to do. First of all, smile. Smiling is the beginning of laughter, and smiling is also contagious. Many people these days are busy with their phones, and they do not pay any attention to their *surroundings, but you should not look down at your phone. Instead, look up and smile at your classmates, your teachers and your parents. Maybe they will start smiling too, and then you will start talking. Also, if people are laughing and you hear them, move toward them and ask, "What's so funny?" Sometimes humor and laughter are personal among a small group, but usually not. More often, people are very happy to share something funny because it gives them a chance to laugh again. Why

don't you spend time with fun, happy people? Maybe you do not think of yourself as a funny person, but still you can look for people who like to laugh and want others to laugh. Why don't you bring humor into your life? Laughter is the key to happiness and is the best (4) to help us to enjoy our health.

〔注〕tickle くすぐる　laughter 笑うこと　ape 類人猿　experiment 実験
emotion 感情　social 社会性のある　relationship 人間関係
stranger 他人　subject 被験者　screen 画面　in common 共通して
immune 免疫　study 研究する　short-term 短期間の　humor ユーモア
saliva 唾液　sample サンプル　hormone ホルモン　surrounding 周囲

〔問1〕(1)【 very / make / are / from / they / the sounds / ours / different 】とあるが，本文の流れに合うように，【　　】内の単語・語句を正しく並べかえなさい。

〔問2〕(2) We all know that it's difficult to do so. とあるが，この内容を最もよく表しているものを，次のア～オの中から一つ選びなさい。

ア We all know that it's difficult to ask someone around you to laugh.
イ We all know that it's difficult to try a simple experiment right now.
ウ We all know that it's difficult to laugh at one of the amazing things.
エ We all know that it's difficult to laugh without anything to laugh at.
オ We all know that it's difficult to express our emotions and ideas by laughing.

〔問3〕[6] の段落に書かれている実験内容を，最もよく表している絵は次の中ではどれか。

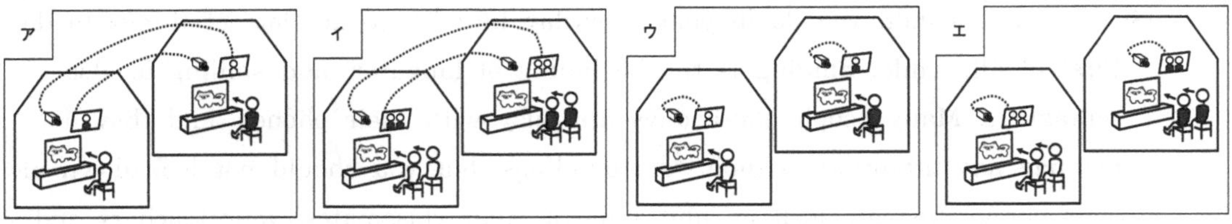

〔問4〕本文の流れに合うように，(4) の中に**本文中**の**英語1語**を書きなさい。

〔問5〕本文の内容に合う英文の組み合わせとして最も適切なものは，次のページのア～シの中ではどれか。

① Many babies start talking before laughing when they see their favorite things because they want to say that they enjoy those things very much.

② Animals, such as dogs and dolphins, try to communicate with human babies while they are having fun together during play.

③ We often laugh as a way of communicating that we like or agree with other people when we are together.

④ If you share a laugh together with other people, a positive relationship is created and you want to know more about them.

⑤ The "non-humor group" used their smart phones for 20 minutes before the short-memory test, so they did better than the "humor group."

⑥ The "humor group" showed less stress hormone than the "non-humor group" though both groups watched videos in the experiment.

⑦ When you hear the sound of laughing, you need to ask what is so funny before moving toward it because laughter is a personal thing.

⑧ If you are not a funny person, you should spend time with people who don't like to laugh and want others to laugh.

ア	①　③	イ	②　⑤	ウ	③　④
エ	④　⑥	オ	⑤　⑦	カ	①　②　⑤
キ	②　④　⑦	ク	②　⑥　⑧	ケ	③　⑤　⑥
コ	④　⑦　⑧	サ	①　③　④　⑧	シ	②　③　⑤　⑥

4

次の文章を読んで，あとの各問に答えなさい。なお，[1] ～ [8] は段落の番号を表している。
（＊印の付いている単語・語句には，本文のあとに〔注〕がある。）

[1] Many of the things we use in our homes and at school need electricity. But do you know when and where people began to use electricity in Japan? In 1878, electricity was first used in Tokyo when a light was turned on there. In those days, electricity was not well known to people. Electricity was usually used for light, and slowly began to be used for other things. Now, in our daily lives, we not only *depend on electricity but also think it will always be there when we need it. When we open the *refrigerator, we think food will be cold. When we need to talk to someone on the phone, watch TV, or even use the

washing machine, everything works because of electricity. But how did people discover electricity and find ways to use it in their daily lives?

[2] In the past, people all over the world were very interested in lightning, the bright light in the sky caused by electricity. In fact, some people (1)<u>【 how / that kind / use / thought / energy / about / of / to 】</u>in their lives. In the 18th century, the *path to the everyday use of electricity first began to take shape. In 1752, an American did an *experiment with a key and a *kite and showed that lightning and electricity are connected.

[3] Now we know that lightning happens when static electricity moves from one place to another. When electricity does not move and stays in one place, it is known as static electricity. Why does static electricity happen in the rain?
[ア] When small pieces of ice move up and down within rain clouds and *rub against each other, static electricity is created. [イ] At that time, the small pieces of ice get *positive or *negative electric charges.
[ウ] Electric charges are the *amount of electricity on things.
[エ] When rain clouds with more positive charges touch other clouds with more negative charges, *electrons move from the clouds with more negative charges into the clouds with more positive charges. [オ]

[4] We see this kind of static electricity in everyday situations. It even gathers on our bodies. Let's look at an example. [(3)]
Electricity in lightning happens in the same way.

[5] Here is a simple experiment you can do to see how static charges work. Prepare a balloon, some very small pieces of paper, and a wool blanket. Keep the balloon in the air over the pieces of paper. Nothing will happen. Now, rub the balloon over the wool blanket for a short time. Then, keep the balloon in the air over the pieces of paper again. This time, the pieces of paper will be pulled to the balloon and continue to *stick to it.

[6] Why did that happen? Before the experiment, the balloon and the paper *respectively had the same amount of positive and negative electric charges. So the balloon did not pull the pieces of paper and also did not push away the pieces of paper. By rubbing the balloon on the wool, some electrons moved from the wool to the balloon. The wool now has [a] negative charges,

and the balloon has [b] negative charges. When you now put the balloon close to the pieces of paper, the balloon and the papers move toward each other because the balloon now has more negative charges and the papers have a positive charge. There are *forces between charges like *magnets. This means that [c] charges pull each other and [d] charges push away from each other. Electricity happens when these kinds of forces work together.

[7] From the 19th century to the 20th century, by studying earlier findings about electricity, scientists began to understand the forces behind magnets and electricity, and this led to the *invention of technology which uses electricity. In 1825, an English scientist discovered a kind of magnet which is produced by the *flow of electrons known as an electric current. This is called an electromagnet. When electricity runs through a *coil of *wire, it works like a magnet. Through this finding, scientists understood how electricity works. In 1831, another English scientist discovered that magnets can create an electric current. By passing a magnet through a coil of *copper wire, he produced an electric current and created the first machine for producing electricity. It was really a great invention for humans. Almost all the electricity we use today is made by using magnets and coils of copper wire. In 1879, an American scientist was able to control an electric current to create a *bulb which produced light for more than 13 hours. In 1911, a scientist showed that electricity can move faster across wires at lower temperatures. Thanks to this finding, information and energy could be passed along wires. After that, many technologies were created that led to today's information systems.

[8] As we have seen, technology using electricity is one of the greatest inventions in human history. Electricity is now an important part of homes, businesses and *industries, and we cannot think of a world without it. But this is not true in some countries. About 15 percent of the people in the world do not have electricity. Engineers are now working hard to create ways for them to use electricity. In the near future, they will be able to use electricity for the first time. How will this influence their societies?

〔注〕depend on ～ ～に頼る　refrigerator 冷蔵庫　path 道筋　experiment 実験
kite 凧　rub こする　positive 正の　negative 負の　amount 量
electron 電子　stick to～ ～にくっつく　respectively それぞれ

force 物理的な力　magnet 磁石　invention 発明　flow 流れ　coil コイル
wire 針金　copper 銅　bulb 電球　industry 産業

〔問１〕 (1)【 how / that kind / use / thought / energy / about / of / to 】とあるが，本文の流れに 合うように，【　　　】内の単語・語句を正しく並べかえなさい。

〔問２〕 次の英文は，[3] の段落の ア ～ オ のいずれかに入る。この英文を入れるのに最も適切な場所を選びなさい。

This action produces a lot of heat and the bright light that we see as lightning.

〔問３〕 (3) の中には，次のA～Dのうち三つの文が入る。本文の 流れに合うように正しく並べかえたとき，その組み合わせとして最も適切なものは，下のア～クの中ではどれか。

A You will find there are two kinds of electricity.
B Then, you will get a small 'shock' that gives you an electric charge.
C You rub your feet on the carpet and touch a metal part of a door.
D That's exactly what static electricity is.

ア A → B → C　　イ A → D → B　　ウ B → C → A
エ B → C → D　　オ C → A → D　　カ C → B → D
キ D → A → B　　ク D → A → C

〔問４〕 [6] の段落の a ～ d の中に，次の①～④の単語を本文の流れに合うように入れたとき，その組み合わせとして最も適切なものは，下の中ではどれか。

① more　② less　③ similar　④ different

	a	b	c	d
ア	①	②	③	④
イ	②	①	③	④
ウ	①	②	④	③
エ	②	①	④	③

〔問5〕本文の内容に合う英文の組み合わせとして最も適切なものは，下のア～コの中ではどれか。

① In 1878, when electricity was used for turning on a light in Tokyo, people already depended on electricity in their daily lives.

② An American did an experiment using a key and a kite and found that lightning was not connected with electricity.

③ When the balloon and the paper in the experiment have the same amount of positive and negative electric charges, the balloon pulls the paper.

④ In 1825, an English scientist discovered that an electromagnet is produced by an electric current and works like a magnet.

⑤ The machine for producing electricity was created by passing a coil of copper wire through a magnet, and it was a great invention.

⑥ In 1911, a scientist showed that electricity can move faster at higher temperatures, and this led to today's information systems.

⑦ The technology to use electricity is one of the greatest inventions in human history, but people in some countries do not have electricity.

⑧ About 15 percent of the people in the world are now working hard to create a way to use electricity.

ア	①　⑤	イ	②　④	ウ	③　⑦
エ	④　⑥	オ	④　⑦	カ	①　③　⑤
キ	①　④　⑦	ク	①　⑤　⑥	ケ	②　⑥　⑧
コ	⑤　⑦　⑧				

〔問6〕下の質問について，あなたの考えや意見を，**40語以上50語以内の英語**で述べなさい。「. 」「,」「!」「?」などは，語数に含めません。これらの符号は，解答用紙の下線部と下線部の間に入れなさい。

What is an important invention in the history of science and technology, and why?

ものを、次のうちから選べ。

ア　在原業平の存在が、日本の旅人の典型としてその後の旅の文学の歴史を形成していったのと同様に、『伊勢物語』の中で描かれた自然描写だけが、自然なものとされたということ。

イ　優れた歌人である在原業平の存在が『伊勢物語』を作り、その後の文学作品の歴史を作り出したように、文学に描かれたものの描写が人々にとって自然の様相だったということ。

ウ　日本人にとって、自分たちの文学はこの世界を形作る歴史そのものであり、自然の情景は文学上の約束ごとをもとにして心情と結びつけることによって理解されてきたということ。

エ　日本においては、文学作品に描かれた人やできごとが歴史として人々に受容されてきたように、文学作品の中に描かれ受け継がれて残ってきたものが、自然であるということ。

えているか。その説明として最も適切なものを、次のうちから選べ。

ア　宇津の谷峠は、夢の中でさえも恋しい人に会えないと感じるような心細く寂しい山道でありながら、人に出会う場所として印象づけられてきた場所。

イ　江戸時代には歌舞伎脚本や俳句にその地名がよみ込まれ、近代では鉄道唱歌にも登場するほど、街道の重要地点として多くの旅人が行き交った場所。

ウ　宇津の谷峠は軍記物語では「海道下り」の場として、捕らわれの身となった者達が涙ながらに越えてゆく、もの寂しい場所として描かれている場所。

エ　道行きの名場面の舞台として人々に古くからその名を知られ、夢の中でさえも会えない人に会うために、その寂しく険しい山道を越えて旅する場所。

〔問2〕　(2)八橋は語らずに通りすぎてしまう。とあるが、「八橋」は文学上どのような場所として位置づけられているか。□で囲まれた現代語訳の中から該当する箇所を**十字**で抜き出せ。

〔問3〕　(3)「動く・動かざる」の弁と同じ意味で用いられている「弁」を、次のうちから選べ。

ア　弁論大会に参加する。

イ　旅の費用を自弁する。

ウ　事の善悪を弁別する。

エ　合弁会社を設立する。

〔問4〕　(4)それは、「日本の旅人」の旅の特色をよく示すであろう。とはどういうことか。その説明として最も適切なものを、次のうちから選べ。

ア　旅の記録が描かれた文芸作品を数多く読んでいくと、旅の様子だけでなく、その土地を旅した人々の歴史そのものを描くことが文芸の意味であることが明らかになるということ。

イ　旅の様子を記すということは、文芸上での約束ごとを忠実に再現していくということであり、それが旅をテーマとした文芸作品として評価される大事な要素であったということ。

ウ　旅を記した文芸作品を読むと、日本の旅人にとって、旅は全く未知の世界を訪ねていくことではなくて、既知のことがらをたどるものであるということがよくわかるということ。

エ　旅の記録は、日本を旅する人々やその旅の様子を丁寧に観察し記録したことをありのままに表現することが、文芸作品自体を生み出す源となったことを証明しているということ。

〔問5〕　(5)文学は、歴史に先行する。文学は、自然に先行する。とは、どういうことか。その説明として最も適切なてきたが、「宇津の山」一つに集中して、その地誌の記述を蒐集《しゅうしゅう》していってみると、日本文学における「旅の記」というものが、どういう性質のものであるかということがよくわかる。(4)それは、「日本の旅人」の旅の特色をよく示すであろう。

すなわち、日本の旅人が、旅中で経験することは、あることがらは、すでに旅行への出発前からきまっていた、ということだ。「旅の記」が、記述にとどめるために選択する場所についても、旅行以前からきまっており、そこでのできごとも、そこの光景も、その旅人の出発前から約束されていた。宇津の山は、道が細く、暗く、従って心細く、季節のいつを問わず、蔦が茂り、楓が繁《しげ》り、そして旅行者は、できればかつて見知っていた人に、そうでなくとも、誰か人に、逢うことになっていた。日本の旅人の「道」は、だから、日本の旅人に、対立して、向《むこ》うにあるのではなく、旅人の側に、前々から用意されていた道であった。

そして宇津の山の場合は、明らかに、『伊勢物語』の知識が、現実の宇津の山の旅行者の経験を支配しているのである。こう考えると、日本の旅人としての業平の経験は、かりに宇津の山に関してだけいっても、はなはだ貴重なものであったといえるであろう。

(5)文学は、歴史に先行する。

文学は、自然に先行する。

あるいはこうもいえるだろう。

日本の自然は、文学に把握されたもののみがそこに存在する。日本の歴史は、文学の選択と濾過《ろか》とを経て、はじめてその叙述の形式を得てそこに存在する。

（池田弥三郎「日本の旅人　在原業平」による）

〔注〕
『伊勢物語《いせものがたり》』――平安前期の在原業平らしき男を主人公とした歌物語。
八橋《やつはし》――現在の愛知県東部、知立市《ちりゅうし》にあったとされる場所。
宇津《うつ》の山――「宇都の山」とも書く。静岡県静岡市と志太郡《しだぐん》との境にある山。
道行き――旅して行く道々の光景と旅情を記した韻文体の文章。「海道下り」はその典型的なもの。
『蔦紅葉宇都谷峠《つたもみじうつのやとうげ》』――河竹黙阿弥《かわたけもくあみ》作。歌舞伎脚本の一つ。
俊基朝臣《としもとあそん》の海道下り――政変で捕らえられた日野俊基《ひのとしもと》が、京都から鎌倉へと送られる道中を描いた文章。
嶋田《しまだ》・藤枝《ふじえだ》・岡辺《おかべ》・鳴海《なるみ》――地名。
『太平記《たいへいき》』――軍記物語。
重衡《しげひら》の中将の海道下り――平清盛《たいらのきよもり》の子である平重衡が戦で敗れ、鎌倉に送られる道中を描いた文章。
唐衣《からころも》――唐風の美しい衣服。
宝井其角《たからいきかく》――江戸前期の俳人。芭蕉の門下の一人。
餞《はなむけ》――旅立ちや門出に贈る品物や金銭、詩歌のこと。

〔問1〕(1)「宇津の谷峠」を、筆者はどのような場所だと考

「宇津の名の現《うつつ》にも、夢の中でさえも恋しいあなたにお会いできなかったことだ」という歌を詠《よ》んだのも、まことにもっともなことだと思われた。

と、相当に筆を費《ついや》している。この*『太平記《たいへいき》』の道行きが、明らかに先行文芸として扱っている、『平家物語《へいけものがたり》』の*重衡《しげひら》の中将の海道下りでは、ちゃんと両方にじんぎを立てて、

いかに*鳴海《なるみ》の塩干潟《しほひがた》、涙に袖は萎《しを》れつつ、
彼《か》の在原のなにがしの、*唐衣《からころも》きつつなれにしとながめけん、
三河《みかわ》の国八橋にもなりぬれば、
蜘蛛手《くもで》にものをと、あはれなり。

……

宇都の山辺の蔦の道、
心細くも打ち越えて、

わが身はどうなることかと思いつつ鳴海の塩干潟を過ぎ、袖を涙でぬらしながら行くうちに、あの在原のなにがし（＝業平のこと）が「着慣れた唐衣のように慣れ親しいんだ……」と、物思いに沈んだ顔で歌に詠んだという、
三河の国の八橋にも着くと、
「唐衣」の歌にもあるように、八方に広がる蜘蛛の足のようにあれこれと物思いすることだと感慨深い。

……

宇都の山の辺の蔦の生え茂った道を、
心細く思いながら越えて、

と、唱い語っている。『平家物語』では、宇津の山はひどく簡単となり、後の『太平記』は、同じ道行きの詞章であるところから、十分に『平家物語』を意識して、宇津の山に厚く、その語りの筆を費したものと思われる。

八橋の場合、「蜘蛛手にものを」というのが、『伊勢物語』本文のエッセンスとなっていて、、きまり文句として引用されているが、それでは、宇津の山の場合はどうだったか。

いそがしや足袋売りに逢ふ宇津の山

江戸の*宝井其角《たからいきかく》が歳暮押し詰まって、西に向《むか》って東海道をのぼろうとしている友人を送り、その*餞《はなむけ》に作った句である。

足袋は、その工夫について、さまざまな伝説があるが、江戸の初期には、江戸では、製造販売されておらず、木綿の生産が増加するにつれて、製品は次第に普及してきたが、それでも製造はもっぱら関西であって、それが、人力によって、江戸に運ばれた。その「足袋売り」の東下りの群れは、東海道の季節の景物であった。だからその時季に西に向えば、どこでも、その姿をみかけ、箱根八里《はこねはちり》の山中でも、越すに越されぬ大井川《おおいがわ》でも、どこででも逢ったはずであった。それをなぜ其角は、特にその場所を選んで宇津の山としたか。(3)「動く・動かざる」の弁のやかましい俳諧で、読者が、宇津の山という其角の選択に、適切さを感じて納得したのはなぜか。

それは、文芸の上の約束ごととして、宇津の山は、「人に逢うところ」であったからである。

ここでは、筆の運びが、逆に、近代から近世へとさかのぼっ

5

次の文章を読んで、あとの各問に答えよ。（[ ] で囲った文章は現代語訳である。*印の付いている言葉には、本文のあとに〔注〕がある。）

*『伊勢物語《いせものがたり》』に書き記された東《あずま》下りの文中の諸所は、以後、東海道の「業平《なりひら》名所」として、後世の文芸類を陰に陽に支配していくのであるが、それらを大観すると、*八橋《やつはし》よりも、*宇津《うつ》の山の方が、いっそう知れ渡っていたようである。

東海道の*道行きの詞章の、道行きの詞章というよりは名所尽《づ》くしの詞章といった方がいっそう適切だと思われる、例の「鉄道唱歌」（明治三十三年五月）にも、

　　駿州《すんしゆう》一の大都会　静岡出《い》でて阿部川《あべかわ》を
　　わたればここぞ宇津の谷《や》の　山きりぬきし洞《ほら》の道

と、宇津の山は後の呼称、宇津の谷峠《とうげ》の名をもって、かろうじて出てくるが、八橋の方は唱《うた》われていない。

もっとも、トンネルを「ほらのみち」とは、いかにも明治式翻訳和文調でおかしいが、ともかく「ここぞ宇津の谷」と、みなさん先刻御承知のと、ばかに力をこめている。

これは、明治時代の人々にとっては、『伊勢物語』直接の知識というよりは、間に歌舞伎芝居があって、古い知識を中継して、印象を新しく呼びさましていたかもしれない。

すなわち、幕末、安政《あんせい》三年（一八五六）初演の*『蔦紅葉宇都谷峠《つたもみじうつのやとうげ》』で、しばしば上演されていたから、(1)「宇津の谷峠」の名は、それによって、いっそう、耳に親しいものとなっていたと思われる。

「鉄道唱歌」のようなものも、新時代の道行き詞章として、わたしは類別している。その道行きの、一つの典型的なものといわれる、例の、「落下の雪に踏み迷ふ……（桜吹雪にどこに道があるかと踏み迷う）」の、*俊基朝臣《としもとあそん》の海道下りでも、(2)八橋は語らずに通りすぎてしまう。そして、宇津の山では、

　　*嶋田《しまだ》、*藤枝《ふじえだ》にかかりて、
　　*岡辺《おかべ》の真葛《まくず》うら枯れて、
　　もの悲しき夕暮れに、
　　宇都の山辺を越え行けば、
　　蔦楓《つたかへで》いと茂りて道もなし。

昔、業平の中将《ちゆうじやう》の住み所を求むとて、東の方に下るとて、

「夢にも人に逢《あ》はぬなりけり」とよみたりしも、

かくやと思ひ知られたり。

[
嶋田、藤枝を通りかかり、
岡部の真葛が原の葛の枝先や葉先が秋の霜に枯れて、
なんとなくもの悲しい夕暮れ時に、
宇都の山路を越えて行くと、
蔦や楓《かえで》がたいそう生い茂って道もわからぬありさまである。
昔、在原業平《ありわらのなりひら》中将が住むところを求めるということで、東国へ下っていくというので、
]

て4次元的な増殖を支える基盤だということ。

エ　写真は異なるデータや情報を複合して変形が繰り返されていく物質性を超えた存在であり、記憶や思考にまで影響を与えながら増え続けていくということ。

〔問5〕(5)物体とイメージの二項関係はもはや消えている。といえるのは、なぜか。その説明として最も適切なものを、次のうちから選べ。

ア　写真の映像はデータという非物質であり、すべてが写真化される社会の中では物体は物体としての機能を失った非物質と考えられ、もはやモノや物体はイメージの一形態に過ぎないといえるから。

イ　今日までに生産されたデータの総量を超えるデータが生み出される社会になると、あまりの量の多さに物質と非物質の境界線がわからなくなり、超物質と呼ぶしかないモノで埋もれてしまうから。

ウ　物質として存在しているモノと、写真や映像といったイメージは一対一の対応関係を失い、モノが異なる技術によって異なるモノになりうるデータという中間的で多元的な存在になっているから。

エ　すべての物質は事故や故障といった緊急事態において、はじめて他のモノとの複雑な関係性を意識されるのであり、その時モノは単独で存在するというよりプロセスであることが明確になるから。

〔問6〕　この文章の論理展開を説明したものとして、最も適切なものを、次のうちから選べ。

ア　展覧会の例をあげて現実の不思議さを説明し、次に写真技術の複雑さを説明するために様々な技術を紹介して、最後にモノがプロセスと化す中で、人間社会に対する脅威となることを訴えている。

イ　現実が変容していく端緒として展覧会を紹介し、次に様々な種類の情報を結びつける写真技術の複合性を説明して、最後にモノが超物質性を獲得して複雑になる中で、人間のあり方を問うている。

ウ　展覧会を取り上げて話題を非物質に限定し、次に写真が非物質であることの意義を技術的な側面から補強して、最後に写真がすべての生活の基盤になった社会の危険性について問題提起している。

エ　非物質を取り上げた展覧会の先進性を訴え、次に化学と光学の複合技術である写真が構造の複雑さを増加させていくさまを描いて、最後に今後の人間の生きる道について悲観的な観測をしている。

〔問7〕(6)その意味で人間は二重存在的になるだろう。とあるが、人間はどうなっていくと考えるか。あなたの考えを、**二百字以内**にまとめて書け。さらに、あなたの書いた文章にふさわしい**題名**を解答用紙の所定の欄に書け。なお、、や。や「などのほか、書き出しや改行の際の空欄も一字と数えよ。

となったということ。

〔問2〕 (2)それまでとは異なる現実が登場しはじめたとは、どういうことか。その説明として最も適切なものを、次のうちから選べ。

ア　確固たる実在として捉えられていた物質や人間の存在が、科学技術の発展によって曖昧になる時代が始まったということ。

イ　インターネットの出現以後に、物質だけでなく人間の存在や身体性までもが非物質化することを予測していたということ。

ウ　物質や存在が前提であった現実から、世界を構成する全てのモノが非物質に変換される新しい現実に移行したということ。

エ　インターネットの登場によって、人間の身体性までもがネットワーク空間に遍在する非物質のデータになったということ。

〔問3〕 (3)モノの世界はもはやインフラグラム無しでは成立しない。といえるのは、なぜか。その説明として最も適切なものを、次のうちから選べ。

ア　写真は光学的な応用範囲を拡張した技術であり、今後とも新しい技術が生み出され、発展することが予想されるため、いずれは写真が世界を支配する時代がやってくるから。

イ　インターネットの普及に見られるように、テキストだけでは伝達できない情報も、映像データで伝えられるため、写真の存在しない社会など想定することすら不可能だから。

ウ　写真は複合的な科学技術によって成立しており、写真だけでなく、写真技術の応用によって日常が形成されているため、写真の介在しない現実など考えられなくなったから。

エ　ＳＮＳの流行に見られるように、もはや写真や動画は情報交換の重要な道具になっているため、いずれは３Ｄデータを持ち運び、別の場所で出力することが一般化するから。

〔問4〕 (4)物質性を持ちながら、物質性を超えて増殖し、イメージの惑星を形成するスーパーマガジンである。とは、どういうことか。その説明として最も適切なものを、次のうちから選べ。

ア　過去の映像を取り込んだり未来の予測をデータ化して可視化する写真技術は、今後も人類の記憶の新たな保管庫として機能し続けていくだろうということ。

イ　写真と他の技術の組み合わせによって新たなイメージ空間が生み出されており、新しい技術が過去や未来を映像化しつつ記憶を作り出し続けるということ。

ウ　衛星技術との連携によって宇宙までも複製する写真技術は、時間の次元を取り込みながら過去や未来に向かっ究極の問いは、やはり人間についての問いだろう。人間とは何なのか、なぜイメージを創るのか、生に意味はあるのか、わたしたちはどこへ行くのか……これらの問いは、科学技術がどれほど発展しても、それだけでは答えられないものである。データ化の最大のターゲットは人間である。日々の行動や個人情報から生体情報や遺伝情報まで、徹底的にデータ化される人間は、それでも、もって生まれた身体と感覚をたよりに生きてゆくしかない。このようなデータ化を受け入れて生きる、回線に接続された生活とは、超物質性そのものであり、(6)その意味で人間は二重存在的になるだろう。そしてこの特殊な存在様式が、外から与えられたのではなく、人間の特殊性に由来するものである以上、わたしたちは自分自身で考え、答えを見つけるほかはない。

　特に今日、ひときわ痛切な問いは、生の意味である。生命がモノとして、ほぼ無際限に操作され、細胞のレベルで時間の巻き戻しが可能になった現在ほど、生きることの意味が分からなくなってしまった時代はないだろう。生命のメカニズムが明らかになればなるほど、生命は無意味になってゆく。現代の文明は、生命と意味とを完全に切断し、意味の代わりに無意味を据えることで、取り返しのつかない結果をもたらそうとしているのではないだろうか。

（港千尋「インフラグラム」による）

〔注〕インタラクティヴ――双方向。相互作用。
メタコード――より高いレベルの規則や原理。
ホログラム――三次元の映像を記録した写真。
フォトジェニック・ドローイング――光によって描かれた画像。
ダゲレオタイプ――世界初の写真撮影技法。
IoT――様々なモノがインターネットに接続され、相互に制御する仕組み。

〔問1〕(1)わたしにとって「非物質」という言葉の意味を考えるうえで、ひとつの契機となったとは、どういうことか。その説明として最も適切なものを、次のうちから選べ。

ア　現在の技術からするとゲームにすら届かないレベルの展示物ばかりだったことを思い返すと、技術の進歩の速さに感嘆を覚え、「非物質」なる名称は間違いではないと思われたということ。

イ　展覧会の企画内容の奇抜さだけでなく、薄暗い会場の様子や迷路のような構造が思い出に深く刻まれて、「非物質」という概念を自分なりに検討しなければならないと考えたということ。

ウ　いま展覧会を再現しようとしても機材も作品も作り直さなければならないという事実が、時代の流れや技術的な進歩を象徴しているため、「非物質」を考える良い機会になったということ。

エ　その当時の機材や素材といった物質は既に失われているにも関わらず、思想や言葉といった「非物質」は年月を経ても残っているということが、考えを巡らせる動機立体を作り出す今日の技術がある。写真史の最初の160年を２Ｄ中心の時代とするならば、現在は写真が３Ｄ中心の時代に入っているとも言えるだろう。すでに述べたように、写真がインフラグラムとして今日わたしたちの生活に深く広く浸透しているのも、主に３次元的利用のためにほかならない。

　写真と地図製作技術との結びつきによって生まれた、新たなイメージ空間としてのストリートビューについては、いまや地球はもとより、月から他の惑星までをデータ化するのだから、そのデータ量はまさに「天文学的」なものになってゆくだろう。ＧＰＳによる位置情報と一体化した写真は、地球上に位置しているというよりは、複製された宇宙モデルの一部ということになる。逐次更新されるという点では時間の次元を加えた、４次元的利用とも言えるだろう。

　こうして写真は異なる種類の情報を結びつけ、過去に向けても未来に向けても増殖を続けてゆく記憶の建築物であるとともに、あらゆる種類の映像を取り込みつつ24時間常に編集が続く、雑誌のようでもある。撮影され、印刷され、投影され、スキャンされ、コピーされ、立体化され、平面化され、切られ、貼られ、消され、共有され、保存される。それは(4)物質性を持ちながら、物質性を超えて増殖し、イメージの惑星を形成するスーパーマガジンである。

　言うまでもなく、これは今日の写真の使用法のほんの一部に過ぎない。医療技術やセキュリティ産業も含め、二一世紀は(5)「光による描画」の爆発的な応用の時代とも言えるだろう。そこでは物体とイメージの二項関係はもはや消えている。物体はイメージの一形態であり、イメージは物体の一形態と言ったほうがよい。あるいは物体としての存在様式と、イメージとしての存在様式が二重化しているのがモノであると言ったほうがいいだろう。このようなモノの持つ性質を「超物質性」と呼びたい。それは文明の夜明けから二一世紀初頭までに人類が生産したデータの総量を、数日分あるいは数時間分、やがて数秒分の総データ量が凌駕《りょうが》する時代に特有の物質観になるだろう。たとえばＩｏＴ*のように常時データ化されているモノがある。データ化されるだけでなく、それが常時接続されて存在するモノの様態は、もはや物質―非物質という二項的なカテゴリーには収まらない。

　超物質性は、モノがある種のプロセスにあることを示している。３Ｄスキャンされたデータそれ自体はモノではない。それはイメージとしての存在様式であり、それは別のモノを生み出すことができる状態でもある。その意味でモノは多元的な様態をもち、またモノは技術を介して、別のモノとの関係性のうちにある。あるモノが作り出されるためには、道具や技術といった別のモノが必要であり、どのモノも他と無関係に存在しえない。その関係は、ふだんは目に見えず、意識されることもないが、何かのきっかけで複雑な関係性の網の目が浮上する。たとえば故障や事故が起きたとき、わたしたちははじめて、それに気がつく。

　アートはこのようなモノの特殊な存在様式を顕《あら》わにすることができる。イメージと物質の関係に介入し、それを別の関係へと変換することによって、問いを立てるのである。そのな成長を前提とせずに非物質性に注目したのであり、それは科学技術の発展によって、現実がそれ以前とは異なる様相を呈してきたこと、(2)それまでとは異なる現実が登場しはじめたことを示している。展覧会のレジュメでは、そのことが「モノの複雑さ」と表現されている。リオタールらの展覧会は、わたしたちの世界を構成しているモノが、もはや以前のようなモノではなくなるのではないか、という問題提起だった。

　今から思えばその複雑なモノの様態こそが*メタコードであり、その技術的な帰結として現れた代表がインフラグラムである。(3)モノの世界はもはやインフラグラム無しでは成立しない。デジタル化によって写真表現が大きく変わっても、商品広告の圧倒的多数が、依然として写真というメディアによっていることからも明らかだろう。同時に「モノがそれ以前のようなモノではなくなる」ことが、直接的に影響するのも写真である。それは写真というメディア自体が、もともと複雑性をもっていることと関係している。

　写真は光学と化学、さらに電子工学という複合的な科学技術の産物である。だがそれだけが写真を成立させているのではない。写真はすぐれて知的道具であると同時に社会的な産物でもある。今日の文明は、そのあらゆる局面において写真抜きで成立するとは誰にも想像できない。写真はそれほど広く深く浸透しており、その力は物質的な存在としての写真だけでなく、記憶や思考といった心の働きにも影響をもっている。写真の複雑性は、物質的な面だけのものではない。

　まず写真はその発展を通じて、光の応用範囲を拡張してきたという歴史がある。一九世紀以降の科学技術は、電磁波の研究を通じて、科学的な描画の可能性を拡張してきた。日常的な意味での写真は可視光線の幅で扱われるが、X線を使ったレントゲン写真、赤外線フィルム、レーザー光を使った*ホログラム等々と、これらも広義の光の描画だと言えるだろう。これらには、コピー機やスキャナのように通常「カメラ」とは呼ばれない機械も含まれる。

　第二に、そこに一定の手続きや操作が含意されているという点である。今日以上のような応用領域を拡張している光のひとつはレーザーだが、３Ｄスキャナのような機械はまさに二一世紀の*フォトジェニック・ドローイングを可能にしていると言えるだろう。物体の形状をレーザー光で計測し、これを３次元データとして取り出し、これを３Ｄプリンタで出力する。この一連の過程は３次元のフォトジェニック・ドローイングである。「撮影」できる対象はまだスキャナのサイズによって制限されるが、すでに手持ちのスキャナが開発されていることからも、立体的な撮影記録が日常化すると考えられる。スキャンした物体をデータとして転送し、別の場所で出力することが一般化すれば、物体とイメージの区別は次第になくなってゆくだろう。

　もともと人間は立体的な再現に対する強い欲望をもっている。一九世紀後半にはすでに*ダゲレオタイプによる「ステレオ写真」(立体写真)が作られたが、これは物理的には存在していない写真の奥行きを見たいという欲望の産物である。その先には３Ｄホログラフィーがあり、さらに３Ｄ描画から展、主催はポンピドゥーセンター内にある産業創造センターで、哲学者ジャン＝フランソワ・リオタールが監修したものだった。当初、この企画は新しい技術によって起きつつある、人間と物質との関係をテーマにするはずだったが、監修にリオタールが加わることになって、その内容は大きく変わったと言われる。ポンピドゥーセンターを訪れるのは初めてではなかったが、この展覧会はわたしにとってすべてが未知の体験で、その名状しがたい雰囲気はいまでも憶《おぼ》えている。

　まず会場入口ではヘッドホンを装着する。会場はポンピドゥーセンターで大きな企画展が開かれる五階だが、それまでの展覧会とは打って変わって非常に薄暗く、仮設のような金属板やカーテンがぶら下がり、どこが壁なのか分からない。展覧会の動線も不明で、観客はまるで迷路のようになった会場をのそりのそりと進んでゆくという、見たことのない光景だった。ともあれ、この展覧会が(1)わたしにとって「非物質」という言葉の意味を考えるうえで、ひとつの契機となったことは間違いない。

　仮にいま、この『非物質』展を再構成して開催したらどうだろうか。おそらく当時と完全に同じものを作るのは困難だろう。作品は保存されているかもしれないが、そこで使われていた機材のほとんどは、すでに廃棄されているか、生産も中止されているはずだ。音響作品も映像作品もアナログ機材によるものだから、デジタルに変換しなければならない。写真のプリント、照明等も含めて、オリジナルと同じ雰囲気を作り出すことは難しい。その当時の新素材や人工皮膚といった物質さえも、おそそろらく揃《そろ》えるのに苦労することだろう。

　そうして苦労の末に再構成した展覧会に、おそらく多くの人はとまどうだろう。それは大昔の技術を展示する産業資料館のようで、退屈するかもしれない。そこで言われている*「インタラクティヴ」や「シミュレーション」は、今日のオンラインゲームにすら届かないレベルである。反応は遅く、解像度は粗く、全体に暗い。唯一の救いは、ヘッドホンに届くさまざまな声になるだろう。

　ひとことで言えば、近未来的な物質を扱った展覧会の35年後に残っているのは、実は物質のほうではなく、思想や言葉といった「非物質」のほうだということである。35年前に使われた電子的なメディアのほとんどは、過渡期的なものとして、すでに姿を消しているのだ。そのことを監修者らが予想していたかどうかは別にして、展覧会の名称としては、間違ってはいなかったということになる。

　したがって今日の「物質」を考えるうえで参考になるのは、この展覧会に何がなかったか、になるだろう。おそらくそれは、この数年後に商用が開始になるインターネットである。表現の非物質化、身体性の消滅、場所に固定されない存在などのアイデアが、具体的に何によって実現されることになるのか、それが分かっていなかった。音響も映像もすべてが、マルチメディアによって一元化される可能性も、まだはっきりとは意識されていなかったのである。

　だがここで注意したいのは、そこにこそ『非物質』展の歴史的な重要性があるということだ。インターネットの爆発的にはなるが、山沢君との対局は自分の努力の成果を試せる好機でもあり、対局を続けられることに気分が高揚している。

〔問4〕 (4)キツネにつまれたような顔をしている。とあるが、この表現から読み取れる様子はどのようなものか。その説明として最も適切なものを、次のうちから選べ。

ア 翔太が今将棋に夢中であることには賛成してきた両親が、翔太にプロを目指させたいという有賀先生の意向を聞き、不安を抱いている様子。

イ 将棋に詳しくない両親が、翔太の将棋の才能や将来性に対する有賀先生の思いがけない評価を聞き、わけがわからずぼんやりしている様子。

ウ 翔太より年下の山沢君の才能を知らない両親が、翔太が今からプロを目指しても遅すぎるという有賀先生の判断を聞き、落胆している様子。

エ 将棋に無関心だった両親が、翔太の将棋の早熟な才能について手放しで褒めている有賀先生の言葉を聞き、すっかり信用し喜んでいる様子。

〔問5〕 波線部(x)自分以外は全員が敵なのだ。と、(y)「自分以外はみんな敵だ。」と、ぼくだって思っていた。では、翔太の心情はどのように変化したか。変化のきっかけを含めて**六十字以内**で説明せよ。

〔問6〕 本文の表現や内容について述べたものとして最も適切なものはどれか。次のうちから選べ。

ア 翔太の思いを（将棋は、ある意味、野球よりきついよな。）と（　）内で表し、さらに「ぼくは初めて将棋が怖くなった。」と直接描写して、物語の展開に即した主人公の心情を細やかに表している。

イ 「山沢君の顔が頭に浮かんだ。」「見てろよ、山沢」と翔太の強い敵対心を強調する一方で、山沢君の翔太への態度は淡々とした変化の無い描写にすることで、二人の人物像を対比的に描いている。

ウ 「横歩取り」「大駒を切り合う」などの将棋用語を多用し、対局場面では短文を重ね臨場感を出すとともに、登場人物の心情表現を排除する工夫により、将棋の世界の厳しさを効果的に表している。

エ 簡潔な会話の連続で物語をスムーズに展開させる一方で、人物描写における「困ったように」のような直喩表現の多用や、心情を（　）内で詳しく説明する工夫により、人物像を明確に描いている。

4

次の文章を読んで、あとの各問に答えよ。（＊印の付いている言葉には、本文のあとに〔注〕がある。）

わたしが見るところ、写真や映像がインフラ化する兆候を捉えたのが、一九八五年春にパリのポンピドゥーセンターで開催された、大がかりな展覧会である。タイトルは『非物質』

〔問1〕 (1)将棋一辺倒じゃなくて、野球もやっててよかったよな。とあるが、このときの心情はどのようなものか。その説明として最も適切なものを、次のうちから選べ。

ア　きちんとした礼儀を身につけられたことへの感謝を通して、将棋教室での厳しい指導を大切に感じながらも、少年野球で得られた経験の価値を再確認している。

イ　周囲に対して敬意を払う姿勢を身につけられたことへの感謝を通して、将棋の存在と比べて、少年野球での経験がいかに大きいものであったのかを実感している。

ウ　挨拶などのふるまいを身につけられたことへの感謝を通して、現在打ち込んでいる将棋だけでなく、少年野球で得られた経験にも大きな価値を見いだしている。

エ　日常的に挨拶ができるようになったことへの感謝を通して、少年野球の経験が将棋の指し方に影響していることを実感し、過去の日々をなつかしく思っている。

〔問2〕 (2)山沢君はつまらなそうだった。とあるが、山沢君がつまらなそうにしているのはなぜか。その説明として最も適切なものを、次のうちから選べ。

ア　実力の優劣が明確になった相手であり、有賀先生を後回しにしてまで対局することには意味がないと感じているから。

イ　対局で実力差が明確になった相手であり、その相手と間を置かずに対局しても同じ結果の繰り返しになるだけだから。

ウ　経験の差が歴然としている相手であり、どんなに熱心に研究を重ねてきたといっても二人の差が埋まるはずないから。

エ　勝敗が明らかになっている相手であり、人数あわせで再度同じ対局をさせる有賀先生を内心うとましいと思ったから。

〔問3〕 (3)そうこなくちゃと、ぼくは気合いが入った。とあるが、このときの心情はどのようなものか。その説明として最も適切なものを、次のうちから選べ。

ア　指導者である有賀先生との対局は魅力だが、山沢君との対局は積み重ねた努力の成果を見せるために待ち望んでいた機会であり、対局が継続することに喜びを感じている。

イ　偶然にも実現した山沢君との対局だが、努力のおかげで徐々に形勢が有利になってきており、対局の継続によって勝利が現実になりつつあることに気持ちが高ぶっている。

ウ　山沢君と対局できるとは思っていなかったが、山沢君は将棋で出会った初めてのライバルであり、対局の重要性を有賀先生が認めてくれたことに感謝の念を覚えている。

エ　プロ棋士の有賀先生と指す2局目を犠牲にすること

のあと有賀先生の奥さんが賞状を持ったぼくと有賀先生のツーショット写真を撮ってくれた。両親が入った４人での写真も撮ってくれた。

「野崎さん、ちょっといいですか。翔太君も。」

　有賀先生に手招きされて、ぼくと両親は廊下に出た。

「もう少し、むこうで話しましょうか。」

　どんな用件なのかと心配になりながら、ぼくは先生についていった。

「翔太君ですが、成長のスピードが著しいし、とてもまじめです。今日の一局も、じつにすばらしかった。」

　有賀先生によると、山沢君は小学生低学年の部で埼玉県のベスト４に入るほどの実力者なのだという。来年には研修会に入り、奨励会試験の合格、さらにはプロの棋士になることを目標にしているとのことだった。

「小学５年生の５月でアマチュア初段というのは、正直に言えば、プロを目ざすには遅すぎます。しかし野崎君には伸びしろが相当あると思いますので、親御さんのほうでも、これまで以上に応援してあげてください。」

　そう言うと、有賀先生は足早に廊下を戻っていった。

　まさか、ここまで認めてもらっているとは思わなかったので、ぼくは呆然《ぼうぜん》としていた。将棋界のことをなにも知らない父と母は(4)キツネにつままれたような顔をしている。二人とも、すぐに仕事に戻らなければならないというので、詳しいことは今晩話すことにした。

　１０３号室に戻り、カバンを持って出入り口にむかうと、山沢君が立っていた。ぼくより20センチは小さくて、腕も脚もまるきり細いのに、負けん気の強そうな顔でこっちを見ている。

「つぎの対局は負けないよ。絶対に勝ってやる。」

「うん、また指そう。そして、一緒に強くなろうよ。」

ぼくが言うと、山沢君がメガネの奥の目をつりあげた。

「なに言ってんだよ。将棋では、自分以外はみんな敵なんだ。」

小学２年生らしいムキになった態度がおかしかったし、(Y)「自分以外はみんな敵だ。」と、ぼくだって思っていた。

「たしかに対局中は敵だけど、盤を離れたら、同じ将棋教室に通うライバルでいいんじゃないかな。ぼくは初段になったばかりだから、三段になろうとしているきみをライバルっていうのは、おこがましいけど。」

　ぼくの心ははずんでいた。

（佐川光晴「駒音高く」による）

〔注〕対局を並べる――実戦通りに駒を動かして、一人で研究する。
大熊《おおくま》君――現在の小学校での友人。
航介《こうすけ》君――ファルコンズのチームメイト。航介の父はファルコンズのジュニアチームの監督だった。
田坂《たさか》監督――ファルコンズのシニアチームの監督。
研修会・奨励会――奨励会はプロ棋士の養成機関。研修会に所属すると、奨励会の入会に有利になる。

細心の注意を払って指していくうちに、形勢がぼくに傾いてきた。ただし、頭が疲れすぎていて、目がチカチカする。指がふるえて、駒をまっすぐにおけない。

「残念だけど、今日はここまでにしよう。」

ぼくに手番がまわってきたところで、有賀先生が対局時計を止めた。

「もうすぐ3時だからね。」

そう言われて壁の時計を見ると、短針は「3」を指し、長針が「12」にかかっている。40分どころか、1時間半も対局していたのだ。

ぼくは盤面に視線を戻した。ぼくの玉はすでに相手陣に入っていて、詰ませられることはない。山沢君も▼入玉をねらっているが、10手あれば詰ませられそうな気がする。ただし手順がはっきり見えているわけではなかった。

「すごい勝負だったね。ぼくが将棋教室を始めてから一番の熱戦だった。」

プロ五段の有賀先生から最高の賛辞をもらったが、ぼくは詰み筋を懸命に探し続けた。

「▼馬引きからの7手詰めだよ。」

山沢君が悔しそうに言って、ぼくの馬を動かした。

「えっ?」

まさか山沢君が話しかけてくるとは思わなかったので、ぼくはうまく返事ができなかった。

「こうして、こうなって。」

詰め将棋をするように、山沢君が盤上の駒を動かしていく。

「ほら、これで詰みだよ。」

(なるほど、そのとおりだ。)

頭のなかで答えながら、ぼくはあらためてメガネをかけた小学2年生の実力に感心していた。

「プロ同士の対局では、時間切れ引き分けなんてない。それは*研修会でも、*奨励会でも同じで、将棋の対局はかならず決着がつく。でも、ここは、小中学生むけのこども将棋教室だからね。今日の野崎君と山沢君の対局は引き分けとします。」

有賀先生のことばに、ぼくはうなずいた。

「さあ、二人とも礼をして。」

「ありがとうございました。」

山沢君とぼくは同時に頭をさげた。そして顔をあげたとき、山沢君のうしろにぼくの両親が立っていた。

「えっ、あれっ。ああ、そうか。」

ぼくは母が3時前に来る約束になっていたことを思いだしたが、まさか父まで来てくれるとは思ってもみなかった。もうBコースの生徒たちが部屋に入ってきていたので、ぼくは急いで駒を箱にしまった。

「みなさん、ちょっと注目。これから野崎君に認定書を交付します。」

ふつうは教室が始まるときにするのだが、有賀先生はぼくの両親に合わせてくれたのだ。

「野崎翔太殿。あなたを、朝霞こども将棋教室初段に認定します。」

みんなの前で賞状をもらうなんて、生まれて初めてだ。そズだったら、罰として全員でベースランニングをさせられるところだ。

(1)(将棋一辺倒じゃなくて、野球もやっててよかったよな。)

ぼくは＊航介《こうすけ》君のおとうさんと＊田坂《たさか》監督に胸のうちで感謝した。

朝霞こども将棋教室では、最初の30分はクラス別に講義がおこなわれる。ぼくは初段になったので、今日から山沢君たちと同じ、一番上のクラスだ。ところが、有段者で来ているのはぼくと山沢君だけだった。

「そうなんだ。みんな、かぜをひいたり、法事だったりでね。」

講義のあとは、ぼくと山沢君が対戦し、2局目は有賀先生がぼくたち二人を相手に二面指しをするという。前にも、先生が3人の生徒と同時に対局するところを見たが、手を読む速さに驚いた。プロが本気になったらどれほど強いのか、ぼくは想像もつかなかった。

「前回と同じ対局になってしまうけど、それでもいいかな？先手は野崎君で。」

「はい。」

ぼくは自分を奮い立たせるように答えたが、(2)山沢君はつまらなそうだった。

(よし。目にもの見せてやる。)

ぼくは椅子にすわり、盤に駒を並べていった。

「おねがいします。」

二人が同時に礼をした。山沢君が対局時計のボタンを押すと、ぼくはすぐに角道を開けた。山沢君もノータイムで角道を開けた。続いて、ぼくが飛車先の歩を突くと、山沢君は少し考えてから、同じく飛車先の歩を突いた。どうせまた振り飛車でくると思っていたはずだから、居飛車《いびしゃ》を選んだぼくに合わせようとしているのだ。

(よし、そうこなくちゃな。)

ぼくは飛車先の歩を突き、山沢君も飛車先の歩を突いた。ぼくが飛車先の歩を伸ばせば、山沢君も飛車先の歩を伸ばす。この流れなら、まずまちがいなく横歩取りになる。あとは、研究の成果と、自分の読みを信じて、一手一手を力強く指すのみ。

序盤から大駒を切り合う激しい展開で、80手を越えると双方の玉が露出して、どこからでも王手がかかるようになった。しかし、どちらにも決め手がない。ぼくも山沢君もとっくに持ち時間はつかいきり、ますます難しくなっていく局面を一手30秒以内で指し続ける。壁の時計に目をやる暇などないが、たぶん40分くらい経《た》っているのではないだろうか。持ち時間が10分の将棋は30分あれば終わるから、ぼくはこんなに長い将棋を指したことはなかった。これでは有賀先生との2局目を指す時間がなくなってしまう。

「そのまま、最後まで指しなさい。」

有賀先生が言って、(3)そうこなくちゃと、ぼくは気合いが入った。かなり疲れていたが、絶対に負けるわけにはいかない。山沢君だって、そう思っているはずだ。

(勝ちをあせるな。相手玉を詰ますことよりも、自玉が詰まされないようにすることを第一に考えろ。)

そのことに、ぼくは初めて気づいた。ファルコンズのメンバーは全員同じ小学校だったし、どこに住んでいるのかも、きょうだいが何人いるのかも知っていた。食べものの好き嫌いや、勉強がどのくらいできるのかも知っていた。土まみれになって練習し、試合に勝てばみんなで喜び、負けてはみんなで悔しがった。

でも、一対一で戦う将棋では、勝っても、喜び合うチームメイトがいない。チームメイト同士で励まし合うこともない。将棋では、自分以外は全員が敵なのだ。

野球と将棋のちがいを考えているうちに、ぼくはさみしくなってきた。

（でも、山沢君がどのくらい強いかは、いやというほど知ってるぜ。）

ぼくは山沢君との一局をくりかえし並べていた。おそらく、ぼくの指し手は全て読み筋にあったにちがいない。つまり、多少手強《てごわ》くはあっても、負ける気はしなかったはずだ。

（見てろよ、山沢。今度は、おまえが泣く番だ。）

ぼくは気合いを入れたが、ますますさみしくなってきた。

（自分以外は、全員が敵か。）

頭のなかでつぶやくと、涙がこぼれそうになった。

（将棋は、ある意味、野球よりきついよな。）

ぼくは初めて将棋が怖くなった。

前回の将棋教室から2週間がたち、ぼくは自転車で公民館にむかった。母は、午後3時前に来てくれることになっていた。介護施設での昼食の支度と片付けがあるため、Ａコースが始まる午後1時に来るのはどうしても無理だからだ。そのことは、母の携帯電話からのメールで、有賀先生に伝えていた。

この2週間、ぼくはひたすら横歩取りを研究した。できれば、今日は山沢君とは対戦せずに、別の相手に研究の成果をぶつけてみたい。

ぼくは父と母にも山沢君のことを話していた。二人とも、※大熊《おおくま》君と同じく、ぼくが負けた相手が小学2年生だということに驚いていた。

「何回負けたって、いいんだぞ。おとうさんは、翔太が夢中になれるものを見つけたことがうれしいんだから。」

「おかあさん、将棋は野球よりも、ずっと大変だと思うの。だって、野球なら、味方の活躍で勝つこともあるけど、将棋には味方がいないじゃない。」

二人とも、駒の動かしかたすらわかっていないのだが、それなりに的確なアドバイスなのがおもしろかった。

公民館に着いて、こども将棋教室がおこなわれる１０３号室に入ると、ぼくは挨拶をした。

「こんにちは。お願いします。」

気合いが入りすぎて、いつもより大きな声が出た。

「おっ、いい挨拶だね。みんなも、野崎君みたいにしっかり挨拶をしよう。」

有賀先生が言ったのに、返事をした生徒はひとりもいなかった。先生も、困ったように頭をかいている。ファルコン

〈国語〉

時間　五〇分　満点　一〇〇点

【注意】　答えは、**特別の指示**のあるもののほかは、各問の**ア・イ・ウ・エ**のうちから、最も適切なものをそれぞれ**一つずつ**選んで、その記号を書きなさい。また、答えに字数制限がある場合には、**、や。や「などもそれぞれ一字と数えなさい。**

1

次の各文の——を付けた漢字の読みがなを書け。

(1) 人手を割く。

(2) 筆舌に尽くしがたい。

(3) 大きな鐘音が響き渡る。

(4) 昔は弊衣破帽の風俗が流行した。

2

次の各文の——を付けたかたかなの部分に当たる漢字を楷書で書け。

(1) タダちに出発しよう。

(2) 文書のシハイに迫る意気をもって読み進める。

(3) 市民にベンエキを与える施設を作る。

(4) 学者たちの意見はヒャッカソウメイの様相を呈した。

3

次の文章を読んで、あとの各問に答えよ。（＊印の付いている言葉には、本文のあとに〔注〕がある。なお、▼印の付いている言葉は、全て将棋の戦い方に関する語である。）

野崎翔太《のざきしょうた》は、プロ棋士の有賀《ありが》先生が指導する朝霞《あさか》こども将棋《しょうぎ》教室に通う小学5年生である。以前は少年野球チーム「ファルコンズ」に所属して野球に打ち込んでいたが、小学4年生の時に転校したことをきっかけに、今度は将棋に熱中するようになった。順調に将棋の腕を上げていく翔太だったが、小学2年生の山沢《やまさわ》と対戦し、完敗してしまう。

将棋とは、王将《おうしょう》、飛車《ひしゃ》、角《かく》、歩《ふ》など8種類の駒を用いて行うゲームである。お互いが一手（一つ）ずつ駒を動かし、相手の王将（「玉《ぎょく》」とも呼ぶ。）がどこにも動けない状況（「詰み」と呼ぶ。）を作った側が勝ちとなる。「詰ます」というのは、相手を負かすことである。

ぼくは昼休みも教室に残り、頭のなかで▼横歩取《よこふど》りの研究をした。放課後は盤と駒をつかってプロ同士の＊対局を並べる。そして▼詰め将棋をたっぷり解く。

アパートの部屋で、ひとりで将棋をしていると、山沢君の顔が頭に浮かんだ。小学2年生なのに厚いレンズのメガネをかけて、肌の色は白く、手足も細い。きっと、サッカーも野球も、あまりうまくはないだろう。

ぼくが山沢君について知っているのは、その程度だった。どこの小学校なのかや、何歳で将棋を始めたのかも知らない。山沢君だって、ぼくのことは名前と学年しか知らないはずだ。（同じ将棋教室に通っていても、ぼくたちはおたがいのことをほとんど知らずに対局しているんだ。）

MEMO

大切なことはメモしておこうネ！

2020年度

解答と解説

《2020年度の配点は解答欄に掲載してあります。》

＜数学解答＞

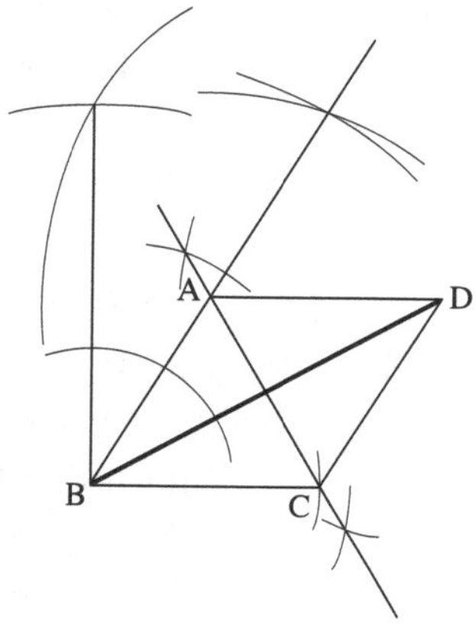

1　〔問1〕 $\frac{11}{5}$　〔問2〕 $x=\frac{-5\pm\sqrt{10}}{3}$　〔問3〕 $\frac{7}{36}$

〔問4〕 $x=7$，$y=3$　〔問5〕 右図

2　〔問1〕 $y=-x+\frac{3}{2}$

〔問2〕 -2(途中の式や計算は解説参照)

〔問3〕 $a=1$

3　〔問1〕 $3\sqrt{2}\,\mathrm{cm}^2$　〔問2〕 解説参照　〔問3〕 $152\pi\,\mathrm{cm}^3$

4　〔問1〕 8　〔問2〕 $d=16$(途中の式や計算は解説参照)

〔問3〕 $(e,\ g)=(33,\ 271)$

○配点○

1　各5点×5　2　〔問1〕 7点　〔問2〕 10点　〔問3〕 8点

3　〔問1〕 7点　〔問2〕 10点　〔問3〕 8点

4　〔問1〕 7点　〔問2〕 10点　〔問3〕 8点　計100点

＜数学解説＞

1　(数・式の計算，平方根，二次方程式，確率，数の性質，連立方程式の応用，作図)

〔問1〕 乗法公式$(a-b)^2=a^2-2ab+b^2$より $\frac{(\sqrt{10}-1)^2}{5}=\frac{(\sqrt{10})^2-2\times\sqrt{10}\times1+1^2}{5}=\frac{10-2\sqrt{10}+1}{5}$ $=\frac{11-2\sqrt{10}}{5}$，乗法公式$(a+b)(a-b)=a^2-b^2$より $\frac{(\sqrt{2}-\sqrt{6})(\sqrt{2}+\sqrt{6})}{\sqrt{10}}=\frac{(\sqrt{2})^2-(\sqrt{6})^2}{\sqrt{10}}$ $=\frac{2-6}{\sqrt{10}}=-\frac{4}{\sqrt{10}}=-\frac{4\times\sqrt{10}}{\sqrt{10}\times\sqrt{10}}=-\frac{4\sqrt{10}}{10}=-\frac{2\sqrt{10}}{5}$ だから，$\frac{(\sqrt{10}-1)^2}{5}$ $-\frac{(\sqrt{2}-\sqrt{6})(\sqrt{2}+\sqrt{6})}{\sqrt{10}}=\frac{11-2\sqrt{10}}{5}-\left(-\frac{2\sqrt{10}}{5}\right)=\frac{11-2\sqrt{10}}{5}+\frac{2\sqrt{10}}{5}=\frac{11-2\sqrt{10}+2\sqrt{10}}{5}=\frac{11}{5}$

〔問2〕 乗法公式$(a+b)^2=a^2+2ab+b^2$より，$(x+3)^2=x^2+2\times x\times3+3^2=x^2+6x+9$だから，2次方程式$3(x+3)^2-8(x+3)+2=0$は，$3(x^2+6x+9)-8(x+3)+2=0$　$3x^2+18x+27-8x-24+2=0$ $3x^2+10x+5=0$…①　2次方程式$ax^2+bx+c=0$の解は，$x=\frac{-b\pm\sqrt{b^2-4ac}}{2a}$で求められる。①の2次方程式は，$a=3$，$b=10$，$c=5$の場合だから，$x=\frac{-10\pm\sqrt{10^2-4\times3\times5}}{2\times3}=\frac{-10\pm\sqrt{100-60}}{6}$ $=\frac{-10\pm2\sqrt{10}}{6}=\frac{-5\pm\sqrt{10}}{3}$

〔問3〕 大小1つずつのさいころを同時に1回投げるとき，全ての目の出方は　$6\times6=36$通り。このうち，大きいさいころの出た目の数をa，小さいさいころの出た目の数をbとするとき，点Pが頂点Eの位置にあるのは，$a+b=4$と$a+b=9$のとき。$a+b=4$となるのは，$(a,\ b)=(1,\ 3)$，$(2,\ 2)$，$(3,\ 1)$の3通り。$a+b=9$となるのは，$(a,\ b)=(3,\ 6)$，$(4,\ 5)$，$(5,\ 4)$，$(6,\ 3)$の4通り。よって，

求める確率は $\frac{3+4}{36}=\frac{7}{36}$

〔問4〕 乗法公式$(a+b)(a-b)=a^2-b^2$より $x^2-4y^2=x^2-(2y)^2=(x+2y)(x-2y)$ だから，$x^2-4y^2=13$ は，$(x+2y)(x-2y)=13$…① である。ここで，xとyが自然数であることから，$x+2y$は自然数，$x-2y$は整数であり，$x+2y>x-2y$でもあることから，①を満たすx，yは，

連立方程式$\begin{cases} x+2y=13 \\ x-2y=1 \end{cases}$ を満たす。これを解いて，$x=7$，$y=3$

基本 〔問5〕（着眼点） 対角線ACは，対角線BDの垂直二等分線である。また，$\angle ABC=60°$より，$\angle ABD=\frac{1}{2}\angle ABC=30°$である。

（作図手順） 次の①～⑤の手順で作図する。 ① 点B，Dをそれぞれ中心として，交わるように半径の等しい円を描き，その交点を通る直線（対角線BDの垂直二等分線）を引く。 ② 点B，Dをそれぞれ中心として，半径BDの円を描き，その交点をPとする。（△PBDは正三角形で，$\angle PBD=60°$） ③ 点Bを中心とした円を描き，線分BD，BP上に交点を作る。 ④ ③で作ったそれぞれの交点を中心として，交わるように半径の等しい円を描き，その交点と点Bを通る直線（∠PBDの二等分線）を引き，対角線BDの垂直二等分線との交点をAとする。 ⑤ 点Bを中心として，半径ABの円を描き，対角線BDの垂直二等分線との交点をCとする。（ただし，解答用紙には点Pの表記は不要である。）

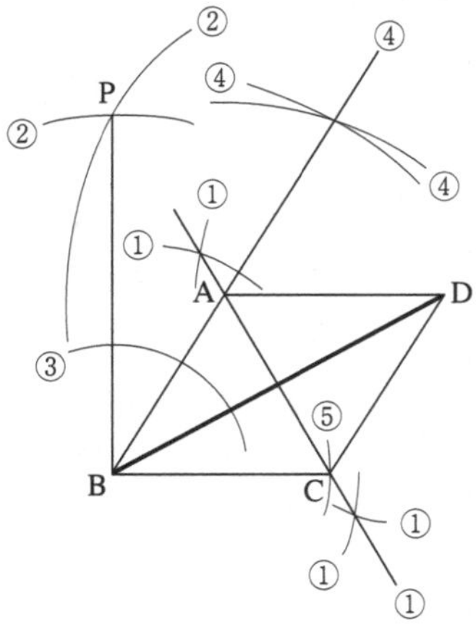

2 （図形と関数・グラフ）

〔問1〕 点Bのx座標は正の数であり，点Aと点Bのx座標の絶対値は等しいことから，点Bのx座標は1 点Bは$y=\frac{1}{2}x^2$上にあるから，y座標は$y=\frac{1}{2}\times1^2=\frac{1}{2}$ よって，$B\left(1,\ \frac{1}{2}\right)$ AB＝ADより，直線BDの傾きは－1だから，直線BDの式を $y=-x+b$ として，点Bの座標を代入すると

$\frac{1}{2}=-1+b$ $b=\frac{3}{2}$ よって，$y=-x+\frac{3}{2}$

やや難 〔問2〕（途中の式や計算）（例）点Bのx座標が1，点Eのx座標が3なので，点Bの座標は$(1,\ a)$，点Eの座標は$(3,\ 9a)$。点Eからx軸にひいた垂線とx軸との交点をHとすると，Hの座標は$(3,\ 0)$となる。したがって，（△BEOの面積）＝（△OHEの面積）－（△OHBの面積）－（△BHEの面積）より

（△BEOの面積）$=\frac{1}{2}\times3\times9a-\frac{1}{2}\times3\times a-\frac{1}{2}\times9a\times2=3a\mathrm{cm}^2$ 条件より，△ABFの面積も$3a\mathrm{cm}^2$となる。…① △ABFにおいて，辺ABの長さは2cmである。よって，辺ABを底辺としたときの△ABFの高さを$h$cmとおくと，①より $\frac{1}{2}\times2\times h=3a$ $h=3a$ よって，点Fのy座標は$a+3a=4a$となる。点Fのx座標をtとすると，点Fは曲線$y=ax^2$上の点なので，$4a=at^2$ $a\neq0$より両辺をaで割ると，$4=t^2$ 点Fのx座標は負より，$t=-2$ 点Fのx座標は－2

重要 〔問3〕 線分ABとy軸との交点をQとすると，点Qは線分ABの中点であり，問題の条件の$\angle AGB=90°$から，円周角の定理の逆より，点Gは線分ABを直径とする円周上にある。つまり，点Gは点Qを中心とする半径$\sqrt{7}$cmの円周上にある。円Qとy軸との交点をRとする。点Gから線分ABへ垂線GHを引くと，$\triangle ABG=\frac{1}{2}\times AB\times GH=\frac{1}{2}\times2\sqrt{7}\times GH=\sqrt{7}\,GH\mathrm{cm}^2$ これが$7\mathrm{cm}^2$に等しいから，$\sqrt{7}\,GH=7$ より $GH=\frac{7}{\sqrt{7}}=\sqrt{7}\,\mathrm{cm}$ よって，点Gは点Rと一致し，直線ℓの傾きaは，線分AR

の傾きに等しい。△AQRは直角二等辺三角形で，3辺の比は$1:1:\sqrt{2}$だから，線分ARの傾き，つまり$a=\frac{QR}{AQ}=\frac{1}{1}=1$である。

3　(平面図形，面積，図形の証明，回転体の体積)

〔問1〕 問題の条件$\angle B=90°$から，円周角の定理の逆より，点Bは線分ACを直径とする円周上にある。頂点Bと点Eが一致した場合，DA＝DBであり，点Dは線分ACを直径とする円の中心で，DA＝DC＝3cmである。△ABCに三平方の定理を用いると，$AB=\sqrt{AC^2-BC^2}=\sqrt{6^2-(2\sqrt{3})^2}=2\sqrt{6}$cm　△ABCと△DBCで，高さが等しい三角形の面積比は，底辺の長さの比に等しいから，$\triangle DBC=\triangle ABC\times\frac{DC}{AC}=\frac{1}{2}\times AB\times BC\times\frac{DC}{AC}=\frac{1}{2}\times2\sqrt{6}\times2\sqrt{3}\times\frac{3}{6}=3\sqrt{2}\,cm^2$

重要　〔問2〕 (証明) (例)　△ABDと△DGEにおいて，仮定より　DA＝ED…①　$AD^2+BD^2=AB^2$より，三平方の定理の逆を用いて，△ABDは辺ABを斜辺とする直角三角形である。よって，∠ADB＝90°…②　線分GEが，円Dの点Eにおける接線なので，∠DEG＝90°…③　②，③より，∠ADB＝∠DEG＝90°…④　∠AFD＝∠ABC＝90°より，FD//BC…⑤　⑤より，同位角は等しいので，∠ACB＝∠ADF…⑥　△ABCの内角の和と∠ABC＝90°より，∠BAC＝180°－(90°＋∠ACB)＝90°－∠ACB　∠BAD＝90°－∠ACB…⑦　②より，∠GDE＝90°－∠ADF…⑧　⑥，⑦，⑧より，∠BAD＝∠GDE…⑨　①，④，⑨より C一組の辺とその両端の角がそれぞれ等しいので，△ABD≡△DGE　合同な図形の対応する辺の長さは等しいので，AB＝DG

〔問3〕 AD＝$x$cm，BC＝$y$cmとする。△ABCと△BDCにおいて，∠ABC＝∠BDC＝90°…①　共通な角より，∠ACB＝∠BCD…②　①，②より，二組の角がそれぞれ等しいので，△ABC∽△BDC　相似な図形では，対応する線分の長さの比はすべて等しいから，AC：BC＝BC：DC　これより，$(x+2):y=y:2$　$y^2=2(x+2)$…③　△ABCに三平方の定理を用いると，$AB^2+BC^2=AC^2$　これより，$(4\sqrt{3})^2+y^2=(x+2)^2$…④　③を④に代入して，$(4\sqrt{3})^2+2(x+2)=(x+2)^2$　整理して，$x^2+2x-48=0$　$(x-6)(x+8)=0$　$x>0$より$x=6$　これを③に代入して，$y^2=2(6+2)=16$　$y>0$より$y=\sqrt{16}=4$　以上より，AD＝6cm，BC＝4cm　△BCDに三平方の定理を用いると，$BD=\sqrt{BC^2-CD^2}=\sqrt{4^2-2^2}=2\sqrt{3}$cm　求める立体の体積は，半径ADの半球の体積と，底面の半径がBD，高さがCDの円錐の体積を合わせたものだから　$\frac{4}{3}\pi\times AD^3\times\frac{1}{2}+\frac{1}{3}\pi\times BD^2\times CD=\frac{4}{3}\pi\times6^3\times\frac{1}{2}+\frac{1}{3}\pi\times(2\sqrt{3})^2\times2=144\pi+8\pi=152\pi\,cm^3$

4　(規則性，数の性質)

基本　〔問1〕 6→3(＝6÷2)→10(＝3×3＋1)　より，$N(6)=2+N(10)=2+6=8$

やや難　〔問2〕 (途中の式や計算) (例)　$8=2^3=2\times2\times2$で　2×2×2→2×2→2→1　なので，$N(8)=N(2^3)=3$…①となる。また　8×d→4×d→2×d→d→…→1　なので　$N(8\times d)=N(8)+N(d)$…②となる。①②より　$N(8\times d)=3+N(\mathrm{d})$　①②と同様にして，$N(168)=N(2^3\times21)=N(2^3)+N(21)=3+N(21)$　ここで，21→64→…1　となるので　$N(21)=1+N(64)=1+N(2^6)$　ここで①と同様にして，$N(2^6)=6$　となる。したがって，$N(21)=1+6=7$　ゆえに，$N(168)=3+7=10$　したがって，$N(168)-N(8\times d)=3$　は　$10-(3+N(d))=3$　となるので，$N(d)=4$…③　ここで自然数の変化を1から逆にたどっていくと，1←2←4←8←16　または　1←2←4←1←2　となり，初めて1になるまでの操作の回数を$N(a)$としたので，③を満たす自然数dは1個しかなく，$d=16$である。

〔問3〕 2020から37回操作を行ったときに現れる自然数がfで，2020から38回操作を行ったときに現れる自然数が98だから，自然数の変化を98から逆にたどると，98←196となり，$f=196$である。〔問

2〕の内容より，$N(160)=N(8\times20)=3+N(20)$　ここで，$20\rightarrow10(=20\div2)$より，$N(20)=1+N(10)=1+6=7$　となるので　$N(160)=3+N(20)=3+7=10$　ゆえに，$N(2020)=53+N(160)=53+10=63$　$N(2020)+1=63+1=64$　である。よって，問題の表のyの値の中央値は，$x=32$と$x=33$のときのyの値の平均値である。$e-2=32$とすると，中央値$=\frac{172+f}{2}=\frac{172+196}{2}=184$となり，問題の条件に合わない。$e=32$とすると，中央値$=\frac{g+344}{2}=233.5$より，$g=123$となり，$f>g$で，問題の条件に合わない。以上より，$e-1=32$　つまり，$e=32+1=33$であり，gの値は，中央値$=\frac{f+g}{2}=\frac{196+g}{2}=233.5$より，$g=271$である。

★ワンポイントアドバイス★

[2]〔問3〕は，点Gが線分ABを直径とする円周上にあることを利用して考えることがポイントである。[3]〔問3〕は，△ABC∽△BDCと△ABCに関する三平方の定理を利用して，AD，BCを求めてみよう。

＜英語解答＞

[1]　〔問題A〕　＜対話文1＞　ウ　　＜対話文2＞　エ　　＜対話文3＞　イ

〔問題B〕　＜Question 1＞　ウ　　＜Question 2＞ They should tell a teacher.

[2]　〔問1〕　(a)　ウ　　(b)　エ　　(c)　ア　　(d)　イ

〔問2〕　48,000　　〔問3〕　カ

〔問4〕　(a) help　(b) leave　(c) project　(d) forget

[3]　〔問1〕　the sounds they make are very different from ours

〔問2〕　エ　　〔問3〕　ア　　〔問4〕　medicine　　〔問5〕　ウ

[4]　〔問1〕　thought about how to use that kind of energy

〔問2〕　オ　　〔問3〕　カ　　〔問4〕　エ　　〔問5〕　オ

〔問6〕　(解答例)　The Internet is an important invention in the history of science and technology. Today, it has become a very important part of our lives. Through the Internet, we can get information faster than before and quickly communicate with people across the world. Now we cannot imagine life without the Internet. (50 words)

○配点○

[1]　各4点×5　　[2]　〔問2〕4点　　〔問3〕　8点　　他　各2点×8

[3]　〔問5〕　8点　　他　各4点×4

[4]　〔問1〕　4点　　〔問5〕　8点　　〔問6〕　10点　　他　各2点×3　　　計100点

＜英語解説＞

1 （リスニングテスト）

放送台本の和訳は，2020年度都立共通問題37ページに掲載。

2 （会話問題：文の挿入・選択，要旨把握，内容吟味，語句補充・記述，現在完了，関係代名詞，進行形，受動態，不定詞，分詞，接続詞，助動詞）

（和訳）ナオ，マーク，そして，ユータは高校生である。生態系のレポートをちょうど書き終えて，それについて話をしているところだ。／ナオ（以下N）：マーク，あなたは何についてレポートを書いたのかしら。／マーク（以下M）：オーストラリア，ニューサウスウエールズにある自分の町の問題に関して書いたよ。／N：何の問題？／M：先日，そこに住んでいる僕のおじが，僕に写真付きのメールを送ってきたよ。彼の庭にある水泳プールを撮影したこの写真を見てごらん。／ユータ（以下Y）：あっ，可愛いコアラがいるよ。でも，なぜコアラがそこにいるの？／M：このコアラは水泳プールから水を飲んでいたのさ。／Y：何だって？／N：通常，コアラは森林に住んでいるのよね。／M：そうだよ。コアラはほとんどの時間をユーカリの木で過ごしている。通常，コアラはユーカリの葉っぱのみを食して，そこから水分も補給しているのさ。他の木に移動しなければならない時に初めて，その木を後にするのだね。以前，その町でコアラを見かけるということはなかった。／Y：それって，現在，コアラは森林で十分な水を得ることができないということなの？／M：そのとおり。以前は，森林にはユーカリの木が生い茂っていたけれども，今では多くの木が被害を受けているよ。／N：その理由は？　それって，気候変動のためなのかしら。／M：そうだね。でも，それだけが理由ではない。ユーカリの多くの木々が伐採されているのさ。／Y：とても悲しいね。人間が原因で，コアラは生息場所を失っているのだね。／N：コアラの数が減少し続けているそうね。／Y：(a)ウ僕はそのことを知らなかったよ。それって真実かい？／M：本当だよ。ニューサウスウエールズでは，過去20年間ですでに約25%のコアラが減っていて，現在では，わずか約36,000頭のコアラしか生存していないのさ。30年後には，オーストラリアに生息するコアラは絶滅してしまうだろう，と唱える科学者もいるよ。／N：えっ，それは深刻な問題だわ。森林には，多くの種類の生物も生息しているわ。もし一つの種が失われれば，同生態系における多くの他の生物も絶えてしまうということを意味するのよ。／M：そうだね。僕らは，生態系がどのように機能しているかということに関して，考えなければならないね。／N：同感だわ。植物は動物や昆虫に食べ物を供給しているわよね。植物は生き残るためには，動物や昆虫が必要でもあるのよ。野菜や果物が育つには受粉が欠かせないでしょう。／Y：受粉って何？／N：蝶，蜂，あるいは，鳥が，一つの花から別の花へと飛び移る際に，野菜や果物が種を拡散させる手助けをしているでしょう。／Y：理解出来たような気がするよ。(b)エ他に何か例はあるのかな？／M：もちろん。病気を媒介する虫を食べる動物がいる。そのおかげで，他の動物はそれらの病気から守られているのだね。／Y：なるほど，すべての生物は生態系の重要な一部となっているのだね。では，ナオ，君は何について書いたの？／N：生態系に損害を与えている動物に関して書いたわ。／Y：それが行ったことは何？／N：山登りのツアーに参加した際に，ツアーガイドが私に大きくて特別なカエルを見せてくれたの。／M:なぜ特別なの？／N：初めから，そのカエルがそこに生息していたわけではないのよ。でも，カエルは他の国からその地域に持ち込まれたの。／Y：なぜ人々はそのカエルをその地域に持ち込んだの？／N：その特別なカエルがある種の虫を食べる習性があるということを，人々が耳にしたからよ。それらの虫がある種の植物に対して害となっているの。人々はその虫の数を減らしたかったのよ。／M：それは実現したの？／N：いいえ。特殊なカエルは昆虫の一部しか食べなかった。代わりに，カエルは別の昆虫や小動物をえじきとしたの。今では，小動物の数が減少してしまったわ。／Y：えっ，そんなあ。じゃあ，そのカエルはどうなったの？／N：そのカエルは猛毒を有していて，それを捕食しようという動物はほとんど存在していないのよ。今では，カエルの数が増加してしまったの。／Y：したがって，カエルが生態系を破壊してしまっているのだね。／N：でも，カエルが可哀想に思えるわ。／Y：(c)アそれって，どういうこと？／N：その地域に持ち込まれるまでは，そのカエルが生態系に損害を与えることはなかったの。元々，カエルが住んでいた場所には，病気にならずにそのカエルを食べる動物が存在していたのよ。／Y：なるほど。／M：そうだなあ，ユウタ，君は何について書いたの？／Y：僕は猫プロジェクトについてまとめたよ。ある島を訪問した際に，そこに住んでいる人々がそのプロジェクトに関して僕に話をしてくれたのさ。／M：猫プロジェクトだって？／Y：ねずみの数を減らすために，猫がその島に連れてこられたが，それらが森林で野生化してしまった。猫は，鳥類，特にその島でしか見ることのできない鳥にとって，危険な存在となって･･･，／M：だから，そのプロジェクトの一環として，鳥類を保護するために，猫が捕獲されたということかな。／Y：そのとおり。(d)イでも，それで終わりではないよ。／N：その後，猫に何が起こったの？／Y：猫は人々と暮らすように訓練されたのさ。今では，新しい持ち主たちが猫を世話しているのだね。／M：わあ，それって，鳥も猫も保護する素晴らしいプロジェクトだね。／Y：うん，そうだね。島の人々が僕に話してくれたことを覚えているよ。『植物や動物を森林から持ち出してはいけない』『森林には何も残してはいけない』／N：私のツアーガイドもそう言っていたわ。何かをする際には，生態系における生物のことを考えなければならないのね。／M：その通りだね。ある生物種を失うと，決して取り返せないからね。／Y：僕らは，自らの行動が生態系を傷つけうる，ということを理解する必要があるね。／N：そうね。私たちは生態系の一部で，自然を敬うべきだ，ということを常に記憶していなければならないわ。

重要　〔問1〕 (a)ナオ：コアラの数が減少し続けているそうね。→ ユウタ：(a)ウそれは知らなかったよ。それって真実かい？ → マーク：本当だよ。ニューサウスウエールズでは，過去20年間で約25%のコアラが減っていて，約36,000頭のコアラしか生存していない。 <the number of + 複数名詞>「～の数」 have lost「失った」← 現在完了 <have〔has〕+ 過去分詞>(完了・経験・結果・継続) <There + be動詞 + S + 場所>「Sが～にいる／ある」 (b)ナオ：動植物は互いに依存状態にある。受粉は植物・果物の生存に欠かせない。 → ユウタ：受粉って何？→ ナオ：蝶，蜂，鳥が花から別の花へと飛び移る際，種を拡散する手助けをすること。→ ユウタ：わかった。(b)エ他にどんな例が？ → マーク：病気を媒介する虫を食べる動物もいるおかげで，他の動物は守られている。 insects which carries diseases「病気を媒介する虫」← 主格の関係代名詞 <先行詞[もの]+ which + 動詞>「動詞する先行詞」 thanks to「～のおかげで」 (c)ユウタ：カエルが生態系を破壊している。 → ナオ：でも，カエルが可哀想。→ ユウタ：(c)アそれって，どういうこと？ → ナオ：その地域に連れて来られるまでは，カエルが生態系に損害を与えることはなかった。What do you mean？相手に真意を尋ねる表現。 are damaging「損害を与えている」← 進行形 <be動詞 + -ing形>「～しているところだ」 feel sorry for「～が気の毒に[かわいそうに]感じる」 they are brought to「～へ連れて来られた」← 受動態 <be動詞 + 過去分詞>「～される」 (d)マーク：プロジェクトの一環として鳥類を保護するために猫が捕獲されたということ？ → ユウタ：そのとおり。(d)イでも，それで終わりではないよ。→ ナオ：その後，猫に何が起こったの？ → ユウタ：猫は人々と暮らすように訓練されて，新しい持ち主が猫の世話をしている。 were the cats caught ～？「猫は捕獲されたの？」← 受動態の疑問文 <be動詞 + 主語 + 過去分詞 ～？> to protect the birds「鳥を保護するために」← 不定詞の副詞的用法(目的)「～するために」 take care of「～を世話する」

やや難　〔問2〕「20年前に約□匹のコアラがニューサウスウエールズに住んでいた」 マークの第7番

目のせりふ「ニューサウスウエールズでは，過去20年間で約25%のコアラが失われ，現在，約36,000頭のコアラしかいない」を参考にすること。Xを20年前の数とすると，X×0.75 = 約36,000 なので，X = 100÷75×36,000から，X = 47,999なので，空所に当てはまる値は48,000。

やや難　〔問3〕 ①「マークは自らの故郷の庭にある水泳プールから水を飲んでいるコアラの写真を撮影した」(×)マークの2番目のせりふより，コアラの写真はマークのおじが撮影したものであることがわかる。a koala drinking water「水を飲んでいるコアラ」← 現在分詞の形容詞的用法「名詞 + 現在分詞[-ing]+ 他の語句」「～している名詞」 my uncle who lives「住んでいるおじ」主格の関係代名詞 ＜先行詞(人)+ who + 動詞＞「～する先行詞」 this picture▼he took「彼が撮影した写真」目的格の関係代名詞の省略 ＜先行詞 +(目的格の先行詞 +)主語 + 動詞＞「主語が動詞する先行詞」 ②「気候変動がユーカリの木を痛めつけ，多くが伐採されて，コアラは自らのすまいを失っている」(○)マークの5・6番目のせりふとナオの4番目のせりふに一致。are losing「失っている」← ＜be動詞 + 現在分詞[-ing]＞ 進行形「～しているところ」were cut down ← cut down「伐採する」の受動態　full of「～で一杯」 ＜because of + 名詞＞「～の理由で」 ③「ナオはツアーに参加して，山に登り，ツアーガイドに多くの種類の特別なカエルを紹介した」(×)ナオの10番目のせりふに，ガイドがナオに大きな特別種のカエルを紹介した，とあるので，不一致。＜show + 人 + もの＞「人にものを紹介する」 ④「その特別種のカエルの数が増えてしまったのは，それを捕食しようとする動物がほとんど存在しないからである」(○)ナオの14番目のせりふに一致。＜the number of + 複数名詞＞「～の数」 has increased「増えてしまった」← 現在完了 ＜have[has]+ 過去分詞＞(完了，経験，継続，結果)　＜There + be動詞 + S + 場所＞「Sが～にいる／ある」 animals that try「～しようとする動物」← 主格の関係代名詞that ＜先行詞 + that + 動詞＞「動詞する先行詞」 ～, so …「～である，だから／それで…」 ⑤「人々は猫をその島に連れてきた。というのは，ネズミが，特に森林に生息する鳥にとっては脅威だったから」(×)猫を連れてきたのは，ネズミの数を減らすためで，そのネコが野生化して，鳥にとって危険な存在になったのである。(ユウタの最後から5番のせりふ参照)。birds▼people can see「人々が見ることができる鳥」目的格の関係代名詞 which[that]が省略されている。＜先行詞 +(目的格の関係代名詞 +)主語 + 動詞＞ were brought「連れてこれた」(受動態)brought ← bring「連れてくる」の過去形・過去分詞形　to reduce「減らすために」不定詞の副詞的用法(目的)「～するために」 ⑥「その島でしか見られないという理由で，保護する目的で人々は鳥を捕獲した，という話をユウタは耳にした」(×)鳥を捕獲したことへの言及はない。caught ← catch「取る」の過去形　to protect「～を守るために」不定詞の副詞的用法(目的)「～するために」 are seen ← 受動態 ＜be動詞 + 過去分詞＞「～される」 ⑦「ナオは島の人々が言った言葉を覚えていたので，森林から植物や動物を移動するべきではないと考えている」(×)「動植物を森林から移動するべきでない」,「森林には何も残すな」という住民の言葉を聞いたのは，ナオではなくて，ユウタである。(最後から2番目のユウタのせりふ) the things▼people on the island said[told me]「島の人々が言った事柄」← 目的格の関係代名詞 which[that]の省略　～, so …「～である，だから／それで…」 should「～すべきだ／するはずだ」 take A away from B「AをBから連れ去る／持って行く／離す」 ⑧「私たちの行動が生態系を傷つけことがありうるので，私たちが生物に関して考えることは非常に重要だ」ナオの最後の2つのせりふ，及び，マークとユウタの最後の発言に一致。＜It is +　形容詞 + for + S + 不定詞[to + 原形]＞「Sにとって～[不定詞]することは…[形容詞]だ」 have[has]+ 不定詞[to + 原形]「～しなければならない／ちがいない」get back「取り戻す」 should「～すべきだ／するはずだ」

重要　〔問4〕 (和訳)「生態系の中で植物と動物は互いに(a)助け合っている。植物は他の生物に食べ物を与えている。動植物のおかげで，植物はその種子を伝播することができる。病気を媒介する虫を食べる動物がいるから，他の動物はそれらの病気から安全でいられる。しかし，私たちはいかに生態系が傷ついているかを示すいくつかの例を確認することが可能だ。オーストラリアでは，コアラが森林(b)から離れることを余儀なくされている。というのは，そこで十分な水を得ることができないからだ。虫の数を減らそうと，猛毒を有するカエルが別の生態系から連れてこられた。今では，それらのカエルが生態系に悪影響を与えている。猫も島の生態系を乱していた。でも，人々が始めた(c)プロジェクトにより，鳥だけではなくて，猫も保護されている。私たちも生態系の一部であり，自然を尊重しなければならない，ということを(d)忘れるべきでない」

(a)動植物が助け合っているさまは，空所(a)の後続箇所やナオの6・7番目のせりふより確認できる。「助ける」help each other「互いに」 (b)「森林では水が十分に得られないので，コアラは森林(b)ことを余儀なくされている」以上の文脈から，「から離れる」の意 leave が正解となる。<have[has] + 不定詞[to + 原形]>「～しなければならない／にちがいない」 (c)猫が生態系を乱してしまった例で，人々が始めた何によって，鳥や猫を保護することになったかを本文で確認すること。マークの最後から2番目のせりふを参照。<because of + 名詞(句)>「～が原因で」 not only A but also B「AばかりでなくてBもまた」 are protected「守られている」受動態 a wonderful project which protects both the birds and the cats／which は主格の関係代名詞 <先行詞 + which + 動詞>「～する先行詞」 both A and B「AとBの両方」 (d)「私たちも生態系の一部であり，自然を尊重しなければならない，ということを(d)べきでない」という文脈及び，最後のナオのせりふから考えること。正解は forget「忘れる」。should「～すべきだ／するはずだ」= <have[has]+ 不定詞[to + 原形]> should remember「～ということを覚えておくべき」⇔ should not forget「～ということを忘れるべきでない」be part of「～の一部である」⇔ belong to「～に所属する」

[3] (長文読解問題・エッセイ：語句整序，内容吟味，語句補充・記述，内容真偽，関係代名詞，不定詞，前置詞，動名詞，接続詞，受動態，比較，間接疑問文，助動詞)

(和訳) [1] 笑うことの正体は何か。私たちは笑うことを学ぶ必要はない，という人たちがいる。笑うという行為は。私たちが生まれつき有しているものにすぎない。多くの赤ん坊は月齢が3，4か月で初めて笑うが，それは話すことができるようになるよりもずっと前のことだ。好きなおもちゃ，ペット，あるいは，母や父のような対象物を見た時に，赤ん坊は笑う。赤ん坊はくすぐられると笑う。笑いは，その主がそのことを満喫しているということを表している。笑いは，赤ん坊が意思伝達のために用いる一種の言語だ。／ [2] 以前，著名人が次のように語ったことがある。『人間は笑う唯一の動物である』しかしながら，類人猿の中には笑う種がいるということをご存知か。チンパンジーやゴリラはくすぐられると，音を発する。このことは笑っていることを意味する。もちろん，(1)それらが発する音は，私たちのものとは大きく異なるが，それらは人間の笑いの発端である。犬やイルカのような動物のなかにも，戯れている間に楽しんでいることを表すために，音を出すものがいる。人間の赤ん坊と同様に，音を使って互いに意思疎通をしているのだ。／ [3] 笑いについて驚くべきことの一つは，理由がない限り，笑わないという点だ。簡単な実験をしてみよう。今すぐに，大声をあげて笑おうとしてみなさい。あるいは，周囲の誰かに笑うように言ってみなさい。(2)そうすることが困難であることを，私たちはみんな知っている。それは，笑うには理由が必要で，笑いは私たちの感情や考えを表現する方法の一つだからだ。／ [4] 多くの場合には，他の人たちと一緒にいる際に私たちは笑う。相手に共感していることを表すために，私たちは笑う。共に笑うことで，相手に好意を抱いていることを示すことも可能だ。私たちは共に分かち合う何かを有している，ということを表現したいのである。笑うことは他者に送るメッセージだ。／［5］　笑いは社交的なもので，伝染しやすい。伝染しやすいというのは，何かが急激に人々の集団の中で広まるということだ。もし誰かが笑い始めると，別の人も笑い出すだろう。一緒に笑うことで，良好な人間関係が生まれる。笑いを共有すると，当事者がいずれも，今までにもましてしあわせな気分になり，気持ちが改善され，より前向きな気持ちになれるだろう。笑いを分かち合うことは，人間関係をすがすがしく，刺激的なものにする最も優れた手段の一つだ。よって，笑うことは社会的関係において重要な役割を果たしている。／［6］　笑いを分かち合うことで，他人同士の人間関係がどのように変容するかということに関して，興味を抱く学者たちがいた。そこで，彼らはある実験をした。一つの室内で，被験者Aはテレビに映されたビデオを数本視聴した。別の部屋では，被験者Bが同じビデオを見た。彼らがそれらのビデオを見ている間に，画面にはカメラを通じて，もう一方の相手が何をしているかが映し出されていた。したがって，被験者A，Bは画面上で互い(の姿)を見ることが可能だった。一人の被験者がビデオを見て大笑いすると，もう一方の被験者もたくさん笑った。別のビデオでは，一人の被験者が少しだけ笑うと，もう一人の被験者も同様に少し笑った。実験後に，両方の被験者は互いに肯定的な感情を感じるようになった。彼らは次のように証言した。『互いのことをもっと知りたいという気持ちになっています。というのは，私たちは，ほぼ同じ画面を見て笑っていたので。よって，おそらく私たちには共通する点があるのでしょうね』［7］　笑いには別の目的が存在する。薬のように作用するのだ。笑うことで，私たちの免疫機能が強まるのである。アメリカの大学の教員たちがある実験をした。60代，70代の20名の健康な人達のストレスの度合いと短期間の記憶について研究したのである。一つの集団は面白いビデオを20分間視聴するように指示された。この集団は“ユーモア集団”と呼ばれた。もう一方の集団は，話したり，活字を読んだり，電話をしたりせずに，20分間座っているように要求された。この集団は“非ユーモア集団”と呼ばれた。20分後，両方の集団の被験者は，唾液のサンプルを提出して，短期間の記憶試験を受けた。結果がおわかりだろうか。被験者の唾液サンプルを調べたところ，“ユーモア集団”は“非ユーモア集団”に比べて，はるかにストレス値が低かった。さらに，“非ユーモア集団”よりも“ユーモア集団”の方が，短期間記憶試験における結果が優れていたのである。笑うことで，私たちは健康を向上させることが可能なのだ。／［8］　では，日常生活で何をするべきだろうか。やるべきことは多い。まずに，微笑みなさい。微笑みは，笑うことの発端となり，微笑むことはすぐに広まり易い。最近，多くの人々は(携帯)電話を操作するのに忙しくて，周囲に注意を払うことをしないが，(携帯)電話を見つめて顔を下げるべきでない。代わりに，顔をあげて，あなたの級友，先生，そして，親を見て，微笑みなさい。おそらく相手も微笑み出し，あなたたちは話を始めるだろう。また，もし人々が笑っていて，その笑い声が聞こえたならば，その人たちに近づいて行き，『何がそんなにおかしいの』と尋ねなさい。時には，ユーモアや笑いが小さな集団内の個人的なもののこともあるが，通常はそうではない。たいてい，何かおかしなことを分かち合うことで，人々は非常に幸福な気持ちになるものだ。というのは，再び，笑う機会が与えられるからだ。面白くて，幸せな人々と時を過ごしてみるのはどうだろうか。もしかしたら，自分は面白い人ではないと思っているかもしれないが，それでも，笑うことが好きで，他の人に笑って欲しいと願っている人を探すことはできるだろう。ユーモアを生活に取り入れよう。笑いは幸福への入り口であり，健康を享受することへの手助けとなりうる最良の(4)薬である。

重要　〔問1〕　the sounds▼they make are very different from ours　the sound と they の間に目的格の関係代名詞が省略。＜先行詞 +(目的格の関係代名詞 +)主語 + 動詞＞「主語が動詞する先行詞」 different from「～とは異なった」

やや難　〔問2〕　下線部(2)は「それをするのは難しいということを我々は皆知っている」の意。それ[so]

の具体的内容は，先行する「すぐに大声で笑ってみること」を指す。さらに，下線部(2)の後続文では，すぐに大声で笑うことが困難な理由を「笑うには理由が必要で，笑いは私たちの感情や考えを表現する方法である」と記されている。以上から，正解は，エ「笑うものがなくて笑うのは難しいということを我々はみんな知っている」。　＜It is + 形容詞 + 不定詞[to + 原形]＞「〜[不定詞]することは… [形容詞]だ」 without「〜なしで」 laugh at「〜を笑う」 anything to laugh at「笑うもの」／the ways to express「〜を表現する方法」← ＜名詞 + 不定詞[to + 原形]＞「〜するための／するべき名詞」不定詞の形容詞的用法。 That' s because 〜「それは〜だから」 他の選択肢は次の通り。ア「あなたの周囲の人に笑うように依頼することが難しいということを我々は皆知っている」下線部(2)に先行する文で，「周囲の人に笑うように依頼する」とあるが，依頼すること自体が困難なわけではなくて，笑うことが困難であるという趣旨なので注意。　イ「直ちに簡単な実験を実施することが難しいということを我々は皆知っている」right now「すぐに」 ウ「驚くべきことの一つに対して，笑うことが難しいということを我々は皆知っている」 オ「笑うことで，考えや感情を表現するということが難しいということを我々は皆知っている」

基本　〔問3〕“被験者はAとBの2名で，別の部屋で同じ内容のビデオを視聴していて，相手の様子がカメラを通じて映し出される画面で確認できる”（第6段落）と実験の設定が記述されていることから判断する。

やや難　〔問4〕空所(4)を含む文は「笑いは幸福への入り口であり，健康を享受することを手助けする最良の [(4)] である」の意。文尾にある health に着眼して，健康に関連した記述箇所を探ること。第7段落の最終文に By laughing, we improve our health. とあり，同段落第2文に It [laughter]works like medicine. とある。文脈上，medicine「薬」がふさわしい。ここでの work は「(薬などが)きく」の意。前置詞 like「〜に似た／のように[な]」

重要　〔問5〕①「好きなものを見ると，多くの赤ん坊は笑う前に話し始める。というのは，それらのものをとても楽しんでいるということを赤ん坊は表現したいので」(×)赤ん坊が笑うのは，話し始めるよりはるか前のことである。(第1段落4文)start talking／before laughing ＜原形 + -ing＞ 動名詞「〜すること」 for the first time「初めて」 ②「犬やイルカのような動物は，遊びで一緒に楽しんでいる間に，人の赤ん坊と意思疎通を図ろうとする」(×)動物同士の意思疎通については記述があるものの(第2段落最後の2文)，人の赤ん坊と動物の関わりに関しては言及なし。such as「〜のような」 while「(〜する)間に／一方で，だが」 are having ← ＜be動詞 + 現在分詞[原形 + -ing]＞ 進行形「〜しているところだ」 ③「一緒にいる際に，相手に対して好意を抱いているとか，同意見である，ということを伝達する方法として，我々はしばしば笑う」(○)第4段落の最初の3文の内容に一致。agree with「〜と同意見だ／気が合う」 of communicating／by laughing ← 前置詞の後に動詞を持ってくる時には，動名詞[原形 + -ing]にする。　④「笑いを他者と分かち合うと，好ましい人間関係が生まれ，もっと相手のことを知りたくなる」(○)share A with B「AをBと分かち合う」 is created「作り出される」← 受動態＜be動詞 + 過去分詞＞「〜「される」 more ← many／much の比較級「もっと多く(の)」 ⑤「“非ユーモア集団”は短期記憶試験の前にスマートフォンを20分間使ったので，“ユーモア集団”よりも結果が良かった」(×)非ユーモア集団はスマートフォンは使っていない。without talking, reading, or using their smart phones(第7段落8文)で without は talking だけではなくて，reading や using にもかかるので注意。＜前置詞 + 動名詞＞ さらに，記憶試験の結果はユーモア集団の方が良かった。(第7段落最後から2文目)　＜〜, so …＞「〜である，だから…」 better「より良い[く]」← good／well のは比較級　⑥「両方の集団が実験で同じビデオを見ても，“ユーモア集団”は“非ユーモア集団”よりもストレスホルモン値が少ない」(×)ユーモア集団はおもしろいビデオを見たが，非ユーモア集団は話をせず，活字を読まず，スマートフォンを使わずに座っていた。(第7段落6～9文)同じビデオを見ていたのは第6段落で言及されていた別の実験のこと。less「もっと少ない／少なく」← little の比較級　though「(～する)けれども」　⑦「笑っている声が聞こえたら，近づく前に何が面白いのか尋ねる必要がある。というのは，笑いは個人的なものだから」(×)第8段落8文に，笑いが聞こえたら，近づいてから，何が可笑しいのか尋ねなさい，とあり，同段落9文には，多くの場合には，笑いは個人的なものではない，と記されている。ask what is so funny ← 間接疑問文(疑問文が他の文に組み込まれた形)＜疑問詞＋主語＋動詞＞の語順になるが，ここでは what が主語を兼ねた形なので，すぐに動詞[is]がきている。　⑧「もしあなたが面白い人でなければ，笑うことが好きでなくて，他の人に笑ってもらいたい人と過ごすべきだ」(×)第8段落最後から3文目に「自分は面白い人ではないと思っているかもしれないが，笑うことが好きで，他の人に笑って欲しいと思っている人を探すことはできる」とあるので，不一致。should「～すべきである／きっと～だろう」　people who don't like「～を好きではない人々」← 先行詞が人の場合の主格の関係代名詞 who ＜先行詞＋who＋動詞＞「動詞する先行詞」　want＋人＋不定詞[to＋原形]「人に～［不定詞］して欲しい」

4 **(長文読解・歴史：語句整序，文挿入，文整序，語句補充・選択，要旨把握，不定詞，関係代名詞，間接疑問文，比較，受動態，分詞，動名詞)**

(和訳)　[1]　私たちが家庭や学校で使っている多くのものが電気を必要としている。でも，いつ，どこで，日本において電気が使われるようになったかを御存じだろうか。1878年に，電気は東京で初めて使われ，その際にその地で電灯が灯されたのだ。当時，電気は人々によく知られた存在ではなかった。通常，電気は明かりに用いられていて，ゆっくりと他のものに使われ始めたのである。今や，日常生活において，私たちは単に電気に依存するばかりでなくて，必要な際に常にそこにあると考えるようになっている。冷蔵庫を開ければ，食べ物は冷えていると私たちは考える。電話で誰かに話しかけ，テレビを見て，洗濯機を使う必要があるときでも，電気のおかげで万事がスムーズに進行している。だが，どのようにして人々は電気を発見して，それを日常生活において活用する方法を見つけたのだろうか。／［2］　かつて，電気が引き起こす上空の明るい光，すなわち，稲妻に対して，世界中の人々が強い関心を抱いた。実際に，生活でそのような類のエネルギーの活用法に関して考察する人たちもいた。18世紀には，日常的に電気を利用することにつながる道筋が現れ始めた。1752年に，一人のアメリカ人が，鍵と凧を使ってある実験を実施して，稲妻と電気が関連しているという事実を世に示した。／［3］　今や，静電気が一カ所から他の箇所へ移動すると，稲妻が発生することが知られている。電気が移動せずに一カ所へ留まっているのが，静電気として知られている現象だ。雨が降るとなぜ静電気が発生するのか。雨雲内で氷の小片が上下動して，互いにこすられると，静電気が発生するのである。その際に，氷の小片は，正負の電荷を帯びる。電荷は物質の電気量だ。正電荷の性質が強い雨雲が，負電荷が優位な他の雲に接すると，電子は負電荷の多い雲から正電荷の多い雲へと移動する。オこの現象が，大量の熱や明るい光を生み出し，私たちが稲妻として目撃しているのである。／［4］　私たちはこの種類の静電気を日常のさまざまな場面で見かける。静電気は，私たちの体にも発生する。Cじゅうたんの表面に足をこすりつけて，ドアの金属部分に触れてみる。Bすると，電荷を伝えるような小さな‘衝撃’を受けることになる。Dそれがまさしく静電気の正体[静電気とは何か]ということになる。稲妻内の電気も同様に発生する。／［5］　ここで，いかに静電気が発生するかを理解してもらうために，あなたができる簡単な実験を紹介しよう。風船，非常に小さな紙片，そして，ウールの毛布を用意しなさい。紙片の上の空中に，風船を固定しなさい。何も起きないだろう。今度は，短時間，ウールの毛布に風船をこすりつけなさい。それから，再び，紙片の上の空中に風船を留めなさい。今度は，紙片が風船に引きつけられて，それにくっついて離れないだろう。／［6］　なぜこのようなことが起きたのか。実験の前には，風船と紙にはそれぞれ同量の正負の電荷が存在していた。だから，風船は紙片を引きつけることはなかったし，同様に，紙片を押しやることもなかった。風船をウールにこすりつけることで，ウールから風船へと電子の一部が移動した。(すると)ウールの有する負の電荷はa②より少なくなり，風船はb①より多くの負の電荷を帯びるようになる。そこで，風船を紙片に近づけると，風船と紙は互いに接近するように動き出す。というのは，今度は，風船はより多くの負の電荷を有して，紙は正の電荷を帯びているからだ。磁石のように電荷間に物理的な力が存在している状況である。このことは，c④異なった電荷は互いに引きつけ合い，d③同じような電荷は互いに反発し合う，ということを意味している。このような種類の力が組み合わさると，電気が発生するのだ。／［7］　19世紀から20世紀にかけて，電気に関する以前の成果を研究することで，科学者は磁気や電気の背後に存在する力学について理解を深めて，そのことが電気を利用した技術の発見につながった。1825年には，イギリス人の科学者が，電流として知られている電子の流れにより生み出されたある種の磁石を発見した。これは電磁石と呼ばれている。電気が針金のらせん状の配管を通ると，それは磁石のように作用するのである。この発見を通じて，科学者たちは，いかに電気が機能するかということを知るようになった。1831年に，磁石は電流を生み出しうるということを，別の英国人科学者が発見した。彼は磁石を銅の針金で出来たらせん状の配管に通すことで，電流を生み出し，電気を出力する初めての機械を作った。それは人類にとって本当に重大な発明であった。今日，私たちが使っている電気のほとんどが，磁石と銅製の針金で出来たらせん状の配管を用いて作り出されているのだ。1879年にアメリカ人科学者が，電球を作り出すために電流を制御することに成功したが，その電球は13時間以上灯りをともし続けたのである。1911年に，ある科学者は，より低温だと，電気がより高速に針金を伝導しうるということを証明した。この結果，情報とエネルギーが電線を通じて伝達しうるようになった。以降，多くの技術が生み出されていき，今日の情報系統の構築へとつながった。／［8］　今まで見てきたように，電気を利用した技術は，人類の歴史上最も重要な発明の一つだ。現在，電気は家庭，仕事，産業の重要な一部を占めており，電気が存在していない世の中を考えることは不可能だ。しかし，このことが当てはまらない国々もある。世界のおよそ15%の人々が電気を利用できる状況にない。こういった人々が電気を使える方策を確保しようと技師たちが懸命に努力しているのだ。近い将来，彼らは初めて電気を使うことができるようになるだろう。このことがどのように彼らの社会に影響を及ぼすのだろうか。

基本　〔問1〕　(In fact, some people) thought about how to use that kind of energy (in their lives.)
thought ← think「考える」の過去形　think about「～について考える」　＜how + 不定詞[to + 原形]＞「～をする方法／いかに～するか」in fact「実際に」

基本　〔問2〕　挿入文は「この現象は私たちが稲妻として目撃する大量の熱と明るい光を生み出す」の意。第3段落では，稲妻発生する構造について説明がなされていて，それが一段落する［オ］の箇所に挿入するのがふさわしい。a lot of = much／many　heat and ～ light that we see ← that は目的格の関係代名詞 ＜先行詞(もの) + that[which] + 主語 + 動詞＞「主語が動詞する先行詞」 see A as B「AをBとみなす」

やや難　〔問3〕　＜静電気は，私たちの体にも発生する。例は次の通り＞ → C「じゅうたんの表面に足をこすりつけて，ドアの金属部分に触れてみる」→ B「すると，小さな‘衝撃’を受けて，電荷が伝わる」→ D「それがまさしく静電気の正体だ」→ ＜稲妻内の電気も同様に発生する＞　a ～ shock that gives you「あなたに与える衝撃」主格の関係代名詞 ＜先行詞 + that + 動詞＞「動詞する先行詞」 That's exactly what static electric is. 間接疑問文(疑問文[What is static electric ?]が他の文に組み込まれた形)＜疑問詞 + 主語 + 動詞＞の語順になるので注意。　他の選択肢は次の通り。A「2種類の電気があることに気づくだろう」第4段落で2種類の電気について述べられていないので，不可。

やや難　〔問4〕「風船をウールにこすりつけることで，ウールから風船へと電子の一部が移動した。すると，ウールの有する負の電荷は[a]なり，風船は[b]負の電荷を帯びるようになる。そこで，風船を紙片に近づけると，風船と紙は互いに接近するように動き出す。というのは，今度は，風船はより多くの負の電荷を有して，紙は正の電荷を帯びているからだ」 下線部から空所bには「より多くの」moreが当てはまることがわかる。また，空所a・bを含む文の直前に，「ウールから風船へ電子が移動した」とあるので，風船に移動した負の電荷分だけ，ウールの負の電荷が減じたことになるので，空所aには「より少ない」lessが挿入されることになる。more ← many／much の比較級　less ← little の比較級　「磁石のように電荷間に物理的な力が存在している。このことは，[c]電荷は互いに引きつけ合い，[d]電荷は互いに反発し合う～」「実験前には，風船と紙には同量の正負の電荷が存在していて，引き合うことはなかった」(第6段落2・3文)と記されていて，空所c・dを含む文の直前には「磁石のように物理的力がある」という表現があり，正極と負極が引きつけ合うといった磁石の特性に留意しつつ，「電荷の移動により風船が負の電荷を多く持つようになり，紙片が正の電荷を帯びたので，風船に紙片がくっついた」(第6段落6文)という事実から考えること。空所cには「異なった」different，空所dには「同じような」similarが当てはまる。

重要　〔問5〕 ①「1878年には，東京で明かりを灯すために電気が使われて，人々は既に日常生活で電気に依存していた」(×)1878年に東京で電灯が灯されるために電気が初めて使われたのは事実だが(第1段落3文)，次の文で「当時，電気は人々によく知られていなかった」とあるので，不可。was used「使われた」／was turned on「灯された」／was known「知られていた」← 受動態「be動詞 + 過去分詞」「～される」 turn on「(水・ガスが)出る／(明かりが)つく」 depend on「～に依存する」 ②「あるアメリカ人は鍵と凧を使って実験をして，稲妻は電気と関係ないことを発見した」(×)アメリカ人の鍵と凧を使った実験により，稲妻と電気は関連あることが突き止められたのである。(第2段落最終文) using「～を使いながら」 do[perform／carry out／conduct]an experiment「実験をする」 ＜A + be動詞 + connected with[to]+ B＞ = ＜A and B are connected＞「AはBと関係がある」 ③「実験で風船と紙が同じ量の正負の電荷を有していると，風船は紙を引きつける」(×)同じ量の正負の電荷を有している場合は，2つの物が引きつけ合うことはない。(第６段落2・3文) ④「1825年に，イギリス人科学者が電流により電磁石が生み出されて，磁石のように機能するということを発見した」(○)第7段落2・3文の内容に一致。is produced「生み出される」受動態　workここでは「(機械・器官などが)機能する，作動する」の意。　a kind of magnet which is produced ← 主格の関係代名詞 ＜先行詞(もの) 主格の関係代名詞 + 動詞＞「～する先行詞」 electrons known as「～として知られている電子」← 過去分詞の形容詞的用法 ＜名詞 + 過去分詞 + 他の語句＞「～された名詞」 ＜S + call + A + B＞「SはAをBと呼ぶ」⇔ ＜A + be動詞 + called + B＞「AはBと呼ばれる」 ⑤「電気を生み出す機械は，銅線のコイルを磁石内に通すことで作られて，重要な発明だった」(×)電気を生み出す初めての機械は，磁石の方を銅線のらせん状の配管に通すことで，電流を得たのである。(第7段落7文)for producing／by passing ← ＜前置詞 + 動名詞＞ ⑥「1911年に，電気はより高温でより早く伝わる，ということをある科学者が証明して，このことが今日の情報システムへとつながった」(×)電気は低温の方がより早く伝導するのである。(第7段落最後から3

文目)faster「より速く」← fast の比較級　higher「より高い[く]」← high の比較級 ⇔ lower「より低い[く]」← low の比較級　lead to「～につながる」 ⑦「電気を用いる技術は，人類の歴史上最も重大な発見だが，ある国の人々は電気を利用できない」(○)第8段落1・4文の内容に一致。greatest「最も偉大な」← great の最上級　＜one of the + 最上級 + 複数名詞＞「最も～なもの中の1つ[人]」 technology using electricity「電気を用いている技術」← 現在分詞の形容詞的用法 ＜名詞 + 現在分詞[原形 + -ing]+ 他の語句＞「～している名詞」 ⑧「現在，世界の約15%の人々が電気を使う方法を作りだそうと懸命に頑張っている」(×)世界の人々の15%が電気を利用できないのである。(第8段落4文)　are working ← 進行形 ＜be動詞 + 現在分詞[原形 + -ing]＞「～しているところだ」 a way to use「～を使う方法」不定詞の形容詞的用法　＜名詞 + 不定詞[to + 原形]＞「～するための／するべき名詞」

やや難 〔問6〕 質問「科学・技術の歴史上，重要な発明は何か，そして，なぜか」(模範解答和訳)「インターネットが科学・技術の歴史において重要な発明だ。現在，私たちの生活の非常に重要な一部となっている。インターネットを通じて，以前よりも速く情報を得ることが出来て，世界中の人々と素早く意思伝達を図ることができる。今やインターネットが存在しない生活を想像することができない」

★ワンポイントアドバイス★

[2]問1や[4]問3は文挿入や文整序問題である。解法のポイントは前後関係に注意を払い，挿入文により自然な論旨展開が完成するように留意すること。
選択肢は多くはないので，候補となる文を実際に当てはめて考えても良い。

＜国語解答＞

[1]　(1)　さ(く)　(2)　ひつぜつ　(3)　しょうせい　(4)　へいいはぼう

[2]　(1)　直(ちに)　(2)　紙背　(3)　便益　(4)　百家争鳴

[3]　〔問1〕 ウ　〔問2〕 イ　〔問3〕 エ　〔問4〕 イ
〔問5〕 (例) 将棋は孤独な戦いだと実感した寂しさが，二回目の対局で強敵と互角に戦ったことを経て，競い合い共に向上する喜びへと変化した。　〔問6〕 ア

[4]　〔問1〕 エ　〔問2〕 ア　〔問2〕 ウ　〔問4〕 エ　〔問5〕 ウ　〔問5〕 イ
〔問7〕 (例) 〈題名〉道具となるデータ
　データ化が進み，回線に接続することで，思考停止状態になって膨大なデータに依存したり，データを悪用する者に操作されたりする人も出るだろう。しかし，身体や感覚はそう簡単には失われないはずである。人間はやがてデータ濫用の弊害に気づき，身体や感覚，あるいは未知の何かを頼りに，データの適切な処理方法を見いだすのではないか。そして，データは道具として，新しい価値を追求するために活用されるようになると思う。

[5]　〔問1〕 ア　〔問2〕 あれこれと物思いする(場所)　〔問3〕 ウ
〔問4〕 ウ　〔問5〕 エ

○配点○

[1]　各2点×4　[2]　各2点×4　[3]　〔問5〕 6点　他　各4点×5
[4]　〔問7〕 14点　他　各4点×6　[5]　各4点×5点　計100点

＜国語解説＞

1　(知識－漢字の読み書き)

(1)「割」の訓読みは「わ(る)」「わり」「わ(れる)」「さ(く)」。　(2)「筆舌に尽くしがたい」は，言葉ではとうてい表せないという意味。　(3)「鐘声」は，かねの音。　(4)「弊衣破帽」は，ぼろぼろの服装と破れた帽子のことで，旧制高等学校の生徒が好んだ服装であった。

2　(知識－漢字の読み書き)

(1)「直ちに」は，すぐにという意味。　(2)　この場合の「紙背」は，文章の奥に隠されている意義ということである。　(3)「便益」は，便利で利益があること。　(4)「百家争鳴」は，様々な立場の人が自由に意見を言い合う様子を表す四字熟語。

3　(小説―情景・心情，内容吟味)

〔問1〕　あらすじにあるように，翔太は将棋に熱中している。しかし，将棋教室の生徒たちがひとりも有賀先生の言葉に返事をしないのを見て，自分は少年野球で野球の技術だけでなく，挨拶などのふるまいも身につけることができたということに気付いた。そして，改めて少年野球チームや監督に対して感謝の気持ちがわいたのである。このことを説明したウが正解。アは「将棋教室での厳しい指導」が文脈に合わない。イは将棋の存在を過小評価している。エは「少年野球の経験が将棋の指し方に影響している」ことが本文から読み取れないので，不適切である。

〔問2〕　プロを目指している山沢君は，なるべく強い相手や未知の相手と対局したいと思っている。だから，前回完勝したばかりの相手と対局しても，どうせまた勝つにきまっているからつまらないと思ったのである。正解はイ。翔太との対戦のために有賀先生との対局が「後回し」になったわけではないので，アは不適切。ウは，「経験の差」には言及しているが前回の完勝をふまえた説明になっていないので不十分。エの「有賀先生を内心うとましいと思った」は，本文からは読み取れない。

重要　〔問3〕「序盤から大駒を切り合う激しい展開」に，翔太が興奮している様子を読み取る。研究の成果が出て，前回完敗した山沢君を相手に互角の勝負が続き，決着がつくまではやめられないという気持ちになっているのである。「気分が高揚している」と説明するエが正解である。前の部分に「できれば～別の相手に研究の成果をぶつけてみたい」とあるので，アの山沢君との対局を「待ち望んでいた」は誤り。傍線部(3)の時点では「勝利が現実になりつつある」とは言えないので，イは不適切。ウの「感謝の念」だけでは，翔太の「気合い」の説明として不十分である。

基本　〔問4〕「きつねにつままれる」は，予想外のことが起こってぽかんとする様子を表す慣用句。翔太の両親は，翔太を応援しているが，プロ棋士になることを期待していたのではない。それなのに思いがけず有賀先生から高く評価され，状況が理解できないのである。正解はイ。アの「不安」，ウの「落胆」，エの「喜び」は読み取れないので，誤りである。

やや難　〔問5〕　xのときは，将棋には「チームメートがいない」と考えて「さみしくなってきた」とある。しかし，yのときは，対局中は「敵」でも盤を離れたら「ライバル」だと思うようになり，山沢君に「一緒に強くなろうよ」と言うほど「心ははずんでいた」のである。変化のきっかけは，「実力者」の山沢君との二回目の対局で長時間，互角に戦ったことであった。「ライバル」が，憎しみ合う敵ではなく，互いに競い合い，高め合う相手であることをふまえて解答をまとめるとよい。

〔問6〕　ア　主人公である翔太の思いは(　)や地の文で細やかに表現されている。適切な説明である。　イ　山沢君は，最後の場面で「小学２年生らしいムキになった態度」を見せているので，不適切な説明である。　ウ　前半の説明は適切だが，後半の「登場人物の心情表現を排除」という説明は誤りである。　エ「困ったように」は，直喩表現ではなく，推量を表している。また，(　)は翔太の心情を簡潔に表現しているが，他の人物も含めた人物像を明確に描いているとは言えない。

4　(論説文－内容吟味，段落・文章構成，作文)

基本　〔問1〕　第５段落「ひとことで言えば～残っているのは，実は物質のほうではなく，思想や言葉といった『非物質』のほうだということである。」を手がかりにエを選ぶ。アとウは「物質」が失われたことは説明しているが,「非物質」について考えるきっかけの説明としては不十分。イは「非物質」を「概念」に限定した説明になっており，不適切である。

重要　〔問2〕　後の「モノの複雑さ」「モノが，もはやそれ以前のようなモノではなくなる」という表現に注目する。モノは，かつては実在する「物質」であり，人間は「身体」と不可分であったが，科学技術の発展により「物体とイメージの区別は次第になくなってゆく」(第11段落)と考えられる。このことを説明したアが正解。直前に「インターネットの爆発的な成長を前提とせずに非物質性に注目した」とあり，人間の「身体性」が「非物質化」するという説明もおかしいので，イとエは誤り。ウは「新しい現実に移行した」が「登場しはじめた」の説明として不適切である。

〔問3〕　筆者は，情報の基盤としての写真や動画という意味で「インフラグラム」という言葉を使っている。第９段落によれば，写真は「複合的な科学技術の産物」であり,「社会的な産物」であり，今日の文明が写真抜きで成立するとは誰にも想像できない。この内容と合致するウが正解。アの「写真が世界を支配する」は論点がずれている。イの「テキスト」との比較は，本文にない内容。エは情報交換に限定した説明になっており，不十分である。

〔問4〕　傍線部(4)の文の「それ」は写真を指す。「異なる種類の情報を結びつけ，過去に向けても未来に向けても増殖を続けていく記憶の建築物」「あらゆる種類の映像を取り込みつつ24時間常に編集が続く」などの表現から，複合・変形・増殖という要素と記憶や思考への影響を読み取る。正解はエ。アは「保管」に限定した説明なので不十分。イは部分的な説明としては正しいが，変形・増殖の要素が十分に説明しきれていない。「時間の次元」は「逐次更新される」という点についての説明であり,「過去や未来に向かって」と説明するウは不適切である。

〔問5〕　筆者は,「物体はイメージの一形態であり，イメージは物体の一形態」であるとして，そのような性質を「超物質性」と呼び，モノがある種のプロセスにあることを示す。モノは固定した物質ではなく，道具や技術といった別のモノを介して，別のモノになりうるのである。正解はウである。アの「すべてが写真化される社会」「物体は～非物質」は，本文の内容と合わない。イの「量の多さ」が理由ではない。エの「すべての物質」が「緊急事態」において「他のモノとの関係性を意識される」は，本文にない内容である。

〔問6〕　筆者は，第1～7段落で展覧会を紹介し，それが「それまでとは異なる現実が登場しはじめた」ことを示していることを指摘する。続く第8～14段落では写真技術の複雑性を説明している。第15～18段落では「超物質性」の説明から，今日では生の意味が痛切な問いであることを指摘する。この論理展開を説明しているのはイである。アは「現実の不思議さ」「脅威」などが本文と合わない。ウは「話題を非物質に限定」「写真がすべての生活の基盤」などがおかしい。エは一見正しそうに見えるが「物質」「非物質」「超物質性」の関係を説明できていないので，不十分である。

やや難　〔問7〕　本文における「人間は二重存在的になる」は,「徹底的にデータ化され，回線に接続される」存在である人間が,「もって生まれた身体と感覚をたよりに生きていく」ことを指している。このことをふまえて，人間がどうなっていくかについての自分の考えを書き，内容にふさわしい題名をつける。考えの内容は自由だが，誤字・脱字や原稿用紙の使い方の誤り，不自然な表現などは減点の対象になる。

5　(古文を含む説明文—内容吟味，文脈把握，語句の意味)

〔問1〕『太平記』では「道もなし」「夢にも人に逢はぬなりけり」など，寂しい山道として描かれている。また，傍線部(3)の次の段落に「文芸上の約束ごととして，宇津の山は，『人に逢うところ』であった」と書かれている。この二つをふまえたアが正解。イの「街道の重要地点」は，筆者が文学との関連から「宇津の谷峠」を捉えていることから不適切。ウは軍記物語に限定した説明なので不十分。エは「夢の中でさえ会えない人に会うため」という説明が誤りである。

基本　〔問2〕「八橋」について触れている『平家物語』の現代語訳に「八方に広がる蜘蛛の足のようにあれこれと物思いすることだと感慨深い」とあるので，ここから「あれこれと物思いする」を抜き出す。

〔問3〕　傍線部(3)の「弁」は区別という意味。ア「弁論」は論ずる，イ「自弁」は費用を負担する，ウ「弁別」は区別する，エ「合弁」は仕事をとりしきるという意味で「弁」を用いているので，ウが正解。

重要　〔問4〕　傍線部(4)の次の段落の「日本の旅人が，旅中で経験することは～すでに旅行の出発前から決まっていた」「日本の旅人の『道』は～旅人の側に，前々から用意されていた」と合致するウが正解となる。アの「旅した人々の歴史そのものを描く」は，本文にない内容。文芸上の約束ごとは旅行者の経験を支配するという側面をもつが，「忠実に再現していく」とは言えないので，イは不適切。エの「ありのままに表現する」は，本文の内容と合わない。

やや難　〔問5〕　傍線部(5)の内容を言い換えた最終段落によれば，「日本の歴史」や「日本の自然」は文学に把握されたり選択されたりすることによってはじめて認められる。つまり，文学作品に描かれたものだけが「歴史」や「自然」として受容されるのである。このことを説明したエが正解。この場合の文学は『伊勢物語』だけではないので，アは不適切。イは「歴史」を文学作品の歴史に限定しているので誤り。筆者は「日本の歴史は，文学の選択と濾過とを経て，～存在する」と述べているが，ウの「文学は歴史そのもの」という表現は不適切である。

★ワンポイントアドバイス★

設問をよく読み，何を問われているかをおさえること。一見正しく見える選択肢も，誤った内容を含んでいないか，本文に根拠があるか，問われていることに対して十分な答えになっているかを検討する。

MEMO

大切なことはメモしておこうネ！

東京都公立高等学校

2024年度

★★★★★★★★★★★★★★★★★★★★★★★

共通問題（理科・社会）

●くわしい解説……31ページ

＜理科＞　時間　50分　　満点　100点

1　次の各問に答えよ。

〔問１〕　水素と酸素が結び付いて水ができるときの化学変化を表したモデルとして適切なのは，下のア～エのうちではどれか。

ただし，矢印の左側は化学変化前の水素と酸素のモデルを表し，矢印の右側は化学変化後の水のモデルをそれぞれ表すものとする。また，●は水素原子１個を，○は酸素原子１個を表すものとする。

ア　●●　＋　○　→　●○●

イ　●　●　＋　○　→　●○●

ウ　●　●　●　●　＋　○○　→　●○●　●○●

エ　●●　●●　＋　○○　→　●○●　●○●

〔問２〕　図１のように，発泡ポリスチレンのコップの中の水に電熱線を入れた。電熱線に６Ｖの電圧を加えたところ，1.5Ａの電流が流れた。このときの電熱線の抵抗の大きさと，電熱線に６Ｖの電圧を加え５分間電流を流したときの電力量とを組み合わせたものとして適切なのは，次の表のア～エのうちではどれか。

図１

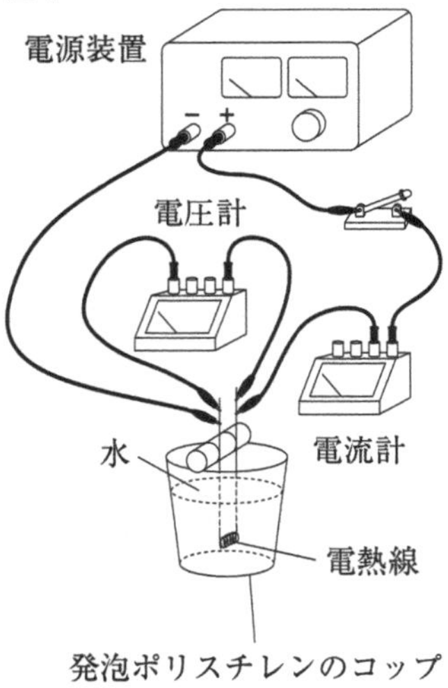

	電熱線の抵抗の大きさ〔Ω〕	電熱線に６Ｖの電圧を加え５分間電流を流したときの電力量〔J〕
ア	4	450
イ	4	2700
ウ	9	450
エ	9	2700

〔問３〕　次のＡ～Ｅの生物の仲間を，脊椎《せきつい》動物と無脊椎動物とに分類したものとして適切なのは，下の表のア～エのうちではどれか。

Ａ　昆虫類　　Ｂ　魚類　　Ｃ　両生類　　Ｄ　甲殻類　　Ｅ　鳥類

	脊椎動物	無脊椎動物
ア	Ａ，Ｃ，Ｄ	Ｂ，Ｅ
イ	Ａ，Ｄ	Ｂ，Ｃ，Ｅ
ウ	Ｂ，Ｃ，Ｅ	Ａ，Ｄ
エ	Ｂ，Ｅ	Ａ，Ｃ，Ｄ

〔問4〕 図2は，ヘリウム原子の構造を模式的に表したものである。原子核の性質と電子の性質について述べたものとして適切なのは，下の**ア**～**エ**のうちではどれか。

図2

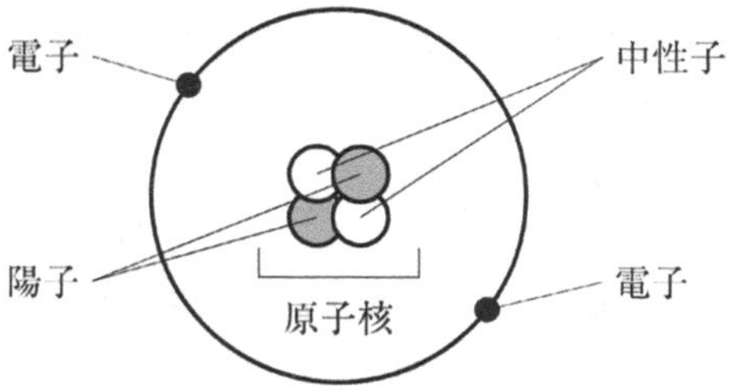

ア　原子核は，プラスの電気をもち，電子は，マイナスの電気をもつ。

イ　原子核は，マイナスの電気をもち，電子は，プラスの電気をもつ。

ウ　原子核と電子は，共にプラスの電気をもつ。

エ　原子核と電子は，共にマイナスの電気をもつ。

〔問5〕 表1は，ある日の午前9時の東京の気象観測の結果を記録したものである。また，表2は，風力と風速の関係を示した表の一部である。表1と表2から，表1の気象観測の結果を天気，風向，風力の記号で表したものとして適切なのは，下の**ア**～**エ**のうちではどれか。

表1

天気	風向	風速〔m/s〕
くもり	北東	3.0

表2

風力	風速〔m/s〕
0	0.3 未満
1	0.3 以上1.6 未満
2	1.6 以上3.4 未満
3	3.4 以上5.5 未満
4	5.5 以上8.0 未満

ア

イ

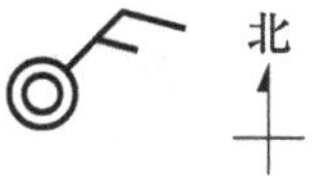

ウ

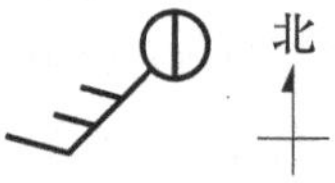

エ

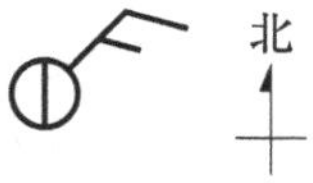

〔問6〕 ヒトのヘモグロビンの性質の説明として適切なのは，次のうちではどれか。

ア　ヒトのヘモグロビンは，血液中の白血球に含まれ，酸素の少ないところでは酸素と結び付き，酸素の多いところでは酸素をはなす性質がある。

イ　ヒトのヘモグロビンは，血液中の白血球に含まれ，酸素の多いところでは酸素と結び付き，酸素の少ないところでは酸素をはなす性質がある。

ウ　ヒトのヘモグロビンは，血液中の赤血球に含まれ，酸素の少ないところでは酸素と結び付き，酸素の多いところでは酸素をはなす性質がある。

エ　ヒトのヘモグロビンは，血液中の赤血球に含まれ，酸素の多いところでは酸素と結び付き，酸素の少ないところでは酸素をはなす性質がある。

2　生徒が，岩石に興味をもち，調べたことについて科学的に探究しようと考え，自由研究に取り組んだ。生徒が書いたレポートの一部を読み，次の各問に答えよ。

<レポート１>　身近な岩石に含まれる化石について

河原を歩いているときに様々な色や形の岩石があることに気付き，河原の岩石を観察したところ，貝の化石を見付けた。

身近な化石について興味をもち，調べたところ，建物に使われている石材に化石が含まれるものもあることを知った。そこで，化石が含まれているいくつかの石材を調べ，表１のようにまとめた。

表１

石材	含まれる化石
建物Ａの壁に使われている石材ａ	フズリナ
建物Ｂの壁に使われている石材ｂ	アンモナイト
建物Ｂの床に使われている石材ｃ	サンゴ

〔問１〕　**<レポート１>**から，化石について述べた次の文章の ① と ② にそれぞれ当てはまるものを組み合わせたものとして適切なのは，下の表の**ア**～**エ**のうちではどれか。

表１において，石材ａに含まれるフズリナの化石と石材ｂに含まれるアンモナイトの化石のうち，地質年代の古いものは ① である。また，石材ｃに含まれるサンゴの化石のように，その化石を含む地層が堆積した当時の環境を示す化石を ② という。

	①	②
ア	石材ａに含まれるフズリナの化石	示相化石
イ	石材ａに含まれるフズリナの化石	示準化石
ウ	石材ｂに含まれるアンモナイトの化石	示相化石
エ	石材ｂに含まれるアンモナイトの化石	示準化石

<レポート２>　金属を取り出せる岩石について

山を歩いているときに見付けた緑色の岩石について調べたところ，クジャク石というもので，この石から銅を得られることを知った。不純物を含まないクジャク石から銅を得る方法に興味をもち，具体的に調べたところ，クジャク石を加熱すると，酸化銅と二酸化炭素と水に分解され，得られた酸化銅に炭素の粉をよく混ぜ，加熱すると銅が得られることが分かった。

クジャク石に含まれる銅の割合を，実験と資料により確認することにした。

まず，不純物を含まない人工的に作られたクジャク石の粉0.20ｇを理科室で図１のように加熱し，完全に反応させ，0.13ｇの黒色の固体を得た。次に，銅の質量とその銅を加熱して得られる酸化銅の質量の関係を調べ，表２（次のページ）のような資料にまとめた。

図１

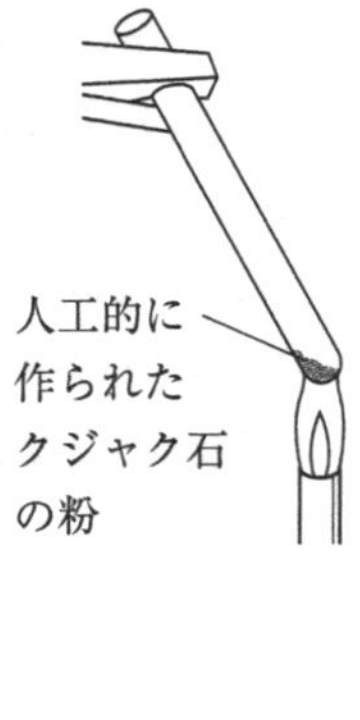

表2

銅の質量〔g〕	0.08	0.12	0.16	0.20	0.24	0.28
加熱して得られる酸化銅の質量〔g〕	0.10	0.15	0.20	0.25	0.30	0.35

〔問2〕　＜レポート2＞から，人工的に作られたクジャク石の粉0.20gに含まれる銅の割合として適切なのは，次のうちではどれか。

ア　20%　　**イ**　52%　　**ウ**　65%　　**エ**　80%

＜レポート3＞　石英について

山を歩いているときに見付けた無色透明な部分を含む岩石について調べたところ，無色透明な部分が石英であり，ガラスの原料として広く使われていることを知った。

ガラスを通る光の性質に興味をもち，調べるために，空気中で図2のように方眼紙の上に置いた直方体のガラスに光源装置から光を当てる実験を行った。光は，物質の境界面Q及び境界面Rで折れ曲がり，方眼紙に引いた直線Lを通り過ぎた。光の道筋と直線Lとの交点を点Pとした。なお，図2は真上から見た図であり，光源装置から出ている矢印（→）は光の道筋と進む向きを示したものである。

図2

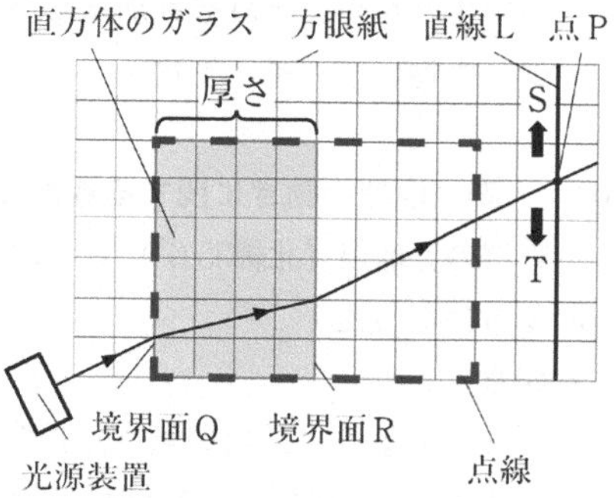

〔問3〕　＜レポート3＞から，図2の境界面Qと境界面Rのうち光源装置から出た光が通過するとき入射角より屈折角が大きくなる境界面と，厚さを2倍にした直方体のガラスに入れ替えて同じ実験をしたときの直線L上の点Pの位置の変化について述べたものとを組み合わせたものとして適切なのは，下の表の**ア**～**エ**のうちではどれか。

ただし，入れ替えた直方体のガラスは，＜レポート3＞の直方体のガラスの厚さのみを変え，点線（━ ━）の枠に合わせて設置するものとする。

	光源装置から出た光が通過するとき入射角より屈折角が大きくなる境界面	厚さを2倍にした直方体のガラスに入れ替えて同じ実験をしたときの直線L上の点Pの位置の変化について述べたもの
ア	境界面Q	点Pの位置は，Sの方向にずれる。
イ	境界面R	点Pの位置は，Sの方向にずれる。
ウ	境界面Q	点Pの位置は，Tの方向にずれる。
エ	境界面R	点Pの位置は，Tの方向にずれる。

＜レポート4＞　生物由来の岩石について

河原を歩いているときに見付けた岩石について調べたところ，その岩石は，海中の生物の死がいなどが堆積してできたチャートであることを知った。海中の生物について興味をもち，調べたところ，海中の生態系を構成する生物どうしは，食べたり食べられたりする関係でつながっていることが分かった。また，ある生態系を構成する生物どうしの数量的な関係は，図３のように，ピラミッドのような形で表すことができ，食べられる側の生物の数のほうが，食べる側の生物の数よりも多くなることも分かった。

図３

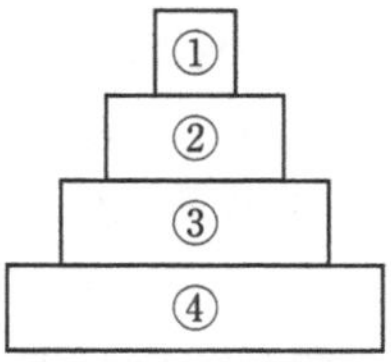

〔問４〕　生物どうしの数量的な関係を図３のように表すことができるモデル化した生態系Ｖについて，＜**資料**＞のことが分かっているとき，＜**レポート４**＞と＜**資料**＞から，生態系Ｖにおいて，図３の③に当てはまるものとして適切なのは，下の**ア**～**エ**のうちではどれか。

＜**資料**＞
生態系Ｖには，生物ｗ，生物ｘ，生物ｙ，生物ｚがいる。生態系Ｖにおいて，生物ｗは生物ｘを食べ，生物ｘは生物ｙを食べ，生物ｙは生物ｚを食べる。

ただし，生態系Ｖにおいて，図３の①，②，③，④には，生物ｗ，生物ｘ，生物ｙ，生物ｚのいずれかが，それぞれ別々に当てはまるものとする。

ア　生物ｗ　　**イ**　生物ｘ　　**ウ**　生物ｙ　　**エ**　生物ｚ

3　太陽と地球の動きに関する観察について，次の各問に答えよ。

東京のＸ地点（北緯35.6°）で，ある年の６月のある日に＜**観察１**＞を行ったところ，＜**結果１**＞のようになった。

＜**観察１**＞

(1)　図１のように，白い紙に，透明半球の縁と同じ大きさの円と，円の中心Ｏで垂直に交わる線分ＡＣと線分ＢＤをかいた。かいた円に合わせて透明半球をセロハンテープで白い紙に固定した。

図１

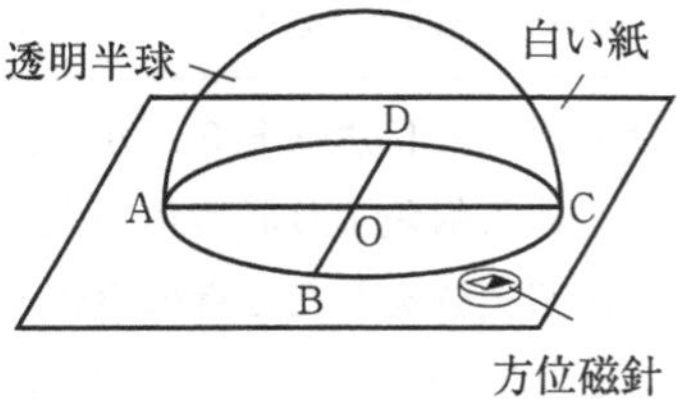

(2)　Ｎ極が黒く塗られた方位磁針を用いて点Ｃが北の方角に一致するよう線分ＡＣを南北方向に合わせ，透明半球を日当たりのよい水平な場所に固定した。

(3)　８時から16時までの間，２時間ごとに，油性ペンの先の影が円の中心Ｏと一致する透明半球上の位置に•印と観察した時刻を記録した。

(4)　(3)で記録した•印を滑らかな線で結び，その線を透明半球の縁まで延ばして，東側で交わる点をＥ，西側で交わる点をＦとした。

(5)　(3)で２時間ごとに記録した透明半球上の•印の間隔をそれぞれ測定した。

＜**結果１**＞

(1)　＜**観察１**＞の(3)と(4)の透明半球上の記録は図２のようになった。

(2)　＜**観察１**＞の(5)では，２時間ごとに記録した透明半球上の•印の間隔はどれも5.2㎝であった。

図２

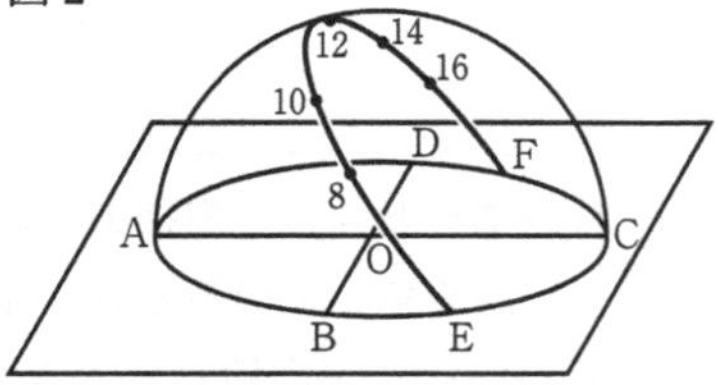

〔問1〕　<**結果1**>の(1)から，<**観察1**>の観測日の南中高度をRとしたとき，Rを示した模式図として適切なのは，下の**ア**～**エ**のうちではどれか。

ただし，下の**ア**～**エ**の図中の点Pは太陽が南中した時の透明半球上の太陽の位置を示している。

ア

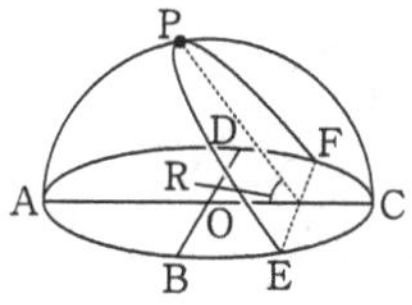

イ

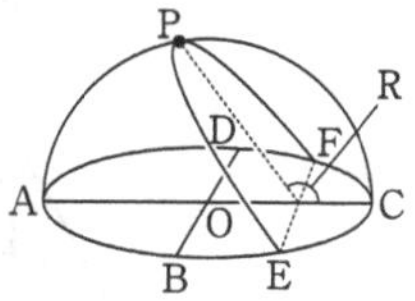

ウ

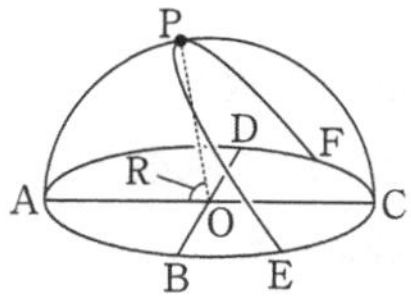

エ

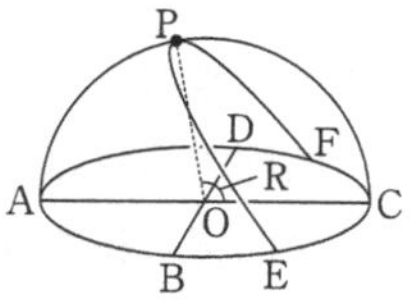

〔問2〕　<**結果1**>の(2)から，地球上での太陽の見かけ上の動く速さについてどのようなことが分かるか。「2時間ごとに記録した透明半球上の•印のそれぞれの間隔は，」に続く形で，理由も含めて簡単に書け。

〔問3〕　図3は，北極点の真上から見た地球を模式的に表したものである。点J，点K，点L，点Mは，それぞれ東京のX地点（北緯35.6°）の6時間ごとの位置を示しており，点Jは南中した太陽が見える位置である。地球の自転の向きについて述べた次の文章の［①］～［④］に，それぞれ当てはまるものを組み合わせたものとして適切なのは，後の表の**ア**～**エ**のうちではどれか。

図3

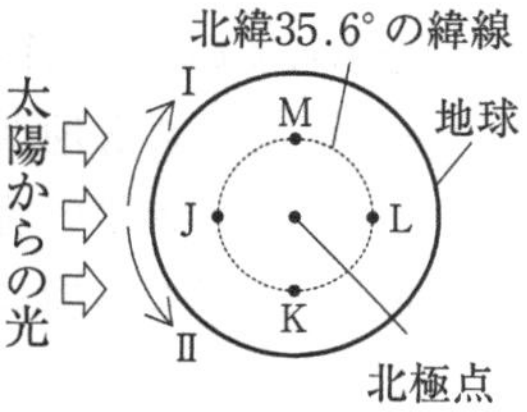

<**結果1**>の(1)から，地球上では太陽は見かけ上，［①］に移動して見えることが分かる。また，図3において，東の空に太陽が見えるのは点［②］の位置であり，西の空に太陽が見えるのは点［③］の位置である。そのため地球は，［④］の方向に自転していると考えられる。

	①	②	③	④
ア	西の空から東の空	K	M	I
イ	東の空から西の空	K	M	Ⅱ
ウ	西の空から東の空	M	K	I
エ	東の空から西の空	M	K	Ⅱ

次に，東京のX地点（北緯35.6°）で，<**観察1**>を行った日と同じ年の9月のある日に<**観察2**>を行ったところ，<**結果2**>（次のページ）のようになった。

<**観察2**>

(1)　<**観察1**>の(3)と(4)の結果を記録した図2（前のページ）のセロハンテープで白い紙に固定した透明半球を準備した。

(2)　N極が黒く塗られた方位磁針を用いて点Cが北の方角に一致するよう線分ACを南北方向に合わせ，透明半球を日当たりのよい水平な場所に固定した。

(3)　8時から16時までの間，2時間ごとに，油性ペンの先の影が円の中心Oと一致する透明半球上の位置に▲印と観察した時刻を記録した。

(4)　(3)で記録した▲印を滑らかな線で結び，その線を透明半球の縁まで延ばした。

(5)　＜観察１＞と＜観察２＞で透明半球上にかいた曲線の長さをそれぞれ測定した。

＜結果２＞

(1)　＜観察２＞の(3)と(4)の透明半球上の記録は図４のようになった。

(2)　＜観察２＞の(5)では，＜観察１＞の(4)でかいた曲線の長さは約37.7cmで，＜観察２＞の(4)でかいた曲線の長さは約33.8cmであった。

図４

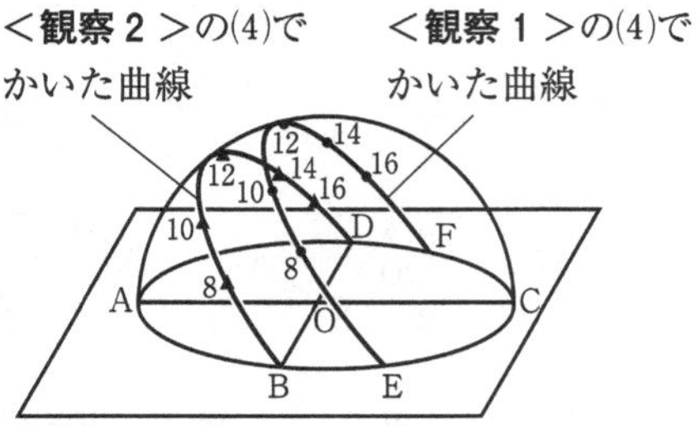

〔問４〕　図５は，＜観察１＞を行った日の地球を模式的に表したものである。図５のＸ地点は＜観察１＞を行った地点を示し，図５のＹ地点は北半球にあり，Ｘ地点より高緯度の地点を示している。＜結果２＞から分かることを次の①，②から一つ，図５のＸ地点とＹ地点における夜の長さを比較したとき夜の長さが長い地点を下の③，④から一つ，それぞれ選び，組み合わせたものとして適切なのは，下の**ア**～**エ**のうちではどれか。

図５

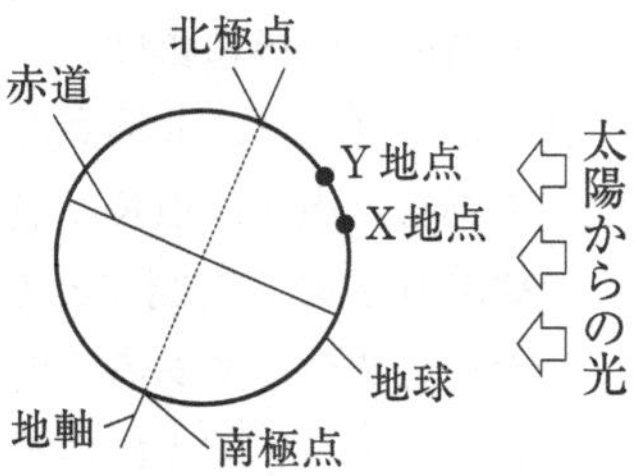

①　日の入りの位置は，＜観察１＞を行った日の方が＜観察２＞を行った日よりも北寄りで，昼の長さは＜観察１＞を行った日の方が＜観察２＞を行った日よりも長い。

②　日の入りの位置は，＜観察１＞を行った日の方が＜観察２＞を行った日よりも南寄りで，昼の長さは＜観察２＞を行った日の方が＜観察１＞を行った日よりも長い。

③　Ｘ地点

④　Ｙ地点

ア　①，③　　**イ**　①，④　　**ウ**　②，③　　**エ**　②，④

4　植物の働きに関する実験について，次の各問に答えよ。
＜実験＞を行ったところ，＜結果＞のようになった。

＜実験＞

(1)　図１のように，２枚のペトリ皿に，同じ量の水と，同じ長さに切ったオオカナダモＡ，オオカナダモＢを用意した。オオカナダモＡ，オオカナダモＢの先端付近の葉をそれぞれ１枚切り取り，プレパラートを作り，顕微鏡で観察し，細胞内の様子を記録した。

図１

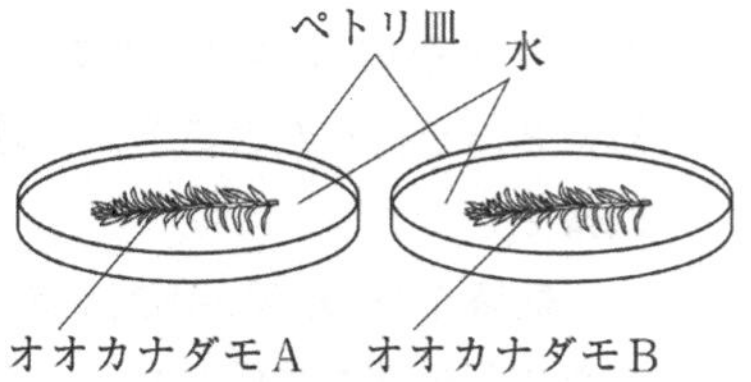

(2)　図２のように，オオカナダモＡ，オオカナダモＢを，20℃の条件の下で，光が当たらない場所に２日間置いた。

図２

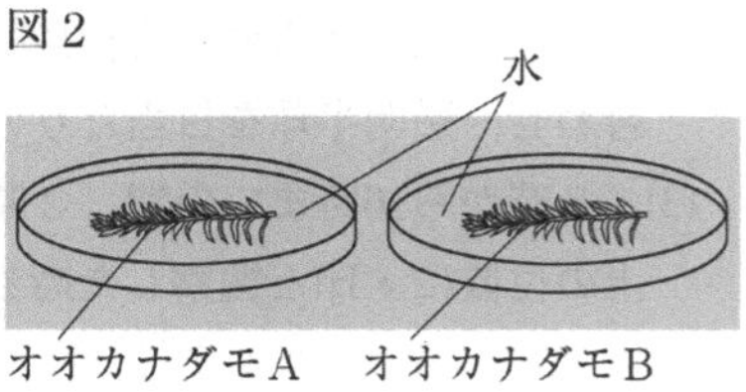

(3)　２日後，オオカナダモＡ，オオカナダモＢの先端付近の葉をそれぞれ１枚切り取り，熱湯に浸した後，温

めたエタノールに入れ，脱色した。脱色した葉を水で洗った後，ヨウ素液を１滴落とし，プレパラートを作り，顕微鏡で観察し，細胞内の様子を記録した。

(4)　(2)で光が当たらない場所に２日間置いたオオカナダモＢの入ったペトリ皿をアルミニウムはくで覆い，ペトリ皿の内部に光が入らないようにした。

(5)　図３のように，20℃ の条件の下で，(2)で光が当たらない場所に２日間置いたオオカナダモＡが入ったペトリ皿と，(4)でアルミニウムはくで覆ったペトリ皿を，光が十分に当たる場所に３日間置いた。

(6)　３日後，オオカナダモＡとオオカナダモＢの先端付近の葉をそれぞれ１枚切り取った。

図３

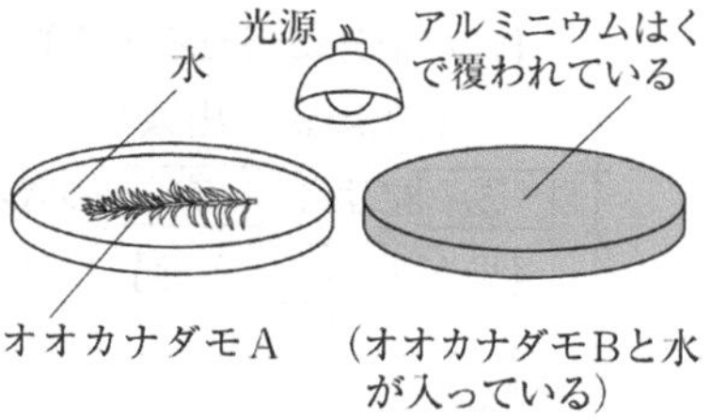

(7)　(6)で切り取った葉を熱湯に浸した後，温めたエタノールに入れ，脱色した。脱色した葉を水で洗った後，ヨウ素液を１滴落とし，プレパラートを作り，顕微鏡で観察し，細胞内の様子を記録した。

＜結果＞

(1)　＜**実験**＞の(1)のオオカナダモＡとオオカナダモＢの先端付近の葉の細胞内には，緑色の粒がそれぞれ多数観察された。

(2)　＜**実験**＞の(3)のオオカナダモの先端付近の葉の細胞内の様子の記録は，表１のようになった。

表１

オオカナダモＡの先端付近の葉の細胞内の様子	オオカナダモＢの先端付近の葉の細胞内の様子
＜**実験**＞の(1)で観察された緑色の粒と同じ形の粒は，透明であった。	＜**実験**＞の(1)で観察された緑色の粒と同じ形の粒は，透明であった。

(3)　＜**実験**＞の(7)のオオカナダモの先端付近の葉の細胞内の様子の記録は，表２のようになった。

表２

オオカナダモＡの先端付近の葉の細胞内の様子	オオカナダモＢの先端付近の葉の細胞内の様子
＜**実験**＞の(1)で観察された緑色の粒と同じ形の粒は，青紫色に染色されていた。	＜**実験**＞の(1)で観察された緑色の粒と同じ形の粒は，透明であった。

〔問１〕　＜**実験**＞の(1)でプレパラートを作り，顕微鏡で観察をする準備を行う際に，プレパラートと対物レンズを，最初に，できるだけ近づけるときの手順について述べたものと，対物レンズが20倍で接眼レンズが10倍である顕微鏡の倍率とを組み合わせたものとして適切なのは，次の表の**ア**～**エ**のうちではどれか。

	顕微鏡で観察をする準備を行う際に，プレパラートと対物レンズを，最初に，できるだけ近づけるときの手順	対物レンズが20倍で接眼レンズが10倍である顕微鏡の倍率
ア	接眼レンズをのぞきながら，調節ねじを回してプレパラートと対物レンズをできるだけ近づける。	200倍
イ	顕微鏡を横から見ながら，調節ねじを回してプレパラートと対物レンズをできるだけ近づける。	200倍
ウ	接眼レンズをのぞきながら，調節ねじを回してプレパラートと対物レンズをできるだけ近づける。	30倍
エ	顕微鏡を横から見ながら，調節ねじを回してプレパラートと対物レンズをできるだけ近づける。	30倍

〔問2〕　＜実験＞の(6)で葉を切り取ろうとした際に，オオカナダモAに気泡が付着していることに気付いた。このことに興味をもち，植物の働きによる気体の出入りについて調べ，＜資料＞にまとめた。

＜資料＞

【光が十分に当たるとき】と【光が当たらないとき】の植物の光合成や呼吸による，酸素と二酸化炭素の出入りは，図4の模式図のように表すことができる。図4から，植物の ⑤ による ③ の吸収と ④ の放出は，【光が ① とき】には見られるが，【光が ② とき】には見られない。

図4

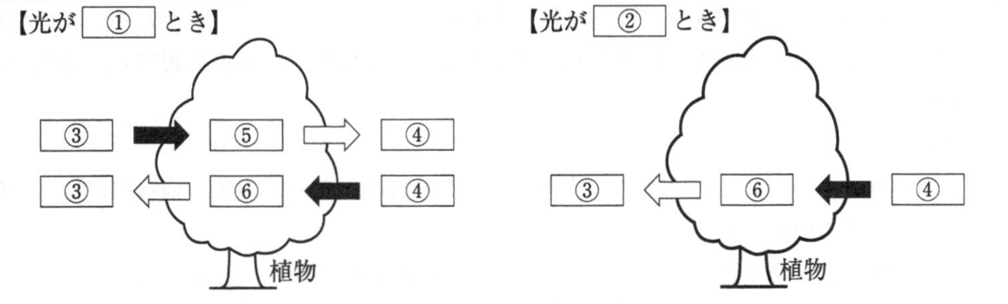

※　図中の（➡と⬅）は植物への吸収，（⇨と⇦）は植物からの放出を示している。

＜資料＞の ① ～ ⑥ にそれぞれ当てはまるものを組み合わせたものとして適切なのは，次の表のア～エのうちではどれか。

	①	②	③	④	⑤	⑥
ア	十分に当たる	当たらない	二酸化炭素	酸素	光合成	呼吸
イ	十分に当たる	当たらない	酸素	二酸化炭素	呼吸	光合成
ウ	当たらない	十分に当たる	二酸化炭素	酸素	光合成	呼吸
エ	当たらない	十分に当たる	酸素	二酸化炭素	呼吸	光合成

〔問3〕　＜結果＞の(1)～(3)から分かることとして適切なのは，次のうちではどれか。

ア　光が十分に当たる場所では，オオカナダモの葉の核でデンプンが作られることが分かる。

イ　光が十分に当たる場所では，オオカナダモの葉の核でアミノ酸が作られることが分かる。

ウ　光が十分に当たる場所では，オオカナダモの葉の葉緑体でデンプンが作られることが分かる。

エ　光が十分に当たる場所では，オオカナダモの葉の葉緑体でアミノ酸が作られることが分かる。

5　水溶液に関する実験について，あとの各問に答えよ。

＜実験1＞を行ったところ，＜結果1＞（次のページ）のようになった。

＜実験1＞

(1)　ビーカーA，ビーカーB，ビーカーCにそれぞれ蒸留水（精製水）を入れた。

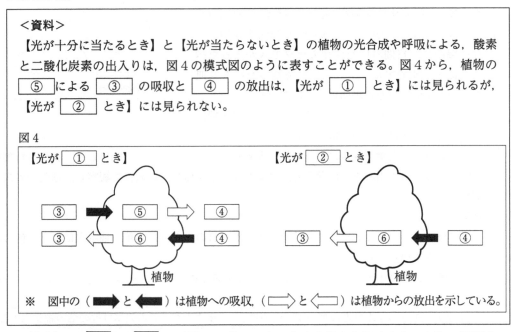

⑵　ビーカーBに塩化ナトリウムを加えて溶かし，5％の塩化ナトリウム水溶液を作成した。ビーカーCに砂糖を加えて溶かし，5％の砂糖水を作成した。

⑶　図1のように実験装置を組み，ビーカーAの蒸留水，ビーカーBの水溶液，ビーカーCの水溶液に，それぞれ約3Vの電圧を加え，電流が流れるか調べた。

図1

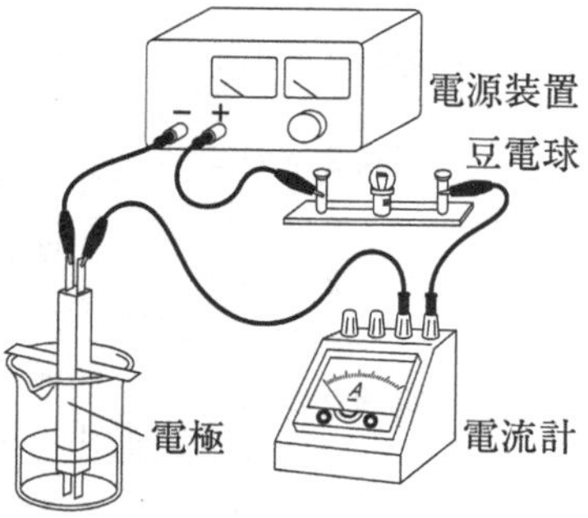

＜結果1＞

ビーカーA	ビーカーB	ビーカーC
電流が流れなかった。	電流が流れた。	電流が流れなかった。

〔問1〕　＜結果1＞から，ビーカーBの水溶液の溶質の説明と，ビーカーCの水溶液の溶質の説明とを組み合わせたものとして適切なのは，次の表のア～エのうちではどれか。

	ビーカーBの水溶液の溶質の説明	ビーカーCの水溶液の溶質の説明
ア	蒸留水に溶け，電離する。	蒸留水に溶け，電離する。
イ	蒸留水に溶け，電離する。	蒸留水に溶けるが，電離しない。
ウ	蒸留水に溶けるが，電離しない。	蒸留水に溶け，電離する。
エ	蒸留水に溶けるが，電離しない。	蒸留水に溶けるが，電離しない。

次に，＜実験2＞を行ったところ，＜結果2＞のようになった。

＜実験2＞

⑴　試験管A，試験管Bに，室温と同じ27℃の蒸留水（精製水）をそれぞれ5g（$5\ \text{cm}^3$）入れた。次に，試験管Aに硝酸カリウム，試験管Bに塩化ナトリウムをそれぞれ3g加え，試験管をよくふり混ぜた。試験管A，試験管Bの中の様子をそれぞれ観察した。

⑵　図2のように，試験管A，試験管Bの中の様子をそれぞれ観察しながら，ときどき試験管を取り出し，ふり混ぜて，温度計が27℃から60℃を示すまで水溶液をゆっくり温めた。

⑶　加熱を止め，試験管A，試験管Bの中の様子をそれぞれ観察しながら，温度計が27℃を示すまで水溶液をゆっくり冷やした。

⑷　試験管A，試験管Bの中の様子をそれぞれ観察しながら，さらに温度計が20℃を示すまで水溶液をゆっくり冷やした。

⑸　⑷の試験管Bの水溶液を1滴とり，スライドガラスの上で蒸発させた。

図2

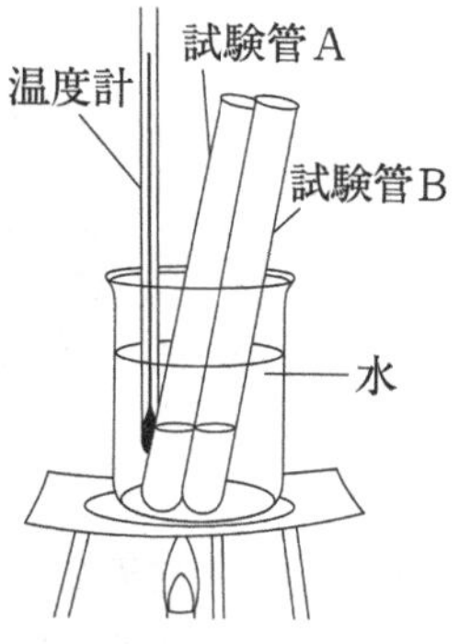

＜結果2＞

⑴　＜実験2＞の⑴から＜実験2＞の⑷までの結果は次のページの表のようになった。

	試験管Aの中の様子	試験管Bの中の様子
＜**実験 2**＞の(1)	溶け残った。	溶け残った。
＜**実験 2**＞の(2)	温度計が約38℃を示したときに全て溶けた。	＜**実験 2**＞の(1)の試験管Bの中の様子に比べ変化がなかった。
＜**実験 2**＞の(3)	温度計が約38℃を示したときに結晶が現れ始めた。	＜**実験 2**＞の(2)の試験管Bの中の様子に比べ変化がなかった。
＜**実験 2**＞の(4)	結晶の量は，＜**実験 2**＞の(3)の結果に比べ増加した。	＜**実験 2**＞の(3)の試験管Bの中の様子に比べ変化がなかった。

(2)　＜**実験 2**＞の(5)では，スライドガラスの上に白い固体が現れた。
さらに，硝酸カリウム，塩化ナトリウムの水に対する溶解度を図書館で調べ，＜**資料**＞を得た。

＜**資料**＞

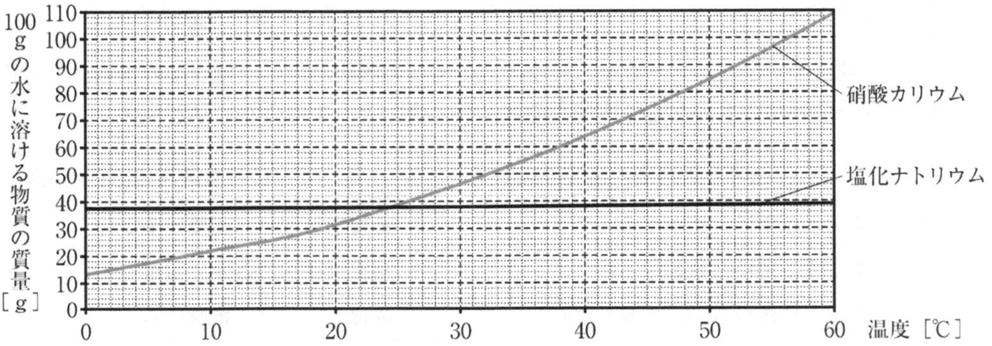

〔問2〕　＜**結果 2**＞の(1)と＜**資料**＞から，温度計が60℃を示すまで温めたときの試験管Aの水溶液の温度と試験管Aの水溶液の質量パーセント濃度の変化との関係を模式的に示した図として適切なのは，次のうちではどれか。

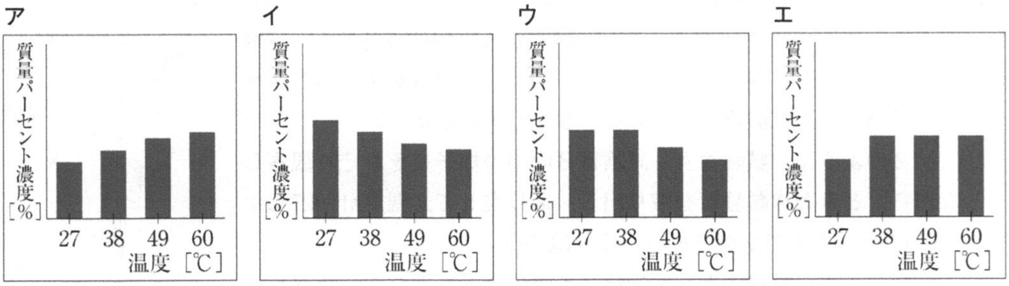

〔問3〕　＜**結果 2**＞の(1)から，試験管Bの中の様子に変化がなかった理由を，温度の変化と溶解度の変化の関係に着目して，「＜資料＞から，」に続く形で，簡単に書け。

〔問4〕　＜**結果 2**＞の(2)から，水溶液の溶媒を蒸発させると溶質が得られることが分かった。試験管Bの水溶液の温度が20℃のときと同じ濃度の塩化ナトリウム水溶液が0.35gあった場合，＜**資料**＞を用いて考えると，溶質を全て固体として取り出すために蒸発させる溶媒の質量として適切なのは，次のうちではどれか。

ア　約0.13g　　**イ**　約0.21g　　**ウ**　約0.25g　　**エ**　約0.35g

6　力学的エネルギーに関する実験について，次の各問に答えよ。
ただし，質量100 g の物体に働く重力の大きさを１Ｎとする。

＜**実験１**＞を行ったところ，＜**結果１**＞のようになった。

＜**実験１**＞

(1)　図１のように，力学台車と滑車を合わせた質量600 g の物体を糸でばねばかりにつるし，基準面で静止させ，ばねばかりに印を付けた。その後，ばねばかりをゆっくり一定の速さで水平面に対して垂直上向きに引き，物体を基準面から10cm持ち上げたとき，ばねばかりが示す力の大きさと，印が動いた距離と，移動にかかった時間を調べた。

図１

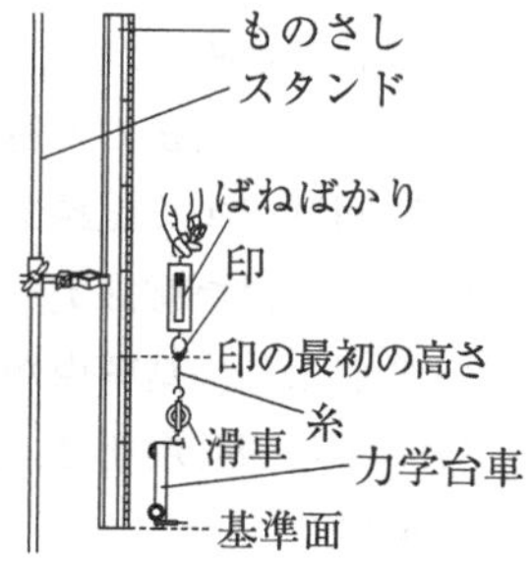

(2)　図２のように，(1)と同じ質量600 g の物体を，一端を金属の棒に結び付けた糸でばねばかりにつるし，(1)と同じ高さの基準面で静止させ，ばねばかりに印を付けた。その後，ばねばかりをゆっくり一定の速さで水平面に対して垂直上向きに引き，物体を基準面から10cm持ち上げたとき，ばねばかりが示す力の大きさと，印が動いた距離と，移動にかかった時間を調べた。

図２

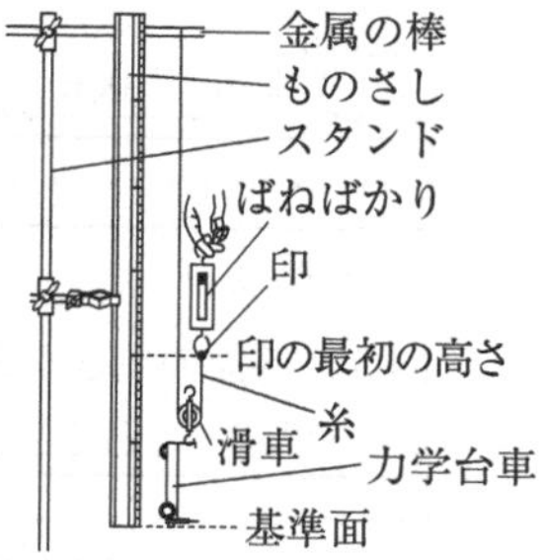

＜**結果１**＞

	ばねばかりが示す力の大きさ〔N〕	印が動いた距離〔cm〕	移動にかかった時間〔s〕
＜**実験１**＞の(1)	6	10	25
＜**実験１**＞の(2)	3	20	45

〔問１〕　＜**結果１**＞から，＜**実験１**＞の(1)で物体を基準面から10cm持ち上げたときに「ばねばかりが糸を引く力」がした仕事の大きさと，＜**実験１**＞の(2)で「ばねばかりが糸を引く力」を作用としたときの反作用とを組み合わせたものとして適切なのは，次の表の**ア**～**エ**のうちではどれか。

	「ばねばかりが糸を引く力」がした仕事の大きさ〔J〕	＜**実験１**＞の(2)で「ばねばかりが糸を引く力」を作用としたときの反作用
ア	0.6	力学台車と滑車を合わせた質量600gの物体に働く重力
イ	6	力学台車と滑車を合わせた質量600gの物体に働く重力
ウ	0.6	糸がばねばかりを引く力
エ	6	糸がばねばかりを引く力

次に，＜**実験２**＞を行ったところ，＜**結果２**＞のようになった。(次のページ)

＜実験２＞

(1)　図３のように，斜面の傾きを10°にし，記録テープを手で支え，力学台車の先端を点Ａの位置にくるように静止させた。

図３

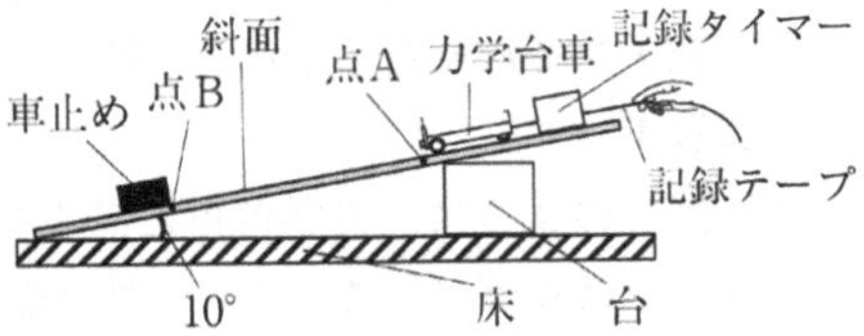

(2)　記録テープから静かに手をはなし，力学台車が動き始めてから，点Ｂの位置にある車止めに当たる直前までの運動を，１秒間に一定間隔で50回打点する記録タイマーで記録テープに記録した。

(3)　(2)で得た記録テープの，重なっている打点を用いずに，はっきり区別できる最初の打点を基準点とし，基準点から５打点間隔ごとに長さを測った。

(4)　(1)と同じ場所で，同じ実験器具を使い，斜面の傾きを20°に変えて同じ実験を行った。

＜結果２＞

図４　斜面の傾きが10°のときの記録テープ

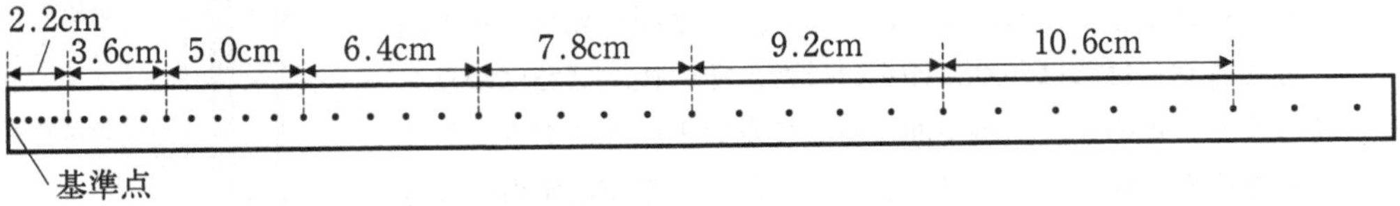

図５　斜面の傾きが20°のときの記録テープ

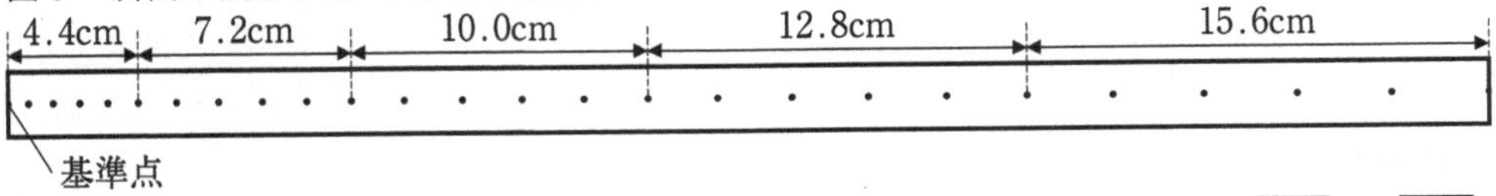

〔問２〕　＜結果２＞から，力学台車の平均の速さについて述べた次の文章の ① と ② にそれぞれ当てはまるものとして適切なのは，下のア～エのうちではどれか。

＜実験２＞の(2)で，斜面の傾きが10°のときの記録テープの基準点が打点されてから0.4秒経過するまでの力学台車の平均の速さをＣとすると，Ｃは ① である。また，＜実験２＞の(4)で，斜面の傾きが20°のときの記録テープの基準点が打点されてから0.4秒経過するまでの力学台車の平均の速さをＤとしたとき，ＣとＤの比を最も簡単な整数の比で表すとＣ：Ｄ＝ ② となる。

①	ア　16cm/s	イ　32cm/s	ウ　43cm/s	エ　64cm/s
②	ア　1：1	イ　1：2	ウ　2：1	エ　14：15

〔問３〕　＜結果２＞から，＜実験２＞で斜面の傾きを10°から20°にしたとき，点Ａから点Ｂの直前まで斜面を下る力学台車に働く重力の大きさと，力学台車に働く重力を斜面に平行な（沿った）方向と斜面に垂直な方向の二つの力に分解したときの斜面に平行な方向に分解した力の大きさとを述べたものとして適切なのは，次のうちではどれか。

ア　力学台車に働く重力の大きさは変わらず，斜面に平行な分力は大きくなる。

イ　力学台車に働く重力の大きさは大きくなり，斜面に平行な分力も大きくなる。

ウ　力学台車に働く重力の大きさは大きくなるが，斜面に平行な分力は変わらない。

エ　力学台車に働く重力の大きさは変わらず，斜面に平行な分力も変わらない。

〔問4〕 **＜実験1＞**の位置エネルギーと**＜実験2＞**の運動エネルギーの大きさについて述べた次の文章の ① と ② にそれぞれ当てはまるものを組み合わせたものとして適切なのは，下の表の**ア**～**エ**のうちではどれか。

> **＜実験1＞**の(1)と(2)で，ばねばかりをゆっくり一定の速さで引きはじめてから25秒経過したときの力学台車の位置エネルギーの大きさを比較すると ① 。
>
> **＜実験2＞**の(2)と(4)で，力学台車が点Aから点Bの位置にある車止めに当たる直前まで下ったとき，力学台車のもつ運動エネルギーの大きさを比較すると ② 。

	①	②
ア	**＜実験1＞**の(1)と(2)で等しい	**＜実験2＞**の(2)と(4)で等しい
イ	**＜実験1＞**の(1)と(2)で等しい	**＜実験2＞**の(4)の方が大きい
ウ	**＜実験1＞**の(1)の方が大きい	**＜実験2＞**の(2)と(4)で等しい
エ	**＜実験1＞**の(1)の方が大きい	**＜実験2＞**の(4)の方が大きい

＜社会＞

時間　50分　　満点　100点

1　次の各問に答えよ。

〔問１〕　次の地形図は，2017年の「国土地理院発行２万５千分の１地形図（取手《とりで》）」の一部を拡大して作成した地形図上に●で示したA点から，B～E点の順に，F点まで移動した経路を太線（━━）で示したものである。次のページのア～エの写真と文は，地形図上のB～E点の**いずれか**の地点の様子を示したものである。地形図上のB～E点のそれぞれに当てはまるのは，次のページのア～エのうちではどれか。

（編集の都合で90％に縮小してあります。）

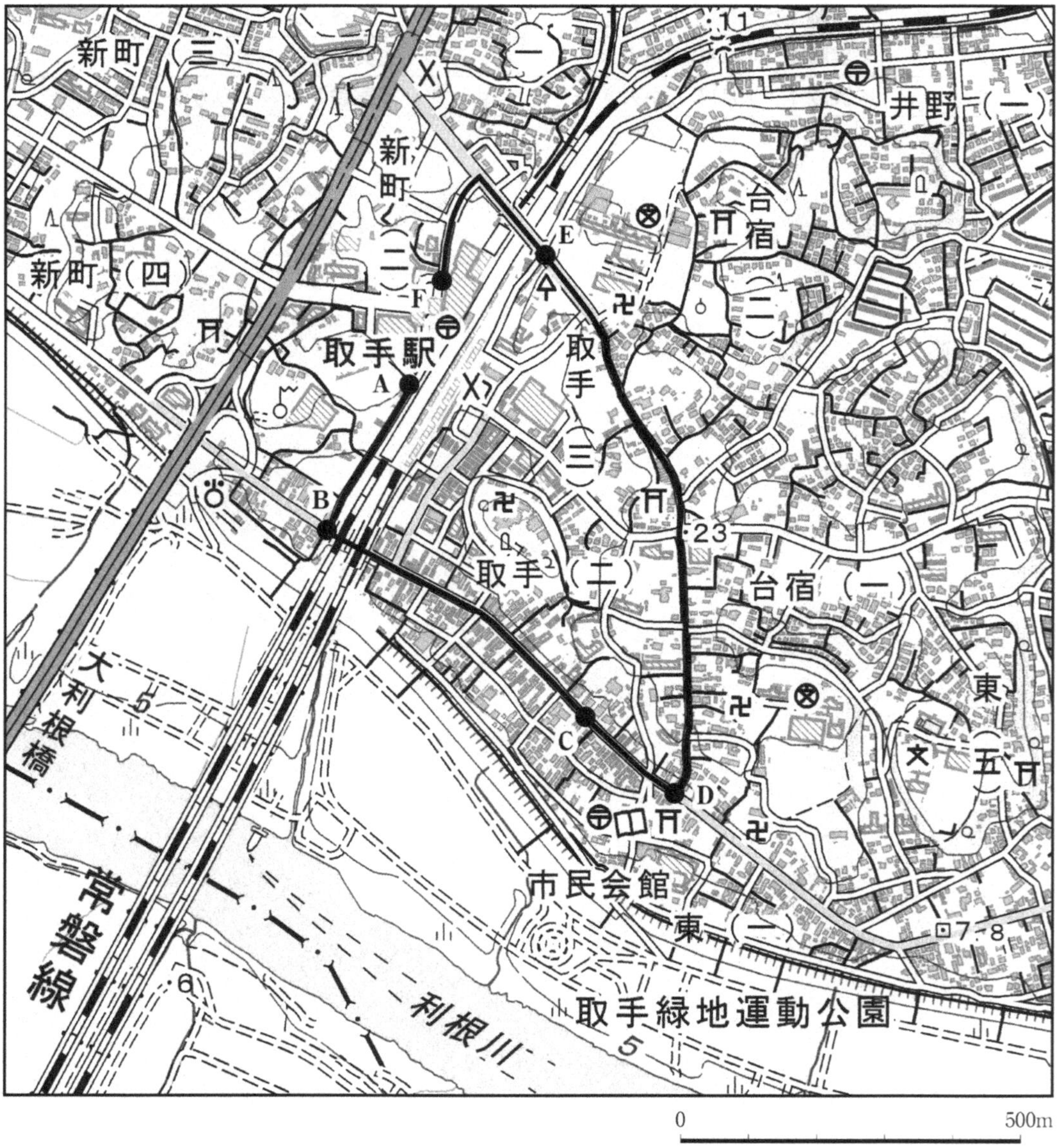

ア

この地点から進行する方向を見ると，鉄道の線路の上に橋が架けられており，道路と鉄道が立体交差していた。

イ

この地点から進行する方向を見ると，道路の上に鉄道の線路が敷設《ふせつ》されており，道路と鉄道が立体交差していた。

ウ

丁字形《ていじけい》の交差点であるこの地点に立ち止まり，進行する方向を見ると，登り坂となっている道の両側に住宅が建ち並んでいた。

エ

直前の地点から約470m進んだこの地点に立ち止まり，北東の方向を見ると，宿場の面影を残す旧取手宿本陣表門《きゅうとりでしゅくほんじんおもてもん》があった。

〔問2〕　次の文で述べている決まりに当てはまるのは，下の**ア**～**エ**のうちのどれか。

戦国大名が，領国を支配することを目的に定めたもので，家臣が，勝手に他国から嫁や婿を取ることや他国へ娘を嫁に出すこと，国内に城を築くことなどを禁止した。

ア　御成敗式目《ごせいばいしきもく》　　**イ**　大宝律令《たいほうりつりょう》　　**ウ**　武家諸法度《ぶけしょはっと》　　**エ**　分国法《ぶんこくほう》

〔問3〕　次の文章で述べているものに当てはまるのは，下の**ア**～**エ**のうちのどれか。

衆議院の解散による衆議院議員の総選挙後に召集され，召集とともに内閣が総辞職するため，両議院において内閣総理大臣の指名が行われる。会期は，その都度，国会が決定し，2回まで延長することができる。

ア　常会　　**イ**　臨時会　　**ウ**　特別会　　**エ**　参議院の緊急集会

2　次の略地図を見て，あとの各問に答えよ。

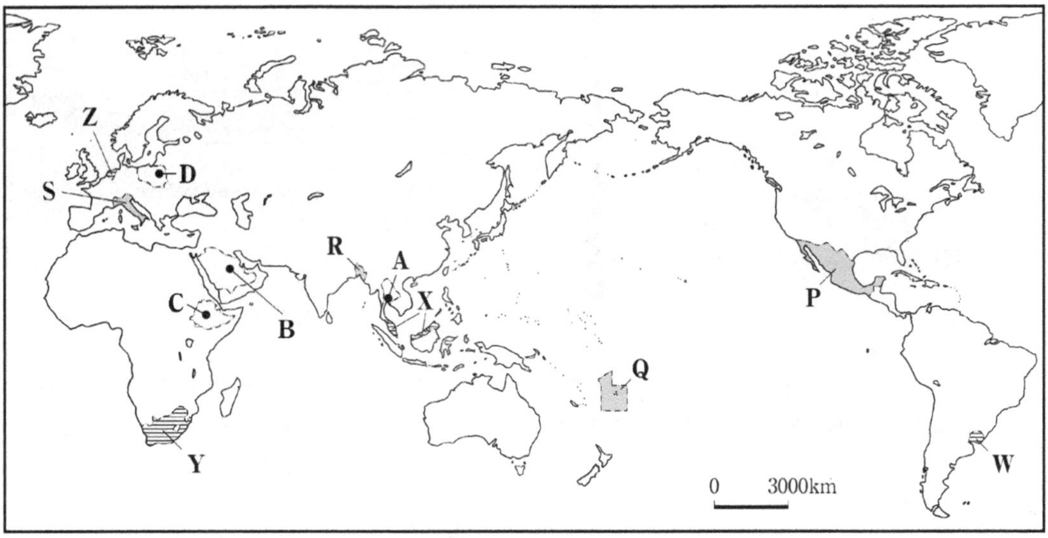

〔問１〕　略地図中のＡ～Ｄは，それぞれの国の首都の位置を示したものである。次のⅠの文章は，略地図中のＡ～Ｄの**いずれか**の首都を含む国の自然環境と農業についてまとめたものである。Ⅱの**ア**～**エ**のグラフは，略地図中のＡ～Ｄの**いずれか**の首都の，年平均気温と年降水量及び各月の平均気温と降水量を示したものである。Ⅰの文章で述べている国の首都に当てはまるのは，略地図中のＡ～Ｄのうちのどれか，また，その首都のグラフに当てはまるのは，Ⅱの**ア**～**エ**のうちのどれか。

Ⅰ

> 首都は標高約2350mに位置し，各月の平均気温の変化は年間を通して小さい。コーヒー豆の原産地とされており，2019年におけるコーヒー豆の生産量は世界第５位であり，輸出額に占める割合が高く，主要な収入源となっている。

Ⅱ

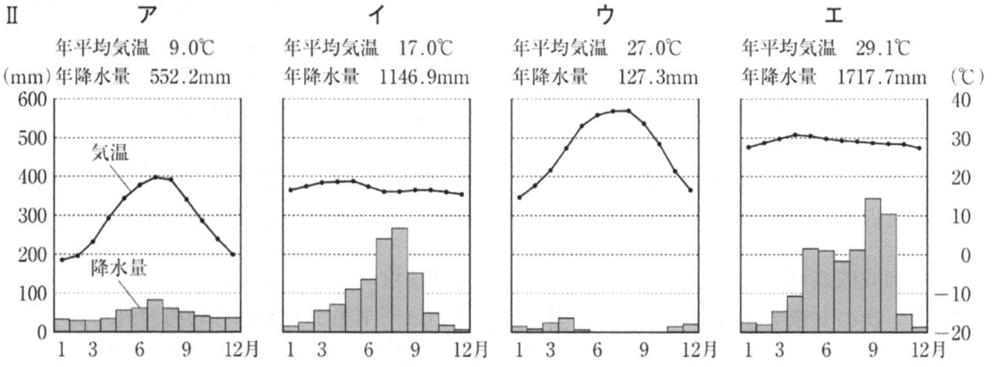

（「理科年表」令和５年より作成）

〔問2〕　次の表の**ア**～**エ**は，前のページの略地図中に　　で示した**P**～**S**の**いずれか**の国の，2019年における米，小麦，とうもろこしの生産量，農業と食文化の様子についてまとめたものである。略地図中の**P**～**S**のそれぞれの国に当てはまるのは，次の表の**ア**～**エ**のうちではどれか。

	米 （万 t ）	小麦 （万 t ）	とうもろこし （万 t ）	農業と食文化の様子
ア	25	324	2723	○中央部の高原ではとうもろこしの栽培が行われ，北西部ではかんがい農業や牛の放牧が行われている。 ○とうもろこしが主食であり，とうもろこしの粉から作った生地を焼き，具材を挟んだ料理などが食べられている。
イ	149	674	628	○北部の平野では冬季に小麦の栽培が行われ，沿岸部では柑橘《かんきつ》類やオリーブなどの栽培が行われている。 ○小麦が主食であり，小麦粉から作った麺に様々なソースをあわせた料理などが食べられている。
ウ	0.6	－	0.1	○畑ではタロいもなどの栽培が行われ，海岸沿いの平野ではさとうきびなどの栽培が行われている。 ○タロいもが主食であり，バナナの葉に様々な食材と共にタロいもを包んで蒸した料理などが食べられている。
エ	5459	102	357	○河川が形成した低地では雨季の降水などを利用した稲作が行われ，北東部では茶の栽培が行われている。 ○米が主食であり，鶏やヤギの肉と共に牛乳から採れる油を使って米を炊き込んだ料理などが食べられている。

（注）－は，生産量が不明であることを示す。

（「データブック オブ・ザ・ワールド」2022年版などより作成）

〔問3〕　次のⅠとⅡ（次のページ）の表の**ア**～**エ**は，略地図中に　　で示した**W**～**Z**の**いずれか**の国に当てはまる。Ⅰの表は，2001年と2019年における日本の輸入額，農産物の日本の主な輸入品目と輸入額を示したものである。Ⅱの表は，2001年と2019年における輸出額，輸出額が多い上位3位までの貿易相手国を示したものである。次のページのⅢの文章は，略地図中の**W**～**Z**の**いずれか**の国について述べたものである。Ⅲの文章で述べている国に当てはまるのは，略地図中の**W**～**Z**のうちのどれか，また，ⅠとⅡの表の**ア**～**エ**のうちのどれか。

Ⅰ

		日本の輸入額 （百万円）	農産物の日本の主な輸入品目と輸入額（百万円）					
ア	2001年	226492	植物性原材料	18245	ココア	4019	野菜	3722
	2019年	343195	豚肉	17734	チーズ等	12517	植物性原材料	6841
イ	2001年	5538	羊毛	210	米	192	チーズ等	31
	2019年	3017	牛肉	1365	羊毛	400	果実	39
ウ	2001年	338374	とうもろこし	12069	果実	9960	砂糖	5680
	2019年	559098	果実	7904	植物性原材料	2205	野菜	2118
エ	2001年	1561324	パーム油	14952	植物性原材料	2110	天然ゴム	2055
	2019年	1926305	パーム油	36040	植物性原材料	15534	ココア	15390

（財務省「貿易統計」より作成）

Ⅱ

		輸出額 （百万ドル）	輸出額が多い上位3位までの貿易相手国		
			1位	2位	3位
ア	2001年	169480	ドイツ	イギリス	ベルギー
	2019年	576785	ドイツ	ベルギー	フランス
イ	2001年	2058	ブラジル	アルゼンチン	アメリカ合衆国
	2019年	7680	中華人民共和国	ブラジル	アメリカ合衆国
ウ	2001年	27928	アメリカ合衆国	イギリス	ドイツ
	2019年	89396	中華人民共和国	ドイツ	アメリカ合衆国
エ	2001年	88005	アメリカ合衆国	シンガポール	日本
	2019年	240212	中華人民共和国	シンガポール	アメリカ合衆国

（国際連合「貿易統計年鑑」2020などより作成）

Ⅲ

この国では農業の機械化が進んでおり，沿岸部の砂丘では花や野菜が栽培され，ポルダーと呼ばれる干拓地では酪農が行われている。

2001年と比べて2019年では，日本の輸入額は2倍に届いてはいないが増加し，輸出額は3倍以上となっている。2019年の輸出額は日本に次ぎ世界第5位となっており，輸出額が多い上位3位までの貿易相手国は全て同じ地域の政治・経済統合体の加盟国となっている。

3　次の略地図を見て，あとの各問に答えよ。

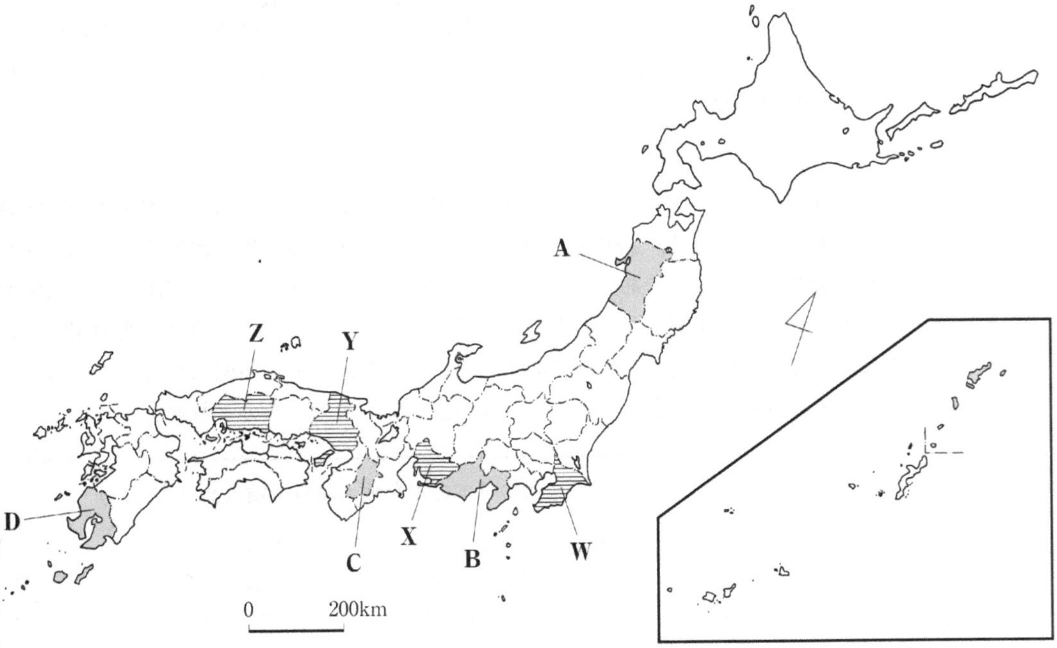

〔問1〕　次のページの表の**ア**～**エ**の文章は，略地図中に　　で示した，**A**～**D**のいずれかの県の，自然環境と第一次産業の様子についてまとめたものである。**A**～**D**のそれぞれの県に当てはまるのは，次の表の**ア**～**エ**のうちではどれか。

	自然環境と第一次産業の様子
ア	○南東側の県境付近に位置する山を水源とする河川は，上流部では渓谷を蛇行しながら北西方向に流れた後，流路を大きく変えて西流し，隣接する県を貫流して海に注いでいる。 ○南東部は，季節風の影響などにより国内有数の多雨地域であり，木材の生育に適していることから，古くから林業が営まれ，高品質な杉などが生産されていることが知られている。
イ	○北側の3000m級の山々が連なる山脈は，南北方向に走っており，東部の半島は，複数の火山が見られる山がちな地域であり，入り組んだ海岸線が見られる。 ○中西部にある台地は，明治時代以降に開拓され，日当たりと水はけがよいことから，国内有数の茶の生産量を誇っており，ブランド茶が生産されていることが知られている。
ウ	○南側の県境付近に位置する山を水源とする河川は，上流部や中流部では，南北方向に連なる山脈と山地の間に位置する盆地を貫流し，下流部では平野を形成して海に注いでいる。 ○南東部にある盆地は，夏に吹く北東の冷涼な風による冷害の影響を受けにくい地形の特徴などがあることから，稲作に適しており，銘柄米が生産されていることが知られている。
エ	○二つの半島に挟まれた湾の中に位置する島や北東側の県境に位置する火山などは，現在でも活動中であり，複数の離島があり，海岸線の距離は約2600kmとなっている。 ○水を通しやすい火山灰などが積もってできた台地が広範囲に分布していることから，牧畜が盛んであり，肉牛などの飼育頭数は国内有数であることが知られている。

〔問２〕　次のⅠの表の**ア**～**エ**は，略地図中に ▤ で示した**W**～**Z**の**いずれか**の県の，2020年における人口，県庁所在地の人口，他の都道府県への従業・通学者数，製造品出荷額等，製造品出荷額等に占める上位３位の品目と製造品出荷額等に占める割合を示したものである。次のⅡの文章は，Ⅰの表の**ア**～**エ**の**いずれか**の県の工業や人口の様子について述べたものである。Ⅱの文章で述べている県に当てはまるのは，Ⅰの**ア**～**エ**のうちのどれか，また，略地図中の**W**～**Z**のうちのどれか。

Ⅰ

	人口（万人）	県庁所在地の人口（万人）	他の都道府県への従業・通学者数（人）	製造品出荷額等（億円）	製造品出荷額等に占める上位３位の品目と製造品出荷額等に占める割合（%）
ア	628	97	797943	119770	石油・石炭製品(23.1)，化学(17.2)，食料品(13.3)
イ	280	120	26013	89103	輸送用機械(32.8)，鉄鋼(11.2)，生産用機械(9.7)
ウ	547	153	348388	153303	化学（13.6），鉄鋼（11.0），食料品（10.8）
エ	754	233	88668	441162	輸送用機械(53.0)，電気機械(7.7)，鉄鋼(4.9)

（2021年経済センサスなどより作成）

Ⅱ

○湾に面した沿岸部は，1950年代から埋め立て地などに，製油所，製鉄所や火力発電所などが建設されており，国内最大規模の石油コンビナートを有する工業地域となっている。

○中央部及び北西部に人口が集中しており，2020年における人口に占める他の都道府県への従業・通学者数の割合は，１割以上となっている。

［問３］　次の資料は，2019年に富山市が発表した「富山市都市マスタープラン」に示された，富山市が目指すコンパクトなまちづくりの基本的な考え方の一部をまとめたものである。資料から読み取れる，将来の富山市における日常生活に必要な機能の利用について，現状と比較し，自宅からの移動方法に着目して，簡単に述べよ。

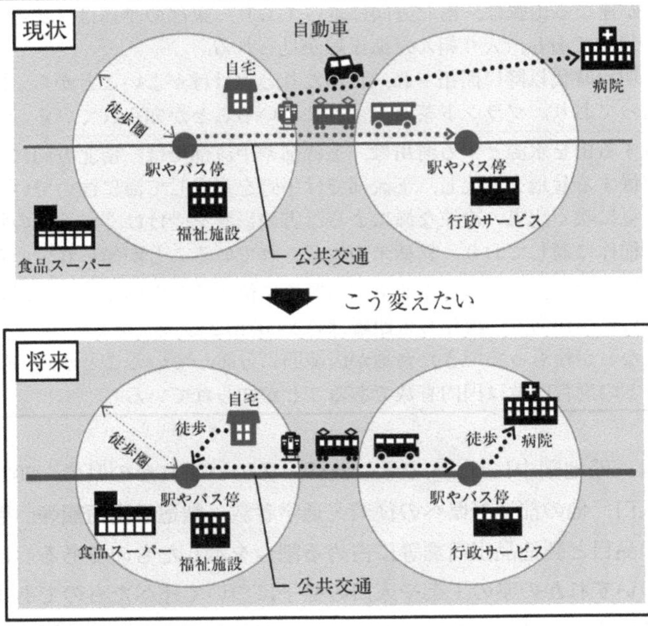

（現状）
・公共交通のサービス水準が不十分で利用しにくい。
・駅やバス停を中心とした徒歩圏に日常生活に必要な機能がそろっていない。
・自動車を利用しないと生活しづらい。

（将来）
・公共交通のサービス水準が向上して利用しやすい。
・駅やバス停を中心とした徒歩圏に日常生活に必要な機能がそろっている。

（注）
・日常生活に必要な機能とは，行政サービス，福祉施設，病院，食品スーパーである。
・公共交通のサービス水準とは，鉄道・路面電車・バスの運行頻度などである。

（「富山市都市マスタープラン」より作成）

4　次の文章を読み，あとの各問に答えよ。

海上交通は，一度に大量の人や物を輸送することができることから，社会の発展のために重要な役割を果たしてきた。

古代から，各時代の権力者は，(1)周辺の国々へ使節を派遣し，政治制度や文化を取り入れたり，貿易により利益を得たりすることなどを通して，権力の基盤を固めてきた。時代が進むと，商人により，貨幣や多様な物資がもたらされ，堺《さかい》や博多《はかた》などの港が繁栄した。

江戸時代に入り，幕府は海外との貿易を制限するとともに，(2)国内の海上交通を整備し，全国的な規模で物資の輸送を行うようになった。開国後は，(3)諸外国との関わりの中で，産業が発展し，港湾の開発が進められた。

第二次世界大戦後，政府は，経済の復興を掲げ，海上交通の再建を目的に，造船業を支援した。(4)現在でも，外国との貿易の大部分は海上交通が担《にな》い，私たちの生活や産業の発展を支えている。

〔問１〕 (1)周辺の国々へ使節を派遣し，政治制度や文化を取り入れたり，貿易により利益を得たりすることなどを通して，権力の基盤を固めてきた。とあるが，次のア～エは，飛鳥《あすか》時代から室町時代にかけて，権力者による海外との交流の様子などについて述べたものである。時期の古いものから順に記号を並べよ。

ア　混乱した政治を立て直すことを目的に，都を京都に移し，学問僧として唐《とう》へ派遣された最澄《さいちょう》が帰国後に開いた密教を許可した。

イ　将軍を補佐する第五代執権《しっけん》として，有力な御家人を退けるとともに，国家が栄えることを願い，宋《そう》より来日した禅僧の蘭渓道隆《らんけいどうりゅう》を開山と定め，建長寺《けんちょうじ》を建立《こんりゅう》した。

ウ　明《みん》へ使者を派遣し，明の皇帝から「日本国王」に任命され，勘合《かんごう》を用いて朝貢《ちょうこう》の形式で行う貿易を開始した。

エ　隋《ずい》に派遣され，政治制度などについて学んだ留学生を国博士《くにはかせ》に登用し，大化の改新における政治制度の改革に取り組ませた。

〔問２〕 (2)国内の海上交通を整備し，全国的な規模で物資の輸送を行うようになった。とあるが，次のⅠの文章は，河村瑞賢《かわむらずいけん》が，1670年代に幕府に命じられた幕府の領地からの年貢《ねんぐ》米の輸送について，幕府に提案した内容の一部をまとめたものである。Ⅱの略地図は，Ⅰの文章で述べられている寄港地などの所在地を示したものである。ⅠとⅡの資料を活用し，河村瑞賢が幕府に提案した，幕府の領地からの年貢米の輸送について，輸送経路，寄港地の役割に着目して，簡単に述べよ。

Ⅰ

○陸奥《むつ》国信夫《しのぶ》郡（現在の福島県）などの幕府の領地の年貢米を積んだ船は，荒《あら》浜《はま》を出航したあと，平潟《ひらかた》，那珂湊《なかみなと》，銚《ちょう》子《し》，小《こ》湊《みなと》を寄港地とし，江戸に向かう。

○出羽《でわ》国（現在の山形県）の幕府の領地の年貢米を積んだ船は，酒田《さかた》を出航したあと，小木《おぎ》，福浦《ふくら》，柴山《しばやま》，温泉津《ゆのつ》，下関《しものせき》，大阪，大島《おおしま》，方座《ほうざ》，安乗《あのり》，下《しも》田《だ》を寄港地とし，江戸に向かう。

○寄港地には役人を置き，船の発着の日時や積荷の点検などを行う。

Ⅱ

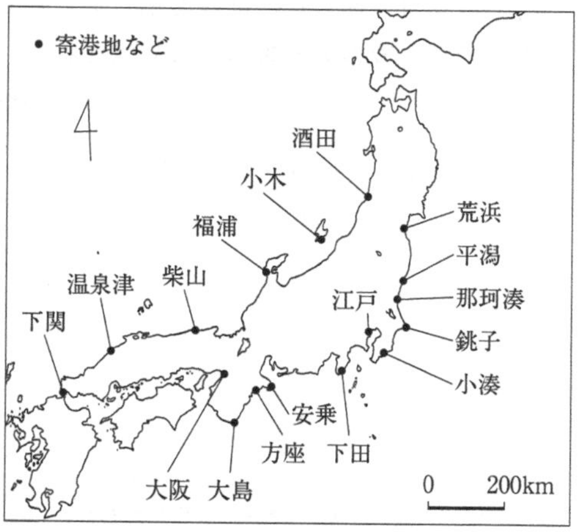

〔問３〕 (3)諸外国との関わりの中で，産業が発展し，港湾の開発が進められた。とあるが，次のページの略年表は，江戸時代から昭和時代にかけての，外交に関する主な出来事についてまとめたものである。略年表中のＡ～Ｄのそれぞれの時期に当てはまるのは，後のア～エのうちではどれか。

ア　四日市《よっかいち》港は，日英通商航海条約の調印により，治外法権が撤廃され，関税率の一部引き上げが可能になる中で，外国との貿易港として開港場に指定された。

イ　東京港は，関東大震災の復旧工事の一環として，関東大震災の２年後に日《ひ》の出《で》ふ頭が完成したことにより，大型船の接岸が可能となった。

ウ　函館《はこだて》港は，アメリカ合衆国との間に締結した和親条約により，捕鯨船への薪《まき》と水，食糧を補給する港として開港された。

エ　三角《みすみ》港は，西南戦争で荒廃した県内の産業を発展させることを目的に，オランダ人技術者の設計により造成され，西南戦争の10年後に開港された。

西暦	外交に関する主な出来事	
1842	●幕府が天保《てんぽう》の薪水給与令を出し，異国船打ち払い令を緩和した。	
		A
1871	●政府が不平等条約改正の交渉などのために，岩倉使節団を欧米に派遣した。	
		B
1889	●大日本帝国憲法が制定され，近代的な政治制度が整えられた。	
		C
1911	●日米新通商航海条約の調印により，関税自主権の回復に成功した。	
		D
1928	●15か国が参加し，パリ不戦条約が調印された。	

〔問４〕　(4)現在でも，外国との貿易の大部分は海上交通が担《にな》い，私たちの生活や産業の発展を支えている。とあるが，次のグラフは，1950年から2000年までの，日本の海上貿易量（輸出）と海上貿易量（輸入）の推移を示したものである。グラフ中のA～Dのそれぞれの時期に当てはまるのは，後のア～エのうちではどれか。

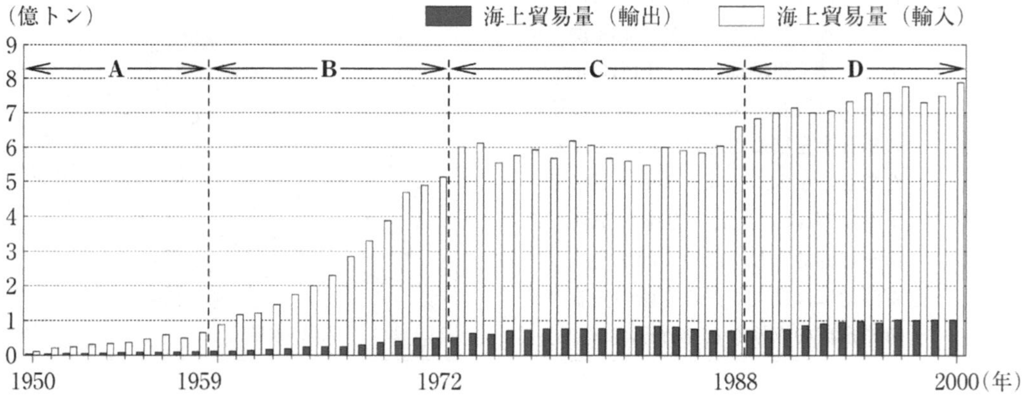

（日本長期統計総覧などより作成）

ア　サンフランシスコ平和条約（講和条約）を結び，国際社会に復帰する中で，海上貿易量は輸出・輸入ともに増加し，特に石油及び鉄鋼原料の需要の増加に伴い，海上貿易量（輸入）の増加が見られた。

イ　エネルギーの供給量において石油が石炭を上回り，海上輸送においてタンカーの大型化が進展する中で，日本初のコンテナ船が就航した他，この時期の最初の年と比較して最後の年では，海上貿易量（輸出）は約４倍に，海上貿易量（輸入）は約６倍に増加した。

ウ　冷たい戦争（冷戦）が終結するとともに，アジアにおいて経済発展を背景にした巨大な海運市場が形成される中で，海上貿易量は輸出・輸入ともに増加傾向にあったが，国内景気の後退や海外生産の増加を要因として，一時的に海上貿易量は輸出・輸入ともに減少が見られた。

エ　この時期の前半は二度にわたる石油価格の急激な上昇が，後半はアメリカ合衆国などとの貿易摩擦の問題がそれぞれ見られる中で，前半は海上貿易量（輸出）が増加し，後半は急速な円高により海上貿易量（輸入）は減少から増加傾向に転じた。

5　次の文章を読み，あとの各問に答えよ。

> 私たちは，家族，学校など様々な集団を形成しながら生活している。(1)一人一人が集団の中で個人として尊重されることが重要であり，日本国憲法においては，基本的人権が保障されている。
>
> 集団の中では，考え方の違いなどにより対立が生じた場合，多様な価値観をもつ人々が互いに受け入れられるよう，合意に至る努力をしている。例えば，国権の最高機関である(2)国会では，国の予算の使途や財源について合意を図るため，予算案が審議され，議決されている。
>
> 国際社会においても，(3)世界の国々が共存していくために条約を結ぶなど，合意に基づく国際協調を推進することが大切である。
>
> 今後も，よりよい社会の実現のために，(4)私たち一人一人が社会の課題に対して自らの考えをもち，他の人たちと協議するなど，社会に参画し，積極的に合意形成に努めることが求められている。

〔問1〕　(1)一人一人が集団の中で個人として尊重されることが重要であり，日本国憲法においては，基本的人権が保障されている。とあるが，基本的人権のうち，平等権を保障する日本国憲法の条文は，次の**ア**～**エ**のうちではどれか。

ア　すべて国民は，健康で文化的な最低限度の生活を営む権利を有する。

イ　すべて国民は，法の下に平等であつて，人種，信条，性別，社会的身分又は門地により，政治的，経済的又は社会的関係において，差別されない。

ウ　何人も，自己に不利益な供述を強要されない。

エ　何人も，裁判所において裁判を受ける権利を奪はれない。

〔問2〕　(2)国会では，国の予算の使途や財源について合意を図るため，予算案が審議され，議決されている。とあるが，次のページのⅠのグラフは，1989年度と2021年度における我が国の一般会計歳入額及び歳入項目別の割合を示したものである。Ⅰのグラフ中の**A**～**D**は，法人税，公債金，所得税，消費税の**いずれか**に当てはまる。次のページのⅡの文章は，Ⅰのグラフ中の**A**～**D**の**いずれか**について述べたものである。Ⅱの文章で述べている歳入項目に当てはまるのは，Ⅰの**A**～**D**のうちのどれか，また，その歳入項目について述べているのは，後の**ア**～**エ**のうちではどれか。

I

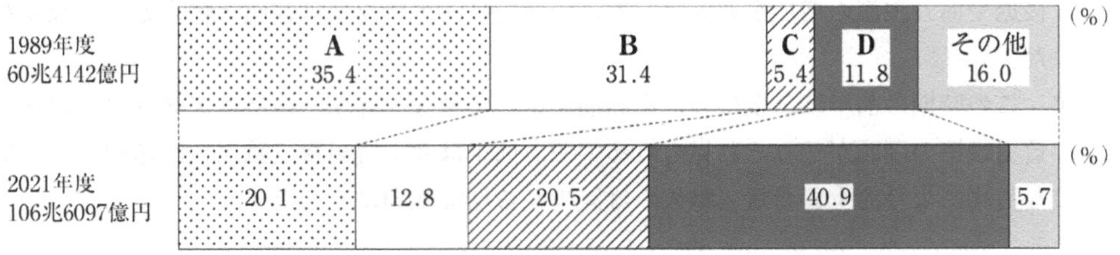

（財務省の資料より作成）

Ⅱ

> 間接税の一つであり，1989年に国民福祉の充実などに必要な歳入構造の安定化を図るために導入され，その後，段階的に税率が引き上げられた。2021年度の歳入額は20兆円を超え，1989年度に比べて6倍以上となっている。

ア　歳入の不足分を賄うため，借金により調達される収入で，元本の返済や利子の支払いなどにより負担が将来の世代に先送りされる。

イ　給料や商売の利益などに対して課され，主に勤労世代が負担し，税収が景気や人口構成の変化に左右されやすく，負担額は負担者の収入に応じて変化する。

ウ　商品の販売やサービスの提供に対して課され，勤労世代など特定の世代に負担が集中せず，税収が景気や人口構成の変化に左右されにくい。

エ　法人の企業活動により得られる所得に対して課され，税率は他の税とのバランスを図りながら，財政事情や経済情勢等を反映して決定される。

〔問3〕　(3)世界の国々が共存していくために条約を結ぶなど，合意に基づく国際協調を推進することが大切である。とあるが，次のⅠの文章は，ある国際的な合意について述べたものである。Ⅱの略年表は，1948年から2019年までの，国際社会における合意に関する主な出来事についてまとめたものである。Ⅰの国際的な合意が結ばれた時期に当てはまるのは，Ⅱの略年表中の**ア**～**エ**のうちではどれか。

Ⅰ

> 地球上の「誰一人取り残さない」ことをスローガンに掲げ，「質の高い教育をみんなに」などの17のゴールと169のターゲットで構成されている。持続可能でよりよい世界を目指し全ての国が取り組むべき国際目標として，国際連合において加盟国の全会一致で採択された。

Ⅱ

西暦	国際社会における合意に関する主な出来事	
1948	●世界人権宣言が採択された。	
		ア
1976	●国際連合において，児童権利宣言の20周年を記念して，1979年を国際児童年とすることが採択された。	
		イ
1990	●「気候変動に関する政府間パネル」により第一次評価報告書が発表された。	
		ウ
2001	●「極度の貧困と飢餓の撲滅」などを掲げたミレニアム開発目標が設定された。	
		エ
2019	●国際連合において，科学者グループによって起草された「持続可能な開発に関するグローバル・レポート2019」が発行された。	

〔問４〕　(4)私たち一人一人が社会の課題に対して自らの考えをもち，他の人たちと協議するなど，社会に参画し，積極的に合意形成に努めることが求められている。とあるが，次のⅠの文章は，2009年に法務省の法制審議会において取りまとめられた「民法の成年年齢の引下げについての最終報告書」の一部を分かりやすく書き改めたものである。Ⅱの表は，2014年から2018年までに改正された18歳，19歳に関する法律の成立年と主な改正点を示したものである。ⅠとⅡの資料を活用し，Ⅱの表で示された一連の法改正における，国の若年者に対する期待について，主な改正点に着目して，簡単に述べよ。

Ⅰ

○民法の成年年齢を20歳から18歳に引き下げることは，18歳，19歳の者を大人として扱い，社会への参加時期を早めることを意味する。

○18歳以上の者を，大人として処遇することは，若年者が将来の国づくりの中心であるという国としての強い決意を示すことにつながる。

Ⅱ

	成立年	主な改正点
憲法改正国民投票法の一部を改正する法律	2014	投票権年齢を満18歳以上とする。
公職選挙法等の一部を改正する法律	2015	選挙権年齢を満18歳以上とする。
民法の一部を改正する法律	2018	一人で有効な契約をすることができ，父母の親権に服さず自分の住む場所や，進学や就職などの進路について，自分の意思で決めることができるようになる成年年齢を満18歳以上とする。

6　次の文章を読み，あとの各問に答えよ。

　国際社会では，人，物，お金や情報が，国境を越えて地球規模で移動するグローバル化が進んでいる。例えば，科学や文化などの面では，(1)これまでも多くの日本人が，研究などを目的に海外に移動し，滞在した国や地域，日本の発展に貢献してきた。また，経済の面では，(2)多くの企業が，世界規模で事業を展開するようになり，一企業の活動が世界的に影響を与えるようになってきた。

　地球規模の課題は一層複雑になっており，課題解決のためには，(3)国際連合などにおける国際協調の推進が一層求められている。

〔問１〕　(1)これまでも多くの日本人が，研究などを目的に海外に移動し，滞在した国や地域，日本の発展に貢献してきた。とあるが，次のページの表のア～エは，次のページの略地図中に　　で示したＡ～Ｄの**いずれか**の国に滞在した日本人の活動などについて述べたものである。略地図中のＡ～Ｄのそれぞれの国に当てはまるのは，後の表のア～エのうちではどれか。

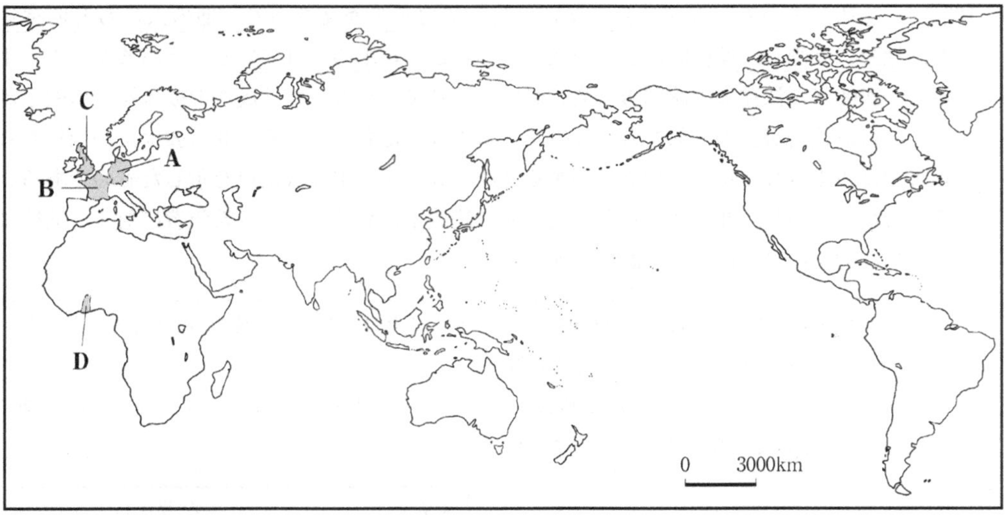

	日本人の活動など
ア	1789年に市民革命が起こったこの国に，1884年から1893年まで留学した黒田清輝《くろだせいき》は，途中から留学目的を洋画研究に変更し，ルーブル美術館で模写をするなどして，絵画の技法を学んだ。帰国後は，展覧会に作品を発表するとともに，後進の育成にも貢献した。
イ	1871年に統一されたこの国に，1884年から1888年まで留学した森鷗外《もりおうがい》は，コレラ菌などを発見したことで知られるコッホ博士などから細菌学を学んだ。帰国後は，この国を舞台とした小説を執筆するなど，文学者としても活躍した。
ウ	1902年に日本と同盟を結んだこの国に，1900年から1903年まで留学した夏目漱石《なつめそうせき》は，シェイクスピアの作品を観劇したり，研究者から英文学の個人指導を受けたりした。帰国後は，作家として多くの作品を発表し，文学者として活躍した。
エ	ギニア湾岸にあるこの国に，1927年から1928年まで滞在した野口英世《のぐちひでよ》は，この国を含めて熱帯地方などに広まっていた黄熱病《おうねつびょう》の原因を調査し，予防法や治療法の研究を行った。功績を記念し，1979年にこの国に野口記念医学研究所が設立された。

〔問２〕 (2)多くの企業が，世界規模で事業を展開するようになり，一企業の活動が世界的に影響を与えるようになってきた。とあるが，次のページのⅠの略年表は，1976年から2016年までの，国際会議に関する主な出来事についてまとめたものである。次のページのⅡの文は，Ⅰの略年表中の**ア**～**エ**の**いずれか**の国際会議について述べたものである。Ⅱの文で述べている国際会議に当てはまるのは，Ⅰの略年表中の**ア**～**エ**のうちのどれか。

I

西暦	国際会議に関する主な出来事
1976	●東南アジア諸国連合（ＡＳＥＡＮ《アセアン》）首脳会議がインドネシアで開催された。…………………………ア
1993	●アジア太平洋経済協力（ＡＰＥＣ《エイペック》）首脳会議がアメリカ合衆国で開催された。…………………イ
1996	●世界貿易機関（ＷＴＯ）閣僚会議がシンガポールで開催された。
2008	●金融・世界経済に関する首脳会合（G20サミット）がアメリカ合衆国で開催された。…………ウ
2016	●主要国首脳会議（Ｇ７サミット）が日本で開催された。…………………………………………………エ

II

> アメリカ合衆国に本社がある証券会社の経営破綻などを契機に発生した世界金融危機（世界同時不況，世界同時金融危機）と呼ばれる状況に対処するために，初めて参加国の首脳が集まる会議として開催された。

〔問３〕 (3)国際連合などにおける国際協調の推進が一層求められている。とあるが，次のＩのグラフ中の**ア**～**エ**は，1945年から2020年までのアジア州，アフリカ州，ヨーロッパ州，南北アメリカ州の**いずれか**の州の国際連合加盟国数の推移を示したものである。IIの文章は，Ｉのグラフ中の**ア**～**エ**の**いずれか**の州について述べたものである。IIの文章で述べている州に当てはまるのは，Ｉの**ア**～**エ**のうちのどれか。

Ｉ

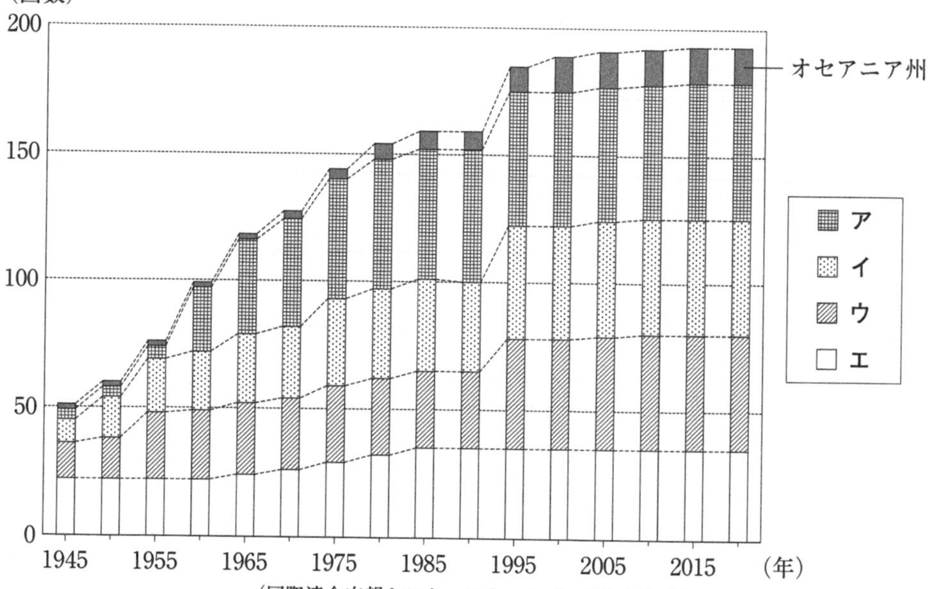

（国際連合広報センターのホームページより作成）

II

> ○国際連合が設立された1945年において，一部の国を除き他国の植民地とされており，民族の分布を考慮しない直線的な境界線が引かれていた。
> ○国際連合総会で「植民地と人民に独立を付与する宣言」が採択された1960年に，多くの国が独立し，2020年では，50か国を超える国が国際連合に加盟している。

MEMO

大切なことはメモしておこうネ！

2024年度

解答と解説

《2024年度の配点は解答用紙集に掲載してあります。》

＜理科解答＞

1 〔問1〕 エ　〔問2〕 イ　〔問3〕 ウ　〔問4〕 ア　〔問5〕 イ　〔問6〕 エ

2 〔問1〕 ア　〔問2〕 イ　〔問3〕 エ　〔問4〕 ウ

3 〔問1〕 ウ　〔問2〕 2時間ごとに記録した透明半球上の・印のそれぞれの間隔は，どれも等しいため，地球上での太陽の見かけ上の動く速さは一定であることが分かる。
〔問3〕 エ　〔問4〕 ア

4 〔問1〕 イ　〔問2〕 ア　〔問3〕 ウ

5 〔問1〕 イ　〔問2〕 エ　〔問3〕 ＜資料＞から，塩化ナトリウムの溶解度は，温度によってほとんど変化しないものであるため。　〔問4〕 ウ

6 〔問1〕 ウ　〔問2〕 ① ウ　② イ　〔問3〕 ア　〔問4〕 エ

＜理科解説＞

1 **(小問集合－物質の成り立ち，化学変化と物質の質量：質量保存の法則，電流：オームの法則・電力量，動物の特徴と分類，原子の成り立ちとイオン：原子の構造，気象要素の観測，動物の体のつくりとはたらき)**

〔問1〕 水素，酸素，水は分子として存在する。また，質量保存の法則により，化学変化の前後で，原子の組み合わせは変化するが，原子の種類と数は変化しない。以上により，**水素2分子と酸素1分子が結びついて，水2分子ができるモデル**，エが正解である。

〔問2〕 **電熱線の抵抗の大きさ〔Ω〕＝$\frac{6〔V〕}{1.5〔A〕}$**＝4〔Ω〕である。**電力量〔J〕＝6〔V〕×1.5〔A〕×300〔s〕**＝9.0〔W〕×300〔s〕＝2700〔J〕である。

〔問3〕 **甲殻類はエビ・カニの仲間**であるため無脊椎動物である。よって，魚類，両生類，鳥類が脊椎動物であり，昆虫類と甲殻類が無脊椎動物である。

〔問4〕 原子核はプラスの電気をもつ陽子と，電気をもたない中性子からできているため，**原子核はプラスの電気**をもつ。**電子はマイナスの電気**をもち，ふつうの状態では**陽子の数と等しい。**

〔問5〕 くもりの**天気記号**は◎であり，風向が北東であるため矢は北東の向きにかく。表1より風速が3.0〔m/s〕であるため，表2より風力は2であり，矢ばねは2本である。よって，**天気図記号**はイである。

〔問6〕 ヒトの**ヘモグロビン**は，血液中の赤血球に含まれ，酸素の多いところでは酸素と結び付き，**酸素の少ないところでは酸素をはなす性質**がある。

2 **(自由研究－身近な地形や地層・岩石の観察，地層の重なりと過去の様子，化学変化と物質の質量，化学変化：酸化と還元，光と音：光の屈折，自然界のつり合い)**

〔問1〕 **フズリナは古生代の示準化石**であり，**アンモナイトは中生代の示準化石**であるため，地質年代の古いものは石材aに含まれるフズリナの化石である。石材cに含まれる**サンゴの化石**は，その化石を含む地層が堆積した当時の環境を示す**示相化石**である。

〔問2〕 不純物を含まないクジャク石の粉0.20gを加熱すると，酸化銅0.13gと二酸化炭素と水に分解される。**得られた酸化銅に炭素をよく混ぜ加熱すると，酸化銅が還元されて銅が得られるが，このときの銅の質量を求める。**表2より，**銅の質量〔g〕：加熱して得られる酸化銅の質量〔g〕＝4：5，**である。酸化銅0.13gに含まれる銅の質量をxgとすると，x〔g〕：0.13〔g〕＝4：5，x〔g〕＝0.104〔g〕，である。よって，クジャク石の粉0.20gに含まれる銅の割合は，**0.104〔g〕÷0.20〔g〕×100**＝52〔%〕，より，52%である。

〔問3〕 図2の境界面RをR_1とすると，光源装置から出た光が通過するとき**入射角より屈折角が大きくなる境界面は境界面R_1**である。厚さを2倍にした直方体のガラスを点線の枠に合わせて入れ替えた場合は，空気側からガラス側に入射して屈折した光を**厚さが2倍になった境界面R_2まで光の道筋をまっすぐ延長して，境界面R_2で屈折するように作図する**と，直線L上の点Pの位置はTの方向にずれる。

〔問4〕 生態系を構成する生物どうしの数量的な関係は，ピラミッドのような形で表すことができ，**食べられる側の生物の数の方が，食べる側の生物の数よりも多くなる。**生態系Vにおいて生物の数が少ないものから順に並べると，生物w＜x＜y＜z，であるため，図3の③はウの生物yである。

3 （天体の動きと地球の自転・公転：透明半球を用いた太陽の日周経路の観察・北極側から見た地球の自転と太陽の方向に対する地上の方位の変化・地軸の傾きと季節の変化及び緯度の高低による夜の長さ）

〔問1〕 太陽が天頂より南側で子午線（天頂と南北を結ぶ線）を通過するときの太陽の高度が**南中高度**である。高度は**観察者の位置（円の中心O）**で地平線から太陽までの角度で表す。

〔問2〕 2時間ごとに記録した透明半球上の・印のそれぞれの間隔は，どれも等しいため，地球上での**太陽の見かけ上の動く速さは一定**であることが分かる。

〔問3〕 地球上では太陽は見かけ上，①東から西に移動して見える。それは，**地球が北極側から見て反時計回り，④図3ではⅡの方向に自転しているため**である。**東の空に太陽が見えるのは，②点M**の位置であり，**西の空に太陽が見えるのは，③点K**の位置である。

〔問4〕 ＜観察1＞は夏至の頃であり，＜観察2＞は秋分の頃である。図4より，**日の入りの位置は，＜観察1＞を行った日の方が**＜観察2＞を行った日よりも**北寄り**である。＜結果2＞より，＜観察1＞の(4)でかいた曲線の長さの方が，＜観察2＞の(4)でかいた曲線の長さよりも長いため，**昼の長さは＜観察1＞を行った日の方が**＜観察2＞を行った日よりも**長い**。また，地球が公転面に対して23.4°傾けて公転していることにより，**図5は北極点が太陽の方向に傾いているため，夜の長さはX地点の方がY地点よりも長い。**

4 （植物の体のつくりとはたらき：光合成の対照実験・光合成の条件，光の明るさと光合成量・呼吸量の関係，生物と細胞：顕微鏡操作）

〔問1〕 顕微鏡で観察をする準備を行う際に，プレパラートと対物レンズを，最初に，できるだけ近づけるときの手順は，**顕微鏡を横から見ながら，**調節ねじを回してプレパラートと対物レンズを**できるだけ近づける。**対物レンズが20倍で接眼レンズが10倍である顕微鏡の倍率は，20×10＝200〔倍〕，である。

〔問2〕 植物は昼間など，光の当たるときだけ光合成を行うが，呼吸は光が当たるかどうかに関係なく，昼も夜も行われている。よって，左の図は，**光が①十分に当たる**ときであり，植物の**⑤光合成**による**③二酸化炭素**の吸収と**④酸素**の放出が見られるが，右の図の光が②当たらないときには見られない。左右の図に**共通**して見られる**⑥は呼吸**であり，**④酸素**の吸収と**③二酸化炭素**の放出が見られる。**光が強い日中は，光合成によって出入りする気体の量の方が呼吸によって出入りする量より多い**ため，光が当たると光合成だけが行われているように見える。

〔問3〕　オオカナダモAとオオカナダモBは**対照実験**を行うために用意されている。＜結果＞(1)では，オオカナダモの葉AとBの細胞内に緑色の**葉緑体**を観察できた。＜結果＞(2)では，表1から，オオカナダモの葉AとBがヨウ素液に反応しなかったことから，**光が当たらない場所に2日間置いたため**，オオカナダモの葉AとBが作っていた**デンプンはすべてなくなっていたことがわかる。**＜実験＞(5)で，オオカナダモAは光が十分に当たる場所に置き，オオカナダモBはそのペトリ皿を光が当たらないようにアルミはくで覆って，Aと同様に光が十分に当たる場所に置いた。3日後，＜実験＞(7)による＜結果＞(3)表2から，対照実験を行った結果，**光が十分当たる場所に置いたオオカナダモAの葉緑体にのみ，青紫色に染色されたヨウ素液への反応があらわれた**ことから，**光が十分に当たる場所では，オオカナダモの葉の葉緑体で，デンプンが作られる**ことが分かる。

5　**(水溶液：溶質と溶媒・飽和水溶液・溶解度曲線の温度変化にともなう水溶液の濃度の変化・溶質の取り出し，水溶液とイオン：電離・電解質と非電解質)**

〔問1〕　砂糖を水にとかすと，砂糖水ができる。この場合，砂糖のように，とけている物質を**溶質**，水のように，溶質をとかす液体を**溶媒**という。溶質が溶媒にとけた液全体を**溶液**という。溶媒が水である溶液を**水溶液**という。ビーカーBの水溶液の溶質である**塩化ナトリウムは電解質**であるため，蒸留水に溶け，**電離**する。ビーカーCの水溶液の溶質である**砂糖は非電解質**であるため，蒸留水に溶けるが，**電離しない**。

〔問2〕　**水100gに物質を溶かして飽和水溶液にしたとき，溶けた溶質の質量〔g〕の値を溶解度という。資料の溶解度曲線は，溶解度と温度との関係を表している。**＜実験2＞(1)では試験管Aに27℃の蒸留水5gと硝酸カリウム3gを入れたが，水溶液の温度による溶質の溶け方の変化について**溶解度曲線を用いて考察するには，**試験管Aには**27℃の蒸留水100g**を入れ，同じ濃度になるように**硝酸カリウム60g**を加えたとして考察する。**27℃のとき**の溶解度は41であるため，**溶け残る**と考察でき，＜実験2＞の(1)の結果と一致する。**溶解度が60になり，飽和の状態になるのは38℃**である。**27℃から38℃**までは硝酸カリウムが**溶ける質量は少しずつ増加する**ため，**質量パーセント濃度〔%〕は増加**し，**38℃で飽和**して**濃度は最大**になる。**38℃から60℃**まで**水溶液の温度が上昇しても質量パーセント濃度〔%〕は一定**である。

〔問3〕　試験管Bの水溶液の温度を27℃から60℃まで上昇させても，その後，27℃，20℃とゆっくり冷やしても，試験管の中の様子に変化がなかったのは，資料から，**塩化ナトリウムの溶解度は，温度によってほとんど変化しないものである**ためである。

〔問4〕　試験管Bの塩化ナトリウム水溶液の温度が**20℃のとき，溶解度は約38**であり，溶質である塩化ナトリウムの濃度は，**38〔g〕÷(100〔g〕＋38〔g〕)×100≒28〔%〕**，である。水溶液0.35gのうち，**溶質の質量が28%**であるため，**溶媒である水の質量は72%**である。よって，**溶質を全て固体として取り出すために蒸発させる溶媒の質量は，0.35〔g〕×0.72**≒0.25〔g〕，より，約0.25gである。

6　**(力と物体の運動：斜面上での台車の運動，力のつり合いと合成・分解：斜面上の台車に働く力の分解と作用・反作用の法則，力学的エネルギー：位置エネルギーと運動エネルギー，仕事とエネルギー)**

〔問1〕「ばねばかりが糸を引く力」がした**仕事の大きさ〔J〕＝6〔N〕×0.1〔m〕**＝0.6〔J〕である。ばねばかりが糸に引く力(作用)を加えると，同時に，ばねばかりは糸から大きさが同じで逆向きの引く力(反作用)を受ける。よって，「ばねばかりが糸を引く力」を作用としたときの反作用は，「糸がばねばかりを引く力」である。

〔問2〕 ① 記録タイマーは1秒間に50回打点するから，0.1秒間に5回打点する。よって，0.4秒経過するまでの力学台車の平均の速さ〔cm/s〕$=\dfrac{2.2+3.6+5.0+6.4〔\mathrm{cm}〕}{0.4〔\mathrm{s}〕}=43$〔cm/s〕である。

② 0.4秒経過するまでの力学台車の移動距離は，斜面の傾きが図4の10°では17.2cmでありその速さをC，図5の20°では34.4cmでありその速さをDとしたとき，同じ時間でDの移動距離はCの2倍であったため，CとDの比は1：2である。

〔問3〕 斜面を下る力学台車に働く重力の大きさは変わらない。斜面の傾きを大きくしていくほど，重力の斜面に平行な分力は大きくなり，重力の斜面に垂直な分力は小さくなる。

〔問4〕 ① ばねばかりを引きはじめてから25秒経過したときの力学台車の位置エネルギーを比較する。<結果1><実験1>の(1)図1では，力学台車は基準面から10cmの高さであり，<実験1>の(2)図2では，糸を引く速さは，動滑車を使った場合は物体を引く力の大きさが半分になるためか，少し大きくなっているが，25秒間で印が動いた距離は<実験1>の(1)とほぼ同じであると考えると，動滑車を用いたので物体は引いた距離の半分しか上がらないため，力学台車は基準面から約5cmの高さにしかならない。表のデータからは，一定の速さで45秒間引くと力学台車は基準面から10cmの高さになるので，25秒間では，$\dfrac{10〔\mathrm{cm}〕\times 25〔\mathrm{s}〕}{45〔\mathrm{s}〕}\fallingdotseq 5.6$〔cm〕，と計算できる。よって，力学台車の位置エネルギーの大きさは，<実験1>の(1)の方が大きい。 ② 運動エネルギーは力学台車の速さが速いほど大きく，〔問2〕から力学台車の速さは斜面の角度が大きい方が速いため，<実験2>の(4)の方が大きい。

<社会解答>

1 〔問1〕 B イ　C エ　D ウ　E ア　〔問2〕 エ　〔問3〕 ウ

2 〔問1〕 (略地図中のA～D) C　(Ⅱのア～エ) イ　〔問2〕 P ア　Q ウ　R エ　S イ　〔問3〕 (略地図中のW～Z) Z　(ⅠとⅡのア～エ) ア

3 〔問1〕 A ウ　B イ　C ア　D エ　〔問2〕 (Ⅰのア～エ) ア　(略地図中のW～Z) W　〔問3〕 自動車を利用しなくても，公共交通を利用することで，日常生活に必要な機能が利用できる。

4 〔問1〕 エ→ア→イ→ウ　〔問2〕 太平洋のみを通る経路と，日本海と太平洋を通る経路で，寄港地では積荷の点検などを行い，江戸に輸送すること。　〔問3〕 A ウ　B エ　C ア　D イ　〔問4〕 A ア　B イ　C エ　D ウ

5 〔問1〕 イ　〔問2〕 (ⅠのA～D) C　(ア～エ) ウ　〔問3〕 エ　〔問4〕 投票権年齢，選挙権年齢，成年年齢を満18歳以上とし，社会への参加時期を早め，若年者が将来の国づくりの中心として積極的な役割を果たすこと。

6 〔問1〕 A イ　B ア　C ウ　D エ　〔問2〕 ウ　〔問3〕 ア

<社会解説>

1 (地理的分野—日本地理－地形図の見方，歴史的分野—日本史時代別－鎌倉時代から室町時代，—日本史テーマ別－法律史，公民的分野—国の政治の仕組み)

〔問1〕 B地点　地形図によれば，B地点からC地点に向かうと，すぐに鉄道との立体交差を通過す

る。B地点はイである。　C地点　C地点からD地点の長さは，地形図上では2cm弱である。この地形図の**縮尺**は，2万5千分の1である。それにより，実際の距離を計算すれば，2.0(cm)×25,000＝50,000(cm)＝約500(m)である。説明文の470mとほぼ合致する。C地点はエである。　D地点　D地点は丁(てい)字形の交差点であり，進行する方向には道の両側に住宅地が見られる。D地点はウである。　E地点　E地点からF地点に向かうには，鉄道の上を道路が通る立体交差があるとの説明文があり，地形図と合致する。E地点はアである。

〔問2〕 **中世**から**近世**へ移り変わるころには，**下剋上**の風潮が強まり，実力のあるものが上の者を倒して**戦国大名**へとのし上がって行った。**戦国大名**が，自分の領国を治めるために制定したのが，**分国法**である。分国法の内容としては，家臣の統制など具体的なものが多い。家臣間の争いを禁じた**喧嘩両成敗**の規定が多くの分国法に見られる。分国法としては，今川氏の今川仮名目録，武田氏の甲州法度などが有名である。なお，アの**御成敗式目**は，1232年に鎌倉幕府によって定められたもの，イの**大宝律令**は，701年に朝廷によって定められたもの，ウの**武家諸法度**は江戸時代に幕府によって定められたものである。

〔問3〕 **日本国憲法**第54条によって定められる，**衆議院**の解散による衆議院議員総選挙後の30日以内に召集しなければならない国会を，**特別会**または**特別国会**という。特別国会が召集されると，日本国憲法第67条にあるように，「内閣総理大臣を，国会議員の中から国会の議決で，これを指名する。この指名は，他のすべての案件に先だって，これを行う。」ことになっている。

2 **(地理的分野―世界地理－気候・人々のくらし・産業・貿易)**

〔問1〕 まず，A～Dの国・都市を確定する。Aはタイの首都バンコク，Bはサウジアラビアの首都リャド，Cはエチオピアの首都アディスアベバ，Dはポーランドの首都ワルシャワである。Ⅰの文章は，「標高2350m」「コーヒーの生産量世界第5位」との記述から，エチオピアの首都アディスアベバだとわかる。解答はCである。アディスアベバは，**標高**2000m以上の高地にあるため，年間を通して最高気温25℃前後，最低気温15℃前後である。**降雨量**は**小雨季**(2月～5月)，**大雨季**(6月～9月)，**乾季**(10月～1月)に分かれるが，全体として降雨量は多くはない。Ⅱの中では，イの**雨温図**がアディスアベバを表している。

〔問2〕 まず，P～Sの国を確定する。Pはメキシコ，Qはフィジー，Rはバングラデシュ，Sはイタリアである。アは，「**とうもろこし**が主食であり，(中略)生地に具材を挟んだ料理などが食べられている。」(この料理はトルティーヤである)との記述からPのメキシコであるとわかる。イは，地中海性気候を生かした**農業**を行うSのイタリアについての説明であるとわかる。冬は気温10度前後で，雨が少なく，夏は気温が高く，雨がほとんど降らないのが，**地中海性気候**の特徴である。地中海沿岸部では，気候を生かして，夏は乾燥に強いオレンジやオリーブやぶどうなどの作物を栽培し，冬は北部を中心に小麦を栽培している。ウは，「**タロイモ**が主食であり」「バナナの葉に様々な食材と共にタロイモを包んで蒸した料理(以下略)」との記述から，Qのフィジーであるとわかる。エは，**雨季**の降水に依存して米を大量に生産し，米を主食とするところから，Rのバングラデシュであるとわかる。上記により，正しい組み合わせは，Pア・Qウ・Rエ・Sイとなる。

〔問3〕 まず，W～Zの国を確定する。Wはウルグアイ，Xはマレーシア，Yは南アフリカ共和国，Zはオランダである。Ⅲの文章の「ポルダー」とは，低湿地の干拓によって造成した土地のことを言い，普通はオランダやベルギーの干拓地のことを指す。したがって，Ⅲの文章で述べている国は，Zのオランダである。また，オランダは，2001年から2019年で輸出額は3倍以上となり，輸出額では世界第5位となっている。輸出相手国は**EU**加盟国が多くを占めている。Ⅰ表・Ⅱ表では，アである。

3 (地理的分野―日本地理－地形・農林水産業・気候・工業・交通)

〔問1〕 まず，A～Dの県を確定する。Aは秋田県，Bは静岡県，Cは奈良県，Dは鹿児島県である。次にア～エの県を確定する。アは，「国内有数の多雨地域」「古くから林業が営まれ，高品質な杉などが生産されている」等の文から，吉野杉の産地であるCの奈良県であるとわかる。イは，「北側の3000m級の山々」が**南アルプス**を指すところから，静岡県であるとわかる。また，「国内有数の茶の生産量」との記述からも，イが静岡県であるとわかる。ウは，文中の河川が秋田県の雄物川を指す。日本海側に位置するため，夏の「**やませ**」による冷害の影響を受けにくく，「あきたこまち」等の**銘柄米**が生産されていることから，秋田県であることがわかる。エは，二つの半島が大隅半島と薩摩半島であり，この二つの半島に囲まれているのが**活火山**の桜島である。**牧畜**が盛んであることからも，エが鹿児島県であることがわかる。上記により，正しい組み合わせは，Aウ・Bイ・Cア・Dエとなる。

〔問2〕 まず，W～Zの県を確定する。Wは千葉県，Xは愛知県，Yは兵庫県，Zは広島県である。ア～エのうち，人口に占める他の都道府県への従業・通学者の割合が1割以上となっているのは，アの千葉県である。また，国内最大規模の**石油コンビナート**を有するのは，京葉工業地域の千葉県である。Ⅱの文章に当てはまるのは，アである。千葉県は，上記で明らかなように，略地図中のW～Zのうち，Wに当たる。

〔問3〕 徒歩で利用できるところに，食品スーパー・福祉施設等の機能をそろえ，また，徒歩圏外のところでも，自動車でなく，電車やバスなどの**公共交通**を利用して，行政サービス・病院など日常生活に必要な機能が利用できるようになる。上記のような趣旨を簡潔にまとめて解答すればよい。

4 (歴史的分野―日本史時代別－古墳時代から平安時代・鎌倉時代から室町時代・安土桃山時代から江戸時代・明治時代から現代，―日本史テーマ別－文化史・政治史・経済史・外交史・社会史)

〔問1〕 ア **桓武天皇**が，混乱した政治を立て直すことを目的に，都を京都に移したのは，794年のことである。　イ **鎌倉幕府**の将軍を補佐する第五代**執権北条時頼**は，有力な御家人を退ける一方，**建長寺**を建立した。建長寺の建立は1253年である。　ウ **室町幕府**の三代将軍**足利義満**が明に使者を派遣し，**勘合貿易**を始めたのは1404年である。　エ **隋**から帰国した留学生を**国博士**とし，645年に始まる**大化改新**の改革に取り組ませたのは，**中大兄皇子**(のちの**天智天皇**)である。したがって，時代の古い順に並べると，エ→ア→イ→ウとなる。

〔問2〕 江戸前期の17世紀に，**河村瑞賢**は奥州荒浜から太平洋のみを通り江戸に至る**東回り航路**と，出羽酒田から日本海・瀬戸内海を通って，太平洋に出て江戸に至る**西回り航路**の両者を整えた。寄港地では積荷の点検などを行い，**年貢米**や各地の特産品を江戸に輸送することを実現した。以上の趣旨を簡潔にまとめて記せばよい。

〔問3〕 ア 四日市港は**日英通商航海条約**により，1899年に開港地に指定された。　イ 東京港では**関東大震災後**に復旧工事が行われ，震災の2年後の1925年に日の出ふ頭が完成した。　ウ 函館港は**日米和親条約**により1854年に開港され，薪・水・食糧の補給地となった。　エ 熊本の三角港は，**西南戦争**10年後の1887年にオランダ人技術者の設計により造成され，開港された。よって，略年表と照らし合わせれば，Aウ・Bエ・Cア・Dイとなる。

〔問4〕 ア 1951年に**サンフランシスコ平和条約**が結ばれ，特に海上貿易(輸入)の増加がみられた。　イ エネルギー源が**石炭**から**石油**へ転換する**エネルギー革命**が起こったのは1950年代以降である。　ウ 米ソ首脳が**マルタ島**で会談し，**冷戦終結**を宣言したのが，1989年のことであり，一時的に海上貿易量の減少がみられた。　エ 二度にわたる石油価格の急激な上昇とは，1973年の第一次石油危機と1979年の**第二次石油危機**のことを指す。この時期には海上貿易量の増加がみられた。したがって，正しい組み合わせは，Aア・Bイ・Cエ・Dウとなる。

5 （公民的分野―基本的人権・財政・国際社会との関わり・民主主義）

〔問1〕 アは，**日本国憲法**第25条の条文であり，**社会権**の中の**生存権**である。ウは，憲法第38条の条文であり，**自由権**の中の**身体の自由**である。エは，憲法第32条の条文であり，**請求権**である。残されたイが，憲法第14条に示された**平等権**である。

〔問2〕 ⅠのAは**法人税**，Bが**所得税**，Cが**消費税**，Dが**公債金**である。Ⅱの文章で説明されているのは消費税であり，Cである。また，ア・イ・ウ・エのうち，アは公債金，イは所得税，エは法人税についての説明である。消費税を正しく説明しているのは，ウである。消費税は，1989年に導入された。**3%→5%→8%→10%**と税率が変更されるにしたがって，税収が増えてきた。消費税は，年収が低いほど，税負担の割合が高いという**逆進性**がある。

〔問3〕 2015年にニューヨークで開催された「**国連持続可能な開発に関するサミット**」において採択された世界共通の17の目標が，**持続可能な開発目標（SDGs）**である。目標の例をあげれば「貧困をなくそう」「飢餓をゼロに」「質の高い教育をみんなに」「ジェンダー平等を実現しよう」「エネルギーをみんなに　そしてクリーンに」「気候変動に具体的な対策を」など，世界の様々な問題を根本的に解決し，すべての人たちにとってより良い世界をつくるために設定されたものである。時期はエである。

〔問4〕 **投票権年齢**，**選挙権年齢**，**成年年齢**をそれぞれ満20歳から満18歳以上へと引き下げることにより，政治・社会への参加時期を2年間早めることが実現されてきた。これにより，若年者自らが大人であることを自覚し，自分の考えを持ち，他者と協議し，社会に参画して積極的に合意形成に努め，若年者が将来の国づくりの中心として積極的な役割を果たすことが期待されている。上記のような趣旨のことを簡潔にまとめて解答すればよい。

6 （歴史的分野―日本史時代別－明治時代から現代，―日本史テーマ別－文化史，―世界史－経済史・政治史）

〔問1〕 はじめに，A～Dの国を確定する。Aはドイツ，Bはフランス，Cはイギリス，Dはガーナである。1789年に**市民革命**が起こったのはフランスであり，アの**黒田清輝**は1880年代から1890年代にかけてこの国に留学して，**洋画**を学んだ。1871年に統一されたのはドイツであり，イの**森鷗外**は1884年から1888年まで留学し，**細菌学**を学んだ。1902年に日本と**日英同盟**を結んだのはイギリスであり，ウの**夏目漱石**は1900年から1902年までイギリスに留学し，英文学を学んだ。現在のガーナにあたる西アフリカで，1927年から1928年にかけて，エの**野口英世**は**黄熱病**の研究に努めた。したがって，正しい組み合わせは，Aイ・Bア・Cウ・Dエである。

〔問2〕 2008年9月に，**アメリカ合衆国**の投資銀行である**リーマン・ブラザーズ**が破綻したことに端を発して，**リーマン・ショック**といわれる**世界金融危機**が発生した。日本でも大幅に景気が後退し，**実質経済成長率**はマイナスとなった。リーマンショックに対処するため，同年11月にワシントンで第一回**G20サミット**が開催された。このG20は，各国の**首脳**（大統領・首相・国王・国家主席等）のみが集まる初めての国際会議として開催された。正解はウである。

〔問3〕 19世紀までにヨーロッパ諸国により**植民地**とされていたアフリカ各地で，**第二次世界大戦**後に**独立運動**が活発になり，1960年前後に一斉に独立を達成した。特に1960年は，17か国が独立をし，「**アフリカの年**」といわれる。これらの独立をした国々が**国際連合**に加盟したために，1960年前後はアフリカ州の国々の加盟国数が急激に増えた。Ⅱの文章は，アフリカ州について述べている。Ⅰのグラフのうち，1960年前後に国連加盟国数が急激に増えているのはアであり，アフリカ州がアである。

2024年度英語　リスニングテスト

〔放送台本〕

これから，リスニングテストを行います。リスニングテストは，全て放送による指示で行います。リスニングテストの問題には，問題Aと問題Bの二つがあります。問題Aと，問題Bの<Question 1>では，質問に対する答えを選んで，その記号を答えなさい。問題Bの<Question 2> では，質問に対する答えを英語で書きなさい。英文とそのあとに出題される質問が，それぞれ全体を通して二回ずつ読まれます。問題用紙の余白にメモをとってもかまいません。答えは全て解答用紙に書きなさい。

〔問題A〕

問題Aは，英語による対話文を聞いて，英語の質問に答えるものです。ここで話される対話文は全部で三つあり，それぞれ質問が一つずつ出題されます。質問に対する答えを選んで，その記号を答えなさい。では，＜対話文1＞を始めます。

Tom: Satomi, I heard you love dogs.
Satomi: Yes, Tom. I have one dog. How about you?
Tom: I have two dogs. They make me happy every day.
Satomi: My dog makes me happy, too. Our friend, Rina also has dogs. I think she has three.
Tom: Oh, really?
Satomi: Yes. I have an idea. Let's take a walk with our dogs this Sunday. How about at four p.m.?
Tom: OK. Let's ask Rina, too. I can't wait for next Sunday.

Question: How many dogs does Tom have?

＜対話文2＞を始めます。

John: Our grandfather will be here soon. How about cooking spaghetti for him, Mary?
Mary: That's a nice idea, John.
John: Good. We can use these tomatoes and onions. Do we need to buy anything?
Mary: We have a lot of vegetables. Oh, we don't have cheese.
John: OK. Let's buy some cheese at the supermarket.
Mary: Yes, let's.
John: Should we buy something to drink, too?
Mary: I bought some juice yesterday. So, we don't have to buy anything to drink.

Question: What will John and Mary buy at the supermarket?

＜対話文3＞を始めます。

Jane: Hi, Bob, what are you going to do this weekend?
Bob: Hi, Jane. I'm going to go to the stadium to watch our school's baseball game on Sunday afternoon.
Jane: Oh, really? I'm going to go to watch it with friends, too. Can we go to the stadium together?
Bob: Sure. Let's meet at Momiji Station. When should we meet?
Jane: The game will start at two p.m. Let's meet at one thirty at the station.
Bob: Well, why don't we eat lunch near the station before then?
Jane: That's good. How about at twelve?
Bob: That's too early.
Jane: OK. Let's meet at the station at one.
Bob: Yes, let's do that.

Question: When will Jane and Bob meet at Momiji Station?
これで問題Aを終わり，問題Bに入ります。

〔英文の訳〕
〔問題A〕
＜対話文1＞
トム　：サトミ，あなたは犬が大好きだと聞きましたよ。
サトミ：はい，トム。私は犬を1匹飼っています。あなたは？
トム　：私は2匹飼っています。彼らは毎日私を幸せにしてくれます。
サトミ：私の犬も私を幸せにしてくれます。友達のリナも犬を飼っています。彼女は3匹飼っていると思います。
トム　：へえ，本当に？
サトミ：はい。考えがあります。この日曜日に一緒に犬を散歩しましょう。午後の4時はどうですか？
トム　：オーケー。リナにも聞きましょう。次の日曜日が待ちきれません。
質問：トムは何匹の犬を飼っていますか？
答え：イ　2匹。
＜対話文2＞
ジョン　：おじいちゃんがもうすぐここに来るよ。彼にスパゲッティを作るのはどうだろう，メアリー？
メアリー：それはいいアイディアね，ジョン。
ジョン　：いいね。このトマトと玉ねぎを使えるね。何か買う必要あるかな？
メアリー：野菜はたくさんあるね。ああ，チーズがないよ。
ジョン　：オーケー。スーパーでチーズを買おう。
メアリー：うん，そうしよう。
ジョン　：何か飲み物も買うべきかな？
メアリー：昨日ジュースを買ったよ。だから飲み物を買う必要はないよ。
質問：ジョンとメアリーはスーパーで何を買いますか？

答え：ウ　チーズ。

＜対話文3＞

ジェイン：こんにちは，ボブ。この週末は何をするつもりですか？

ボブ　　：こんにちは，ジェイン。日曜日の午後に学校の野球の試合を見にスタジアムに行くつもりです。

ジェイン：あら，本当？　私も友達と一緒に行くつもりです。一緒にスタジアムへ行ってもいいですか？

ボブ　　：もちろん。モミジ駅で会いましょう。いつ会いましょうか？

ジェイン：試合は午後2時に始まります。1時半に駅で会いましょう。

ボブ　　：ええと，その前に駅のそばでランチを食べるのはどうですか？

ジェイン：それはいいですね。12時はどうですか？

ボブ　　：それは早すぎます。

ジェイン：オーケー。じゃあ1時に駅で会いましょう。

ボブ　　：はい，そうしましょう。

質問：ジェインとボブはいつモミジ駅で会いますか？

答え：エ　1時。

〔放送台本〕

〔問題B〕

これから聞く英語は，ある動物園の来園者に向けた説明です。内容に注意して聞きなさい。あとから，英語による質問が二つ出題されます。<Question 1> では，質問に対する答えを選んで，その記号を答えなさい。<Question 2> では，質問に対する答えを英語で書きなさい。なお，<Question 2>のあとに，15 秒程度，答えを書く時間があります。では，始めます。

Good morning everyone. Welcome to Tokyo Chuo Zoo. We have special news for you. We have a new rabbit. It's two months old. It was in a different room before. But one week ago, we moved it. Now you can see it with other rabbits in "Rabbit House." You can see the rabbit from eleven a.m. Some rabbits are over one year old. They eat vegetables, but the new rabbit doesn't.

In our zoo, all the older rabbits have names. But the new one doesn't. We want you to give it a name. If you think of a good one, get some paper at the information center and write the name on it. Then put the paper into the post box there. Thank you.

<Question 1>　How old is the new rabbit?

<Question 2>　What does the zoo want people to do for the new rabbit?

〔英文の訳〕

〔問題B〕

みなさん，おはようございます。東京中央動物園へようこそ。みなさんに特別なニュースがあります。新しいウサギがいます。生後2か月のウサギです。以前は違う部屋にいました。しかし1週間前に移動しました。「ウサギハウス」で他のウサギと一緒にそのウサギを見ることができます。午前11時からそのウサギを見ることができます。1歳以上のウサギもいます。彼らは野菜を食べますが，その新しいウサギは食べません。

私たちの動物園では全ての年上のウサギには名前があります。しかしその新しいウサギには名前がありません。みなさんにそのウサギに名前をつけてもらいたいです。いい名前を思いついたら，インフォメーションセンターで紙をもらってそれに名前を書いてください。そしてそこにあるポストボックスに紙を入れてください。ありがとうございました。

質問1：新しいウサギは何歳ですか？

答え　：ア　生後2か月。

質問2：動物園は新しいウサギのために人々に何をしてもらいたいですか？

答え　：(例)それに名前をつけること。

MEMO

大切なことはメモしておこうネ！

東京都公立高等学校

2023年度

★★★★★★★★★★★★★★★★★★★★★★★

共通問題（理科・社会）

2023年度

●くわしい解説……29ページ

＜理科＞

時間　50分　　満点　100点

1　次の各問に答えよ。

〔問1〕　次のA～Fの生物を生産者と消費者とに分類したものとして適切なのは，下の表の**ア**～**エ**のうちではどれか。

A　エンドウ　　B　サツマイモ　　C　タカ　　D　ツツジ　　E　バッタ　　F　ミミズ

	生産者	消費者
ア	A，B，D	C，E，F
イ	A，D，F	B，C，E
ウ	A，B，E	C，D，F
エ	B，C，D	A，E，F

〔問2〕　図1の岩石Aと岩石Bのスケッチは，一方が玄武岩であり，もう一方が花こう岩である。岩石Aは岩石Bより全体的に白っぽく，岩石Bは岩石Aより全体的に黒っぽい色をしていた。岩石Aと岩石Bのうち玄武岩であるものと，玄武岩のでき方とを組み合わせたものとして適切なのは，下の表の**ア**～**エ**のうちではどれか。

図1

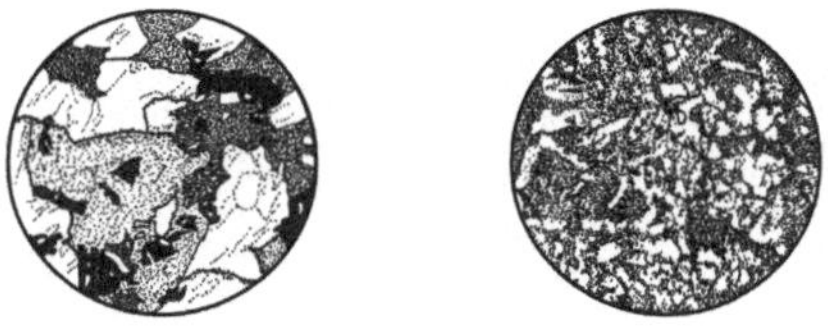

岩石A　　岩石B

	玄武岩	玄武岩のでき方
ア	岩石A	マグマがゆっくりと冷えて固まってできた。
イ	岩石A	マグマが急激に冷えて固まってできた。
ウ	岩石B	マグマがゆっくりと冷えて固まってできた。
エ	岩石B	マグマが急激に冷えて固まってできた。

〔問3〕　図2のガスバーナーに点火し，適正な炎の大きさに調整したが，炎の色から空気が不足していることが分かった。炎の色を青色の適正な状態にする操作として適切なのは，あとの**ア**～**エ**のうちではどれか。

図2

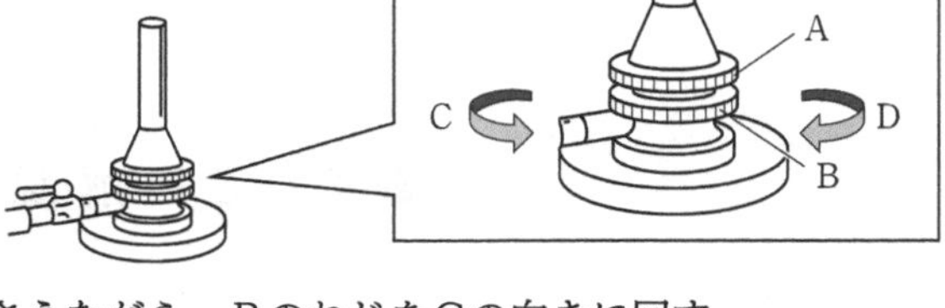

ア　Aのねじを押さえながら，Bのねじを Cの向きに回す。

イ　Aのねじを押さえながら，BのねじをDの向きに回す。
ウ　Bのねじを押さえながら，AのねじをCの向きに回す。
エ　Bのねじを押さえながら，AのねじをDの向きに回す。

〔問4〕　図3のように，凸レンズの二つの焦点を通る一直線上に，物体（光源付き），凸レンズ，スクリーンを置いた。

凸レンズの二つの焦点を通る一直線上で，スクリーンを矢印の向きに動かし，凸レンズに達する前にはっきりと像が映る位置に調整した。図3のA点，B点のうちはっきりと像が映るときのスクリーンの位置と，このときスクリーンに映った像の大きさについて述べたものとを組み合わせたものとして適切なのは，下の表の**ア**～**エ**のうちではどれか。

図3

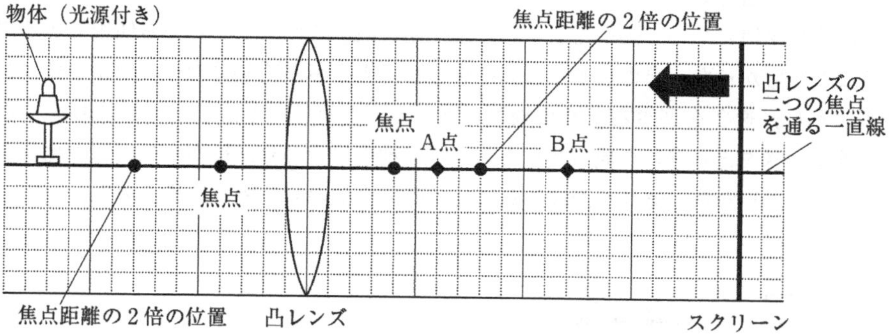

	スクリーンの位置	スクリーンに映った像の大きさについて述べたもの
ア	A点	物体の大きさと比べて，スクリーンに映った像の方が大きい。
イ	A点	物体の大きさと比べて，スクリーンに映った像の方が小さい。
ウ	B点	物体の大きさと比べて，スクリーンに映った像の方が大きい。
エ	B点	物体の大きさと比べて，スクリーンに映った像の方が小さい。

〔問5〕　次のA～Dの物質を化合物と単体とに分類したものとして適切なのは，次の表の**ア**～**エ**のうちではどれか。

A　二酸化炭素
B　水
C　アンモニア
D　酸素

	化合物	単体
ア	A，B，C	D
イ	A，B	C，D
ウ	C，D	A，B
エ	D	A，B，C

〔問6〕　図4はアブラナの花の各部分を外側にあるものからピンセットではがし，スケッチしたものである。図4のA～Dの名称を組み合わせたものとして適切なのは，次のページの表の**ア**～**エ**のうちではどれか。

図4

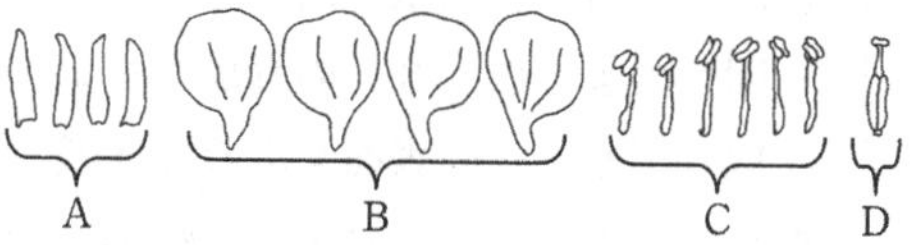

	A	B	C	D
ア	がく	花弁	めしべ	おしべ
イ	がく	花弁	おしべ	めしべ
ウ	花弁	がく	おしべ	めしべ
エ	花弁	がく	めしべ	おしべ

2　生徒が，南極や北極に関して科学的に探究しようと考え，自由研究に取り組んだ。生徒が書いたレポートの一部を読み，次の各問に答えよ。

＜レポート１＞　雪上車について

雪上での移動手段について調べたところ，南極用に設計され，－60℃でも使用できる雪上車があることが分かった。その雪上車に興味をもち，大きさが約40分の１の模型を作った。

図１のように，速さを調べるために模型に旗（◀）を付け，１ｍごとに目盛りをつけた７ｍの直線コースを走らせた。旗（◀）をスタート地点に合わせ，模型がスタート地点を出発してから旗（◀）が各目盛りを通過するまでの時間を記録し，表１にまとめた。

図１

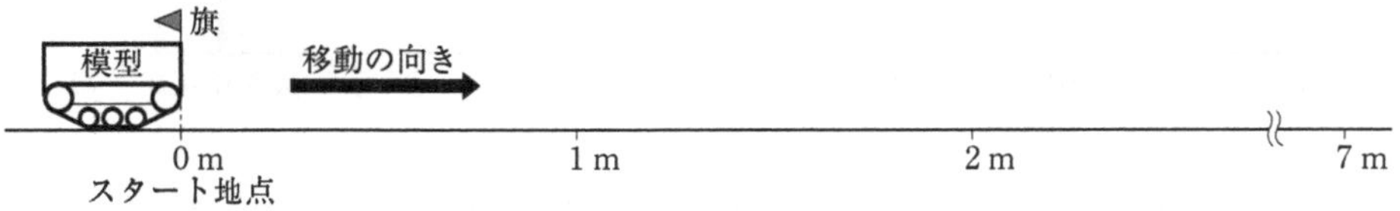

表１

移動した距離〔m〕	0	1	2	3	4	5	6	7
通過するまでの時間〔秒〕	0	19.8	40.4	61.0	81.6	101.7	122.2	143.0

〔問１〕　＜レポート１＞から，模型の旗（◀）が２ｍ地点を通過してから６ｍ地点を通過するまでの平均の速さを計算し，小数第三位を四捨五入したものとして適切なのは，次のうちではどれか。

ア　0.02m／s　　**イ**　0.05m／s　　**ウ**　0.17m／s　　**エ**　0.29m／s

＜レポート２＞　海氷について

北極圏の海氷について調べたところ，海水が凍ることで生じる海氷は，海面に浮いた状態で存在していることや，海水よりも塩分の濃度が低いことが分かった。海氷ができる過程に興味をもち，食塩水を用いて次のようなモデル実験を行った。

図２のように，３％の食塩水をコップに入れ，液面上部から冷却し凍らせた。凍った部分を取り出し，その表面を取り除き残った部分を二つに分けた。その一つを溶かし食塩の濃度を測定したところ，0.84％であった。また，もう一つを３％の食塩水に入れたところ浮いた。

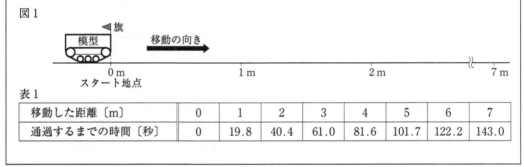

図２

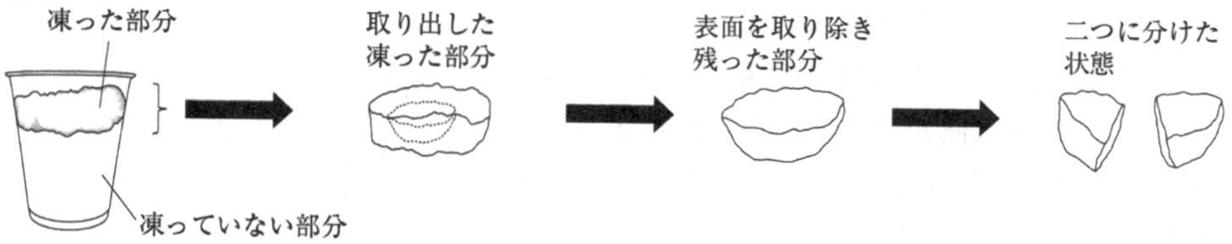

〔問２〕 **＜レポート２＞**から，「３％の食塩水100ｇに含まれる食塩の量」に対する「凍った部分の表面を取り除き残った部分100ｇに含まれる食塩の量」の割合として適切なのは，下の ① の**ア**と**イ**のうちではどれか。また，「３％の食塩水の密度」と「凍った部分の表面を取り除き残った部分の密度」を比べたときに，密度が大きいものとして適切なのは，下の ② の**ア**と**イ**のうちではどれか。ただし，凍った部分の表面を取り除き残った部分の食塩の濃度は均一であるものとする。

① **ア**　約13％　　**イ**　約28％

② **ア**　３％の食塩水　　**イ**　凍った部分の表面を取り除き残った部分

＜レポート３＞　生物の発生について

水族館で，南極海に生息している図３のようなナンキョクオキアミの発生に関する展示を見て，生物の発生に興味をもった。発生の観察に適した生物を探していると，近所の池で図４の模式図のようなカエル（ニホンアマガエル）の受精卵を見付けたので持ち帰り，発生の様子をルーペで継続して観察したところ，図５や図６の模式図のように，細胞分裂により細胞数が増えていく様子を観察することができた。なお，図５は細胞数が２個になった直後の胚《はい》を示しており，図６は細胞数が４個になった直後の胚を示している。

図３

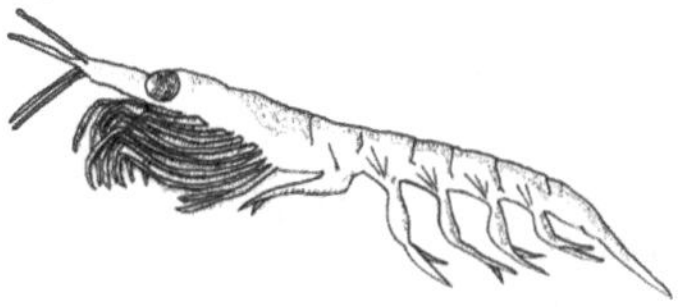

図４

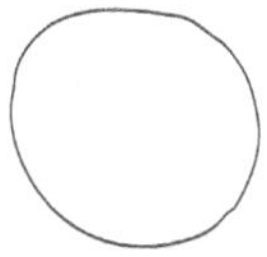

図５

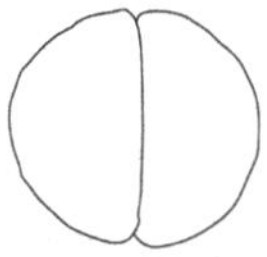

図６

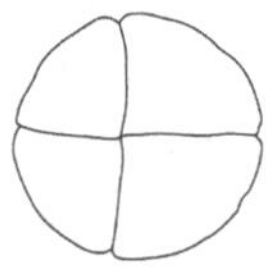

〔問３〕 **＜レポート３＞**の図４の受精卵の染色体の数を24本とした場合，図５及び図６の胚に含まれる合計の染色体の数として適切なのは，次の表の**ア**～**エ**のうちではどれか。

	図５の胚に含まれる合計の染色体の数	図６の胚に含まれる合計の染色体の数
ア	12本	6本
イ	12本	12本
ウ	48本	48本
エ	48本	96本

＜レポート４＞　北極付近での太陽の動きについて

北極付近での天体に関する現象について調べたところ，1日中太陽が沈まない現象が起きることが分かった。１日中太陽が沈まない日に北の空を撮影した連続写真には，図７のような様子が記録されていた。

地球の公転軌道を図８のように模式的に表した場合，図７のように記録された連続写真は，図８のAの位置に地球があるときに撮影されたことが分かった。

図７

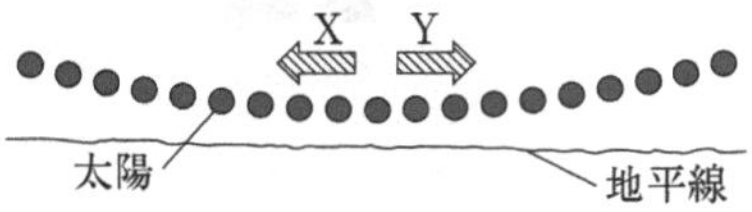

図８

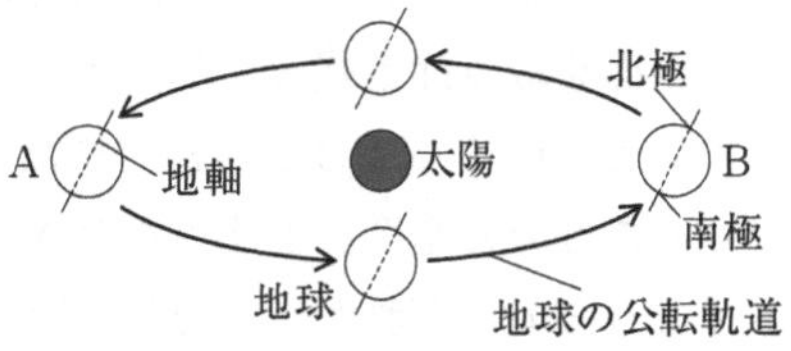

〔問４〕　**＜レポート４＞**から，図７のXとYのうち太陽が見かけ上動いた向きと，図８のAとBのうち日本で夏至となる地球の位置とを組み合わせたものとして適切なのは，次の表の**ア**～**エ**のうちではどれか。

	図７のXとYのうち太陽が見かけ上動いた向き	図８のAとBのうち日本で夏至となる地球の位置
ア	X	A
イ	X	B
ウ	Y	A
エ	Y	B

3　露点及び雲の発生に関する実験について，次の各問に答えよ。

＜実験１＞を行ったところ，次のページの**＜結果１＞**のようになった。

＜実験１＞

⑴　ある日の午前10時に，あらかじめ実験室の室温と同じ水温にしておいた水を金属製のコップの半分くらいまで入れ，温度計で金属製のコップ内の水温を測定した。

⑵　図１のように，金属製のコップの中に氷水を少しずつ加え，水温が一様になるようにガラス棒でかき混ぜながら，金属製のコップの表面の温度が少しずつ下がるようにした。

⑶　金属製のコップの表面に水滴が付き始めたときの金属製のコップ内の水温を測定した。

⑷　**＜実験１＞**の⑴～⑶の操作を同じ日の午後６時にも行った。

図１

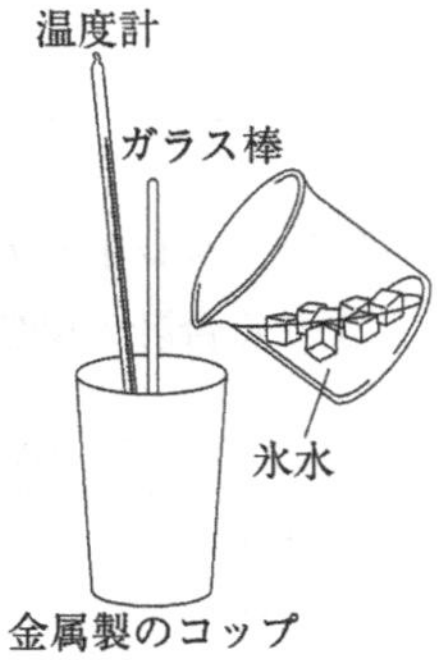

なお，この実験において，金属製のコップ内の水温とコップの表面付近の空気の温度は等しいものとし，同じ時刻における実験室内の湿度は均一であるものとする。

＜結果１＞

	午前10時	午後６時
＜実験１＞の(1)で測定した水温〔℃〕	17.0	17.0
＜実験１＞の(3)で測定した水温〔℃〕	16.2	12.8

〔問１〕　**＜実験１＞**の(2)で，金属製のコップの表面の温度が少しずつ下がるようにしたのはなぜか。簡単に書け。

〔問２〕　図２は，気温と飽和水蒸気量の関係をグラフに表したものである。

図２

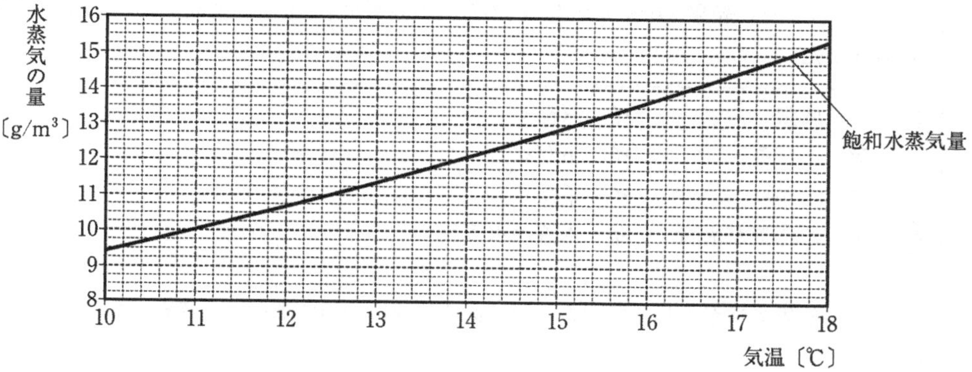

＜結果１＞から，午前10時の湿度として適切なのは，下の ① のアとイのうちではどれか。また，午前10時と午後６時の実験室内の空気のうち，１ m^{3}に含まれる水蒸気の量が多い空気として適切なのは，下の ② のアとイのうちではどれか。

①　**ア**　約76%　　　**イ**　約95%

②　**ア**　午前10時の実験室内の空気　　**イ**　午後６時の実験室内の空気

次に**＜実験２＞**を行ったところ，次のページの**＜結果２＞**のようになった。

＜実験２＞

(1)　丸底フラスコの内部をぬるま湯でぬらし，線香のけむりを少量入れた。

(2)　図３のように，ピストンを押し込んだ状態の大型注射器とデジタル温度計を丸底フラスコに空気がもれないようにつなぎ，装置を組み立てた。

(3)　大型注射器のピストンをすばやく引き，すぐに丸底フラスコ内の様子と丸底フラスコ内の温度の変化を調べた。

(4)　**＜実験２＞**の(3)の直後，大型注射器のピストンを元の位置まですばやく押し込み，すぐに丸底フラスコ内の様子と丸底フラスコ内の温度の変化を調べた。

図３

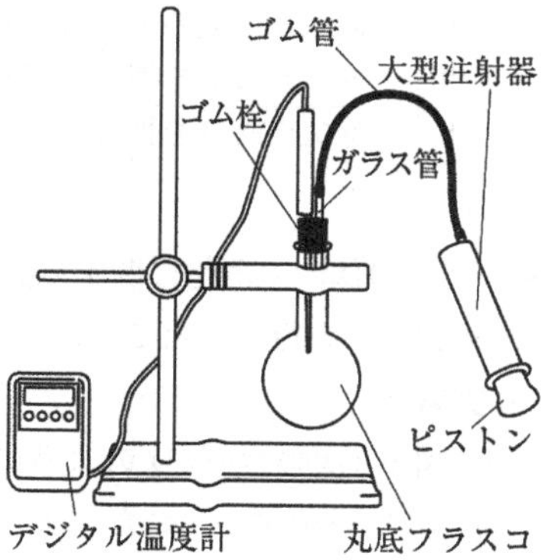

＜結果２＞

	＜実験２＞の(3)の結果	＜実験２＞の(4)の結果
丸底フラスコ内の様子	くもった。	くもりは消えた。
丸底フラスコ内の温度	26.9℃から26.7℃に変化した。	26.7℃から26.9℃に変化した。

〔問３〕　＜結果２＞から分かることをまとめた次の文章の ① ～ ④ にそれぞれ当てはまるものとして適切なのは，下のアとイのうちではどれか。

> ピストンをすばやく引くと，丸底フラスコ内の空気は ① し丸底フラスコ内の気圧は ② 。その結果，丸底フラスコ内の空気の温度が ③ ，丸底フラスコ内の ④ に変化した。

① ア　膨張　　イ　収縮
② ア　上がる　　イ　下がる
③ ア　上がり　　イ　下がり
④ ア　水蒸気が水滴　　イ　水滴が水蒸気

さらに，自然界で雲が生じる要因の一つである前線について調べ，＜資料＞を得た。

＜資料＞

次の文章は，日本のある場所で寒冷前線が通過したときの気象観測の記録について述べたものである。

> 午前６時から午前９時までの間に，雨が降り始めるとともに気温が急激に下がった。この間，風向は南寄りから北寄りに変わった。

〔問４〕　＜資料＞から，通過した前線の説明と，前線付近で発達した雲の説明とを組み合わせたものとして適切なのは，次の表のア～エのうちではどれか。

	通過した前線の説明	前線付近で発達した雲の説明
ア	暖気が寒気の上をはい上がる。	広い範囲に長く雨を降らせる雲
イ	暖気が寒気の上をはい上がる。	短時間に強い雨を降らせる雲
ウ	寒気が暖気を押し上げる。	広い範囲に長く雨を降らせる雲
エ	寒気が暖気を押し上げる。	短時間に強い雨を降らせる雲

4　ヒトの体内の消化に関する実験について，次の各問に答えよ。

＜実験＞を行ったところ，＜結果＞のようになった。

＜実験＞

(1)　図１（次のページ）のように，試験管Ａ，試験管Ｂ，試験管Ｃ，試験管Ｄに0.5％のデンプン溶液を５㎤ずつ入れた。また，試験管Ａ，試験管Ｃには唾液を１㎤ずつ入れ，試験管Ｂ，試験管Ｄには水を１㎤ずつ入れた。

(2)　図２（次のページ）のように，試験管Ａ，試験管Ｂ，試験管Ｃ，試験管Ｄを約40℃に保った水に10分間つけた。

⑶　図３のように，試験管Ａ，試験管Ｂにヨウ素液を入れ，10分後，溶液の色の変化を観察した。

⑷　図４のように，試験管Ｃ，試験管Ｄにベネジクト液と沸騰石を入れ，その後，加熱し，１分後，溶液の色の変化を観察した。

図１

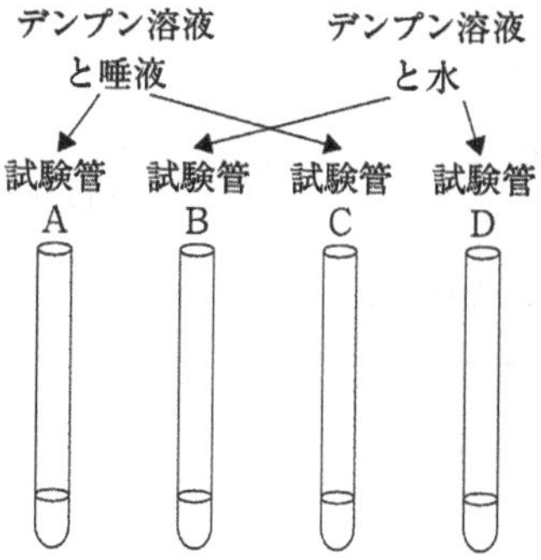

図２

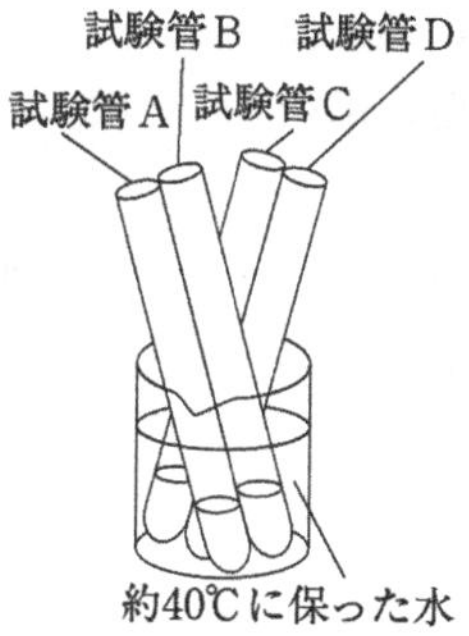

図３

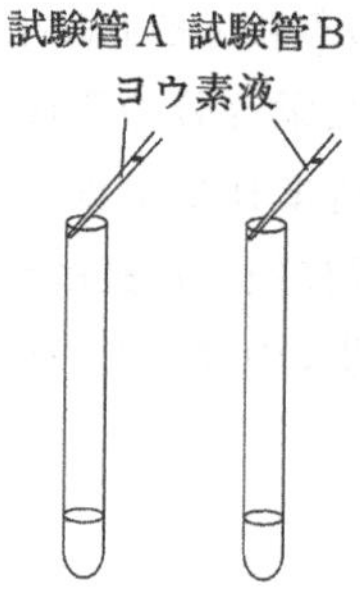

図４

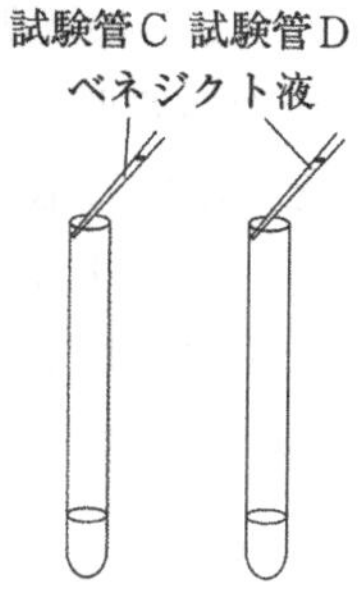

＜結果＞

	試験管Ａ	試験管Ｂ	試験管Ｃ	試験管Ｄ
色の変化	変化しなかった。	青紫色になった。	赤褐色になった。	変化しなかった。

〔問１〕　＜結果＞から分かる唾液のはたらきについて述べたものとして適切なのは，次のうちではどれか。

ア　試験管Ａと試験管Ｂの比較から，唾液にはデンプンをデンプンではないものにするはたらきがあることが分かり，試験管Ｃと試験管Ｄの比較から，唾液にはデンプンをアミノ酸にするはたらきがあることが分かる。

イ　試験管Ａと試験管Ｄの比較から，唾液にはデンプンをデンプンではないものにするはたらきがあることが分かり，試験管Ｂと試験管Ｃの比較から，唾液にはデンプンをアミノ酸にするはたらきがあることが分かる。

ウ　試験管Ａと試験管Ｂの比較から，唾液にはデンプンをデンプンではないものにするはたらきがあることが分かり，試験管Ｃと試験管Ｄの比較から，唾液にはデンプンをブドウ糖がいくつか結合した糖にするはたらきがあることが分かる。

エ　試験管Ａと試験管Ｄの比較から，唾液にはデンプンをデンプンではないものにするはたらきがあることが分かり，試験管Ｂと試験管Ｃの比較から，唾液にはデンプンをブドウ糖がいくつか結合した糖にするはたらきがあることが分かる。

〔問２〕　消化酵素により分解されることで作られた，ブドウ糖，アミノ酸，脂肪酸，モノグリセリドが，ヒトの小腸の柔毛で吸収される様子について述べたものとして適切なのは，あとのうちではどれか。

ア　アミノ酸とモノグリセリドはヒトの小腸の柔毛で吸収されて毛細血管に入り，ブドウ糖と脂肪酸はヒトの小腸の柔毛で吸収された後に結合してリンパ管に入る。

イ　ブドウ糖と脂肪酸はヒトの小腸の柔毛で吸収されて毛細血管に入り，アミノ酸とモノグリセリドはヒトの小腸の柔毛で吸収された後に結合してリンパ管に入る。

ウ　脂肪酸とモノグリセリドはヒトの小腸の柔毛で吸収されて毛細血管に入り，ブドウ糖とアミノ酸はヒトの小腸の柔毛で吸収された後に結合してリンパ管に入る。

エ　ブドウ糖とアミノ酸はヒトの小腸の柔毛で吸収されて毛細血管に入り，脂肪酸とモノグリセリドはヒトの小腸の柔毛で吸収された後に結合してリンパ管に入る。

〔問３〕　図５は，ヒトの体内における血液の循環の経路を模式的に表したものである。図５のＡとＢの場所のうち，ヒトの小腸の毛細血管から吸収された栄養分の濃度が高い場所と，細胞に取り込まれた栄養分からエネルギーを取り出す際に使う物質とを組み合わせたものとして適切なのは，次の表の**ア**～**エ**のうちではどれか。

図５

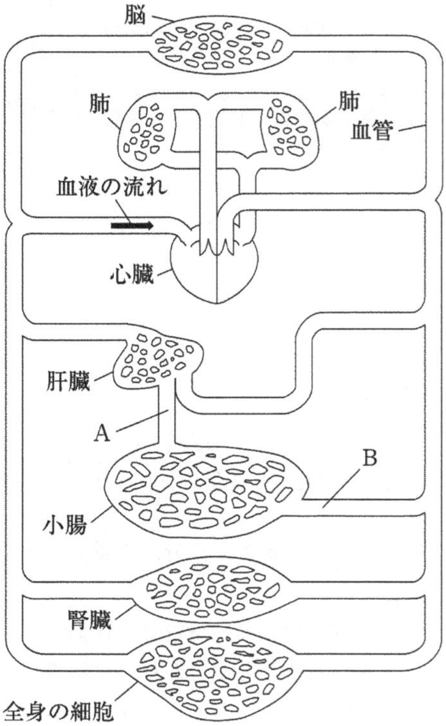

	栄養分の濃度が高い場所	栄養分からエネルギーを取り出す際に使う物質
ア	A	酸素
イ	A	二酸化炭素
ウ	B	酸素
エ	B	二酸化炭素

5　水溶液の実験について，次の各問に答えよ。

＜実験１＞を行ったところ，**＜結果１＞**のようになった。

＜実験１＞

⑴　図１のように，炭素棒，電源装置をつないで装置を作り，ビーカーの中に５％の塩化銅水溶液を入れ，3.5Vの電圧を加えて，３分間電流を流した。

電流を流している間に，電極Ａ，電極Ｂ付近の様子などを観察した。

⑵　**＜実験１＞**の⑴の後に，それぞれの電極を蒸留水（精製水）で洗い，電極の様子を観察した。

電極Ａに付着した物質をはがし，その物質を薬さじでこすった。

図１

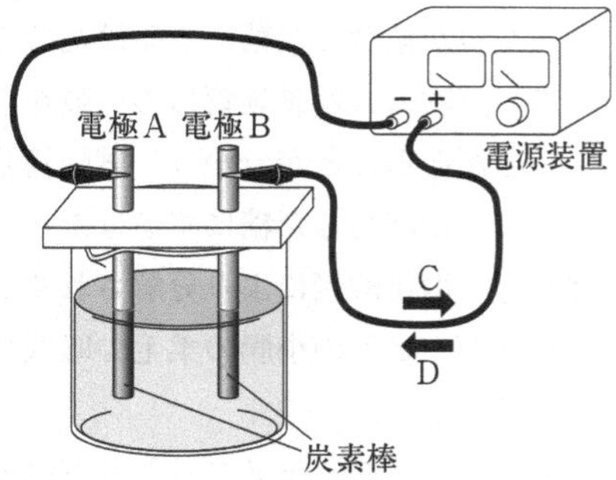

＜結果１＞

⑴　**＜実験１＞**の⑴では，電極Ａに物質が付着し，電極Ｂ付近から気体が発生し，刺激臭がした。

⑵　**＜実験１＞**の⑵では，電極Ａに赤い物質の付着が見られ，電極Ｂに変化は見られなかった。

その後，電極Aからはがした赤い物質を薬さじでこすると，金属光沢が見られた。

次に＜**実験２**＞を行ったところ，＜**結果２**＞のようになった。

＜**実験２**＞

(1)　図１のように，炭素棒，電源装置をつないで装置を作り，ビーカーの中に５％の水酸化ナトリウム水溶液を入れ，3.5Vの電圧を加えて，3分間電流を流した。
　電流を流している間に，電極Aとその付近，電極Bとその付近の様子を観察した。

(2)　＜**実験２**＞の(1)の後，それぞれの電極を蒸留水で洗い，電極の様子を観察した。

＜**結果２**＞

(1)　＜**実験２**＞の(1)では，電流を流している間に，電極A付近，電極B付近からそれぞれ気体が発生した。

(2)　＜**実験２**＞の(2)では，電極A，電極B共に変化は見られなかった。

〔問１〕　塩化銅が蒸留水に溶けて陽イオンと陰イオンに分かれた様子を表したモデルとして適切なのは，下の**ア**～**オ**のうちではどれか。
　ただし，モデルの●は陽イオン１個，○は陰イオン１個とする。

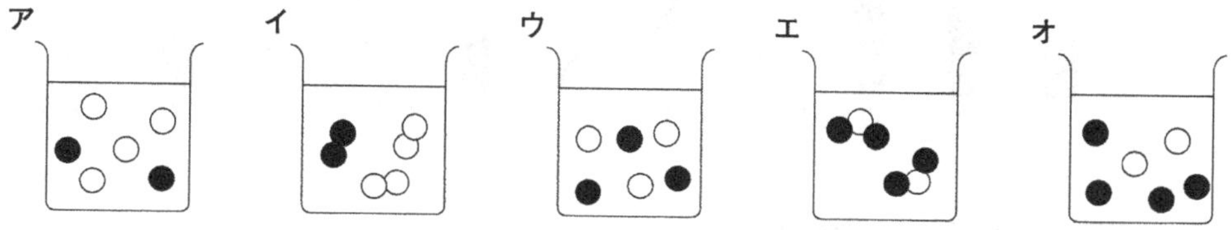

〔問２〕　＜**結果１**＞から，電極Aは陽極と陰極のどちらか，また，回路に流れる電流の向きはCとDのどちらかを組み合わせたものとして適切なのは，次の表の**ア**～**エ**のうちではどれか。

	電極A	回路に流れる電流の向き
ア	陽極	C
イ	陽極	D
ウ	陰極	C
エ	陰極	D

〔問３〕　＜**結果１**＞の(1)から，電極B付近で生成された物質が発生する仕組みを述べた次の文の ① と ② にそれぞれ当てはまるものを組み合わせたものとして適切なのは，下の表の**ア**～**エ**のうちではどれか。

> 塩化物イオンが電子を ① ，塩素原子になり，塩素原子が ② ，気体として発生した。

	①	②
ア	放出し（失い）	原子１個で
イ	放出し（失い）	２個結び付き，分子になり
ウ	受け取り	原子１個で
エ	受け取り	２個結び付き，分子になり

〔問４〕　<結果１>から，電流を流した時間と水溶液中の銅イオンの数の変化の関係を模式的に示した図として適切なのは，下の ① のア～ウのうちではどれか。また，<結果２>から，電流を流した時間と水溶液中のナトリウムイオンの数の変化の関係を模式的に示した図として適切なのは，下の ② のア～ウのうちではどれか。

①

ア　　　イ　　　ウ

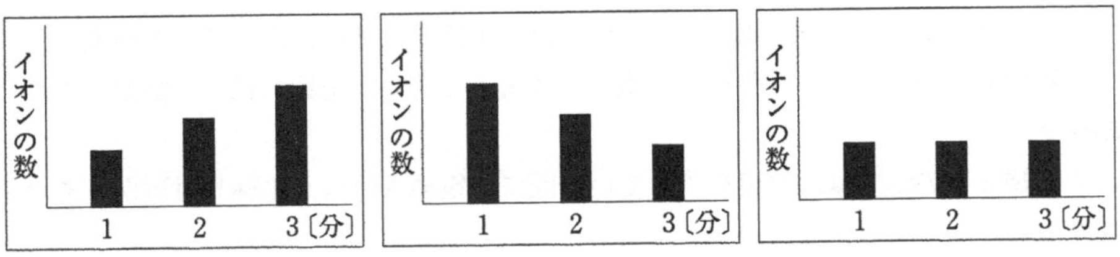

②

ア　　　イ　　　ウ

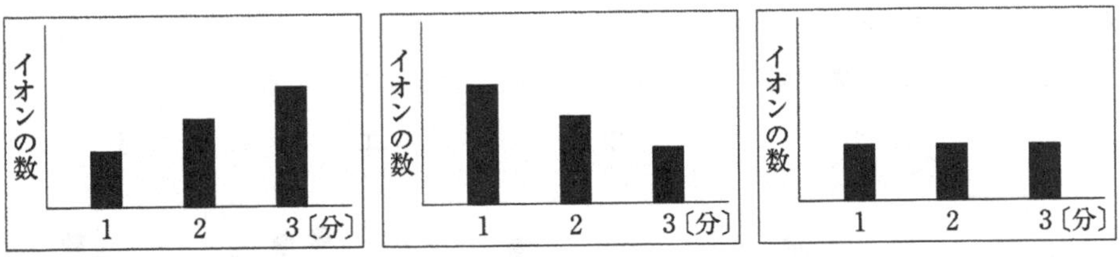

6　電流の実験について，次の各問に答えよ。

<実験>を行ったところ，次のページの<結果>のようになった。

<実験>

(1)　電気抵抗の大きさが５Ωの抵抗器Ｘと20Ωの抵抗器Ｙ，電源装置，導線，スイッチ，端子，電流計，電圧計を用意した。

(2)　図１のように回路を作った。電圧計で測った電圧の大きさが1.0V，2.0V，3.0V，4.0V，5.0Vになるように電源装置の電圧を変え，回路を流れる電流の大きさを電流計で測定した。

(3)　図２のように回路を作った。電圧計で測った電圧の大きさが1.0V，2.0V，3.0V，4.0V，5.0Vになるように電源装置の電圧を変え，回路を流れる電流の大きさを電流計で測定した。

図１

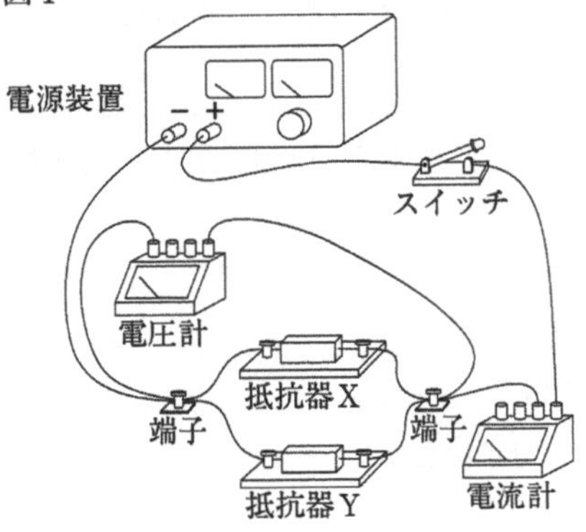

図２

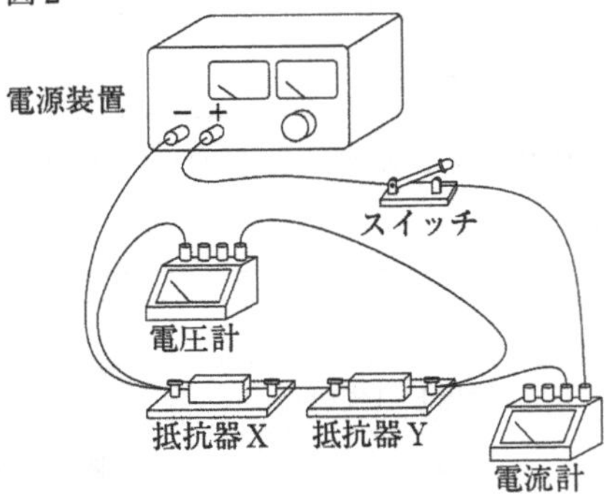

＜**結果**＞

＜**実験**＞の⑵と＜**実験**＞の⑶で測定した電圧と電流の関係をグラフに表したところ，図３のようになった。

図３

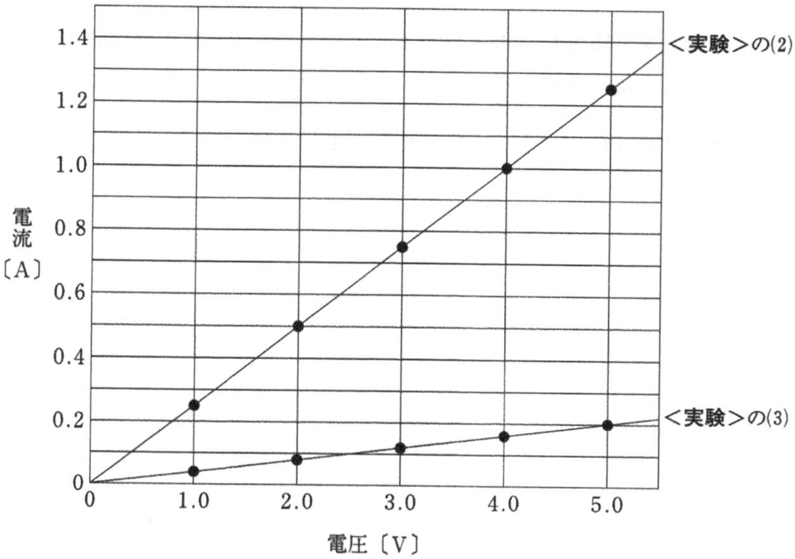

〔問１〕　＜**結果**＞から，図１の回路の抵抗器Ｘと抵抗器Ｙのうち，「電圧の大きさが等しいとき，流れる電流の大きさが大きい方の抵抗器」と，＜**結果**＞から，図１の回路と図２の回路のうち，「電圧の大きさが等しいとき，流れる電流の大きさが大きい方の回路」とを組み合わせたものとして適切なのは，次の表の**ア**～**エ**のうちではどれか。

	電圧の大きさが等しいとき，流れる電流の大きさが大きい方の抵抗器	電圧の大きさが等しいとき，流れる電流の大きさが大きい方の回路
ア	抵抗器Ｘ	図１の回路
イ	抵抗器Ｘ	図２の回路
ウ	抵抗器Ｙ	図１の回路
エ	抵抗器Ｙ	図２の回路

〔問２〕　＜**結果**＞から，次のＡ，Ｂ，Ｃの抵抗の値の関係を表したものとして適切なのは，下の**ア**～**カ**のうちではどれか。

Ａ　抵抗器Ｘの抵抗の値

Ｂ　抵抗器Ｘと抵抗器Ｙを並列につないだ回路全体の抵抗の値

Ｃ　抵抗器Ｘと抵抗器Ｙを直列につないだ回路全体の抵抗の値

ア　Ａ＜Ｂ＜Ｃ　　**イ**　Ａ＜Ｃ＜Ｂ　　**ウ**　Ｂ＜Ａ＜Ｃ

エ　Ｂ＜Ｃ＜Ａ　　**オ**　Ｃ＜Ａ＜Ｂ　　**カ**　Ｃ＜Ｂ＜Ａ

〔問３〕　＜**結果**＞から，＜**実験**＞の⑵において抵抗器Ｘと抵抗器Ｙで消費される電力と，＜**実験**＞の⑶において抵抗器Ｘと抵抗器Ｙで消費される電力が等しいときの，図１の回路の抵抗器Ｘに加わる電圧の大きさをＳ，図２の回路の抵抗器Ｘに加わる電圧の大きさをＴとしたときに，最も簡単な整数の比でＳ：Ｔを表したものとして適切なのは，次の**ア**～**オ**のうちではどれか。

ア　1：1　　**イ**　1：2　　**ウ**　2：1　　**エ**　2：5　　**オ**　4：1

〔問4〕 図2の回路の電力と電力量の関係について述べた次の文の ☐ に当てはまるものとして適切なのは，下の**ア**～**エ**のうちではどれか。

回路全体の電力を9Wとし，電圧を加え電流を2分間流したときの電力量と，回路全体の電力を4Wとし，電圧を加え電流を ☐ 間流したときの電力量は等しい。

ア　2分　　**イ**　4分30秒　　**ウ**　4分50秒　　**エ**　7分

＜社会＞　時間　50分　満点　100点

1　次の各問に答えよ。

〔問１〕　次の発表用資料は，地域調査を行った神奈川県鎌倉《かまくら》市の亀ヶ谷坂切通《かめがやつざかきりどおし》周辺の様子をまとめたものである。発表用資料中の＜地形図を基に作成したＡ点→Ｂ点→Ｃ点の順に進んだ道の傾斜を模式的に示した図＞に当てはまるのは，次のページのア～エのうちではどれか。

発表用資料

鎌倉の切通《きりどおし》を調査する（亀ヶ谷坂切通班）

○調査日　令和４年９月３日（土）　天候　晴れ

○集合場所・時間　北鎌倉《きたかまくら》駅・午前９時

○調査ルート　＜亀ヶ谷坂切通周辺の地形図＞に示したＡ点→Ｂ点→Ｃ点の順に進んだ。

＜亀ヶ谷坂切通の位置＞

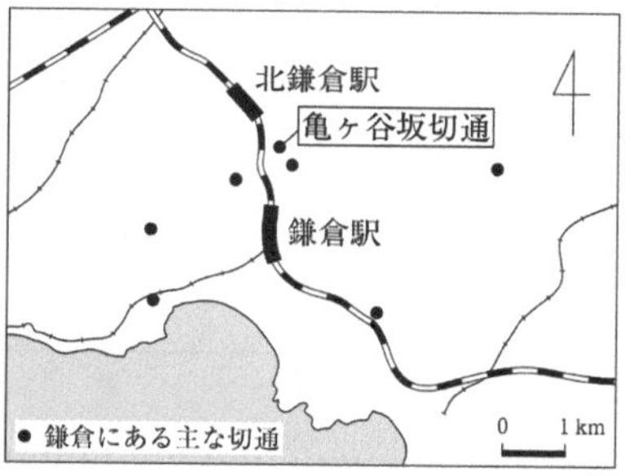

＜亀ヶ谷坂切通周辺の地形図＞

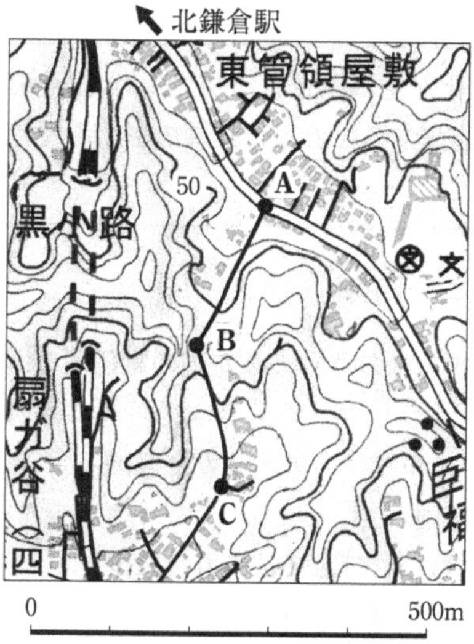

0　500m

（2016年の「国土地理院発行２万５千分の１地形図（鎌倉）」の一部を拡大して作成）

＜Ａ点，Ｂ点，Ｃ点　それぞれの付近の様子＞

Ａ点　亀ヶ谷坂切通の方向を示した案内板が設置されていた。

Ｂ点　切通と呼ばれる山を削って作られた道なので，地層を見ることができた。

Ｃ点　道の両側に住居が建ち並んでいた。

＜Ｂ点付近で撮影した写真＞

＜地形図を基に作成したＡ点→Ｂ点→Ｃ点の順に進んだ道の傾斜を模式的に示した図＞

＜調査を終えて＞
○切通は，谷を利用して作られた道で，削る部分を少なくする工夫をしていると感じた。
○道幅が狭かったり，坂道が急であったりしていて，守りが堅い鎌倉を実感することができた。
○徒歩や自転車で通る人が多く，現在でも生活道路として利用されていることが分かった。

ア

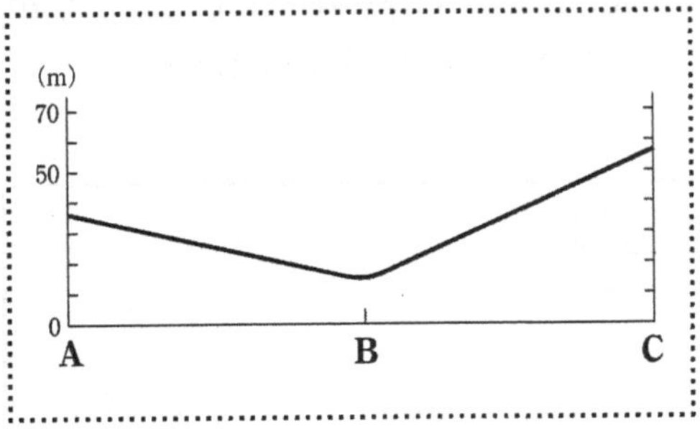

イ

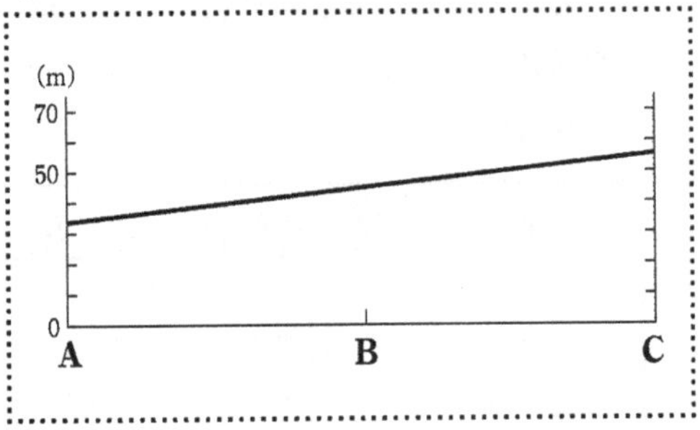

ウ

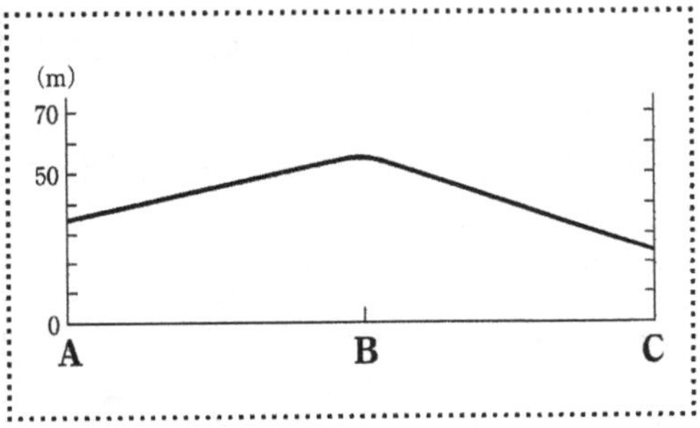

エ

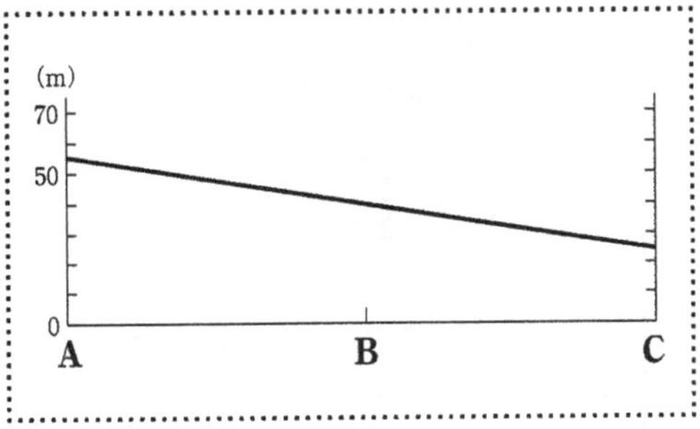

［問２］　次の文で述べている人物に当てはまるのは，下の**ア**～**エ**のうちのどれか。

大名や都市の豪商の気風を反映した壮大で豪華な文化が生み出される中で，堺《さかい》出身のこの人物は，全国統一を果たした武将に茶の湯の作法を指導するとともに，禅の影響を受けたわび茶を完成させた。

ア　喜多川歌麿《きたがわうたまろ》　　**イ**　栄西《えいさい》《ようさい》　　**ウ**　尾形光琳《おがたこうりん》　　**エ**　千利休《せんのりきゅう》

［問３］　2022年における国際連合の安全保障理事会を構成する国のうち，５か国の常任理事国を全て示しているのは，次の**ア**～**エ**のうちのどれか。

ア　中華人民共和国，フランス，ロシア連邦（ロシア），イギリス，アメリカ合衆国
イ　インド，フランス，ケニア，イギリス，アメリカ合衆国
ウ　中華人民共和国，ケニア，ノルウェー，ロシア連邦（ロシア），アメリカ合衆国
エ　ブラジル，インド，フランス，ノルウェー，ロシア連邦（ロシア）

2 次の略地図を見て，あとの各問に答えよ。

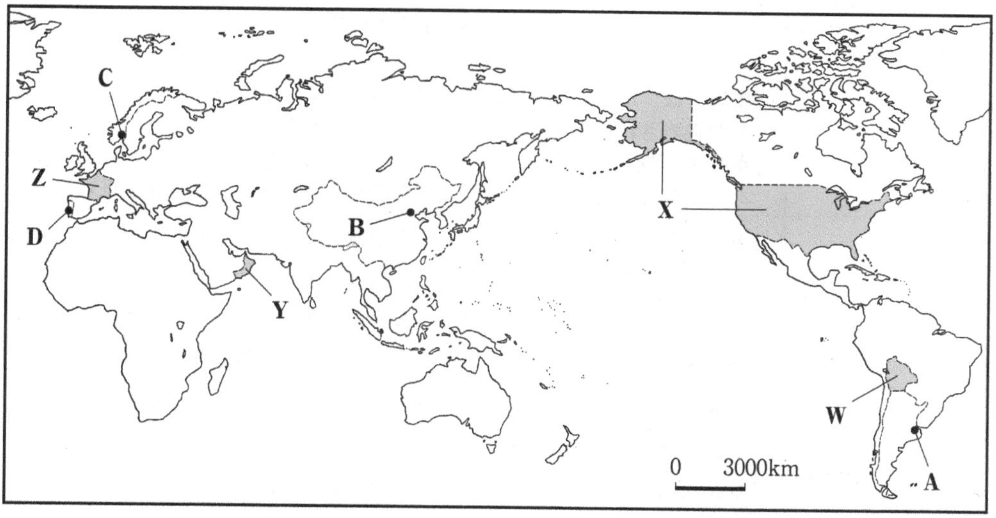

〔問１〕 次のⅠの文章は，略地図中にＡ～Ｄで示した**いずれか**の都市の商業などの様子についてまとめたものである。Ⅱの**ア**～**エ**のグラフは，略地図中のＡ～Ｄの**いずれか**の都市の，年平均気温と年降水量及び各月の平均気温と降水量を示したものである。Ⅰの文章で述べている都市に当てはまるのは，略地図中のＡ～Ｄのうちのどれか，また，その都市のグラフに当てはまるのは，Ⅱの**ア**～**エ**のうちのどれか。

Ⅰ

> 夏季は高温で乾燥し，冬季は温暖で湿潤となる気候を生かして，ぶどうやオリーブが栽培されている。国産のぶどうやオリーブは加工品として販売され，飲食店では塩漬けにされたタラをオリーブ油で調理した料理などが提供されている。

Ⅱ

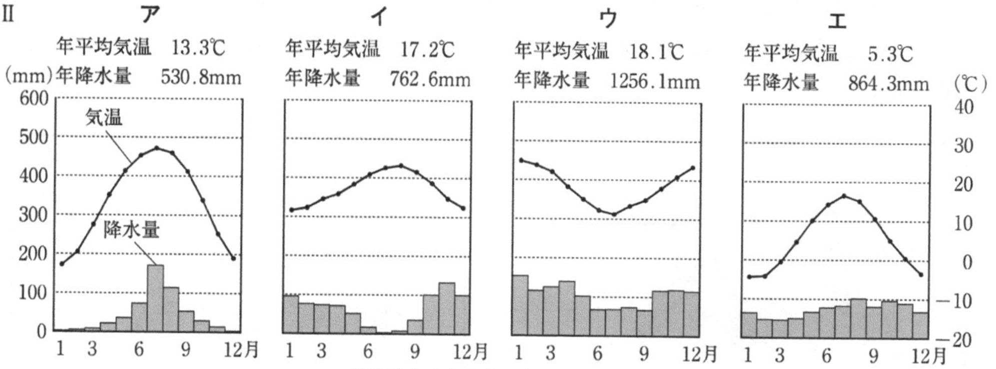

（「理科年表」令和４年より作成）

〔問２〕 次のページの表の**ア**～**エ**は，略地図中に　　　で示したＷ～Ｚの**いずれか**の国の，2019年における一人当たりの国民総所得，小売業などの様子についてまとめたものである。略地図中のＷ～Ｚのそれぞれの国に当てはまるのは，次の表の**ア**～**エ**のうちではどれか。

	一人当たりの国民総所得（ドル）	小売業などの様子
ア	3520	○市場では，ポンチョや強い紫外線を防ぐ帽子，この地方が原産で傾斜地などで栽培された様々な種類のじゃがいもが販売されている。 ○キリスト教徒の割合が最も多く，先住民の伝統的な信仰との結び付きがあり，農耕儀礼などに用いる品々を扱う店舗が立ち並ぶ町並が見られる。
イ	42290	○キリスト教徒（カトリック）の割合が最も多く，基本的に日曜日は非労働日とされており，休業日としている店舗がある。 ○首都には，ガラス製のアーケードを備えた商店街（パサージュ）や，鞄《かばん》や洋服などの世界的なブランド店の本店が立ち並ぶ町並が見られる。
ウ	65910	○高速道路（フリーウエー）が整備されており，道路沿いの巨大なショッピングセンターでは，大量の商品が陳列され，販売されている。 ○多民族国家を形成し，同じ出身地の移民が集まる地域にはそれぞれの国の料理を扱う飲食店や物産品を扱う店舗が立ち並ぶ町並が見られる。
エ	14150	○スークと呼ばれる伝統的な市場では，日用品に加えて，なつめやし，伝統衣装，香料などが販売されている。 ○イスラム教徒の割合が最も多く，断食《だんじき》が行われる期間は，日没後に営業を始める飲食店が立ち並ぶ町並が見られる。

（注）一人当たりの国民総所得とは，一つの国において新たに生み出された価値の総額を人口で割った数値のこと。
（「データブック　オブ・ザ・ワールド」2022年版より作成）

［問３］　次のⅠの略地図は，2021年における東南アジア諸国連合（ＡＳＥＡＮ《アセアン》）加盟国の2001年と比較した日本からの輸出額の増加の様子を数値で示したものである。Ⅱの略地図は，2021年における東南アジア諸国連合（ＡＳＥＡＮ）加盟国の2001年と比較した進出日本企業の増加数を示したものである。次のページのⅢの文章で述べている国に当てはまるのは，次のページのア～エのうちのどれか。

Ⅰ
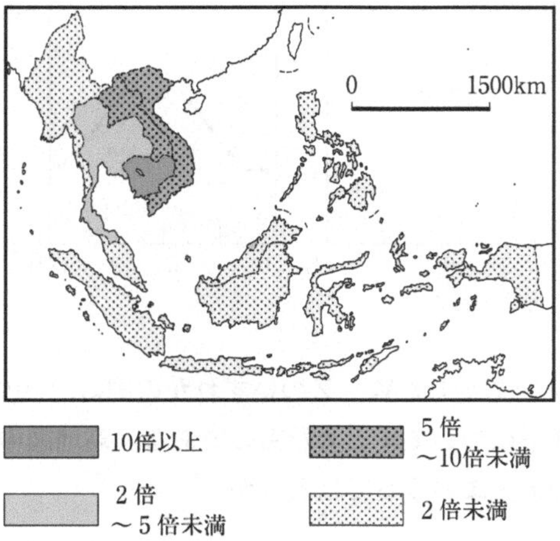

（財務省「貿易統計」より作成）

Ⅱ
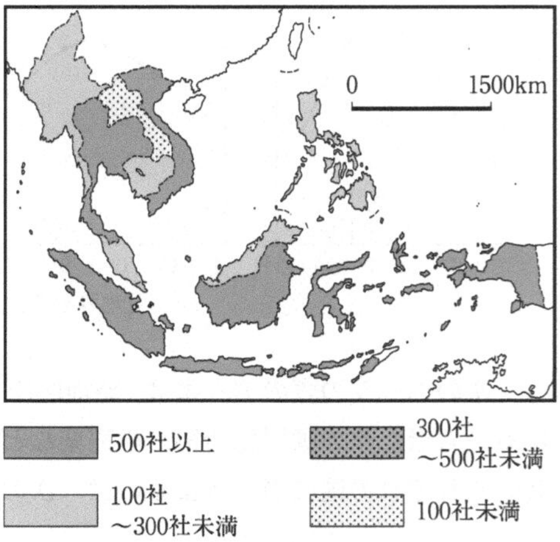

（「海外進出企業総覧2022（国別編）」などより作成）

Ⅲ

> 1945年の独立宣言後，国が南北に分離した時代を経て，1976年に統一された。国営企業中心の経済からの転換が図られ，現在では外国企業の進出や民間企業の設立が進んでいる。
>
> 2001年に約2164億円であった日本からの輸出額は，2021年には約２兆968億円となり，2001年に179社であった進出日本企業数は，2021年には1143社へと増加しており，日本との結び付きを強めている。首都の近郊には日系の自動車工場が見られ，最大の人口を有する南部の都市には，日系のコンビニエンスストアの出店が増加している。

ア　インドネシア　　**イ**　ベトナム　　**ウ**　ラオス　　**エ**　タイ

3　次の略地図を見て，あとの各問に答えよ。

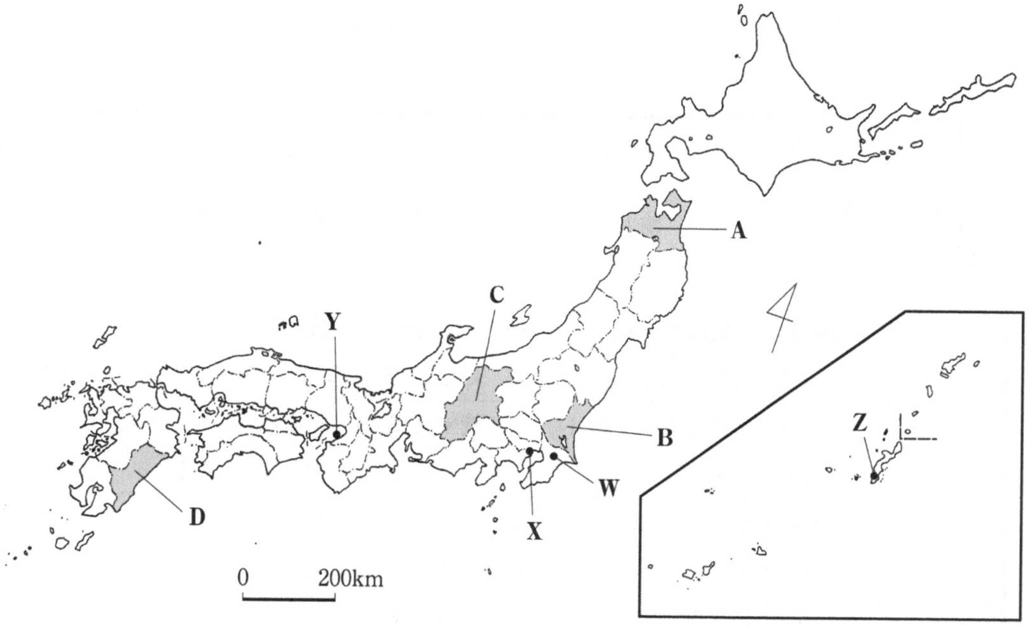

〔問１〕　次の表の**ア**～**エ**の文章は，略地図中に　　で示した，**A**～**D**の**いずれか**の県の，自然環境と農産物の東京への出荷の様子についてまとめたものである。**A**～**D**のそれぞれの県に当てはまるのは，あとの表の**ア**～**エ**のうちではどれか。

	自然環境と農産物の東京への出荷の様子
ア	○平均標高は1132mで，山脈が南北方向に連なり，フォッサマグナなどの影響によって形成された盆地が複数見られる。 ○東部の高原で他県と比べ時期を遅らせて栽培されるレタスは，明け方に収穫後，その日の正午頃に出荷され，東京まで約５時間かけて主に保冷トラックで輸送されている。
イ	○平均標高は100mで，北西部には山地が位置し，中央部から南西部にかけては河川により形成された平野が見られ，砂丘が広がる南東部には，水はけのよい土壌が分布している。 ○南東部で施設栽培により年間を通して栽培されるピーマンは，明け方に収穫後，その日の午後に出荷され，東京まで約３時間かけてトラックで輸送されている。

ウ	○平均標高は402mで，北西部に山地が位置し，中央部から南部にかけて海岸線に沿って平野が広がっている。 ○平野で施設栽培により年間を通して栽培されるきゅうりは，明け方に収穫後，翌日に出荷され，東京まで１日以上かけてフェリーなどで輸送されている。
エ	○平均標高は226mで，西部には平野が広がり，中央部に位置する火山の南側には水深が深い湖が見られ，東部の平坦な地域は夏季に吹く北東の風の影響で冷涼となることがある。 ○病害虫の影響が少ない東部で栽培されるごぼうは，収穫され冷蔵庫で保管後，発送日の午前中に出荷され，東京まで約10時間かけてトラックで輸送されている。

（国土地理院の資料より作成）

〔問２〕　次の表の**ア**～**エ**は，前のページの略地図中に**W**～**Z**で示した成田国際空港，東京国際空港，関西国際空港，那覇空港の**いずれか**の空港の，2019年における国内線貨物取扱量，輸出額及び輸出額の上位３位の品目と輸出額に占める割合，輸入額及び輸入額の上位３位の品目と輸入額に占める割合を示したものである。略地図中の**X**の空港に当てはまるのは，次の表の**ア**～**エ**のうちのどれか。

	国内線貨物取扱量（t）	輸出額（億円）	輸出額の上位３位の品目と輸出額に占める割合（%）
		輸入額（億円）	輸入額の上位３位の品目と輸入額に占める割合（%）
ア	14905	51872	電気機器（44.4），一般機械（17.8），精密機器類（6.4）
		39695	電気機器（32.3），医薬品（23.2），一般機械（11.6）
イ	204695	42	肉類及び同調製品（16.8），果実及び野菜（7.5），魚介類及び同調製品（4.4）
		104	輸送用機器（40.1），一般機械（15.9），その他の雑製品（11.3）
ウ	22724	105256	電気機器（23.7），一般機械（15.1），精密機器類（7.0）
		129560	電気機器（33.9），一般機械（17.4），医薬品（12.3）
エ	645432	3453	金属製品（7.5），電気機器（5.0），医薬品（4.2）
		12163	輸送用機器（32.3），電気機器（18.2），一般機械（11.8）

（国土交通省「令和２年空港管理状況調書」などより作成）

〔問３〕　次のⅠの資料は，国土交通省が推進しているモーダルシフトについて分かりやすくまとめたものである。Ⅱのグラフは，2020年度における，重量１ｔの貨物を１km輸送する際に，営業用貨物自動車及び鉄道から排出される二酸化炭素の排出量を示したものである。Ⅲの略地図は，2020年における貨物鉄道の路線，主な貨物ターミナル駅，七地方区分の境界を示したものである。Ⅰ～Ⅲの資料から読み取れる，⑴「国がモーダルシフトを推進する目的」と⑵「国がモーダルシフトを推進する上で前提となる，七地方区分に着目した貨物鉄道の路線の敷《ふ》設《せつ》状況及び貨物ターミナル駅の設置状況」の二点について，それぞれ簡単に述べよ。

（Ⅰの資料，Ⅱのグラフ，Ⅲの略地図は次のページにあります。）

Ⅰ

○モーダルシフトとは，トラックなどの営業用貨物自動車で行われている貨物輸送を，貨物鉄道などの利用へと転換することをいう。転換拠点は，貨物ターミナル駅などである。

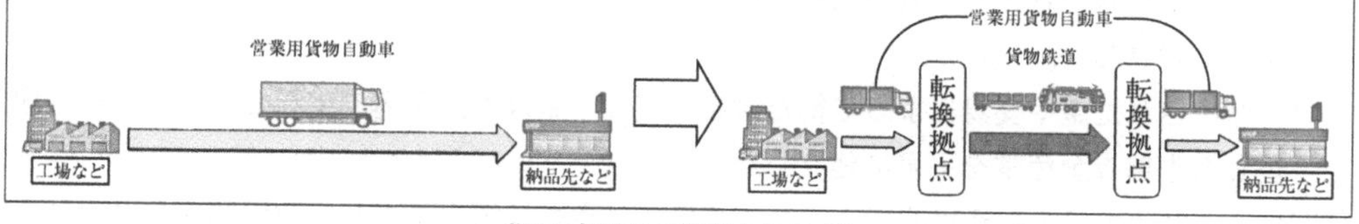

（国土交通省の資料より作成）

Ⅱ

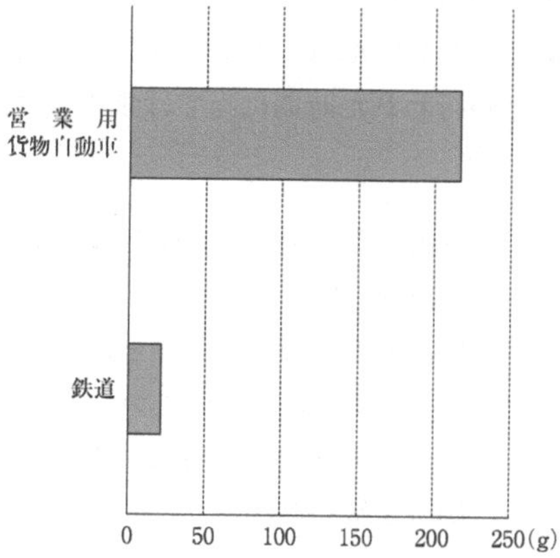

（国土交通省の資料より作成）

Ⅲ

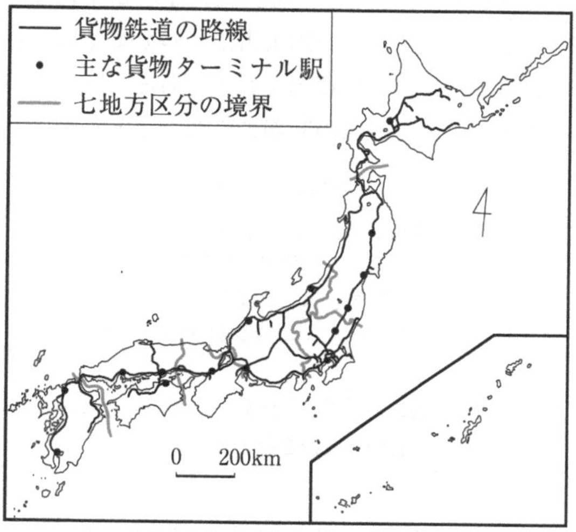

（国土交通省の資料などより作成）

4　次の文章を読み，あとの各問に答えよ。

私たちは，いつの時代も最新の知識に基づいて生産技術を向上させ，新たな技術を生み出すことで，社会を発展させてきた。

古代から，各時代の権力者は，(1)統治を継続することなどを目的に，高度な技術を有する人材に組織の中で役割を与え，寺院などを築いてきた。

中世から近世にかけて，農業においても新しい技術が導入されることで生産力が向上し，各地で特産物が生産されるようになった。また，(2)財政再建を行う目的で，これまで培《つちか》ってきた技術を生かし，新田開発などの経済政策を実施してきた。

近代以降は，政府により，(3)欧米諸国に対抗するため，外国から技術を学んで工業化が進められた。昭和時代以降は，(4)飛躍的に進歩した技術を活用し，社会の変化に対応した新たな製品を作り出す企業が現れ，私たちの生活をより豊かにしてきた。

〔問1〕　(1)統治を継続することなどを目的に，高度な技術を有する人材に組織の中で役割を与え，寺院などを築いてきた。とあるが，あとの**ア**～**エ**は，飛鳥《あすか》時代から室町時代にかけて，各時代の権力者が築いた寺院などについて述べたものである。時期の古いものから順に記号を並べよ。

ア　公家《くげ》の山荘を譲り受け，寝殿造《しんでんづくり》や禅宗様《ぜんしゅうよう》の様式を用いた三層からなる金閣《きんかく》を京都の北山《きたやま》に築いた。

イ　仏教の力により，社会の不安を取り除き，国家の安泰を目指して，3か年8回にわたる鋳造の末，銅製の大仏を奈良の東大寺《とうだいじ》に造立《ぞうりゅう》した。

ウ　仏教や儒教の考え方を取り入れ，役人の心構えを示すとともに，金堂《こんどう》などからなる法隆寺《ほうりゅうじ》を斑鳩《いかるが》に建立《こんりゅう》した。

エ　産出された金や交易によって得た財を利用し，金ぱく，象牙や宝石で装飾し，極楽浄土を表現した中尊寺金色堂《ちゅうそんじこんじきどう》を平泉《ひらいずみ》に建立した。

〔問2〕 (2)<u>財政再建を行う目的で，これまで培《つちか》ってきた技術を生かし，新田開発などの経済政策を実施してきた。</u>とあるが，次のⅠの略年表は，安土《あづち》・桃山《ももやま》時代から江戸時代にかけての，経済政策などに関する主な出来事についてまとめたものである。Ⅱの文章は，ある時期に行われた経済政策などについて述べたものである。Ⅱの経済政策などが行われた時期に当てはまるのは，Ⅰの略年表中の**ア**～**エ**の時期のうちではどれか。

Ⅰ

西暦	経済政策などに関する主な出来事	
1577	●織田信長《おだのぶなが》は，安土の城下を楽市とし，一切の役や負担を免除した。	
		ア
1619	●徳川秀忠《とくがわひでただ》は，大阪を幕府の直轄地とし，諸大名に大阪城の再建を命じた。	
		イ
1695	●徳川綱吉《とくがわつなよし》は，幕府の財政を補うため，貨幣の改鋳を命じた。	
		ウ
1778	●田沼意次《たぬまおきつぐ》は，長崎貿易の輸出品である俵物《たわらもの》の生産を奨励した。	
		エ
1841	●水野忠邦《みずのただくに》は，物価の上昇を抑えるため，株仲間《かぶなかま》の解散を命じた。	

Ⅱ

○新田開発を奨励し，開発に当たり商人に出資を促し，将軍と同じく，紀伊《きい》藩出身の役人に技術指導を担《にな》わせた。

○キリスト教に関係しない，漢文に翻訳された科学技術に関係する洋書の輸入制限を緩和した。

〔問3〕 (3)<u>欧米諸国に対抗するため，外国から技術を学んで工業化が進められた。</u>とあるが，次の**ア**～**ウ**は，明治時代に操業を開始した工場について述べたものである。略地図中のA～Cは，**ア**～**ウ**の**いずれか**の工場の所在地を示したものである。**ア**～**ウ**について，操業を開始した時期の古いものから順に記号を並べよ。また，略地図中のBに当てはまるのは，次の**ア**～**ウ**のうちではどれか。

ア　実業家が発起人となり，イギリスの技術を導入し設立され，我が国における産業革命の契機となった民間の紡績会社で，綿糸の生産が開始された。

イ　国産生糸の増産や品質の向上を図ることを目的に設立された官営模範製糸場で，フランスの技術を導入し生糸の生産が開始された。

ウ　鉄鋼の増産を図ることを目的に設立された官営の製鉄所で，国内産の

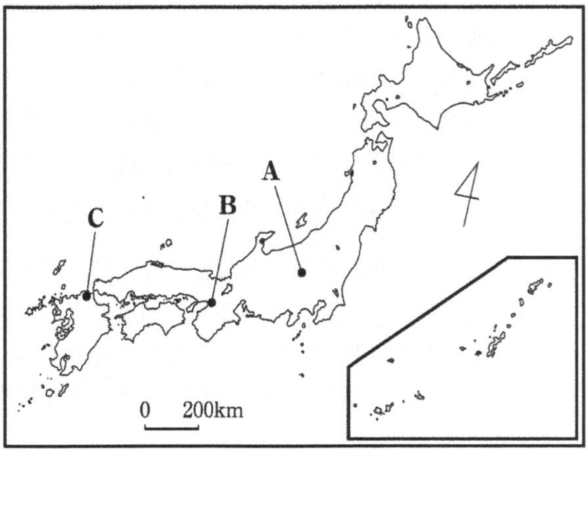

石炭と輸入された鉄鉱石を原材料に外国人技術者の援助を受けて鉄鋼の生産が開始された。

〔問４〕 (4)飛躍的に進歩した技術を活用し，社会の変化に対応した新たな製品を作り出す企業が現れ，私たちの生活をより豊かにしてきた。とあるが，次の略年表は，昭和時代から平成時代にかけて，東京に本社を置く企業の技術開発に関する主な出来事についてまとめたものである。略年表中のＡ～Ｄのそれぞれの時期に当てはまるのは，下のア～エのうちではどれか。

西暦	東京に本社を置く企業の技術開発に関する主な出来事	
1945	●造船会社により製造されたジェットエンジンを搭載した飛行機が，初飛行に成功した。	
1952	●顕微鏡・カメラ製造会社が，医師からの依頼を受け，日本初の胃カメラの実用化に成功した。	A
1955	●通信機器会社が，小型軽量で持ち運び可能なトランジスタラジオを販売した。	
		B
1972	●計算機会社が，大規模集積回路を利用した電子式卓上計算機を開発した。	
		C
1989	●フィルム製造会社が，家電製造会社と共同開発したデジタルカメラを世界で初めて販売した。	
		D
2003	●建築会社が，独立行政法人と共同して，不整地歩行などを実現するロボットを開発した。	

ア　地価や株価が上がり続けるバブル経済が終わり，構造改革を迫られ，インターネットの普及が急速に進み，撮影した写真を送信できるカメラ付き携帯電話が初めて販売された。

イ　連合国軍最高司令官総司令部（ＧＨＱ）の指令に基づき日本政府による民主化政策が実施され，素材，機器，測定器に至る全てを国産化した移動無線機が初めて製作された。

ウ　石油危機により，省エネルギー化が進められ，運動用品等に利用されていた我が国の炭素素材が，航空機の部材として初めて使用された。

エ　政府により国民所得倍増計画が掲げられ，社会資本の拡充の一環として，速度を自動的に調整するシステムを導入した東海道新幹線が開業した。

5　次の文章を読み，あとの各問に答えよ。

企業は，私たちが消費している財（もの）やサービスを提供している。企業には，国や地方公共団体が経営する公企業と民間が経営する私企業がある。(1)私企業は，株式の発行や銀行からの融資などにより調達した資金で，生産に必要な土地，設備，労働力などを用意し，利潤を得ることを目的に生産活動を行っている。こうして得た財やサービスの価格は，需要量と供給量との関係で変動するものや，(2)政府や地方公共団体により料金の決定や改定が行われるものなどがある。

私企業は，自社の利潤を追求するだけでなく，(3)国や地方公共団体に税を納めることで，社会を支えている。また，社会貢献活動を行い，社会的責任を果たすことが求められている。

(4)日本経済が発展するためには，私企業の経済活動は欠かすことができず，今後，国内外からの信頼を一層高めていく必要がある。

〔問１〕 (1)私企業は，株式の発行や銀行からの融資などにより調達した資金で，生産に必要な土地，設備，労働力などを用意し，利潤を得ることを目的に生産活動を行っている。とあるが，経済活動の自由を保障する日本国憲法の条文は，次のア～エのうちではどれか。

ア　すべて国民は，法の下に平等であつて，人種，信条，性別，社会的身分又は門地により，政治的，経済的又は社会的関係において，差別されない。

イ　何人も，法律の定める手続によらなければ，その生命若《も》しくは自由を奪はれ，又はその他の刑罰を科せられない。

ウ　すべて国民は，法律の定めるところにより，その能力に応じて，ひとしく教育を受ける権利を有する。

エ　何人も，公共の福祉に反しない限り，居住，移転及び職業選択の自由を有する。

〔問２〕　(2)政府や地方公共団体により料金の決定や改定が行われるものなどがある。とあるが，次の文章は，令和２年から令和３年にかけて，ある公共料金が改定されるまでの経過について示したものである。この文章で示している公共料金に当てはまるのは，下のア～エのうちではどれか。

○所管省庁の審議会分科会が公共料金の改定に関する審議を開始した。（令和２年３月16日）
○所管省庁の審議会分科会が審議会に公共料金の改定に関する審議の報告を行った。（令和２年12月23日）
○所管省庁の大臣が審議会に公共料金の改定に関する諮問を行った。（令和３年１月18日）
○所管省庁の審議会が公共料金の改定に関する答申を公表した。（令和３年１月18日）
○所管省庁の大臣が公共料金の改定に関する基準を告示した。（令和３年３月15日）

ア　鉄道運賃　　**イ**　介護報酬　　**ウ**　公営水道料金　　**エ**　郵便料金（手紙・はがきなど）

〔問３〕　(3)国や地方公共団体に税を納めることで，社会を支えている。とあるが，次の表は，企業の経済活動において，課税する主体が，国であるか，地方公共団体であるかを，国である場合は「国」，地方公共団体である場合は「地」で示そうとしたものである。表のＡとＢに入る記号を正しく組み合わせているのは，次のア～エのうちのどれか。

	課税する主体
企業が提供した財やサービスの売上金から経費を引いた利潤にかかる法人税	**A**
土地や建物にかかる固定資産税	**B**

	ア	イ	ウ	エ
A	地	地	国	国
B	国	地	地	国

〔問４〕　(4)日本経済が発展するためには，私企業の経済活動は欠かすことができず，今後，国内外からの信頼を一層高めていく必要がある。とあるが，次のページのⅠの文章は，2010年に開催された法制審議会会社法制部会第１回会議における資料の一部を分かりやすく書き改めたものである。次のページのⅡの文は，2014年に改正された会社法の一部を分かりやすく書き改めたもので

ある。Ⅲのグラフは，2010年から2020年までの東京証券取引所に上場する会社における，具体的な経営方針等を決定する取締役会《とりしまりやくかい》に占める，会社と利害関係を有しない独立性を備えた社外取締役の人数別の会社数の割合を示したものである。Ⅰ～Ⅲの資料を活用し，2014年に改正された会社法によりもたらされた取締役会の変化について，社外取締役の役割及び取締役会における社外取締役の人数に着目して，簡単に述べよ。

Ⅰ

○現行の会社法では，外部の意見を取り入れる仕組を備える適正な企業統治を実現するシステムが担保されていない。

○我が国の上場会社等の企業統治については，内外の投資者等から強い懸念《けねん》が示されている。

Ⅱ

これまでの会社法では，社外取締役の要件は，自社又は子会社の出身者等でないことであったが，親会社の全ての取締役等，兄弟会社の業務執行取締役等，自社の取締役等及びその配偶者の近親者等でないことを追加する。

Ⅲ

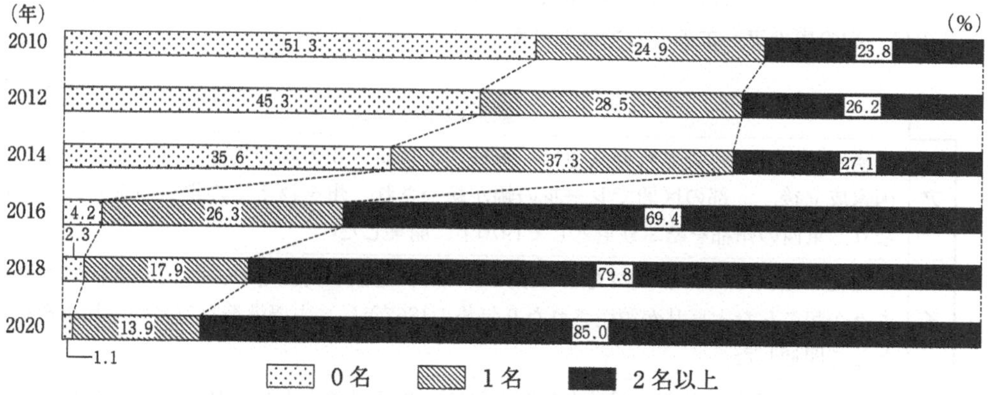

（注）四捨五入をしているため，社外取締役の人数別の会社数の割合を合計したものは，100%にならない場合がある。

（東京証券取引所の資料より作成）

6 次の文章を読み，次のページの略地図を見て，あとの各問に答えよ。

(1)1851年に開催された世界初の万国博覧会は，蒸気機関車などの最新技術が展示され，鉄道の発展のきっかけとなった。1928年には，国際博覧会条約が35か国により締結され，(2)テーマを明確にした国際博覧会が開催されるようになった。

2025年に大阪において「いのち輝く未来社会のデザイン」をテーマとした万国博覧会の開催が予定されており，(3)我が国で最初の万国博覧会が大阪で開催された時代と比べ，社会の様子も大きく変化してきた。

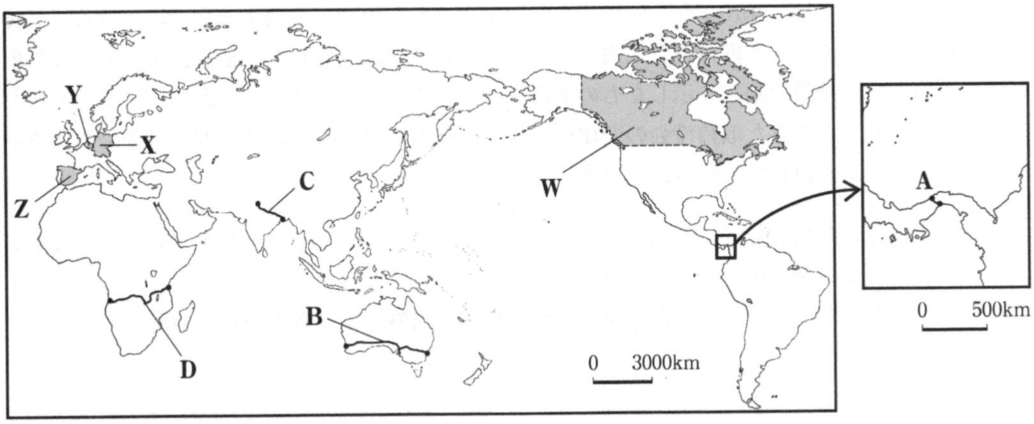

〔問１〕 (1)1851年に開催された世界初の万国博覧会は，蒸気機関車などの最新技術が展示され，鉄道の発展のきっかけとなった。とあるが，略地図中に•――•で示したＡ～Ｄは，世界各地の主な鉄道の路線を示したものである。次の表の**ア**～**エ**は，略地図中にＡ～Ｄで示した**いずれか**の鉄道の路線の様子についてまとめたものである。略地図中のＡ～Ｄのそれぞれの鉄道の路線に当てはまるのは，次の表の**ア**～**エ**のうちではどれか。

	鉄道の路線の様子
ア	植民地時代に建設された鉄道は，地域ごとにレールの幅が異なっていた。1901年の連邦国家成立後，一部の区間でレールの幅が統一され，州を越えての鉄道の乗り入れが可能となり，東西の州都を結ぶ鉄道として1970年に開業した。
イ	綿花の輸出や内陸部への支配の拡大を目的に建設が計画され，外国の支配に不満をもつ人々が起こした大反乱が鎮圧された９年後の1867年に，主要港湾都市と内陸都市を結ぶ鉄道として開通した。
ウ	二つの大洋をつなぎ，貿易上重要な役割を担《にな》う鉄道として，1855年に開業した。日本人技術者も建設に参加した国際運河が1914年に開通したことにより，貿易上の役割は低下したが，現在では観光資源としても活用されている。
エ	1929年に内陸部から西側の港へ銅を輸送する鉄道が開通した。この鉄道は内戦により使用できなくなり，1976年からは内陸部と東側の港とを結ぶ新たに作られた鉄道がこの地域の主要な銅の輸送路となった。2019年にこの二本の鉄道が結ばれ，大陸横断鉄道となった。

〔問２〕 (2)テーマを明確にした国際博覧会が開催されるようになった。とあるが，次のページのⅠの略年表は，1958年から2015年までの，国際博覧会に関する主な出来事についてまとめたものである。次のページのⅡの文章は，Ⅰの略年表中のＡ～Ｄの**いずれか**の国際博覧会とその開催国の環境問題について述べたものである。Ⅱの文章で述べている国際博覧会に当てはまるのは，Ⅰの略年表中のＡ～Ｄのうちのどれか，また，その開催国に当てはまるのは，略地図中に　　で示したＷ～Ｚのうちのどれか。

Ⅰ

西暦	国際博覧会に関する主な出来事
1958	●「科学文明とヒューマニズム」をテーマとした万国博覧会が開催された。…………A
1967	●「人間とその世界」をテーマとした万国博覧会が開催された。…………B
1974	●「汚染なき進歩」をテーマとした国際環境博覧会が開催された。
1988	●「技術時代のレジャー」をテーマとした国際レジャー博覧会が開催された。
1992	●「発見の時代」をテーマとした万国博覧会が開催された。…………C
2000	●「人間・自然・技術」をテーマとした万国博覧会が開催された。…………D
2015	●「地球に食料を，生命にエネルギーを」をテーマとした万国博覧会が開催された。

Ⅱ

この博覧会は，「環境と開発に関するリオ宣言」などに基づいたテーマが設定され，リオデジャネイロでの地球サミットから８年後に開催された。この当時，国境の一部となっている北流する国際河川の東側に位置する森林（シュヴァルツヴァルト）で生じた木々の立ち枯れは，偏西風などにより運ばれた有害物質による酸性雨が原因であると考えられていた。

〔問３〕 (3)我が国で最初の万国博覧会が大阪で開催された時代と比べ，社会の様子も大きく変化してきた。とあるが，次のⅠの**ア**～**エ**のグラフは，1950年，1970年，2000年，2020年の**いずれか**の我が国における人口ピラミッドを示したものである。次のページのⅡの文章で述べている年の人口ピラミッドに当てはまるのは，Ⅰの**ア**～**エ**のうちのどれか。

Ⅰ

ア

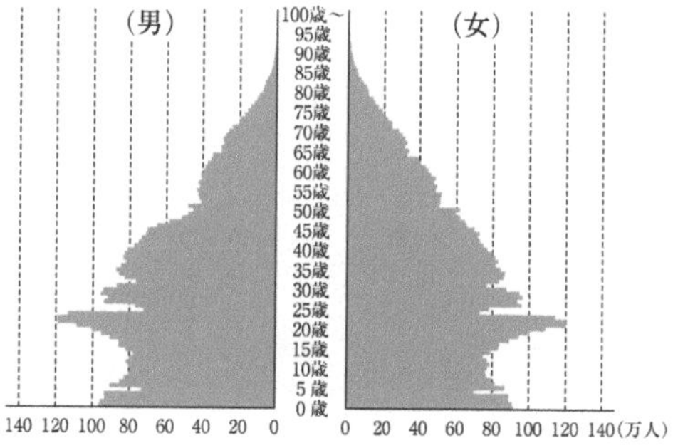

イ

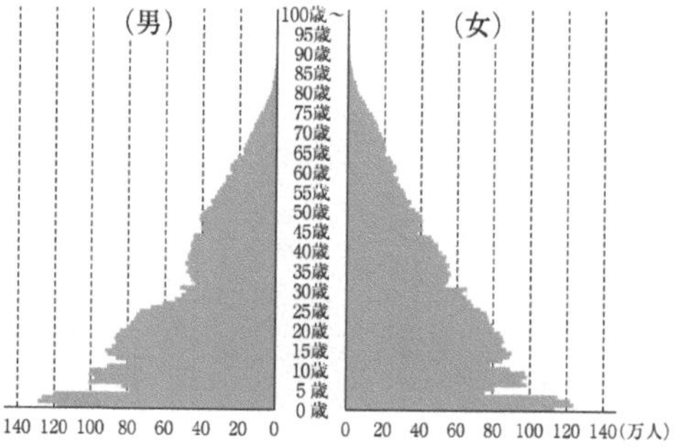

ウ

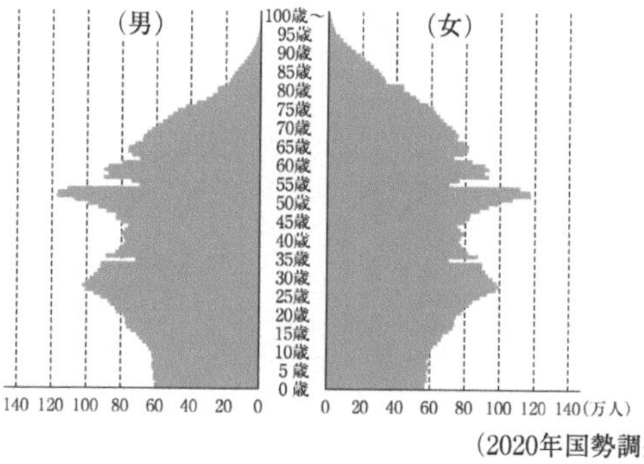

エ

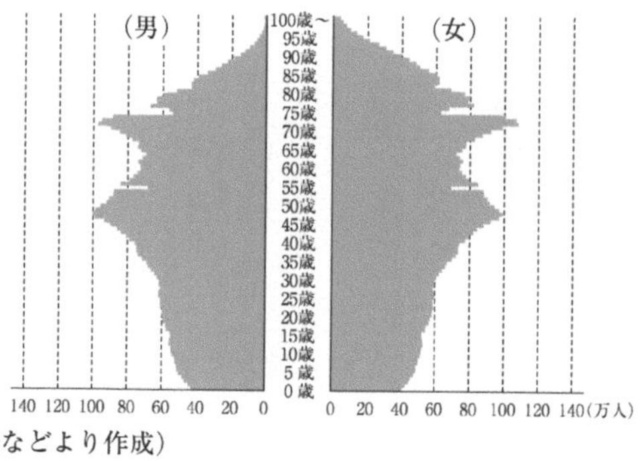

（2020年国勢調査などより作成）

Ⅱ

○我が国の人口が1億人を突破して3年後のこの年は，65歳以上の割合は7％を超え，高齢化社会の段階に入っている。
○地方から都市への人口移動が見られ，郊外にニュータウンが建設され，大阪では「人類の進歩と調和」をテーマに万国博覧会が開催された。

2023年度

解　答　と　解　説

《2023年度の配点は解答用紙集に掲載してあります。》

＜理科解答＞

1 〔問1〕 ア　〔問2〕 エ　〔問3〕 ウ　〔問4〕 イ　〔問5〕 ア　〔問6〕 イ
2 〔問1〕 イ　〔問2〕 ① イ　② ア　〔問3〕 エ　〔問4〕 ウ
3 〔問1〕 水滴が付き始める瞬間の温度を正確に読み取るため。　〔問2〕 ① イ　② ア
〔問3〕 ① ア　② イ　③ イ　④ ア　〔問4〕 エ
4 〔問1〕 ウ　〔問2〕 エ　〔問3〕 ア
5 〔問1〕 ア　〔問2〕 エ　〔問3〕 イ　〔問4〕 ① イ　② ウ
6 〔問1〕 ア　〔問2〕 ウ　〔問3〕 ウ　〔問4〕 イ

＜理科解説＞

1 **(小問集合－自然界のつり合い，火山活動と火成岩：火山岩，身のまわりの物質とその性質：ガスバーナーの操作，光と音：凸レンズによってできる像，物質の成り立ち，植物の体のつくりとはたらき：花のつくり)**

〔問1〕 **生産者は光合成を行い，みずから有機物をつくり出すことができる生物**であり，消費者はほかの生物から有機物を得る生物である。よって，生産者は**葉緑体**があるエンドウ，サツマイモ，ツツジである。消費者はタカ，バッタ，ミミズである。

〔問2〕 **玄武岩**はマグマが冷え固まって岩石になった火成岩であり，火成岩のうち，上昇したマグマが地表に近い地下や，溶岩のように地表にふき出て急激に冷えて固まってできた**火山岩**である。**斑状組織でカンラン石やキ石のような有色鉱物を多く含むため**，岩石は黒っぽい。

〔問3〕 ガスバーナーに点火し，適正な炎の大きさに調整した後，**空気不足になっている炎を青色の適正な状態にする操作は，Bのガス調節ねじを押さえながら，Aの空気調節ねじだけをCの向きに回して少しずつ開き**，青色の安定した炎にする。

〔問4〕 図3において，光の進み方を作図する。物体から光軸に平行に凸レンズに入った光は，屈折した後，反対側の焦点を通る。凸レンズの中心を通った光は，そのまま直進する。スクリーンの位置がA点にあると，2つの直線の交点がスクリーン上にくるため，はっきりと像が映る。作図から，物体の大きさと比べて，スクリーンに映った像の方が小さいことが分かる。

〔問5〕 **単体は1種類の元素からできている物質であり，2種類以上の元素からできている物質が化合物である**。よって，A 二酸化炭素の化学式はCO_2，B 水の化学式はH_2O，C アンモニアの化学式はNH_3，D 酸素の化学式はO_2であるため，化合物はA，B，Cであり，単体はDである。

〔問6〕 アブラナの花のつくりは，外側から，A がく，B 花弁，C おしべ，D めしべである。

2 **(自由研究－力と物体の運動：平均の速さ，身のまわりの物質とその性質：密度，水溶液：濃度，力のつり合いと合成・分解：浮力，生物の成長と生殖：発生，天体の動きと地球の自転・公転：白夜の太陽の見かけの動き)**

〔問1〕 平均の速さ〔m/s〕$=\dfrac{6〔m〕-2〔m〕}{122.2〔s〕-40.4〔s〕}=0.048\cdots$〔m/s〕$\fallingdotseq 0.05$〔m/s〕である。

〔問2〕 （凍った部分の表面を取り除き残った部分100gに含まれる食塩の量）÷（3％の食塩水100gに含まれる食塩の量）×100＝（100g×0.0084）÷（100g×0.03）×100＝28，よって，28％である。食塩水の上部に浮いた凍った部分の表面を取り除き残った部分に含まれる食塩の量は，3％の食塩水の28％であるため，3％の食塩水の方が密度が大きいと言える。このことは，**食塩水を凍らせると，凍った部分が浮くのは，凍って密度が小さくなった部分にかかる重力より，凍った部分より密度が大きい食塩水からの水圧による浮力のほうが大きい**ことからもわかる。

〔問3〕 図4，5，6は，**カエルの受精卵が体細胞分裂により細胞の数をふやして胚になる過程**である。体細胞分裂であるため，**分裂を何回くり返しても，ひとつひとつの細胞の染色体の数は変わらない**。よって，図5の胚に含まれる細胞の和は2個であるため，合計の染色体の和は、24本×2＝48本，である。同様にして，図6の胚に含まれる細胞の和は4個であるため，合計の染色体の和は、24本×4＝96（本），である。

〔問4〕 地軸を中心に太陽が北側へとまわってきたとき，図7の**北の空では，向かって右方向が東**であるため，**太陽は見かけ上，東方向に向かって上昇するように動く**。よって，太陽が見かけ上動いた向きはYである。日本で**夏至**となる地球の位置は，**北緯35°付近にある日本で太陽の南中高度が最も高く**，日の出と日の入りの位置が北寄りになり，日照時間が最も長くなるAである。

3 （気象要素の観測：金属製のコップによる露点の測定実験と湿度の計算，天気の変化：雲の発生に関する実験と寒冷前線）

〔問1〕 **金属製のコップの表面の温度が少しずつ下がるようにしたのは，「水滴が付き始める瞬間の温度を正確に読み取るため。」**である。

〔問2〕 午前10時に測定した水温は，同じ時刻の実験室の室温と等しいので，午前10時の実験室内の気温は17.0℃である。また，金属製のコップの表面に水滴がつき始めたときの金属製のコップ内の水温が露点であり，**この場合，露点16.2℃における飽和水蒸気量が，実際に午前10時の実験室内の1m³の空気に含まれる水蒸気の質量〔g/m³〕である**。よって，湿度〔％〕＝$\frac{1\text{m}^3\text{の空気に含まれる水蒸気の質量〔g/m}^3\text{〕}}{\text{その空気と同じ気温での飽和水蒸気量〔g/m}^3\text{〕}}\times 100$，から，午前10時の湿度〔％〕＝$\frac{13.8\text{〔g/m}^3\text{〕}}{14.5\text{〔g/m}^3\text{〕}}\times$100≒95.2〔％〕である。午後6時も同じ気温であるため，露点が高いほうが1m³の空気に含まれる水蒸気の量が多いので，結果1の表から，午前10時の実験室内の空気である。

〔問3〕 ＜実験2＞は雲を発生させる実験装置である。「ピストンをすばやく引くと，丸底フラスコ内の空気は**膨張し**，丸底フラスコ内の**気圧は下がる**。その結果，丸底フラスコ内の**空気の温度が下がり露点に達し**，丸底フラスコ内の**水蒸気が水滴に変化**した。」そのため，丸底フラスコ内はくもった。自然界では**雲**である。

〔問4〕 寒冷前線は，**寒気が**暖気の下にもぐりこみ，**暖気を押し上げながら進んでいく**。暖気が急激に上空高くに押し上げられ，強い上昇気流が生じて**積乱雲**が発達するため，**短時間に強い雨**が降り，**強い風**がふくことが多い。

4 （動物の体のつくりとはたらき：消化の対照実験・柔毛での吸収・血液の循環・細胞の呼吸）

〔問1〕 試験管AとBは，**ヨウ素液**との反応により，**唾液がデンプンをデンプンではないものに変えるはたらき**があるのか否か比較して調べる**対照実験**である。試験管CとDは，**ベネジクト液を加えて加熱する**ことにより，唾液にはデンプンをブドウ糖がいくつか結合した**糖に変えるはたらき**があるのか否か比較して調べる対照実験である。

〔問2〕 消化酵素により分解されることで作られた，**ブドウ糖とアミノ酸は**ヒトの**小腸の柔毛**で吸収されて**毛細血管**に入り，**脂肪酸とモノグリセリドは**ヒトの小腸の柔毛で吸収された後に**結合し**

てリンパ管に入る。

〔問3〕　心臓の左心室から送り出された血液はBの動脈を通って小腸の毛細血管に入る。毛細血管で栄養分を吸収し，小腸から肝臓へと向かう血液が流れるAの肝門脈を通って肝臓に運ばれる。よって，栄養分の濃度が高い場所は，Aである。細胞による呼吸については，血液の成分である血しょうがしみ出て組織液となり，養分や酸素を細胞に届ける。からだを構成しているひとつひとつの細胞では，届いた酸素を使い，養分からエネルギーが取り出される。このとき，二酸化炭素と水ができる。

5　(水溶液とイオン・原子の成り立ちとイオン：塩化銅の電気分解の仕組み・イオンの粒子モデル・化学式，物質の成り立ち：水の電気分解，気体の発生とその性質)

〔問1〕　<実験1>は塩化銅の電気分解である。塩化銅が水に溶けて電離したようすを化学式を使って表すと，$CuCl_2 \rightarrow Cu^{2+}+2Cl^-$，であり，陽イオンの数：陰イオンの数＝1：2，である。よって，モデルはアである。

〔問2〕　電極Aは，電源装置の－端子に接続しているので陰極である。また，実験結果から，陽イオンとなっていた銅が付着していたことから，電極Aは，陰極であると言える。回路に流れる電流の向きは，電源装置の＋端子から出て－端子に入る向きであると決められているので，Dである。

〔問3〕　陽極である電極B付近からは，刺激臭がする気体である塩素が生成された。塩素の気体が発生する仕組みは，「塩化物イオンCl^-が，電子を放出し(失い)，塩素原子になり，塩素原子が2個結びつき，分子になり，気体として発生した。」である。

〔問4〕　<結果1>は塩化銅の電気分解の結果であり，銅イオンCu^{2+}は，陰極から電子を2個受けとり，銅原子Cuになり，陰極に金属となって付着するため，電流を流した時間が長くなるほど，水溶液中の銅イオンの数は減少する。よって，グラフはイである。<結果2>は水の電気分解の結果であり，5%の水酸化ナトリウム水溶液を加えたのは，電流が流れやすくするためであり，水酸化ナトリウムそのものは分解されないので，電流を流した時間が長くなっても，水溶液中のナトリウムイオンの数は変化しない。よって，グラフはウである。水の電気分解の化学反応式は，$2H_2O \rightarrow 2H_2+O_2$，であり，陰極である電極A付近から発生した気体は水素で，陽極である電極Bから発生した気体は酸素である。

6　(電流：電圧と電流と抵抗・電力・電力量)

〔問1〕　オームの法則により，電流＝$\frac{電圧}{抵抗}$であるから，電圧の大きさが等しいとき，5Ωの抵抗器Xの方が，20Ωの抵抗器Yよりも大きい電流が流れる。また，<結果>図3のグラフから，電圧の大きさが等しいとき，<実験>の(2)図1の並列回路の方が，<実験>の(3)図2の直列回路よりも大きい電流が流れる。

〔問2〕　抵抗器Xと抵抗器Yを並列につないだ回路全体の抵抗をR_Pとすると，$\frac{1}{R_P[\Omega]}=\frac{1}{5[\Omega]}+\frac{1}{20[\Omega]}$より，$R_P$〔Ω〕＝4〔Ω〕である。抵抗器Xと抵抗器Yを直列につないだ回路全体の抵抗をR_Sとすると，R_S〔Ω〕＝5〔Ω〕＋20〔Ω〕＝25〔Ω〕である。抵抗Xは5Ωであるため，ウが適切である。

〔問3〕　<結果>の図3グラフから，<実験>の(2)並列回路では2.0Vのとき0.5Aであり，電力〔W〕＝2.0〔V〕×0.5〔A〕＝1.0〔W〕である。<実験>の(3)直列回路では5.0Vのとき0.2Aであり，電力〔W〕＝5.0〔V〕×0.2〔A〕＝1.0〔W〕である。このとき，抵抗器Xと抵抗器Yで消費される電力は1.0Wで等しい。図1の並列回路では，各抵抗の両端の電圧は電源の電圧に等しいため，抵抗器Xに加わる電圧の大きさSは，2.0Vである。図2の直列回路を流れる電流の大きさはどこでも等しいため，抵抗器Xに加わる電圧の大きさTは，T〔V〕＝0.2〔A〕×5〔Ω〕＝1.0〔V〕である。よって，S：T＝2：1である。

〔問4〕 回路全体の電力を9Wとし，電圧を加え電流を2分間流したときの**電力量〔J〕＝9〔W〕×120〔s〕＝1080〔J〕**である。回路全体の電力を4Wとし，電圧を加え電流をt秒間流したときの電力量1080〔J〕＝4〔W〕×t〔s〕である。よって，t〔s〕＝270〔s〕であるから，電流を4分30秒間流したときである。

＜社会解答＞

1 〔問1〕 ウ 〔問2〕 エ 〔問3〕 ア

2 〔問1〕 略地図中のA～D D Ⅱのア～エ イ 〔問2〕 W ア X ウ Y エ Z イ 〔問3〕 イ

3 〔問1〕 A エ B イ C ア D ウ 〔問2〕 エ 〔問3〕 (1) (目的) 貨物輸送で生じる二酸化炭素の排出量を減少させるため。 (2) (敷設《ふせつ》状況及び設置状況) 全ての地方に貨物鉄道の路線と貨物ターミナル駅がある。

4 〔問1〕 ウ→イ→エ→ア 〔問2〕 ウ 〔問3〕 (時期) イ→ア→ウ (略地図) ア 〔問4〕 A イ B エ C ウ D ア

5 〔問1〕 エ 〔問2〕 イ 〔問3〕 ウ 〔問4〕 適正な企業統治を実現する役割をになう社外取締役の要件が追加され，取締役会に外部の意見がより反映されるよう，社外取締役を2名以上置く会社数の割合が増加した。

6 〔問1〕 A ウ B ア C イ D エ
〔問2〕 Ⅰの略年表中のA～D D 略地図中のW～Z X 〔問3〕 ア

＜社会解説＞

1 **(地理的分野―日本地理－地形図の見方，歴史的分野―日本史時代別－安土桃山時代から江戸時代，―日本史テーマ別－文化史，公民的分野―国際社会との関わり)**

〔問1〕 縮尺2万5千分の1の**地形図**では，**等高線**は**標高差**10mごとに引かれている。等高線を手がかりに見ると，A地点は標高約40m，B地点は約60m，C地点は約30mである。したがって，ウの図が適当である。

〔問2〕 安土桃山時代の茶人で，**千家流**茶道の創始者であるのが**千利休**(せんのりきゅう)である。堺の出身で，幼少のころから**茶の湯**に親しみ，**武野紹鴎**(たけのじょうおう)に師事して茶の湯を学び，**わび茶**を大成させた。織田信長と豊臣秀吉に続けて仕えたが，最後は秀吉に切腹を命じられた。

〔問3〕 国際の平和と安全の維持について,主要な責任を有するのが，**国際連合**の**安全保障理事会**である。具体的には，紛争当事者に対して，紛争を平和的手段によって解決するよう要請したり，平和に対する脅威の存在を決定し，平和と安全の維持と回復のために勧告を行うこと，経済制裁などの非軍事的強制措置及び軍事的強制措置を決定すること等を，その主な権限とする。しかし，**アメリカ・イギリス・フランス・ロシア・中国**の5か国の**常任理事国**が1か国でも反対すると，決議ができないことになっている。常任理事国は**拒否権**を持っていることになる。なお，日本は10か国ある非常任理事国の一つである(2023年現在)。

[2] (地理的分野―世界地理－都市・気候・人々のくらし・産業)

〔問1〕　まず，A～Dの国・都市を確定する。Aはアルゼンチンのブエノスアイレス，Bは中国の北京，Cはノルウェーのオスロ，Dはポルトガルのリスボンである。Ⅰの文章は，**地中海性気候**のポルトガルのリスボンについての説明である。夏は気温が30度近く，雨がほとんど降らず，冬は気温10度前後で，夏に比べて雨が多いのが，地中海性気候の特徴である。雨温図のイである。地中海沿岸部の，ポルトガル・スペイン・イタリア・ギリシャ等の国では，気候を生かして夏は乾燥に強いオレンジやオリーブやぶどうなどの作物を，冬は小麦を栽培している。

〔問2〕　まず，W～Zの国を確認する。Wはボリビア，Xはアメリカ合衆国，Yはオマーン，Zはフランスである。かつてスペインの植民地であり，「キリスト教徒の割合が最も多い」「この地方が原産で傾斜地などで栽培された様々な種類のじゃがいも」との記述から，アは，ボリビアである。「高速道路が整備され」「多民族国家を形成し」との一節から，また，**一人当たりの国民総所得**が最も多いウがアメリカ合衆国である。「代表的市場はスークと呼ばれる」「断食が行われる」の一節から，エは**イスラム教徒**の最も多いオマーンである。「**キリスト教徒**(**カトリック**)の信者の割合が最も多く」「日曜日は非労働日とされており休日とする店舗がある」という記述から，イはフランスである。よって正しい組み合わせは，Wア　Xウ　Yエ　Zイとなる。

〔問3〕　1967年に設立され，現在はタイ・インドネシア・ベトナム・フィリピン・マレーシア・ブルネイ・シンガポール・ラオス・ミャンマー・カンボジアの10か国から構成されているのが，**ASEAN**(東南アジア諸国連合)である。ASEANの中で，ベトナムは，独自の歴史を持っている。フランス・アメリカが援助する**資本主義**の南ベトナム共和国と，中国・ソ連が援助する**社会主義**のベトナム民主共和国(北ベトナム)が対立し，**ベトナム戦争**へと発展した。1964年には，アメリカが**北爆**を開始し，ベトナム戦争は本格化したが，最終的に北ベトナムが勝利し，1976年に**南北ベトナムが統一**された。こうして成立したベトナムは，中国や韓国と比べて，労働者の月額平均賃金が安価であり，生産コストを抑えられるために，ベトナムに進出する日本企業数が大幅に増加しているのである。

[3] (地理的分野―日本地理－農林水産業・工業・貿易・交通)

〔問1〕　まず，A～Dの県名を確定する。Aは青森県，Bは茨城県，Cは長野県，Dは宮崎県である。次にア～エの都道府県を確定する。アは，「**フォッサマグナ**」「レタスの**抑制栽培**」等の語句から，長野県の説明であるとわかる。イは，「**施設栽培**により年間を通して栽培されるピーマン」「東京まで3時間」との記述から，**近郊農業**を行う茨城県であるとわかる。ウは，「**施設栽培**により年間を通して栽培されるきゅうり」「フェリーで1日以上」との記述から，宮崎県についての説明であるとわかる。エは，「ごぼうは(中略)東京まで約10時間かけてトラックで輸送」との記述から，青森県であるとわかる。青森県はごぼうの生産量全国第1位である。したがって正しい組み合わせは，Aがエの青森県，Bがイの茨城県，Cがアの長野県，Dがウの宮崎県となる。

〔問2〕　まず，W～Zの空港を確定する。Wは**成田国際空港**，Xは**東京国際空港**(羽田空港)，Yは**関西国際空港**，Zが**那覇空港**である。このうち輸出入額の一番小さいZが，空港規模の最も小さい那覇空港であり，表中のイである。日本で最大の輸出入のある空港はWの成田国際空港であり，表中のウである。関西国際空港は，医薬品の輸入が多いのが特徴であり，表中のアである。残るエが東京国際空港である。なお，東京国際空港では医薬品は輸出の第3位である。

〔問3〕　(1)　〔目的〕　**モーダルシフト**とは，トラック等の自動車で行われている貨物輸送を環境負荷の小さい鉄道や船舶の利用へと転換することをいい，それによって貨物輸送で生じる**温暖化**の原因となる**二酸化炭素**の排出量を減少させることを目的として行われる。上記のような趣旨を簡潔にまとめればよい。 (2) 〔敷設状況及び設置状況〕 七地方区分の全ての地方に，貨物鉄道の路線と貨物ターミナル駅があることを指摘し簡潔に述べればよい。「全ての地方」「貨物鉄道」「貨物ターミナル駅」の語句を必ず使うことに注意して解答する必要がある。

4 **(歴史的分野―日本史時代別－古墳時代から平安時代・鎌倉時代から室町時代・安土桃山時代から江戸時代・明治時代から現代，―日本史テーマ別－文化史・政治史・技術史・経済史)**

〔問1〕 ア **室町幕府**の3代将軍である**足利義満**は，**南北朝**を統一した後，1397年に**金閣**を建立した。金閣は1950年に放火により焼失し，現在の金閣は再建されたものである。 イ 奈良の**平城京**を中心にして8世紀に花開いた貴族文化・仏教文化を，**聖武天皇**のときの元号である「天平」から**天平文化**と呼ぶ。天平文化は，**遣唐使**を通じて盛唐の影響を強く受けていた。さらにシルクロードを通じて，国際色豊かな文化が花開いていた。一方，奈良時代の社会は疫病が流行り，大きな戦乱が起こるなど混乱していた。聖武天皇は，国家を守るという仏教の**鎮護国家**の働きに頼ろうとし，都に**東大寺**と**大仏**を，諸国に**国分寺**・国分尼寺を建立させた。大仏造立の詔は743年に出され，開眼供養は752年に行われた。 ウ **飛鳥時代**には，**聖徳太子**によって，603年に**冠位十二階の制**が定められ，604年には**憲法十七条**が定められた。また607年には**遣隋使**が派遣され，同年に**法隆寺**が建立された。 エ 12世紀に**奥州平泉**を本拠地とし，豊富だった金(きん)や馬を利用して勢力を築き上げ，**中尊寺金色堂**を建立したのは，**奥州藤原氏**である。奥州藤原氏は，1189年に源頼朝によって滅ぼされた。したがって時期の古い順に並べると，ウ→イ→エ→アとなる。

〔問2〕 資料Ⅱは，江戸幕府の8代将軍**徳川吉宗**が，**享保の改革**の際に行った1726年の**新田**検地条目と1720年の**洋書輸入の制限緩和**について述べている。よって，資料Ⅰのウの時期に該当する。

〔問3〕 (時期) ア 1882年に，**渋沢栄一**らの主唱で大阪に近代的設備を備えた**大阪紡績会社**(現在の東洋紡)が設立された。 イ **富岡製糸場**は，**殖産興業**政策の一環として，1872年に群馬県に建設された，日本で最初の**官営模範工場**である。フランス人技師が招かれ，全国から多くの**工女**を集めて操業を開始した。富岡製糸場は，2014年に**UNESCO**(国連教育科学文化機関)によって**世界遺産**に登録された。 ウ この製鉄所は，北九州に建設された官営の**八幡製鉄所**である。この製鉄所は中国から輸入される鉄鉱石を原料とし，近くの炭田から採掘される石炭を燃料として生産するのに適した場所として，北九州に建設された。操業は1901年に開始された。八幡製鉄所は，日本の鉄鋼の生産高の大部分を占めるようになり，13%強だった日本の鉄鋼の自給率を3倍近くまで高めた。したがって，操業を開始した時期の古い順に並べると，イ→ア→ウとなる。 (略地図) Bは大阪であり，大阪紡績会社について述べているアに該当する。

〔問4〕 Aの時期にあたるのは，イである。この時期の前半には日本を占領する**GHQ**(連合国最高司令官総司令部)によって**財閥解体・農地改革**など様々な日本民主化政策がとられていた。Bの時期にあたるのは，エである。1960年に**池田勇人内閣**は，実質国民総生産を10年以内に2倍にすることを目標とする**「国民所得倍増計画」**を閣議決定し，政策を実施した。また，この時期には東海道新幹線が開業した。Cの時期にあたるのは，ウである。1973年に第4次**中東戦争**を機に，**OPEC**(石油輸出国機構)の各国が石油価格を大幅に引き上げた。このことにより，世界経済全体が大きな混乱に陥ったことを，**石油危機**という。1979年には，第2次石油危機があった。Dにあたるのは，アである。土地や株式に対する投資が増大し，実際の価値以上に地価や株価が異常に高くなる現象を，**バブル経済**という。1986年末に始まったバブル経済が崩壊したのは，1991年である。バブル崩壊後は，景気が後退し，構造改革が進んだ。よって組み合わせは，Aイ・Bエ・Cウ・Dアである

5　**(公民的分野―基本的人権・財政・経済一般)**

〔問1〕 アは，**法の下の平等**を定めた**日本国憲法**第14条である。イは，**生命及び自由の保障**について定めた日本国憲法第31条である。ウは，**教育を受ける権利**について定めた日本国憲法第26条である。ア・イ・ウのどれも経済活動の自由とは関係がない。エが，日本国憲法第21条の，**居住・移転・職業選択の自由**であり，**経済活動の自由を保障**する条文である。これが経済活動の自由を保障した条文とは分かりにくいので注意が必要である。

〔問2〕 様々な料金の中で，その決定や変更に国会・政府・地方自治体が関わっているものを**公共料金**と呼ぶ。資料の診療報酬や介護報酬といった医療関連の公共料金は，所轄省庁の審議会・分科会での審議を経て，所轄省庁である厚生労働省の大臣が発議し，国が決定するものである。

〔問3〕 **法人税**は国税であり，**固定資産税**は**地方税**である。したがって，正しい組み合わせはウである。

〔問4〕 2014年に会社法が改正され，適正な**企業統治**を実現する役割をになう**社外取締役**の条件が追加された。これにより**取締役会**に外部の意見がより反映されるよう，社外取締役を2名以上置く会社数の割合が，2014年の20％台から2020年の80％台まで増加した。このような趣旨のことを簡潔にまとめればよい。

6　**(歴史的分野―世界史－政治史，公民的分野―公害・環境問題，地理的分野―日本地理－人口)**

〔問1〕 略地図上のAは，「国際運河が1914年に開通した」との記述から，パナマの鉄道だとわかる。ウの文章と合致する。略地図上のBは，「1901年に連邦国家が成立した」との記述から，オーストラリアの鉄道だとわかる。さらに「州を越え東西の州都を結ぶ鉄道が，1970年に開業した」との記述から，アの文章と合致する。略地図上のCは，「大反乱が鎮圧された9年後の1867年」との記述が，1857年に起こり翌年鎮圧された**インド大反乱**を指し，インドの鉄道だとわかる。文章のイと合致する。略地図上のDは，「2019年にこの2本の鉄道が結ばれ，大陸横断鉄道となった」に該当し，エの文章と合致する。よって組み合わせは，Aウ・Bア・Cイ・Dエとなる。

〔問2〕 1992年に，**「国連持続可能な開発会議」**がブラジルのリオデジャネイロで開催された。その8年後の2000年にドイツのハノーバーで，**万国博覧会**が開催された。当時のドイツでは，南西部の**シュバルツバルトの森**と呼ばれる地域で，強い酸を含む酸性雨の影響で多くの木々が突然枯れる現象が起こっていた。Ⅰの略年表のDである。また，ドイツの位置は略地図上のXである。

〔問3〕 Ⅱの文章は，大阪で万国博覧会が開催された年であるから，1970年である。1970年は**少子高齢化社会**の段階に入り，65歳以上の人口が7％を超えている。該当する**人口ピラミッド**は，アである。なお，人口ピラミッドのイは1950年，ウは2000年，エは2020年である。

2023年度英語 リスニングテスト

〔放送台本〕

これから，リスニングテストを行います。リスニングテストは，全て放送による指示で行います。リスニングテストの問題には，問題Aと問題Bの二つがあります。問題Aと，問題Bの＜Question1＞では，質問に対する答えを選んで，その記号を答えなさい。問題Bの＜Question2＞では，質問に対する答えを英語で書きなさい。英文とそのあとに出題される質問が，それぞれ全体を通して二回ずつ読まれます。問題用紙の余白にメモをとってもかまいません。答えは全て解答用紙に書きなさい。

〔問題A〕

問題Aは，英語による対話文を聞いて，英語の質問に答えるものです。ここで話される対話文は全部で三つあり，それぞれ質問が一つずつ出題されます。質問に対する答えを選んで，その記号を答えなさい。では，＜対話文1＞を始めます。

Meg: Hi, Taro. What did you do last Sunday?
Taro: Hi, Meg. I went to my grandmother's house to have a birthday party.
Meg: That's nice.
Taro: In the morning, I wrote a birthday card for her at home. Then I visited her and gave her the card. She looked happy. After that, she made some tea for me.
Meg: That sounds good.
Taro: In the evening, my sisters, mother, and father brought a cake for her.
Meg: Did you enjoy the party?
Taro: Yes, very much.

Question: Why did Taro go to his grandmother's house?

＜対話文2＞を始めます。

Satomi: Hi, John. I've been looking for you. Where were you?
John: I'm sorry, Satomi. I was very busy.
Satomi: I went to your classroom in the morning and during lunch time. What were you doing then?
John: Early in the morning, I gave water to flowers in the school garden. After that, I did my homework in my classroom.
Satomi: Oh, you did. How about during lunch time? I went to your room at one o'clock.
John: After I ate lunch, I went to the library. That was at about twelve fifty. I read some history books there for twenty minutes and came back to my room at one fifteen.

Question: What was John doing at one o'clock?

＜対話文3＞を始めます。

Jane: Hi, Bob. I'm happy that I can come to the concert today.
Bob: Hi, Jane. Yes. Me, too.
Jane: How did you get here today?
Bob: Why? I came by bike from home.
Jane: This morning, I watched the weather news. I think it'll be rainy this afternoon.
Bob: Oh, really? I'll have to go home by train and bus. What should I do with my bike?
Jane: After the concert, I will keep it at my house. We can walk to my house.
Bob: Thank you.
Jane: You're welcome. And you can use my umbrella when you go back home from my house.

Question: How did Bob get to the concert from home today?

〔英文の訳〕

［問題A］

＜対話文1＞

メグ　：こんにちは，タロウ。この前の日曜日は何をしましたか。
タロウ：こんにちは，メグ。誕生会をするために祖母の家に行きました。
メグ　：それはいいですね。
タロウ：午前中，家で彼女への誕生日カードを書きました。そして彼女を訪れそのカードを彼女に渡しました。彼女は嬉しそうでした。その後私に紅茶をいれてくれました。
メグ　：いいですね。
タロウ：夜に姉[妹]たちと母，父が彼女にケーキを持ってきました。
メグ　：パーティーは楽しかったですか。
タロウ：はい，とても。
質問：タロウはなぜ彼の祖母の家に行きましたか。
答え：ア　誕生会をするため。

＜対話文2＞

サトミ：こんにちは，ジョン。あなたを探していたんです。どこにいたんですか。
ジョン：ごめんなさい，サトミ。とても忙しかったんです。
サトミ：午前中と昼食の時間にあなたの教室に行きました。そのときは何をしていたんですか。
ジョン：午前中の早い時間に学校の庭の花に水をあげました。そのあと教室で宿題をしました。
サトミ：ああ，そうだったんですね。昼食の時間はどうでしたか。1時にあなたの教室へ行きました。
ジョン：昼食を食べたあと図書館へ行きました。それが大体12時50分でした。そこで20分歴史の本をいくつか読んで1時15分に教室に戻りました。
質問：ジョンは1時に何をしていましたか。
答え：エ　彼は歴史の本をいくつか読んでいました。

＜対話文3＞

ジェイン：こんにちは，ボブ。今日はコンサートに来られてうれしいです。
ボブ　　：こんにちは，ジェイン。はい，僕もです。
ジェイン：今日はどうやってここに来ましたか。
ボブ　　：なんでですか？　家から自転車で来ました。
ジェイン：今朝天気予報を見ました。今日の午後は雨だと思います。
ボブ　　：え，本当ですか？　電車とバスで家に帰らなければならないでしょうね。自転車をどうしたらいいでしょうか。
ジェイン：コンサートのあとに私の家に置いておきますよ。私たちは家まで歩けます。
ボブ　　：ありがとうございます。
ジェイン：どういたしまして。そして私の家から帰るときには私のカサを使っていいですよ。

質問：今日ボブはどのようにして家からコンサートまで来ましたか。
答え：ウ　彼は自転車でそこに来ました。

〔放送台本〕

〔問題B〕

これから聞く英語は，外国人のEmily先生が，離任式で中学生に向けて行ったスピーチです。内容に注意して聞きなさい。あとから，英語による質問が二つ出題されます。<Question1>では，質問に対する答えを選んで，その記号を答えなさい。<Question2>では，質問に対する答えを英語で書きなさい。なお，<Question2>のあとに，15秒程度，答えを書く時間があります。では，始めます。

Hello, everyone. This will be my last day of work at this school. First, I want to say thank you very much for studying English with me. You often came to me and taught me Japanese just after I came here. Your smiles always made me happy. I hope you keep smiling when you study English.

I had many good experiences here. I ran with you in sports festivals, and I sang songs with your teachers in school festivals. I was especially moved when I listened to your songs.

After I go back to my country, I'll keep studying Japanese hard. I want you to visit other countries in the future. I think English will help you have good experiences there. Goodbye, everyone.

<Question1>　What made Emily happy?
<Question2>　What does Emily want the students to do in the future?

〔英文の訳〕

〔問題B〕

みなさん，こんにちは。今日が私のこの学校で働く最後の日です。まず，私と英語を勉強してくれて本当にありがとうと言いたいです。みなさんは私がここに来てすぐあと，よく私のところに来て日本語を教えてくれました。あなた方の笑顔はいつも私を幸せにしてくれました。みなさんが英語を勉強するときに笑顔でいられることを願っています。

私はここでたくさんのいい経験をしました。体育祭でみなさんと一緒に走り，学園祭では先生方と一緒に歌を歌いました。私はみなさんの歌を聞いたときに特に感動しました。

国に戻ったら日本語を一生懸命勉強し続けるつもりです。将来みなさんには他の国々を訪れて欲しいです。英語がそこでいい経験をするのを手助けしてくれると思います。みなさん，さようなら。

質問1：何がエミリーを幸せにしましたか。

答え　：イ　生徒たちの笑顔。

質問2：エミリーは生徒たちに将来何をしてもらいたいですか。

答え　：(例)他の国々を訪れること。

MEMO

大切なことはメモしておこうネ！

東京都公立高等学校

2022年度

★★★★★★★★★★★★★★★★★★★★★★★

共通問題（理科・社会）

●くわしい解説……31ページ

＜理科＞

時間　50分　　満点　100点

1　次の各問に答えよ。

〔問１〕　図１は，質量を測定した木片に火をつけ，酸素で満たした集気びんＰに入れ，ふたをして燃焼させた後の様子を示したものである。図２は，質量を測定したスチールウールに火をつけ，酸素で満たした集気びんＱに入れ，ふたをして燃焼させた後の様子を示したものである。

燃焼させた後の木片と，燃焼させた後のスチールウールを取り出し質量を測定するとともに，それぞれの集気びんに石灰水を入れ，ふたをして振った。

燃焼させた後に質量が大きくなった物体と，石灰水が白くにごった集気びんとを組み合わせたものとして適切なのは，下の表の**ア**～**エ**のうちではどれか。

図１

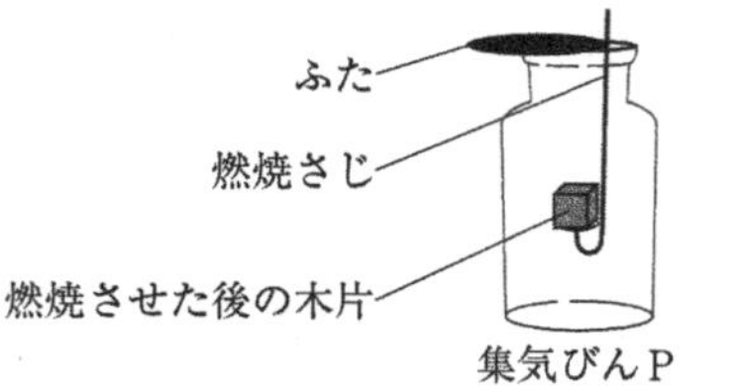

図２

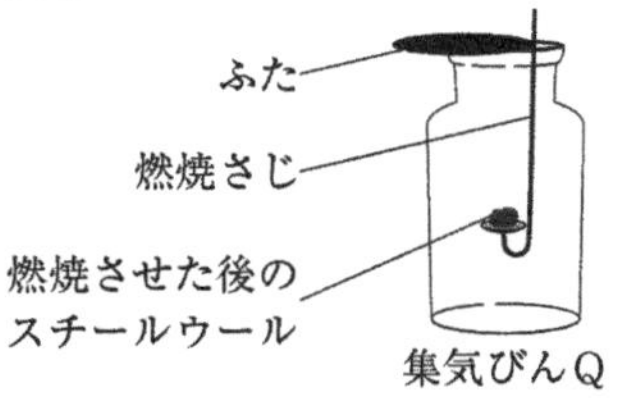

	燃焼させた後に質量が大きくなった物体	石灰水が白くにごった集気びん
ア	木片	集気びんＰ
イ	スチールウール	集気びんＰ
ウ	木片	集気びんＱ
エ	スチールウール	集気びんＱ

〔問２〕　図３は，ヒトの心臓を正面から見て，心臓から送り出された血液が流れる血管と心臓に戻ってくる血液が流れる血管を模式的に表したものである。また，図中の矢印（➡）は全身から右心房に戻る血液の流れを示している。

血管Ａ～血管Ｄのうち，動脈と，動脈血が流れる血管とを組み合わせたものとして適切なのは，次の表の**ア**～**エ**のうちではどれか。

図３

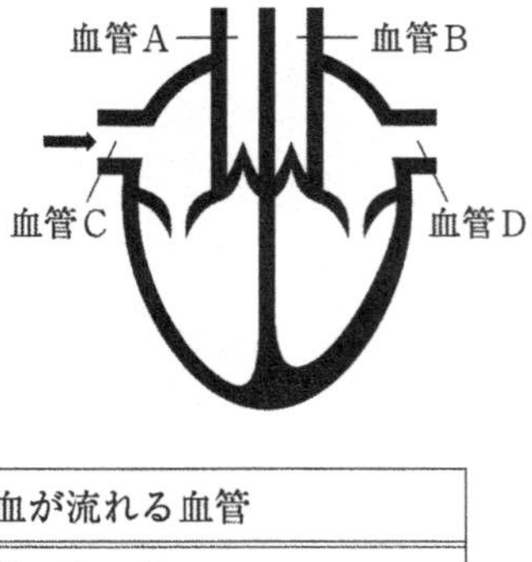

	動脈	動脈血が流れる血管
ア	血管Ａと血管Ｂ	血管Ｂと血管Ｄ
イ	血管Ａと血管Ｂ	血管Ａと血管Ｃ
ウ	血管Ｃと血管Ｄ	血管Ｂと血管Ｄ
エ	血管Ｃと血管Ｄ	血管Ａと血管Ｃ

〔問3〕 図4は，平らな底に「A」の文字が書かれた容器に水を入れた状態を模式的に表したものである。水中から空気中へ進む光の屈折に関する説明と，観察者と容器の位置を変えずに内側の「A」の文字の形が全て見えるようにするときに行う操作とを組み合わせたものとして適切なのは，下の表のア～エのうちではどれか。

図4

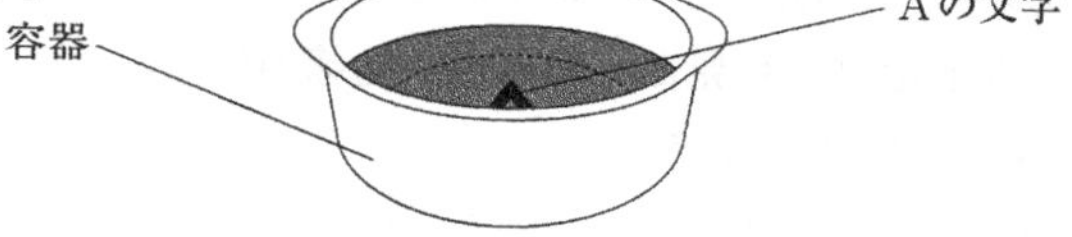

	水中から空気中へ進む光の屈折に関する説明	「A」の文字の形が全て見えるようにするときに行う操作
ア	屈折角より入射角の方が大きい。	容器の中の水の量を減らす。
イ	屈折角より入射角の方が大きい。	容器の中の水の量を増やす。
ウ	入射角より屈折角の方が大きい。	容器の中の水の量を減らす。
エ	入射角より屈折角の方が大きい。	容器の中の水の量を増やす。

〔問4〕 前線が形成されるときの暖気と寒気の動きを矢印（⇨）で模式的に表したものがA，Bである。温暖前線付近の暖気と寒気の動きを次のA，Bから一つ，できた直後の温暖前線付近の暖気と寒気を比較したときに，密度が小さいものを下のC，Dから一つ，それぞれ選び，組み合わせたものとして適切なのは，下のア～エのうちではどれか。

暖気と寒気の動き

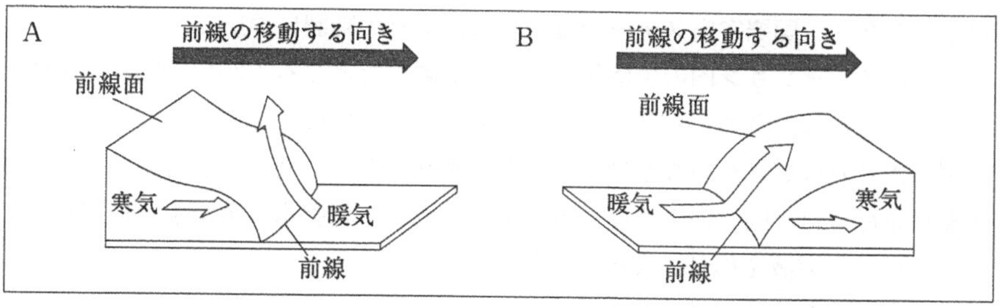

密度が小さいもの

C　暖気　　D　寒気

ア　A，C　　イ　A，D　　ウ　B，C　　エ　B，D

〔問5〕 図5は，12Vの電源装置と1.2Ωの抵抗器A，2Ωの抵抗器B，3Ωの抵抗器Cをつないだ回路図である。この回路に電圧を加えたときの，回路上の点p，点q，点rを流れる電流の大きさを，それぞれP〔A〕，Q〔A〕，R〔A〕とした。このときP，Q，Rの関係を表したものとして適切なのは，次のうちではどれか。

図5

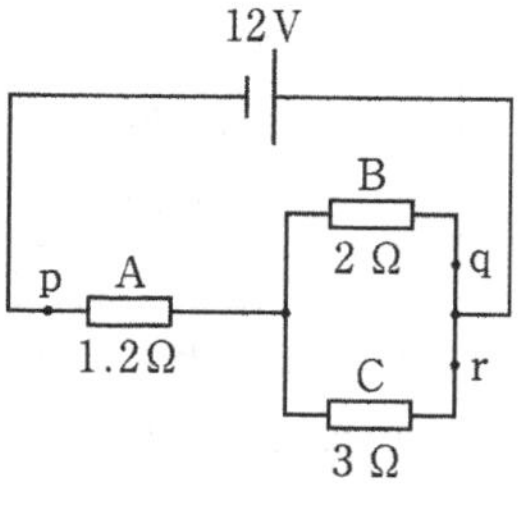

ア　$P<Q<R$　　イ　$P<R<Q$

ウ　$Q<R<P$　　エ　$R<Q<P$

2　生徒が，国際宇宙ステーションに興味をもち，科学的に探究しようと考え，自由研究に取り組んだ。生徒が書いたレポートの一部を読み，次の各問に答えよ。

＜レポート１＞　日食について

金環日食が観察された日の地球にできた月の影を，国際宇宙ステーションから撮影した画像が紹介されていた。

日食が生じるときの北極星側から見た太陽，月，地球の位置関係を模式的に示すと，図１のようになっていた。さらに，日本にある観測地点Aは，地球と月と太陽を一直線に結んだ線上に位置していた。

図１

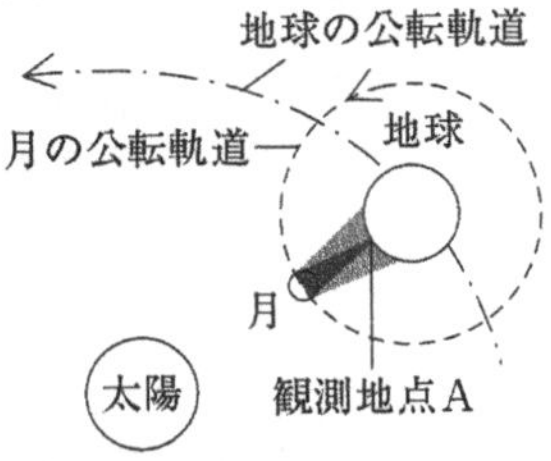

〔問１〕　**＜レポート１＞**から，図１の位置関係において，観測地点Aで月を観測したときに月が真南の空に位置する時刻と，この日から１週間後に観察できる月の見え方に最も近いものとを組み合わせたものとして適切なのは，次の表の**ア**～**エ**のうちではどれか。

	真南の空に位置する時刻	１週間後に観察できる月の見え方
ア	12時	上弦の月
イ	18時	上弦の月
ウ	12時	下弦の月
エ	18時	下弦の月

＜レポート２＞　国際宇宙ステーションでの飲料水の精製について

国際宇宙ステーション内の生活環境に関して調べたところ，2018年では，生活排水をタンクに一時的にため，蒸留や殺菌を行うことできれいな水にしていたことが紹介されていた。

蒸留により液体をきれいな水にすることに興味をもち，液体の混合物から水を分離するモデル実験を行った。図２のように，塩化ナトリウムを精製水（蒸留水）に溶かして５％の塩化ナトリウム水溶液を作り，実験装置で蒸留した。蒸留して出てきた液体が試験管に約１cmたまったところで蒸留を止めた。枝付きフラスコに残った水溶液Aと蒸留して出てきた液体Bをそれぞれ少量とり，蒸発させて観察し，結果を表１にまとめた。

表１

蒸発させた液体	観察した結果
水溶液A	結晶が見られた。
液体B	結晶が見られなかった。

図２

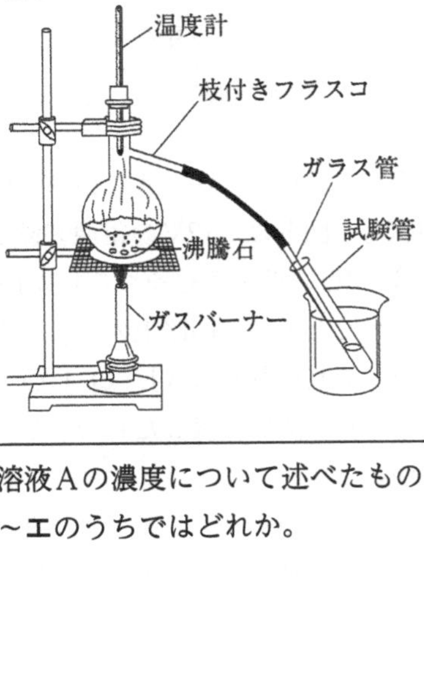

〔問２〕　**＜レポート２＞**から，結晶になった物質の分類と，水溶液Aの濃度について述べたものとを組み合わせたものとして適切なのは，次のページの表の**ア**～**エ**のうちではどれか。

	結晶になった物質の分類	水溶液Aの濃度
ア	混合物	5％より高い。
イ	化合物	5％より高い。
ウ	混合物	5％より低い。
エ	化合物	5％より低い。

<レポート３>　国際宇宙ステーションでの植物の栽培について

国際宇宙ステーションでは，宇宙でも効率よく成長する植物を探すため，図３のような装置の中で植物を発芽させ，実験を行っていることが紹介されていた。植物が光に向かって成長することから，装置の上側に光源を設置してあることが分かった。

植物の成長に興味をもち，植物を真上から観察すると，上下にある葉が互いに重ならないようにつき，成長していくことが分かった。

図３

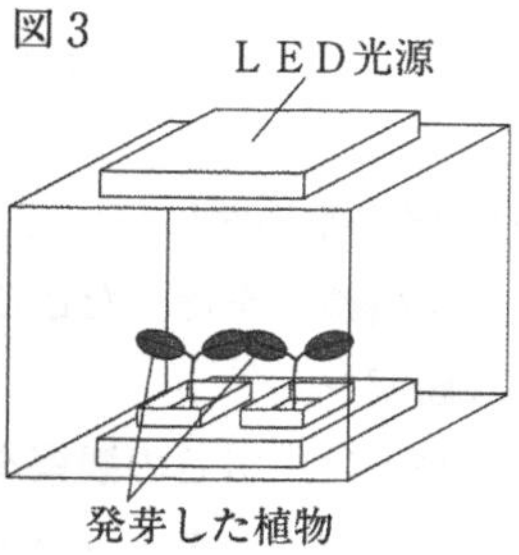

〔問３〕　<レポート３>から，上下にある葉が互いに重ならないようにつく利点と，葉で光合成でつくられた養分（栄養分）が通る管の名称とを組み合わせたものとして適切なのは，次の表の**ア**～**エ**のうちではどれか。

	上下にある葉が互いに重ならないようにつく利点	光合成でつくられた養分（栄養分）が通る管の名称
ア	光が当たる面積が小さくなる。	道管
イ	光が当たる面積が小さくなる。	師管
ウ	光が当たる面積が大きくなる。	道管
エ	光が当たる面積が大きくなる。	師管

<レポート４>　月面での質量と重さの関係について

国際宇宙ステーション内では，見かけ上，物体に重力が働かない状態になるため，てんびんや地球上で使っている体重計では質量を測定できない。そのため，宇宙飛行士は質量を測る際に特別な装置で行っていることが紹介されていた。

地球上でなくても質量が測定できることに興味をもち調べたところ，重力が変化しても物体そのものの量は，地球上と変わらないということが分かった。

また，重力の大きさは場所によって変わり，月面では同じ質量の物体に働く重力の大きさが地球上と比べて約６分の１であることも分かった。

図４のような測定を月面で行った場合，質量300ｇの物体Ａを上皿てんびんに載せたときにつり合う分銅の種類と，物体Ａをはかりに載せたときの目盛りの値について考えた。

図４

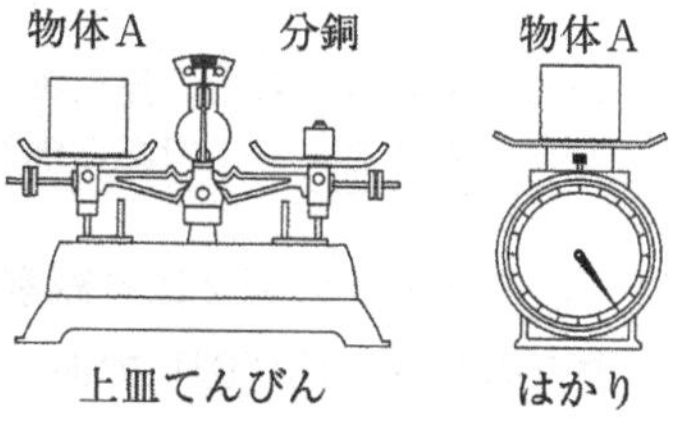

〔問4〕　<レポート4>から，図4のような測定を月面で行った場合，質量300 gの物体Aを上皿てんびんに載せたときにつり合う分銅の種類と，物体Aをはかりに載せたときの目盛りの値とを組み合わせたものとして適切なのは，次の表の**ア**～**エ**のうちではどれか。

	上皿てんびんに載せたときにつり合う分銅の種類	はかりに載せたときの目盛りの値
ア	50gの分銅	約50g
イ	50gの分銅	約300g
ウ	300gの分銅	約50g
エ	300gの分銅	約300g

3　岩石や地層について，次の各問に答えよ。

<観察>を行ったところ，**<結果>**のようになった。

<観察>

図1は，岩石の観察を行った地域Aと，ボーリング調査の記録が得られた地域Bとを示した地図である。

(1)　地域Aでは，特徴的な岩石Pと岩石Qを採取後，ルーペで観察し，スケッチを行い特徴を記録した。

(2)　岩石Pと岩石Qの，それぞれの岩石の中に含まれているものを教科書や岩石に関する資料を用いて調べた。

(3)　地域BにあるX点とY点でのボーリング調査の記録と，この地域で起きた過去の堆積の様子についてインターネットで調べた。

なお，X点の標高は40.3m，Y点の標高は36.8mである。

図1

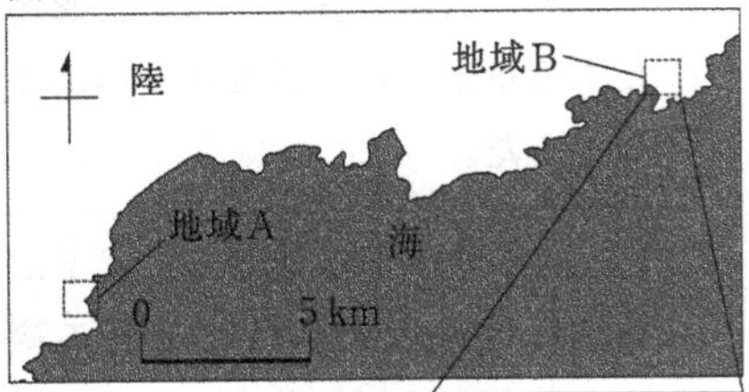

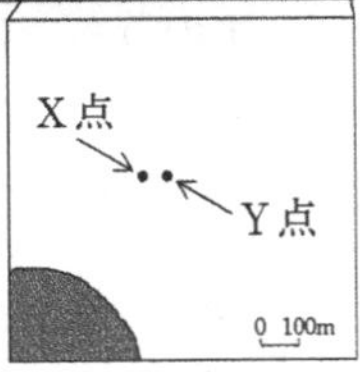

<結果>

(1)　**<観察>**の(1)と(2)を，表1のように，岩石Pと岩石Qについてまとめた。

表1

	岩石P	岩石Q
スケッチ		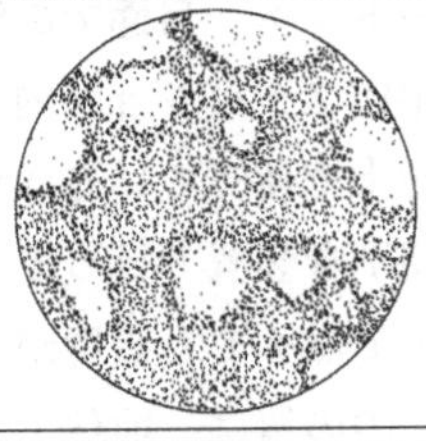
特徴	全体的に黒っぽい色で，小さな鉱物の間に，やや大きな鉱物が散らばっていた。	全体的に灰色で，白く丸いものが多数散らばっていた。
教科書や資料から分かったこと	無色鉱物である長石や，有色鉱物である輝石《きせき》が含まれていた。	丸いものはフズリナの化石であった。

(2)　次のページの図2は**<観察>**の(3)で調べた地域BにあるX点とY点のそれぞれのボーリング調査の記録（柱状図）である。凝灰岩《ぎょうかいがん》の層は同じ時期に堆積している。また，地域Bの地層で

は上下の入れ替わりは起きていないことが分かった。

図2

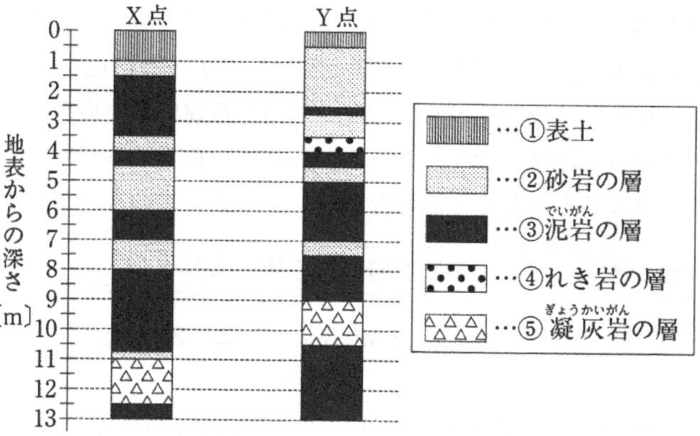

〔問1〕　＜**結果**＞の(1)の岩石Pと＜**結果**＞の(2)の④の層に含まれるれき岩の，それぞれのでき方と，れき岩を構成する粒の特徴とを組み合わせたものとして適切なのは，次の表の**ア**～**エ**のうちではどれか。

	岩石Pとれき岩のそれぞれのでき方	れき岩を構成する粒の特徴
ア	岩石Pは土砂が押し固められてできたもので，れき岩はマグマが冷えてできたものである。	角が取れて丸みを帯びた粒が多い。
イ	岩石Pは土砂が押し固められてできたもので，れき岩はマグマが冷えてできたものである。	角ばった粒が多い。
ウ	岩石Pはマグマが冷えてできたもので，れき岩は土砂が押し固められてできたものである。	角が取れて丸みを帯びた粒が多い。
エ	岩石Pはマグマが冷えてできたもので，れき岩は土砂が押し固められてできたものである。	角ばった粒が多い。

〔問2〕　＜**結果**＞の(1)で，岩石Qが堆積した地質年代に起きた出来事と，岩石Qが堆積した地質年代と同じ地質年代に生息していた生物とを組み合わせたものとして適切なのは，次の表の**ア**～**エ**のうちではどれか。

	岩石Qが堆積した地質年代に起きた出来事	同じ地質年代に生息していた生物
ア	魚類と両生類が出現した。	アンモナイト
イ	魚類と両生類が出現した。	三葉虫（サンヨウチュウ）
ウ	鳥類が出現した。	アンモナイト
エ	鳥類が出現した。	三葉虫（サンヨウチュウ）

〔問3〕　＜**結果**＞の(2)にある泥岩《でいがん》の層が堆積した時代の地域B周辺の環境について述べたものとして適切なのは，次の**ア**～**エ**のうちではどれか。

ア　流水で運搬され海に流れた土砂は，粒の小さなものから陸の近くに堆積する。このことから，泥岩の層が堆積した時代の地域B周辺は，河口から近い浅い海であったと考えられる。

イ　流水で運搬され海に流れた土砂は，粒の大きなものから陸の近くに堆積する。このことから，泥岩の層が堆積した時代の地域Ｂ周辺は，河口から近い浅い海であったと考えられる。

ウ　流水で運搬され海に流れた土砂は，粒の小さなものから陸の近くに堆積する。このことから，泥岩の層が堆積した時代の地域Ｂ周辺は，河口から遠い深い海であったと考えられる。

エ　流水で運搬され海に流れた土砂は，粒の大きなものから陸の近くに堆積する。このことから，泥岩の層が堆積した時代の地域Ｂ周辺は，河口から遠い深い海であったと考えられる。

〔問４〕　**＜結果＞**の(2)から，地域ＢのＸ点とＹ点の柱状図の比較から分かることについて述べた次の文の［　　］に当てはまるものとして適切なのは，下の**ア**～**エ**のうちではどれか。

Ｘ点の凝灰岩の層の標高は，Ｙ点の凝灰岩の層の標高より［　　　］なっている。

ア　1.5m高く　　**イ**　1.5m低く　　**ウ**　3.5m高く　　**エ**　3.5m低く

4　植物の花のつくりの観察と，遺伝の規則性を調べる実験について，次の各問に答えよ。

＜観察＞を行ったところ，**＜結果１＞**のようになった。

＜観察＞

(1)　メンデルの実験で用いられた品種と同じエンドウを校庭で育てた。

(2)　(1)から花を１個採取後，分解しセロハンテープに並べて貼り付けた。

(3)　(1)からさらに花をもう１個採取後，花の内側にある花弁が２枚合わさるように重なっている部分（図１の点線）をカッターナイフで切り，断面を観察して，スケッチした。

図１

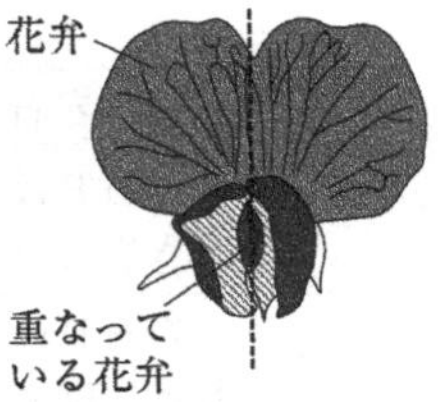

＜結果１＞

(1)　**＜観察＞**の(2)から，図２のようにエンドウの花弁は５枚あり，その１枚１枚が離れていた。

(2)　**＜観察＞**の(3)から，図３のように，おしべとめしべは内側の２枚の花弁で包まれていた。また，子房の中には，胚珠《はいしゅ》が見られた。

図２

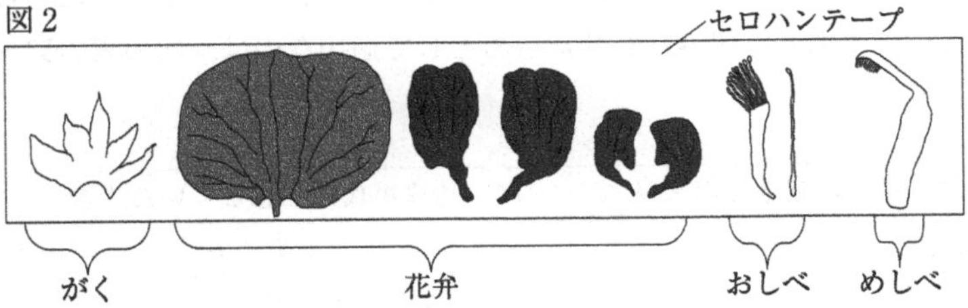

図３

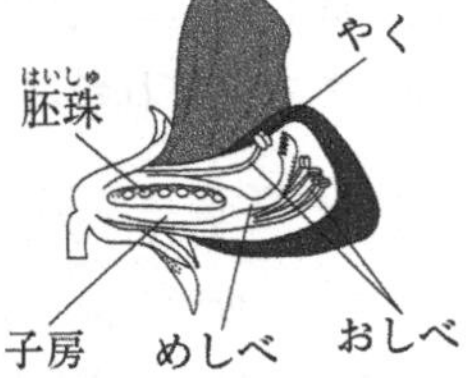

次に，**＜実験＞**を行ったところ，**＜結果２＞**のようになった。

＜実験＞

(1)　校庭で育てたエンドウには，草たけ（茎の長さ）の高い個体と低い個体がそれぞれあった。

(2)　草たけが高い個体を１本選び，エンドウが自家受粉し，受精後にできた種子を採取した。

(3)　草たけが低い個体を１本選び，エンドウが自家受粉し，受精後にできた種子を採取した。

(4)　(2)で採取した種子をまいて育て，成長したエンドウの草たけを調べた。

(5)　(3)で採取した種子をまいて育て，成長したエンドウの草たけを調べた。

(6) (4)で調べたエンドウの花で，花粉がつくられる前に，やくを全て取り除いた。

(7) (6)のエンドウの花の柱頭に，(5)で調べたエンドウの花のやくから採取した花粉を付け，受精した後にできた種子を採取した。

(8) (7)で採取した種子をまいて育て，成長したエンドウの草たけを調べた。

＜結果２＞

(1) **＜実験＞**の(4)から，全て草たけの高い個体（図４のＰ）であった。

(2) **＜実験＞**の(5)から，全て草たけの低い個体（図４のＱ）であった。

(3) **＜実験＞**の(8)から，全て草たけの高い個体（図４のＲ）であった。

図４　**＜実験＞**の模式図

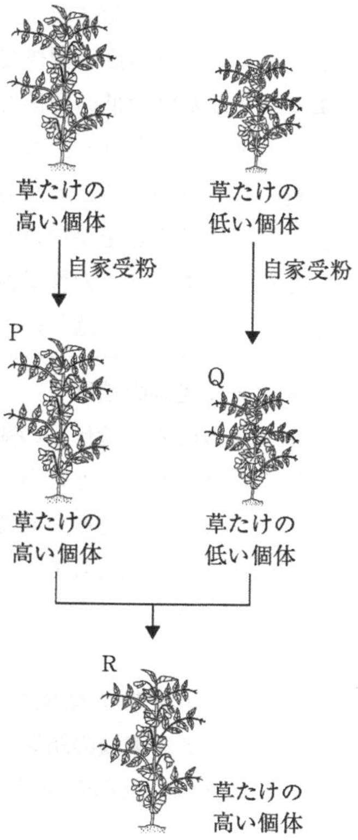

〔問１〕　**＜結果１＞**の(1)の花のつくりをもつ植物の子葉の枚数と，**＜結果１＞**の(2)のように胚珠が子房の中にある植物のなかまの名称とを組み合わせたものとして適切なのは，次の表の**ア**～**エ**のうちではどれか。

	子葉の枚数	胚珠が子房の中にある植物のなかまの名称
ア	１枚	被子植物
イ	１枚	裸子植物
ウ	２枚	被子植物
エ	２枚	裸子植物

〔問２〕　**＜実験＞**の(7)では，花粉から花粉管が伸長し，その中を移動する生殖細胞１個の染色体数は７本である。花粉管の中を移動する生殖細胞のうち１個と合体する細胞と，受精卵１個に含まれる染色体数とを組み合わせたものとして適切なのは，次の表の**ア**～**エ**のうちではどれか。

	花粉管の中を移動する生殖細胞のうち１個と合体する細胞	受精卵１個に含まれる染色体数
ア	卵	７本
イ	卵	14本
ウ	卵細胞	７本
エ	卵細胞	14本

〔問３〕　**＜結果２＞**の(3)の個体で，花粉がつくられる前にやくを全て取り除き，柱頭に**＜結果２＞**の(2)の個体のやくから採取した花粉を付け受精させ，種子を採取した。その種子をまいて育て，成長したエンドウの草たけを調べたときの結果として適切なのは，あとのうちではどれか。

ア　草たけの高い個体数と草たけの低い個体数のおよその比は１：１であった。

イ　草たけの高い個体数と草たけの低い個体数のおよその比は１：３であった。

ウ　全て草たけの高い個体であった。

エ　全て草たけの低い個体であった。

〔問４〕　メンデルが行ったエンドウの種子の形の遺伝に関する実験では，顕性形質の丸形と，潜性形質のしわ形があることが分かった。遺伝子の組み合わせが分からない丸形の種子を２個まき，育てた個体どうしをかけ合わせる**＜モデル実験の結果＞**から，**＜考察＞**をまとめた。

ただし，エンドウの種子が丸形になる遺伝子をＡ，しわ形になる遺伝子をａとし，子や孫の代で得られた種子は，遺伝の規則性のとおりに現れるものとする。

＜モデル実験の結果＞

(1)　親の代で，遺伝子の組み合わせが分からない丸形の種子を２個まき，育てた個体どうしをかけ合わせたところ，子の代では丸形の種子だけが得られた。

(2)　子の代として得られた丸形の種子を全てまき，育てた個体をそれぞれ自家受粉させたところ，孫の代として，丸形の種子だけが得られた個体と丸形・しわ形の種子が得られた個体の両方があった。

＜考察＞

＜モデル実験の結果＞の(1)で，子の代として得られた丸形の種子の遺伝子の組み合わせは，**＜モデル実験の結果＞**の(2)から，2種類あることが分かる。このことから，親の代としてまいた２個の丸形の種子の遺伝子の組み合わせを示すと □ であることが分かる。

＜考察＞の □ に当てはまるものとして適切なのは，下の**ア**～**ウ**のうちではどれか。

ア　ＡＡとＡＡ　　**イ**　ＡａとＡａ　　**ウ**　ＡＡとＡａ

5　イオンの性質を調べる実験について，次の各問に答えよ。

＜実験１＞を行ったところ，**＜結果１＞**のようになった。

＜実験１＞

(1)　図１のように，ビーカー①に硫酸亜鉛水溶液を入れ，亜鉛板Ｐを設置した。次に，ビーカー①に硫酸銅水溶液を入れたセロハンの袋を入れ，セロハンの袋の中に銅板Ｑを設置した。プロペラ付きモーターに亜鉛板Ｐと銅板Ｑを導線でつないだ後に金属板の表面の様子を観察した。

(2)　図２のように，簡易型電気分解装置に薄い水酸化ナトリウム水溶液を入れ，電極Ｒと電極Ｓを導線で電源装置につなぎ，電圧を加えて電流を流した後に電極の様子を観察した。

図１

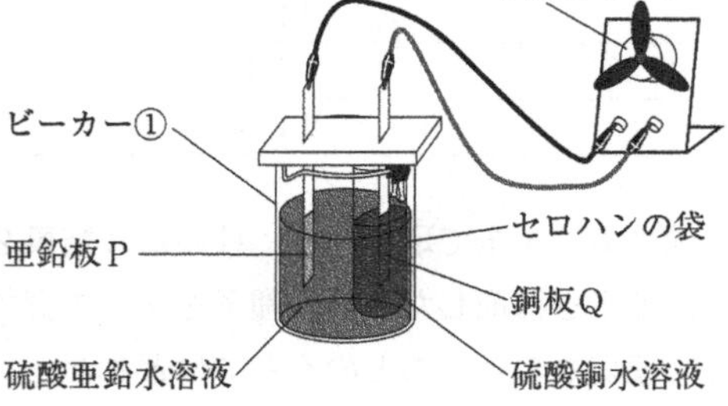

図２

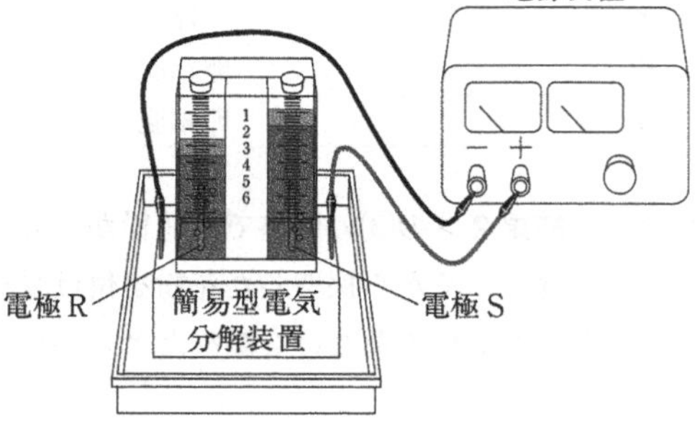

＜**結果１**＞

(1)　＜**実験１**＞の(1)でプロペラは回転した。亜鉛板Ｐは溶け，銅板Ｑには赤茶色の物質が付着した。

(2)　＜**実験１**＞の(2)で電極Ｒと電極Ｓからそれぞれ気体が発生した。

〔問１〕　＜**結果１**＞の(1)から，水溶液中の亜鉛板Ｐと銅板Ｑの表面で起こる化学変化について，亜鉛原子１個を●，亜鉛イオン１個を●$^{2+}$，銅原子１個を●，銅イオン１個を●$^{2+}$，電子１個を•というモデルで表したとき，亜鉛板Ｐの様子をＡ，Ｂから一つ，銅板Ｑの様子をＣ，Ｄから一つ，それぞれ選び，組み合わせたものとして適切なのは，下の**ア**～**エ**のうちではどれか。

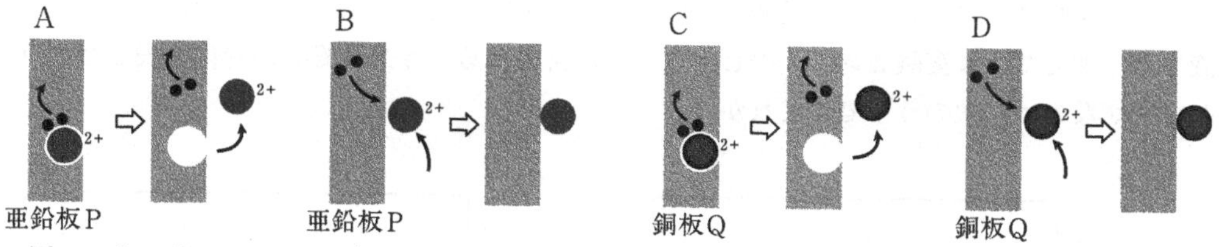

ア　Ａ，Ｃ　　**イ**　Ａ，Ｄ　　**ウ**　Ｂ，Ｃ　　**エ**　Ｂ，Ｄ

〔問２〕　＜**結果１**＞の(1)と(2)から，ビーカー①内の硫酸亜鉛水溶液と硫酸銅水溶液を合わせた水溶液中に含まれるZn^{2+}の数とCu^{2+}の数のそれぞれの増減と，電極Ｒと電極Ｓでそれぞれ発生する気体の性質とを組み合わせたものとして適切なのは，次の表の**ア**～**カ**のうちではどれか。

	合わせた水溶液に含まれるZn^{2+}の数	合わせた水溶液に含まれるCu^{2+}の数	電極Ｒで発生する気体の性質	電極Ｓで発生する気体の性質
ア	増える。	減る。	空気より軽い。	水に溶けにくい。
イ	増える。	増える。	空気より軽い。	水に溶けやすい。
ウ	増える。	減る。	空気より重い。	水に溶けにくい。
エ	減る。	増える。	空気より軽い。	水に溶けやすい。
オ	減る。	減る。	空気より重い。	水に溶けやすい。
カ	減る。	増える。	空気より重い。	水に溶けにくい。

次に，＜**実験２**＞を行ったところ，＜**結果２**＞のようになった。

＜**実験２**＞

(1)　ビーカー②に薄い塩酸を12cm^3入れ，BTB溶液を５滴加えてよく混ぜた。図３は，水溶液中の陽イオンを◯，陰イオンを⊗というモデルで表したものである。

(2)　水酸化ナトリウム水溶液を10cm^3用意した。

(3)　(2)の水酸化ナトリウム水溶液をビーカー②に少しずつ加え，ガラス棒でかき混ぜ水溶液の様子を観察した。

(4)　(3)の操作を繰り返し，水酸化ナトリウム水溶液を合計６cm^3加えると，水溶液は緑色になった。

(5)　緑色になった水溶液をスライドガラスに１滴取り，水を蒸発させた後，観察した。

図３

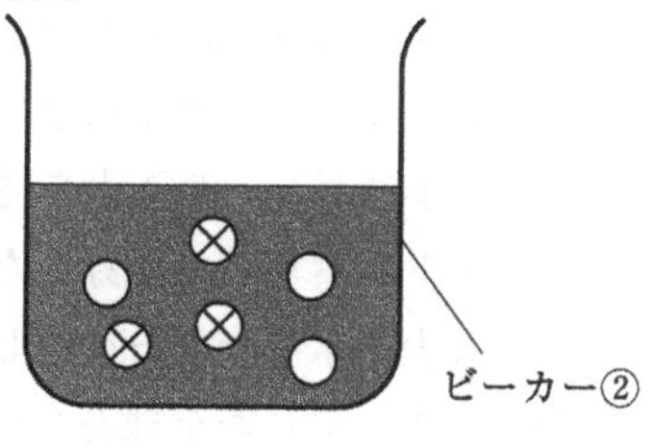

＜**結果２**＞

スライドガラスには，塩化ナトリウムの結晶が見られた。

〔問３〕　**＜実験２＞**の(4)のビーカー②の水溶液中で起きた化学変化を下の点線で囲まれた**＜化学反応式＞**で表すとき，下線部にそれぞれ当てはまる化学式を一つずつ書け。

ただし，**＜化学反応式＞**において酸の性質をもつ物質の化学式は（酸）の上の＿＿に，アルカリの性質をもつ物質の化学式は（アルカリ）の上の＿＿に，塩は（塩）の上の＿＿に書くこと。

＜化学反応式＞　＿＿＿＿（酸）　＋　＿＿＿＿（アルカリ）　→　＿＿＿＿（塩）　＋　＿＿＿＿

〔問４〕　**＜実験２＞**の(5)の後，**＜実験２＞**の(3)の操作を繰り返し，用意した水酸化ナトリウム水溶液を全て加えた。**＜実験２＞**の(1)のビーカー②に含まれるイオンの総数の変化を表したグラフとして適切なのは，次のうちではどれか。

ア

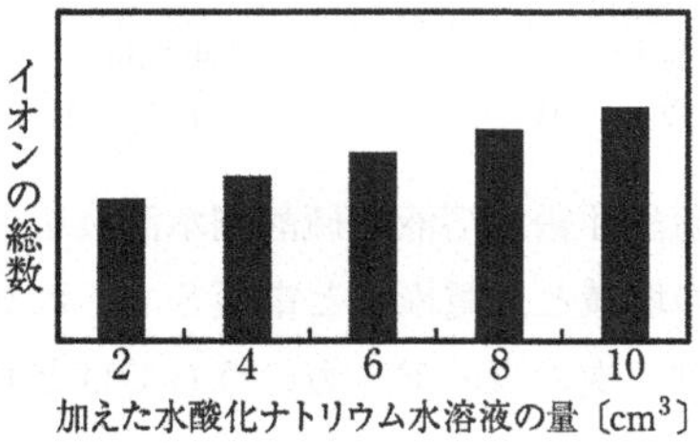

イ

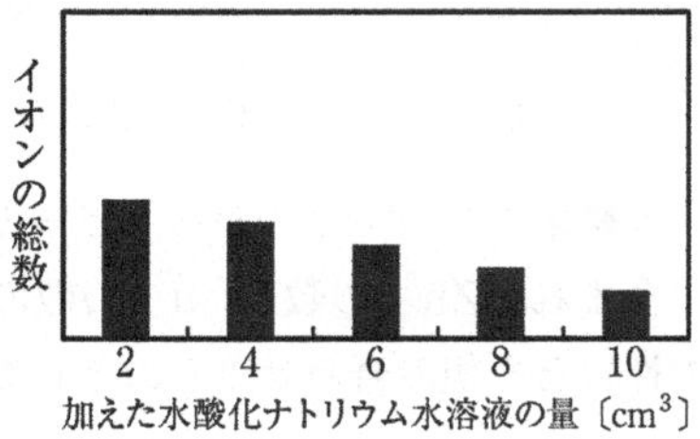

ウ

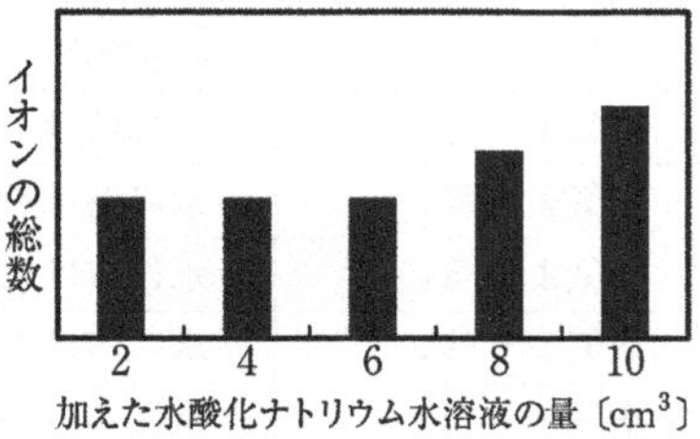

エ

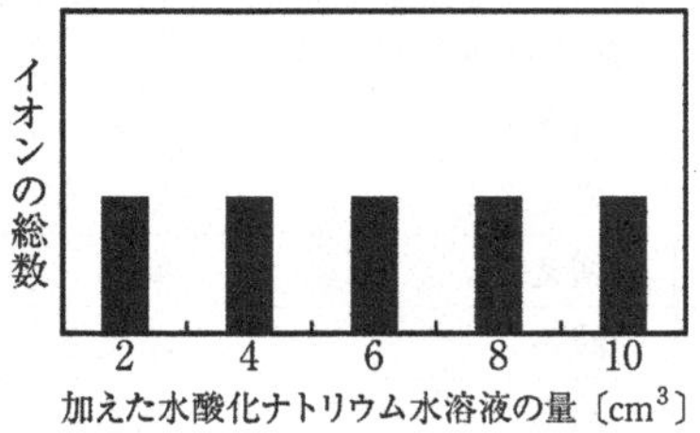

6　物体の運動に関する実験について，次の各問に答えよ。

＜実験＞を行ったところ，**＜結果＞**のようになった。

＜実験＞

(1)　形が異なるレールＡとレールＢを用意し，それぞれに目盛りを付け，次のページの図１のように水平な床に固定した。

(2)　レールＡ上の水平な部分から９㎝の高さの点ａに小球を静かに置き，手を放して小球を転がし，小球がレールＡ上を運動する様子を，小球が最初に一瞬静止するまで，発光時間間隔0.1秒のストロボ写真で記録した。レールＡ上の水平な部分からの高さが４㎝となる点を点ｂ，レールＡ上の水平な部分に達した点を点ｃとした。

(3)　(2)で使用した小球をレールＢ上の水平な部分から９㎝の高さの点ｄに静かに置き，(2)と同様の実験をレールＢ上で行った。レールＢ上の水平な部分からの高さが5.2㎝となる点を点ｅ，レールＢ上の水平な部分に達した点を点ｆとした。

(4)　ストロボ写真に記録された結果から，小球がレールＡ上の点ａから運動を始め，最初に一瞬静止するまでの0.1秒ごとの位置を模式的に表すと次のページの図２のようになった。さらに

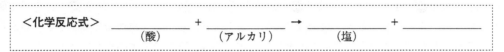

0.1秒ごとに①から⑪まで，順に区間番号を付けた。

(5)　レールBについて，(4)と同様に模式的に表し，0.1秒ごとに①から⑪まで，順に区間番号を付けた。

(6)　レールAとレールBにおいて，①から⑪までの各区間における小球の移動距離を測定した。

図1

レールA

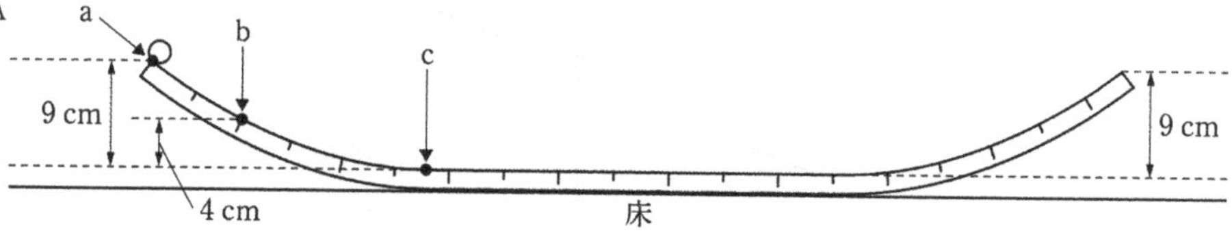

レールB

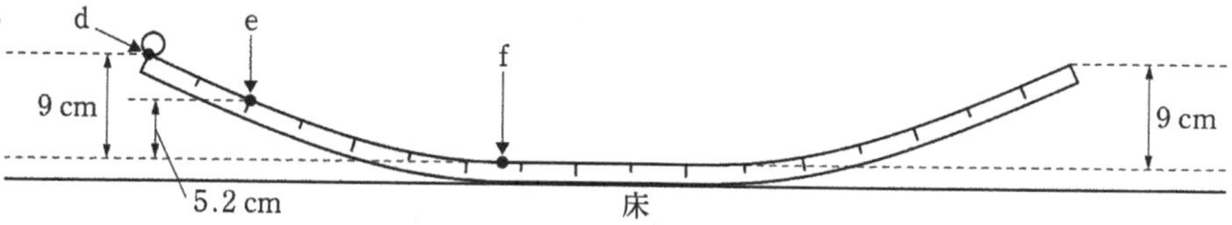

図2

レールA

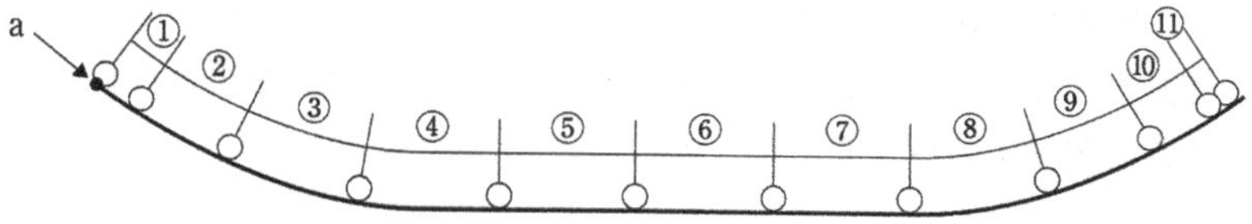

レールB

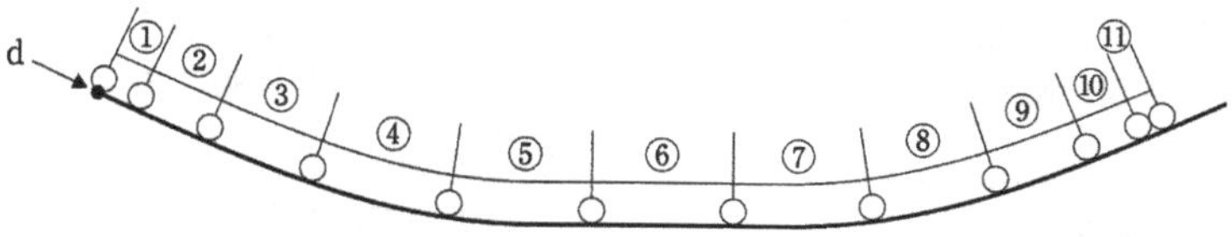

＜結果＞

区間番号	①	②	③	④	⑤	⑥	⑦	⑧	⑨	⑩	⑪
時間〔s〕	0~0.1	0.1~0.2	0.2~0.3	0.3~0.4	0.4~0.5	0.5~0.6	0.6~0.7	0.7~0.8	0.8~0.9	0.9~1.0	1.0~1.1
レールAにおける移動距離〔cm〕	3.6	7.9	10.4	10.9	10.9	10.9	10.8	10.6	9.0	5.6	1.7
レールBにおける移動距離〔cm〕	3.2	5.6	8.0	10.5	10.9	10.9	10.6	9.5	6.7	4.2	1.8

〔問1〕　＜結果＞から，レールA上の⑧から⑩までの小球の平均の速さとして適切なのは，次のうちではどれか。

ア　0.84m/s　　**イ**　0.95m/s　　**ウ**　1.01m/s　　**エ**　1.06m/s

〔問2〕　＜結果＞から，小球がレールB上の①から③まで運動しているとき，小球が運動する向きに働く力の大きさと小球の速さについて述べたものとして適切なのは，次のうちではどれか。

ア　力の大きさがほぼ一定であり，速さもほぼ一定である。

イ　力の大きさがほぼ一定であり，速さはほぼ一定の割合で増加する。

ウ　力の大きさがほぼ一定の割合で増加し，速さはほぼ一定である。

エ　力の大きさがほぼ一定の割合で増加し，速さもほぼ一定の割合で増加する。

〔問3〕　次のページの図3の矢印は，小球がレールB上の⑨から⑪までの斜面上にあるときの小球に働く重力を表したものである。小球が斜面上にあるとき，小球に働く重力の斜面に平行な分力と，斜面に垂直な分力を解答用紙の方眼を入れた図にそれぞれ矢印でかけ。

図3

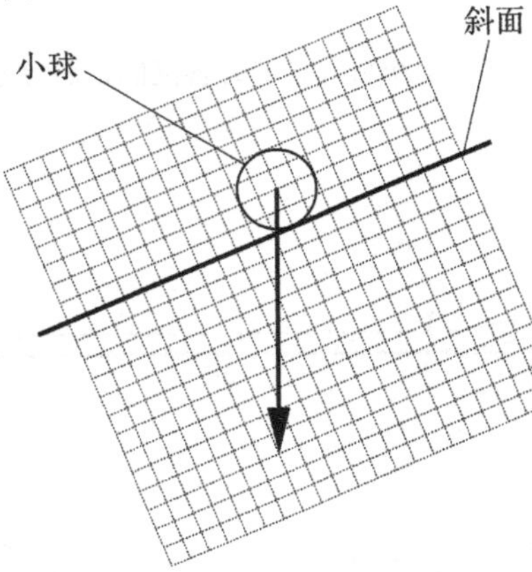

〔問4〕　＜**実験**＞の(2)，(3)において，点bと点eを小球がそれぞれ通過するときの小球がもつ運動エネルギーの大きさの関係について述べたものと，点cと点fを小球がそれぞれ通過するときの小球がもつ運動エネルギーの大きさの関係について述べたものとを組み合わせたものとして適切なのは，次の表の**ア**～**エ**のうちではどれか。

	点bと点eを小球がそれぞれ通過するときの小球がもつ運動エネルギーの大きさの関係	点cと点fを小球がそれぞれ通過するときの小球がもつ運動エネルギーの大きさの関係
ア	点bの方が大きい。	点fの方が大きい。
イ	点bの方が大きい。	ほぼ等しい。
ウ	ほぼ等しい。	点fの方が大きい。
エ	ほぼ等しい。	ほぼ等しい。

＜社会＞

時間　50分　　満点　100点

1　次の各問に答えよ。

〔問１〕　次の資料は，ある地域の様子を地域調査の発表用としてまとめたものの一部である。次のページのア～エの地形図は，「国土地理院発行２万５千分の１地形図」の一部を拡大して作成した地形図上に●で示したＡ点から，Ｂ点を経て，Ｃ点まで移動した経路を太線（━━）で示したものである。資料で示された地域に当てはまるのは，次のページのア～エのうちではどれか。

漁師町の痕跡を巡る

調査日　令和３年10月２日（土）　天候　晴れ

複数の文献等に共通した地域の特徴

〇**Ａ**点付近の様子

ベカ舟がつながれていた川，漁業を営む家，町役場

〇**Ｂ**点付近の様子

にぎやかな商店街，細い路地

〔ベカ舟〕

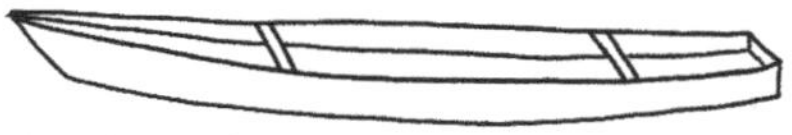

長さ約4.8m，幅約1.0m，高さ約0.6m

漁師町の痕跡を巡った様子

Ａ点で川に架かる橋から東を見ると，漁業に使うベカ舟がつながれていた川が曲がっている様子が見えた。その橋を渡ると，水準点がある場所に旧町役場の跡の碑があった。南へ約50m歩いて南東に曲がった道路の**Ｂ**点では，明治時代初期の商家の建物や細い路地がいくつか見られた。川に並行した道路を約450m歩き，北東に曲がって川に架かる橋を渡り，少し歩いて北西に曲がって川に並行した道路を約250m直進し，曲がりくねった道を進み，東へ曲がると，学校の前の**Ｃ**点に着いた。

Ａ点（漁業に使うベカ舟がつながれていた川）

Ｂ点（明治時代初期の商家の建物が見られる道路）

ア

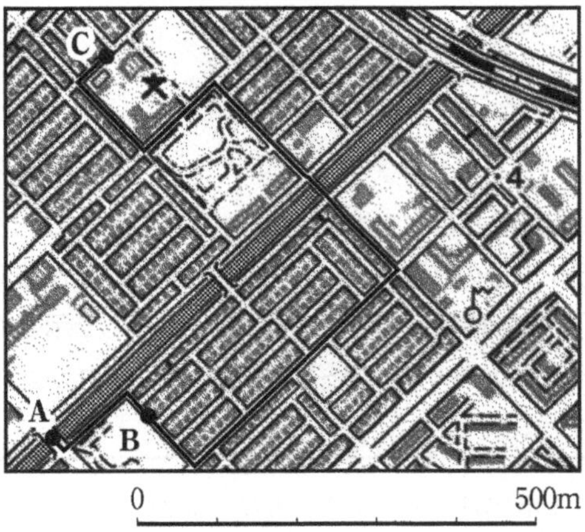

(2019年の「国土地理院発行2万5千分の1地形図（千葉西部）」の一部を拡大して作成)

イ

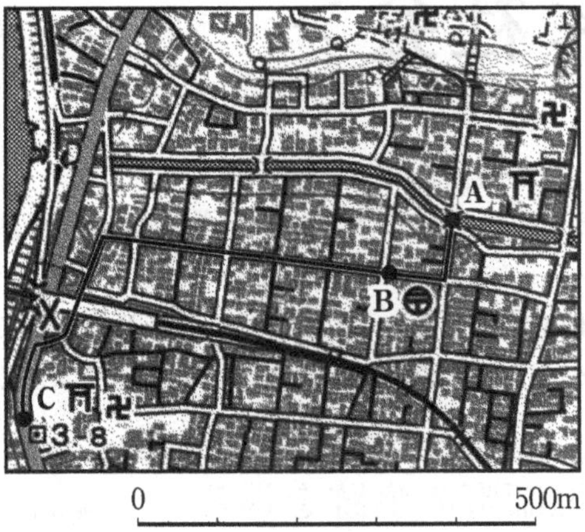

(2019年の「国土地理院発行2万5千分の1地形図（船橋《ふなばし》）」の一部を拡大して作成)

ウ

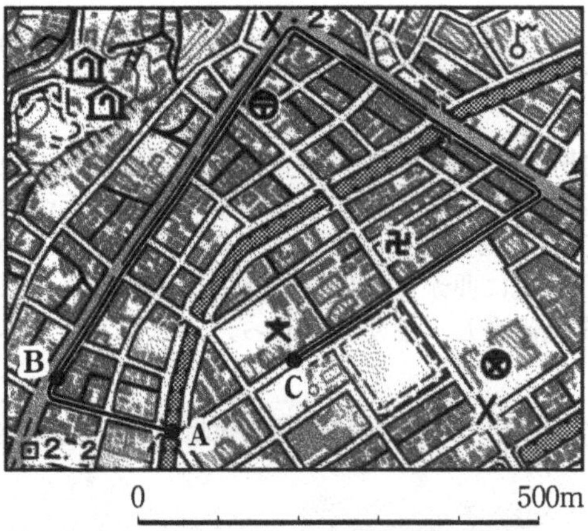

(2020年の「国土地理院発行2万5千分の1地形図（横浜西部）」の一部を拡大して作成)

エ

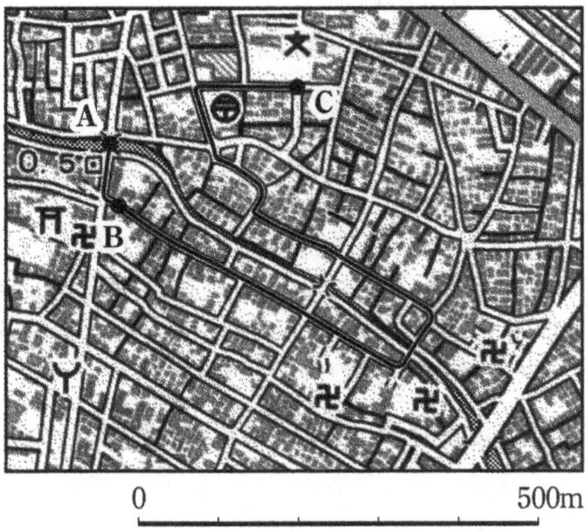

(2015年の「国土地理院発行2万5千分の1地形図（浦安《うらやす》）」の一部を拡大して作成)

〔問２〕　次のページのⅠの略地図中の**ア**～**エ**は，世界遺産に登録されている我が国の主な歴史的文化財の所在地を示したものである。Ⅱの文章で述べている歴史的文化財の所在地に当てはまるのは，略地図中の**ア**～**エ**のうちのどれか。

Ⅰ

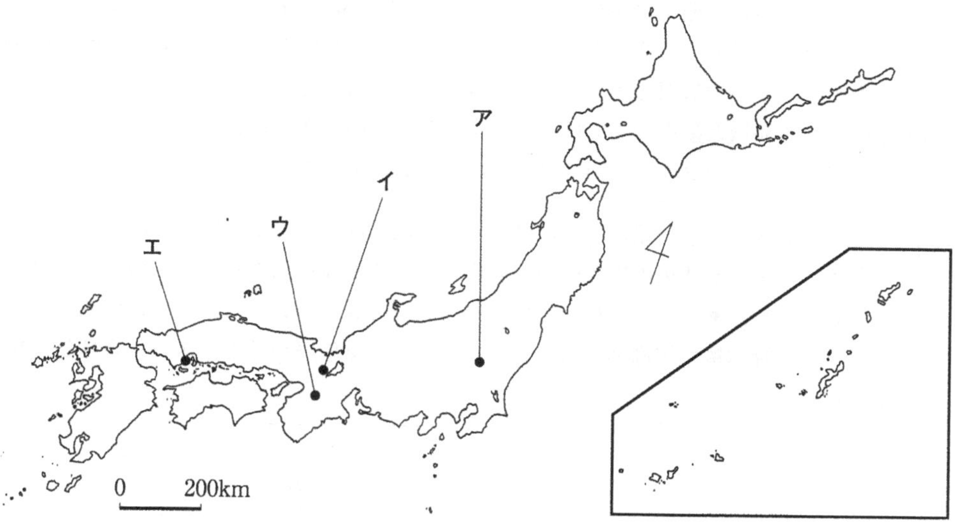

Ⅱ

鑑真《がんじん》によって伝えられた戒律を重んじる律宗《りっしゅう》の中心となる寺院は，中央に朱雀大路《すざくおおじ》が通り，碁盤《ごばん》の目状に整備された都に建立《こんりゅう》された。金堂《こんどう》や講堂などが立ち並び，鑑真和上《がんじんわじょう》坐像《ざぞう》が御影堂《みえいどう》に納められており，1998年に世界遺産に登録された。

〔問３〕 次の文章で述べている司法機関に当てはまるのは，下のア～エのうちのどれか。

都府県に各１か所，北海道に４か所の合計50か所に設置され，開かれる裁判は，原則，第一審となり，民事裁判，行政裁判，刑事裁判を扱う。重大な犯罪に関わる刑事事件の第一審では，国民から選ばれた裁判員による裁判が行われる。

ア　地方裁判所　　イ　家庭裁判所　　ウ　高等裁判所　　エ　簡易裁判所

2　次の略地図を見て，あとの各問に答えよ。

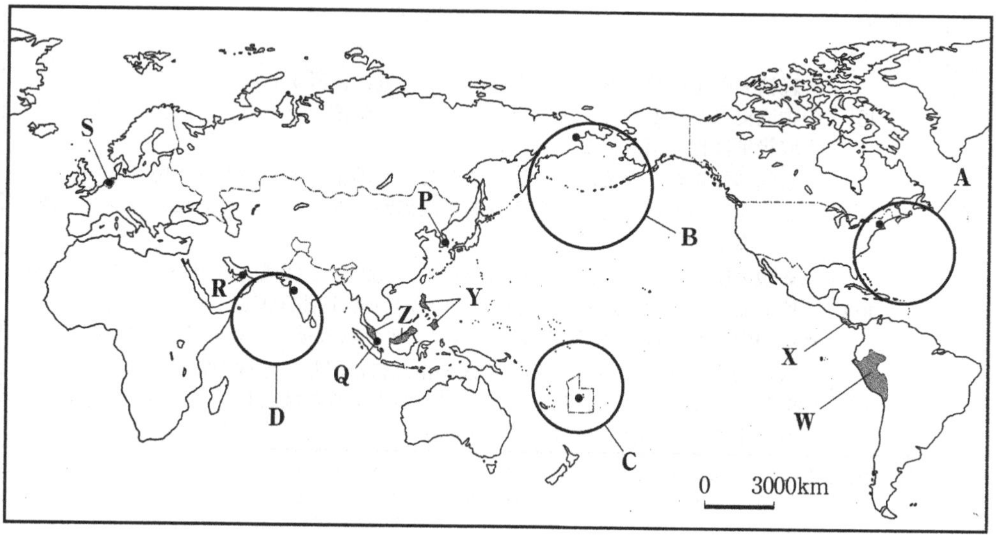

〔問1〕　次のⅠの文章は，略地図中に◯で示したA～D**のいずれか**の範囲の海域と都市の様子についてまとめたものである。Ⅱの**ア**～**エ**のグラフは，略地図中のA～D**のいずれか**の範囲内に●で示した都市の，年平均気温と年降水量及び各月の平均気温と降水量を示したものである。Ⅰの文章で述べている海域と都市に当てはまるのは，略地図中のA～Dのうちのどれか，また，その範囲内に位置する都市のグラフに当てはまるのは，Ⅱの**ア**～**エ**のうちのどれか。

Ⅰ

> イスラム商人が，往路は夏季に発生する南西の風とその風の影響による海流を，復路は冬季に発生する北東の風とその風の影響による海流を利用して，三角帆のダウ船で航海をしていた。●で示した都市では，季節風（モンスーン）による雨の到来を祝う文化が見られ，降水量が物価動向にも影響するため，気象局が「モンスーン入り」を発表している。

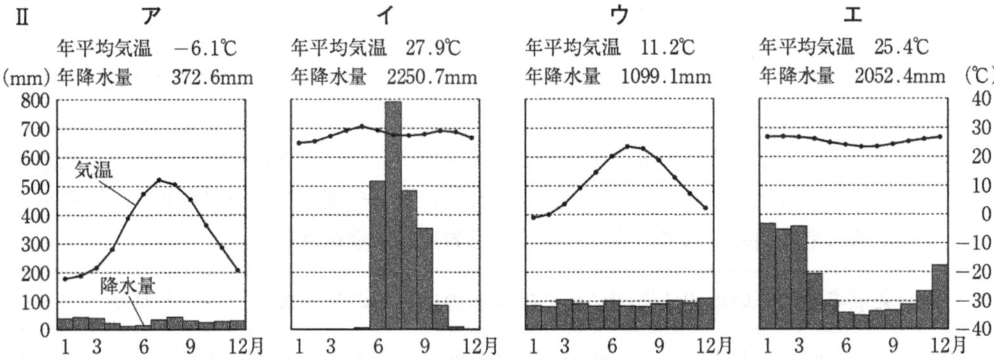

（気象庁のホームページより作成）

〔問2〕　次の表の**ア**～**エ**は，コンテナ埠頭《ふとう》が整備された港湾が位置する都市のうち，略地図中にP～Sで示した，釜山《プサン》，シンガポール，ドバイ，ロッテルダム**のいずれか**の都市に位置する港湾の，2018年における総取扱貨物量と様子についてまとめたものである。略地図中のP～Sのそれぞれの都市に位置する港湾に当てはまるのは，次の表の**ア**～**エ**のうちではどれか。

	総取扱貨物量（百万ｔ）	港湾の様子
ア	461	経済大国を最短距離で結ぶ大圏航路上付近に位置する利点を生かし，国際貨物の物流拠点となるべく，国家事業として港湾整備が進められ，2018年にはコンテナ取扱量は世界第6位となっている。
イ	174	石油の輸送路となる海峡付近に位置し，石油依存の経済からの脱却を図る一環として，この地域の物流を担《にな》う目的で港湾が整備され，2018年にはコンテナ取扱量は世界第10位となっている。
ウ	469	複数の国を流れる河川の河口に位置し，2020年では域内の国の人口の合計が約4億5000万人，国内総生産（GDP）の合計が約15兆2000億ドルの単一市場となる地域の中心的な貿易港で，2018年にはコンテナ取扱量は世界第11位となっている。
エ	630	人口密度約8000人/km^2を超える国の南部に位置し，地域の安定と発展を目的に1967年に5か国で設立され現在10か国が加盟する組織において，ハブ港としての役割を果たし，2018年にはコンテナ取扱量は世界第2位となっている。

（注）国内総生産とは，一つの国において新たに生み出された価値の総額を示した数値のことである。

（「データブック オブ・ザ・ワールド」2021年版などより作成）

〔問３〕　次のⅠとⅡの表の**ア～エ**は，略地図中に　　で示した**W～Z**の**いずれか**の国に当てはまる。Ⅰの表は，1999年と2019年における日本の輸入総額，日本の主な輸入品目と輸入額を示したものである。Ⅱの表は，1999年と2019年における輸出総額，輸出額が多い上位３位までの貿易相手国を示したものである。Ⅲの文章は，略地図中の**W～Z**の**いずれか**の国について述べたものである。Ⅲの文章で述べている国に当てはまるのは，略地図中の**W～Z**のうちのどれか，また，ⅠとⅡの表の**ア～エ**のうちのどれか。

Ⅰ

		日本の輸入総額（億円）	日本の主な輸入品目と輸入額（億円）					
ア	1999年	12414	電気機器	3708	一般機械	2242	液化天然ガス	1749
	2019年	19263	電気機器	5537	液化天然ガス	4920	一般機械	755
イ	1999年	331	金属鉱及びくず	112	非鉄金属	88	飼料	54
	2019年	2683	金属鉱及びくず	1590	液化天然ガス	365	揮発油	205
ウ	1999年	93	一般機械	51	コーヒー	14	植物性原材料	6
	2019年	459	精密機器類	300	電気機器	109	果実	15
エ	1999年	6034	一般機械	1837	電気機器	1779	果実	533
	2019年	11561	電気機器	4228	金属鉱及びくず	1217	一般機械	1105

（「データブック オブ・ザ・ワールド」2021年版などより作成）

Ⅱ

		輸出総額（億ドル）	輸出額が多い上位３位までの貿易相手国		
			１位	２位	３位
ア	1999年	845	アメリカ合衆国	シンガポール	日本
	2019年	2381	中華人民共和国	シンガポール	アメリカ合衆国
イ	1999年	59	アメリカ合衆国	スイス	イギリス
	2019年	461	中華人民共和国	アメリカ合衆国	カナダ
ウ	1999年	63	アメリカ合衆国	オランダ	イギリス
	2019年	115	アメリカ合衆国	オランダ	ベルギー
エ	1999年	350	アメリカ合衆国	日本	オランダ
	2019年	709	アメリカ合衆国	日本	中華人民共和国

（国際連合貿易統計データベースより作成）

Ⅲ

1946年に独立したこの国では，軽工業に加え電気機器関連の工業に力を注ぎ，外国企業によるバナナ栽培などの一次産品中心の経済から脱却を図ってきた。1989年にはアジア太平洋経済協力会議（ＡＰＥＣ《エイペック》）に参加し，1999年と比較して2019年では，日本の輸入総額は２倍に届かないものの増加し，貿易相手国としての中華人民共和国の重要性が増している。1960年代から日本企業の進出が見られ，近年では，人口が１億人を超え，英語を公用語としていることからコールセンターなどのサービス産業も発展している。

3　次の略地図を見て，あとの各問に答えよ。

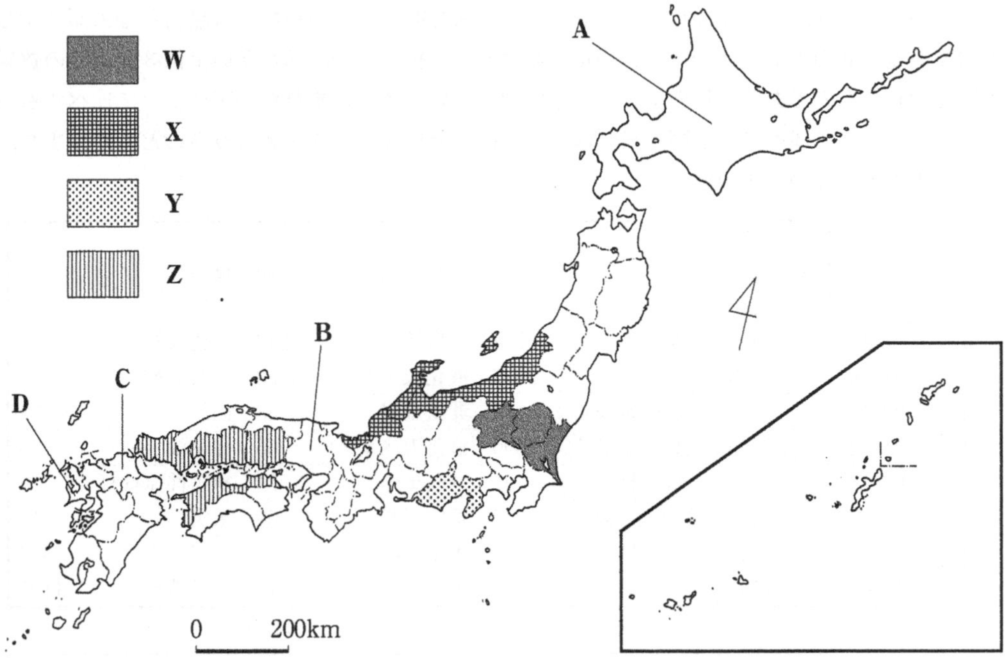

〔問１〕　次の表の**ア**～**エ**は，略地図中にA～Dで示した**いずれか**の道県の，2019年における鉄鋼業と造船業の製造品出荷額等，海岸線と臨海部の工業の様子についてまとめたものである。A～Dのそれぞれの道県に当てはまるのは，次の表の**ア**～**エ**のうちではどれか。

	製造品出荷額等（億円）		海岸線と臨海部の工業の様子
	鉄鋼	造船	
ア	9769	193	○678kmの海岸線には，干潟や陸と島をつなぐ砂州が見られ，北東部にある東西20km，南北２kmの湾に，工業用地として埋め立て地が造成された。 ○国内炭と中国産の鉄鉱石を原料に鉄鋼を生産していた製鉄所では，現在は輸入原料を使用し，自動車用の鋼板を生産している。
イ	19603	2503	○855kmの海岸線には，北部に国立公園に指定されたリアス海岸が見られ，南部に工業用地や商業用地として埋め立て地が造成された。 ○南部の海岸には，高度経済成長期に輸入原料を使用する製鉄所が立地し，国際貿易港に隣接する岬には，造船所が立地している。
ウ	3954	310	○4445kmの海岸線には，砂嘴《さし》や砂州，陸繋島《りくけいとう》，プレート運動の力が複雑に加わり形成された半島などが見られる。 ○国内炭と周辺で産出される砂鉄を原料に鉄鋼を生産していた製鉄所では，現在は輸入原料を使用し，自動車の部品に使われる特殊鋼を生産している。
エ	336	2323	○4170kmの海岸線には，多くの島や半島，岬によって複雑に入り組んだリアス海岸が見られる。 ○人口が集中している都市の臨海部に，カーフェリーなどを建造する造船所が立地し，周辺にはボイラーの製造などの関連産業が集積している。

（「日本国勢図会」2020/21年版などより作成）

〔問２〕　次のⅠの**ア**～**エ**のグラフは，略地図中に**W**～**Z**で示した**いずれか**の地域の1971年と2019年における製造品出荷額等と産業別の製造品出荷額等の割合を示したものである。Ⅱの文章は，Ⅰの**ア**～**エ**の**いずれか**の地域について述べたものである。Ⅱの文章で述べている地域に当てはまるのは，Ⅰの**ア**～**エ**のうちのどれか，また，略地図中の**W**～**Z**のうちのどれか。

Ⅰ

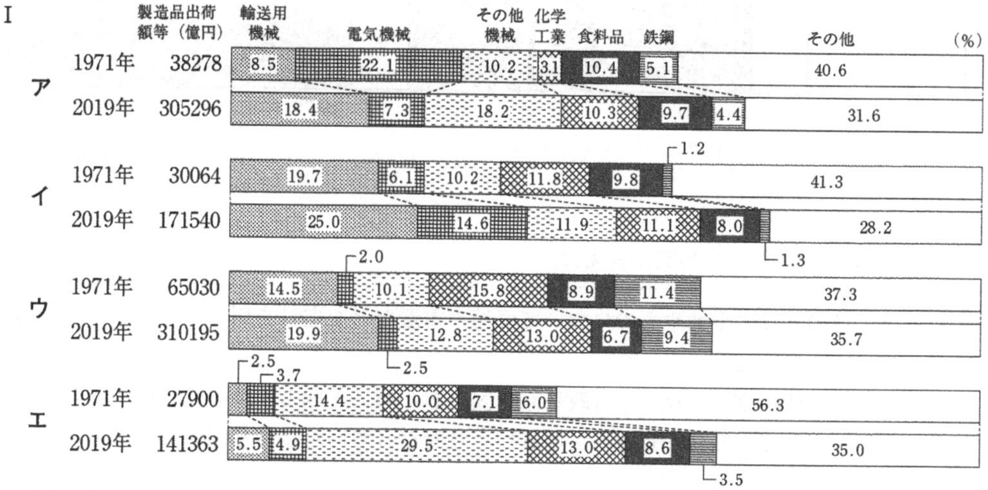

（注）四捨五入をしているため，産業別の製造品出荷額等の割合を合計したものは，100%にならない場合がある。
（2019年工業統計表などより作成）

Ⅱ

> 絹織物や航空機産業を基礎として，電気機械等の製造業が発展した。高速道路網の整備に伴い，1980年に西部が，1987年に中部が東京とつながり，2011年には1998年開港の港湾と結ばれた。西部の高速道路沿いには，未来技術遺産に登録された製品を生み出す高度な技術をもつ企業の工場が立地している。2019年には電気機械の出荷額等は約２兆円となる一方で，自動車関連の輸送用機械の出荷額等が増加し，5兆円を超えるようになった。

〔問３〕　次のⅠ(1)と次のページのⅡ(1)の文は，1984年に示された福島市と1997年に示された岡山市の太線（━━）で囲まれた範囲を含む地域に関する地区計画の一部を分かりやすく書き改めたものである。Ⅰ(2)は1984年・1985年のⅠ(3)は2018年の「２万５千分の１地形図（福島北部・福島南部）」の一部を拡大して作成したものである。Ⅱ(2)は1988年の，Ⅱ(3)は2017年の「２万５千分の１地形図（岡山南部）」の一部を拡大して作成したものである。ⅠとⅡの資料から読み取れる，太線で囲まれた範囲に共通した土地利用の変化について，簡単に述べよ。また，ⅠとⅡの資料から読み取れる，その変化を可能にした要因について，それぞれの県内において乗降客数が多い駅の一つである福島駅と岡山駅に着目して，簡単に述べよ。

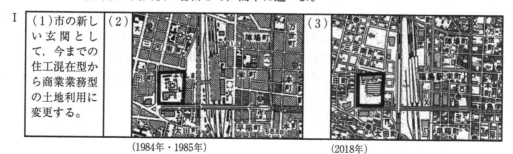

Ⅰ

(1)	(2)	(3)
市の新しい玄関として，今までの住工混在型から商業業務型の土地利用に変更する。	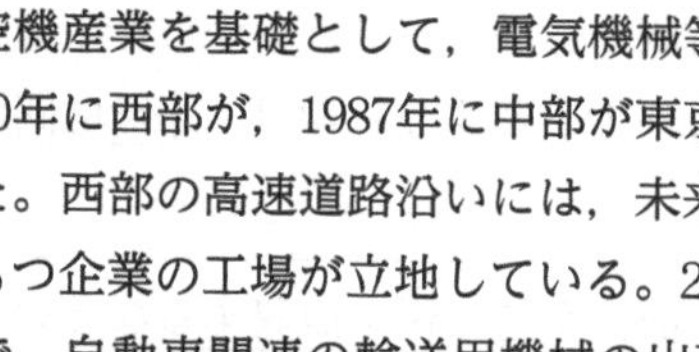 (1984年・1985年)	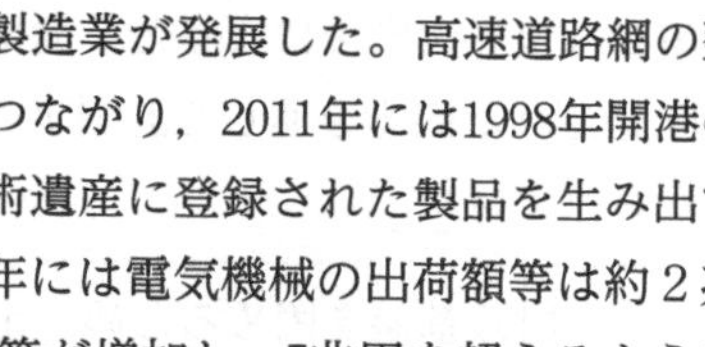 (2018年)

Ⅱ

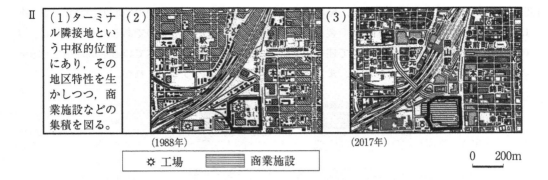

（1）ターミナル隣接地という中枢的位置にあり，その地区特性を生かしつつ，商業施設などの集積を図る。

（2）

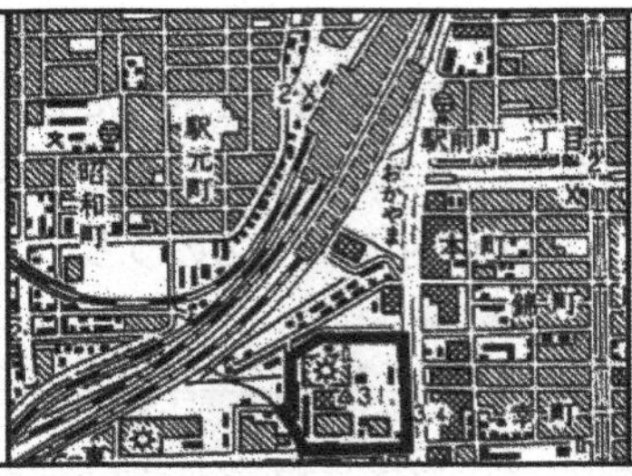

（1988年）

（3）

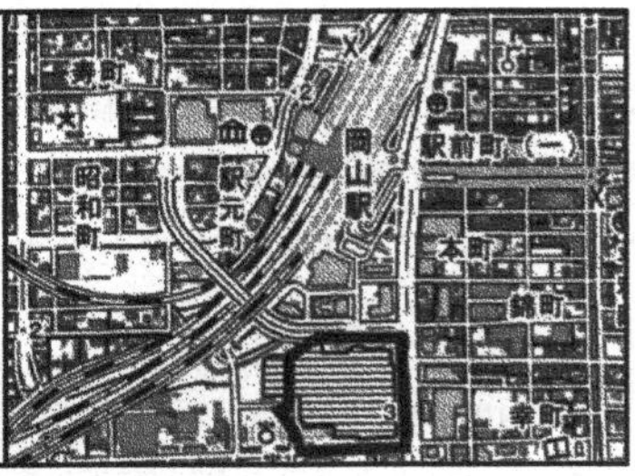

（2017年）

☼ 工場　　商業施設

0　200m

4　次の文章を読み，あとの各問に答えよ。

私たちは，身の回りの土地やものについて面積や重量などを道具を用いて計測し，その結果を暮らしに役立ててきた。

古代から，各時代の権力者は，(1)財政基盤を固めるため，土地の面積を基に税を徴収するなどの政策を行ってきた。時代が進み，(2)地域により異なっていた長さや面積などの基準が統一された。

(3)江戸時代に入ると，天文学や数学なども発展を遂げ，明治時代以降，我が国の科学技術の研究水準も向上し，独自の計測技術も開発されるようになった。

第二次世界大戦後になると，従来は計測することができなかった距離や大きさなどが，新たに開発された機器を通して計測することができるようになり，(4)環境問題などの解決のために生かされてきた。

〔問1〕　(1)財政基盤を固めるため，土地の面積を基に税を徴収するなどの政策を行ってきた。とあるが，次の**ア**～**エ**は，権力者が財政基盤を固めるために行った政策の様子について述べたものである。時期の古いものから順に記号を並べよ。

ア　朝廷は，人口増加に伴う土地不足に対応するため，墾田永年《こんでんえいねん》私財法《しざいほう》を制定し，新しく開墾した土地であれば，永久に私有地とすることを認めた。

イ　朝廷は，財政基盤を強化するため，摂関政治を主導した有力貴族や寺社に集中していた荘園《しょうえん》を整理するとともに，大きさの異なる枡《ます》の統一を図った。

ウ　朝廷は，元号を建武《けんむ》に改め，天皇中心の政治を推進するため，全国の田畑について調査させ，年貢《ねんぐ》などの一部を徴収し貢納させた。

エ　二度にわたる元軍の襲来を退けた幕府は，租税を全国に課すため，諸国の守護に対して，田地面積や領有関係などを記した文書の提出を命じた。

〔問2〕　(2)地域により異なっていた長さや面積などの基準が統一された。とあるが，次のページのⅠの略年表は，室町時代から江戸時代にかけての，政治に関する主な出来事についてまとめたものである。Ⅱの文章は，ある人物が示した検地における実施命令書の一部と計測基準の一部を分かりやすく書き改めたものである。Ⅱの文章が出された時期に当てはまるのは，Ⅰの略年表中の**ア**～**エ**の時期のうちではどれか。

Ⅰ

西暦	政治に関する主な出来事	
1560	●駿河《するが》国（静岡県）・遠江《とおとうみ》国（静岡県）などを支配していた人物が，桶狭間《おけはざま》において倒された。	
		ア
1582	●全国統一を目指していた人物が，京都の本能寺《ほんのうじ》において倒された。	
		イ
1600	●関ヶ原《せきがはら》の戦いに勝利した人物が，全国支配の実権をにぎった。	
		ウ
1615	●全国の大名が守るべき事柄をまとめた武家《ぶけ》諸法度《しょはっと》が定められた。	
		エ
1635	●全国の大名が，国元《くにもと》と江戸とを1年交代で往復する制度が定められた。	

Ⅱ

【実施命令書の一部】
○日本全国に厳しく申し付けられている上は，おろそかに実施してはならない。

【計測基準の一部】
○田畑・屋敷地は長さ6尺《しゃく》3寸《すん》を1間《けん》とする竿《さお》を用い，5間かける60間の300歩《ぶ》を，1反《たん》として面積を調査すること。
○上田《じょうでん》の石盛《こくもり》は1石《こく》5斗《と》，中田《ちゅうでん》は1石3斗，下田《げでん》は1石1斗，下々田《げげでん》は状況で決定すること。
○升《ます》は京升《きょうます》に定める。必要な京升を準備し渡すようにすること。

〔問3〕 (3)江戸時代に入ると，天文学や数学なども発展を遂げ，明治時代以降，我が国の科学技術の研究水準も向上し，独自の計測技術も開発されるようになった。とあるが，次の**ア**～**エ**は，江戸時代から昭和時代にかけての我が国独自の計測技術について述べたものである。時期の古いものから順に記号を並べよ。

ア　後にレーダー技術に応用される超短波式アンテナが開発された頃，我が国最初の常設映画館が開館した浅草《あさくさ》と，上野《うえの》との間で地下鉄の運行が開始された。

イ　正確な暦を作るために浅草に天文台が設置された後，寛政の改革の一環として，幕府直轄の昌平坂学問所《しょうへいざかがくもんじょ》や薬の調合などを行う医官養成機関の医学館が設立された。

ウ　西洋時計と和時計の技術を生かして，時刻や曜日などを指し示す機能を有する万年自鳴鐘《まんねんじめいしょう》が開発された頃，黒船来航に備えて台場《だいば》に砲台を築造するため，水深の計測が実施された。

エ　中部地方で発生した地震の研究に基づいて大森《おおもり》式地震計が開発された頃，日英同盟の締結を契機に，イギリスの無線技術を基にした無線電信機が開発された。

〔問4〕 (4)環境問題などの解決のために生かされてきた。とあるが，次のページのⅠのグラフは，1965年から2013年までの，東京のある地点から富士山が見えた日数と，大気汚染の一因となる二《に》酸化硫黄《さんかいおう》の東京における濃度の変化を示したものである。Ⅱの文章は，Ⅰのグラフの**ア**～**エ**のいずれかの時期における国際情勢と，我が国や東京の環境対策などについてまとめたものである。Ⅱの文章で述べている時期に当てはまるのは，Ⅰのグラフの**ア**～**エ**の時期のうちではどれか。

I

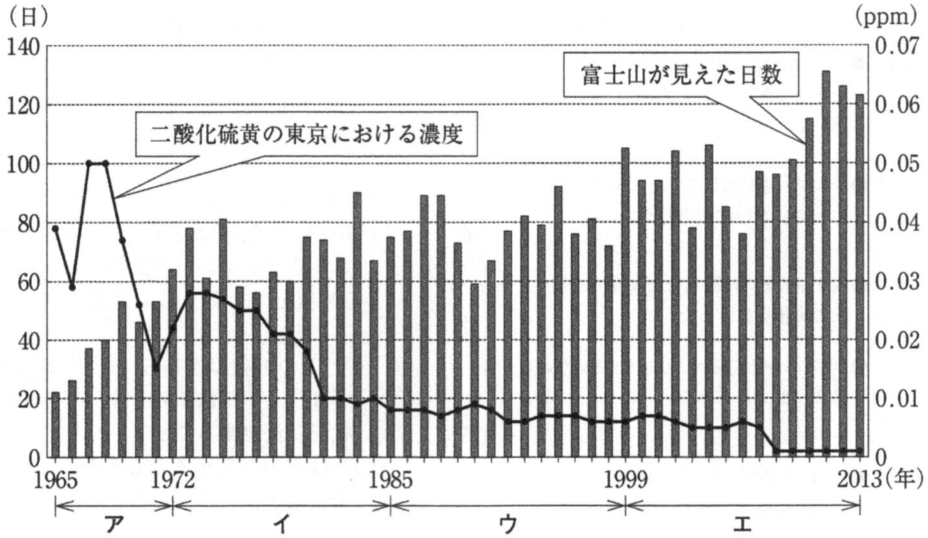

（東京都環境局資料などより作成）

Ⅱ

東ヨーロッパ諸国で民主化運動が高まり，東西ドイツが統一されるなど国際協調の動きが強まる中で，国際連合を中心に地球温暖化防止策が協議され，温室効果ガスの排出量の削減について数値目標を設定した京都議定書が採択された。長野県では，施設建設において極力既存の施設を活用し，自然環境の改変が必要な場合は大会後復元を図った，オリンピック・パラリンピック冬季競技大会が開催され，東京都においては，「地球環境保全東京アクションプラン」を策定し，大気汚染の状況は改善された。この時期には，Ｉのグラフの観測地点から平均して週１回は富士山を見ることができた。

5　次の文章を読み，あとの各問に答えよ。

明治時代に作られた情報という言葉は，ある事柄の内容について文字などで伝達する知らせを表す意味として現在は用いられている。天気予報や経済成長率などの情報は，私たちの日々の暮らしに役立っている。

日本国憲法の中では，(1)自分の意見を形成し他者に伝える権利が，一定の決まり（ルール）の下で保障されている。

現代の社会は　(2)情報が大きな役割を担《にな》うようになり，情報化社会とも呼ばれるようになった。その後，インターネットの普及は，私たちと情報との関わり方を変えることとなった。

(3)情報が新たな価値を生み出す社会では，企業の中で，情報化を推進し，課題の解決策を示したり，ソフトウェアを開発したりする，デジタル技術を活用できる人材を確保していくことの重要性が増している。また，(4)情報の活用を進め，社会の様々な課題を解決していくためには，新たな決まり（ルール）を定める必要がある。

〔問１〕　(1)自分の意見を形成し他者に伝える権利が，一定の決まり（ルール）の下で保障されている。とあるが，精神（活動）の自由のうち，個人の心の中にある，意思，感情などを外部に明らかにすることを保障する日本国憲法の条文は，次の**ア**～**エ**のうちではどれか。

ア　何人《なんぴと》も，いかなる奴隷的拘束も受けない。又，犯罪に因《よ》る処罰の場合を除いては，その意に反する苦役に服させられない。

イ　思想及び良心の自由は，これを侵してはならない。

ウ　何人も，公共の福祉に反しない限り，居住，移転及び職業選択の自由を有する。

エ　集会，結社及び言論，出版その他一切の表現の自由は，これを保障する。

〔問２〕　(2)情報が大きな役割を担《にな》うようになり，情報化社会とも呼ばれるようになった。とあるが，次のⅠの略年表は，1938年から1998年までの，我が国の情報に関する主な出来事をまとめたものである。Ⅱの文章は，Ⅰの略年表中の**ア**～**エのいずれか**の時期における社会の様子について，①は通信白書の，②は国民生活白書の一部をそれぞれ分かりやすく書き改めたものである。Ⅱの文章で述べている時期に当てはまるのは，Ⅰの略年表中の**ア**～**エ**の時期のうちではどれか。

Ⅰ

西暦	我が国の情報に関する主な出来事	
1938	●標準放送局型ラジオ受信機が発表された。	
1945	●人が意見を述べる参加型ラジオ番組の放送が開始された。	ア
1953	●白黒テレビ放送が開始された。	
1960	●カラーテレビ放送が開始された。	
1964	●東京オリンピック女子バレーボール決勝の平均視聴率が関東地区で66.8％を記録した。	イ
1972	●札幌オリンピック閉会式の平均視聴率が札幌で59.5％を記録した。	
1974	●テレビの深夜放送が一時的に休止された。	ウ
1985	●テレビで文字多重放送が開始された。	
1989	●衛星テレビ放送が開始された。	エ
1998	●ニュースなどを英語で発信するワールドテレビ放送が開始された。	

Ⅱ

①私たちの社会は，情報に対する依存を強めており，情報の流通は食料品や工業製品などの流通，つまり物流と同等あるいはそれ以上の重要性をもつようになった。

②社会的な出来事を同時に知ることができるようになり，テレビやラジオを通じて人々の消費生活も均質化している。また，節約の経験により，本当に必要でなければ買わないで今持っているものの使用期間を長くする傾向が，中東で起きた戦争の影響を受けた石油危機から３年後の現在も見られる。

〔問３〕　(3)情報が新たな価値を生み出す社会では，企業の中で，情報化を推進し，課題の解決策を示したり，ソフトウェアを開発したりする，デジタル技術を活用できる人材を確保していくことの重要性が増している。とあるが，次のページのⅠの文章は，2019年の情報通信白書の一部を分かりやすく書き改めたものである。次のページのⅡのグラフは，2015年の我が国とアメリカ合衆国における情報処理・通信に携わる人材の業種別割合を示したものである。Ⅱのグラフから読み取れる，Ⅰの文章が示された背景となる我が国の現状について，我が国より取り組みが進んでいるアメリカ合衆国と比較して，情報通信技術を提供する業種と利用する業種の構成比の違いに着目し，簡単に述べよ。

Ⅰ

○今後，情報通信技術により，企業は新しい製品やサービスを市場に提供することが可能となる。

○新たな製品やサービスを次々と迅速に開発・提供していくために，情報通信技術を利用する業種に十分な情報通信技術をもった人材が必要である。

Ⅱ

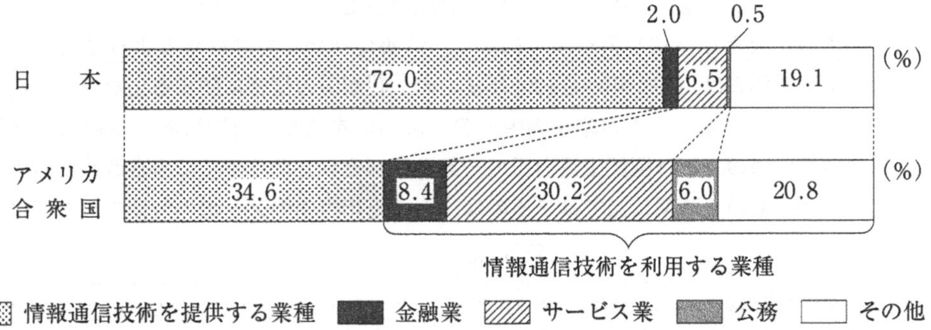

（注）四捨五入をしているため，情報処理・通信に携わる人材の業種別割合を合計したものは，100%にならない場合がある。

（独立行政法人情報処理推進機構資料より作成）

〔問４〕 (4)情報の活用を進め，社会の様々な課題を解決していくためには，新たな決まり（ルール）を定める必要がある。とあるが，次のⅠのA～Eは，令和３年の第204回通常国会で，情報通信技術を用いて多様で大量の情報を適正かつ効果的に活用することであらゆる分野における創造的かつ活力ある発展が可能となる社会の形成について定めた「デジタル社会形成基本法」が成立し，その後，公布されるまでの経過について示したものである。Ⅱの文で述べていることが行われたのは，下の**ア**～**エ**のうちではどれか。

Ⅰ

A　第204回通常国会が開会される。（１月18日）

B　法律案が内閣で閣議決定され，国会に提出される。（２月９日）

C　衆議院の本会議で法律案が可決される。（４月６日）

D　参議院の本会議で法律案が可決される。（５月12日）

E　内閣の助言と承認により，天皇が法律を公布する。（５月19日）

（衆議院，参議院のホームページより作成）

Ⅱ

衆議院の内閣委員会で法律案の説明と質疑があり，障害の有無などの心身の状態による情報の活用に関する機会の格差の是正を着実に図ることや，国や地方公共団体が公正な給付と負担の確保のための環境整備を中心とした施策を行うことを，原案に追加した修正案が可決される。

ア　AとBの間　　**イ**　BとCの間　　**ウ**　CとDの間　　**エ**　DとEの間

6 次の文章を読み，下の略地図を見て，あとの各問に答えよ。

　都市には，小さな家屋から超高層建築まで多様な建物が見られ，(1)人々が快適な生活を送るために様々な社会資本が整備されてきた。また，(2)政治の中心としての役割を果たす首都には，新たに建設された都市や，既存の都市に政府機関を設置する例が見られる。
　都市への人口集中は，経済を成長させ新たな文化を創造する一方で，(3)交通渋滞などの都市問題を深刻化させ，我が国は多くの国々の都市問題の解決に協力している。

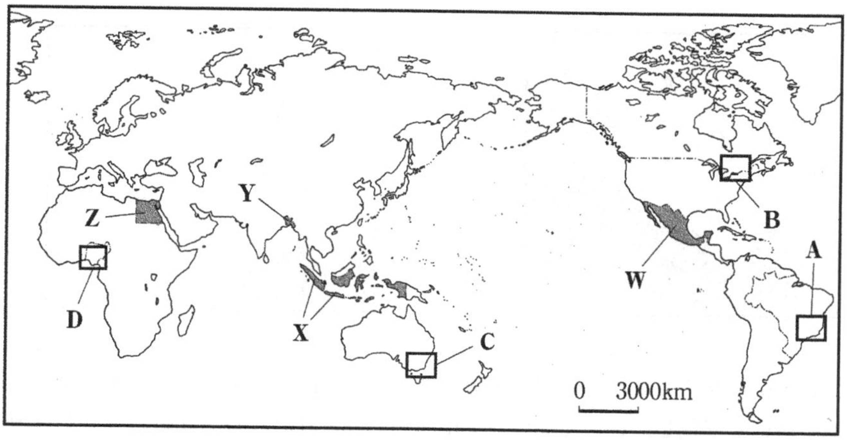

〔問１〕 (1)人々が快適な生活を送るために様々な社会資本が整備されてきた。とあるが，次の**ア**～**エ**の文は，それぞれの時代の都市の様子について述べたものである。時期の古いものから順に記号を並べよ。

ア　ドイツ帝国の首都ベルリンでは，ビスマルクの宰相《さいしょう》任期中に，工業の発展により人口の流入が起き，上下水道が整備され，世界で初めて路面電車の定期運行が開始された。

イ　イギリスの首都ロンドンでは，冷戦（冷たい戦争）と呼ばれる東西の対立が起き緊張が高まる中で，ジェット旅客機が就航し，翌年，空港に新滑走路が建設された。

ウ　アメリカ合衆国の都市ニューヨークでは，300mを超える超高層ビルが建設され，フランクリン・ルーズベルト大統領によるニューディール政策の一環で公園建設なども行われた。

エ　オーストリアの首都ウィーンでは，フランス同様に国王が強い政治権力をもつ専制政治（絶対王政）が行われ，マリア・テレジアが住んでいた郊外の宮殿の一角に動物園がつくられた。

〔問２〕 (2)政治の中心としての役割を果たす首都には，新たに建設された都市や，既存の都市に政府機関を設置する例が見られる。とあるが，次のページのⅠのA～Dは，略地図中のA～Dの□で示した部分を拡大し，主な都市の位置を**ア**～**ウ**で示したものである。次のページのⅡの文章は，略地図中のA～Dの中に首都が位置する**いずれか**の国とその国の首都の様子について述べたものである。Ⅱの文章で述べているのは，ⅠのA～Dのうちのどれか，また，首都に当てはまるのは，選択したⅠのA～Dの**ア**～**ウ**のうちのどれか。

Ⅰ A

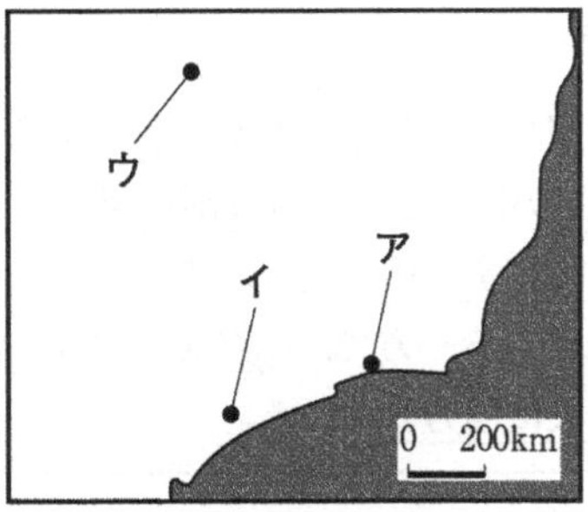

B

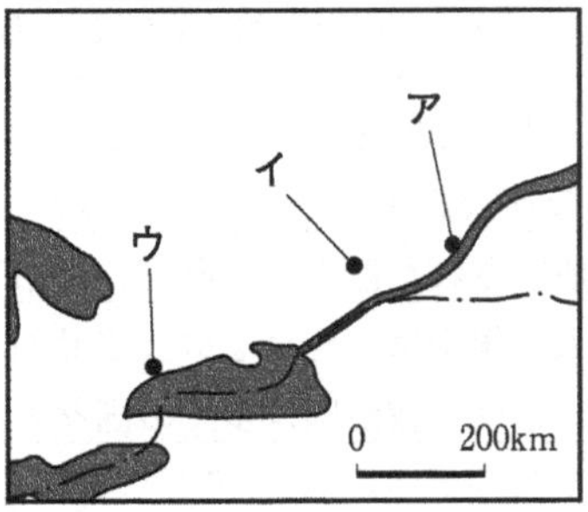

C

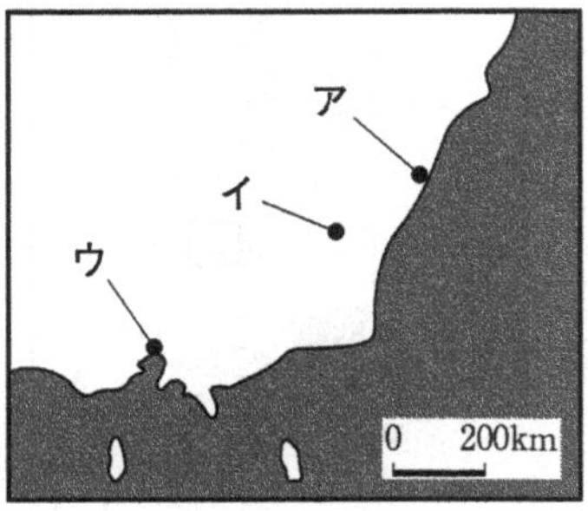

D

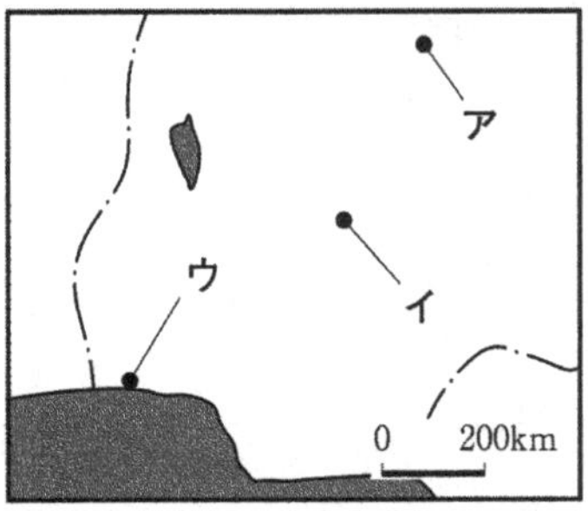

Ⅱ

> 16世紀にフランスがこの国の東部に進出し，隣国からイギリス人がフランス人の定住地を避けて移住したことで二つの文化圏が形成されたため，立憲君主である国王により文化圏の境界に位置する都市が首都と定められた。首都から約350㎞離れイギリス系住民が多い都市は，自動車産業などで隣国との結び付きが見られ，首都から約160㎞離れフランス系住民が多い都市は，フランス語のみで示されている道路標識などが見られる。

〔問3〕 (3)交通渋滞などの都市問題を深刻化させ，我が国は多くの国々の都市問題の解決に協力している。とあるが，次のⅠのW～Zのグラフは，略地図中に で示したW～Zのそれぞれの国の，1950年から2015年までの第1位の都市圏と第2位の都市圏の人口の推移を示したものである。Ⅱの文章で述べている国に当てはまるのは，略地図中のW～Zのうちのどれか。

Ⅰ

W

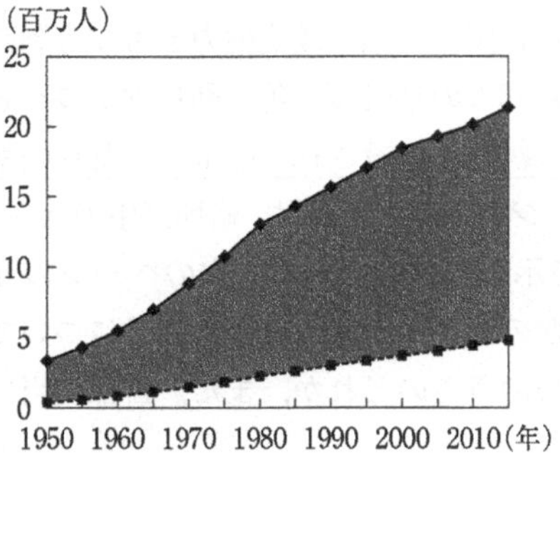

X

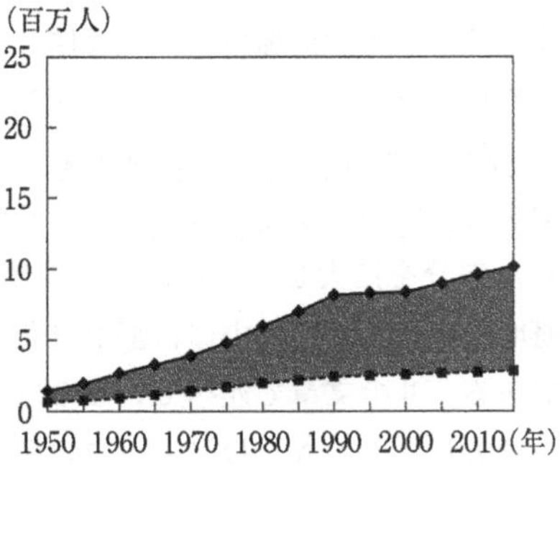

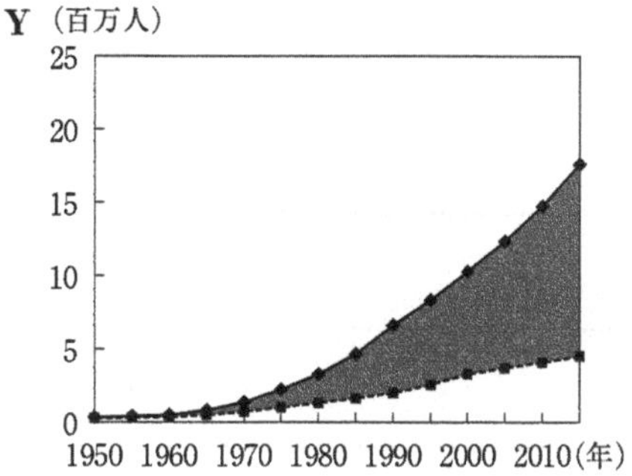

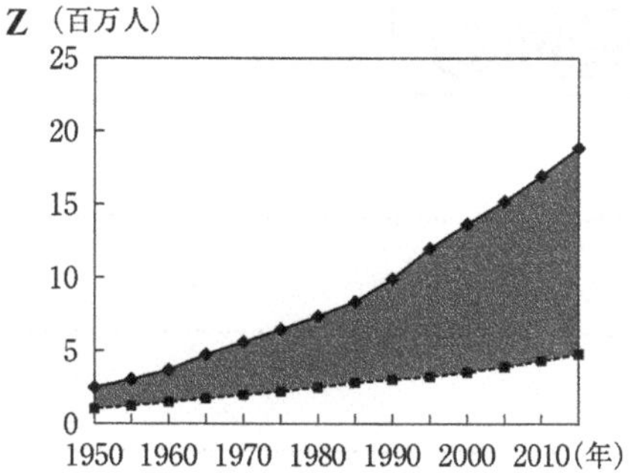

—◆— 第１位の都市圏の人口　--■-- 第２位の都市圏の人口

（国際連合資料より作成）

Ⅱ

○1949年にオランダから独立し，イスラム教徒が８割を超えるこの国では，第１位の都市圏と第２位の都市圏の人口差は，1950年に100万人を下回っていたが，1990年には人口差は約７倍と急激に拡大しており，その後緩やかな拡大傾向が続いた。

○深刻化した交通渋滞や大気汚染などの都市問題を解決するため，日本の技術や運営の支援を受け，都市の中心部と住宅地をつなぐ国内初の地下鉄が2019年に開通した。

MEMO

大切なことはメモしておこうネ！

2022年度

解 答 と 解 説

《2022年度の配点は解答用紙集に掲載してあります。》

<理科解答>

1 〔問1〕 イ　〔問2〕 ア　〔問3〕 エ　〔問4〕 ウ　〔問5〕 エ

2 〔問1〕 ア　〔問2〕 イ　〔問3〕 エ　〔問4〕 ウ

3 〔問1〕 ウ　〔問2〕 イ　〔問3〕 エ　〔問4〕 ア

4 〔問1〕 ウ　〔問2〕 エ　〔問3〕 ア　〔問4〕 ウ

5 〔問1〕 イ　〔問2〕 ア

〔問3〕 <化学反応式> $\underset{\text{(酸)}}{\underline{HCl}}+\underset{\text{(アルカリ)}}{\underline{NaOH}}\rightarrow\underset{\text{(塩)}}{\underline{NaCl}}+H_2O$

〔問4〕 ウ

6 〔問1〕 ア　〔問2〕 イ　〔問3〕 右図

〔問4〕 イ

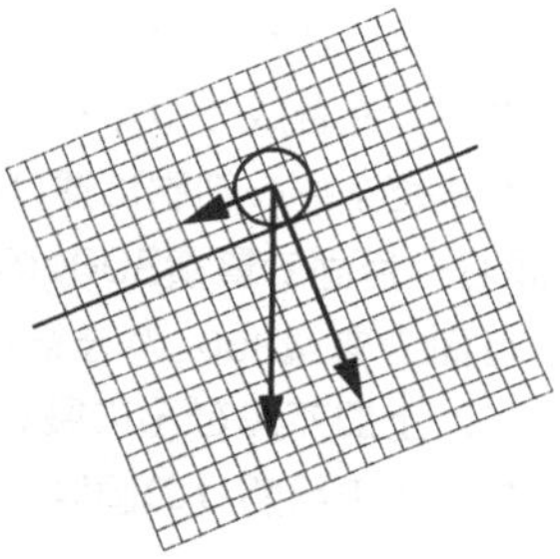

<理科解説>

1 **(小問集合―化学変化：燃焼，気体の発生とその性質，動物の体のつくりとはたらき：血液の循環，光と音：光の屈折，天気の変化：温暖前線，電流：電圧と電流と抵抗)**

〔問1〕 木には炭素原子や水素原子などがふくまれているので，木をじゅうぶんに燃焼させると，炭素や水素が酸化されて，**二酸化炭素や水(水蒸気)**などができる。二酸化炭素や水蒸気は空気中に出ていき，残るのは少量の灰なので質量が小さくなる。一方，スチールウールを燃焼させると，**酸素と化合して固体の酸化鉄になる**ので，結びついた酸素の分，質量が大きくなる。よって，石灰水が白くにごったのは，二酸化炭素が発生した集気びんPである。

〔問2〕 全身から戻った血液は大静脈Cを通って右心房に入り，右心室へ送られ，**静脈血は右心室から肺動脈Aへ送られ**，肺でガス交換が行われ動脈血となる。**動脈血は肺静脈Dを通って左心房に入り**，左心室へ送られる。動脈血は左心室から大動脈Bを通って全身に送り出される。よって，動脈は血管Aと血管Bであり，動脈血が流れる血管は血管Dと血管Bである。

〔問3〕 水中から空気中へ光が入射する場合，入射角より屈折角の方が大きい。容器の中の水の量を増やすと，**「A」の文字からの光が水面で屈折する点が上がるため，光はその点で屈折して目に入るようになる。**よって，屈折光の延長線上に実際より浮き上がった位置に見えるため，「A」の文字の形が全て見えるようになる。

〔問4〕 温暖前線は，**密度が小さい暖気が，密度が大きい寒気の上にはい上がり**，寒気をおしやりながら進んでいく。

〔問5〕 **P〔A〕＝Q〔A〕＋R〔A〕より，Q＜Pであり，R＜Pである。BとCは並列回路により，各抵抗にかかる電圧は等しい。よって抵抗が小さい方が大きい電流が流れるため，R＜Qである。よって，3点を流れる電流の大きさは，R＜Q＜P，である。**

2 (自由研究―太陽系と恒星：月の見え方・日食，状態変化：蒸留，水溶液，物質の成り立ち，植物の体のつくりとはたらき，力と圧力：月面での重力)

〔問1〕 観測地点Aは，地球と月と太陽を一直線に結んだ線上に位置している。このとき，太陽は真南の空に位置しているので，時刻は12時である。よって，月が真南の空に位置する時刻は12時である。北極星側から見ると，月は地球のまわりを約1か月かけて反時計回りに公転している。そのため，1週間後に真南の空に観察できる月の見え方は，西側が光って見える上弦の月である。

〔問2〕 蒸留して出てきた液体Bは水である。蒸留後，枝付きフラスコに残った水溶液Aは5%より濃度が高くなった塩化ナトリウム水溶液であるため，結晶は塩化ナトリウムであり，塩化ナトリウムは，ナトリウム原子と塩素原子の2種類の原子でできている化合物である。

〔問3〕 装置の上側に設置された光源に向かって成長していく植物では，上下にある葉が互いに重ならないようにつくが，その利点は，光が当たる面積が大きくなり，光合成量が増加することである。光合成でつくられた養分(栄養分)は，水にとけやすい物質に変化してから，師管を通ってからだ全体の細胞に運ばれ，それぞれの細胞で使われる。

〔問4〕 月面で質量300gの物体Aに働く重力の大きさは，地球上と比べて約6分の1の0.5Nである。月面で質量300gの分銅に働く重力の大きさは，地球上と比べて約6分の1の0.5Nである。よって，上皿てんびんに載せたときにつり合うのは質量300gの分銅である。物体Aをはかりに載せたときの目盛りの値は，0.5Nの重力が物体Aに働くので，約50gである。

3 (地層の重なりと過去の様子：柱状図・示準化石・堆積岩，動物の分類と生物の進化：セキツイ動物の出現，火山活動と火成岩，)

〔問1〕 岩石Pは石基と斑晶が見られ，斑状組織であることから，岩石Pはマグマが冷えてできたもので，れき岩は土砂が押し固められてできたものである。れき岩を構成する粒の特徴は，流れる水のはたらきで，角が取れて丸みを帯びた粒が多い。

〔問2〕 岩石Qにはフズリナの化石が含まれていたので，岩石Qは古生代に堆積したもので，古生代には魚類と両生類が出現した。また，示準化石であるサンヨウチュウも生息していた。

〔問3〕 流水で運搬され海に流れ出た土砂は，粒の大きいものから陸の近くに堆積する。このことから，泥岩の層が堆積した時代の地域B周辺は，河口から遠い深い海であったと考えられる。

〔問4〕 X地点の凝灰岩層の標高は，40.3m－11m＝29.3m，であり，Y地点の凝灰岩層の標高は，36.8m－9m＝27.8m，である。よって，X地点の凝灰岩層の標高は，Y地点の凝灰岩層の標高より，29.3m－27.8m＝1.5m，高くなっている。

4 (遺伝の規則性と遺伝子：メンデルの実験，生物の成長と生殖：減数分裂，植物の分類)

〔問1〕 図2で，エンドウは花弁が1枚1枚離れていることから，双子葉類の離弁花であるため，子葉は2枚である。また，胚珠が子房の中にあることから，被子植物である。

〔問2〕 花粉の中では雄の生殖細胞の精細胞がつくられ，胚珠の中には雌の生殖細胞の卵細胞がつくられるが，生殖細胞は減数分裂によりつくられるので，染色体数は体細胞の2分の1である。よって，精細胞の核と卵細胞の核が合体してできた受精卵の核の染色体数は14本である。

〔問3〕 草たけが高い個体が自家受粉し，受精後にできた種子をまいて育てた結果は，＜結果2＞(1)のように，全て草たけの高い個体(図4のP)であった。これらのことから，エンドウの草たけを高くする遺伝子をA，対立形質である草たけを低くする遺伝子をaとすると，エンドウPとその親の遺伝子はAAで表せる。同様に，エンドウQとその親の遺伝子はaaで表せる。＜結果2＞の(3)の個体Rは，＜実験＞(7)でPとQをかけ合わせてできた個体で，遺伝子は全てAaであり，草たけが高い形質が顕性形質であると，全て草たけが高い個体になる。遺伝子Aaの個体Rに，<結果2>の(2)，すなわち<実験>(5)の結果である図4の遺伝子がaaの個体Qをかけ合わせると，子の遺伝子は，Aa：aa＝草たけが高い個体の数：草たけが低い個体の数＝1：1，である。

〔問4〕　<モデル実験の結果から>子の代では丸形の種子だけが得られたが，丸形は顕性であることから，子の代の遺伝子はAAとAaの2種類が考えられる。子の代を自家受粉させると，孫の代では丸形の種子だけが得られた個体と丸形・しわ形の種子が得られた個体の両方あったことから，前者の子の代は丸形の純系で遺伝子はAAであり親の代の遺伝子もAAである。後者では丸形としわ形の種子が得られたことから，子の代の遺伝子はAaであったと考えられ，親の代の遺伝子もAaであると考えられる。よって，親の代としてまいた2個の丸形の種子の遺伝子の組み合わせは，AAとAaである。

5　(化学変化と電池，水溶液とイオン，物質の成り立ち：電気分解，気体の発生とその性質，酸・アルカリとイオン，中和と塩)

〔問1〕　図1は，ダニエル電池である。ダニエル電池の特徴は，セロハンで2種類の電解質の水溶液を仕切っているという点である。亜鉛板を硫酸亜鉛水溶液に，銅板を硫酸銅水溶液にひたし，導線でつないだつくりになっている。セロハンにはとても小さな穴が開いており，水溶液中の陽イオンと陰イオンはこの穴を通りぬけることができる。ダニエル電池では，イオン化傾向(イオンへのなりやすさ)の大きい亜鉛原子Znが水溶液中に亜鉛イオンZn^{2+}となってとけ出し，亜鉛板に残った電子は導線を通って銅板へ移動し電流が流れる。水溶液中の銅イオンCu^{2+}は銅板に達した電子を受けとって銅原子Cuになる。(－極)$Zn \rightarrow Zn^{2+} + 2e^-$，によりモデルで表した図はAであり，(＋極)$Cu^{2+} + 2e^- \rightarrow Cu$，によりモデルで表した図はDである。

〔問2〕　図1のダニエル電池については，－極の亜鉛が次々にイオンとなって溶け出すので，Zn^{2+}は増加し，＋極では水溶液中のCu^{2+}が，導線を通ってやってきた亜鉛が放出した電子を受けとって，銅の金属となって電極に付着するため，Cu^{2+}は減少する。図2は水の電気分解である。－極である電極Rには空気より軽い水素が発生し，＋極である電極Sには水に溶けにくい酸素が発生する。

〔問3〕　<実験2>は，酸にアルカリを加えるごとに酸の性質が打ち消され，塩と水ができる中和の実験である。よって，化学反応式は，$HCl + NaOH \rightarrow NaCl + H_2O$，である。

〔問4〕　図3のモデルで表した薄い塩酸に水酸化ナトリウム水溶液を加えるたびに起きる化学変化を，イオン式を用いて表し，ビーカー②に含まれるイオンの総数を考察する。$(3H^+ + 3Cl^-) + (Na^+ + OH^-) \rightarrow Na^+ + Cl^- + H_2O + 2H^+ + 2Cl^-$，であり，$H^+ + OH^- \rightarrow H_2O$，の中和反応によって$H^+$が1個減少するが，$Na^+ + Cl^-$は水に溶ける塩なので，$Na^+$が1個増加するため，化学変化の前後で水素イオンの総数は変わらない。さらに水酸化ナトリウム水溶液を加えても，同様の考察ができる。H^+とOH^-が同数の中性になるまで化学変化の前後でイオンの総数は変わらない。<実験2>の場合，薄い塩酸12cm^{3}に水酸化ナトリウム水溶液を6cm^{3}加えたとき，BTB溶液が緑色になったことから，中性である。中性を過ぎると，加えた水酸化ナトリウムは化学変化をしないのでNa^+とOH^-のどちらもイオンとして残り，イオンの総数は増加する。

6　(力と物体の運動：斜面を下る小球の運動，力の規則性：重力の分力，力学的エネルギー：力学的エネルギーの保存)

〔問1〕　小球の平均の速さ〔m/s〕＝{(10.6＋9.0＋5.6)÷100}〔m〕÷3÷0.1〔s〕＝0.84〔m/s〕である。

〔問2〕　レールBの斜面①から③の上の小球に働く重力は，小球に働く斜面下向きの斜面に平行な力と斜面に垂直な力に分解できる。小球に働く斜面下向きの力は小球が運動する向きに働く力である。**斜面①から③までは斜面の傾きはほぼ一定であるから，小球が運動する向きに働く力はほぼ一定である。小球が運動する向きに働く力がほぼ一定であり続けるとき，小球の速さはほぼ一定の割合で増加する。**よって，イが適切である。

〔問3〕　小球に働く重力が対角線となるような長方形をかく。小球に働く重力の斜面に平行な分力と斜面に垂直な分力の大きさを長方形の各辺の長さとして矢印をかく。

〔問4〕　点aと点dは9cmの同じ高さなので小球がもつ位置エネルギーは等しい。小球がもつ位置エネルギーは，斜面を下るにつれて運動エネルギーに変わるが，**位置エネルギーと運動エネルギーの和の力学的エネルギーは一定に保存されている。**点bと点eはそれぞれ4cmと5.2cmの高さなので，小球がもつ運動エネルギーは点bの方が大きい。点cと点fはそれぞれ水平な部分の上なので，小球がもつ位置エネルギーは，全て運動エネルギーに変っているため，運動エネルギーの大きさはほぼ等しい。

＜社会解答＞

1　〔問1〕　エ　〔問2〕　ウ　〔問3〕　ア

2　〔問1〕（略地図中のA～D）D　（Ⅱのア～エ）イ　〔問2〕　P　ア　Q　エ　R　イ　S　ウ　〔問3〕（略地図中のW～Z）Y　（ⅠとⅡの表のア～エ）エ

3　〔問1〕　A　ウ　B　イ　C　ア　D　エ　〔問2〕（Ⅰのア～エ）ア　（略地図中のW～Z）W　〔問3〕〔変化〕地区計画により，工場であった土地に，商業施設が建てられた。　〔要因〕多くの人が集まる駅に近いこと。

4　〔問1〕　ア→イ→エ→ウ　〔問2〕　イ　〔問3〕　イ→ウ→エ→ア　〔問4〕　ウ

5　〔問1〕　エ　〔問2〕　ウ　〔問3〕　情報処理・通信に携わる人材は，アメリカ合衆国では，情報通信技術を利用する業種に就いている割合が高いが，我が国では，情報通信技術を提供する業種に就いている割合が高い。　〔問4〕　イ

6　〔問1〕　エ→ア→ウ→イ　〔問2〕　ⅠのA～D　B　ⅠのA～Dのア～ウ　イ　〔問3〕　X

＜社会解説＞

1　**（地理的分野―日本地理―地形図の見方，歴史的分野―日本史時代別―古墳時代から平安時代，―日本史テーマ別―文化史，公民的分野―三権分立）**

〔問1〕　資料で示されたA地点からB地点に到達するまでに**水準点**「⊡」を通るのは，エの**地形図**のみである。歩いた距離や方角を正確に表しているのも，エの地形図のみである。

〔問2〕　8世紀半ばに**鑑真**によって開かれた**唐招提寺**は，大和国の**平城京**に建立された。平城京の位置は地図のウである。

〔問3〕　**裁判員裁判**は，重大な**刑事事件**の**第一審**で，**地方裁判所**で行われる。**家庭裁判所**は，公に公開される通常の訴訟手続きにはそぐわないと考えられている家庭内の紛争や，非行のある少年の事件を扱う裁判所である。**簡易裁判所**は，日常生活において発生する軽微な民事事件・刑事事件を迅速・簡易に処理するための裁判所である。**高等裁判所**は，地方裁判所および簡易裁判所の第一審判決に対する控訴を扱う裁判所である。

2　**（地理的分野―世界地理―都市・気候・産業・貿易）**

〔問1〕　Ⅰの文章は，イスラム商人の航海に関する記述から，Dの海域の説明であることがわかる。

また，その範囲内に位置する都市の**雨温図**は，**赤道**に近い都市であることから，一年間の気温差が少ないもの，**北半球**に属することから山型の気温変化があるもの，また**モンスーン**の季節以外は極めて雨が少なく，**雨季**と**乾季**があるものを選べばよい。これにあたるのが，イである。

〔問2〕 イは石油依存の経済との説明から，アラブ首長国連邦のドバイの説明であることがわかる。ウはEUの中心的な貿易港であるとの説明から，オランダのロッテルダムのことだとわかる。エはASEANの中のハブ港との記述から，シンガポールであるとわかる。残るアは，釜山だとわかる。

〔問3〕 初めに，略地図中のW～Zの国を確定する。Wはペルー，Xはニカラグア，Yはフィリピン，Zはマレーシアである。このうちⅢの文章にある「1946年に独立し」,「1989年にAPECに参加し」,「人口が1億人を超え」に該当するのはフィリピンである。また，Ⅲの文章を読み，Ⅰの表を見ると，日本の輸入総額が1999年から2019年の間で2倍弱増加し，果実の輸入量が上位3位から脱落していることから，エがフィリピンに該当するとわかる。また，Ⅱの表で上位3か国に中華人民共和国が新たに入ったことから，エがフィリピンに該当するとわかる。

3 （地理的分野―日本地理―地形・工業・交通・地形図の見方）

〔問1〕 初めに，AからDの道県を確定する。Aが北海道，Bが兵庫県，Cが福岡県，Dが長崎県である。都道府県中で最も海岸線が長いのは北海道であり，Aはウである。次に長いのは長崎県であり，Dがエである。都道府県中で最も鉄鋼の生産量が多いのは愛知県であり，兵庫県は第2位である。Bがイである。残るCがアである。

〔問2〕 Ⅱは**北関東工業地域**の説明である。北関東工業地域では，輸送用機械の出荷額の割合が増えている。輸送用機械を作るためには広い工場敷地面積が必要であり，北関東では，広い敷地を安く確保できるからである。また，1980年に**関越自動車道**が開通し，群馬から東京への輸送が容易になった。1987年には**東北自動車道**が開通し，栃木から東京への輸送が容易になった。さらに2011年の**北関東自動車道**の開通によって，内陸地の群馬県や栃木県から太平洋岸に輸送しやすくなったこと等が要因である。飛躍的に**輸送用機械**の出荷額が伸びているアのグラフが該当する。略地図中のW～Zのうち，Wが北関東工業地域である。

〔問3〕〔変化〕 地区計画により，工場「☼」であった土地に，商業施設が建てられたことを簡潔に指摘すればよい。 〔要因〕 乗降客数が多い駅に近く，人が集まりやすいことを指摘すればよい。

4 （歴史的分野―日本史時代別―古墳時代から平安時代・鎌倉時代から室町時代・安土桃山時代から江戸時代・明治時代から現代，―日本史テーマ別―政治史・社会史，―世界史―政治史）

〔問1〕 アは8世紀の奈良時代の政策の様子である。イは11世紀の**後三条天皇**の時代の政策の様子である。ウは14世紀の**後醍醐天皇**の時代の政策の様子である。エは13世紀の鎌倉時代の政策の様子である。したがって，時代の古い順に並べると，ア→イ→エ→ウとなる。

〔問2〕 Ⅱは**太閤検地**の説明である。太閤検地は，**織田信長**の死後に**豊臣秀吉**によって行われた。略年表中のイの時期にあてはまる。

〔問3〕 ア 浅草から上野の間に**地下鉄**が開通したのは，1927年である。 イ **寛政の改革**が行われたのは，1787年から1793年である。 ウ **黒船**来航に備えて**台場**に砲台が設置されたのは，1853年からである。 エ **日英同盟**が締結されたのは，1902年である。したがって，時代の古い順に並べると，イ→ウ→エ→アとなる。

〔問4〕 **東西ドイツの統一**は1990年，**京都議定書**の採択は1997年，長野オリンピックは1998年に開催された。いずれも略年表のウの時期にあてはまる。

5 (公民的分野―基本的人権・経済一般・国の政治の仕組み)

〔問1〕 日本国憲法第21条には「集会，結社及び言論，出版その他一切の**表現の自由**は，これを保障する。」との規定があり，個人の心の中にある，意思，感情などを外部に明らかにすることを保障している。

〔問2〕 **第4次中東戦争**が勃発し，OPEC諸国は原油の値上げを決定し，いわゆる**石油危機**が起こったのは，1973年のことであり，ウの時期がこれにあたる。

〔問3〕 情報処理・通信に携わる人材は，我が国では，日本のグラフに見られるように，**情報通信技術**を提供する業種に就いている割合が72％と高い。これに対し，アメリカ合衆国のグラフでは，金融業・サービス業など情報通信技術を利用する業種に就いている割合が65.4％と高くなっている。このような趣旨のことを簡潔に述べればよい。

〔問4〕 **内閣委員会**は，**常任委員会**の一つで，内閣府の所管に属する事項のうち，他の常任委員会の所管に属さないものなどを扱う。常任委員会は国会に提出された法律案を，本会議の審議前に審議するので，BとCの間になる。

6 (歴史的分野―世界史―政治史，地理的分野―世界地理―都市・人口)

〔問1〕 ア **ビスマルク**の宰相在任中とは，19世紀後期である。 イ **冷戦**と呼ばれた東西の対立が起き，緊張が高まったのは，20世紀後期である。 ウ **ニューディール政策**は，20世紀前期にアメリカで行われた。 エ **マリア・テレジア**がハプスブルク家の皇帝フランツ1世の皇后にして共同統治者の地位にあったのは，18世紀である。したがって，時代の古い順に並べると，エ→ア→ウ→イとなる。

〔問2〕 Ⅱの文章は，「イギリス系住民」「フランス系住民」の記述から，カナダの説明であることがわかる。A～Dのうち，五大湖の一部が描かれているBがカナダである。カナダの首都オタワの位置は，ア～ウのうち，イである。

〔問3〕 Ⅱの文章は，「オランダから独立」「イスラム教徒が8割を超える」との記述から，インドネシアを指していることがわかる。1950年に人口差が100万人を下回っており，1990年には約7倍，その後は緩やかな拡大傾向が続いているグラフは，Xである。

2022年度英語 リスニングテスト

〔放送台本〕

これから，リスニングテストを行います。リスニングテストは，全て放送による指示で行います。リスニングテストの問題には，問題Aと問題Bの二つがあります。問題Aと，問題Bの＜Question 1＞では，質問に対する答えを選んで，その記号を答えなさい。問題Bの＜Question 2＞では，質問に対する答えを英語で書きなさい。英文とそのあとに出題される質問が，それぞれ全体を通して二回ずつ読まれます。問題用紙の余白にメモをとってもかまいません。答えは全て解答用紙に書きなさい。

〔問題A〕

問題Aは，英語による対話文を聞いて，英語の質問に答えるものです。ここで話される対話文は全部で三つあり，それぞれ質問が一つずつ出題されます。質問に対する答えを選んで，その記号を答えなさい。では，＜対話文1＞を始めます。

Sakura: Hi, Tom, do you think it's going to rain this afternoon?

Tom: Hi, Sakura. I don't think so.

Sakura: Really? It was sunny this morning, but it's cloudy now. If it rains, we will have to change our plan to practice tennis this afternoon.

Tom: Don't worry. We won't have to do that. The weather news says it will rain tomorrow morning, but not today.

Sakura: I'm glad to hear that.

Tom: Let's talk about today's practice on the phone this evening.

Sakura: Sure.

Question : When will Sakura and Tom practice tennis?

＜対話文2＞を始めます。

Jane: Excuse me. I'm Jane. I'm a new student. Can you help me?

Bob: Hi, Jane. I'm Bob. What's the problem?

Jane: I want to see Ms. Brown. Can you tell me the way to the teacher's room?

Bob: Well, she is usually in the music room.

Jane: I see. So, where is the music room?

Bob: Can you see the library? Turn right at the library and you'll see the music room next to the art room. Also, she sometimes reads some books in the library.

Jane: Thanks. I will go to the library first.

Bob: I hope you find her.

Question : Where will Jane go first?

＜対話文3＞を始めます。

Girl: My school looks new, but it has a long history.

Boy: What do you mean?

Girl: The building is new, but my school will be one hundred years old next year.

Boy: Really?

Girl: Yes. My grandfather was a student of the same school sixty years ago.

Boy: Oh, how old is your grandfather?

Girl: He will be seventy-two years old this year.

Boy: Oh, is that right?

Girl: Yes. We sometimes sing our school song together.

Boy: Sounds nice!

Question : How old is the school now?

〔英文の訳〕

＜対話文1＞

サクラ：こんにちは，トム，今日の午後雨が降ると思う？

トム　：こんにちは，サクラ。そうは思わないよ。

サクラ：本当？　今朝は天気が良かったけど今は曇ってるね。もし雨が降ったら午後のテニスの練習予定を変えないといけないね。

トム　：心配ないよ。そうする必要はないよ。天気予報は今日じゃなくて明日の朝に降るって言ってるよ。

サクラ：それを聞いてよかったわ。

トム　：今晩電話で今日の練習について話そう。

サクラ：わかった。

質問：サクラとトムはいつテニスを練習しますか？

答え：ア　今日の午後。

＜対話文2＞

ジェーン：すみません。私はジェーンです。新しい生徒です。手伝ってもらえますか？

ボブ　　：こんにちは，ジェーン。僕はボブ。どうしましたか？

ジェーン：ブラウン先生に会いたいんです。教員室への行き方を教えてくれませんか。

ボブ　　：ああ，彼女はたいてい音楽室にいますよ。

ジェーン：そうですか。じゃあ音楽室はどこですか。

ボブ　　：図書館が見えますか？　図書館を右に曲がると美術室のとなりに音楽室が見えます。あと彼女は図書館でときどき本を読みます。

ジェーン：ありがとう。まず図書館に行きますね。

ボブ　　：彼女が見つかるといいですね。

質問：ジェーンは最初にどこへ行きますか？

答え：ウ　図書館へ。

＜対話文3＞

女の子：私の学校は新しく見えるけど長い歴史があるのよ。

男の子：どういう意味？

女の子：建物は新しいけど私の学校は来年で100年になるの。

男の子：本当に？

女の子：うん。祖父は60年前に同じ学校の生徒だったの。

男の子：ええ，おじいさんは何歳なの？

女の子：今年72歳になるよ。

男の子：ええ，そうなの？

女の子：うん。時々一緒に校歌を歌うよ。

男の子：いいね！

質問：今この学校は何周年になりますか？

答え：イ　99年。

〔放送台本〕
〔問題B〕

これから聞く英語は，カナダの中学生の Cathy が，日本の中学生とのオンライン交流で行ったスピーチです。内容に注意して聞きなさい。あとから，英語による質問が二つ出題されます。<Question 1>では，質問に対する答えを選んで，その記号を答えなさい。<Question 2>では，質問に対する答えを英語で書きなさい。なお，<Question 2>のあとに，15秒程度，答えを書く時間があります。
では，始めます。

Hello, everyone! My name is Cathy. I'm fifteen years old. I'm happy to meet you on the Internet today.

First, I will talk about my country. In summer, many people enjoy walking and bird watching in the mountains. I often go to a swimming pool during summer vacation. In winter, many people enjoy watching basketball games. They are very exciting, and I like to watch them, too. Also, people enjoy skiing. The mountains are beautiful with snow. I go skiing with my family every year. I like skiing the best of all sports. I have learned that there are a lot of places for skiing in Japan. Do you like winter sports?

Next, I will tell you about things I want to know about Japan. I'm very interested in Japanese movies. I think the stories are interesting. I want you to tell me about some popular Japanese movies. I'm looking for a new one to enjoy watching. Let's have fun on the Internet today.

<Question 1> What sport does Cathy like the best?
<Question 2> What does Cathy think about the stories in Japanese movies?

〔英文の訳〕

みなさん，こんにちは！　私の名前はキャシーです。15歳です。今日はインターネットでみなさんにお会いできて嬉しいです。

まず，私の国について話します。夏は多くの人たちが山で歩いたりバードウオッチングをしたりして楽しみます。私は夏休みの間よくプールに行きます。冬は多くの人たちがバスケットボールの試合を見て楽しみます。とてもワクワクするし私も見るのが好きです。またみんなスキーを楽しみます。山は雪をかぶって美しいです。私は毎年家族とスキーに行きます。全てのスポーツの中でスキーが一番好きです。日本にはたくさんのスキー場があると知りました。みなさんは冬のスポーツは好きですか？

次に，私が日本について知っていることについて話します。私は日本の映画にとても興味があります。ストーリーが面白いと思います。人気の日本映画についてみなさんに教えてもらいたいです。見て楽しめる映画を今探しています。今日はインターネットで楽しみましょう。

質問1：キャシーが一番好きなスポーツは何ですか？
答え　：エ　スキー。
質問2：日本映画のストーリーについてキャシーはどう思っていますか？
答え　：(例)それは面白い。

MEMO

大切なことはメモしておこうネ！

東京都公立高等学校

2021年度

★★★★★★★★★★★★★★★★★★★★★★★★★

共通問題(理科・社会)

●くわしい解説 …… 29ページ

＜理科＞

時間　50分　　満点　100点

1　次の各問に答えよ。

〔問1〕 図1は，ヒトのからだの器官を模式的に表したものである。消化された養分を吸収する器官を図1のA，Bから一つ，アンモニアを尿素《にょうそ》に変える器官を図1のC，Dから一つ，それぞれ選び，組み合わせたものとして適切なのは，次のうちではどれか。

図1

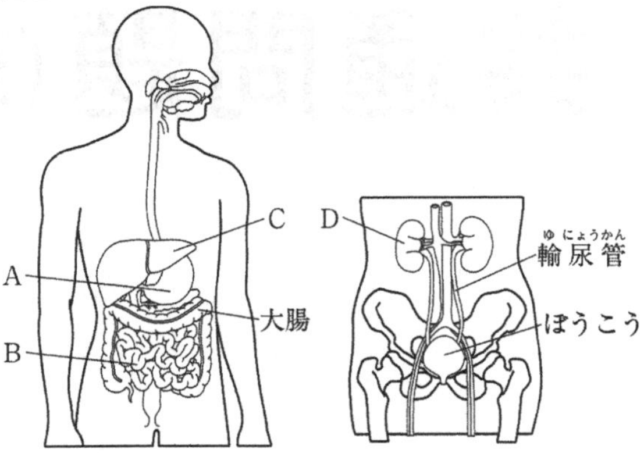

ア　A，C

イ　A，D

ウ　B，C

エ　B，D

〔問2〕 音さXと音さYの二つの音さがある。音さXをたたいて出た音をオシロスコープで表した波形は，図2のようになった。図中のAは1回の振動にかかる時間を，Bは振幅を表している。音さYをたたいて出た音は，図2で表された音よりも高くて大きかった。この音をオシロスコープで表した波形を図2と比べたとき，波形の違いとして適切なのは，次のうちではどれか。

図2

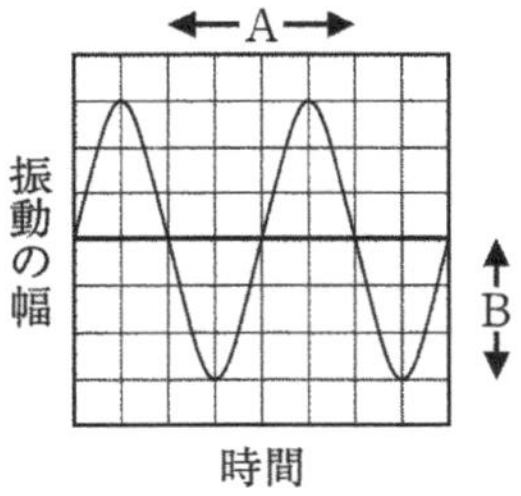

ア　Aは短く，Bは大きい。

イ　Aは短く，Bは小さい。

ウ　Aは長く，Bは大きい。

エ　Aは長く，Bは小さい。

〔問3〕 表1は，ある場所で起きた震源が浅い地震の記録のうち，観測地点A～Cの記録をまとめたものである。この地震において，震源からの距離《きょり》が90kmの地点で初期微動の始まった時刻は10時10分27秒であった。震源からの距離が90kmの地点で主要動の始まった時刻として適切なのは，下の**ア**～**エ**のうちではどれか。

ただし，地震の揺《ゆ》れを伝える2種類の波は，それぞれ一定の速さで伝わるものとする。

表1

観測地点	震源からの距離	初期微動の始まった時刻	主要動の始まった時刻
A	36km	10時10分18秒	10時10分20秒
B	54km	10時10分21秒	10時10分24秒
C	108km	10時10分30秒	10時10分36秒

ア　10時10分28秒　　**イ**　10時10分30秒　　**ウ**　10時10分31秒　　**エ**　10時10分32秒

〔問４〕　スライドガラスの上に溶液Ａをしみ込ませたろ紙を置き，図３のように，中央に ✖ 印を付けた２枚の青色リトマス紙を重ね，両端をクリップで留めた。薄い塩酸と薄い水酸化ナトリウム水溶液を青色リトマス紙のそれぞれの ✖ 印に少量付けたところ，一方が赤色に変色した。両端のクリップを電源装置につないで電流を流したところ，赤色に変色した部分は陰極側に広がった。このとき溶液Ａとして適切なのは，下の ① のア～エのうちではどれか。また，青色リトマス紙を赤色に変色させたイオンとして適切なのは，下の ② のア～エのうちではどれか。

図３

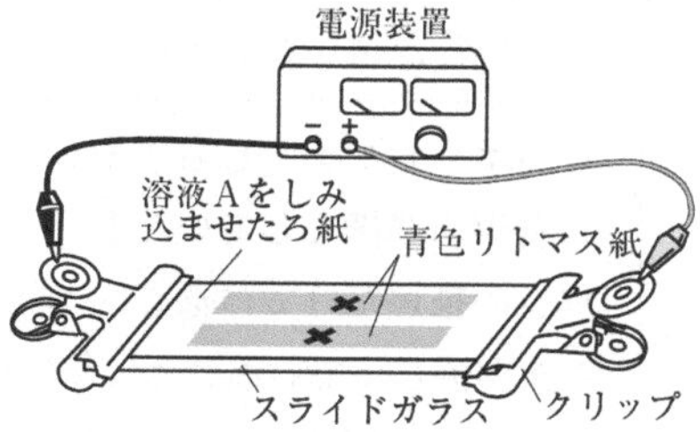

① **ア**　エタノール水溶液　**イ**　砂糖水　**ウ**　食塩水　**エ**　精製水（蒸留水）

② **ア**　H^+　**イ**　Cl^-　**ウ**　Na^+　**エ**　OH^-

〔問５〕　エンドウの丸い種子の個体とエンドウのしわのある種子の個体とをかけ合わせたところ，得られた種子は丸い種子としわのある種子であった。かけ合わせた丸い種子の個体としわのある種子の個体のそれぞれの遺伝子の組み合わせとして適切なのは，下の**ア**～**エ**のうちではどれか。

ただし，種子の形の優性形質（丸）の遺伝子をＡ，劣性形質（しわ）の遺伝子をａとする。

ア　ＡＡとＡａ
イ　ＡＡとａａ
ウ　ＡａとＡａ
エ　Ａａとａａ

〔問６〕　図４のＡ～Ｃは，机の上に物体を置いたとき，机と物体に働く力を表している。力のつり合いの関係にある２力と作用・反作用の関係にある２力とを組み合わせたものとして適切なのは，下の表の**ア**～**エ**のうちではどれか。

ただし，図４ではＡ～Ｃの力は重ならないように少しずらして示している。

図４

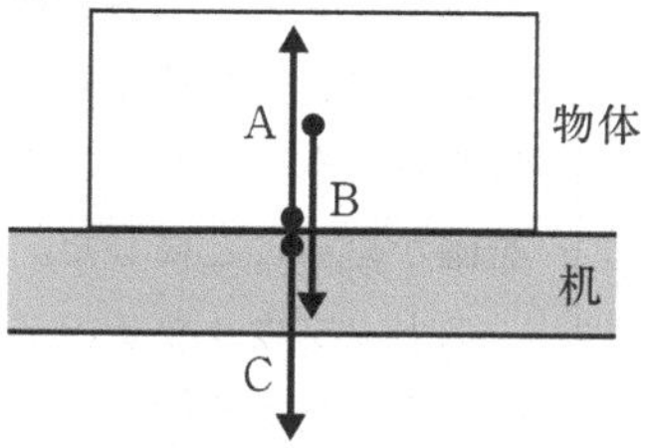

Ａ：机が物体を押す力
Ｂ：物体に働く重力
Ｃ：物体が机を押す力

	力のつり合いの関係にある２力	作用・反作用の関係にある２力
ア	ＡとＢ	ＡとＢ
イ	ＡとＢ	ＡとＣ
ウ	ＡとＣ	ＡとＢ
エ	ＡとＣ	ＡとＣ

2　生徒が，毎日の暮らしの中で気付いたことを，科学的に探究しようと考え，自由研究に取り組んだ。生徒が書いたレポートの一部を読み，次の各問に答えよ。

＜レポート１＞　しらす干しに混じる生物について

食事の準備をしていると，しらす干しの中にはイワシの稚魚だけではなく，エビのなかまやタコのなかまが混じっていることに気付いた。しらす干しは，製造する過程でイワシの稚魚以外の生物を除去していることが分かった。そこで，除去する前にどのような生物が混じっているのかを確かめることにした。

しらす漁の際に捕れた，しらす以外の生物が多く混じっているものを購入《こうにゅう》し，それぞれの生物の特徴を観察し，表１のように４グループに分類した。

表１

グループ	生物
A	イワシ・アジのなかま
B	エビ・カニのなかま
C	タコ・イカのなかま
D	二枚貝のなかま

〔問１〕　＜レポート１＞から，生物の分類について述べた次の文章の ① と ② にそれぞれ当てはまるものとして適切なのは，下の**ア**～**エ**のうちではどれか。

表１の４グループを，セキツイ動物とそれ以外の生物で二つに分類すると，セキツイ動物のグループは， ① である。また，軟体動物《なんたいどうぶつ》とそれ以外の生物で二つに分類すると，軟体動物のグループは， ② である。

① **ア**　A　　**イ**　AとB　　**ウ**　AとC　　**エ**　AとBとD

② **ア**　C　　**イ**　D　　**ウ**　CとD　　**エ**　BとCとD

＜レポート２＞　おもちゃの自動車の速さについて

ぜんまいで動くおもちゃの自動車で弟と遊んでいたときに，本物の自動車の速さとの違いに興味をもった。そこで，おもちゃの自動車が運動する様子をビデオカメラで撮影し，速さを確かめることにした。

ストップウォッチのスタートボタンを押すと同時におもちゃの自動車を走らせて，方眼紙の上を運動する様子を，ビデオカメラの位置を固定して撮影した。おもちゃの自動車が運動を始めてから0.4秒後，0.5秒後及び0.6秒後の画像は，図１のように記録されていた。

図１

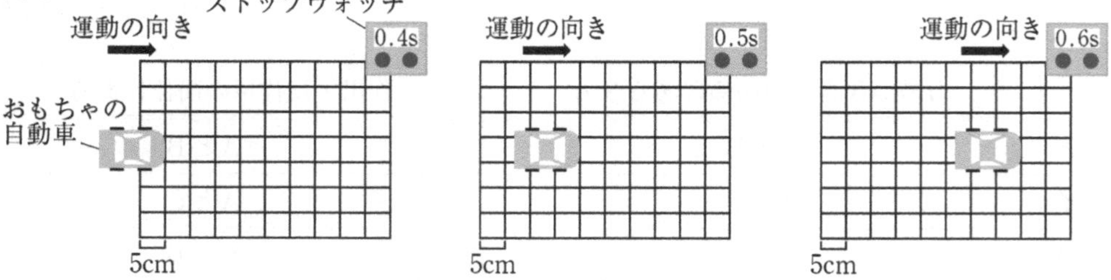

〔問２〕　＜レポート２＞から，おもちゃの自動車が運動を始めて0.4秒後から0.6秒後までの平均の速さとして適切なのは，次のうちではどれか。

ア　2.7km/h　　**イ**　5.4km/h　　**ウ**　6.3km/h　　**エ**　12.6km/h

＜レポート３＞　プラスチックごみの分別について

ペットボトルを資源ごみとして分別するため，ボトル，ラベル，キャップに分けて水を入れた洗いおけの中に入れた。すると，水で満たされたボトルとラベルは水に沈み，キャップは水に浮くことに気付いた。ボトルには，図２の表示があったのでプラスチックの種類はＰＥＴであることが分かったが，ラベルには，プラスチックの種類の表示がなかったため分からなかった。そこで，ラベルのプラスチックの種類を調べるため食塩水を作り，食塩水への浮き沈みを確かめることにした。

図２

水50cm^3に食塩15ｇを加え，体積を調べたところ55cm^3であった。この食塩水に小さく切ったラベルを，空気の泡が付かないように全て沈めてから静かに手を放した。すると，小さく切ったラベルは食塩水に浮いた。

また，ペットボトルに使われているプラスチックの種類を調べたところ，表２のうちの，いずれかであることが分かった。

表２

プラスチックの種類	密度〔g/cm^3〕
ポリエチレンテレフタラート	1.38～1.40
ポリスチレン	1.05～1.07
ポリエチレン	0.92～0.97
ポリプロピレン	0.90～0.92

〔問３〕　**＜レポート３＞**から，食塩水に浮いたラベルのプラスチックの種類として適切なのは，下の**ア**～**エ**のうちではどれか。

ただし，ラベルは１種類のプラスチックからできているものとする。

ア　ポリエチレンテレフタラート　　**イ**　ポリスチレン

ウ　ポリエチレン　　**エ**　ポリプロピレン

＜レポート４＞　夜空に見える星座について

毎日同じ時刻に戸じまりをしていると，空に見える星座の位置が少しずつ移動して見えることに気付いた。そこで，南の空に見られるオリオン座の位置を，同じ時刻に観察して確かめることにした。

方位磁針を使って東西南北を確認《かくにん》した後，午後10時に地上の景色と共にオリオン座の位置を記録した。11月15日から１か月ごとに記録した結果は，図３のようになり，１月15日のオリオン座は真南に見えた。

図３

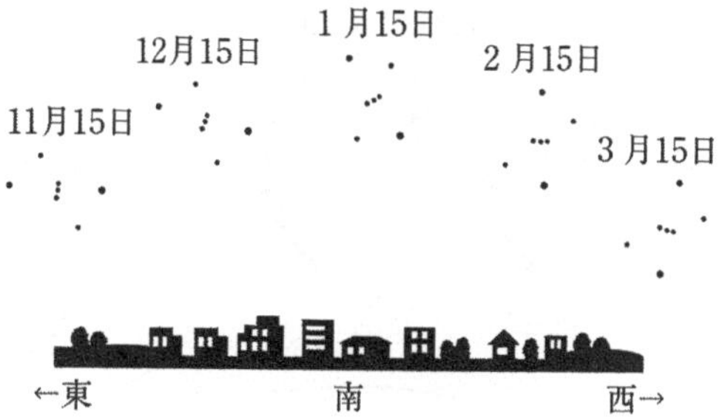

〔問４〕　**＜レポート４＞**から，２月15日にオリオン座が真南に見える時刻として適切なのは，次のうちではどれか。

ア　午前０時頃《ごろ》　　**イ**　午前２時頃　　**ウ**　午後６時頃　　**エ**　午後８時頃

3　天気の変化と気象観測について，次の各問に答えよ。

＜観測＞を行ったところ，**＜結果＞**のようになった。

＜観測＞

天気の変化について調べるために，ある年の３月31日から連続した３日間，観測地点Ｐにおいて，気象観測を行った。気温，湿度，気圧は自動記録計により測定し，天気，風向，風力，天気図はインターネットで調べた。図１は観測地点Ｐにおける１時間ごとの気温，湿度，気圧の気象データを基に作成したグラフと，３時間ごとの天気，風向，風力の気象データを基に作成した天気図記号を組み合わせたものである。図２，図３，図４はそれぞれ３月31日から４月２日までの12時における日本付近の天気図であり，前線Ｘ（▼▼）は観測を行った期間に観測地点Ｐを通過した。

＜結果＞

図１

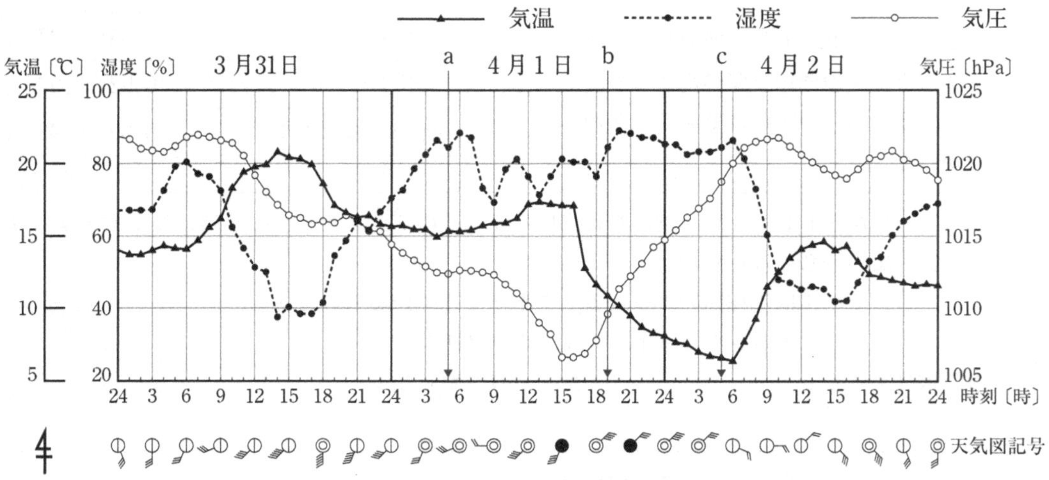

図２　３月31日12時の天気図

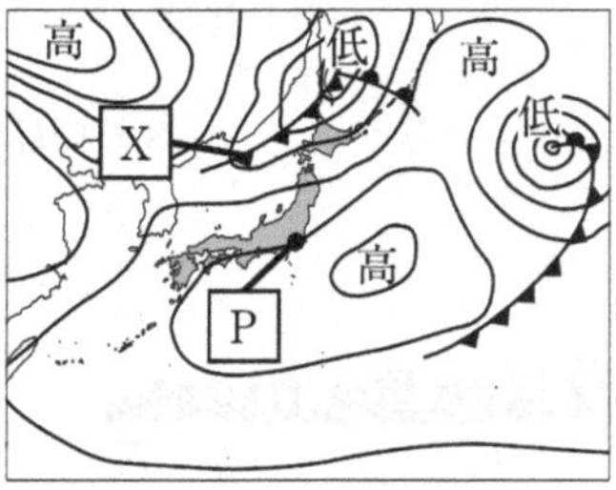

図３　４月１日12時の天気図

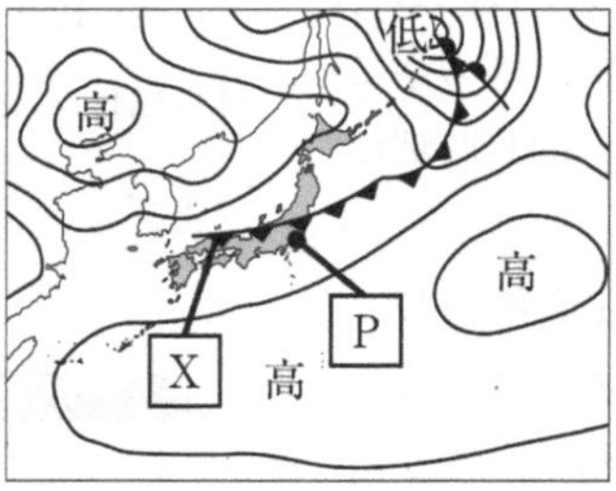

図４　４月２日12時の天気図

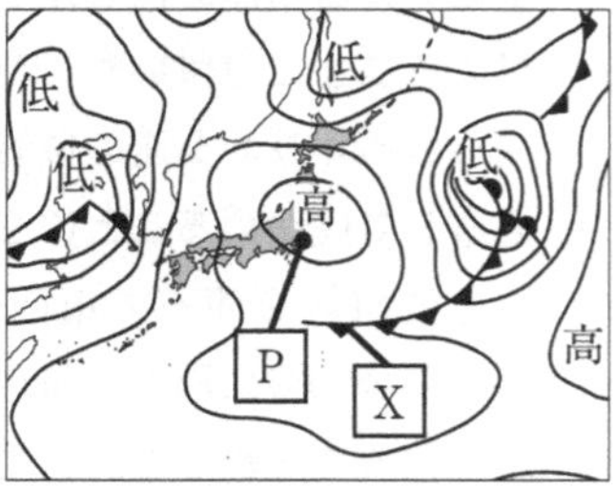

〔問１〕　**＜結果＞**の図１のａ，ｂ，ｃの時刻における湿度は全て84％であった。ａ，ｂ，ｃの時刻における空気中の水蒸気の量をそれぞれＡ〔g/m^3〕，Ｂ〔g/m^3〕，Ｃ〔g/m^3〕としたとき，Ａ，Ｂ，Ｃの関係を適切に表したものは，次のうちではどれか。

ア　Ａ＝Ｂ＝Ｃ　　**イ**　Ａ＜Ｂ＜Ｃ　　**ウ**　Ｂ＜Ａ＜Ｃ　　**エ**　Ｃ＜Ｂ＜Ａ

〔問２〕　**＜結果＞**の図１から分かる，３月31日の天気の概況について述べた次のページの文章の ① ～ ③ にそれぞれ当てはまるものとして適切なのは，あとの**ア**～**ウ**のうちではどれか。

> 日中の天気はおおむね [①] で，[②] が吹く。[③] は日が昇るとともに上がり始め，昼過ぎに最も高くなり，その後しだいに下がる。

[①]　ア　快晴　イ　晴れ　ウ　くもり
[②]　ア　東寄りの風　イ　北寄りの風　ウ　南寄りの風
[③]　ア　気温　イ　湿度　ウ　気圧

〔問3〕 ＜結果＞から，4月1日の15時～18時の間に前線Xが観測地点Pを通過したと考えられる。前線Xが通過したときの観測地点Pの様子として適切なのは，下の [①] のア～エのうちではどれか。また，図4において，観測地点Pを覆《おお》う高気圧の中心付近での空気の流れについて述べたものとして適切なのは，下の [②] のア～エのうちではどれか。

[①]　ア　気温が上がり，風向は北寄りに変化した。
　　イ　気温が上がり，風向は南寄りに変化した。
　　ウ　気温が下がり，風向は北寄りに変化した。
　　エ　気温が下がり，風向は南寄りに変化した。

[②]　ア　地上から上空へ空気が流れ，地上では周辺から中心部へ向かって風が吹き込む。
　　イ　地上から上空へ空気が流れ，地上では中心部から周辺へ向かって風が吹き出す。
　　ウ　上空から地上へ空気が流れ，地上では周辺から中心部へ向かって風が吹き込む。
　　エ　上空から地上へ空気が流れ，地上では中心部から周辺へ向かって風が吹き出す。

〔問4〕 日本には，季節の変化があり，それぞれの時期において典型的な気圧配置が見られる。次のア～エは，つゆ（6月），夏（8月），秋（11月），冬（2月）のいずれかの典型的な気圧配置を表した天気図である。つゆ，夏，秋，冬の順に記号を並べよ。

ア

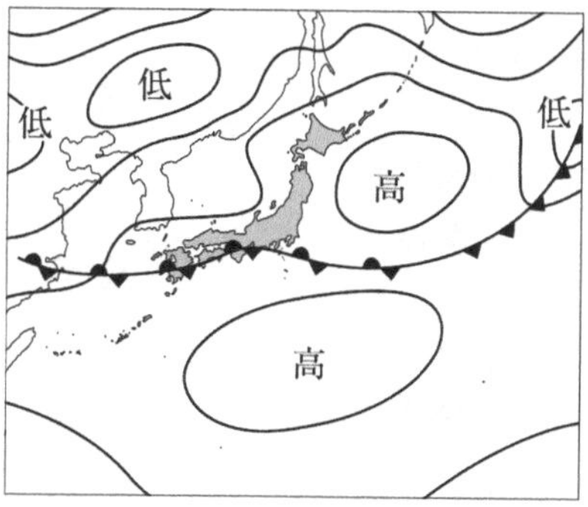

イ

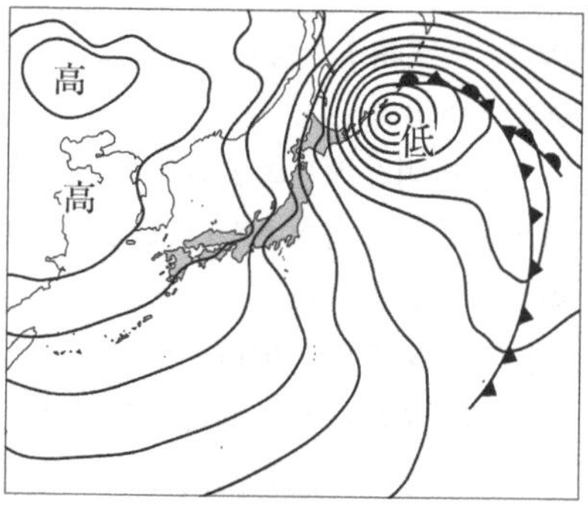

ウ

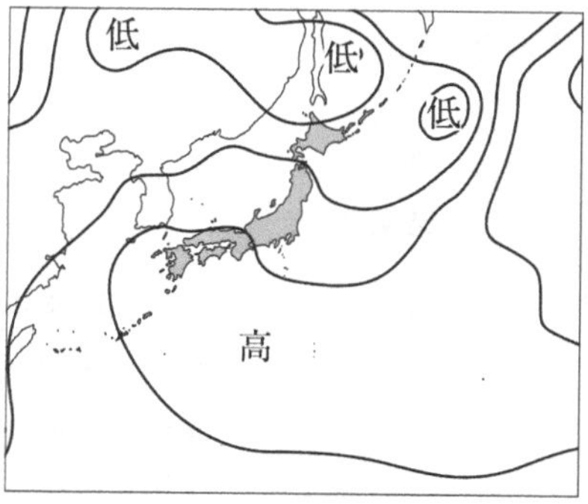

エ

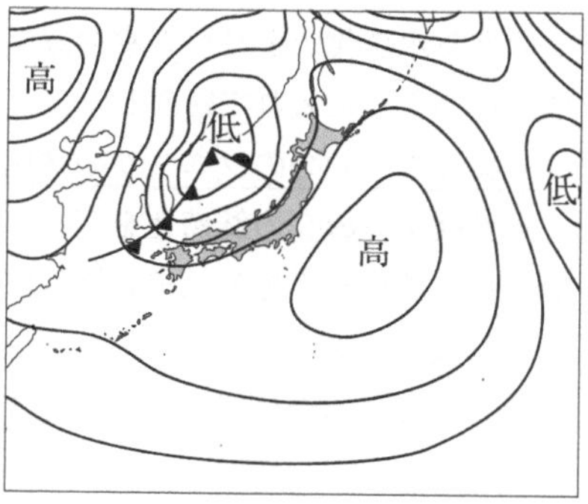

4 ツユクサを用いた観察，実験について，次の各問に答えよ。

＜観察＞を行ったところ，**＜結果１＞**のようになった。

＜観察＞

(1) ツユクサの葉の裏側の表皮をはがし，スライドガラスの上に載せ，水を１滴《てき》落とし，プレパラートを作った。

(2) (1)のプレパラートを顕微鏡《けんびきょう》で観察した。

(3) (1)の表皮を温めたエタノールに入れ，脱色されたことを顕微鏡で確認《かくにん》した後，スライドガラスの上に載せ，ヨウ素液を１滴落とし，プレパラートを作った。

(4) (3)のプレパラートを顕微鏡で観察した。

図１

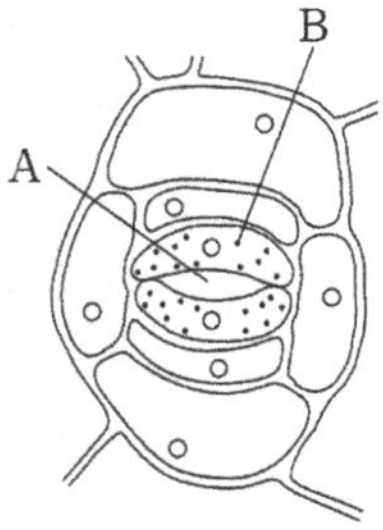

＜結果１＞

(1) **＜観察＞**の(2)では，図１のＡのような２個の三日月形の細胞で囲まれた隙間《すきま》が観察された。三日月形の細胞にはＢのような緑色の粒《つぶ》が複数見られた。

(2) **＜観察＞**の(4)では，**＜結果１＞**の(1)のＢが青紫色に変化した。

〔問１〕 **＜結果１＞**で観察されたＡについて述べたものと，Ｂについて述べたものとを組み合わせたものとして適切なのは，次の表の**ア**～**エ**のうちではどれか。

	Ａについて述べたもの	Ｂについて述べたもの
ア	酸素，二酸化炭素などの気体の出入り口である。	植物の細胞に見られ，酸素を作る。
イ	酸素，二酸化炭素などの気体の出入り口である。	植物の細胞の形を維持《いじ》する。
ウ	細胞の活動により生じた物質を蓄《たくわ》えている。	植物の細胞に見られ，酸素を作る。
エ	細胞の活動により生じた物質を蓄えている。	植物の細胞の形を維持する。

次に，**＜実験１＞**を行ったところ，**＜結果２＞**のようになった。

＜実験１＞

(1) 無色透明なポリエチレンの袋４枚と，ツユクサの鉢《はち》植《う》えを１鉢用意した。大きさがほぼ同じ４枚の葉を選び，葉Ｃ，葉Ｄ，葉Ｅ，葉Ｆとした。

(2) 図２のように，葉Ｄ・葉Ｆは，それぞれアルミニウムはくで葉の両面を覆《おお》った。葉Ｃ，葉Ｄは，それぞれ袋で覆い，紙ストローで息を吹き込み密封した。葉Ｅ，葉Ｆは，それぞれ袋で覆い，紙ストローで息を吹き込んだ後，二酸化炭素を吸収する性質のある水酸化ナトリウム水溶液をしみ込ませたろ紙を，葉に触れないように入れて密封した。

(3) ＜実験１＞の(2)のツユクサの鉢植えを暗室に24時間置いた。

(4) **＜実験１＞**の(3)の鉢植えを明るい場所に３時間置いた後，葉Ｃ～Ｆをそれぞれ切り取った。

(5) 切り取った葉Ｃ～Ｆを温めたエタノールに入れて脱色し，ヨウ素液に浸して色の変化を調べた。

図２

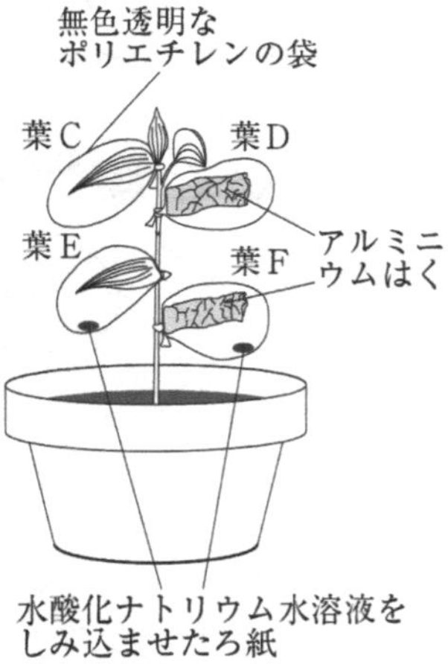

＜結果２＞

	色の変化
葉Ｃ	青紫色に変化した。
葉Ｄ	変化しなかった。
葉Ｅ	変化しなかった。
葉Ｆ	変化しなかった。

〔問２〕 ＜**実験１**＞の⑶の下線部のように操作する理由として適切なのは，下の ① のア～ウのうちではどれか。また，＜**結果２**＞から，光合成には二酸化炭素が必要であることを確かめるための葉の組合せとして適切なのは，下の ② のア～ウのうちではどれか。

① **ア**　葉にある水を全て消費させるため。
　イ　葉にある二酸化炭素を全て消費させるため。
　ウ　葉にあるデンプンを全て消費させるため。

② **ア**　葉Ｃと葉Ｄ　　**イ**　葉Ｃと葉Ｅ　　**ウ**　葉Ｄと葉Ｆ

次に，＜**実験２**＞を行ったところ，＜**結果３**＞のようになった。

＜**実験２**＞

⑴　明るさの度合いを1，2の順に明るくすることができる照明器具を用意した。葉の枚数や大きさ，色が同程度のツユクサを入れた同じ大きさの無色透明なポリエチレンの袋を３袋用意し，袋Ｇ，袋Ｈ，袋Ｉとした。

⑵　袋Ｇ～Ｉのそれぞれの袋に，紙ストローで息を十分に吹き込み，二酸化炭素の割合を気体検知管で測定した後，密封した。

⑶　袋Ｇは，暗室に５時間置いた後，袋の中の二酸化炭素の割合を気体検知管で測定した。

⑷　袋Ｈは，図３のように，照明器具から１ｍ離れたところに置き，明るさの度合いを１にして５時間光を当てた後，袋の中の二酸化炭素の割合を気体検知管で測定した。

⑸　袋Ｉは，図３のように，照明器具から１ｍ離れたところに置き，明るさの度合いを２にして５時間光を当てた後，袋の中の二酸化炭素の割合を気体検知管で測定した。

図３

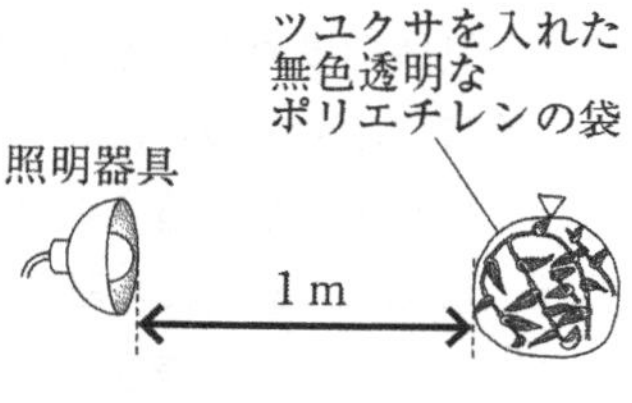

＜**結果３**＞

		暗い → 明るい		
		袋Ｇ 暗室	袋Ｈ 明るさの度合い１	袋Ｉ 明るさの度合い２
二酸化炭素の割合〔%〕	実験前	4.0	4.0	4.0
	実験後	7.6	5.6	1.5

〔問３〕 ＜**結果３**＞から，袋Ｈと袋Ｉのそれぞれに含《ふく》まれる二酸化炭素の量の関係について述べたものとして適切なのは，下の ① のア～ウのうちではどれか。また，＜**結果２**＞と＜**結果３**＞から，袋Ｈと袋Ｉのそれぞれのツユクサでできるデンプンなどの養分の量の関係について述べたものとして適切なのは，次のページの ② のア～ウのうちではどれか。

① **ア**　呼吸によって出される二酸化炭素の量よりも，光合成によって使われた二酸化炭素の量の方が多いのは，袋Ｈである。
　イ　呼吸によって出される二酸化炭素の量よりも，光合成によって使われた二酸化炭素の量の方が多いのは，袋Ｉである。
　ウ　袋Ｈも袋Ｉも呼吸によって出される二酸化炭素の量と光合成によって使われた二酸化炭素の量は，同じである。

② ア　デンプンなどの養分のできる量が多いのは，袋Ｈである。
イ　デンプンなどの養分のできる量が多いのは，袋Ｉである。
ウ　袋Ｈと袋Ｉでできるデンプンなどの養分の量は，同じである。

5　物質の変化やその量的な関係を調べる実験について，次の各問に答えよ。

＜**実験１**＞を行ったところ，＜**結果１**＞のようになった。

＜**実験１**＞

図１

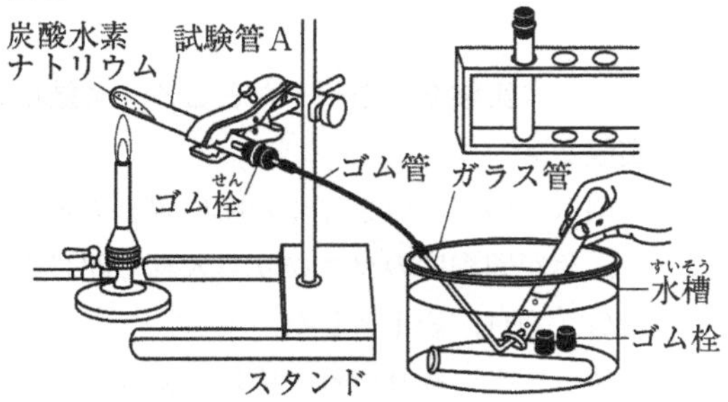

⑴　乾いた試験管Ａに炭酸水素ナトリウム2.00ｇを入れ，ガラス管をつなげたゴム栓《せん》をして，試験管Ａの口を少し下げ，スタンドに固定した。

⑵　図１のように，試験管Ａを加熱したところ，ガラス管の先から気体が出てきたことと，試験管Ａの内側に液体が付いたことが確認《かくにん》できた。出てきた気体を３本の試験管に集めた。

⑶　ガラス管を水槽《すいそう》の水の中から取り出した後，試験管Ａの加熱をやめ，試験管Ａが十分に冷めてから試験管Ａの内側に付いた液体に青色の塩化コバルト紙を付けた。

⑷　気体を集めた３本の試験管のうち，１本目の試験管には火のついた線香を入れ，２本目の試験管には火のついたマッチを近付け，３本目の試験管には石灰水《せっかいすい》を入れてよく振った。

⑸　加熱後の試験管Ａの中に残った物質の質量を測定した。

⑹　水5.0cm^3を入れた試験管を２本用意し，一方の試験管には炭酸水素ナトリウムを，もう一方の試験管には＜**実験１**＞の⑸の物質をそれぞれ1.00ｇ入れ，水への溶け方を観察した。

＜**結果１**＞

塩化コバルト紙の色の変化	火のついた線香の変化	火のついたマッチの変化	石灰水の変化	加熱後の物質の質量	水への溶け方
青色から赤色（桃色《ももいろ》）に変化した。	線香の火が消えた。	変化しなかった。	白く濁った。	1.26g	炭酸水素ナトリウムは溶け残り，加熱後の物質は全て溶けた。

〔問１〕　＜**実験１**＞の⑶の下線部のように操作する理由として適切なのは，下の ① の**ア**～**エ**のうちではどれか。また，＜**実験１**＞の⑹の炭酸水素ナトリウム水溶液と加熱後の物質の水溶液のpHの値《あたい》について述べたものとして適切なのは，下の ② の**ア**～**ウ**のうちではどれか。

① ア　試験管Ａ内の気圧が上がるので，試験管Ａのゴム栓が飛び出すことを防ぐため。
イ　試験管Ａ内の気圧が上がるので，水槽の水が試験管Ａに流れ込むことを防ぐため。
ウ　試験管Ａ内の気圧が下がるので，試験管Ａのゴム栓が飛び出すことを防ぐため。
エ　試験管Ａ内の気圧が下がるので，水槽の水が試験管Ａに流れ込むことを防ぐため。

② ア　炭酸水素ナトリウム水溶液よりも加熱後の物質の水溶液の方がpHの値が小さい。
イ　炭酸水素ナトリウム水溶液よりも加熱後の物質の水溶液の方がpHの値が大きい。
ウ　炭酸水素ナトリウム水溶液と加熱後の物質の水溶液のpHの値は同じである。

〔問2〕　<**実験1**>の⑵で試験管A内で起きている化学変化と同じ種類の化学変化として適切なのは，下の ① のア～エのうちではどれか。また，<**実験1**>の⑵で試験管A内で起きている化学変化をモデルで表した図2のうち，ナトリウム原子1個を表したものとして適切なのは，下の ② のア～エのうちではどれか。

① **ア**　酸化銀を加熱したときに起こる化学変化

イ　マグネシウムを加熱したときに起こる化学変化

ウ　鉄と硫黄《いおう》の混合物を加熱したときに起こる化学変化

エ　鉄粉と活性炭の混合物に食塩水を数滴《すうてき》加えたときに起こる化学変化

図2

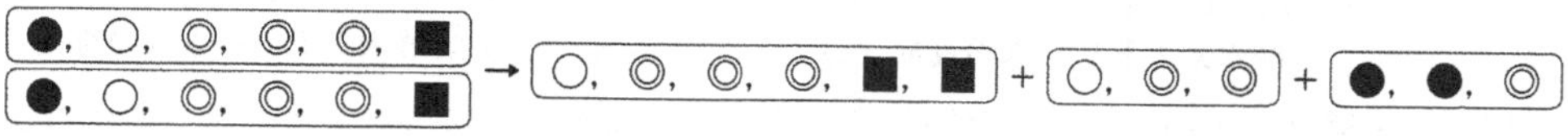

② **ア** ●　**イ** ○　**ウ** ◎　**エ** ■

次に，<**実験2**>を行ったところ，<**結果2**>のようになった。

<**実験2**>

⑴　乾いたビーカーに薄い塩酸10.0㎤を入れ，図3のようにビーカーごと質量を測定し，反応前の質量とした。

⑵　炭酸水素ナトリウム0.50gを，<**実験2**>の⑴の薄い塩酸の入っているビーカーに少しずつ入れたところ，気体が発生した。気体の発生が止まった後，ビーカーごと質量を測定し，反応後の質量とした。

⑶　<**実験2**>の⑵で，ビーカーに入れる炭酸水素ナトリウムの質量を，1.00g，1.50g，2.00g，2.50g，3.00gに変え，それぞれについて<**実験2**>の⑴，⑵と同様の実験を行った。

図3

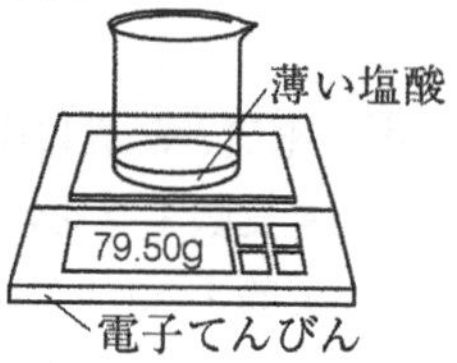

<**結果2**>

反応前の質量〔g〕	79.50	79.50	79.50	79.50	79.50	79.50
炭酸水素ナトリウムの質量〔g〕	0.50	1.00	1.50	2.00	2.50	3.00
反応後の質量〔g〕	79.74	79.98	80.22	80.46	80.83	81.33

〔問3〕　<**結果2**>から，炭酸水素ナトリウムの質量と発生した気体の質量との関係を表したグラフとして適切なのは，次のうちではどれか。

ア

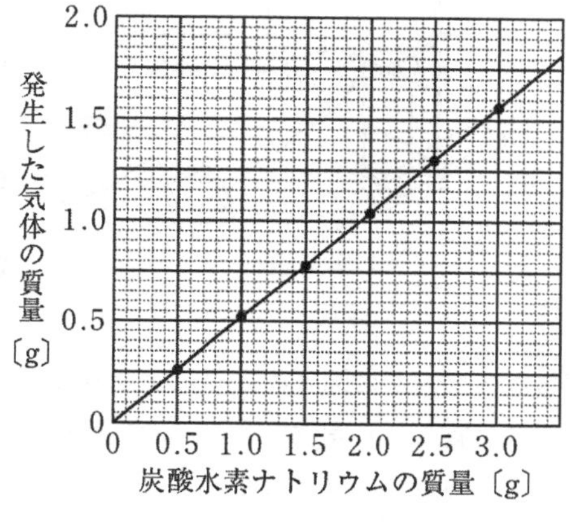

イ

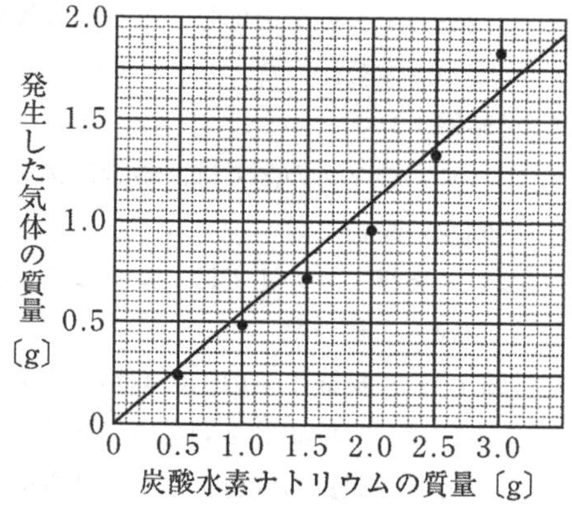

ウ

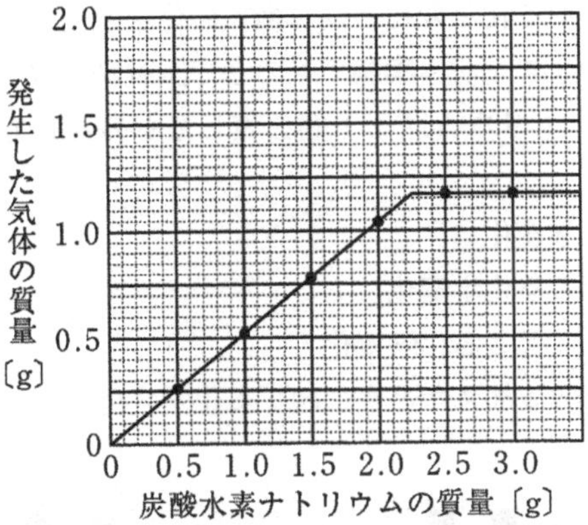

エ

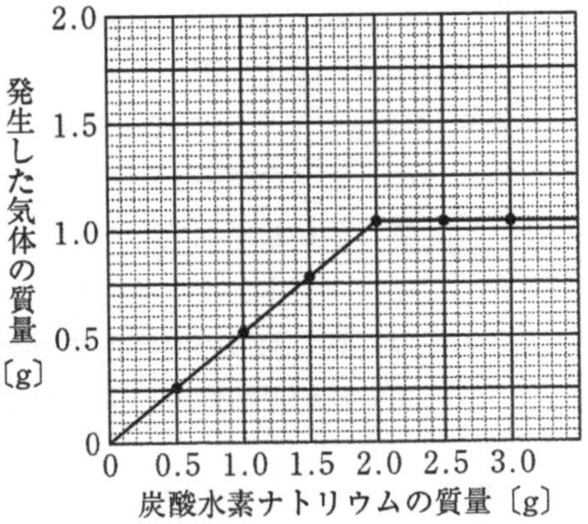

〔問４〕　＜実験２＞で用いた塩酸と同じ濃度《のうど》の塩酸10.0cm³に，炭酸水素ナトリウムが含《ふく》まれているベーキングパウダー4.00gを入れたところ，0.65gの気体が発生した。ベーキングパウダーに含まれている炭酸水素ナトリウムは何％か。答えは，小数第一位を四捨五入して整数で求めよ。

ただし，発生した気体はベーキングパウダーに含まれている炭酸水素ナトリウムのみが反応して発生したものとする。

6　電流と磁界に関する実験について，次の各問に答えよ。

＜実験１＞を行ったところ，＜結果１＞のようになった。

＜実験１＞

(1)　木の棒を固定したスタンドを水平な机の上に置き，図１のように電源装置，導線，スイッチ，20Ωの抵抗器《ていこうき》，電流計，コイルAを用いて回路を作った。

(2)　コイルAの下にN極が黒く塗《ぬ》られた方位磁針を置いた。

(3)　電源装置の電圧を５Vに設定し，回路のスイッチを入れた。

(4)　＜実験１＞の(1)の回路に図２のようにU字型磁石をN極を上にして置き，＜実験１＞の(3)の操作を行った。

図１

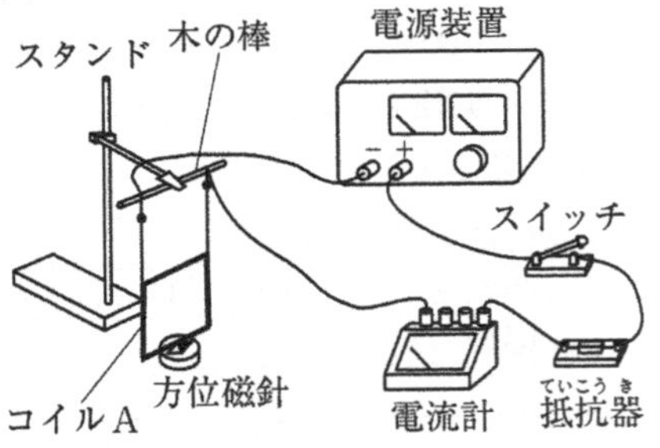

図２

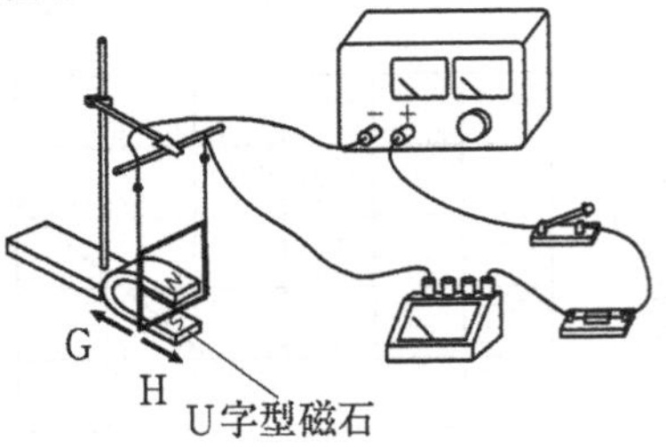

図３

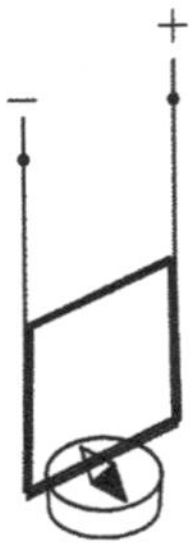

＜結果１＞

(1)　＜実験１＞の(3)では，磁針は図３で示した向きに動いた。

(2)　＜実験１＞の(4)では，コイルAは図２のHの向きに動いた。

〔問１〕　＜実験１＞の(1)の回路と木の棒を固定したスタンドに図４のようにアクリル板２枚を取り付け，方位磁針２個をコイルAの内部と上部に設置し，＜実験１＞の(3)の操作を行った。このときの磁針の向きとして適切なのは，次のページのうちではどれか。

図4

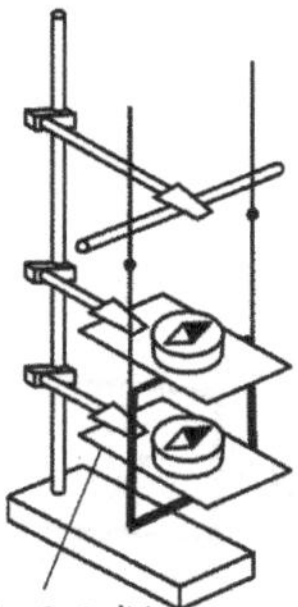

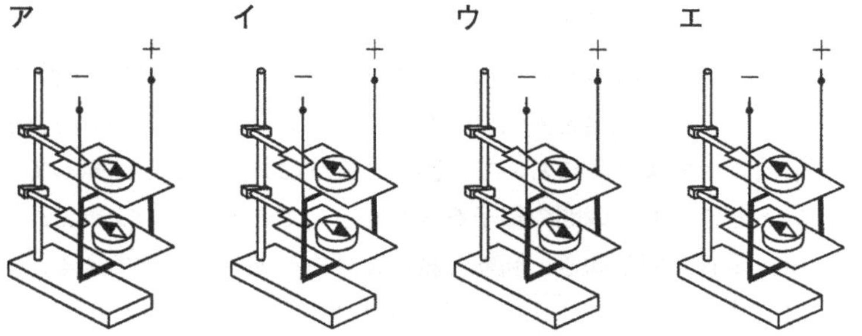

次に，＜**実験2**＞を行ったところ，＜**結果2**＞のようになった。

＜**実験2**＞

(1)　図5のようにコイルAに導線で検流計をつないだ。

(2)　コイルAを手でGとHの向きに交互に動かし，検流計の針の動きを観察した。

図5

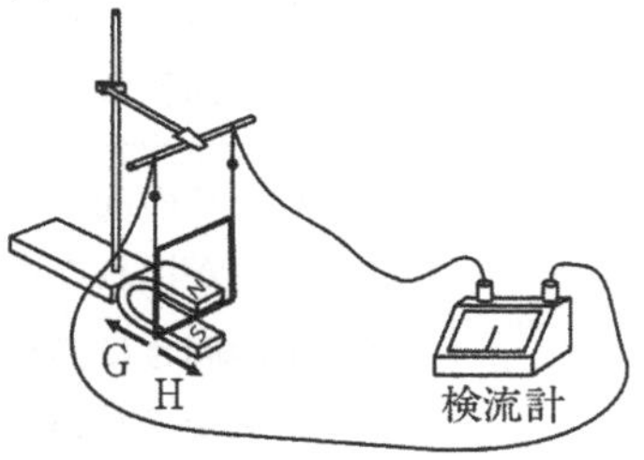

＜**結果2**＞

コイルAを動かすと，検流計の針は左右に振れた。

〔問2〕　＜**結果2**＞から，コイルAに電圧が生じていることが分かる。コイルAに電圧が生じる理由を簡単に書け。

次に，＜**実験3**＞を行ったところ，＜**結果3**＞のようになった。

＜**実験3**＞

(1)　図6において，電流をeからfに流すとき，a→b→c→dの向きに電流が流れるようエナメル線を巻き，左右に軸を出した。e側の軸のエナメルを下半分，f側の軸のエナメルを全てはがしたコイルBを作った。

なお，図6のエナメル線の白い部分はエナメルをはがした部分を表している。

図6

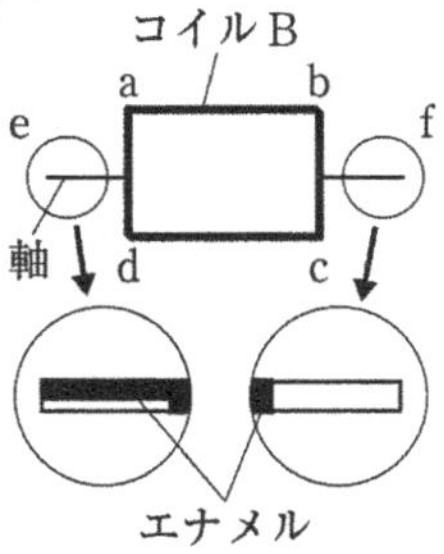

(2)　図7のように，磁石のS極を上にして置き，その上にコイルBをabの部分が上になるように金属製の軸受けに載せた。電源装置，導線，スイッチ，20Ωの抵抗器，電流計，軸受けを用いて回路を作り，＜**実験1**＞の(3)の操作を行った。

図7

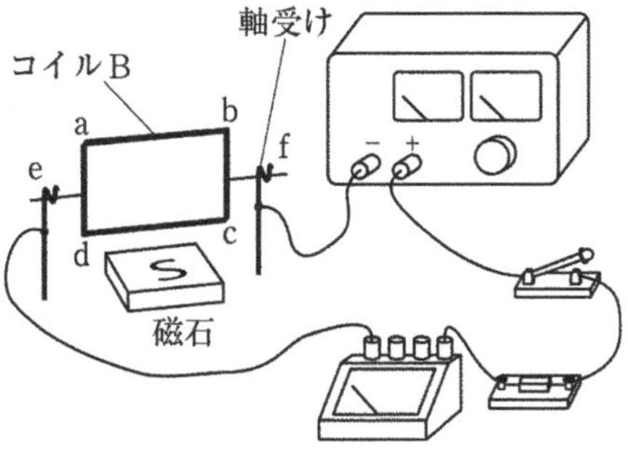

＜**結果3**＞

コイルBは，同じ向きに回転し続けた。

〔問3〕　＜**実験3**＞の(2)において，コイルBを流れる電流を大きくするとコイルの回転が速くなる。次のページの**ア**～**エ**は，図7の回路の抵抗器にもう一つ抵抗器をつなぐ際の操作を示したものである。＜**実験１**＞の⑶の操作を行うとき，コイルＢが速く回転するつなぎ方の順に記号を並べよ。

ア　５Ωの抵抗器を直列につなぐ。　**イ**　５Ωの抵抗器を並列《へいれつ》につなぐ。

ウ　10Ωの抵抗器を直列につなぐ。　**エ**　10Ωの抵抗器を並列につなぐ。

〔問４〕　＜**結果３**＞において，図８と図９はコイルＢが回転しているときのある瞬間の様子を表したものである。次の文章は，コイルＢが同じ向きに回転し続けた理由を述べたものである。文章中の ① ～ ④ にそれぞれ当てはまるものとして適切なのは，下の**ア**～**ウ**のうちではどれか。

図８

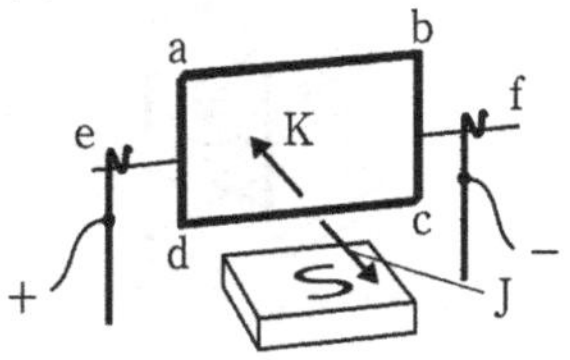

図９

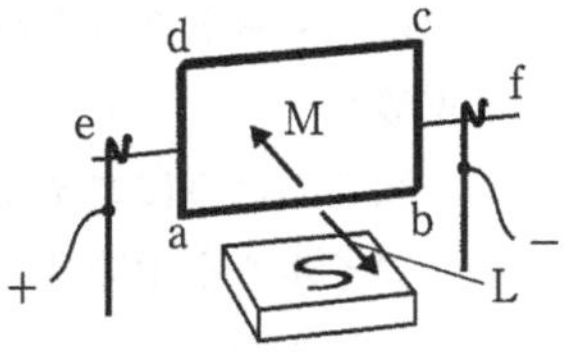

> 図８の状態になったときには，コイルＢのｃｄの部分には ① ため，磁界から ② 。半回転して図９の状態になったときには，コイルＢのａｂの部分には ③ ため，磁界から ④ 。そのため，同じ向きの回転を続け，さらに半回転して再び図８の状態になるから。

① **ア**　ｃ→ｄの向きに電流が流れる　**イ**　ｄ→ｃの向きに電流が流れる
　ウ　電流が流れない

② **ア**　Ｊの向きに力を受ける　**イ**　Ｋの向きに力を受ける
　ウ　力を受けない

③ **ア**　ａ→ｂの向きに電流が流れる　**イ**　ｂ→ａの向きに電流が流れる
　ウ　電流が流れない

④ **ア**　Ｌの向きに力を受ける　**イ**　Ｍの向きに力を受ける
　ウ　力を受けない

＜社会＞

時間　50分　　満点　100点

1　次の各問に答えよ。

I

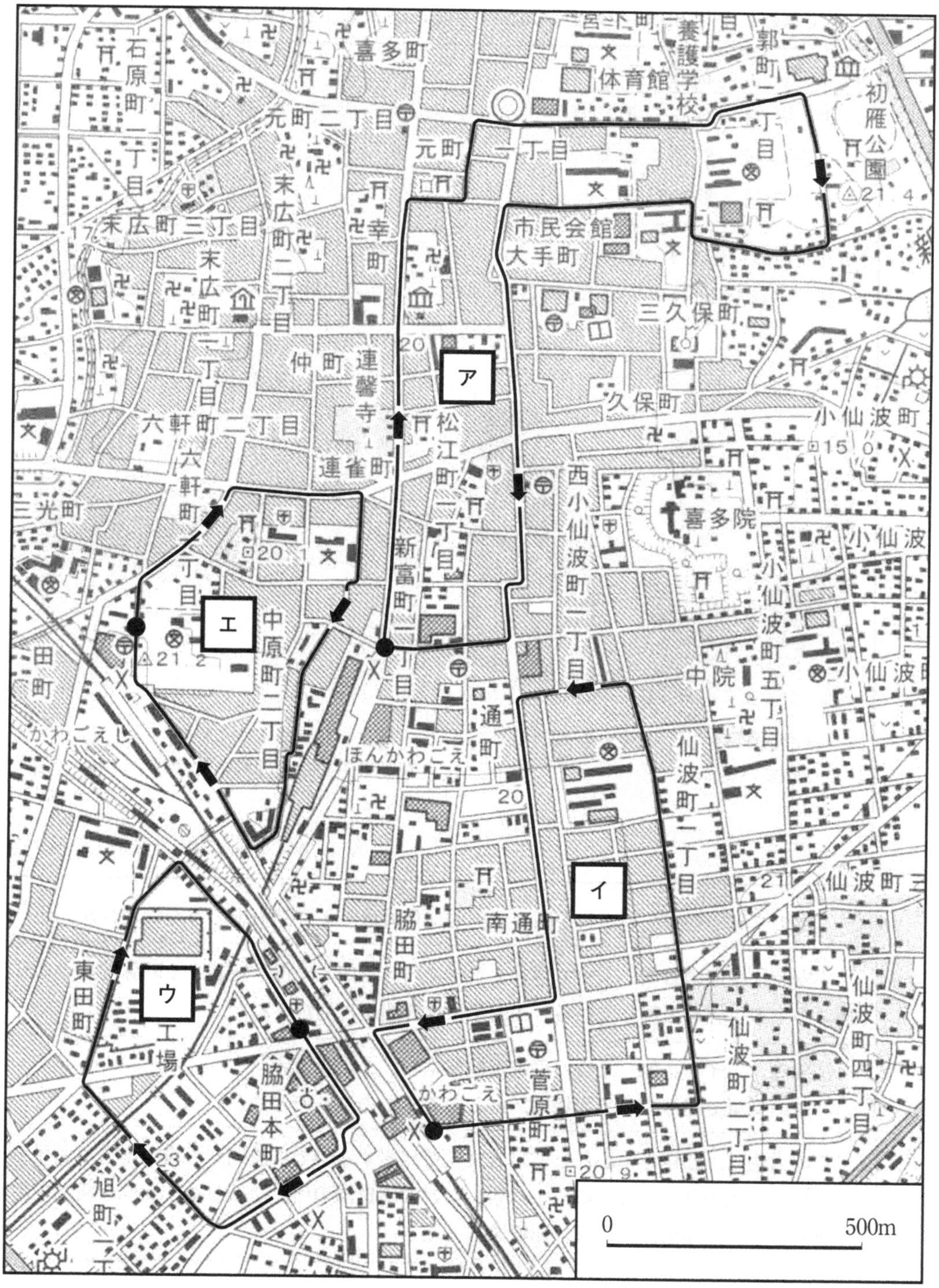

〔問１〕　前のページのⅠの地形図は，2006年と2008年の「国土地理院発行２万５千分の１地形図（川越《かわごえ》南部・川越北部）」の一部を拡大して作成したものである。下のⅡの図は，埼玉《さいたま》県川越市中心部の地域調査で確認《かくにん》できる城下町の痕跡を示したものである。Ⅰのア～エの経路は，地域調査で地形図上に●で示した地点を起点に矢印（➡）の方向に移動した様子を━━で示したものである。Ⅱの図で示された痕跡を確認することができる経路に当てはまるのは，Ⅰのア～エのうちではどれか。（31ページの地図は編集の都合で90％に縮小してあります。）

Ⅱ

城下町の痕跡を探そう

調 査 日　令和２年10月３日（土）　　集合時刻　午前９時

集合場所　駅前交番前

移動距離《きょり》　約4.1km

痕跡１　城に由来するものが，現在の町名に残っている。

郭町《くるわまち》　城の周囲にめぐらした郭に由来する。　大手町《おおてまち》　川越城の西大手門に由来する。

痕跡２　城下に「時」を告げてきた鐘つき堂

地形図上では，「高塔」の地図記号で示されている。

痕跡３　見通しを悪くし，敵が城に侵入《しんにゅう》しづらくなるようにした鍵型《かぎがた》の道路

通行しやすくするために，鍵型の道路は直線的に結ばれている。

（↓ は写真を撮った向きを示す。）

〔問２〕　次の文章で述べている我が国の歴史的文化財は，下のア～エのうちのどれか。

平安時代中期の貴族によって建立《こんりゅう》された，阿弥陀如来坐像《あみだにょらいざぞう》を安置する阿弥陀堂であり，極楽浄土《ごくらくじょうど》の世界を表現している。1994年に世界遺産に登録された。

ア　法隆寺《ほうりゅうじ》　　イ　金閣　　ウ　平等院鳳凰堂《びょうどういんほうおうどう》　　エ　東大寺

〔問３〕　次の文章で述べている人物は，あとのア～エのうちのどれか。

この人物は，江戸《えど》を中心として町人文化が発展する中で，波間から富士山を垣間見《かいまみ》る構図の作品に代表される「富嶽三十六景《ふがくさんじゅうろっけい》」などの風景画の作品を残した。大胆《だいたん》な構図や色彩《しきさい》はヨーロッパの印象派の画家に影響を与えた。

ア　雪舟　　イ　葛飾北斎《かつしかほくさい》　　ウ　菱川師宣《ひしかわもろのぶ》　　エ　狩野永徳《かのうえいとく》

［問４］　次の条文がある法律の名称《めいしょう》は，下のア～エのうちのどれか。

> ○労働条件は，労働者と使用者が，対等の立場において決定すべきものである。
> ○使用者は，労働者に，休憩《きゅうけい》時間を除き一週間について四十時間を超えて，労働させてはならない。

ア　男女共同参画社会基本法　　イ　労働組合法
ウ　男女雇用機会均等法《だんじょこようきかいきんとうほう》　　エ　労働基準法

2　次の略地図を見て，あとの各問に答えよ。

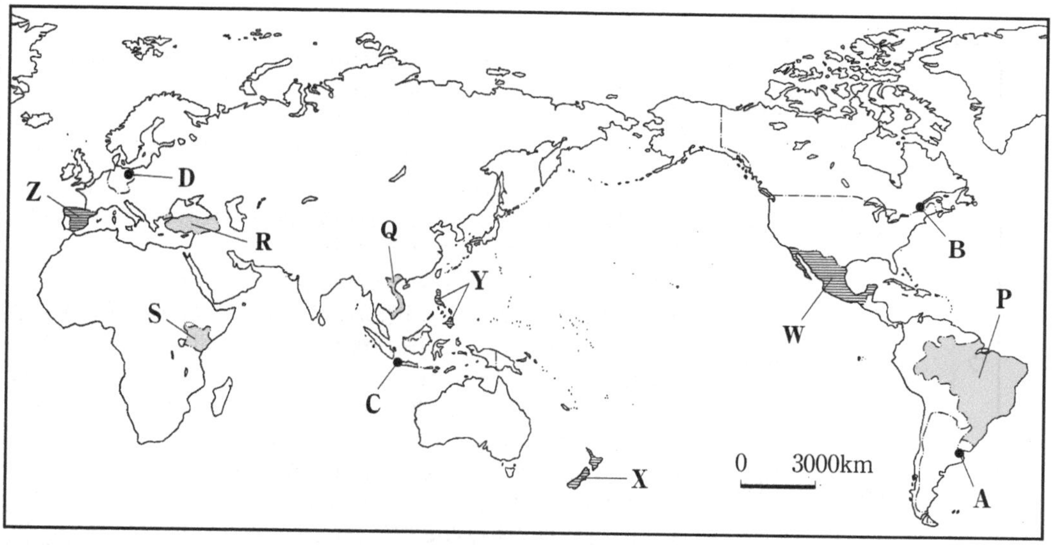

［問１］　次のⅠの**ア**～**エ**のグラフは，略地図中にA～Dで示した**いずれか**の都市の，年平均気温と年降水量及び各月の平均気温と降水量を示したものである。Ⅱの表の**ア**～**エ**は，略地図中にA～Dで示した**いずれか**の都市を含《ふく》む国の，2017年における米，小麦，とうもろこし，じゃがいもの生産量を示したものである。略地図中のDの都市のグラフに当てはまるのは，Ⅰの**ア**～**エ**のうちのどれか，また，その都市を含む国の，2017年における米，小麦，とうもろこし，じゃがいもの生産量に当てはまるのは，次のページのⅡの表の**ア**～**エ**のうちのどれか。

Ⅰ

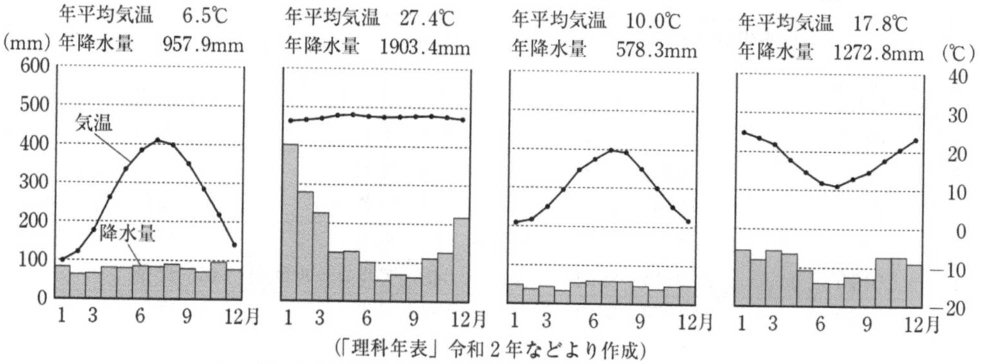

（「理科年表」令和２年などより作成）

Ⅱ

	米（万ｔ）	小麦（万ｔ）	とうもろこし（万ｔ）	じゃがいも（万ｔ）
ア	8138	－	2795	116
イ	133	1840	4948	245
ウ	－	2998	1410	441
エ	－	2448	455	1172

（注）－は，生産量が不明であることを示す。（「データブック　オブ・ザ・ワールド」2020年版などより作成）

〔問２〕　次の表のア～エは，略地図中に　　で示したＰ～Ｓの**いずれか**の国の，2017年におけるコーヒー豆と茶の生産量，国土と食文化の様子についてまとめたものである。略地図中のＰ～Ｓのそれぞれの国に当てはまるのは，次の表の**ア**～**エ**のうちではどれか。

	コーヒー豆（百ｔ）	茶（百ｔ）	国土と食文化の様子
ア	－	2340	○北西部には二つの州を隔《へだ》てる海峡《かいきょう》が位置し，北部と南部も海に面し，中央部には首都が位置する高原が広がっている。 ○帝国《ていこく》時代からコーヒーが飲まれ，共和国時代に入り紅茶の消費量も増え，トマトや羊肉のスープを用いた料理などが食べられている。
イ	26845	5	○北部の盆地《ぼんち》には流域面積約700万km^2の河川《かせん》が東流し，南部にはコーヒー栽培《さいばい》に適した土壌《どじょう》が分布し，首都が位置する高原が広がっている。 ○ヨーロッパ風に，小さなカップで砂糖入りの甘《あま》いコーヒーが飲まれ，豆と牛や豚《ぶた》の肉を煮込んだ料理などが食べられている。
ウ	15424	2600	○南北方向に国境を形成する山脈が走り，北部には首都が位置する平野が，南部には国内最大の稲作《いなさく》地域である三角州《さんかくす》が広がっている。 ○練乳入りコーヒーや主に輸入小麦で作られたフランス風のパンが見られ，スープに米粉の麺《めん》と野菜を入れた料理などが食べられている。
エ	386	4399	○中央部には標高5000ｍを超える火山が位置し，西部には茶の栽培に適した土壌が分布し，首都が位置する高原が広がっている。 ○イギリス風に紅茶を飲む習慣が見られ，とうもろこしの粉を湯で練った主食と，野菜を炒《いた》め塩で味付けした料理などが食べられている。

（注）－は，生産量が不明であることを示す。（「データブック　オブ・ザ・ワールド」2020年版などより作成）

〔問３〕　次のⅠとⅡ（次のページ）の表の**ア**～**エ**は，略地図中に　　で示したＷ～Ｚの**いずれか**の国に当てはまる。Ⅰの表は，1999年と2019年における日本の輸入総額，農産物の日本の主な輸入品目と輸入額を示したものである。Ⅱの表は，1999年と2019年における輸出総額，輸出額が多い上位３位までの貿易相手国を示したものである。あとのⅢの文章は，ⅠとⅡの表における**ア**～**エ**のいずれかの国について述べたものである。Ⅲの文章で述べている国に当てはまるのは，ⅠとⅡの表の**ア**～**エ**のうちのどれか，また，略地図中のＷ～Ｚのうちのどれか。

Ⅰ

		日本の輸入総額（億円）	農産物の日本の主な輸入品目と輸入額（億円）					
ア	1999年	2160	野菜	154	チーズ	140	果実	122
	2019年	2918	果実	459	チーズ	306	牛肉	134
イ	1999年	6034	果実	533	野菜	34	麻類《あさるい》	6
	2019年	11561	果実	1033	野菜	21	植物性原材料	8
ウ	1999年	1546	アルコール飲料	44	果実	31	植物性原材料	11
	2019年	3714	豚肉	648	アルコール飲料	148	野菜	50
エ	1999年	1878	豚肉	199	果実	98	野菜	70
	2019年	6440	豚肉	536	果実	410	野菜	102

（財務省「貿易統計」より作成）

Ⅱ

		輸出総額（億ドル）	輸出額が多い上位3位までの貿易相手国		
			1位	2位	3位
ア	1999年	125	オーストラリア	アメリカ合衆国	日本
	2019年	395	中華《ちゅうか》人民《じんみん》共和《きょうわ》国《こく》	オーストラリア	アメリカ合衆国
イ	1999年	350	アメリカ合衆国	日本	オランダ
	2019年	709	アメリカ合衆国	日本	中華人民共和国
ウ	1999年	1115	フランス	ドイツ	ポルトガル
	2019年	3372	フランス	ドイツ	イタリア
エ	1999年	1363	アメリカ合衆国	カナダ	ドイツ
	2019年	4723	アメリカ合衆国	カナダ	ドイツ

（国際連合貿易統計データベースより作成）

Ⅲ

現在も活動を続ける造山帯に位置しており，南部には氷河に削られてできた複雑に入り組んだ海岸線が見られる。偏西風《へんせいふう》の影響を受け，湿潤《しつじゅん》な西部に対し，東部の降水量が少ない地域では，牧羊が行われている。一次産品が主要な輸出品となっており，1999年と比べて2019年では，日本の果実の輸入額は3倍以上に増加し，果実は外貨獲得《かくとく》のための貴重な資源となっている。貿易の自由化を進め，2018年には，日本を含む6か国による多角的な経済連携《けいざいれんけい》協定《きょうてい》が発効したことなどにより，貿易相手国の順位にも変化が見られる。

3　次の略地図を見て，あとの各問に答えよ。

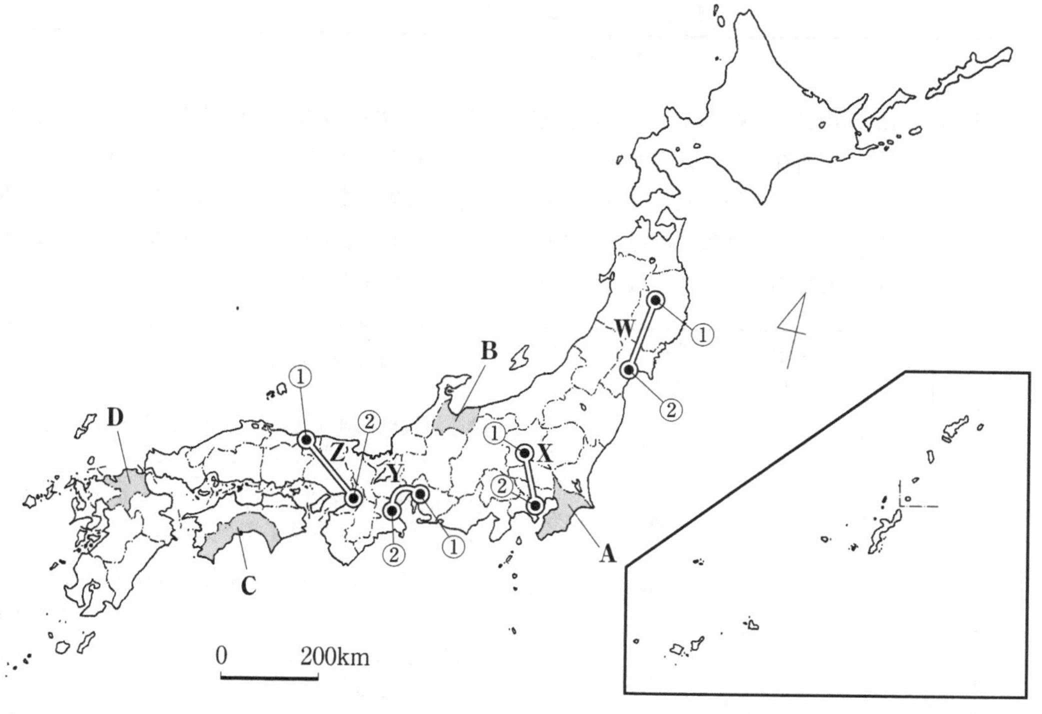

〔問1〕　次のページの表の**ア～エ**は，略地図中に　　　　で示した，**A～D**の**いずれか**の県の，2019年における人口，県庁所在地（市）の人口，県内の自然環境と情報通信産業などの様子についてまとめたものである。**A～D**のそれぞれの県に当てはまるのは，次の表の**ア～エ**のうちではどれか。

	人口(万人)	県庁所在地(市)の人口(万人)	県内の自然環境と情報通信産業などの様子
ア	70	33	○北部には山地が位置し，中央部には南流する複数の河川《かせん》により形成された平野が見られ，沖合《おきあい》を流れる暖流の影響で，気候が温暖である。 ○県庁が所在する平野部には，園芸農業を行う施設内の環境を自動制御《せいぎょ》するためのシステムを開発する企業《きぎょう》が立地している。
イ	510	154	○北西部に広がる平野の沖合には暖流が流れ，北東部には潮流が速い海峡《かいきょう》が見られ，南西部に広がる平野は干満差の大きい干潟《ひがた》のある海に面している。 ○県庁所在地の沿岸部には，住宅地開発を目的に埋め立てられた地域に，報道機関やソフトウェア設計の企業などが集積している。
ウ	104	42	○冬季に降水が多い南部の山々を源流とし，北流する複数の河川が形成する平野が中央部に見られ，東部には下流に扇状地を形成する河川が見られる。 ○県庁が所在する平野部には，豊富な水を利用した医薬品製造拠点があり，生産管理のための情報技術などを開発する企業が立地している。
エ	626	97	○平均標高は約40mで，北部にはローム層が堆積する台地があり，西部には大都市が立地し，南部には温暖な気候の丘陵《きゅうりょう》地帯が広がっている。 ○県庁所在地に近い台地には，安定した地盤《じばん》であることを生かして金融《きんゆう》関係などの情報を処理する電算センターが立地している。

（「日本国勢図会《にほんこくせいずえ》」2020／21年版などより作成）

〔問２〕　略地図中に①　◉━◉　②で示したＷ～Ｚは，それぞれの①の府県の府県庁所在地と②の府県の府県庁所在地が，鉄道と自動車で結び付く様子を模式的に示したものである。次の表のア～エは，Ｗ～Ｚの**いずれか**の府県庁所在地間の直線距離《きょり》，2017年における，府県相互間の鉄道輸送量，自動車輸送量，起点となる府県の産業の様子を示したものである。略地図中のＷ～Ｚのそれぞれに当てはまるのは，次の表のア～エのうちではどれか。

	起点	終点	直線距離(km)	鉄道(百ｔ)	自動車(百ｔ)	起点となる府県の産業の様子
ア	①	②	117.1	1078	32172	輸送用機械関連企業が南部の工業団地に立地し，都市部では食品加工業が見られる。
	②	①		10492	25968	沿岸部では鉄鋼業や石油化学コンビナートが，内陸部では電子機械工業が見られる。
イ	①	②	161.1	334	41609	中山間部には畜産業《ちくさんぎょう》や林業，木材加工業が，南北に走る高速道路周辺には電子工業が見られる。
	②	①		3437	70931	平野部には稲作《いなさく》地帯が広がり，沿岸部では石油精製業が見られる。
ウ	①	②	147.9	209	11885	漁港周辺には水産加工業が，砂丘が広がる沿岸部には果樹栽培《さいばい》が見られる。
	②	①		33	9145	沿岸部には鉄鋼業が，都市中心部には中小工場が，内陸部には電気機械工業が見られる。

エ	①→②	61.8	1452	79201	世界を代表する輸送用機械関連企業が内陸部に位置し，沿岸部には鉄鋼業などが見られる。
	②→①		1777	95592	石油化学コンビナートや，岬《みさき》と入《い》り江《え》が入り組んだ地形を生かした養殖業《ようしょくぎょう》が見られる。

（国土交通省「貨物地域流動調査」などより作成）

〔問３〕　次のⅠとⅡの地形図は，千葉県八千代《やちよ》市の1983年と2009年の「国土地理院発行２万５千分の１地形図（習志野《ならしの》）」の一部である。Ⅲの略年表は，1980年から1996年までの，八千代市（萱田《かやだ》）に関する主な出来事についてまとめたものである。ⅠとⅡの地形図を比較《ひかく》して読み取れる，◯で示した地域の変容について，宅地に着目して，簡単に述べよ。また，Ⅰ～Ⅲの資料から読み取れる，◯で示した地域の変容を支えた要因について，八千代中央駅と東京都（大《おお》手町《てまち》）までの所要時間に着目して，簡単に述べよ。

Ⅰ

（1983年）

Ⅱ

（2009年）

Ⅲ

西暦《せいれき》	八千代市（萱田）に関する主な出来事
1980	●萱田の土地区画整理事業が始まった。
1985	●東葉高速鉄道建設工事が始まった。
1996	●東葉高速鉄道が開通した。 ●八千代中央駅が開業した。 ●東京都（大手町）までの所要時間は60分から46分に，乗換回数は３回から０回になった。

（注）所要時間に乗換時間は含《ふく》まない。

（「八千代市統計書」などより作成）

4　次の文章を読み，あとの各問に答えよ。

政治や行政の在り方は，時代とともにそれぞれ変化してきた。

古代では，クニと呼ばれるまとまりが生まれ，政治の中心地が，やがて都となり，行政を行う役所が設けられるようになった。さらに，(1)都から各地に役人を派遣《はけん》し，土地や人々を治める役所を設け，中央集権体制を整えた。

中世になると，武家が行政の中心を担《にな》うようになり，(2)支配を確実なものにするために，独自の行政の仕組みを整え，新たな課題に対応してきた。

明治時代に入ると，近代化政策が推進され，欧米《おうべい》諸国を模範《もはん》として，(3)新たな役割を担う行政機関が設置され，地方自治の制度も整備された。そして，社会の変化に対応した政策を実現するため，(4)様々な法律が整備され，行政が重要な役割を果たすようになった。

〔問１〕　(1)都から各地に役人を派遣《はけん》し，土地や人々を治める役所を設け，中央集権体制を整えた。

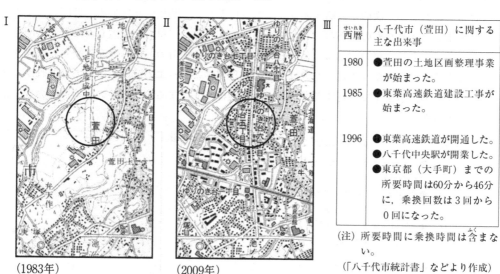

とあるが，次のア～エは，飛鳥《あすか》時代から室町《むろまち》時代にかけて，各地に設置された行政機関について述べたものである。時期の古いものから順に記号を並べよ。

ア　足利尊氏《あしかがたかうじ》は，関東への支配を確立する目的で，関東８か国と伊豆《いず》・甲斐《かい》の２か国を支配する機関として，鎌倉府《かまくらふ》を設置した。

イ　桓武《かんむ》天皇は，支配地域を拡大する目的で，東北地方に派遣した征夷大将軍《せいいたいしょうぐん》に胆沢城《いさわじょう》や志波《しわ》城《じょう》を設置させた。

ウ　中大兄皇子《なかのおおえのおうじ》は，白村江《はくすきのえ》《はくそんこう》の戦いに敗北した後，大陸からの防御《ぼうぎょ》を固めるため，水城《みずき》や山城《やまじろ》を築き，大宰府《だざいふ》を整備した。

エ　北条義時《ほうじょうよしとき》を中心とする幕府は，承久《じょうきゅう》の乱《らん》後の京都の治安維持《いじ》，西国で発生した訴訟《そしょう》の処理，朝廷《ちょうてい》の監視《かんし》等を行う機関として，六波羅探題《ろくはらたんだい》を設置した。

［問２］　(2)支配を確実なものにするために，独自の行政の仕組みを整え，新たな課題に対応してきた。とあるが，次のⅠの略年表は，室町時代から江戸《えど》時代にかけての，外国人に関する主な出来事をまとめたものである。Ⅱの略地図中のＡ～Ｄは，幕府が設置した奉行所《ぶぎょうしょ》の所在地を示したものである。Ⅲの文章は，幕府直轄地《ばくふちょっかつち》の奉行への命令の一部を分かりやすく書き改めたものである。Ⅲの文章が出されたのは，Ⅰの略年表中のア～エの時期のうちではどれか。また，Ⅲの文章の命令を主に実行する奉行所の所在地に当てはまるのは，Ⅱの略地図中のＡ～Ｄのうちのどれか。

Ⅰ

西暦《せいれき》	外国人に関する主な出来事	
1549	●フランシスコ・ザビエルが，キリスト教を伝えるため来航した。	
		ア
1600	●漂着《ひょうちゃく》したイギリス人ウィリアム・アダムスが徳川家康《とくがわいえやす》と会見した。	
		イ
1641	●幕府は，オランダ商館長によるオランダ風説書の提出を義務付けた。	
		ウ
1709	●密入国したイタリア人宣教師シドッチを新井白石《あらいはくせき》が尋問《じんもん》した。	
		エ
1792	●ロシア使節のラクスマンが来航し，通商を求めた。	

Ⅱ

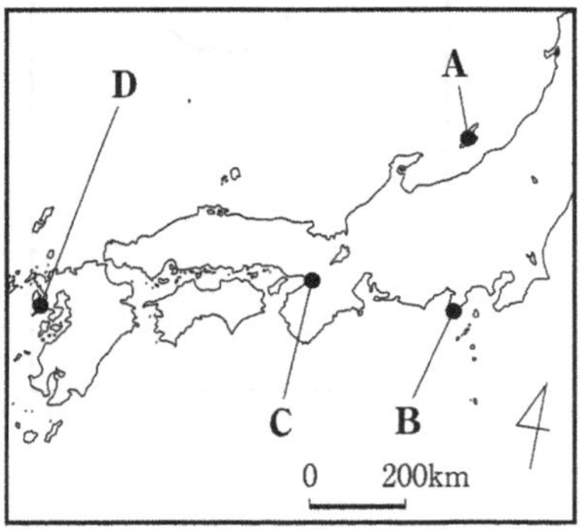

Ⅲ

○外国へ日本の船を行かせることを厳禁とする。
○日本人を外国へ渡航させてはならない。

［問３］　(3)新たな役割を担う行政機関が設置され，とあるが，次の文章は，帝都復興院総裁《ていとふっこういんそうさい》を務めることになる後藤新平《ごとうしんぺい》が，1923年９月６日に　閣議に文書を提出する際に記した決意の一部を分かりやすく書き改めたものである。この決意をした時期の東京の様子について述べているのは，あとのア～エのうちではどれか。

○大変災は突如《とつじょ》として帝都を震え上がらせた。
○火災に包まれる帝都を目撃し，自分の任務が極《きわ》めて重要であることを自覚すると同時に復興の計画を策定することが急務であることを痛感した。
○第一に救護，第二に復旧，第三に復興の方針を執《と》るべきである。

ア　新橋《しんばし》・横浜《よこはま》間に鉄道が開通するなど，欧米の文化が取り入れられ始め，現在の銀座《ぎんざ》通りに洋風れんが造りの2階建ての建物が建設された。

イ　我が国の国際的な地位を高めるために，イギリスと同盟を結び，我が国最初の国立図書館である帝国図書館が上野《うえの》公園内に建設された。

ウ　大日本帝国憲法が制定され，近代的な政治制度が整えられ，東京では，都市の整備が進み，我が国最初のエレベーターを備える凌雲閣《りょううんかく》が浅草《あさくさ》に建設された。

エ　東京駅が開業し，都市で働くサラリーマンや工場労働者の人口が大きく伸び，バスの車掌やタイピストなどの新しい職業に就《つ》く女性が増え，丸《まる》の内《うち》ビルヂング（丸ビル）が建設された。

〔問4〕　(4)様々な法律が整備され，行政が重要な役割を果たすようになった。とあるが，次の略年表は，大正時代から昭和時代にかけての，我が国の法律の整備に関する主な出来事についてまとめたものである。略年表中のA～Dのそれぞれの時期に当てはまるのは，下のア～エのうちではどれか。

西暦	我が国の法律の整備に関する主な出来事	
1921	●工業品規格の統一を図るため，度量衡法《どりょうこうほう》が改正され，メートル法への統一が行われた。	
		A
1931	●国家による電力の管理体制を確立するため，電気事業法が改正され，国家経済の基礎となる産業への優先的な電力供給が始まった。	
		B
1945	●我が国の民主化を進めるため，衆議院議員選挙法が改正され，女性に選挙権が与えられた。	
1950	●我が国の文化財の保護・活用のため，文化財保護法が公布され，新たに無形文化財や埋蔵文化財が保存の対象として取り入れられた。	C
1961	●所得格差の改善を図るため，農業基本法が公布され，農業の生産性向上及び農業総生産の増大などが国の施策として義務付けられた。	
		D
1973	●物価の急激な上昇と混乱に対処するため，国民生活安定緊急措置法《きんきゅうそちほう》が公布され，政府は国民生活に必要な物資の確保と価格の安定に努めることを示した。	

ア　普通選挙などを求める運動が広がり，連立内閣が成立し，全ての満25歳以上の男子に選挙権を認める普通選挙法が制定され，国民の意向が政治に反映される道が開かれた。

イ　急速な経済成長をとげる一方で，公害が深刻化し，国民の健康と生活環境を守るため，公害対策基本法が制定され，環境保全に関する施策が展開された。

ウ　農地改革などが行われ，日本国憲法の精神に基づく教育の基本を確立するため，教育基本法が制定され，教育の機会均等，男女共学などが定められた。

エ　日中戦争が長期化し，国家総動員法《こっかそうどういんほう》が制定され，政府の裁量により，経済，国民生活，労務，言論などへの広範《こうはん》な統制が可能となった。

5　次の文章を読み，あとの各問に答えよ。

地方自治は，民主政治を支える基盤《きばん》である。地方自治を担《にな》う地方公共団体は，住民が安心した生活を送ることができるように，地域の課題と向き合い，その課題を解決する重要な役割を担っている。(1)日本国憲法では，我が国における地方自治の基本原則や地方公共団体の仕組みなどについて規定している。

地方自治は，住民の身近な生活に直接関わることから，(2)住民の意思がより反映できるように，直接民主制の要素を取り入れた仕組みになっている。

国は，民主主義の仕組みを一層充実《じゅうじつ》させ，住民サービスを向上させるなどの目的で，(3)1999年に地方分権一括法《ちほうぶんけんいっかつほう》を成立させ，国と地方が，「対等・協力」の関係で仕事を分担できることを目指して，地方公共団体に多くの権限を移譲《いじょう》してきた。現在では，全国の地方公共団体が地域の課題に応じた新たな取り組みを推進できるように　国に対して地方分権改革に関する提案を行うことができる仕組みが整えられている。

〔問1〕　(1)日本国憲法では，我が国における地方自治の基本原則や地方公共団体の仕組みなどについて規定している。とあるが，日本国憲法が規定している地方公共団体の仕事について述べているのは，次のア～エのうちではどれか。

ア　条約を承認《しょうにん》する。

イ　憲法及び法律の規定を実施するために，政令を制定する。

ウ　条例を制定する。

エ　一切の法律，命令，規則又《また》は処分が憲法に適合するかしないかを決定する。

〔問2〕　(2)住民の意思がより反映できるように，直接民主制の要素を取り入れた仕組みになっている。とあるが，住民が地方公共団体に対して行使できる権利について述べているのは，次のア～エのうちではどれか。

ア　有権者の一定数以上の署名を集めることで，議会の解散や，首長及び議員の解職，事務の監査《かんさ》などを請求《せいきゅう》することができる。

イ　最高裁判所の裁判官を，任命後初めて行われる衆議院議員総選挙の際に，直接投票によって適任かどうかを審査《しんさ》することができる。

ウ　予算の決定などの事項《じこう》について，審議して議決を行ったり，首長に対して不信任決議を行ったりすることができる。

エ　国政に関する調査を行い，これに関して，証人の出頭及び証言，記録の提出を要求することができる。

〔問3〕　(3)1999年に地方分権一括法《ちほうぶんけんいっかつほう》を成立させ，国と地方が，「対等・協力」の関係で仕事を分担できることを目指して，地方公共団体に多くの権限を移譲《いじょう》してきた。とあるが，次のページのⅠのグラフは，1995年から2019年までの我が国の地方公共団体への事務・権限の移譲を目的とした法律改正数を示したものである。Ⅱの文章は，2014年に地方公共団体への事務・権限の移譲を目的とした法律改正が行われた後の，2014年6月24日に地方分権改革有識者会議が取りまとめた「個性を活《い》かし自立した地方をつくる～地方分権改革の総括と展望～」の一部を分かりやすく書き改めたものである。ⅠとⅡの資料を活用し，1995年から2014年までの期間と比較《ひかく》した，2015年から2019年までの期間の法律改正数の動きについて，地方分権改革の推進手法と，毎年の法律改正の有無及び毎年の法律改正数に着目して，簡単に述べよ。

Ⅰ

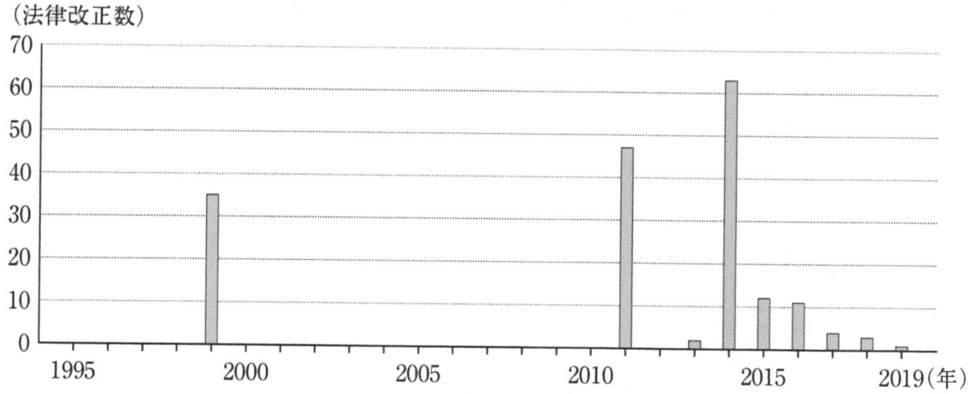

（内閣府資料より作成）

Ⅱ

○これまでの地方分権改革の推進手法は，国が主導する短期集中型の方式であり，この取組を実施することで一定の成果を得ることができた。
○今後は，これまでの改革の理念を継承し，更《さら》に発展させていくことが重要である。
○今後の地方分権改革の推進手法については，地域における実情や課題を把握《はあく》している地方公共団体が考え提案する長期継続型の方式を導入する。

6 次の文章を読み，あとの各問に答えよ。

世界各国では，株式会社や国営企業《こくえいきぎょう》などが，(1)利潤《りじゅん》を追求するなどの目的で誕生してきた。人口が集中し，物資が集積する交通の要衝に設立された企業や，地域の自然環境や地下資源を生かしながら発展してきた企業など，(2)企業は立地条件に合わせ多様な発展を見せてきた。(3)我が国の企業は，世界経済の中で，高度な技術を生み出して競争力を高め，我が国の経済成長を支えてきた。今後は，国際社会において，地球的規模で社会的責任を果たしていくことが，一層求められている。

〔問1〕 (1)利潤《りじゅん》を追求するなどの目的で誕生してきた。とあるが，次の**ア**～**エ**は，それぞれの時代に設立された企業について述べたものである。時期の古いものから順に記号を並べよ。

ア　綿織物を大量に生産するために産業革命が起こったイギリスでは，動力となる機械の改良が進み，世界最初の蒸気機関製造会社が設立された。

イ　南部と北部の対立が深まるアメリカ合衆国では，南北戦争が起こり，西部開拓《せいぶかいたく》を進めるために大陸を横断する鉄道路線を敷設《ふせつ》する会社が設立された。

ウ　第一次世界大戦の休戦条約が結ばれ，ベルサイユ条約が締結されるまでのドイツでは，旅《りょ》客《かく》輸送機の製造と販売《はんばい》を行う会社が新たに設立された。

エ　スペインの支配に対する反乱が起こり，ヨーロッパの貿易で経済力を高めたオランダでは，アジアへの進出を目的とした東インド会社が設立された。

〔問２〕　(2)企業は立地条件に合わせ多様な発展を見せてきた。とあるが，下の表のア～エの文章は，略地図中に示したＡ～Ｄの**いずれか**の都市の歴史と，この都市に立地する企業の様子についてまとめたものである。Ａ～Ｄのそれぞれの都市に当てはまるのは，下の表のア～エのうちではどれか。

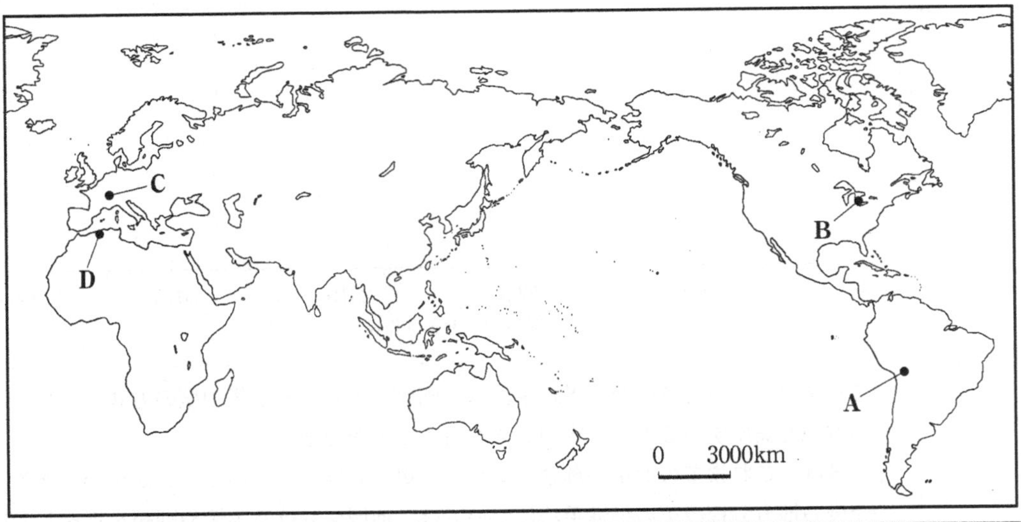

	都市の歴史と，この都市に立地する企業の様子
ア	○この都市は，標高3000ｍを超え，強風を遮《さえぎ》るすり鉢《ばち》状の地形に位置する首都で，1548年にスペイン人により建設され，金鉱もあったことから発展し，政治と経済の拠点となった。 ○国営企業が，銀，亜鉛《あえん》などの鉱山開発を行っており，近年では，新たに国営企業が設立され，塩湖でのリチウムイオン電池の原料の採取を複数の外国企業と共同で行っている。
イ	○この都市は，標高3000ｍを超える山脈の北側に位置する首都で，内陸部にはイスラム風の旧市街地が，沿岸部にはフランスの影響を受けた建物が見られる港湾都市となっている。 ○独立後に設立された，砂漠《さばく》地帯で採掘《さいくつ》される天然ガスや石油などを扱う国営企業は，近年，石油の増産と輸出の拡大に向けて外国企業との共同開発を一層進めている。
ウ	○この都市は，1701年にフランス人により砦《とりで》が築かれ，毛皮の交易が始まり，水運の拠点となり，1825年に東部との間に運河が整備され，20世紀に入り海洋とつながった。 ○19世紀後半には自動車の生産が始まり，20世紀に入ると大量生産方式の導入により，自動車工業の中心地へと成長し，現在でも巨大自動車会社が本社を置いている。
エ	○この都市は，20世紀に入り，湖の南西部に広がる市街地に国際連盟の本部が置かれ，第二次世界大戦後は200を超える国際機関が集まる都市となった。 ○16世紀後半に小型時計製造の技術が伝わったことにより精密機械関連企業が立地し，近年では生産の合理化や販売網の拡大などを行い，高価格帯腕時計の輸出量を伸ばしている。

〔問３〕　(3)我が国の企業は，世界経済の中で，高度な技術を生み出して競争力を高め，我が国の経済成長を支えてきた。とあるが，次のページのⅠのグラフは，1970年度から2018度までの我が国の経済成長率と法人企業の営業利益の推移を示したものである。Ⅱの文章は，Ⅰのグラフ

の**ア**～**エ**の**いずれか**の時期における我が国の経済成長率と法人企業の営業利益などについてまとめたものである。Ⅱの文章で述べている時期に当てはまるのは，Ⅰのグラフの**ア**～**エ**の時期のうちではどれか。

Ⅰ

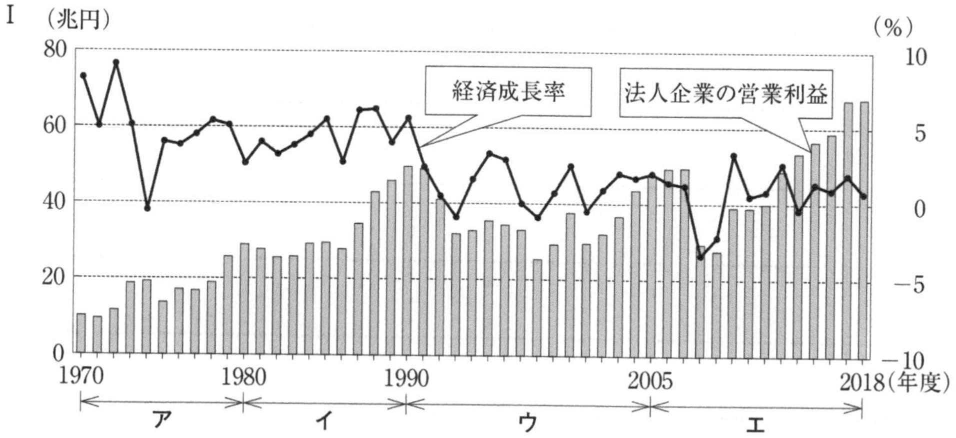

(財務省「法人企業統計調査」などより作成)

Ⅱ

○この時期の前半は，アメリカ合衆国の経済政策によって円安・ドル高が進行し，自動車などの輸送用機械や電気機械の輸出量が増えたことで，我が国の貿易収支は大幅な黒字となり，経済成長率は上昇傾向を示した。

○この時期の後半は，国際社会において貿易収支の不均衡《ふきんこう》を是正《ぜせい》するために為替相場《かわせそうば》を円高・ドル安へ誘導《ゆうどう》する合意がなされ，輸出量と輸出額が減少し，我が国の経済成長率は一時的に下降した。その後，日本銀行が貸付のための金利を下げたことなどで，自動車や住宅の購入《こうにゅう》，株式や土地への投資が増え，株価や地価が高騰《こうとう》する好景気となり，法人企業の営業利益は増加し続けた。

MEMO

大切なことはメモしておこうネ！

2021年度

解　答　と　解　説

《2021年度の配点は解答用紙集に掲載してあります。》

＜理科解答＞

1　〔問1〕　ウ　〔問2〕　ア　〔問3〕　エ　〔問4〕　①　ウ　②　ア　〔問5〕　エ
〔問6〕　イ

2　〔問1〕　①　ア　②　ウ　〔問2〕　ウ　〔問3〕　イ　〔問4〕　エ

3　〔問1〕　エ　〔問2〕　①　イ　②　ウ　③　ア　〔問3〕　①　ウ　②　エ
〔問4〕　ア→ウ→エ→イ

4　〔問1〕　ア　〔問2〕　①　ウ　②　イ　〔問3〕　①　イ　②　イ

5　〔問1〕　①　エ　②　イ　〔問2〕　①　ア　②　エ　〔問3〕　ウ　〔問4〕　31%

6　〔問1〕　ア　〔問2〕　(例)コイルAの中の磁界が変化するから。　〔問3〕　イ→エ→ア→ウ
〔問4〕　①　ア　②　ア　③　ウ　④　ウ

＜理科解説＞

1　**(小問集合－動物の体のつくりとはたらき：ヒトのからだの器官，光と音：音の大小と高低，地震と地球内部のはたらき：地震波，水溶液とイオン，酸・アルカリとイオン，遺伝の規則性と遺伝子：メンデルの実験，力の規則性：2力のつり合いと作用・反作用の法則)**

〔問1〕　消化された養分は，Bの小腸の内側の壁にある，たくさんのひだの表面にある多数の柔毛から吸収される。細胞の活動にともなってできた**有害なアンモニアは，Cの肝臓で無害な尿素に変えられて**から排出される。

〔問2〕　振動数が多いほど音は高くなるので，Aは短い。振幅が大きいほど音は大きくなるので，Bは大きい。

〔問3〕　**初期微動継続時間は震源からの距離に比例して長くなる。**よって，震源からの距離が90kmの地点での初期微動継続時間をx〔s〕とすると，36〔km〕：90〔km〕＝2〔s〕：x〔s〕，x〔s〕＝5〔s〕であり，初期微動継続時間は5秒である。したがって，震源からの距離が90kmの地点での主要動の始まった時刻は，10時10分27秒＋5秒＝10時10分32秒，である。

〔問4〕　①　この実験における**溶液Aは電解質であり，水溶液は中性である必要があるため**，ウの食塩水である。　②　**塩酸が電離すると，$HCl \rightarrow H^+ + Cl^-$**，により，青色のリトマス紙を赤色に変える水素イオン「H^+」が生じ，塩酸は酸性であることを示す。

〔問5〕　エンドウの種子は「丸」が優性形質，「しわ」が劣性形質なので，**エンドウの丸い種子がもつ遺伝子は，AAまたはAa**であり，しわのある種子がもつ遺伝子は，aaである。AAとaaのかけ合わせで得られる種子の遺伝子はすべてAaであり，すべて丸い種子である。Aaとaaのかけ合わせで得られる種子の遺伝子は，Aa：aa＝1：1，であり，丸い種子：しわのある種子＝1：1，となる。よって，かけ合わせた丸い種子の個体としわのある種子の個体のそれぞれの遺伝子の組み合わせは，Aaとaaである。

〔問6〕　**力のつり合いの関係にある2力は，1つの物体にはたらく。**物体には，物体にはたらく重力

Bと机が物体を押す力(垂直抗力)Aの2力がはたらく。この2力は，一直線上にあり，大きさが等しく，向きが逆向きなので，力のつり合いの関係にある。**作用・反作用の関係にある2力は，2つの物体に別々にはたらく。**物体が机を押す力Cは机にはたらくのに対して，机が物体を押す力(垂直抗力)Aは物体にはたらく。この2力も，一直線上にあり，大きさが等しく，向きが逆向きであり，作用・反作用の関係にある2力である。

2 (自由研究－動物の分類と生物の進化：セキツイ動物と軟体動物，力と物体の運動：速さ，身のまわりの物質とその性質：密度，天体の動きと地球の自転・公転：星の日周運動・星の年周運動)

〔問1〕 表1においては，セキツイ動物のグループは，魚類であるイワシ・アジのなかまである。軟体動物のグループは，**外とう膜で内臓がある部分が包まれていて，からだとあしには節がない**，タコ・イカのなかまと外とう膜をおおう貝殻がある二枚貝のなかまである。

〔問2〕 図1より，0.2秒間で7目盛りの35cm運動しているので，1時間に運動する距離をxkmとすると，0.2〔s〕：(60×60)〔s〕＝0.00035〔km〕：x〔km〕，x〔km〕＝6.3〔km〕，である。よって，平均の速さは，6.3km/hである。

〔問3〕 4℃の水の密度1g/cm^{3}を用いて計算すると，**食塩水の密度〔g/cm^3〕＝(15〔g〕＋50〔g〕)÷55〔cm^3〕**＝1.18〔g/cm^3〕，である。ラベルは，水に沈み，食塩水に浮いたため，**水の密度1g/cm^3＜ラベルの密度＜食塩水の密度1.18g/cm^3**，であり，ポリスチレンである。

〔問4〕 地球の太陽を中心とした西から東への公転による**年周運動**で，同時刻に見える星は1年に360°(1日に約1°)，東から西に動いて見える。また，地球の地軸を中心とした西から東への自転による**日周運動**で，星は1日に360°(1時間に15°)，東から西に動いて見える。よって，1月15日午後10時に真南に見えたオリオン座は，1か月後には年周運動により，30°西に見えるので，2月15日にオリオン座が真南に見える時刻は，自転により，30°÷15°＝2，であるため，2時間前の午後8時頃である。

3 (天気の変化：空気中の水蒸気量・前線の通過，気象観測，日本の気象：日本の天気の特徴と天気図)

〔問1〕 湿度〔%〕＝空気1m^{3}にふくまれる水蒸気量〔g/m^3〕÷その温度での飽和水蒸気量〔g/m^3〕×100，であり，a，b，cの時刻における湿度は84%で等しい。よって，**空気1m^{3}にふくまれる水蒸気量〔g/m^3〕は，その温度での飽和水蒸気量〔g/m^3〕が大きい方が，多い。**図1から，**aの気温は約15.5℃であり，bの気温は約11℃，cの気温は約6.5℃であるため，**その温度での**飽和水蒸気量〔g/m^3〕は，a＞b＞c**である。よって，a，b，cの時刻における空気中の水蒸気の量は，C〔g/m^3〕＜B〔g/m^3〕＜A〔g/m^3〕，である。

〔問2〕 観測地点Pは，図1の天気図記号から，日中の天気はおおむね晴れで，南寄りの風が吹く。気温は日が昇るとともに上がり始め，昼過ぎに最も高くなり，その後しだいに下がる。

〔問3〕 図1の**4月1日15時から18時にかけて，**天気図記号の**風向が，南寄りから北寄りに変わったことから前線Xは寒冷前線であり，**通過したとき，気圧が大きく下がり，気温が急激に下がったことがグラフから読みとれる。図4の観測地点Pを覆う高気圧の中心付近では，上空から地上へ空気が流れ，地上では中心部から周辺へ向かって風が吹き出す。

〔問4〕 つゆ(6月)の天気図は，南のあたたかくしめった気団と北の冷たくしめった気団の間に梅雨前線ができている，アである。夏(8月)は，小笠原気団におおわれ，南高北低の気圧配置になっている，ウである。**秋(11月)は，偏西風の影響を受けて，日本付近を移動性高気圧と低気圧が交互に通過し天気が周期的に変化する，**エである。冬(2月)は，西高東低の気圧配置で，南北方向の等圧線がせまい間隔で並ぶ，イである。

4 (植物の体のつくりとはたらき：葉のつくり・光合成の実験・観察・対照実験・光の明るさの変化に伴う光合成量と呼吸量の関係)

〔問1〕 Aは気孔で，呼吸や光合成によって生じる酸素や二酸化炭素などの気体の出入り口である。Bは気孔を囲む**孔辺細胞にある葉緑体**であり，＜観察＞の操作から，植物の細胞に見られ，ヨウ素液に反応して青紫色に変色したことから光合成によりデンプンが作られたことがわかる。光合成では酸素も作られる。

〔問2〕 光を当てる前に，＜実験1＞の(3)のツユクサの鉢植えを暗室に24時間置いた理由は，葉にあるデンプンを全て消費させるためである。葉にあるデンプンは分解されて糖になり，師管を通して植物体の各部に送られるが，多くの植物では，糖の移動は夜間に行われる。光合成に二酸化炭素が必要であることを確かめるための**対照実験**に適する葉の組み合わせは，葉緑体があり，日光が当たり，二酸化炭素があり，水がある「葉C」と，葉Cの条件のうち，水酸化ナトリウム水溶液をしみ込ませたろ紙を入れて二酸化炭素が無い状態にした「葉E」である。結果2により，光合成が，葉Cでは行われたが，葉Eでは行われなかったことから，光合成には二酸化炭素が必要であることが確かめられる。

〔問3〕 暗室に置いた「袋G」の場合，実験後の呼吸によって出された二酸化炭素の割合＝7.6％－4.0％＝3.6％であり，光合成によって使われた二酸化炭素の割合＝0％，である。明るさの度合い1の「袋H」の場合，実験後の呼吸によって出された二酸化炭素の割合は3.6％であり，光合成によって使われた二酸化炭素の割合＝7.6％－5.6％＝2.0％である。**明るさの度合い2の「袋I」の場合，実験後の呼吸によって出された二酸化炭素の割合は3.6％であり，光合成によって使われた二酸化炭素の割合＝7.6％－1.5％＝6.1％である。**よって，呼吸によって出される二酸化炭素の量よりも，光合成によって使われた二酸化炭素の量の方が多いのは，「袋I」である。そこで，デンプンなどの養分のできる量が多いのは，最も光合成量が大きかった「袋I」である。

5 (化学変化と物質の質量：化学変化と質量の保存・質量変化の規則性，物質の成り立ち：熱分解・原子と分子・化学変化のモデル化，酸・アルカリとイオン：pH)

〔問1〕 (3)で，ガラス管を水槽の水の中から取り出した後，試験管Aの加熱をやめるのは，**試験管Aが冷えて内部の気圧が大気圧より下がる**ことにより，水槽の水が試験管Aに**逆流するのを防ぐため**である。また，(6)で，加熱後にできた白い物質は，炭酸ナトリウムで，炭酸水素ナトリウムより水に溶けやすく，その水溶液は**強いアルカリ性**であるため，弱いアルカリ性である炭酸水素ナトリウムより，**pHの値が大きい。**

〔問2〕 ＜実験1＞の(2)で起きている化学変化は化学反応式で表すと，$2NaHCO_3 \rightarrow Na_2CO_3 + CO_2 + H_2O$，であり，**熱分解**である。よって，同じ種類の化学変化は酸化銀を加熱したときにも起こり，化学反応式で表すと，$2Ag_2O \rightarrow 4Ag + O_2$，の熱分解である。炭酸水素ナトリウムの熱分解を表したモデルでナトリウム原子1個を表しているのは，エの■である。

〔問3〕 ＜実験2＞の＜結果2＞の表から，炭酸水素ナトリウムの質量が0.50gのときに発生した気体の質量は，79.50g＋0.50g－79.74g＝0.26g，である。同様に計算して，炭酸水素ナトリウムの質量〔g〕をx，発生した気体の質量〔g〕をyとして，測定値の座標(x，y)をもとめると，(0.50g，0.26g)，(1.00g，0.52g)，(1.50g，0.78g)，(2.0g，1.04g)，(2.50g，1.17g)，(3.0g，1.17g)である。y＝0.52xとy＝1.17の交点の座標は(2.25，1.17)である。よって，**炭酸水素ナトリウムの質量が2.25gまでは，原点から各点のもっとも近いところを通る比例の直線，y＝0.52xであり，**

炭酸水素ナトリウムの質量が2.25g以上になると，y＝1.17の直線になる。

〔問4〕〔問3〕より，0.65gの気体が発生したときの塩酸10.0cm^3に加えた炭酸水素ナトリウムの質量xgは，0.65g＝0.52xg，xg＝1.25g，である。ベーキングパウダー4.00gに含まれていた炭酸水素ナトリウムの質量は1.25gであるため，1.25〔g〕÷4.00〔g〕×100＝31.25〔%〕であり，約31〔%〕である。ウのグラフからも1.25gは読みとれる。

6　**(電流と磁界：右ねじの法則・電磁誘導・フレミングの左手の法則・コイルの回転，電流：合成抵抗)**

〔問1〕図3において，磁針のN極が指す向きがその点の磁界の向きであり，**右ねじの法則**により，電流は右ねじが進む向きに流れている。よって，電流は，コイルAの下側では＋方向(紙面向かって右)から－方向(紙面向かって左)へ流れている。図4において，コイルAの下側の導線がつくる磁界ではアクリル板上の磁針のN極の向きは図3の磁針のN極の向きとは反対になる。コイルAの上側は，コイルAの下側とは電流の向きが反対に変わるので，アの磁針の向きが適切である。

〔問2〕コイルAをGとHの向きに交互に動かし，コイルAの中の**磁界が変化すると，電磁誘導により，その変化に応じた電圧が生じて，コイルAに誘導電流が流れる。**

〔問3〕アの合成抵抗$R_{ア}$〔Ω〕＝20〔Ω〕＋5〔Ω〕＝25〔Ω〕である。ウの合成抵抗$R_{ウ}$〔Ω〕＝20〔Ω〕＋10〔Ω〕＝30〔Ω〕である。イの合成抵抗を$R_{イ}$〔Ω〕とすると，$\frac{1}{R_{イ}[\Omega]}=\frac{1}{20[\Omega]}+\frac{1}{5[\Omega]}=\frac{5}{20[\Omega]}$であるから，$R_{イ}$〔Ω〕＝4〔Ω〕である。エの合成抵抗を$R_{エ}$〔Ω〕とすると，$\frac{1}{R_{エ}[\Omega]}=\frac{1}{20[\Omega]}+\frac{1}{10[\Omega]}=\frac{3}{20[\Omega]}$であるから，$R_{エ}$〔Ω〕＝6.7〔Ω〕である。オームの法則より，合成抵抗の小さい順にコイルBを流れる電流は大きくなるため，コイルBが速く回転するつなぎ方の順は，イ→エ→ア→ウである。

〔問4〕図8のときには，コイルBのc→dの向きに電流が流れるため，**フレミングの左手の法則**により，磁界からJの向きに力を受ける。半回転して図9になると，**コイルBのabの部分には電流が流れないため，磁界から力を受けないが，勢いで同じ向きの回転を続け**，さらに半回転して再び図8にもどる。

＜社会解答＞

1　〔問1〕ア　〔問2〕ウ　〔問3〕イ　〔問4〕エ

2　〔問1〕（Ⅰのア～エ）ウ　（Ⅱの表のア～エ）エ　〔問2〕P イ　Q ウ　R ア　S エ　〔問3〕（ⅠとⅡの表のア～エ）ア　（略地図中のW～Z）X

3　〔問1〕A エ　B ウ　C ア　D イ　〔問2〕W イ　X ア　Y エ　Z ウ　〔問3〕〔地域の変容〕(例)畑や造成中だった土地に，住宅が造られた。〔要因〕(例)八千代中央駅が開業し，東京都(大手町)までの所要時間が短くなり，移動が便利になった。

4　〔問1〕ウ→イ→エ→ア　〔問2〕（Ⅰの略年表中のア～エ）イ　（Ⅱの略地図中のA～D）D　〔問3〕エ　〔問4〕A ア　B エ　C ウ　D イ

5　〔問1〕ウ　〔問2〕ア　〔問3〕(例)国が主導する短期集中型の方式から地方公共団体が考え提案する長期継続型の方式となり，毎年ではなく特定の年に多く見られていた法律改正数は，数は少なくなったものの毎年見られるようになった。

6　〔問1〕エ→ア→イ→ウ　〔問2〕A ア　B ウ　C エ　D イ　〔問3〕イ

＜社会解説＞

1 **(地理的分野―日本地理－地形図の見方，歴史的分野―日本史時代別－古墳時代から平安時代・安土桃山時代から江戸時代，―日本史テーマ別－文化史，公民的分野―経済一般)**

〔問1〕 経路途中に大手町，郭町の地名が見られるところ，元町に鐘つき堂を示す高塔の地図記号「口」が見られるところから，Ⅰの図の経路アである。

〔問2〕 平安時代中期は**末法思想**の流行から，**浄土信仰**が全盛を迎え，**摂関政治**の全盛期である11世紀半ばに，**関白藤原頼通**によって浄土信仰に基づいて建立されたのが，宇治の**平等院鳳凰堂**である。

〔問3〕 江戸時代後期の**浮世絵**師であり，**化政文化**を代表するのは**葛飾北斎**である。代表作に『**富嶽三十六景**』がある。中でも『神奈川沖浪裏』『凱風快晴(赤富士)』等が特に有名である。

〔問4〕 労働者のための統一的な保護法として，1947年に制定されたのが**労働基準法**である。労働条件の基準を定め，**1日8時間労働制**や，改定を重ねて現在では**1週40時間労働制**などを内容としている。

2 **(地理的分野―世界地理－都市・気候・地形・産業・人々のくらし・貿易)**

〔問1〕 Aの都市はブエノスアイレスであり，**南半球**に属することから，Ⅰのエである。Bの都市はオタワであり，年間を通じ降水量が100mm弱で冷涼な気候であることから，Ⅰのアである。Cの都市はジャカルタであり，**赤道直下**に位置するため年間を通じ気温が高く，**雨季**と**乾季**があることから，Ⅰのイである。Dの都市はベルリンであり，**西岸海洋性気候**にあたることから，降水量は**偏西風**の影響で一年中一定で少ない。Ⅰのウである。ベルリンを首都とするドイツでは，世界のベストテンに入るほどじゃがいも・小麦の生産量が多い。Ⅱの表のエである。

〔問2〕 Pはブラジルである。「流域面積700km^2の河川が東流し」との文と，「南部にはコーヒー栽培に適した土壌が分布し」との文から，ブラジルはイであることがわかる。河川は**世界最大の流域面積**を持つ**アマゾン川**である。Qはベトナムである。「南北方向に国境を形成する山脈が走り，北部には首都が位置する平野が，南部には…**三角州**が広がっている」との文から，ベトナムはウであることがわかる。国境を形成する山脈とは，**アンナン山脈**である。ベトナムの首都はハノイである。Rはトルコである。「帝国時代からコーヒーが飲まれ」の一文から，トルコはアであることがわかる。4国の中で**帝国**時代を持つのはトルコだけである。Sはケニアである。「中央部には標高5000mを超える火山が位置し，西部には茶の栽培に適した土壌が分布し」との文から，ケニアがエであるとわかる。火山とは，**キリマンジャロ**に次ぐアフリカ第2の高峰，**ケニア火山**である。ケニアは紅茶の産地として有名である。

〔問3〕 Ⅲの文章は，「**偏西風**の影響を受け，湿潤な西部に対し，東部の降水量が少ない地域では**牧羊**が行われている」との文から，ニュージーランドの説明であるとわかる。　ⅠとⅡの表のア～エ　ニュージーランドからの日本への輸入品は果実・チーズなどで，果実は1999年から2019年で3倍以上に増えている。また，ニュージーランドは，1999年の段階では輸出総額の1位は隣国オーストラリアであったが，2019年の段階では，近年この地域に経済的影響力を増している中華人民共和国が1位となっている。　略地図中のW～Z　Xがニュージーランドである。Wはメキシコ，Yはフィリピン，Zはスペインである。

3 **(地理的分野―日本地理－都市・地形・気候・農林水産業・工業・地形図の見方・交通)**

〔問1〕 Aは千葉県であり，「北部には**ローム層**が堆積する台地があり」との文から，エが千葉県だとわかる。Bは富山県であり，「冬季に降水が多い南部の山々を源流とし」との文から，ウが富山県だとわかる。Cは高知県であり，「沖合を流れる**暖流**の影響で，気候が温暖である」との文から，アが高知県だとわかる。この暖流は**日本海流**である。Dは福岡県であり，「南西部に広がる平野は干満差の大きい干潟のある海に面している」との文から，イが福岡県であるとわかる。この海は**有明海**である。

〔問2〕 W ①は岩手県盛岡市であり，②は宮城県仙台市である。盛岡市周辺の山間部では**畜産業・林業**などが発達しており，仙台市周辺の平野部では**稲作地帯**が広がっているため，Wは表中のイである。 X ①は群馬県前橋市であり，②は神奈川県横浜市である。群馬県南部の**工業団地**には**輸送用機械関連企業**が多く，横浜市周辺の京浜工業地帯では**石油化学コンビナート**が見られるため，Xは表中のアである。 Y ①は愛知県名古屋市であり，②は三重県津市である。愛知県には，世界的**自動車関連企業**があり，津市近辺には**石油化学コンビナート**があり，周辺では**リアス海岸**を生かした**養殖業**が行われているため，Yは表中のエである。 Z ①は鳥取県鳥取市であり，②は大阪府大阪市である。鳥取県では**砂丘**の広がる沿岸部で果樹栽培が行われており，また，大阪市では都市中心部に**中小工場**が数多く見られるため，Zは表中のウである。

〔問3〕〔地域の変容〕 **地形図**によれば，1983年から2009年の間に，畑(「∨」)や造成中だった土地が整備され，ゆりのき台と呼ばれる**住宅地**が造られた。〔要因〕 1996年に八千代中央駅が開業し，東京都(大手町)までの所要時間が60分から46分と短くなり，**通勤・通学**や**買い物**などの移動が便利になったことを指摘し解答する。

4 (歴史的分野―日本史時代別－古墳時代から平安時代・鎌倉時代から室町時代・安土桃山時代から江戸時代・明治時代から現代，―日本史テーマ別－政治史・法律史・社会史)

〔問1〕 ア **足利尊氏**が**鎌倉府**を設置したのは，14世紀のことである。 イ **桓武天皇**が**胆沢城**や**志波城**を設置させたのは，9世紀のことである。 ウ **中大兄皇子**が**大宰府**を整備したのは，7世紀のことである。 エ **北条義時**を中心とする幕府が**六波羅探題**を設置したのは，13世紀のことである。したがって，時代の古い順に並べると，ウ→イ→エ→アとなる。

〔問2〕 Ⅰの略年表中のア～エ **日本人の海外渡航禁止・海外在住日本人の帰国禁止**の法令が出されたのは1635年のことであり，略年表中のイに該当する。 Ⅱの略地図中のA～D こうした法令を主に実行するのは，**老中**直属の**遠国奉行**の一つで，**直轄領長崎**を支配した長崎の**奉行所**であった。略地図中のDが該当する。

〔問3〕 文章は，1923年の**関東大震災直後**に**後藤新平**が表明したものである。アの**新橋・横浜間**に**鉄道**が開通したのは，1872年のことである。イのイギリスと**日英同盟**を結んだのは，1902年のことである。ウの**大日本帝国憲法**が発布されたのは，1889年のことである。エの**東京駅**が開業したのは1914年，**丸ビル**が建設されたのは1923年である。したがって，文章と同時期の東京の様子を表しているのは，エである。

〔問4〕 アの**普通選挙法**が制定されたのは，1925年である。Aの時期にあてはまる。イの**公害対策基本法**が制定されたのは，1967年であり，Dの時期にあてはまる。ウの**教育基本法**が制定されたのは1947年であり，Cの時期にあてはまる。エの**国家総動員法**が制定されたのは，1938年であり，Bの時期にあてはまる。

5 (公民的分野―地方自治・国の政治の仕組み)

〔問1〕 日本国憲法第94条に「**地方公共団体**は，その財産を管理し，事務を処理し，及び行政を執行する権能を有し，法律の範囲内で**条例**を制定することができる。」とあり，地方公共団体は条例を議決・制定することができる。なお，アの**条約**を承認するのは**国会**の仕事である。イの**政令**

を制定するのは**内閣**の仕事である。エの法律等が**憲法**に適合するかどうか決定するのは，**最高裁判所**の仕事である。

〔問2〕 **地方自治法**において，**直接請求**の制度が定められ，有権者の一定数以上の署名を集めることで，**条例の改廃**や，**議会の解散**，**首長及び議員の解職**などを請求することができる。

〔問3〕 2014年の改正によって，**地方分権改革**の推進手法が，**国**が主導する短期集中型の方式から，**地方公共団体**が提案する長期継続型の方式となったことを指摘する。1995年から2014年の期間では，1999年・2011年・2014年など特定の年にのみ多く見られていた法律改正数が，2015年以降は，数は少なくなったが，毎年見られるようになったことを読み取り解答する。

6 **(歴史的分野―世界史－経済史，地理的分野―都市，公民的分野―経済一般)**

〔問1〕 ア　イギリスで**産業革命**が起こり，世界最初の**蒸気機関**製造会社が設立されたのは，18世紀後期である。　イ　アメリカで**南北戦争**が起こり，**大陸を横断**する鉄道路線を敷設する会社が設立されたのは，19世紀半ばである。　ウ　**第一次世界大戦後**のドイツで，旅客輸送機の製造と販売を行う会社が設立されたのは，20世紀前期である。　エ　オランダで**東インド会社**が設立されたのは，17世紀初頭である。時代の古い順に並べると，エ→ア→イ→ウとなる。

〔問2〕 Aの都市はボリビアの首都ラパスである。「標高3000mを超え，1548年にスペイン人により建設され，金鉱もあった。」との表現から，アが該当することがわかる。Bの都市はデトロイトである。「19世紀後半には自動車の生産が始まり，20世紀に入ると自動車工業の中心地へと成長し」との表現から，ウが該当するとわかる。Cの都市はジュネーブである。「**国際連盟**の本部が置かれ」との表現から，エが該当するとわかる。Dの都市はフランスを旧宗主国とするアルジェリアの首都アルジェである。「内陸部にはイスラム風の旧市街地が，沿岸部にはフランスの影響を受けた建物が見られる港湾都市となっている。」との表現から，イが該当するとわかる。

〔問3〕 グラフⅠに見られるように，1980年代の前半は**円安・ドル高**が進行し，日本の**貿易収支**は大幅な黒字となり，**経済成長率**は上昇傾向を見せた。その後1985年に**先進5か国蔵相・中央銀行総裁会議**がニューヨークのプラザホテルで行われ，ここで決定したプラザ合意により，円高・ドル安へと誘導され，日本の経済成長率は一時的に下降した。その後**日本銀行**が金利を下げたことなどで，株式や土地への投資が増え，株価や地価が高騰する**バブル景気**が到来し，法人企業の営業利益は増加し続けた。このバブル景気は1991年に終結を迎えた。Ⅱの文章で述べている時期に当てはまるのは，イの時期である。

2021年度英語　リスニングテスト

〔放送台本〕

これから，リスニングテストを行います。リスニングテストは，全て放送による指示で行います。リスニングテストの問題には，問題Aと問題Bの二つがあります。問題Aと，問題Bの＜Question 1＞では，質問に対する答えを選んで，その記号を答えなさい。問題Bの＜Question 2＞では，質問に対する答えを英語で書きなさい。英文とそのあとに出題される質問が，それぞれ全体を通して二回ずつ読まれます。問題用紙の余白にメモをとってもかまいません。答えは全て解答用紙に書きなさい。

〔問題A〕

問題Aは，英語による対話文を聞いて，英語の質問に答えるものです。ここで話される対話文は全部で三つあり，それぞれ質問が一つずつ出題されます。質問に対する答えを選んで，その記号を答えなさい。では，＜対話文1＞を始めます。

Yumi: David, we are on the highest floor of this building. The view from here is beautiful.
David: I can see some temples, Yumi.
Yumi: Look! We can see our school over there.
David: Where?
Yumi: Can you see that park? It's by the park.
David: Oh, I see it. This is a very nice view.
Yumi: I'm glad you like it. It's almost noon. Let's go down to the seventh floor. There are nice restaurants there.

Question: Where are Yumi and David talking?

＜対話文2＞を始めます。

Taro: Hi, Jane. Will you help me with my homework? It's difficult for me.
Jane: OK, Taro. But I have to go to the teachers' room now. I have to see Mr. Smith to give this dictionary back to him.
Taro: I see. Then, I'll go to the library. I have a book to return, and I'll borrow a new one for my homework.
Jane: I'll go there later and help you.
Taro: Thank you.

Question: Why will Jane go to the library?

＜対話文3＞を始めます。

Woman: Excuse me. I'd like to go to Minami Station. What time will the next train leave?
Man: Well, it's eleven o'clock. The next train will leave at eleven fifteen.
Woman: My mother hasn't come yet. I think she will get here at about eleven twenty.
Man: OK. Then you can take a train leaving at eleven thirty. You will arrive at Minami Station at eleven fifty-five.
Woman: Thank you. We'll take that train.

Question: When will the woman take a train?

〔英文の訳〕

＜対話文1＞

ユミ　：ディビッド，私たちはこの建物の一番高い階にいるわね。ここからの景色は美しいわね。

ディビッド：お寺がいくつか見えるね，ユミ。
ユミ　　　：見て！　あそこに私たちの学校が見えるわよ。
ディビッド：どこ？
ユミ　　　：あの公園が見える？　その公園のそばよ。
ディビッド：ああ，見えるよ。これはとてもいい景色だね。
ユミ　　　：あなたが気に入ってくれて嬉しいわ。もうそろそろ正午ね。7階に行きましょう。いいレストランがあるわ。
質問：ユミとディビッドはどこで話をしていますか。
答え：ア　建物の一番高い階。

＜対話文2＞
タロウ　：こんにちは，ジェイン。僕の宿題手伝ってくれる？　僕には難しいよ。
ジェイン：オーケー，タロウ。でも今教員室に行かないといけないの。スミス先生にこの辞書を返しに行かなといけないの。
タロウ　：そうか。じゃあ僕は図書館に行くよ。返す本があるし，宿題のために新しい本を借りるんだ。
ジェイン：後でそこに行って，お手伝いするわ。
タロウ　：ありがとう。
質問：なぜジェインは図書館に行きますか。
答え：エ　タロウを手伝うため。

＜対話文3＞
女性：すみません。ミナミ駅へ行きたいんですが。次の電車は何時に出発しますか。
男性：ええと，今11時です。次の電車は11時15分に出発します。
女性：母がまだ来ていません。11時20分くらいにここに着くと思います。
男性：オーケー。じゃあ11時30分に出発する電車に乗れます。ミナミ駅に11時55分に着くでしょう。
女性：ありがとうございます。その電車に乗ります。
質問：いつ女性は電車に乗りますか。
答え：ウ　11時30分。

〔放送台本〕
〔問題B〕

　これから聞く英語は，ある外国人の英語の先生が，新しく着任した中学校の生徒に対して行った自己紹介です。内容に注意して聞きなさい。あとから，英語による質問が二つ出題されます。＜Question 1＞では，質問に対する答えを選んで，その記号を答えなさい。＜Question 2＞では，質問に対する答えを英語で書きなさい。なお，＜Question 2＞のあとに，15秒程度，答えを書く時間があります。では，始めます。

Good morning, everyone. My name is Margaret Green. I'm from Australia. Australia is a very large country. Have you ever been there? Many Japanese people visit my country every year. Before coming to Japan, I taught English for five years in China. I had a good time there.

I have lived in Japan for six years. After coming to Japan, I enjoyed traveling around the country for one year. I visited many famous places. Then I went to school to study Japanese for two years. I have taught English now for three years. This school is my second school as an English teacher in Japan. Please tell me about your school. I want to know about it. I' m glad to become a teacher of this school. Thank you.

<Question 1> How long has Ms. Green taught English in Japan?
<Question 2> What does Ms. Green want the students to do?
以上で，リスニングテストを終わります。

〔英文の訳〕

みなさん，おはようございます。私の名前はマーガレット・グリーンです。オーストラリアから来ました。オーストラリアはとても大きな国です。今までそこへ行ったことがありますか。毎年多くの日本人が私の国を訪れています。日本に来る前，私は中国で5年間英語を教えていました。そこでとてもいい時間を過ごしました。

私は日本に6年間住んでいます。日本に来たあと，1年間この国を旅行して楽しみました。多くの有名な場所を訪れました。そして2年間日本語を勉強するために学校へ行きました。今3年間英語を教えています。この学校は日本での英語の先生として2校目の学校です。あなた達の学校について教えてください。そのことを知りたいです。この学校の先生になれて嬉しいです。ありがとうございます。

質問1：グリーン先生は日本でどれくらい英語を教えていますか。
答え　：イ　3年間。
質問2：グリーン先生は生徒たちに何をしてもらいたいですか。
答え　：(例)彼らの学校について彼女に伝える。

東京都公立高等学校

2020年度

★★★★★★★★★★★★★★★★★★★★★★★★

共通問題（理科・社会）

2020年度

●くわしい解説……31ページ

＜理科＞

時間 50分 満点 100点

1 次の各問に答えよ。

〔問1〕 有性生殖では，受精によって新しい一つの細胞ができる。受精後の様子について述べたものとして適切なのは，次のうちではどれか。

ア 受精により親の体細胞に含まれる染色体の数と同じ数の染色体をもつ胚《はい》ができ，成長して受精卵になる。

イ 受精により親の体細胞に含まれる染色体の数と同じ数の染色体をもつ受精卵ができ，細胞分裂によって胚になる。

ウ 受精により親の体細胞に含まれる染色体の数の２倍の数の染色体をもつ胚ができ，成長して受精卵になる。

エ 受精により親の体細胞に含まれる染色体の数の２倍の数の染色体をもつ受精卵ができ，細胞分裂によって胚になる。

〔問2〕 図１のように，電気分解装置に薄い塩酸を入れ，電流を流したところ，塩酸の電気分解が起こり，陰極からは気体Ａが，陽極からは気体Ｂがそれぞれ発生し，集まった体積は気体Ａの方が気体Ｂより多かった。気体Ａの方が気体Ｂより集まった体積が多い理由と，気体Ｂの名称とを組み合わせたものとして適切なのは，次の表のア～エのうちではどれか。

図１

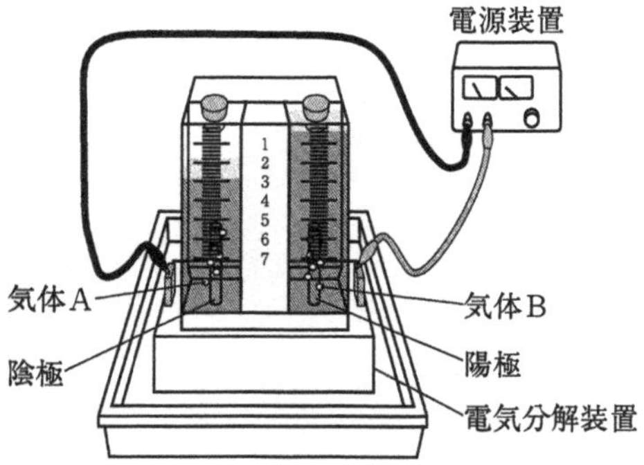

	気体Ａの方が気体Ｂより集まった体積が多い理由	気体Ｂの名称
ア	発生する気体Ａの体積の方が，発生する気体Ｂの体積より多いから。	塩素
イ	発生する気体Ａの体積の方が，発生する気体Ｂの体積より多いから。	酸素
ウ	発生する気体Ａと気体Ｂの体積は変わらないが，気体Ａは水に溶けにくく，気体Ｂは水に溶けやすいから。	塩素
エ	発生する気体Ａと気体Ｂの体積は変わらないが，気体Ａは水に溶けにくく，気体Ｂは水に溶けやすいから。	酸素

〔問3〕 150ｇの物体を一定の速さで1.6m持ち上げた。持ち上げるのにかかった時間は２秒だった。持ち上げた力がした仕事率を表したものとして適切なのは，下のア～エのうちではどれか。

ただし，100ｇの物体に働く重力の大きさは１Ｎとする。

ア 1.2W　　イ 2.4W　　ウ 120W　　エ 240W

〔問4〕　図2は，ある火成岩をルーペで観察したスケッチである。観察した火成岩は有色鉱物の割合が多く，黄緑色で不規則な形の有色鉱物Aが見られた。観察した火成岩の種類の名称と，有色鉱物Aの名称とを組み合わせたものとして適切なのは，次の表の**ア**～**エ**のうちではどれか。

図2

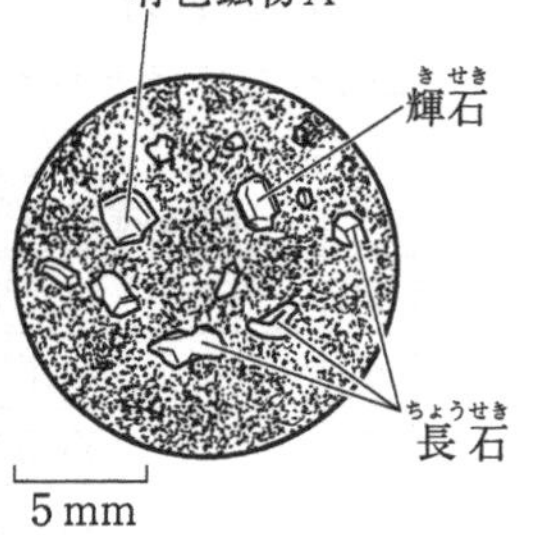

	観察した火成岩の種類の名称	有色鉱物Aの名称
ア	はんれい岩	石英《せきえい》
イ	はんれい岩	カンラン石
ウ	玄武岩《げんぶがん》	石英《せきえい》
エ	玄武岩《げんぶがん》	カンラン石

〔問5〕　酸化銀を加熱すると，白色の物質が残った。酸化銀を加熱したときの反応を表したモデルとして適切なのは，下の**ア**～**エ**のうちではどれか。

ただし，●は銀原子1個を，○は酸素原子1個を表すものとする。

ア　○●○　○●○　→　●　●　＋　○○　○○
イ　●○●　●○●　→　●　●　●　●　＋　○○
ウ　●○　→　●　＋　○
エ　●○●　→　●　●　＋　○

2　生徒が，水に関する事物・現象について，科学的に探究しようと考え，自由研究に取り組んだ。生徒が書いたレポートの一部を読み，次の各問に答えよ。

＜レポート1＞　空気中に含まれる水蒸気と気温について

雨がやみ，気温が下がった日の早朝に，霧が発生していた。同じ気温でも，霧が発生しない日もある。そこで，霧の発生は空気中に含まれている水蒸気の量と温度に関連があると考え，空気中の水蒸気の量と，水滴が発生するときの気温との関係について確かめることにした。

教室の温度と同じ24℃のくみ置きの水を金属製のコップAに半分入れた。次に，図1のように氷を入れた試験管を出し入れしながら，コップAの中の水をゆっくり冷やし，コップAの表面に水滴がつき始めたときの温度を測ると，14℃であった。教室の温度は24℃で変化がなかった。

また，飽和水蒸気量〔g/m^3〕は表1のように温度によって決まっていることが分かった。

図1

表1

温度〔℃〕	飽和水蒸気量〔g/m^3〕
12	10.7
14	12.1
16	13.6
18	15.4
20	17.3
22	19.4
24	21.8

〔問１〕　＜レポート１＞から，測定時の教室の湿度と，温度の変化によって霧が発生するときの空気の温度の様子について述べたものとを組み合わせたものとして適切なのは，次の表の**ア**～**エ**のうちではどれか。

	測定時の教室の湿度	温度の変化によって霧が発生するときの空気の温度の様子
ア	44.5%	空気が冷やされて，空気の温度が露点より低くなる。
イ	44.5%	空気が暖められて，空気の温度が露点より高くなる。
ウ	55.5%	空気が冷やされて，空気の温度が露点より低くなる。
エ	55.5%	空気が暖められて，空気の温度が露点より高くなる。

＜レポート２＞　凍結防止剤と水溶液の状態変化について

雪が降る予報があり，川にかかった橋の歩道で凍結防止剤が散布されているのを見た。凍結防止剤の溶けた水溶液は固体に変化するときの温度が下がることから，凍結防止剤は，水が氷に変わるのを防止するとともに，雪をとかして水にするためにも使用される。そこで，溶かす凍結防止剤の質量と温度との関係を確かめることにした。

３本の試験管Ａ～Ｃにそれぞれ10cm^3の水を入れ，凍結防止剤の主成分である塩化カルシウムを試験管Ｂには１ｇ，試験管Ｃには２ｇ入れ，それぞれ全て溶かした。試験管Ａ～Ｃのそれぞれについて－15℃まで冷却し試験管の中の物質を固体にした後，試験管を加熱して試験管の中の物質が液体に変化するときの温度を測定した結果は，表２のようになった。

表２

試験管	A	B	C
塩化カルシウム〔g〕	0	1	2
試験管の中の物質が液体に変化するときの温度〔℃〕	0	－5	－10

〔問２〕　＜レポート２＞から，試験管Ａの中の物質が液体に変化するときの温度を測定した理由について述べたものとして適切なのは，次のうちではどれか。

ア　塩化カルシウムを入れたときの水溶液の沸点が下がることを確かめるには，水の沸点を測定する必要があるため。

イ　塩化カルシウムを入れたときの水溶液の融点が下がることを確かめるには，水の融点を測定する必要があるため。

ウ　水に入れる塩化カルシウムの質量を変化させても，水溶液の沸点が変わらないことを確かめるため。

エ　水に入れる塩化カルシウムの質量を変化させても，水溶液の融点が変わらないことを確かめるため。

＜レポート３＞　水面に映る像について

池の水面にサクラの木が逆さまに映って見えた。そこで，サクラの木が水面に逆さまに映って見える現象について確かめることにした。

鏡を用いた実験では，光は空気中で直進し，空気とガラスの境界面で反射することや，光が反射するときには入射角と反射角は等しいという光の反射の法則が成り立つことを学んだ。水面に映るサクラの木が逆さまの像となる現象も，光が直進することと光の反射の法則により説明できることが分かった。

〔問3〕 **＜レポート3＞**から，観測者が観測した位置を点Xとし，水面とサクラの木を模式的に表したとき，点Aと点Bからの光が水面で反射し点Xまで進む光の道筋と，点Xから水面を見たときの点Aと点Bの像が見える方向を表したものとして適切なのは，下の**ア**～**エ**のうちではどれか。ただし，点Aは地面からの高さが点Xの2倍の高さ，点Bは地面からの高さが点Xと同じ高さとする。

ア

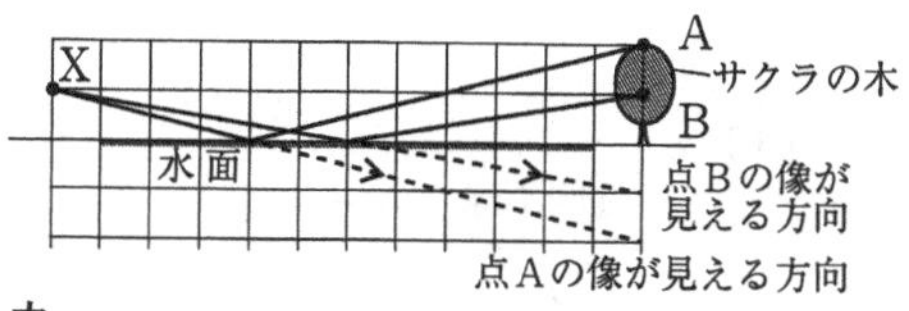

イ

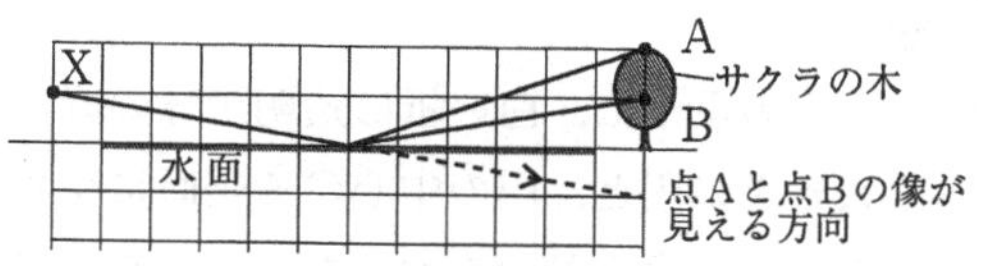

ウ

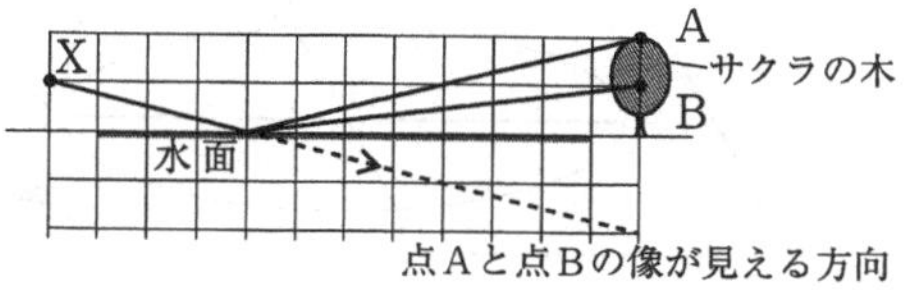

エ

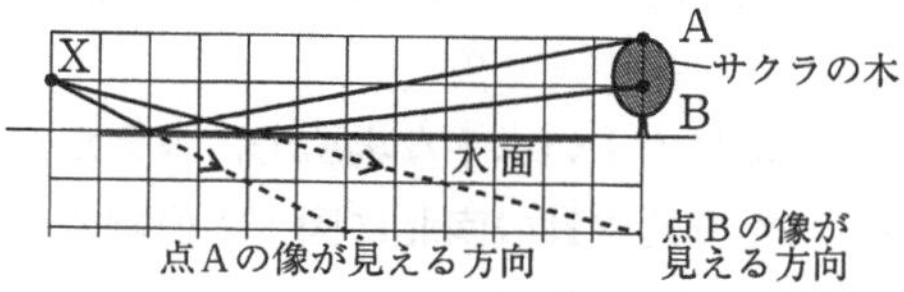

＜レポート4＞　水生生物による水質調査について

川にどのような生物がいるかを調査することによって，調査地点の水質を知ることができる。水生生物による水質調査では，表3のように，水質階級はⅠ～Ⅳに分かれていて，水質階級ごとに指標生物が決められている。調査地点で見つけた指標生物のうち，個体数が多い上位2種類を2点，それ以外の指標生物を1点として，水質階級ごとに点数を合計し，最も点数の高い階級をその地点の水質階級とすることを学んだ。そこで，学校の近くの川について確かめることにした。

表3

水質階級	指標生物
Ⅰ きれいな水	カワゲラ・ナガレトビケラ・ウズムシ・ヒラタカゲロウ・サワガニ
Ⅱ ややきれいな水	シマトビケラ・カワニナ・ゲンジボタル
Ⅲ 汚い水	タニシ・シマイシビル・ミズカマキリ
Ⅳ とても汚い水	アメリカザリガニ・サカマキガイ・エラミミズ・セスジユスリカ

学校の近くの川で調査を行った地点では，ゲンジボタルは見つからなかったが，ゲンジボタルの幼虫のエサとして知られているカワニナが見つかった。カワニナは内臓が外とう膜で覆われている動物のなかまである。カワニナのほかに，カワゲラ，ヒラタカゲロウ，シマトビケラ，シマイシビルが見つかり，その他の指標生物は見つからなかった。見つけた生物のうち，シマトビケラの個体数が最も多く，シマイシビルが次に多かった。

〔問4〕 **＜レポート4＞**から，学校の近くの川で調査を行った地点の水質階級と，内臓が外とう膜で覆われている動物のなかまの名称とを組み合わせたものとして適切なのは，次の表の**ア**～**エ**のうちではどれか。

	調査を行った地点の水質階級	内臓が外とう膜で覆われている動物のなかまの名称
ア	Ⅰ	節足動物
イ	Ⅰ	軟体動物
ウ	Ⅱ	節足動物
エ	Ⅱ	軟体動物

3　太陽の１日の動きを調べる観察について，次の各問に答えよ。

東京の地点X（北緯35.6°）で，ある年の夏至の日に，**＜観察＞**を行ったところ，**＜結果１＞**のようになった。

＜観察＞

(1)　図１のように，白い紙に透明半球の縁と同じ大きさの円と，円の中心Oで垂直に交わる直線ACと直線BDをかいた。かいた円に合わせて透明半球をセロハンテープで固定した。

(2)　日当たりのよい水平な場所で，N極が黒く塗られた方位磁針の南北に図１の直線ACを合わせて固定した。

(3)　９時から15時までの間，１時間ごとに，油性ペンの先の影が円の中心Oと一致する透明半球上の位置に•印と観察した時刻を記入した。

(4)　図２のように，記録した•印を滑らかな線で結び，その線を透明半球の縁まで延ばして東側で円と交わる点をFとし，西側で円と交わる点をGとした。

図１

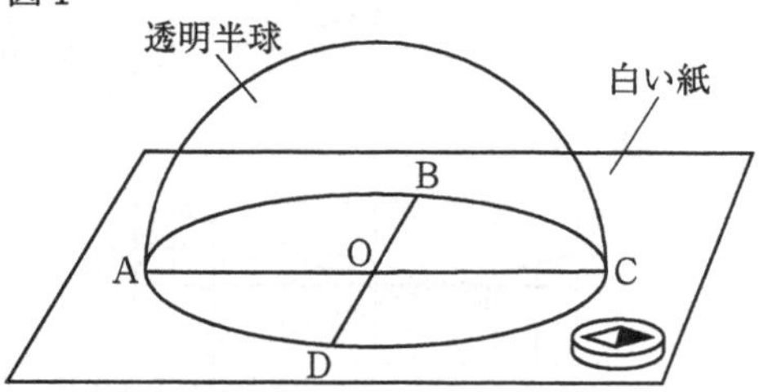

図２

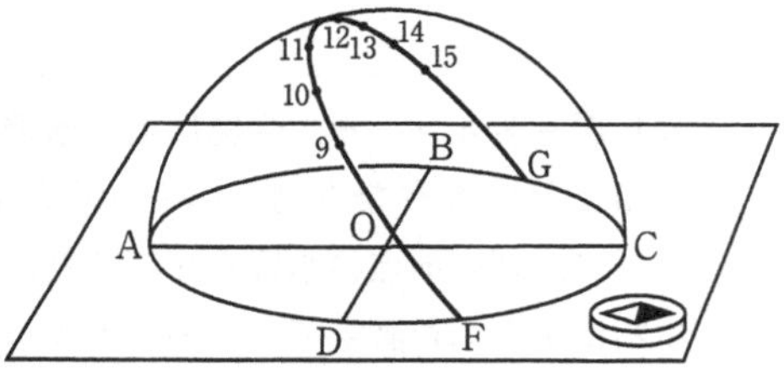

(5)　透明半球にかいた滑らかな線に紙テープを合わせて，１時間ごとに記録した•印と時刻を写し取り，点Fから９時までの間，•印と•印の間，15時から点Gまでの間をものさしで測った。

＜結果１＞

図３のようになった。

図３

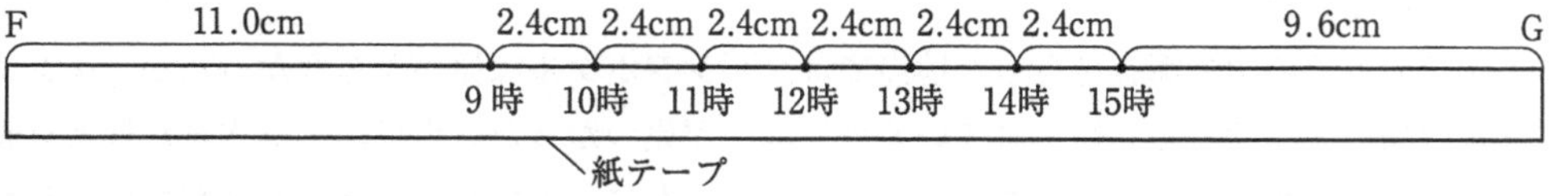

〔問１〕　**＜観察＞**を行った日の日の入りの時刻を，**＜結果１＞**から求めたものとして適切なのは，次のうちではどれか。

ア　18時　　**イ**　18時35分　　**ウ**　19時　　**エ**　19時35分

〔問２〕　**＜観察＞**を行った日の南半球のある地点Y（南緯35.6°）における，太陽の動きを表した模式図として適切なのは，次のうちではどれか。

ア

イ

ウ

エ

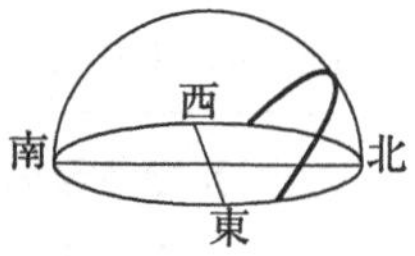

次に，**＜観察＞**を行った東京の地点Xで，秋分の日に**＜観察＞**の(1)から(3)までと同様に記録し，記録した●印を滑らかな線で結び，その線を透明半球の縁まで延ばしたところ，図4のようになった。

図4

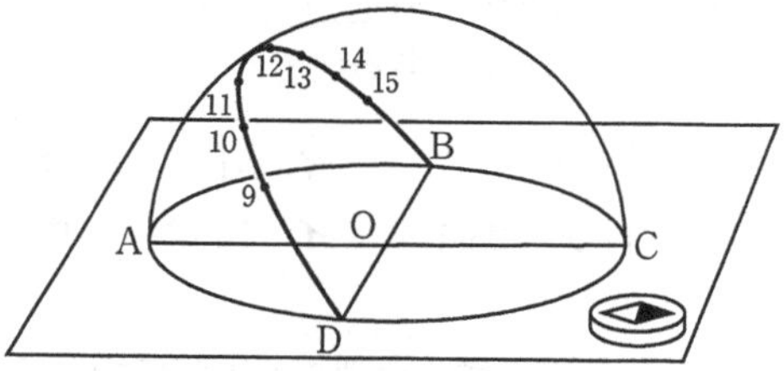

次に，秋分の日の翌日，東京の地点Xで，**＜実験＞**を行ったところ，**＜結果2＞**のようになった。

＜実験＞

(1) 黒く塗った試験管，ゴム栓，温度計，発泡ポリスチレンを二つずつ用意し，黒く塗った試験管に24℃のくみ置きの水をいっぱいに入れ，空気が入らないようにゴム栓と温度計を差し込み，図5のような装置を2組作り，装置H，装置Iとした。

図5

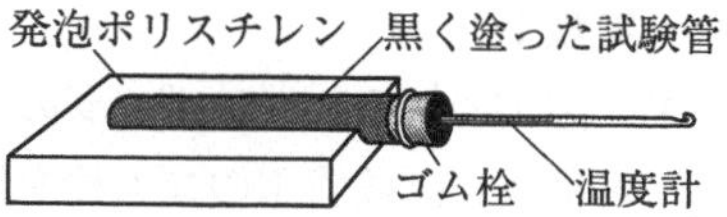

図6

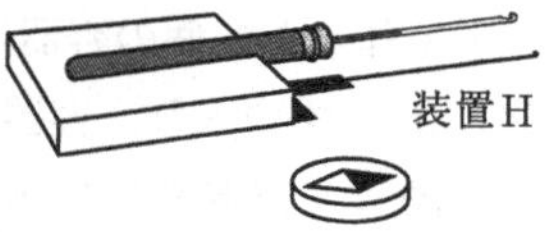

(2) 12時に，図6のように，日当たりのよい水平な場所に装置Hを置いた。また，図7のように，装置Iを装置と地面（水平面）でできる角を角a，発泡ポリスチレンの上端と影の先を結んでできる線と装置との角を角bとし，黒く塗った試験管を取り付けた面を太陽に向けて，太陽の光が垂直に当たるように角bを90°に調節して，12時に日当たりのよい水平な場所に置いた。

図7

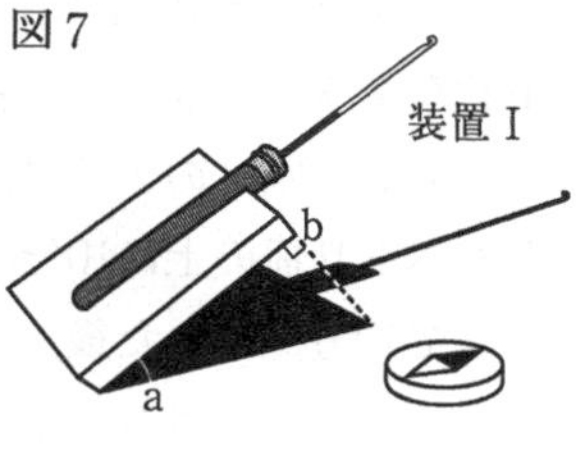

(3) 装置Hと装置Iを置いてから10分後の試験管内の水温を測定した。

＜結果2＞

	装置H	装置I
12時の水温〔℃〕	24.0	24.0
12時10分の水温〔℃〕	35.2	37.0

〔問3〕 南中高度が高いほど地表が温まりやすい理由を，**＜結果2＞**を踏まえて，同じ面積に受ける太陽の光の量（エネルギー）に着目して簡単に書け。

〔問4〕 次のページの図8は，**＜観察＞**を行った東京の地点X（北緯35.6°）での冬至の日の太陽の光の当たり方を模式的に表したものである。次のページの文は，冬至の日の南中時刻に，地点Xで図7の装置Iを用いて，黒く塗った試験管内の水温を測定したとき，10分後の水温が最も高くなる装置Iの角aについて述べている。

文中の ① と ② にそれぞれ当てはまるものとして適切なのは，次のページの**ア**～**エ**のうちではどれか。

ただし，地軸は地球の公転面に垂直な方向に対して23.4°傾いているものとする。

> 地点Xで冬至の日の南中時刻に，図7の装置Ⅰを用いて，黒く塗った試験管内の水温を測定したとき，10分後の水温が最も高くなる角aは，図8中の角 [①] と等しく，角の大きさは [②] である。

図8

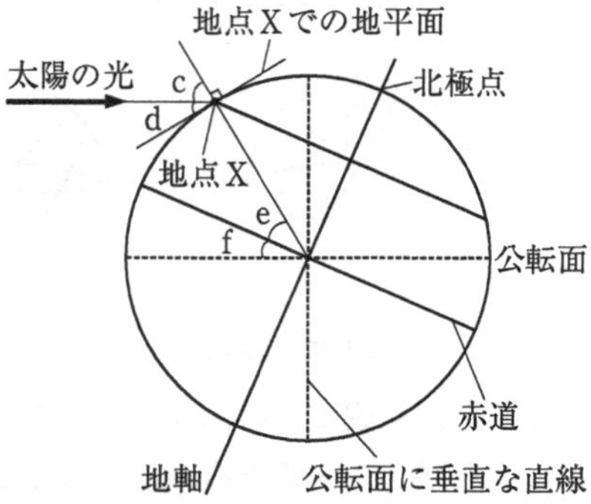

①	ア　c	イ　d	ウ　e	エ　f
②	ア　23.4°	イ　31.0°	ウ　59.0°	エ　66.6°

4　消化酵素の働きを調べる実験について，次の各問に答えよ。

＜実験１＞を行ったところ，＜結果１＞のようになった。

＜実験１＞

⑴　図１のように，スポンジの上に載せたアルミニウムはくに試験管用のゴム栓を押し付けて型を取り，アルミニウムはくの容器を６個作った。

⑵　⑴で作った６個の容器に１％デンプン溶液をそれぞれ2$\mathrm{cm^3}$ずつ入れ，容器A～Fとした。

⑶　容器Aと容器Bには水1$\mathrm{cm^3}$を，容器Cと容器Dには水で薄めた唾液1$\mathrm{cm^3}$を，容器Eと容器Fには消化酵素Xの溶液1$\mathrm{cm^3}$を，それぞれ加えた。容器A～Fを，図２のように，40℃の水を入れてふたをしたペトリ皿の上に10分間置いた。

⑷　⑶で10分間置いた後，図３のように，容器A，容器C，容器Eにはヨウ素液を加え，それぞれの溶液の色を観察した。また，図４のように，容器B，容器D，容器Fにはベネジクト液を加えてから弱火にしたガスバーナーで加熱し，それぞれの溶液の色を観察した。

図１

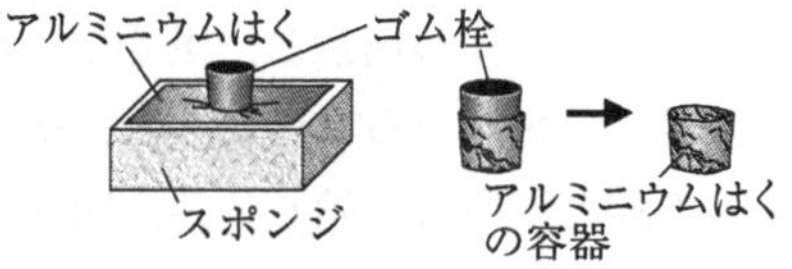

図２

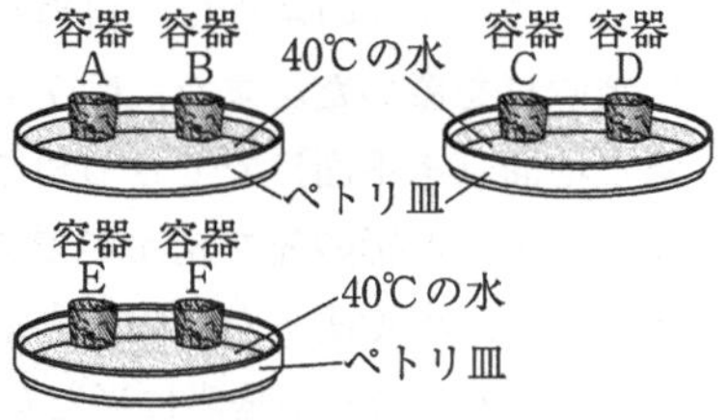

図３

図４

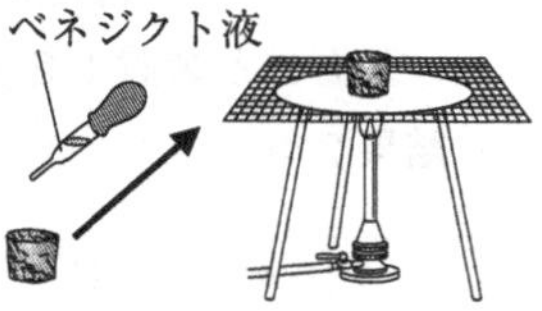

＜結果１＞

容器	１％デンプン溶液2$\mathrm{cm^3}$に加えた液体	加えた試薬	観察された溶液の色
A	水1$\mathrm{cm^3}$	ヨウ素液	青紫色
B		ベネジクト液	青色
C	水で薄めた唾液1$\mathrm{cm^3}$	ヨウ素液	茶褐色
D		ベネジクト液	赤褐色
E	消化酵素Xの溶液1$\mathrm{cm^3}$	ヨウ素液	青紫色
F		ベネジクト液	青色

次に，＜**実験１**＞と同じ消化酵素Ｘの溶液を用いて＜**実験２**＞を行ったところ，＜**結果２**＞のようになった。

＜**実験２**＞

⑴　ペトリ皿を２枚用意し，それぞれのペトリ皿に60℃のゼラチン水溶液を入れ，冷やしてゼリー状にして，ペトリ皿ＧとＨとした。ゼラチンの主成分はタンパク質であり，ゼリー状のゼラチンは分解されると溶けて液体になる性質がある。

⑵　図５のように，ペトリ皿Ｇには水をしみ込ませたろ紙を，ペトリ皿Ｈには消化酵素Ｘの溶液をしみ込ませたろ紙を，それぞれのゼラチンの上に載せ，24℃で15分間保った。

⑶　⑵で15分間保った後，ペトリ皿ＧとＨの変化の様子を観察した。

図５

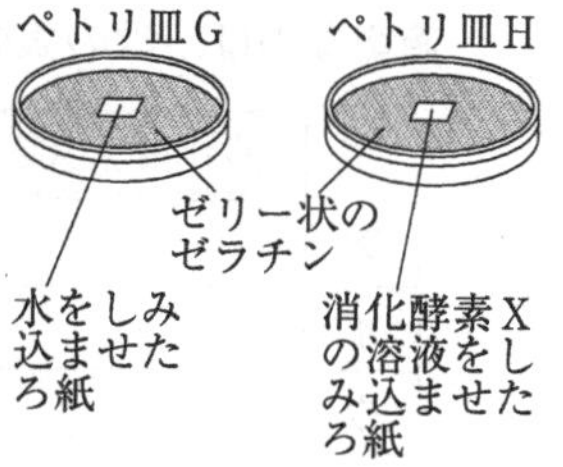

＜**結果２**＞

ペトリ皿	ろ紙にしみ込ませた液体	ろ紙を載せた部分の変化	ろ紙を載せた部分以外の変化
Ｇ	水	変化しなかった。	変化しなかった。
Ｈ	消化酵素Ｘの溶液	ゼラチンが溶けて液体になった。	変化しなかった。

次に，＜**実験１**＞と同じ消化酵素Ｘの溶液を用いて＜**実験３**＞を行ったところ，＜**結果３**＞のようになった。

＜**実験３**＞

⑴　ペトリ皿に60℃のゼラチン水溶液を入れ，冷やしてゼリー状にして，ペトリ皿Ｉとした。

⑵　図６のように，消化酵素Ｘの溶液を試験管に入れ80℃の水で10分間温めた後に24℃に戻し，加熱後の消化酵素Ｘの溶液とした。図７のように，ペトリ皿Ｉには加熱後の消化酵素Ｘの溶液をしみ込ませたろ紙を，ゼラチンの上に載せ，24℃で15分間保った後，ペトリ皿Ｉの変化の様子を観察した。

図６

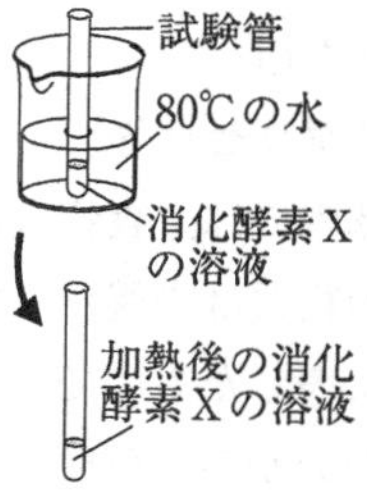

図７

＜**結果３**＞

ろ紙を載せた部分も，ろ紙を載せた部分以外も変化はなかった。

〔問１〕　＜**結果１**＞から分かる，消化酵素の働きについて述べた次の文の ① ～ ③ にそれぞれ当てはまるものとして適切なのは，下の**ア**～**エ**のうちではどれか。

> ① の比較から，デンプンは ② の働きにより別の物質になったことが分かる。さらに， ③ の比較から， ② の働きによりできた別の物質は糖であることが分かる。

① **ア**　容器Ａと容器Ｃ　　**イ**　容器Ａと容器Ｅ
　　ウ　容器Ｂと容器Ｄ　　**エ**　容器Ｂと容器Ｆ

② **ア**　水　　**イ**　ヨウ素液　　**ウ**　唾液　　**エ**　消化酵素Ｘ

③　ア　容器Ａと容器Ｃ　　イ　容器Ａと容器Ｅ
　　ウ　容器Ｂと容器Ｄ　　エ　容器Ｂと容器Ｆ

〔問２〕　**＜結果１＞**と**＜結果２＞**から分かる，消化酵素Ｘと同じ働きをするヒトの消化酵素の名称と，**＜結果３＞**から分かる，加熱後の消化酵素Ｘの働きの様子とを組み合わせたものとして適切なのは，次の表の**ア**～**エ**のうちではどれか。

	消化酵素Ｘと同じ働きをするヒトの消化酵素の名称	加熱後の消化酵素Ｘの働きの様子
ア	アミラーゼ	タンパク質を分解する。
イ	アミラーゼ	タンパク質を分解しない。
ウ	ペプシン	タンパク質を分解する。
エ	ペプシン	タンパク質を分解しない。

〔問３〕　ヒトの体内における，デンプンとタンパク質の分解について述べた次の文の ① ～ ④ にそれぞれ当てはまるものとして適切なのは，下の**ア**～**エ**のうちではどれか。

> デンプンは， ① から分泌される消化液に含まれる消化酵素などの働きで，最終的に ② に分解され，タンパク質は， ③ から分泌される消化液に含まれる消化酵素などの働きで，最終的に ④ に分解される。

①　**ア**　唾液腺・胆のう　　**イ**　唾液腺・すい臓　　**ウ**　胃・胆のう　　**エ**　胃・すい臓
②　**ア**　ブドウ糖　　**イ**　アミノ酸　　**ウ**　脂肪酸
　　エ　モノグリセリド
③　**ア**　唾液腺・胆のう　　**イ**　唾液腺・すい臓　　**ウ**　胃・胆のう　　**エ**　胃・すい臓
④　**ア**　ブドウ糖　　**イ**　アミノ酸　　**ウ**　脂肪酸
　　エ　モノグリセリド

〔問４〕　ヒトの体内では，食物は消化酵素などの働きにより分解された後，多くの物質は小腸から吸収される。図８は小腸の内壁の様子を模式的に表したもので，約１㎜の長さの微小な突起で覆われていることが分かる。分解された物質を吸収する上での小腸の内壁の構造上の利点について，微小な突起の名称に触れて，簡単に書け。

図８

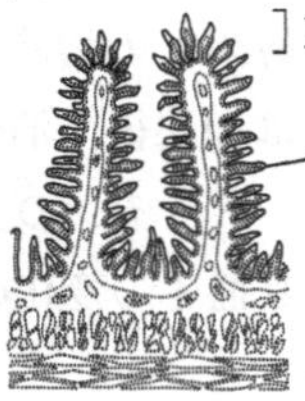

5　物質の性質を調べて区別する実験について，次の各問に答えよ。

４種類の白色の物質Ａ～Ｄは，塩化ナトリウム，ショ糖（砂糖），炭酸水素ナトリウム，ミョウバンのいずれかである。

＜実験１＞を行ったところ，**＜結果１＞**のようになった。

＜実験１＞

⑴　物質Ａ～Ｄをそれぞれ別の燃焼さじに少量載せ，図１のように加熱し，物質の変化の様子を調べた。

図１

⑵　**＜実験１＞**の⑴では，物質Ｂと物質Ｃは，燃えずに白色の物質が残り，区別がつかなかった。そのため，乾いた試験管を２本用意し，それ

ぞれの試験管に物質Ｂ，物質Ｃを少量入れた。物質Ｂの入った試験管にガラス管がつながっているゴム栓をして，図２のように，試験管の口を少し下げ，スタンドに固定した。

(3)　試験管を加熱し，加熱中の物質の変化を調べた。気体が発生した場合，発生した気体を水上置換法で集めた。

(4)　**＜実験１＞**の(2)の物質Ｂの入った試験管を物質Ｃの入った試験管に替え，**＜実験１＞**の(2)，(3)と同様の実験を行った。

図２

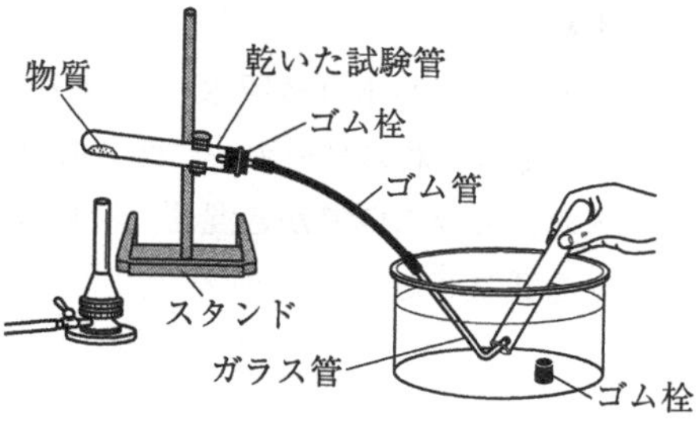

＜結果１＞

	物質Ａ	物質Ｂ	物質Ｃ	物質Ｄ
＜実験１＞の(1)で加熱した物質の変化	溶けた。	白色の物質が残った。	白色の物質が残った。	焦げて黒色の物質が残った。
＜実験１＞の(3)，(4)で加熱中の物質の変化		気体が発生した。	変化しなかった。	

〔問１〕　**＜実験１＞**の(1)で，物質Ｄのように，加熱すると焦げて黒色に変化する物質について述べたものとして適切なのは，次のうちではどれか。

ア　ろうは無機物であり，炭素原子を含まない物質である。

イ　ろうは有機物であり，炭素原子を含む物質である。

ウ　活性炭は無機物であり，炭素原子を含まない物質である。

エ　活性炭は有機物であり，炭素原子を含む物質である。

〔問２〕　**＜実験１＞**の(3)で，物質Ｂを加熱したときに発生した気体について述べた次の文の ① に当てはまるものとして適切なのは，下の**ア**～**エ**のうちではどれか。また， ② に当てはまるものとして適切なのは，下の**ア**～**エ**のうちではどれか。

> 物質Ｂを加熱したときに発生した気体には ① という性質があり，発生した気体と同じ気体を発生させるには， ② という方法がある。

①　**ア**　物質を燃やす

イ　空気中で火をつけると音をたてて燃える

ウ　水に少し溶け，その水溶液は酸性を示す

エ　水に少し溶け，その水溶液はアルカリ性を示す

②　**ア**　石灰石に薄い塩酸を加える

イ　二酸化マンガンに薄い過酸化水素水を加える

ウ　亜鉛に薄い塩酸を加える

エ　塩化アンモニウムと水酸化カルシウムを混合して加熱する

次に，**＜実験２＞**を行ったところ，**＜結果２＞**のようになった。

＜実験２＞

(1)　20℃の精製水（蒸留水）100ｇを入れたビーカーを４個用意し，それぞれのビーカーに図３のように物質Ａ～Ｄを20ｇずつ入れ，ガラス棒でかき混ぜ，精製水（蒸留水）に溶けるかどうかを観察した。

図３

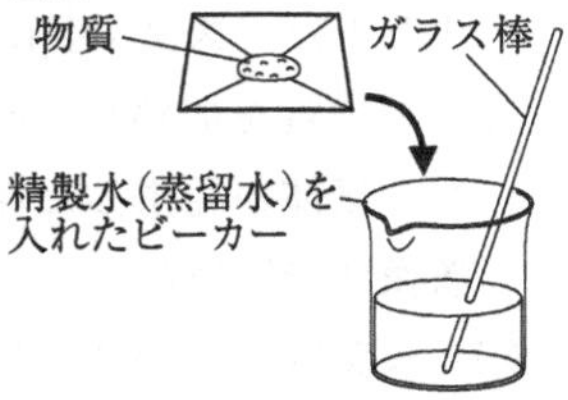

(2)　図４のように，ステンレス製の電極，電源装置，豆電球，電流計をつないで回路を作り，**＜実験２＞**の(1)のそれぞれのビーカーの中に，精製水（蒸留水）でよく洗った電極を入れ，電流が流れるかどうかを調べた。

図４

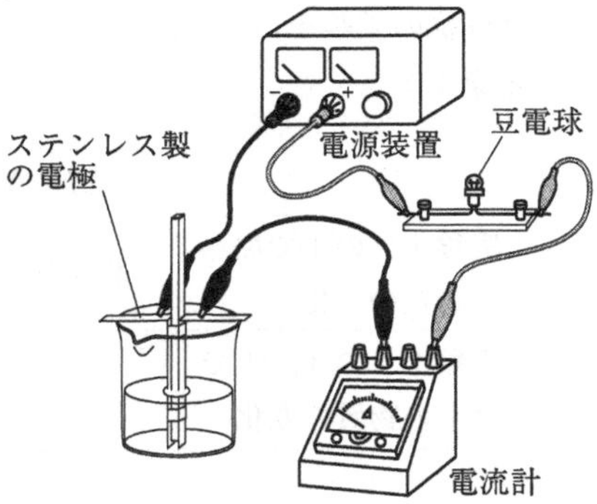

(3)　塩化ナトリウム，ショ糖（砂糖），炭酸水素ナトリウム，ミョウバンの水100ｇに対する溶解度を，図書館で調べた。

＜結果２＞

(1)　**＜実験２＞**の(1)，(2)で調べた結果は，次の表のようになった。

	物質Ａ	物質Ｂ	物質Ｃ	物質Ｄ
20℃の精製水（蒸留水）100ｇに溶けるかどうか	一部が溶けずに残った。	一部が溶けずに残った。	全て溶けた。	全て溶けた。
電流が流れるかどうか	流れた。	流れた。	流れた。	流れなかった。

(2)　**＜実験２＞**の(3)で調べた結果は，次の表のようになった。

水の温度〔℃〕	塩化ナトリウムの質量〔g〕	ショ糖（砂糖）の質量〔g〕	炭酸水素ナトリウムの質量〔g〕	ミョウバンの質量〔g〕
0	35.6	179.2	6.9	5.7
20	35.8	203.9	9.6	11.4
40	36.3	238.1	12.7	23.8
60	37.1	287.3	16.4	57.4

〔問３〕　物質Ｃを水に溶かしたときの電離の様子を，化学式とイオン式を使って書け。

〔問４〕　**＜結果２＞**で，物質の一部が溶けずに残った水溶液を40℃まで加熱したとき，一方は全て溶けた。全て溶けた方の水溶液を水溶液Ｐとするとき，水溶液Ｐの溶質の名称を書け。また，40℃まで加熱した水溶液Ｐ120ｇを20℃に冷やしたとき，取り出すことができる結晶の質量〔ｇ〕を求めよ。

6　電熱線に流れる電流とエネルギーの移り変わりを調べる実験について，次の各問に答えよ。
＜**実験1**＞を行ったところ，＜**結果1**＞のようになった。

＜**実験1**＞

(1)　電流計，電圧計，電気抵抗の大きさが異なる電熱線Aと電熱線B，スイッチ，導線，電源装置を用意した。

(2)　電熱線Aをスタンドに固定し，図1のように，回路を作った。

(3)　電源装置の電圧を1.0Vに設定した。

(4)　回路上のスイッチを入れ，回路に流れる電流の大きさ，電熱線の両端に加わる電圧の大きさを測定した。

(5)　電源装置の電圧を2.0V，3.0V，4.0V，5.0Vに変え，＜**実験1**＞の(4)と同様の実験を行った。

(6)　電熱線Aを電熱線Bに変え，＜**実験1**＞の(3)，(4)，(5)と同様の実験を行った。

図1

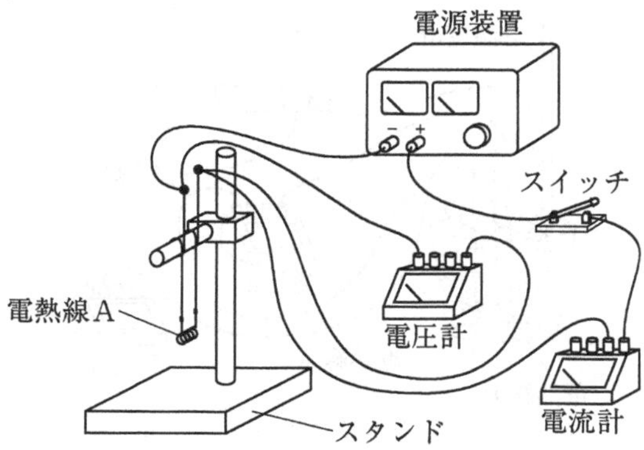

＜**結果1**＞

	電源装置の電圧〔V〕	1.0	2.0	3.0	4.0	5.0
電熱線A	回路に流れる電流の大きさ〔A〕	0.17	0.33	0.50	0.67	0.83
	電熱線Aの両端に加わる電圧の大きさ〔V〕	1.0	2.0	3.0	4.0	5.0
電熱線B	回路に流れる電流の大きさ〔A〕	0.25	0.50	0.75	1.00	1.25
	電熱線Bの両端に加わる電圧の大きさ〔V〕	1.0	2.0	3.0	4.0	5.0

〔問1〕　＜**結果1**＞から，電熱線Aについて，電熱線Aの両端に加わる電圧の大きさと回路に流れる電流の大きさの関係を，解答用紙の方眼を入れた図に●を用いて記入し，グラフをかけ。
また，電熱線Aの両端に加わる電圧の大きさが9.0Vのとき，回路に流れる電流の大きさは何Aか。

次に，＜**実験2**＞を行ったところ，＜**結果2**＞のようになった。

＜**実験2**＞

(1)　電流計，電圧計，＜**実験1**＞で使用した電熱線Aと電熱線B，200gの水が入った発泡ポリスチレンのコップ，温度計，ガラス棒，ストップウォッチ，スイッチ，導線，電源装置を用意した。

(2)　図2（次のページ）のように，電熱線Aと電熱線Bを直列に接続し，回路を作った。

(3)　電源装置の電圧を5.0Vに設定した。

(4)　回路上のスイッチを入れる前の水の温度を測定し，ストップウォッチのスタートボタンを押すと同時に回路上のスイッチを入れ，回路に流れる電流の大きさ，回路上の点aから点bまでの間に加わる電圧の大きさを測定した。

(5) 1分ごとにガラス棒で水をゆっくりかきまぜ，回路上のスイッチを入れてから5分後の水の温度を測定した。

(6) 図3のように，電熱線Aと電熱線Bを並列に接続し，回路を作り，**＜実験2＞**の(3)，(4)，(5)と同様の実験を行った。

図2

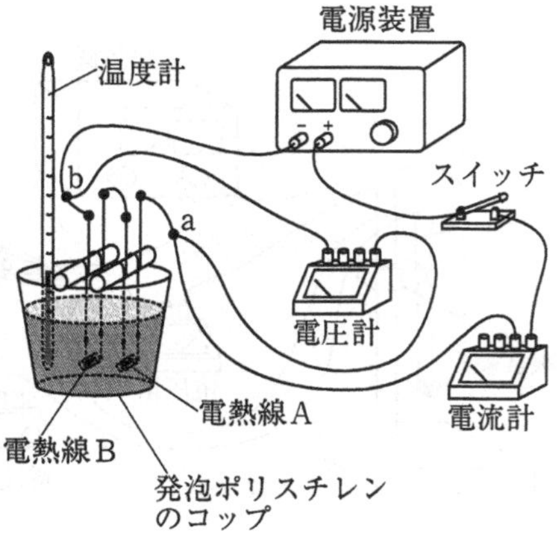

図3

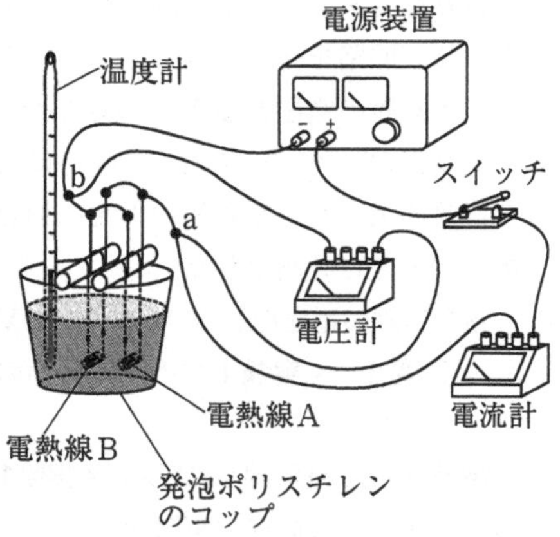

＜結果2＞

	電熱線Aと電熱線Bを直列に接続したとき	電熱線Aと電熱線Bを並列に接続したとき
電源装置の電圧〔V〕	5.0	5.0
スイッチを入れる前の水の温度〔℃〕	20.0	20.0
回路に流れる電流の大きさ〔A〕	0.5	2.1
回路上の点aから点bまでの間に加わる電圧の大きさ〔V〕	5.0	5.0
回路上のスイッチを入れてから5分後の水の温度〔℃〕	20.9	23.8

〔問2〕 **＜結果1＞**と**＜結果2＞**から，電熱線Aと電熱線Bを直列に接続したときと並列に接続したときの回路において，直列に接続したときの電熱線Bに流れる電流の大きさと並列に接続したときの電熱線Bに流れる電流の大きさを最も簡単な整数の比で表したものとして適切なのは，次のうちではどれか。

ア 1：5 **イ** 2：5

ウ 5：21 **エ** 10：21

〔問3〕 **＜結果2＞**から，電熱線Aと電熱線Bを並列に接続し，回路上のスイッチを入れてから5分間電流を流したとき，電熱線Aと電熱線Bの発熱量の和を**＜結果2＞**の電流の値を用いて求めたものとして適切なのは，次のうちではどれか。

ア 12.5 J **イ** 52.5 J

ウ 750 J **エ** 3150 J

〔問4〕 **＜結果1＞**と**＜結果2＞**から，電熱線の性質とエネルギーの移り変わりの様子について述べたものとして適切なのは，次のうちではどれか。

ア　電熱線には電気抵抗の大きさが大きくなると電流が流れにくくなる性質があり，電気エネルギーを熱エネルギーに変換している。

イ　電熱線には電気抵抗の大きさが大きくなると電流が流れにくくなる性質があり，電気エネルギーを化学エネルギーに変換している。

ウ　電熱線には電気抵抗の大きさが小さくなると電流が流れにくくなる性質があり，熱エネルギーを電気エネルギーに変換している。

エ　電熱線には電気抵抗の大きさが小さくなると電流が流れにくくなる性質があり，熱エネルギーを化学エネルギーに変換している。

＜社会＞

時間 50分 満点 100点

1 次の各問に答えよ。

〔問１〕 次の図は，神奈川県藤沢《ふじさわ》市の「江《え》の島《しま》」の様子を地域調査の発表用資料としてまとめたものである。この地域の景観を，●で示した地点から矢印⬋の向きに撮影した写真に当てはまるのは，下の**ア**～**エ**のうちではどれか。

発表用資料

江の島の地域調査 調査日 令和元年11月16日（土） 天候 晴れ

自然地理コース トンボロ（陸繋島《りくけいとう》）→ ヨットハーバー → 海食台と海食崖

○ 片瀬江ノ島駅から海岸沿いを進み，●で示した地点から⬋の向きに写真を撮った。

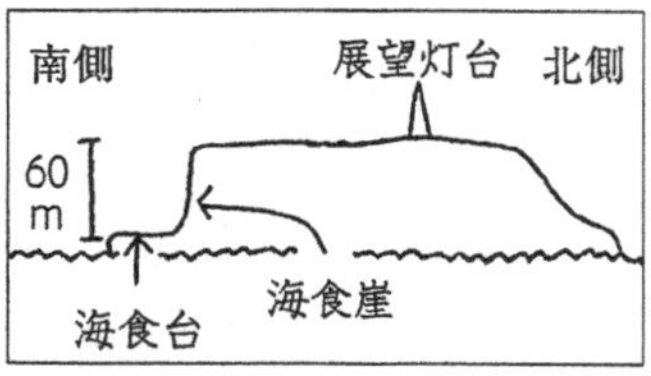

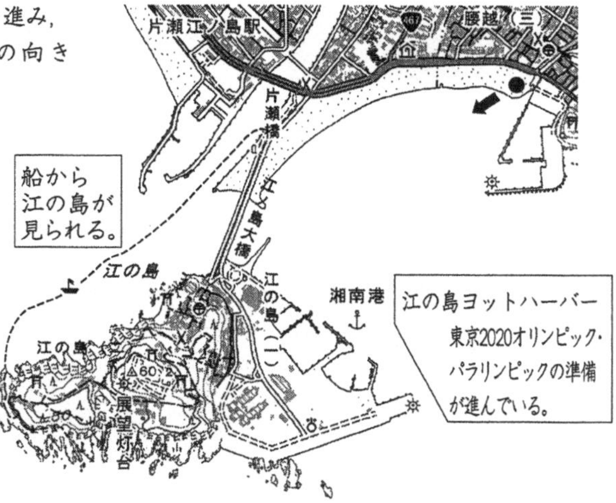

○ 江ノ島大橋を渡る時には，橋の下に，砂が堆積した部分が見えた。

○ 島の東側を南に進むと，切り立った崖が見えた。

○ 島の南側では，海が浸食した地形が観察できた。

ア

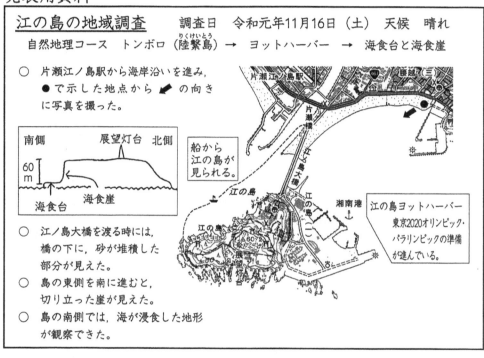

イ

ウ

エ

〔問２〕　次のⅠの略地図中の**ア**～**エ**は，世界遺産に登録されている我が国の主な歴史的文化財の所在地を示したものである。Ⅱの文で述べている歴史的文化財の所在地に当てはまるのは，略地図中の**ア**～**エ**のうちのどれか。

Ⅰ

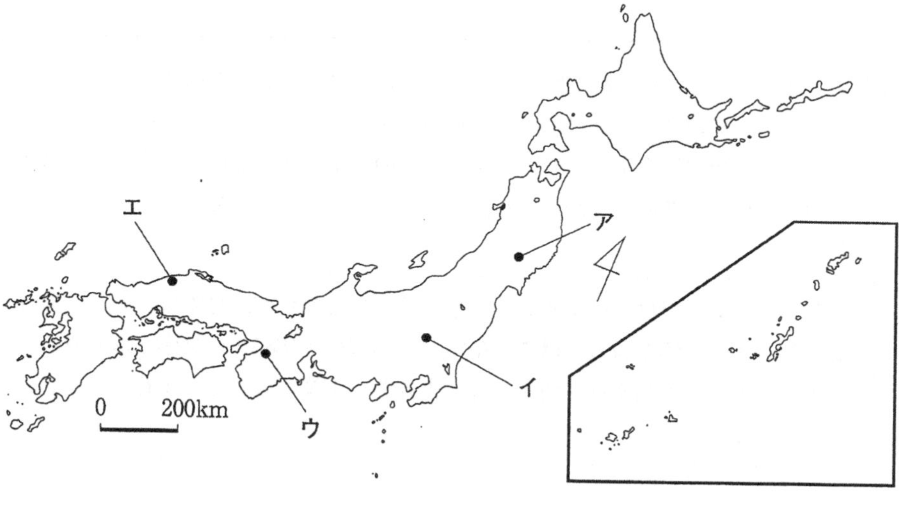

Ⅱ

5世紀中頃に造られた，大王《おおきみ》の墓と言われる日本最大の面積を誇る前方後円墳で，周囲には三重の堀が巡らされ，古墳の表面や頂上等からは，人や犬，馬などの形をした埴輪《はにわ》が発見されており，2019年に世界遺産に登録された。

［問３］ 次の文で述べている国際連合の機関に当てはまるのは，下の**ア**～**エ**のうちのどれか。

国際紛争を調査し，解決方法を勧告する他，平和を脅《おびや》かすような事態の発生時には，経済封鎖や軍事的措置などの制裁を加えることができる主要機関である。

ア　国連難民高等弁務官事務所
イ　安全保障理事会
ウ　世界保健機関
エ　国際司法裁判所

2　次の略地図を見て，あとの各問に答えよ。

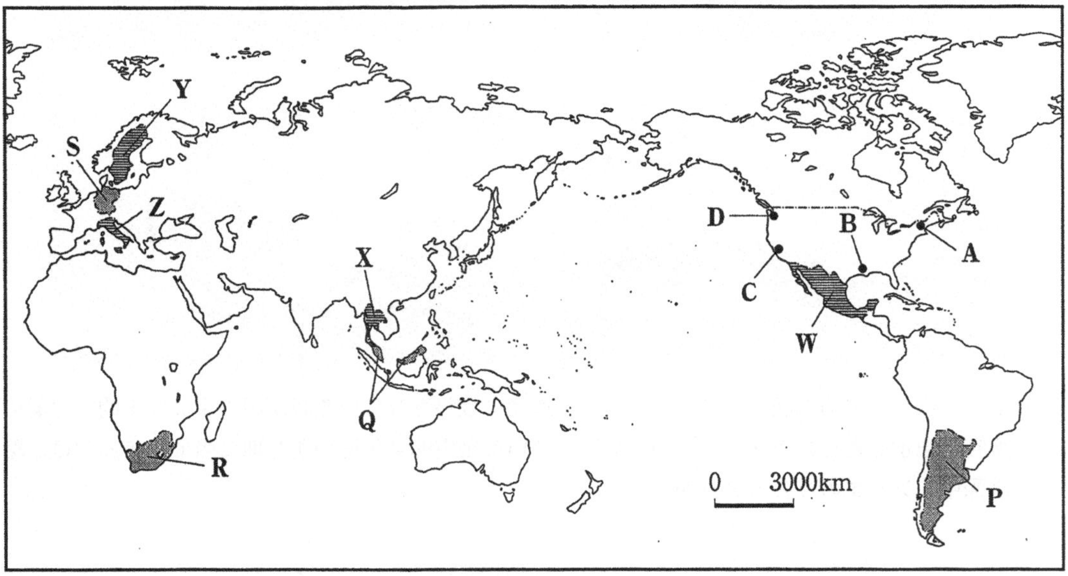

［問１］ 次のⅠの文章は，略地図中のA～D**のいずれか**の都市の様子についてまとめたものである。次のページのⅡのグラフは，A～D**のいずれか**の都市の，年平均気温と年降水量及び各月の平均気温と降水量を示したものである。Ⅰの文章で述べている都市に当てはまるのは，略地図中のA～Dのうちのどれか，また，その都市のグラフに当てはまるのは，Ⅱの**ア**～**エ**のうちのどれか。

Ⅰ

サンベルト北限付近に位置し，冬季は温暖で湿潤だが，夏季は乾燥し，寒流の影響で高温にならず，一年を通して過ごしやすい。周辺には1885年に大学が設立され，1950年代から半導体の生産が始まり，情報分野で世界的な企業が成長し，現在も世界各国から研究者が集まっている。

Ⅱ

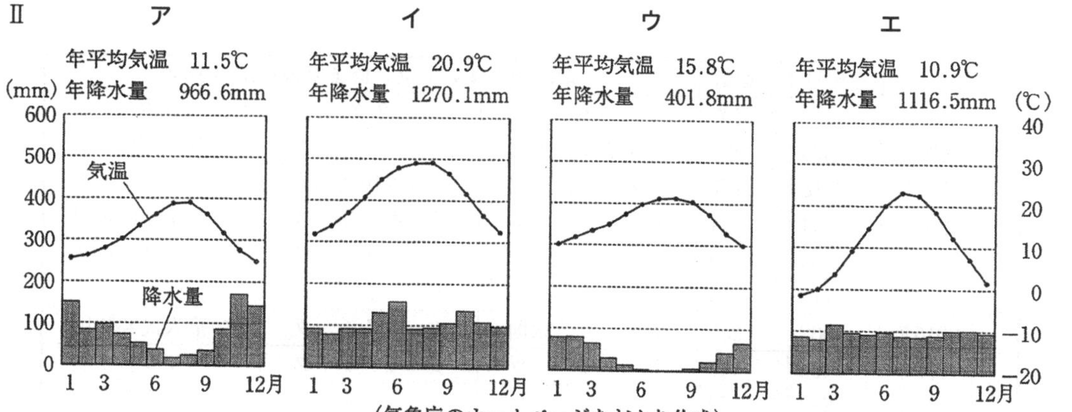

(気象庁のホームページなどより作成)

〔問2〕 次の表のア～エは，略地図中に で示したP～Sの**いずれか**の国の，2017年における自動車の生産台数，販売台数，交通や自動車工業の様子についてまとめたものである。略地図中のP～Sのそれぞれの国に当てはまるのは，次の表のア～エのうちではどれか。

	自動車 生産(千台)	自動車 販売(千台)	交通や自動車工業の様子
ア	460	591	○年間数万隻の船舶が航行する海峡に面する港に高速道路が延び，首都では渋滞解消に向け鉄道が建設された。 ○1980年代には，日本企業と協力して熱帯地域に対応した国民車の生産が始まり，近年は政策としてハイブリッド車などの普及を進めている。
イ	472	900	○現在も地殻変動が続き，国土の西側に位置し，国境を形成する山脈を越えて，隣国まで続く高速道路が整備されている。 ○2017年は，隣国の需要の低下により乗用車の生産が減少し，パンパでの穀物生産や牧畜で使用されるトラックなどの商用車の生産が増加した。
ウ	5646	3811	○国土の北部は氷河に削られ，城郭都市の石畳の道や，1930年代から建設が始まった速度制限のない区間が見られる高速道路が整備されている。 ○酸性雨の被害を受けた経験から，自動車の生産では，エンジンから排出される有害物質の削減に力を入れ，ディーゼル車の割合が減少している。
エ	590	556	○豊富な地下資源を運ぶトラックから乗用車まで様々な種類の自動車が見られ，1970年代に高速道路の整備が始められた。 ○欧州との時差が少なく，アジアまで船で輸送する利便性が高いことを生かして，欧州企業が日本向け自動車の生産拠点を置いている。

(「世界国勢図会」2018/19年版などより作成)

〔問3〕 次のページのⅠとⅡの表のア～エは，略地図中に で示したW～Zの**いずれか**の国に当てはまる。Ⅰの表は，1993年と2016年における進出日本企業数と製造業に関わる進出日本企業数，輸出額が多い上位3位までの貿易相手国，Ⅱの表は，1993年と2016年における日本との貿易総額，日本の輸入額の上位3位の品目と日本の輸入額に占める割合を示したものである。次のページのⅢの文章は，ⅠとⅡの表におけるア～エの**いずれか**の国について述べたものである。Ⅲの文章で述べている国に当てはまるのは，略地図中のW～Zのうちのどれか，また，ⅠとⅡの表のア～エのうちのどれか。

Ⅰ

		進出日本企業数		輸出額が多い上位3位までの貿易相手国		
			製造業	1位	2位	3位
ア	1993年	875	497	アメリカ合衆国	日本	シンガポール
	2016年	2318	1177	アメリカ合衆国	中華人民共和国	日本
イ	1993年	44	4	ドイツ	イギリス	アメリカ合衆国
	2016年	80	19	ノルウェー	ドイツ	デンマーク
ウ	1993年	113	56	アメリカ合衆国	カナダ	スペイン
	2016年	502	255	アメリカ合衆国	カナダ	中華人民共和国
エ	1993年	164	46	ドイツ	フランス	アメリカ合衆国
	2016年	237	72	ドイツ	フランス	アメリカ合衆国

（国際連合「貿易統計年鑑」2016などより作成）

Ⅱ

		貿易総額（億円）	日本の輸入額の上位3位の品目と日本の輸入額に占める割合（%）		
			1位	2位	3位
ア	1993年	20885	魚介類 15.3	一般機械 11.3	電気機器 10.7
	2016年	51641	電気機器 21.1	一般機械 13.6	肉類・同調製品 8.0
イ	1993年	3155	電気機器 20.4	医薬品 16.7	自動車 15.3
	2016年	3970	医薬品 29.4	一般機械 11.9	製材 9.7
ウ	1993年	5608	原油・粗油 43.3	塩 8.1	果実及び野菜 7.8
	2016年	17833	原油 23.2	電気機器 17.0	自動車部品 7.9
エ	1993年	7874	一般機械 11.6	衣類 10.3	織物用糸・繊維製品 10.2
	2016年	14631	一般機械 12.1	バッグ類 10.9	医薬品 10.0

（国際連合「貿易統計年鑑」2016などより作成）

Ⅲ

雨季と乾季があり，国土の北部から南流し，首都を通り海に注ぐ河川の両側に広がる農地などで生産される穀物が，1980年代まで主要な輸出品であったが，1980年代からは工業化が進んだ。2016年には，製造業の進出日本企業数が1993年と比較し2倍以上に伸び，貿易相手国として中華人民共和国の重要性が高まった。また，この国と日本との貿易総額は1993年と比較し2倍以上に伸びており，電気機器の輸入額に占める割合も2割を上回るようになった。

3　次の略地図を見て，あとの各問に答えよ。

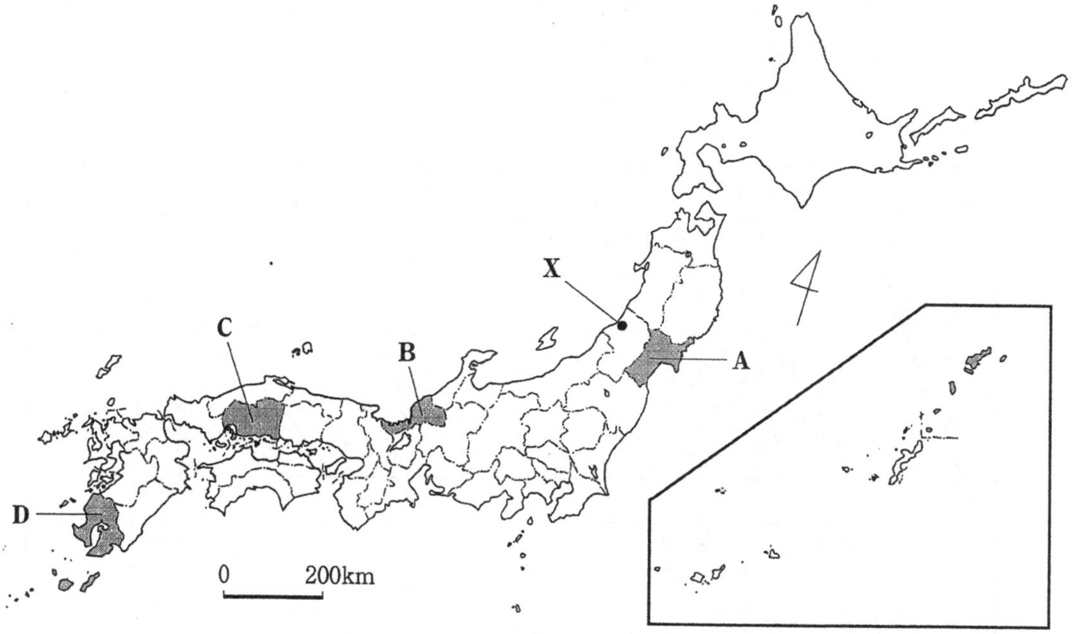

〔問１〕　次の表の**ア**～**エ**の文章は，略地図中に ▒▒ で示した，A～Dの**いずれか**の県の，2017年における鉄道の営業距離，県庁所在地（市）の人口，鉄道と県庁所在地の交通機関などの様子についてまとめたものである。略地図中のA～Dのそれぞれの県に当てはまるのは，次の表の**ア**～**エ**のうちではどれか。

	営業距離(km) 人口（万人）	鉄道と県庁所在地の交通機関などの様子
ア	710	○内陸部の山地では南北方向に，造船業や鉄鋼業が立地する沿岸部では東西方向に鉄道が走り，新幹線の路線には５駅が設置されている。
	119	○この都市では，中心部には路面電車が見られ，1994年に開業した鉄道が北西の丘陵地に形成された住宅地と三角州上に発達した都心部とを結んでいる。
イ	295	○リアス海岸が見られる地域や眼鏡産業が立地する平野を鉄道が走り，2022年には県庁所在地を通る新幹線の開業が予定されている。
	27	○この都市では，郊外の駅に駐車場が整備され，自動車から鉄道に乗り換え通勤できる環境が整えられ，城下町であった都心部の混雑が緩和されている。
ウ	642	○南北方向に走る鉄道と，西側に位置する山脈を越え隣県へつながる鉄道などがあり，1982年に開通した新幹線の路線には４駅が設置されている。
	109	○この都市では，中心となるターミナル駅に郊外から地下鉄やバスが乗り入れ，周辺の道路には町を象徴する街路樹が植えられている。
エ	423	○石油の備蓄基地が立地する西側の半島に鉄道が走り，2004年には北西から活動中の火山の対岸に位置する県庁所在地まで新幹線が開通した。
	61	○この都市では，路面電車の軌道を芝生化し，緑豊かな環境が整備され，シラス台地に開発された住宅地と都心部は，バス路線で結ばれている。

（「データで見る県勢」第27版などより作成）

〔問2〕 次のⅠとⅡの地形図は，1988年と1998年の「国土地理院発行2万5千分の1地形図（湯野浜《ゆのはま》）」の一部である。Ⅲの文章は，略地図中にXで示した庄内空港《しょうないくうこう》が建設された地域について，ⅠとⅡの地形図を比較して述べたものである。Ⅲの文章の P ～ S のそれぞれに当てはまるのは，次のアとイのうちではどれか。なお，Ⅱの地形図上において，Y－Z間の長さは8cmである。

Ⅰ

（1988年）

Ⅱ

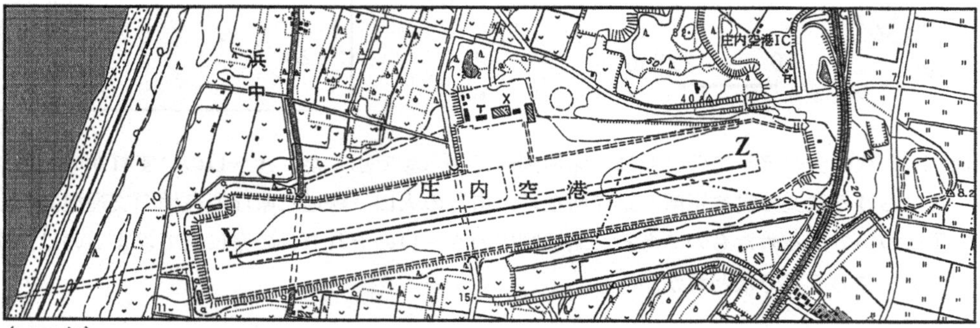

（1998年）

Ⅲ

> この空港は，主に標高が約10mから約 P mにかけて広がる Q であった土地を造成して建設された。ジェット機の就航が可能となるよう約 R mの長さの滑走路が整備され，海岸沿いの針葉樹林は， S から吹く風によって運ばれる砂の被害を防ぐ役割を果たしている。

P　ア 40　イ 80　　Q　ア 果樹園・畑　イ 水田

R　ア 1500　イ 2000　　S　ア 南東　イ 北西

〔問3〕 次のⅠの文章は，2012年4月に示された「つなぐ・ひろがる　しずおかの道」の内容の一部をまとめたものである。Ⅱの略地図は，2018年における東名高速道路と新東名高速道路の一部を示したものである。Ⅲの表は，Ⅱの略地図中に示した御殿場《ごてんば》から三ヶ日《みっかび》までの，東名と新東名について，新東名の開通前（2011年4月17日から2012年4月13日までの期間）と，開通後（2014年4月13日から2015年4月10日までの期間）の，平均交通量と10km以上の渋滞回数を示したものである。自然災害に着目し，ⅠとⅡの資料から読み取れる，新東名が現在の位置に建設された理由と，平均交通量と10km以上の渋滞回数に着目し，新東名が建設された効果について，それぞれ簡単に述べよ。

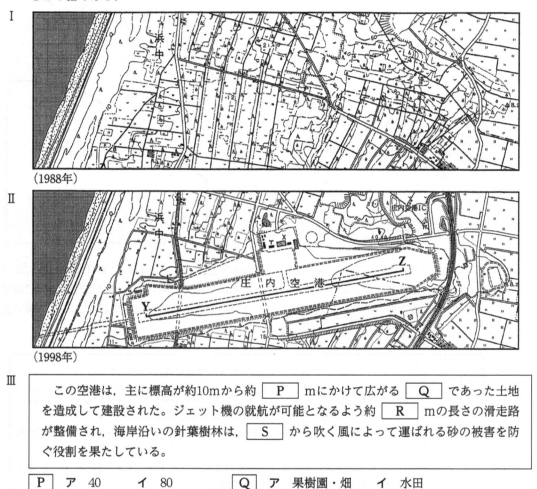

Ⅰ

○東名高速道路は，高波や津波などによる通行止めが発生し，経済に影響を与えている。
○東名高速道路は，全国の物流・経済を支えており，10km以上の渋滞回数は全国1位である。

Ⅱ

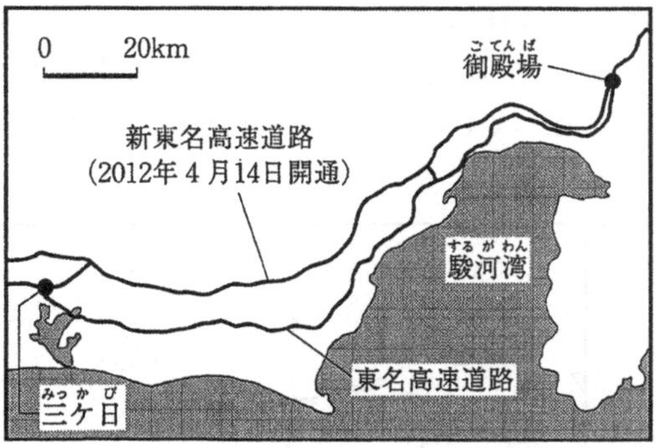

Ⅲ

		開通前	開通後
東名	平均交通量(千台／日)	73.2	42.9
	10km以上の渋滞回数(回)	227	4
新東名	平均交通量(千台／日)	−	39.5
	10km以上の渋滞回数(回)	−	9

(注)−は，データが存在しないことを示す。
(中日本高速道路株式会社作成資料より作成)

4 次の文章を読み，あとの各問に答えよ。

紙は，様々な目的に使用され，私たちの生活に役立ってきた。

古代では，様々な手段で情報を伝え，支配者はクニと呼ばれるまとまりを治めてきた。我が国に紙が伝来すると，(1)支配者は，公的な記録の編纂《へんさん》や情報の伝達に紙を用い，政治を行ってきた。

中世に入ると，(2)屋内の装飾の材料にも紙が使われ始め，我が国独自の住宅様式の確立につながっていった。

江戸時代には，各藩のひっ迫した財政を立て直すために工芸作物の生産を奨励される中で，各地で紙が生産され始め，人々が紙を安価に入手できるようになった。(3)安価に入手できるようになった紙は，書物や浮世絵《うきよえ》などの出版にも利用され，文化を形成してきた。

明治時代以降，欧米の進んだ技術を取り入れたことにより，従来から用いられていた紙に加え，西洋風の紙が様々な場面で使われるようになった。さらに，(4)生産技術が向上すると，紙の大量生産も可能となり，新聞や雑誌などが広く人々に行き渡ることになった。

〔問1〕 (1)支配者は，公的な記録の編纂《へんさん》や情報の伝達に紙を用い，政治を行ってきた。とあるが，次のア〜エは，飛鳥《あすか》時代から室町時代にかけて，紙が政治に用いられた様子について述べたものである。時期の古いものから順に記号を並べよ。

ア　大宝律令《たいほうりつりょう》が制定され，天皇の文書を作成したり図書の管理をしたりする役所の設置など，大陸の進んだ政治制度が取り入れられた。

イ　武家政権と公家政権の長所を政治に取り入れた建武式目が制定され，治安回復後の京都に幕府が開かれた。

ウ　全国に支配力を及ぼすため，紙に書いた文書により，国ごとの守護と荘園《しょうえん》や公領ごとの地頭を任命する政策が，鎌倉で樹立された武家政権で始められた。

エ　各地方に設置された国分寺と国分尼寺《こくぶんにじ》へ，僧を派遣したり経典の写本を納入したりするなど，様々な災いから仏教の力で国を守るための政策が始められた。

〔問２〕 (2)屋内の装飾の材料にも紙が使われ始め，我が国独自の住宅様式の確立につながっていった。とあるが，次のⅠの略年表は，鎌倉時代から江戸時代にかけての，我が国の屋内の装飾に関する主な出来事についてまとめたものである。Ⅱの略地図中のＡ～Ｄは，我が国の主な建築物の所在地を示したものである。Ⅲの文は，ある時期に建てられた建築物について述べたものである。Ⅲの文で述べている建築物が建てられた時期に当てはまるのは，Ⅰの略年表中のア～エの時期のうちではどれか。また，Ⅲの文で述べている建築物の所在地に当てはまるのは，Ⅱの略地図中のＡ～Ｄのうちのどれか。

Ⅰ

西暦	我が国の屋内の装飾に関する主な出来事	
1212	●鴨長明《かものちょうめい》が「方丈記《ほうじょうき》」の中で，障子《しょうじ》の存在を記した。	
		ア
1351	●藤原隆昌《ふじわらのたかまさ》と父が「慕帰絵《ぼきえ》」の中で，襖《ふすま》に絵を描く僧の様子を表した。	
		イ
1574	●織田信長《おだのぶなが》が上杉謙信《うえすぎけんしん》に「洛中洛外図屏風《らくちゅうらくがいずびょうぶ》」を贈った。	
		ウ
1626	●狩野探幽《かのうたんゆう》が二条城の障壁画《しょうへきが》を描いた。	
		エ
1688	●屏風の売買の様子を記した井原西鶴《いはらさいかく》の「日本永代蔵《にほんえいたいぐら》」が刊行された。	

Ⅱ

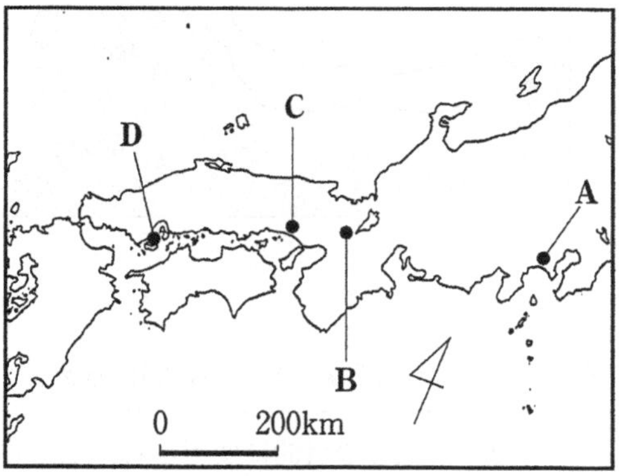

Ⅲ

慈照寺《じしょうじ》にある東求堂同仁斎《とうぐどうどうじんさい》には，障子や襖といった紙を用いた建具《たてぐ》が取り入れられ，我が国の和室の原点と言われる書院造《しょいんづくり》の部屋が造られた。

〔問３〕 (3)安価に入手できるようになった紙は，書物や浮世絵《うきよえ》などの出版にも利用され，文化を形成してきた。とあるが，次の文章は，江戸時代の医師が著しさた「後見草《のちみぐさ》」の一部を分かりやすく示したものである。下のア～エは，江戸時代に行われた政策について述べたものである。この書物に書かれた出来事の４年後から10年後にかけて主に行われた政策について当てはまるのは，下のア～エのうちではどれか。

○天明《てんめい》３年７月６日夜半，西北の方向に雷のような音と振動が感じられ，夜が明けても空はほの暗く，庭には細かい灰が舞い降りていた。７日は灰がしだいに大粒になり，８日は早朝から激しい振動が江戸を襲ったが，当初人々は浅間山《あさまやま》が噴火したとは思わず，日光か筑波山《つくばさん》で噴火があったのではないかと噂《うわさ》し合った。

○ここ３，４年，気候も不順で，五穀の実りも良くなかったのに，またこの大災害で，米価は非常に高騰し，人々の困窮は大変なものだった。

ア　物価の引き下げを狙って，公認した株仲間を解散させたり，外国との関係を良好に保つよう，外国船には燃料や水を与えるよう命じたりするなどの政策を行った。

イ　投書箱を設置し，民衆の意見を政治に取り入れたり，税収を安定させて財政再建を図ることを目的に，新田開発を行ったりするなどの政策を行った。

ウ　税収が安定するよう，株仲間を公認したり，長崎貿易の利益の増加を図るため，俵物《たわらもの》と呼ばれる海産物や銅の輸出を拡大したりするなどの政策を行った。

エ　幕府が旗本らの生活を救うため借金を帳消しにする命令を出したり，江戸に出稼ぎに来ていた農民を農村に返し就農を進め，飢饉《ききん》に備え各地に米を蓄えさせたりするなどの政策を行った。

〔問４〕　(4)生産技術が向上すると，紙の大量生産も可能となり，新聞や雑誌などが広く人々に行き渡ることになった。とあるが，次の略年表は，明治時代から昭和時代にかけての，我が国の紙の製造や印刷に関する主な出来事についてまとめたものである。略年表中のＡの時期に当てはまるのは，下のア～エのうちではどれか。

西暦	我が国の紙の製造や印刷に関する主な出来事	
1873	●渋沢栄一《しぶさわえいいち》により洋紙製造会社が設立された。	
1876	●日本初の純国産活版洋装本が完成した。	
1877	●国産第１号の洋式紙幣《しへい》である国立銀行紙幣が発行された。	
1881	●日本で初めての肖像画入り紙幣が発行された。	
1890	●東京の新聞社が，フランスから輪転印刷機を輸入し，大量高速印刷が実現した。	
1904	●初の国産新聞輪転印刷機が大阪の新聞社に設置された。	
1910	●北海道の苫小牧《とまこまい》で，新聞用紙国内自給化の道を拓《ひら》く製紙工場が操業を開始した。	↑
1928	●日本初の原色グラビア印刷が開始された。	A
1933	●３社が合併し，我が国の全洋紙生産量の85％の生産量を占める製紙会社が誕生した。	↓
1940	●我が国の紙・板紙の生産量が過去最大の154万トンになった。	

ア　国家総動員法が制定され国民への生活統制が強まる中で，東京市が隣組回覧板を10万枚配布し，毎月２回の会報の発行を開始した。

イ　官営の製鉄所が開業し我が国の重工業化か進む中で，義務教育の就学率が90％を超え，国定教科書用紙が和紙から洋紙に切り替えられた。

ウ　東京でラジオ放送が開始されるなど文化の大衆化が進む中で，週刊誌や月刊誌の発行部数が急速に伸び，東京の出版社が初めて１冊１円の文学全集を発行した。

エ　廃藩置県により，実業家や政治の実権を失った旧藩主による製紙会社の設立が東京において相次ぐ中で，政府が製紙会社に対して地券用紙を大量に発注した。

５　次の文章を読み，あとの各問に答えよ。

(1)我が国の行政の役割は，国会で決めた法律や予算に基づいて，政策を実施することである。行政の各部門を指揮・監督する(2)内閣は，内閣総理大臣と国務大臣によって構成され，国会に対し，連帯して責任を負う議院内閣制をとっている。

行政は，人々が安心して暮らせるよう，(3)社会を支える基本的な仕組みを整え，資源配分や経済の安定化などの機能を果たしている。その費用は，(4)主に国民から納められた税金により賄われ，年を追うごとに財政規模は拡大している。

〔問１〕　(1)我が国の行政の役割は，国会で決めた法律や予算に基づいて，政策を実施することである。とあるが，内閣の仕事を規定する日本国憲法の条文は，次のページのア～エのうちではどれか。

ア　条約を締結すること。但し，事前に，時宜《じぎ》によっては事後に，国会の承認を経ることを必要とする。

イ　両議院は，各々《おのおの》国政に関する調査を行ひ，これに関して，証人の出頭及び証言並びに記録の提出を要求することができる。

ウ　すべて国民は，個人として尊重される。生命，自由及び幸福追求に対する国民の権利については，公共の福祉に反しない限り，立法その他の国政の上で，最大の尊重を必要とする。

エ　地方公共団体の組織及び運営に関する事項は，地方自治の本旨に基いて，法律でこれを定める。

〔問２〕　(2)内閣は，内閣総理大臣と国務大臣によって構成され，国会に対し，連帯して責任を負う議院内閣制をとっている。とあるが，次の表は，我が国の内閣と，アメリカ合衆国の大統領の権限について，「議会に対して法律案を提出する権限」，「議会の解散権」があるかどうかを，権限がある場合は「○」，権限がない場合は「×」で示そうとしたものである。表のＡとＢに入る記号を正しく組み合わせているのは，下のア～エのうちのどれか。

	我が国の内閣	アメリカ合衆国の大統領
議会に対して法律案を提出する権限	○	**A**
議会の解散権	**B**	×

	ア	イ	ウ	エ
A	○	○	×	×
B	○	×	○	×

〔問３〕　(3)社会を支える基本的な仕組みを整え，資源配分や経済の安定化などの機能を果たしている。とあるが，次の文章は，行政が担《にな》う役割について述べたものである。この行政が担う役割に当てはまるのは，下のア～エのうちではどれか。

> 社会資本は，長期間にわたり，幅広く国民生活を支えるものである。そのため，時代の変化に応じて機能の変化を見通して，社会資本の整備に的確に反映させ，蓄積・高度化を図っていくことが求められる。

ア　収入が少ない人々に対して，国が生活費や教育費を支給し，最低限度の生活を保障し，自立を助ける。

イ　国民に加入を義務付け，毎月，保険料を徴収し，医療費や高齢者の介護費を支給し，国民の負担を軽減する。

ウ　保健所などによる感染症の予防や食品衛生の管理，ごみ処理などを通して，国民の健康維持・増進を図る。

エ　公園，道路や上下水道，図書館，学校などの公共的な施設や設備を整え，生活や産業を支える。

〔問４〕　(4)主に国民から納められた税金により賄われ，年を追うごとに財政規模は拡大している。とあるが，次のページのⅠのグラフは，1970年度から2010年度までの我が国の歳入と歳出の決算総額の推移を示したものである。次のページのⅡの文章は，ある時期の我が国の歳入と歳出の決算総額の変化と経済活動の様子について述べたものである。Ⅱの文章で述べている経済活動の時期に当てはまるのは，Ⅰのグラフのア～エの時期のうちではどれか。

Ⅰ

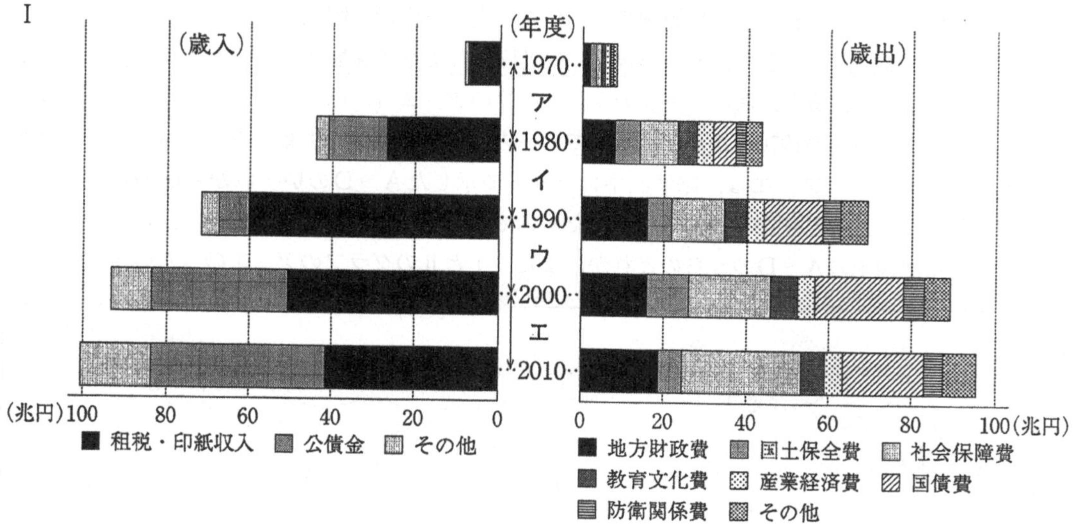

(財務省の資料より作成)

Ⅱ

> ○この10年間で，歳入総額に占める租税・印紙収入の割合の増加に伴い，公債金の割合が低下し，歳出総額は約1.5倍以上となり，国債費も約２倍以上に増加した。
> ○この時期の後半には，６％台の高い経済成長率を示すなど景気が上向き，公営企業の民営化や税制改革が行われる中で，人々は金融機関から資金を借り入れ，値上がりを見込んで土地や株の購入を続けた。

6　次の文章を読み，あとの各問に答えよ。

> 世界の国々は，地球上の様々な地域で，人々が活動できる範囲を広げてきた。そして，(1)対立や多くの困難に直面する度に，課題を克服し解決してきた。また，(2)科学技術の進歩や経済の発展は，先進国だけでなく発展途上国の人々の暮らしも豊かにしてきた。
> グローバル化が加速し，人口増加や環境の変化が急速に進む中で，持続可能な社会を実現するために，(3)我が国にも世界の国々と強調した国際貢献が求められている。

〔問１〕　(1)対立や多くの困難に直面する度に，課題を克服し解決してきた。とあるが，次のア～エは，それぞれの時代の課題を克服した様子について述べたものである。時期の古いものから順に記号で並べよ。

ア　特定の国による資源の独占が国家間の対立を生み出した反省から，資源の共有を目的とした共同体が設立され，その後つくられた共同体と統合し，ヨーロッパ共同体（ＥＣ）が発足した。

イ　アマゾン川流域に広がるセルバと呼ばれる熱帯林などの大規模な森林破壊の解決に向け，リオデジャネイロで国連環境開発会議（地球サミット）が開催された。

ウ　パリで講和会議が開かれ，戦争に参加した国々に大きな被害を及ぼした反省から，アメリカ合衆国大統領の提案を基にした，世界平和と国際協調を目的とする国際連盟が発足した。

エ ドイツ，オーストリア，イタリアが三国同盟を結び，ヨーロッパで政治的な対立が深まる一方で，科学者の間で北極と南極の国際共同研究の実施に向け，国際極年が定められた。

〔問２〕 (2)科学技術の進歩や経済の発展は，先進国だけでなく発展途上国の人々の暮らしも豊かにしてきた。とあるが，次のページのⅠのグラフの**ア**～**エ**は，略地図中に で示したA～D**のいずれか**の国の1970年から2015年までの一人当たりの国内総生産の推移を示したものである。Ⅱのグラフの**ア**～**エ**は，略地図中に で示したA～D**のいずれか**の国の1970年から2015年までの乳幼児死亡率の推移を示したものである。Ⅲの文章で述べている国に当てはまるのは，略地図中のA～Dのうちのどれか，また，ⅠとⅡのグラフの**ア**～**エ**のうちのどれか。

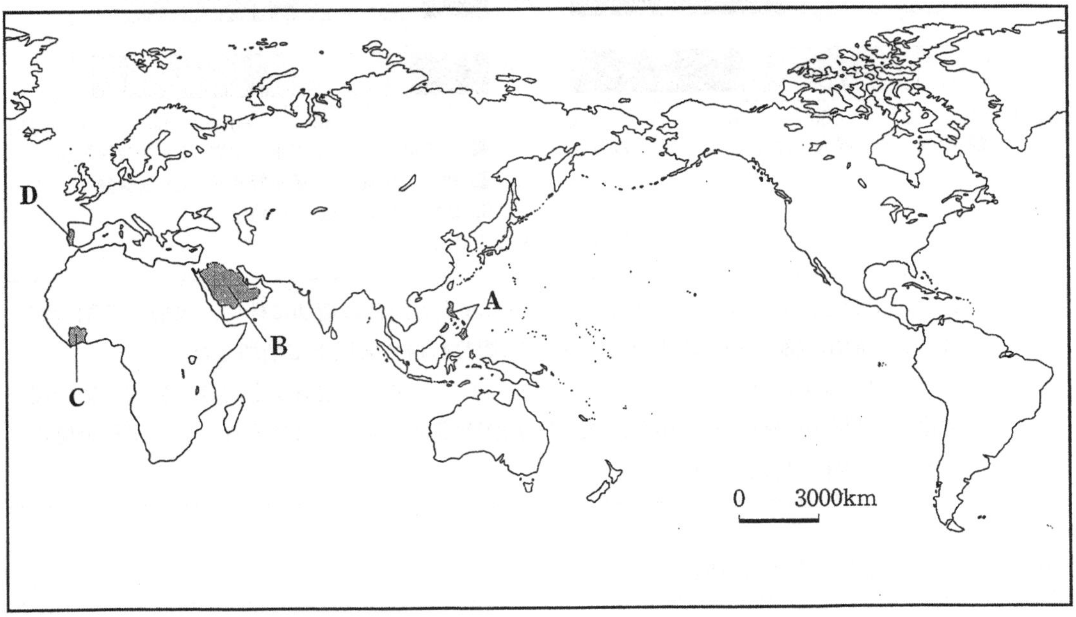

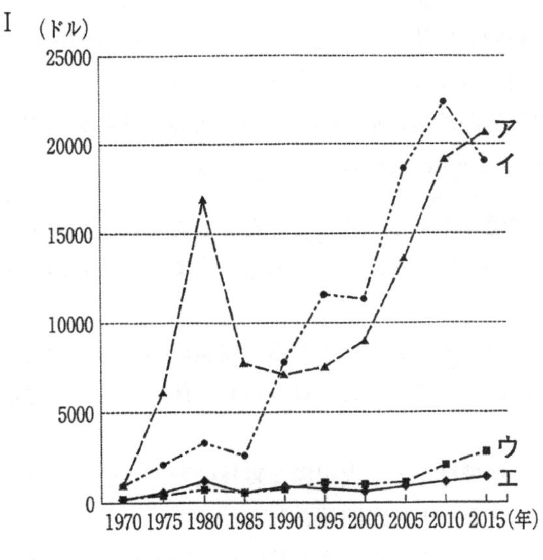

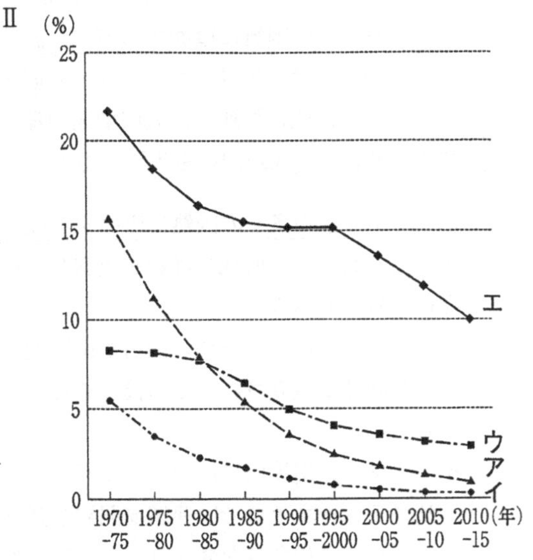

(注) 国内総生産とは，一つの国において新たに生み出された価値の総額を示した数値のこと。

(国際連合のホームページより作成)

Ⅲ

> 文字と剣が緑色の下地に描かれた国旗をもつこの国は，石油輸出国機構（ＯＰＥＣ《オペック》）に加盟し，二度の石油危機を含む期間に一人当たりの国内総生産が大幅に増加したが，一時的に減少し，1990年以降は増加し続けた。また，この国では公的医療機関を原則無料で利用することができ，1970年から2015年までの間に乳幼児死亡率は約10分の１に減少し，現在も人口増加が続き，近年は最新の技術を導入し，高度な医療を提供する病院が開業している。

〔問３〕 (3)我が国にも世界の国々と協調した国際貢献が求められている。とあるが，次のⅠの文章は，2015年に閣議決定し，改定された開発協力大綱の一部を抜粋して分かりやすく書き改めたものである。Ⅱの表は，1997年度と2018年度における政府開発援助（ＯＤＡ）事業予算，政府開発援助（ＯＤＡ）事業予算のうち政府貸付と贈与について示したものである。Ⅲの表は，Ⅱの表の贈与のうち，1997年度と2018年度における二国間政府開発援助贈与，二国間政府開発援助贈与のうち無償資金協力と技術協力について示したものである。1997年度と比較した2018年度における政府開発援助（ＯＤＡ）の変化について，Ⅰ～Ⅲの資料を活用し，政府開発援助（ＯＤＡ）事業予算と二国間政府開発援助贈与の内訳に着目して，簡単に述べよ。

Ⅰ

> ○自助努力を後押しし，将来における自立的発展を目指すのが日本の開発協力の良き伝統である。
> ○引き続き，日本の経験と知見を活用しつつ，当該国の発展に向けた協力を行う。

Ⅱ

	政府開発援助（ＯＤＡ）事業予算（億円）		
		政府貸付	贈　与
1997年度	20147	9767（48.5％）	10380（51.5％）
2018年度	21650	13705（63.3％）	7945（36.7％）

Ⅲ

	二国間政府開発援助贈与（億円）		
		無償資金協力	技術協力
1997年度	6083	2202（36.2％）	3881（63.8％）
2018年度	4842	1605（33.1％）	3237（66.9％）

（外務省の資料より作成）

MEMO

大切なことはメモしておこうネ！

2020年度

解 答 と 解 説

《2020年度の配点は解答用紙集に掲載してあります。》

＜理科解答＞

1 〔問1〕 イ　〔問2〕 ウ　〔問3〕 ア　〔問4〕 エ　〔問5〕 イ

2 〔問1〕 ウ　〔問2〕 イ　〔問3〕 ア　〔問4〕 エ

3 〔問1〕 ウ　〔問2〕 エ　〔問3〕 太陽の光の当たる角度が地面に対して垂直に近いほど，同じ面積に受ける太陽の光の量が多いから。

〔問4〕 ① ア　② ウ

4 〔問1〕 ① ア　② ウ　③ ウ　〔問2〕 エ

〔問3〕 ① イ　② ア　③ エ　④ イ

〔問4〕 柔毛で覆われていることで小腸の内側の壁の表面積が大きくなり，効率よく物質を吸収することができる点。

5 〔問1〕 イ　〔問2〕 ① ウ　② ア

〔問3〕 $NaCl \rightarrow Na^{+} + Cl^{-}$

〔問4〕 溶質の名称　ミョウバン　結晶の質量　8.6g

6 〔問1〕 右図　電流の大きさ　1.5A　〔問2〕 イ

〔問3〕 エ　〔問4〕 ア

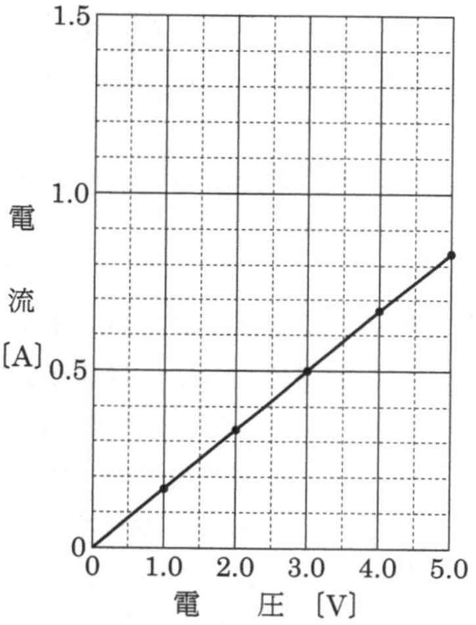

＜理科解説＞

1 **(小問集合－生物の成長と生殖，水溶液とイオン・電解質の電気分解，気体の発生とその性質，仕事とエネルギー：仕事率，火山活動と火成岩：火山岩，物質の成り立ち・化学変化：熱分解のモデル化)**

〔問1〕 動物では卵と精子，被子植物では卵細胞と精細胞の2種類の生殖細胞が結合し，それぞれの核が合体して1個の細胞となることを受精といい，受精卵の染色体数は親の体細胞の染色体と同数である。受精卵は体細胞分裂をして胚になる。

〔問2〕 塩酸の電離をイオン式で表すと，$HCl \rightarrow H^{+} + Cl^{-}$，であり，電圧がかかると陰極からは気体Aの水素が発生し，陽極からは気体Bの塩素が発生する。塩酸の電気分解を化学反応式で表すと，$2HCl \rightarrow H_2 + Cl_2$，であり，発生する気体の体積比は，水素：塩素＝1：1，であるが，実験で集まった体積は，水素の方が塩素より多かった。それは，水素は水に溶けにくく，塩素は水に溶けやすいためである。

〔問3〕 持ち上げた力がした仕事率$[\mathrm{W}] = 1.5[\mathrm{N}] \times \frac{1.6[\mathrm{m}]}{2[\mathrm{s}]} = \frac{2.4[\mathrm{J}]}{2[\mathrm{s}]} = 1.2[\mathrm{W}]$である。

〔問4〕 観察した火成岩は，**有色鉱物の割合が多く，図2より斑状組織であることから，ねばりけが弱いマグマが，地表や地表付近で短い時間で冷えて固まった火山岩**である。よって，この火成岩の種類は玄武岩であり，黄緑色で不規則な形の有色鉱物Aはカンラン石である。

〔問5〕　酸化銀の熱分解の化学反応式は，$2Ag_2O \rightarrow 4Ag + O_2$，であり，銀原子1個を●，酸素原子1個を○で表してモデル化すると，●○●　●○● → ● ● ● ● + ○○，である。

2　**(自由研究－天気の変化：空気中の水蒸気量・霧の発生，光と音：光の反射と像の見え方，科学技術の発展：凍結防止剤，状態変化：融点，電流：電力・発熱量，自然環境の調査と環境保全：水質調査，動物の分類：無セキツイ動物)**

〔問1〕　**24℃の教室の1m³中に含まれる水蒸気量は，図1の金属製のコップAの表面に水滴がつき始めた温度，すなわち露点の14℃における飽和水蒸気量である。**よって，

教室の湿度〔%〕$=\dfrac{\text{1m}^3\text{の空気に含まれる水蒸気の質量〔g/m}^3\text{〕}}{\text{その空気と同じ気温での飽和水蒸気量〔g/m}^3\text{〕}}\times 100=\dfrac{12.1\text{〔g/m}^3\text{〕}}{21.8\text{〔g/m}^3\text{〕}}\times 100 \fallingdotseq 55.5$〔%〕である。夜や明け方などに空気が冷やされ露点より低くなると，地表付近でも空気中の水蒸気が水滴に変わって，霧が発生する。

〔問2〕　**凍結防止剤**である塩化カルシウムが溶けた水溶液は固体に変化するときの温度が下がることから，水が氷に変わるのを防止する効果がある。そこで，塩化カルシウムを入れたときの水溶液の融点が下がることを確かめるには，氷が溶けて水になるときの温度である融点を測定する必要がある。

〔問3〕　アの作図は，さくらの木の点Aと点Bの各点からの光が水面に入射して反射するときの，入射角と反射角が等しい。また，この観察では，**水面が鏡のようになり，反射光線を反対側に延長した破線の方向に，サクラの木が水面に対して対称の位置に逆さまに映って見える。**

〔問4〕　学校近くの川の調査地点で見つかった，水質階級Ⅰの指標生物は，カワゲラとヒラタカゲロウで，水質階級Ⅱの指標生物は，シマトビケラとカワニナ，水質階級Ⅲの指標生物は，シマイシビルであった。個体数が最も多かったシマトビケラと次に多かったシマイシビルを2点とし，他を1点として計算すると，調査を行った付近の水質階級は，最も点数が多かった水質階級Ⅱである。**内蔵が外とう膜で覆われている動物の仲間の名称は，軟体動物である。**

3　**(太陽系と恒星：太陽の日周運動，太陽の南中高度と気温の変化)**

〔問1〕　図3より，1時間ごとの紙テープの長さは2.4cmであるため，15時から日の入りの点Gまでの紙テープの長さは9.6cmであることから，日の入りの時刻〔時〕＝15〔時〕＋9.6〔cm〕÷2.4〔cm/時〕＝19〔時〕である。

〔問2〕　地球の自転により，南半球では，太陽は天の南極を中心に回転して見える。<観測>を行ったのは東京が夏至の日であるため，南半球では冬至である。**南半球のある地点(南緯35.6°)では，冬至の北中高度(南半球では，南と天頂と北を結ぶ線(天の子午線)上を通過するとき，太陽は北中するという)は，最も低い**ため，エが正しい。

〔問3〕　図6と図7で，試験管と太陽の光がなす角度が装置Hより大きい装置Iは，結果2から水温の上昇が装置Hより大きかった。このモデル実験から，南中高度が高いほど，太陽の光の当たる角度が地面に対して垂直に近いため，同じ面積に受ける太陽の光の量(エネルギー)が多いから，地表が温まりやすいことがわかる。

〔問4〕　図7において，10分後の水温が最も高くなる角aは，太陽の光が装置Iの試験管に垂直に当たるように角bを90°にしたときである。このとき，**∠a＝90°－南中高度**，である。また，図8では，**90°－南中高度＝∠c**，である。よって，**∠a＝∠c**，である。したがって，図8で，同位角により，**∠c＝∠e(北緯)＋∠f(地軸の傾き)**＝35.6°＋23.4°＝59.0°＝∠a，である。

4　**(動物の体のつくりとはたらき：消化酵素のはたらきを調べる実験・ヒトの消化と吸収)**

〔問1〕 1％デンプン溶液に水を加えた容器Aと唾液を加えた容器Cを体温に近い40℃に保って比較すると，容器Cではヨウ素デンプン反応が起きないのでデンプンは**唾液のはたらき**により別の物質に変化したことが分かる。さらに，容器Bと容器Dの比較から，容器Dでは**ベネジクト液を加えて加熱した結果，赤褐色の沈殿ができたことから別の物質は糖であることが分かる。**

〔問2〕 消化酵素Xは，＜実験1＞＜結果1＞では容器Aと容器Eの結果から，40℃においてデンプンを分解しないことが分かる。消化酵素Xは，＜実験2＞＜結果2＞では容器Gと容器Hの結果から，24℃において主成分が**タンパク質であるゼラチンを別の物質に変化させた**ことがわかる。よって，消化酵素Xと同じはたらきをするヒトの消化酵素は**ペプシン**である。＜実験3＞＜結果3＞から，80℃で加熱後の消化酵素Xは，タンパク質を分解しないことが分かる。

〔問3〕 デンプンは，唾液腺・すい臓から分泌される消化液に含まれる消化酵素などのはたらきで，最終的にブドウ糖に分解される。また，タンパク質は，胃・すい臓から分泌される消化液に含まれる消化酵素などのはたらきで，最終的にアミノ酸に分解される。

〔問4〕 小腸のかべにはたくさんのひだがあり，その表面はたくさんの柔毛で覆われていることで，小腸の内側のかべの**表面積は非常に大きくなっている**。このため，効率よく養分を吸収することができる。

5 (身のまわりの物質とその性質：白い物質を区別する探究活動・有機物，物質の成り立ち：熱分解，気体の発生とその性質，水溶液とイオン，水溶液：溶解度・結晶)

〔問1〕 物質Dは，加熱すると焦げて黒色に変化する炭素原子を含む物質で，4種類の白い物質のうちでは，有機物のショ糖である。ろうも強く熱すると，炎を出して燃え，二酸化炭素と水ができる炭素原子を含む物質で，**有機物**である。活性炭は，炭素原子を主成分とする多孔質の物質で，無機物である。

〔問2〕 4種類の白い物質のうち，燃焼さじで加熱すると白色の物質が残り，図2の装置で加熱すると水上置換で集められる気体が発生するのは，炭酸水素ナトリウムである。よって，物質Bは炭酸水素ナトリウムである。炭酸水素ナトリウムの熱分解の化学反応式は，$2NaHCO_3 \rightarrow Na_2CO_3 + H_2O + CO_2$，であり，発生する二酸化炭素の性質は，水に少し溶け，その水溶液は酸性を示す。また，二酸化炭素は，石灰石に薄い塩酸を加えても発生させることができる。

〔問3〕 物質Aと物質Cについては，＜実験2＞の＜結果2＞において，(1)の表から**物質Aと物質Cはどちらも電解質であるが，**(1)と(2)の表から**20℃のときの溶解度は物質Cの方が物質Aより大きいので，全て溶けた物質Cが塩化ナトリウムであり，物質Aがミョウバンである。**塩化ナトリウムが電離したときの様子を化学式とイオン式で表すと，$NaCl \rightarrow Na^+ + Cl^-$，である。

〔問4〕 (1)の表から，20℃のとき，一部が溶けずに残ったのは，物質Aのミョウバンと物質Bの炭酸水素ナトリウムである。(2)の表から，40℃のときの溶解度はミョウバンの方が大きいので，全部溶けた水溶液Pの溶質はミョウバンである。40℃のミョウバンの水溶液120gは，水100gにミョウバン20gが溶けている。これを20℃まで温度を下げると溶解度は11.4gなので，析出する結晶の質量は，20g－11.4g＝8.6g，である。

6 (電流：電流と電圧と抵抗・発熱量，いろいろなエネルギー：エネルギーの変換)

〔問1〕 電圧〔V〕をX軸に，電流〔A〕をY軸に表した方眼用紙に，＜結果1＞からの，(1.0，0.17)，(2.0，0.33)，(3.0，0.50)，(4.0，0.67)，(5.0，0.83)の点を・を用いて記入する。次に，原点を通り，上記の5個の点の最も近くを通る直線を引く。$y=0.17x$の直線のグラフとなる。$x=9.0$〔V〕を代入すると，$y=0.17\times9.0$〔V〕$\fallingdotseq 1.5$〔A〕である。

〔問2〕　電熱線Aと電熱線Bを直列に接続したとき，電熱線Aと電熱線Bには回路に流れる電流の大きさに等しい電流が流れる。よって，＜結果2＞から，このとき電熱線Bに流れる電流の大きさは0.5Aである。＜結果1＞から，電熱線Bの抵抗〔Ω〕$=\frac{4.0〔V〕}{1.00〔A〕}=4.0$〔Ω〕である。よって，電熱線Aと電熱線Bを並列に接続したとき，電熱線Bに流れる電流の大きさ〔A〕$=\frac{5.0〔V〕}{4.0〔Ω〕}=1.25$〔A〕である。よって，0.5A：1.25A＝2：5である。

〔問3〕　電熱線Aと電熱線Bの発熱量の和〔J〕＝2.1〔A〕×5.0〔V〕×300〔s〕＝10.5〔W〕×300〔s〕＝3150〔J〕である。

〔問4〕　電熱線には電気抵抗の大きさが大きくなると電流が流れにくくなる性質があり，電気エネルギーを熱エネルギーに変換して熱を発生している。

＜社会解答＞

1　〔問1〕 エ　〔問2〕 ウ　〔問3〕 イ

2　〔問1〕 略地図中のA～D　C　Ⅱのア～エ　ウ　〔問2〕 P　イ　Q　ア　R　エ　S　ウ　〔問3〕 略地図中のW～Z　X　ⅠとⅡの表のア～エ　ア

3　〔問1〕 A　ウ　B　イ　C　ア　D　エ　〔問2〕 P　ア　Q　ア　R　イ　S　イ　〔問3〕（建設された理由） 内陸に建設されたのは，高波や津波などの影響を受けにくいからである。　（建設された効果） 東名高速道路と新東名高速道路の交通量の合計は増加したが，分散が図られたことで渋滞回数が減少した。

4　〔問1〕 ア→エ→ウ→イ　〔問2〕 Ⅰの略年表中のア～エ　イ　Ⅱの略地図中のA～D　B　〔問3〕 エ　〔問4〕 ウ

5　〔問1〕 ア　〔問2〕 ウ　〔問3〕 エ　〔問4〕 イ

6　〔問1〕 エ→ウ→ア→イ　〔問2〕 略地図中のA～D　B　ⅠとⅡのグラフのア～エ　ア　〔問3〕 政府開発援助事業予算に占める，政府貸付の割合を増やすとともに，二国間政府開発援助贈与に占める，技術協力の割合を増やすことで，自助努力を後押しし，自立的発展を目指している。

＜社会解説＞

1　（地理的分野―日本地理－地形図の見方，歴史的分野―日本史時代別－古墳時代から平安時代，―日本史テーマ別－文化史，公民的分野―国際社会との関わり）

〔問1〕　●印から矢印の方向に写真を写せば，右手前に砂浜が見え，左奥に江の島が見えるはずなので，エが正しい。

〔問2〕　問題文で説明されているのは，2019年に**ユネスコ**によって**世界文化遺産**に登録された，**百舌鳥・古市古墳群**の**大山古墳**（仁徳天皇陵と伝えられる）であり，地図上の位置としては，大阪府堺市を示すウが正しい。

〔問3〕　国際の平和と安全の維持について，主要な責任を有するのが，国際連合の**安全保障理事会**である。具体的には，紛争当事者に対して，紛争を平和的手段によって解決するよう要請したり，平和に対する脅威の存在を決定し，平和と安全の維持と回復のために勧告を行うこと，**経済制裁**などの**非軍事的強制措置**及び**軍事的強制措置**を決定すること等を，その主な権限とする。しかし，5か国ある**常任理事国**が1か国でも反対すると，決議ができないことになっている。常任理事国は**拒否権**を持っていることになる。

2 **(地理的分野―世界地理－都市・気候・産業・貿易)**

〔問1〕 Ⅰの文章は，**サンフランシスコ**を指しており，略地図中のCである。1885年にサンフランシスコ大学が創立され，郊外のサノゼ地区は**シリコンバレー**と呼ばれ，**半導体産業**の一大拠点となっている。サンフランシスコは，冬季は温暖湿潤で，夏季は乾燥するが高温にはならない。**雨温図**はウである。

〔問2〕 Pの国は**アルゼンチン**，Qは**インドネシア**，Rは**南アフリカ共和国**，Sは**ドイツ**である。パンパは，アルゼンチン中部のラプラタ川流域に広がる草原地帯であり，Pはイである。年間数万隻の船舶が通行する海峡とは，**マラッカ海峡**であり，Qはアである。欧州との時差が少なく，アジアまで船で輸送する利便性が高いのは，南アフリカ共和国であり，Rはエである。**シュバルツバルト**(黒い森)が**酸性雨**の被害を受けたのは，ドイツであり，Sはウである。

〔問3〕 略地図中のW～ZのWはメキシコ，Xはタイ，Yはスウェーデン，Zはイタリアである。

国土の北部から南流し，首都を通り，海に注ぐ河川とは，**タイ**のチャオプラヤー川であり，Ⅲの文章はタイの説明である。**進出日本企業数**が2倍以上となっていて，中華人民共和国の重要性が高まっているのは，Ⅰ表のアである。日本との貿易総額が2倍以上に伸び，電気機器の輸入額に占める割合が2割を上回るようになったのは，Ⅱ表のアである。

3 **(地理的分野―日本地理－都市・交通・地形図の見方・工業)**

〔問1〕 Aは**宮城県**であり，「中心となるターミナル駅に郊外から地下鉄やバスが乗り入れ(以下略)」との記述から，ウが該当することがわかる。宮城県の**県庁所在地**の**仙台市**では，地下鉄・市バスが乗り入れている。Bは**福井県**であり，「リアス海岸が見られる地域や眼鏡産業が立地する平野(以下略)」との記述から，イが該当することがわかる。福井県は，若狭湾の**リアス海岸**が有名であり，また福井県**鯖江市**は，日本に流通している眼鏡の9割以上を生産する，一大**眼鏡産業地帯**である。Cは**広島県**であり，「造船業や鉄鋼業が立地する沿岸部(以下略)」「中心部には路面電車が見られ(以下略)」との記述から，アが該当することがわかる。広島県の沿岸部では，**造船業**や**鉄鋼業**が盛んである。また，県庁所在地の**広島市**には，**路面電車**が運行されている。Dは**鹿児島県**であり，「シラス台地に開発された住宅地(以下略)」との記述から，エが該当することがわかる。**シラス台地**は，**桜島**などの火山の噴出物からなる，九州南部に分布する台地である。

〔問2〕 地形図は2万5千分の1地形図であり，**等高線**は10mごとに引かれているので，標高は，約10mから約40mである。空港は，Ⅰの地図で果樹園「ό」や畑「∨」であった土地を造成してつくられた。地形図は2万5千分の1地形図なので，計算すれば8cm×25000＝200000cm＝2000mである。海岸沿いの針葉樹林は，冬の北西からの**季節風**によって運ばれる砂の害を防ぐ**防砂林**の役割を果たしている。

〔問3〕 東名高速道路が**高波**や**津波**などの影響を受けていたため，**新東名高速道路**は，沿岸部を避けて，高波や津波などの影響を受けにくい内陸に建設されたことを簡潔に指摘する。建設された効果としては，東名高速道路と新東名高速道路の**交通量**の合計はやや増加したが，交通量の分散が実現したことで，**渋滞回数**が激減したことがあげられることを指摘する。

4 **(歴史的分野―日本史時代別－古墳時代から平安時代・鎌倉時代から室町時代・安土桃山時代から江戸時代・明治時代から現代，―日本史テーマ別－政治史・社会史・文化史)**

〔問1〕　ア　**大宝律令**が制定されたのは，8世紀の初期である。　イ　十七か条の**建武式目**が制定されたのは，1336年である。　ウ　**守護**や**地頭**を任命する政策が始められたのは，1185年のことである。　エ　各地方に**国分寺**や**国分尼寺**が建立されたのは，8世紀中期のことである。時期の古いものから順に並べると，ア→エ→ウ→イとなる。

〔問2〕　室町幕府の8代将軍の**足利義政**が，1480年代に東山に山荘を築き，これが後の**慈照寺**となった。Ⅰの略年表中のイの時期である。慈照寺は京都にあり，Ⅱの略地図上のBである。

〔問3〕　**浅間山**が**大噴火**を起こしたのは，1783年のことであり，その4年後から10年後にかけて行われたのは，**老中松平定信**の**寛政の改革**であり，**棄捐令・旧里帰農令・囲米の制**などの政策がとられた。

〔問4〕　**ラジオ放送**が開始され，新聞・週刊誌・月刊誌の発行部数が急速に伸び，1冊1円の**円本**が発行されたのは，大正期から昭和初期にかけてのことであり，ウが正しい。なお，アは昭和10年代，イは明治30年代，エは明治初期のことである。

5　(公民的分野―国の政治の仕組み・財政)

〔問1〕　日本国憲法第73条では，内閣の事務として，第3項に「**条約**を締結すること。但し，事前に，時宜によっては事後に，国会の承認を経ることを必要とする。」と定めている。

〔問2〕　**アメリカ合衆国の大統領**は，議会に対して法律案を提出する権限がないが，**大統領令**によって**行政権**を直接行使することができる。日本の**内閣**は，**衆議院**の**解散権**を持っている。

〔問3〕　**社会資本**とは，道路・港湾・上下水道・公園・公営住宅・病院・学校など，産業や生活の基盤となる公共施設のことを指し，その整備は行政の役割である。

〔問4〕　1980年から1990年の10年間で，**租税・印紙収入**は約2倍となり，歳入総額に占める割合が大幅に増加し，歳出総額も1.5倍以上となった。1980年代の後半には，**土地や株式**に対する投資が増大し，実際の価値以上に地価や株価が異常に高くなった。この時期の景気を，**バブル景気**という。その後は，バブル崩壊期を迎え，1991年から景気後退期となった。

6　(歴史的分野―世界史－政治史，地理的分野―地理総合，公民的分野―国際社会との関わり)

〔問1〕　ア　**ヨーロッパ共同体(EC)**が発足したのは，1967年のことである。　イ　**国連環境開発会議**がリオデジャネイロで開催されたのは，1992年のことである。　ウ　**パリ**で**講和会議**が開かれ，**国際連盟**が発足したのは，1919年から1920年にかけてである。　エ　ドイツ・オーストリア・イタリアの**三国同盟**が結ばれたのは，1882年のことである。年代の古い順に並べると，エ→ウ→ア→イとなる。

〔問2〕　略地図中のAはフィリピン，Bはサウジアラビア，Cはコートジボワール，Dはポルトガルである。**石油輸出国機構**の加盟国であるのは，サウジアラビアである。サウジアラビアで1973年と1979年の二度の**石油危機**を含む期間に，一人当りの**国内総生産**が大幅に増加し，1990年以降に国内総生産が増加し続けているのを示しているのは，Ⅰグラフのアである。また，乳幼児死亡率が約10分の1に減少しているのを示しているのは，Ⅱグラフのアである。

〔問3〕　まず，**政府開発援助**事業予算に占める，途上国に対して無償で提供される**贈与**を減らし，将来に途上国が返済することを前提とした**政府貸付**の割合を増やしたことを指摘する。また，**二国間政府開発援助贈与**に占める，返済義務を課さない**無償資金協力**の割合を減らし，日本の知識・技術・経験を活かし，同地域の経済社会開発の担い手となる人材の育成を行う**技術協力**の割合を増やしたことを指摘する。**開発途上国**の**自助努力**を後押しし，**自立的発展**を目指して援助を行う傾向が強まっていることを，全般的な傾向として指摘する。

2020年度英語　リスニングテスト

〔放送台本〕

これから，リスニングテストを行います。リスニングテストは，全て放送による指示で行います。リスニングテストの問題には，問題Aと問題Bの二つがあります。問題Aと，問題Bの＜Question 1＞では，質問に対する答えを選んで，その記号を答えなさい。問題Bの＜Question 2＞では，質問に対する答えを英語で書きなさい。

英文とそのあとに出題される質問が，それぞれ全体を通して二回ずつ読まれます。問題用紙の余白にメモをとってもかまいません。答えは全て解答用紙に書きなさい。

〔問題A〕

問題Aは，英語による対話文を聞いて，英語の質問に答えるものです。ここで話される対話文は全部で三つあり，それぞれ質問が一つずつ出題されます。質問に対する答えを選んで，その記号を答えなさい。では，＜対話文1＞を始めます。

Tom: I am going to buy a birthday present for my sister. Lisa, can you go with me?
Lisa: Sure, Tom.
Tom: Are you free tomorrow?
Lisa: Sorry. I can't go tomorrow. When is her birthday?
Tom: Next Monday. Then, how about next Saturday or Sunday?
Lisa: Saturday is fine with me.
Tom: Thank you.
Lisa: What time and where shall we meet?
Tom: How about at eleven at the station?
Lisa: OK. See you then.

Question : When are Tom and Lisa going to buy a birthday present for his sister?
＜対話文2＞を始めます。

(呼び出し音)
Bob's mother: Hello?
Ken: Hello. This is Ken. Can I speak to Bob, please?
Bob's mother: Hi, Ken. I'm sorry, he is out now. Do you want him to call you later?
Ken: Thank you, but I have to go out now. Can I leave a message?
Bob's mother: Sure.
Ken: Tomorrow we are going to do our homework at my house. Could you ask him to bring his math notebook? I have some questions to ask him.
Bob's mother: OK. I will.
Ken: Thank you.

Bob's mother: You're welcome.

Question : What does Ken want Bob to do?

＜対話文3＞を始めます。

Yumi: Hi, David. What kind of book are you reading?
David: Hi, Yumi. It' s about *ukiyoe* pictures. I learned about them last week in an art class.
Yumi: I see. I learned about them, too. You can see *ukiyoe* in the city art museum now.
David: Really? I want to visit there. In my country, there are some museums that have *ukiyoe*, too.
Yumi: Oh, really? I am surprised to hear that.
David: I have been there to see *ukiyoe* once. I want to see them in Japan, too.
Yumi: I went to the city art museum last weekend. It was very interesting. You should go there.

Question : Why was Yumi surprised?

〔英文の訳〕

＜対話文1＞

トム：妹(姉)に誕生日プレゼントを買うつもりなんだ。リサ，一緒に行ってもらえるかい？
リサ：もちろんよ，トム。
トム：明日はひま？
リサ：ごめんね，明日は行けないの。彼女のお誕生日はいつなの？
トム：次の月曜日だよ。じゃあ次の土曜日か日曜日はどう？
リサ：土曜日が都合がいいわ。
トム：ありがとう。
リサ：何時にどこで会う？
トム：11時に駅はどう？
リサ：オーケー。じゃあね。
質問：トムとリサはいつ妹(姉)の誕生日プレゼントを買いに行くつもりですか。
答え：ウ　次の土曜日

＜対話文2＞

ボブの母：もしもし。
ケン　　：もしもし。ケンです。ボブはいらっしゃいますか。
ボブの母：こんにちは，ケン。ごめんなさいね，ボブは今外出中なのよ。後で電話させましょうか？
ケン　　：ありがとうございます。でも僕は今出かけないといけないんです。伝言をお願いできますか。
ボブの母：もちろんよ。

ケン　　：明日僕たちは僕の家で宿題をするつもりです。ボブに数学のノートを持ってくるように言ってもらえますか。いつくか聞きたいことがあるんです。

ボブの母：オーケー。伝えておくわ。

ケン　　：ありがとうございます。

ボブの母：どういたしまして。

質問：ケンはボブに何をしてもらいたいですか。

答え：エ　彼の数学のノートを持ってくる。

＜対話文3＞

ユミ　　　：こんにちは，ディビッド。何の本を読んでいるの？

ディビッド：こんにちは，ユミ。これは浮世絵についての本だよ。先週美術の時間にこのことについて習ったんだ。

ユミ　　　：なるほどね。私もそのことを習ったわ。今市の美術館で浮世絵を見られるわよ。

ディビッド：本当？　行きたいな。僕の国でも浮世絵がある美術館がいくつかあるよ。

ユミ　　　：あら，本当に？　それを聞いて驚いたわ。

ディビッド：一度そこに浮世絵を見に行ったことがあるんだ。日本でも見たいな。

ユミ　　　：先週末にその市の美術館に行ったのよ。とても興味深かったわよ。行った方がいいわよ。

質問：なぜユミは驚いたのですか。

答え：イ　ディビッドが彼の国の美術館に浮世絵があると言ったから。

〔放送台本〕

〔問題B〕

これから聞く英語は，カナダの高校に留学している日本の生徒たちに向けて，留学先の生徒が行った留学初日の行動についての説明及び連絡です。内容に注意して聞きなさい。あとから，英語による質問が二つ出題されます。＜Question 1＞では，質問に対する答えを選んで，その記号を答えなさい。＜Question 2＞では，質問に対する答えを英語で書きなさい。なお，＜Question 2＞のあとに，15秒程度，答えを書く時間があります。では，始めます。

Welcome to our school. I am Linda, a second-year student of this school. We are going to show you around our school today.
Our school was built in 2015, so it's still new. Now we are in the gym. We will start with the library, and I will show you how to use it. Then we will look at classrooms and the music room, and we will finish at the lunch room. There, you will meet other students and teachers.

After that, we are going to have a welcome party.

There is something more I want to tell you. We took a group picture in front of our school. If you want one, you should tell a teacher tomorrow. Do you have any questions? Now let's start. Please come with me.

＜Question 1＞ Where will the Japanese students meet other students and teachers?

＜Question 2＞ If the Japanese students want a picture, what should they do tomorrow?

以上で，リスニングテストを終わります。

〔英文の訳〕

私たちの学校へようこそ。私はこの学校の２年生のリンダです。今日は私たちが皆さんに学校を案内します。

私たちの学校は2015年に設立されたのでまだ新しいです。今私たちは体育館にいます。最初は図書館からスタートして使い方を説明します。そして教室と音楽室を見て，最後はランチルームになります。そこで他の生徒や先生達と会います。

その後，歓迎会を行うつもりです。

さらにお伝えしたいことがあります。学校の前でグループ写真を撮りました。もし1枚欲しいようでしたら明日先生に伝えてください。何か質問はありますか。では始めましょう。一緒に来てください。

質問1：日本の生徒たちはどこで他の生徒や先生達に会いますか。

答え　：ウ　ランチルームで。

質問2：もし日本の生徒たちが写真を欲しいときは，明日何をすべきですか。

答え　：先生に伝えるべきだ。

解答用紙集

○月×日　△曜日　天気（合格日和）

◆ご利用のみなさまへ

＊解答用紙の公表を行っていない学校につきましては、弊社の責任において、解答用紙を制作いたしました。

＊編集上の理由により一部縮小掲載した解答用紙がございます。

＊編集上の理由により一部実物と異なる形式の解答用紙がございます。

人間の最も偉大な力とは、その一番の弱点を克服したところから生まれてくるものである。 ――カール・ヒルティ――

東京学参株式会社

都立西高等学校　2024年度

◇数学◇

※ 141％に拡大していただくと，解答欄は実物大になります。

1	
〔問 1〕	
〔問 2〕	
〔問 3〕	
〔問 4〕	
〔問 5〕	

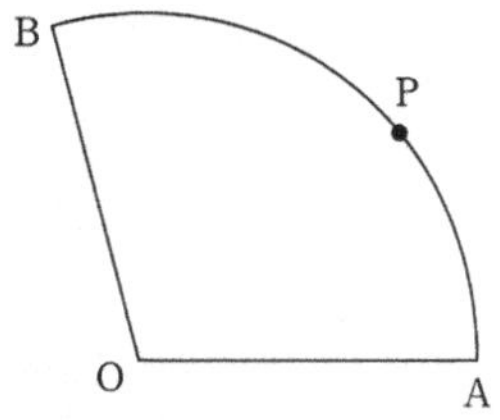

2	
〔問 1〕	
〔問 2〕	【　途中の式や計算など　】 （答え）　　cm^2
〔問 3〕	AG：GB ＝　　：

3		
〔問1〕	(1)	BF：FE = 　　　：
〔問1〕	(2)	【 証　明 】
〔問2〕		cm

4	
〔問1〕	
〔問2〕	【 途中の式や考え方など 】
〔問3〕	

都立西高等学校　2024年度

◇英語◇

※ 217%に拡大していただくと，解答欄は実物大になります。

1	〔問題A〕	〈対話文1〉		〈対話文2〉		〈対話文3〉
	〔問題B〕	〈Question 1〉				
		〈Question 2〉				

2	〔問1〕	(a)		(b)		(c)		(d)		(e)
	〔問2〕	1番目	4番目	7番目						
	〔問3〕	(A)		(B)						
	〔問4〕	(a)		(b)						
		(c)		(d)						

3	〔問1〕					
	〔問2〕					
	〔問3〕		〔問4〕		〔問5〕	
	〔問6〕					
	〔問7〕	(A)		(B)		

4	〔問1〕		〔問2〕		
	〔問3〕		〔問4〕		
	〔問5〕				
	〔問6〕	1番目	3番目	5番目	
	〔問7〕	(A)		(B)	
	〔問8〕	5語 40語 50語			

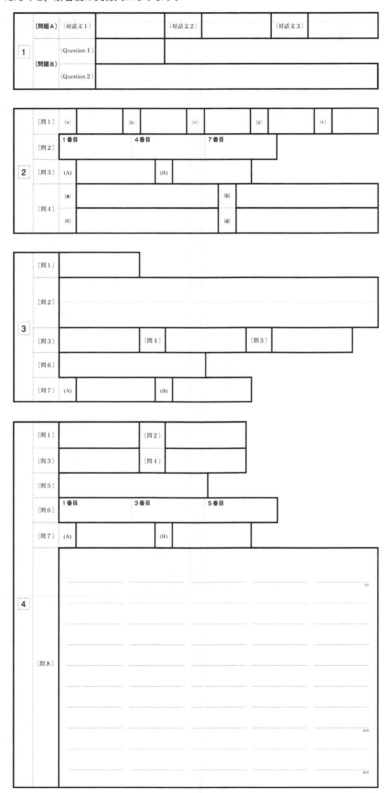

◇国語◇

都立西高等学校　２０２４年度

※ １９２％に拡大していただくと，解答欄は実物大になります。

1

(1) 衷心
(2) 吹弾
(3) 謂(む)　む
(4) 弄(する)　する

2

(1) ショウサ
(2) シットウ
(3) マドオ
(4) テンガンキョウ

3

〔問1〕
〔問2〕
〔問3〕 15 60
〔問4〕
〔問5〕
〔問6〕

4

〔問1〕
〔問2〕
〔問3〕
〔問4〕
〔問5〕
〔問6〕

4 〔問7〕

題名

20 100 200

5

〔問1〕
〔問2〕
〔問3〕
〔問4〕
〔問5〕

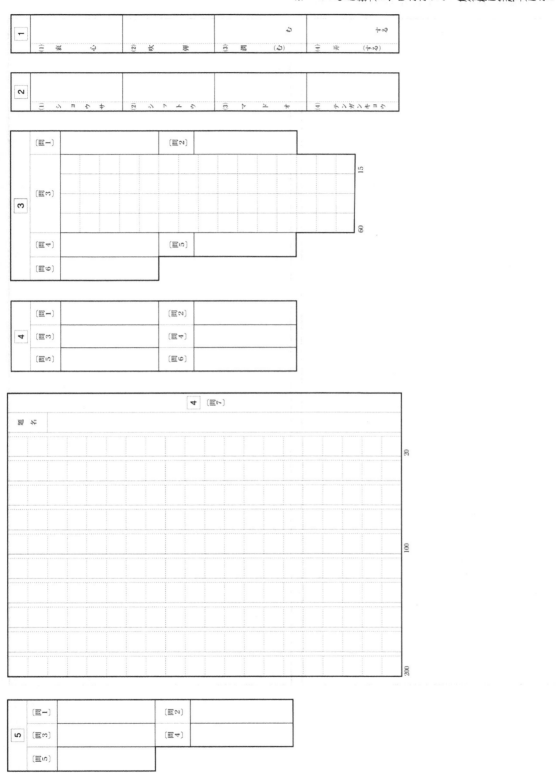

都立西高等学校　2023年度

◇数学◇

※ 141％に拡大していただくと，解答欄は実物大になります。

1

〔問 1〕	
〔問 2〕	
〔問 3〕	
〔問 4〕	$x =$　　　　，$y =$
〔問 5〕	

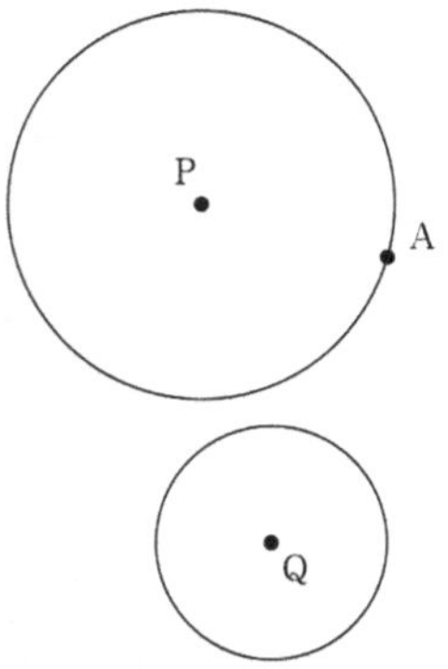

2

〔問 1〕	cm
〔問 2〕	【　途中の式や計算など　】 （答え）　cm^2
〔問 3〕	cm^3

3

〔問 1〕 cm

〔問 2〕 cm^2

〔問 3〕 【 証　明 】

4

〔問 1〕

〔問 2〕 【 途中の式や考え方など 】

（答え）a = , b = , c = , d =

〔問 3〕

都立西高等学校　2023年度

◇英語◇

※ 217％に拡大していただくと，解答欄は実物大になります。

1							
	〔問題A〕	〈対話文1〉		〈対話文2〉		〈対話文3〉	
	〔問題B〕	〈Question 1〉					
		〈Question 2〉					

2											
	〔問1〕	(a)		(b)		(c)		(d)		(e)	
	〔問2〕	1番目		4番目		8番目					
	〔問3〕	(A)		(B)							
	〔問4〕	(a)		(b)							
		(c)		(d)							

3							
	〔問1〕		〔問2〕				
	〔問3〕						
	〔問4〕						
	〔問5〕						
	〔問6〕		〔問7〕	(A)		(B)	

4						
	〔問1〕					
	〔問2〕	1番目		4番目		8番目
	〔問3〕		〔問4〕			
	〔問5〕		〔問6〕			
	〔問7〕	(A)		(B)		
	〔問8〕	5語 40語 50語				

◇国語◇

都立西高等学校　２０２３年度

※１９６%に拡大していただくと，解答欄は実物大になります。

1

(1) 暫時

(2) 充塡

(3) 値千金

(4) 来（す）　す

2

(1) バクエイ

(2) ミズガシ

(3) ソウカ

(4) ジンゴ

3

〔問1〕

〔問2〕

〔問3〕 15 75 80

〔問4〕

〔問5〕

〔問6〕

4

〔問1〕

〔問2〕

〔問3〕

〔問4〕

〔問5〕

〔問6〕

4 〔問7〕

題名

20 100 200

5

〔問1〕

〔問2〕

〔問3〕 〜

〔問4〕

〔問5〕

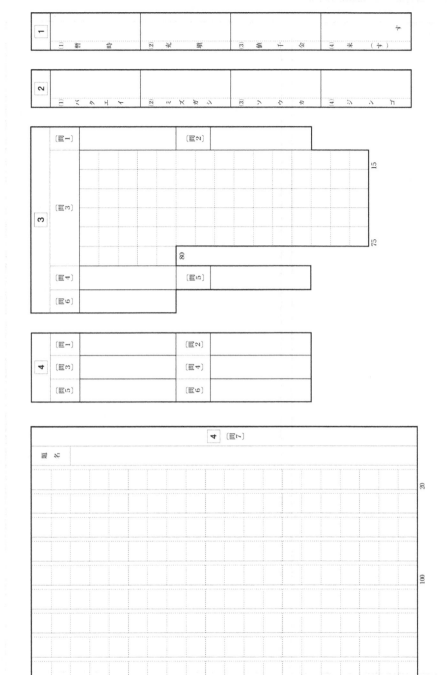

都立西高等学校　2022年度

◇数学◇

※ 118%に拡大していただくと，解答欄は実物大になります。

1

〔問 1〕	
〔問 2〕	
〔問 3〕	
〔問 4〕	通り
〔問 5〕	

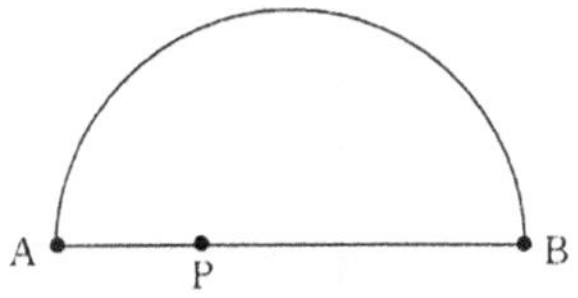

2

〔問 1〕		cm
〔問 2〕	(1)	【　途中の式や計算など　】

（答え）　$t =$

〔問 2〕	(2)	cm^2

3

〔問 1〕	度
〔問 2〕	四角形 ABDH：△GCD＝　：
〔問 3〕	【 証　明 】

4

〔問 1〕	(1)	通り
〔問 1〕	(2)	【 途中の式や計算など 】 （答え）　分
〔問 2〕		$\leqq a \leqq$

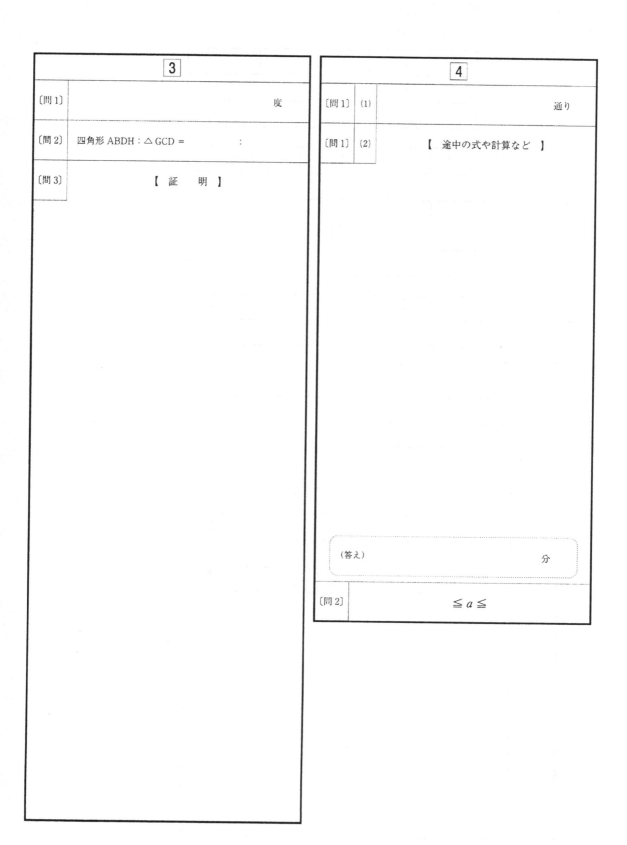

都立西高等学校　2022年度

◇英語◇

※ 175%に拡大していただくと，解答欄は実物大になります。

1	〔問題A〕	〈対話文1〉		〈対話文2〉		〈対話文3〉	
	〔問題B〕	〈Question 1〉					
		〈Question 2〉					

2	〔問1〕	(a)		(b)		(c)		(d)		(e)	
	〔問2〕	1番目		4番目		8番目					
	〔問3〕										
	〔問4〕	(a)		(b)							
		(c)		(d)							

3	〔問1〕		〔問2〕		〔問3〕	
	〔問4〕					
	〔問5〕					
	〔問6〕					
	〔問7〕					
	〔問8〕					

4	〔問1〕		〔問2〕		〔問3〕	
	〔問4〕					
	〔問5〕					
	〔問6〕				〔問7〕	
	〔問8〕	5語 / 40語 / 50語				

◇国語◇

都立西高等学校　２０２２年度

※１４９％に拡大していただくと、解答欄は実物大になります。

1

(1) 大仰

(2) 遣わす　　わす

(3) 疾駆

(4) 泰然自若

2

(1) シュウソク

(2) ゴエイ

(3) サンサク

(4) ドウコウイキョク

3

〔問1〕　〔問2〕

〔問3〕　15　60

〔問4〕　〔問5〕

〔問6〕

4

〔問1〕　〔問2〕

〔問3〕　〔問4〕

〔問5〕　〔問6〕

4〔問7〕

題名

20

100

200

5

〔問1〕　〔問2〕

〔問3〕　〔問4〕

〔問5〕

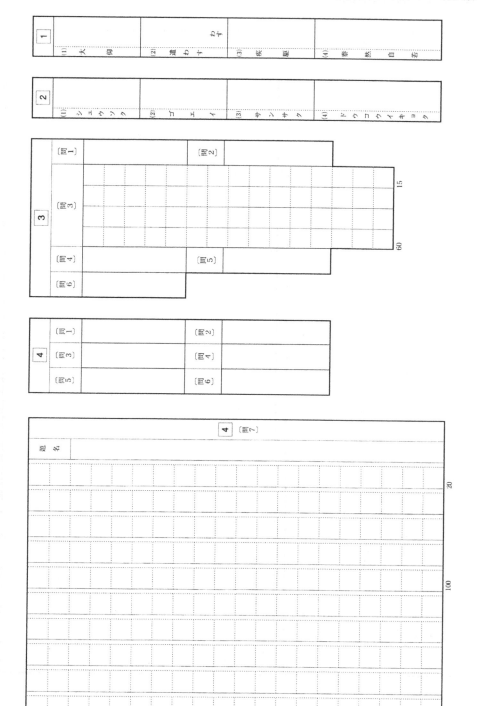

都立西高等学校　2021年度

◇数学◇

※ 145％に拡大していただくと，解答欄は実物大になります。

1	
〔問 1〕	
〔問 2〕	
〔問 3〕	
〔問 4〕	度
〔問 5〕	

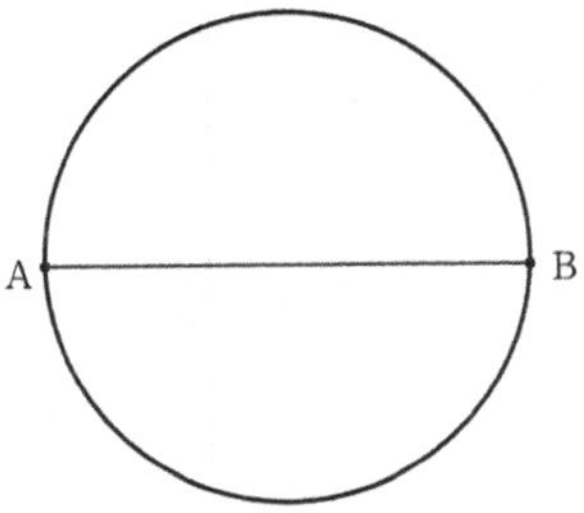

2		
〔問 1〕	(1)	$t=$
〔問 1〕	(2)	【　途中の式や計算など　】

（答え）　D（　　　，　　　）

〔問 2〕	$y=$

3

〔問 1〕　度

〔問 2〕　【証　明】

〔問 3〕　HI : IF = (　　　) : (　　　)

4

〔問 1〕

〔問 2〕　【説　明】

〔問 3〕　組

都立西高等学校　2021年度

◇英語◇

※ 200%に拡大していただくと，解答欄は実物大になります。

1	〔問題A〕	〈対話文1〉		〈対話文2〉		〈対話文3〉	
	〔問題B〕	〈Question 1〉					
		〈Question 2〉					

2	〔問1〕	(a)		(b)		(c)		(d)		(e)	
	〔問2〕										
	〔問3〕										
	〔問4〕	(a)		(b)							
		(c)		(d)							

3	〔問1〕		〔問2〕		〔問3〕	
	〔問4〕					
	〔問5〕					

4	〔問1〕			
	〔問2〕		〔問3〕	
	〔問4〕		〔問5〕	
	〔問6〕	5語 40語 50語		

◇国語◇

都立西高等学校　２０２１年度

※１９２％に拡大していただくと、解答欄は実物大になります。

1

(1) 堆積　(2) 掌握　(3) 自重　(4) 経世済民

2

(1) ジュウソウ　(2) チュウセキ　(3) イキナイ　(4) フエキリュウコウ

3

〔問1〕　〔問2〕　〔問3〕　〔問4〕　〔問5〕（15 / 60）　〔問6〕

4

〔問1〕　〔問2〕　〔問3〕　〔問4〕　〔問5〕　〔問6〕

4〔問7〕

題名

（20 / 100 / 200）

5

〔問1〕　〔問2〕（15 / 25）　〔問3〕　〔問4〕　〔問5〕

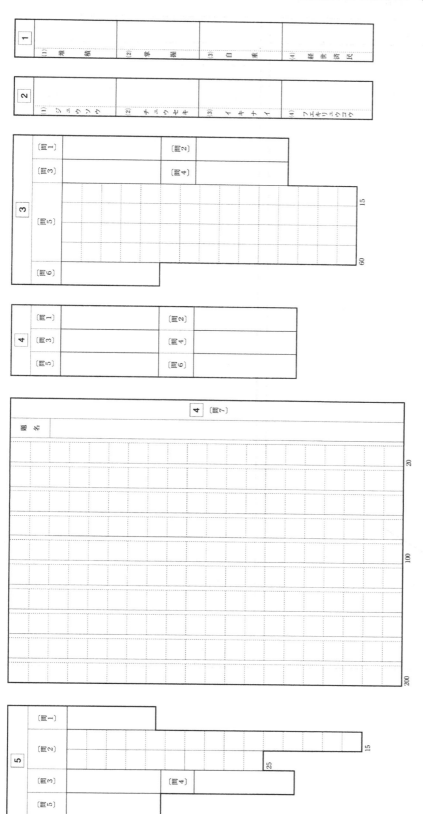

都立西高等学校　　2020年度

◇数学◇

※ 143％に拡大していただくと，解答欄は実物大になります。

1

〔問 1〕

〔問 2〕

〔問 3〕

〔問 4〕　$x=$　　　　，　$y=$

〔問 5〕

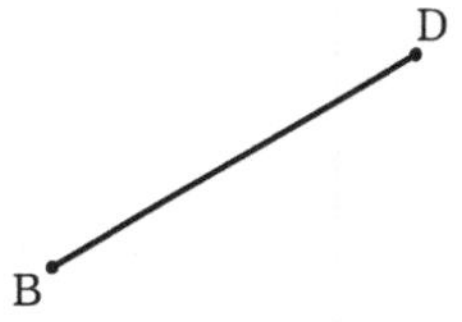

2

〔問 1〕　$y=$

〔問 2〕　【　途中の式や計算など　】

（答え）

〔問 3〕　$a=$

※ 147％に拡大していただくと，解答欄は実物大になります。

3	
〔問 1〕	cm^2
〔問 2〕	【 証 明 】
〔問 3〕	cm^3

4	
〔問 1〕	
〔問 2〕	【 途中の式や計算など 】 （答え） $d=$
〔問 3〕	$(e, g) = ($, $)$

都立西高等学校　2020年度

◇英語◇

※ 200％に拡大していただくと，解答欄は実物大になります。

1	〔問題A〕	<対話文1>		<対話文2>		<対話文3>	
	〔問題B〕	<Question 1>					
		<Question 2>					

2	〔問１〕	(a)		(b)		(c)		(d)	
	〔問２〕								
	〔問３〕								
	〔問４〕	(a)				(b)			
		(c)				(d)			

3	〔問１〕			
	〔問２〕		〔問３〕	
	〔問４〕			
	〔問５〕			

4	〔問１〕			
	〔問２〕		〔問３〕	
	〔問４〕		〔問５〕	
	〔問６〕	5語 40語 50語		

◇国語◇

都立西高等学校　２０２０年度

※　１８９％に拡大していただくと、解答欄は実物大になります。

1

(1) 割　く　　(2) 筆　舌　　(3) 鐘　声　　(4) 弊　衣　破　帽

2

(1) タダ（ちに）　ちに　　(2) シ　ハ　イ　　(3) ベ　ン　エ　キ　　(4) ヒャッカソウメイ

3

〔問1〕　〔問2〕

〔問3〕　〔問4〕

〔問5〕　15　60

〔問6〕

4

〔問1〕　〔問2〕

〔問3〕　〔問4〕

〔問5〕　〔問6〕

4　〔問7〕

題名

20　100　200

5

〔問1〕　〔問2〕　場所

〔問3〕　〔問4〕

〔問5〕

※ 143%に拡大していただくと，解答欄は実物大になります。

解答用紙　理科

□部分がマークシート方式により解答する問題です。

マーク上の注意事項

1　HB又はBの鉛筆（シャープペンシルも可）を使って，○の中を正確に塗りつぶすこと。

2　答えを直すときは，きれいに消して，消しくずを残さないこと。

3　決められた欄以外にマークしたり，記入したりしないこと。

良い例	悪い例		
●	線	小さい	はみ出し
	丸囲み	レ点	うすい

受検番号						
⓪	⓪	⓪	⓪	⓪	⓪	⓪
①	①	①	①	①	①	①
②	②	②	②	②	②	②
③	③	③	③	③	③	③
④	④	④	④	④	④	④
⑤	⑤	⑤	⑤	⑤	⑤	⑤
⑥	⑥	⑥	⑥	⑥	⑥	⑥
⑦	⑦	⑦	⑦	⑦	⑦	⑦
⑧	⑧	⑧	⑧	⑧	⑧	⑧
⑨	⑨	⑨	⑨	⑨	⑨	⑨

1		
〔問1〕	㋐ ㋑ ㋒ ㋓	
〔問2〕	㋐ ㋑ ㋒ ㋓	
〔問3〕	㋐ ㋑ ㋒ ㋓	
〔問4〕	㋐ ㋑ ㋒ ㋓	
〔問5〕	㋐ ㋑ ㋒ ㋓	
〔問6〕	㋐ ㋑ ㋒ ㋓	

2	
〔問1〕	㋐ ㋑ ㋒ ㋓
〔問2〕	㋐ ㋑ ㋒ ㋓
〔問3〕	㋐ ㋑ ㋒ ㋓
〔問4〕	㋐ ㋑ ㋒ ㋓

3	
〔問1〕	㋐ ㋑ ㋒ ㋓
〔問2〕	2時間ごとに記録した透明半球上の•印のそれぞれの間隔は,
〔問3〕	㋐ ㋑ ㋒ ㋓
〔問4〕	㋐ ㋑ ㋒ ㋓

4	
〔問1〕	㋐ ㋑ ㋒ ㋓
〔問2〕	㋐ ㋑ ㋒ ㋓
〔問3〕	㋐ ㋑ ㋒ ㋓

5	
〔問1〕	㋐ ㋑ ㋒ ㋓
〔問2〕	㋐ ㋑ ㋒ ㋓
〔問3〕	<資料>から,
〔問4〕	㋐ ㋑ ㋒ ㋓

6		
〔問1〕	㋐ ㋑ ㋒ ㋓	
〔問2〕	①	②
	㋐ ㋑ ㋒ ㋓	㋐ ㋑ ㋒ ㋓
〔問3〕	㋐ ㋑ ㋒ ㋓	
〔問4〕	㋐ ㋑ ㋒ ㋓	

※ 149%に拡大していただくと，解答欄は実物大になります。

解答用紙　社　会

□部分がマークシート方式により解答する問題です。

マーク上の注意事項

1　ＨＢ又はＢの鉛筆（シャープペンシルも可）を使って，◯の中を正確に塗りつぶすこと。

2　答えを直すときは，きれいに消して，消しくずを残さないこと。

3　決められた欄以外にマークしたり，記入したりしないこと。

良い例	悪い例		
●	線	小さい	はみ出し
	丸囲み	レ点	うすい

受	検	番	号			
⓪	⓪	⓪	⓪	⓪	⓪	⓪
①	①	①	①	①	①	①
②	②	②	②	②	②	②
③	③	③	③	③	③	③
④	④	④	④	④	④	④
⑤	⑤	⑤	⑤	⑤	⑤	⑤
⑥	⑥	⑥	⑥	⑥	⑥	⑥
⑦	⑦	⑦	⑦	⑦	⑦	⑦
⑧	⑧	⑧	⑧	⑧	⑧	⑧
⑨	⑨	⑨	⑨	⑨	⑨	⑨

1

	B	C	D	E
〔問 1〕	㋐ ㋑ ㋒ ㋓	㋐ ㋑ ㋒ ㋓	㋐ ㋑ ㋒ ㋓	㋐ ㋑ ㋒ ㋓
〔問 2〕	㋐ ㋑ ㋒ ㋓			
〔問 3〕	㋐ ㋑ ㋒ ㋓			

2

〔問 1〕	略地図中のA～D		Ⅱのア～エ	
	Ⓐ Ⓑ Ⓒ Ⓓ		㋐ ㋑ ㋒ ㋓	
〔問 2〕	P	Q	R	S
	㋐ ㋑ ㋒ ㋓	㋐ ㋑ ㋒ ㋓	㋐ ㋑ ㋒ ㋓	㋐ ㋑ ㋒ ㋓
〔問 3〕	略地図中のW～Z		ⅠとⅡの表のア～エ	
	Ⓦ Ⓧ Ⓨ Ⓩ		㋐ ㋑ ㋒ ㋓	

3

〔問 1〕	A	B	C	D
	㋐ ㋑ ㋒ ㋓	㋐ ㋑ ㋒ ㋓	㋐ ㋑ ㋒ ㋓	㋐ ㋑ ㋒ ㋓
〔問 2〕	Ⅰのア～エ		略地図中のW～Z	
	㋐ ㋑ ㋒ ㋓		Ⓦ Ⓧ Ⓨ Ⓩ	
〔問 3〕				

4

〔問 1〕	㋐ ㋑ ㋒ ㋓ →	㋐ ㋑ ㋒ ㋓ →	㋐ ㋑ ㋒ ㋓ →	㋐ ㋑ ㋒ ㋓
〔問 2〕				
〔問 3〕	A	B	C	D
	㋐ ㋑ ㋒ ㋓	㋐ ㋑ ㋒ ㋓	㋐ ㋑ ㋒ ㋓	㋐ ㋑ ㋒ ㋓
〔問 4〕	A	B	C	D
	㋐ ㋑ ㋒ ㋓	㋐ ㋑ ㋒ ㋓	㋐ ㋑ ㋒ ㋓	㋐ ㋑ ㋒ ㋓

5

〔問 1〕	㋐ ㋑ ㋒ ㋓	
〔問 2〕	ⅠのA～D	ア～エ
	Ⓐ Ⓑ Ⓒ Ⓓ	㋐ ㋑ ㋒ ㋓
〔問 3〕	㋐ ㋑ ㋒ ㋓	
〔問 4〕		

6

	A	B	C	D
〔問 1〕	㋐ ㋑ ㋒ ㋓	㋐ ㋑ ㋒ ㋓	㋐ ㋑ ㋒ ㋓	㋐ ㋑ ㋒ ㋓
〔問 2〕	㋐ ㋑ ㋒ ㋓			
〔問 3〕	㋐ ㋑ ㋒ ㋓			

2024年度入試配点表（東京都）

	1	2	3	4	5	6	計
理科	各4点×6	各4点×4	各4点×4	各4点×3	各4点×4	各4点×4 （問2完答）	100点

	1	2	3	4	5	6	計
社会	各5点×3 （問1完答）	各5点×3 （問1～問3各完答）	各5点×3 （問1，問2各完答）	各5点×4 （問1，問3，問4 各完答）	各5点×4 （問2完答）	各5点×3 （問1完答）	100点

※ 143％に拡大していただくと，解答欄は実物大になります。

解答用紙　理科

▭部分がマークシート方式により解答する問題です。

マーク上の注意事項

1　ＨＢ又はＢの鉛筆（シャープペンシルも可）を使って，◯の中を正確に塗りつぶすこと。

2　答えを直すときは，きれいに消して，消しくずを残さないこと。

3　決められた欄以外にマークしたり，記入したりしないこと。

良い例	悪い例		
●	線	小さい	はみ出し
	丸囲み	レ点	うすい

受検番号						
⓪	⓪	⓪	⓪	⓪	⓪	⓪
①	①	①	①	①	①	①
②	②	②	②	②	②	②
③	③	③	③	③	③	③
④	④	④	④	④	④	④
⑤	⑤	⑤	⑤	⑤	⑤	⑤
⑥	⑥	⑥	⑥	⑥	⑥	⑥
⑦	⑦	⑦	⑦	⑦	⑦	⑦
⑧	⑧	⑧	⑧	⑧	⑧	⑧
⑨	⑨	⑨	⑨	⑨	⑨	⑨

1

〔問 1〕	㋐　㋑　㋒　㋓
〔問 2〕	㋐　㋑　㋒　㋓
〔問 3〕	㋐　㋑　㋒　㋓
〔問 4〕	㋐　㋑　㋒　㋓
〔問 5〕	㋐　㋑　㋒　㋓
〔問 6〕	㋐　㋑　㋒　㋓

2

〔問 1〕	㋐　㋑　㋒　㋓	
〔問 2〕	①	②
	㋐　㋑	㋐　㋑
〔問 3〕	㋐　㋑　㋒　㋓	
〔問 4〕	㋐　㋑　㋒　㋓	

3

〔問 1〕				
〔問 2〕	①		②	
	㋐　㋑		㋐　㋑	
〔問 3〕	①	②	③	④
	㋐　㋑	㋐　㋑	㋐　㋑	㋐　㋑
〔問 4〕	㋐　㋑　㋒　㋓			

4

〔問 1〕	㋐　㋑　㋒　㋓
〔問 2〕	㋐　㋑　㋒　㋓
〔問 3〕	㋐　㋑　㋒　㋓

5

〔問 1〕	㋐　㋑　㋒　㋓　㋔	
〔問 2〕	㋐　㋑　㋒　㋓	
〔問 3〕	㋐　㋑　㋒　㋓	
〔問 4〕	①	②
	㋐　㋑　㋒	㋐　㋑　㋒

6

〔問 1〕	㋐　㋑　㋒　㋓
〔問 2〕	㋐　㋑　㋒　㋓　㋔　㋕
〔問 3〕	㋐　㋑　㋒　㋓　㋔
〔問 4〕	㋐　㋑　㋒　㋓

※ 149％に拡大していただくと，解答欄は実物大になります。

解答用紙　社会

▭部分がマークシート方式により解答する問題です。

マーク上の注意事項

1　ＨＢ又はＢの鉛筆（シャープペンシルも可）を使って，◯の中を正確に塗りつぶすこと。

2　答えを直すときは，きれいに消して，消しくずを残さないこと。

3　決められた欄以外にマークしたり，記入したりしないこと。

良い例	悪い例		
●	線	小さい	はみ出し
	丸囲み	レ点	うすい

受	検	番	号			
⓪	⓪	⓪	⓪	⓪	⓪	⓪
①	①	①	①	①	①	①
②	②	②	②	②	②	②
③	③	③	③	③	③	③
④	④	④	④	④	④	④
⑤	⑤	⑤	⑤	⑤	⑤	⑤
⑥	⑥	⑥	⑥	⑥	⑥	⑥
⑦	⑦	⑦	⑦	⑦	⑦	⑦
⑧	⑧	⑧	⑧	⑧	⑧	⑧
⑨	⑨	⑨	⑨	⑨	⑨	⑨

1

〔問1〕	㋐　㋑　㋒　㋓
〔問2〕	㋐　㋑　㋒　㋓
〔問3〕	㋐　㋑　㋒　㋓

2

〔問1〕	略地図中のA～D		Ⅱのア～エ	
	Ⓐ Ⓑ Ⓒ Ⓓ		㋐ ㋑ ㋒ ㋓	
〔問2〕	W	X	Y	Z
	㋐ ㋑ ㋒ ㋓	㋐ ㋑ ㋒ ㋓	㋐ ㋑ ㋒ ㋓	㋐ ㋑ ㋒ ㋓
〔問3〕	㋐　㋑　㋒　㋓			

3

〔問1〕	A	B	C	D
	㋐ ㋑ ㋒ ㋓	㋐ ㋑ ㋒ ㋓	㋐ ㋑ ㋒ ㋓	㋐ ㋑ ㋒ ㋓
〔問2〕	㋐　㋑　㋒　㋓			
〔問3〕	〔(1)目的〕			
	〔(2)敷設《ふせつ》状況及び設置状況〕			

4

〔問1〕	㋐ ㋑ ㋒ ㋓ → ㋐ ㋑ ㋒ ㋓ → ㋐ ㋑ ㋒ ㋓ → ㋐ ㋑ ㋒ ㋓			
〔問2〕	㋐　㋑　㋒　㋓			
〔問3〕	時期			略地図
	㋐ ㋑ ㋒ → ㋐ ㋑ ㋒ → ㋐ ㋑ ㋒			㋐ ㋑ ㋒
〔問4〕	A	B	C	D
	㋐ ㋑ ㋒ ㋓	㋐ ㋑ ㋒ ㋓	㋐ ㋑ ㋒ ㋓	㋐ ㋑ ㋒ ㋓

5

〔問1〕	㋐　㋑　㋒　㋓
〔問2〕	㋐　㋑　㋒　㋓
〔問3〕	㋐　㋑　㋒　㋓
〔問4〕	

6

〔問1〕	A	B	C	D
	㋐ ㋑ ㋒ ㋓	㋐ ㋑ ㋒ ㋓	㋐ ㋑ ㋒ ㋓	㋐ ㋑ ㋒ ㋓
〔問2〕	Ⅰの略年表中のA～D		略地図中のW～Z	
	Ⓐ Ⓑ Ⓒ Ⓓ		Ⓦ Ⓧ Ⓨ Ⓩ	
〔問3〕	㋐　㋑　㋒　㋓			

2023年度入試配点表(東京都)

理科	1	2	3	4	5	6	計
	各4点×6	各4点×4 (問2完答)	各4点×4 (問2,問3各完答)	各4点×3	各4点×4 (問4完答)	各4点×4	100点

社会	1	2	3	4	5	6	計
	各5点×3	各5点×3 (問1,問2各完答)	各5点×3 (問1完答)	各5点×4 (問1,問3,問4 各完答)	各5点×4	各5点×3 (問1,問2各完答)	100点

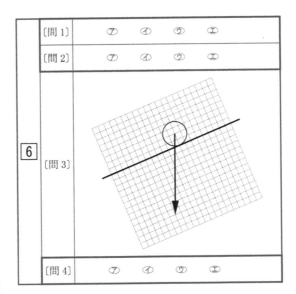

※ 143%に拡大していただくと，解答欄は実物大になります。

解答用紙　理　科

▭部分がマークシート方式により解答する問題です。

マーク上の注意事項

1　ＨＢ又はＢの鉛筆（シャープペンシルも可）を使って，◯の中を正確に塗りつぶすこと。

2　答えを直すときは，きれいに消して，消しくずを残さないこと。

3　決められた欄以外にマークしたり，記入したりしないこと。

良い例	悪い例		
●	線	小さい	はみ出し
	丸囲み	レ点	うすい

受検番号						
⓪	⓪	⓪	⓪	⓪	⓪	⓪
①	①	①	①	①	①	①
②	②	②	②	②	②	②
③	③	③	③	③	③	③
④	④	④	④	④	④	④
⑤	⑤	⑤	⑤	⑤	⑤	⑤
⑥	⑥	⑥	⑥	⑥	⑥	⑥
⑦	⑦	⑦	⑦	⑦	⑦	⑦
⑧	⑧	⑧	⑧	⑧	⑧	⑧
⑨	⑨	⑨	⑨	⑨	⑨	⑨

[1]		
	〔問 1〕	㋐　㋑　㋒　㋓
	〔問 2〕	㋐　㋑　㋒　㋓
	〔問 3〕	㋐　㋑　㋒　㋓
	〔問 4〕	㋐　㋑　㋒　㋓
	〔問 5〕	㋐　㋑　㋒　㋓

[2]		
	〔問 1〕	㋐　㋑　㋒　㋓
	〔問 2〕	㋐　㋑　㋒　㋓
	〔問 3〕	㋐　㋑　㋒　㋓
	〔問 4〕	㋐　㋑　㋒　㋓

[3]		
	〔問 1〕	㋐　㋑　㋒　㋓
	〔問 2〕	㋐　㋑　㋒　㋓
	〔問 3〕	㋐　㋑　㋒　㋓
	〔問 4〕	㋐　㋑　㋒　㋓

[4]		
	〔問 1〕	㋐　㋑　㋒　㋓
	〔問 2〕	㋐　㋑　㋒　㋓
	〔問 3〕	㋐　㋑　㋒　㋓
	〔問 4〕	㋐　㋑　㋒

[5]		
	〔問 1〕	㋐　㋑　㋒　㋓
	〔問 2〕	㋐　㋑　㋒　㋓　㋔　㋕
	〔問 3〕	<化学反応式> ＿＿＿＿（酸）＋＿＿＿＿（アルカリ）→ ＿＿＿＿（塩）＋＿＿＿＿
	〔問 4〕	㋐　㋑　㋒　㋓

[6]		
	〔問 1〕	㋐　㋑　㋒　㋓
	〔問 2〕	㋐　㋑　㋒　㋓
	〔問 3〕	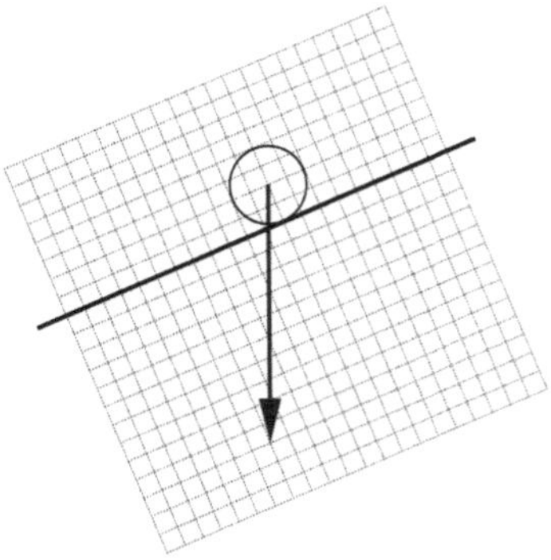
	〔問 4〕	㋐　㋑　㋒　㋓

※ 149%に拡大していただくと，解答欄は実物大になります。

解答用紙　社　会

□部分がマークシート方式により解答する問題です。

マーク上の注意事項

1　ＨＢ又はＢの鉛筆（シャープペンシルも可）を使って，◯の中を正確に塗りつぶすこと。

2　答えを直すときは，きれいに消して，消しくずを残さないこと。

3　決められた欄以外にマークしたり，記入したりしないこと。

良い例	悪い例
●	線　小さい　はみ出し　丸囲み　レ点　うすい

受	検	番	号			
⓪①②③④⑤⑥⑦⑧⑨	⓪①②③④⑤⑥⑦⑧⑨	⓪①②③④⑤⑥⑦⑧⑨	⓪①②③④⑤⑥⑦⑧⑨	⓪①②③④⑤⑥⑦⑧⑨	⓪①②③④⑤⑥⑦⑧⑨	⓪①②③④⑤⑥⑦⑧⑨

1

〔問1〕	㋐　㋑　㋒　㋓
〔問2〕	㋐　㋑　㋒　㋓
〔問3〕	㋐　㋑　㋒　㋓

2

〔問1〕	略地図中のA～D		Ⅱのア～エ	
	Ⓐ Ⓑ Ⓒ Ⓓ		㋐ ㋑ ㋒ ㋓	
〔問2〕	P	Q	R	S
	㋐㋑㋒㋓	㋐㋑㋒㋓	㋐㋑㋒㋓	㋐㋑㋒㋓
〔問3〕	略地図中のW～Z		ⅠとⅡの表のア～エ	
	Ⓦ Ⓧ Ⓨ Ⓩ		㋐ ㋑ ㋒ ㋓	

3

〔問1〕	A	B	C	D
	㋐㋑㋒㋓	㋐㋑㋒㋓	㋐㋑㋒㋓	㋐㋑㋒㋓
〔問2〕	Ⅰのア～エ		略地図中のW～Z	
	㋐ ㋑ ㋒ ㋓		Ⓦ Ⓧ Ⓨ Ⓩ	
〔問3〕	〔変化〕			
	〔要因〕			

4

〔問1〕	㋐㋑㋒㋓ → ㋐㋑㋒㋓ → ㋐㋑㋒㋓ → ㋐㋑㋒㋓
〔問2〕	㋐　㋑　㋒　㋓
〔問3〕	㋐㋑㋒㋓ → ㋐㋑㋒㋓ → ㋐㋑㋒㋓ → ㋐㋑㋒㋓
〔問4〕	㋐　㋑　㋒　㋓

5

〔問1〕	㋐　㋑　㋒　㋓
〔問2〕	㋐　㋑　㋒　㋓
〔問3〕	
〔問4〕	㋐　㋑　㋒　㋓

6

〔問1〕	㋐㋑㋒㋓ → ㋐㋑㋒㋓ → ㋐㋑㋒㋓ → ㋐㋑㋒㋓	
〔問2〕	ⅠのA～D	ⅠのA～Dのア～ウ
	Ⓐ Ⓑ Ⓒ Ⓓ	㋐ ㋑ ㋒
〔問3〕	Ⓦ　Ⓧ　Ⓨ　Ⓩ	

2022年度入試配点表(東京都)

理科	1	2	3	4	5	6	計
	各4点×5	各4点×4	各4点×4	各4点×4	各4点×4 (問3完答)	各4点×4	100点

社会	1	2	3	4	5	6	計
	各5点×3	各5点×3 (問1・問2・問3 各完答)	各5点×3 (問1・問2 各完答)	各5点×4 (問1・問3 各完答)	各5点×4	各5点×3 (問1・問2 各完答)	100点

※ 148％に拡大していただくと，解答欄は実物大になります。

解答用紙　理科

部分がマークシート方式により解答する問題です。

マーク上の注意《ちゅうい》事項《じこう》

1　ＨＢ又《また》はＢの鉛筆（シャープペンシルも可）を使って，◯の中を正確に塗《ぬ》りつぶすこと。

2　答えを直すときは，きれいに消して，消しくずを残さないこと。

3　決められた欄《らん》以外にマークしたり，記入したりしないこと。

良い例	悪い例		
●	線	小さい	はみ出し
	丸囲み	レ点	うすい

受　検　番　号						
⓪	⓪	⓪	⓪	⓪	⓪	⓪
①	①	①	①	①	①	①
②	②	②	②	②	②	②
③	③	③	③	③	③	③
④	④	④	④	④	④	④
⑤	⑤	⑤	⑤	⑤	⑤	⑤
⑥	⑥	⑥	⑥	⑥	⑥	⑥
⑦	⑦	⑦	⑦	⑦	⑦	⑦
⑧	⑧	⑧	⑧	⑧	⑧	⑧
⑨	⑨	⑨	⑨	⑨	⑨	⑨

1

〔問1〕	㋐　㋑　㋒　㋓	
〔問2〕	㋐　㋑　㋒　㋓	
〔問3〕	㋐　㋑　㋒　㋓	
〔問4〕	①	②
	㋐ ㋑ ㋒ ㋓	㋐ ㋑ ㋒ ㋓
〔問5〕	㋐　㋑　㋒　㋓	
〔問6〕	㋐　㋑　㋒　㋓	

2

〔問1〕	①	②
	㋐ ㋑ ㋒ ㋓	㋐ ㋑ ㋒ ㋓
〔問2〕	㋐　㋑　㋒　㋓	
〔問3〕	㋐　㋑　㋒　㋓	
〔問4〕	㋐　㋑　㋒　㋓	

3

〔問1〕	㋐　㋑　㋒　㋓		
〔問2〕	①	②	③
	㋐ ㋑ ㋒	㋐ ㋑ ㋒	㋐ ㋑ ㋒
〔問3〕	①	②	
	㋐ ㋑ ㋒ ㋓	㋐ ㋑ ㋒ ㋓	
〔問4〕	㋐㋑㋒㋓ → ㋐㋑㋒㋓ → ㋐㋑㋒㋓ → ㋐㋑㋒㋓		

4

〔問1〕	㋐　㋑　㋒　㋓	
〔問2〕	①	②
	㋐ ㋑ ㋒	㋐ ㋑ ㋒
〔問3〕	①	②
	㋐ ㋑ ㋒	㋐ ㋑ ㋒

5

〔問1〕	①	②
	㋐ ㋑ ㋒ ㋓	㋐ ㋑ ㋒
〔問2〕	①	②
	㋐ ㋑ ㋒ ㋓	㋐ ㋑ ㋒ ㋓
〔問3〕	㋐　㋑　㋒　㋓	
〔問4〕	％	

6

〔問1〕	㋐　㋑　㋒　㋓			
〔問2〕				
〔問3〕	㋐㋑㋒㋓ → ㋐㋑㋒㋓ → ㋐㋑㋒㋓ → ㋐㋑㋒㋓			
〔問4〕	①	②	③	④
	㋐ ㋑ ㋒	㋐ ㋑ ㋒	㋐ ㋑ ㋒	㋐ ㋑ ㋒

※ 151％に拡大していただくと，解答欄は実物大になります。

解答用紙　社　会

□部分がマークシート方式により解答する問題です。

マーク上の注意《ちゅうい》事項《じこう》

1　ＨＢ又《また》はＢの鉛筆（シャープペンシルも可）を使って，〇の中を正確に塗《ぬ》りつぶすこと。

2　答えを直すときは，きれいに消して，消しくずを残さないこと。

3　決められた欄《らん》以外にマークしたり，記入したりしないこと。

良い例	悪い例
●	線　小さい　はみ出し　丸囲み　レ点　うすい

受	検	番	号			
⓪	⓪	⓪	⓪	⓪	⓪	⓪
①	①	①	①	①	①	①
②	②	②	②	②	②	②
③	③	③	③	③	③	③
④	④	④	④	④	④	④
⑤	⑤	⑤	⑤	⑤	⑤	⑤
⑥	⑥	⑥	⑥	⑥	⑥	⑥
⑦	⑦	⑦	⑦	⑦	⑦	⑦
⑧	⑧	⑧	⑧	⑧	⑧	⑧
⑨	⑨	⑨	⑨	⑨	⑨	⑨

1

〔問1〕	㋐　㋑　㋒　㋓
〔問2〕	㋐　㋑　㋒　㋓
〔問3〕	㋐　㋑　㋒　㋓
〔問4〕	㋐　㋑　㋒　㋓

2

〔問1〕	Ⅰのア～エ		Ⅱの表のア～エ	
	㋐ ㋑ ㋒ ㋓		㋐ ㋑ ㋒ ㋓	
〔問2〕	P	Q	R	S
	㋐ ㋑ ㋒ ㋓	㋐ ㋑ ㋒ ㋓	㋐ ㋑ ㋒ ㋓	㋐ ㋑ ㋒ ㋓
〔問3〕	ⅠとⅡの表のア～エ		略地図中のW～Z	
	㋐ ㋑ ㋒ ㋓		Ⓦ Ⓧ Ⓨ Ⓩ	

3

〔問1〕	A	B	C	D
	㋐ ㋑ ㋒ ㋓	㋐ ㋑ ㋒ ㋓	㋐ ㋑ ㋒ ㋓	㋐ ㋑ ㋒ ㋓
〔問2〕	W	X	Y	Z
	㋐ ㋑ ㋒ ㋓	㋐ ㋑ ㋒ ㋓	㋐ ㋑ ㋒ ㋓	㋐ ㋑ ㋒ ㋓
〔問3〕	〔地域の変容〕			
	〔要因〕			

4

〔問1〕	㋐ ㋑ ㋒ ㋓ →	㋐ ㋑ ㋒ ㋓ →	㋐ ㋑ ㋒ ㋓ →	㋐ ㋑ ㋒ ㋓
〔問2〕	Ⅰの略年表中のア～エ		Ⅱの略地図中のA～D	
	㋐ ㋑ ㋒ ㋓		Ⓐ Ⓑ Ⓒ Ⓓ	
〔問3〕	㋐　㋑　㋒　㋓			
〔問4〕	A	B	C	D
	㋐ ㋑ ㋒ ㋓	㋐ ㋑ ㋒ ㋓	㋐ ㋑ ㋒ ㋓	㋐ ㋑ ㋒ ㋓

5

〔問1〕	㋐　㋑　㋒　㋓
〔問2〕	㋐　㋑　㋒　㋓
〔問3〕	

6

〔問1〕	㋐ ㋑ ㋒ ㋓ →	㋐ ㋑ ㋒ ㋓ →	㋐ ㋑ ㋒ ㋓ →	㋐ ㋑ ㋒ ㋓
〔問2〕	A	B	C	D
	㋐ ㋑ ㋒ ㋓	㋐ ㋑ ㋒ ㋓	㋐ ㋑ ㋒ ㋓	㋐ ㋑ ㋒ ㋓
〔問3〕	㋐　㋑　㋒　㋓			

2021年度入試配点表（東京都）

理科	1	2	3	4	5	6	計
	各4点×6 （問4完答）	各4点×4 （問1完答）	各4点×4 （問2,問3,問4 各完答）	各4点×3 （問2,問3各完答）	各4点×4 （問1,問2各完答）	各4点×4 （問3,問4各完答）	100点

社会	1	2	3	4	5	6	計
	各5点×4	各5点×3 （問1,問2,問3 各完答）	各5点×3 （問1,問2各完答）	各5点×4 （問1,問2,問4 各完答）	各5点×3	各5点×3 （問1,問2各完答）	100点

※この解答用紙は147％に拡大していただきますと，実物大になります。

解答用紙　理　科

□部分がマークシート方式により解答する問題です。

マーク上の注意事項

1　ＨＢ又はＢの鉛筆（シャープペンシルも可）を使って，◯の中を正確に塗りつぶすこと。

2　答えを直すときは，きれいに消して，消しくずを残さないこと。

3　決められた欄以外にマークしたり，記入したりしないこと。

良い例	悪い例		
●	線	小さい	はみ出し
	丸囲み	レ点	うすい

受	検	番	号			
⓪	⓪	⓪	⓪	⓪	⓪	⓪
①	①	①	①	①	①	①
②	②	②	②	②	②	②
③	③	③	③	③	③	③
④	④	④	④	④	④	④
⑤	⑤	⑤	⑤	⑤	⑤	⑤
⑥	⑥	⑥	⑥	⑥	⑥	⑥
⑦	⑦	⑦	⑦	⑦	⑦	⑦
⑧	⑧	⑧	⑧	⑧	⑧	⑧
⑨	⑨	⑨	⑨	⑨	⑨	⑨

1

〔問1〕	㋐　㋑　㋒　㋓
〔問2〕	㋐　㋑　㋒　㋓
〔問3〕	㋐　㋑　㋒　㋓
〔問4〕	㋐　㋑　㋒　㋓
〔問5〕	㋐　㋑　㋒　㋓

2

〔問1〕	㋐　㋑　㋒　㋓
〔問2〕	㋐　㋑　㋒　㋓
〔問3〕	㋐　㋑　㋒　㋓
〔問4〕	㋐　㋑　㋒　㋓

3

〔問1〕	㋐　㋑　㋒　㋓	
〔問2〕	㋐　㋑　㋒　㋓	
〔問3〕	＊　解答欄は裏面にあります。	
〔問4〕	①	②
	㋐　㋑　㋒　㋓	㋐　㋑　㋒　㋓

4

〔問1〕	①	②	③	
	㋐　㋑　㋒　㋓	㋐　㋑　㋒　㋓	㋐　㋑　㋒　㋓	
〔問2〕	㋐　㋑　㋒　㋓			
〔問3〕	①	②	③	④
	㋐　㋑　㋒　㋓	㋐　㋑　㋒　㋓	㋐　㋑　㋒　㋓	㋐　㋑　㋒　㋓
〔問4〕	＊　解答欄は裏面にあります。			

5

〔問1〕	㋐　㋑　㋒　㋓	
〔問2〕	①	②
	㋐　㋑　㋒　㋓	㋐　㋑　㋒　㋓
〔問3〕		
〔問4〕	溶質の名称	
	結晶の質量	g

6

〔問1〕

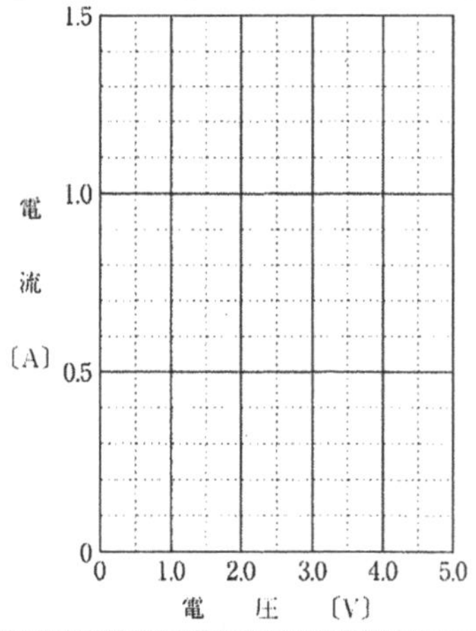

電流の大きさ	A
〔問2〕	㋐　㋑　㋒　㋓
〔問3〕	㋐　㋑　㋒　㋓
〔問4〕	㋐　㋑　㋒　㋓

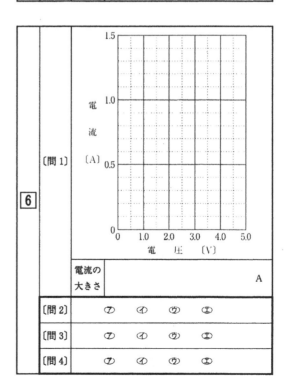

解答用紙　理　科

受検番号						

3	〔問3〕	

4	〔問4〕	

※この解答用紙は145％に拡大していただきますと，実物大になります。

解答用紙　社　会

□部分がマークシート方式により解答する問題です。

マーク上の注意事項

1　ＨＢ又はＢの鉛筆（シャープペンシルも可）を使って，◯の中を正確に塗りつぶすこと。

2　答えを直すときは，きれいに消して，消しくずを残さないこと。

3　決められた欄以外にマークしたり，記入したりしないこと。

良い例	悪い例		
●	線	小さい	はみ出し
	丸囲み	レ点	うすい

受	検	番	号			
⓪	⓪	⓪	⓪	⓪	⓪	⓪
①	①	①	①	①	①	①
②	②	②	②	②	②	②
③	③	③	③	③	③	③
④	④	④	④	④	④	④
⑤	⑤	⑤	⑤	⑤	⑤	⑤
⑥	⑥	⑥	⑥	⑥	⑥	⑥
⑦	⑦	⑦	⑦	⑦	⑦	⑦
⑧	⑧	⑧	⑧	⑧	⑧	⑧
⑨	⑨	⑨	⑨	⑨	⑨	⑨

1

〔問1〕	㋐ ㋑ ㋒ ㋓
〔問2〕	㋐ ㋑ ㋒ ㋓
〔問3〕	㋐ ㋑ ㋒ ㋓

2

〔問1〕	略地図中のA～D		Ⅱのア～エ	
	Ⓐ Ⓑ Ⓒ Ⓓ		㋐ ㋑ ㋒ ㋓	
〔問2〕	P	Q	R	S
	㋐ ㋑ ㋒ ㋓	㋐ ㋑ ㋒ ㋓	㋐ ㋑ ㋒ ㋓	㋐ ㋑ ㋒ ㋓
〔問3〕	略地図中のW～Z		ⅠとⅡの表のア～エ	
	Ⓦ Ⓧ Ⓨ Ⓩ		㋐ ㋑ ㋒ ㋓	

3

〔問1〕	A	B	C	D
	㋐ ㋑ ㋒ ㋓	㋐ ㋑ ㋒ ㋓	㋐ ㋑ ㋒ ㋓	㋐ ㋑ ㋒ ㋓
〔問2〕	P	Q	R	S
	㋐ ㋑	㋐ ㋑	㋐ ㋑	㋐ ㋑

〔問3〕

〔建設された理由〕

〔建設された効果〕

4

〔問1〕	㋐ ㋑ ㋒ ㋓ → ㋐ ㋑ ㋒ ㋓ → ㋐ ㋑ ㋒ ㋓ → ㋐ ㋑ ㋒ ㋓	
〔問2〕	Ⅰの略年表中のア～エ	Ⅱの略地図中のA～D
	㋐ ㋑ ㋒ ㋓	Ⓐ Ⓑ Ⓒ Ⓓ
〔問3〕	㋐ ㋑ ㋒ ㋓	
〔問4〕	㋐ ㋑ ㋒ ㋓	

5

〔問1〕	㋐ ㋑ ㋒ ㋓
〔問2〕	㋐ ㋑ ㋒ ㋓
〔問3〕	㋐ ㋑ ㋒ ㋓
〔問4〕	㋐ ㋑ ㋒ ㋓

6

〔問1〕	㋐ ㋑ ㋒ ㋓ → ㋐ ㋑ ㋒ ㋓ → ㋐ ㋑ ㋒ ㋓ → ㋐ ㋑ ㋒ ㋓	
〔問2〕	略地図中のA～D	ⅠとⅡのグラフのア～エ
	Ⓐ Ⓑ Ⓒ Ⓓ	㋐ ㋑ ㋒ ㋓
〔問3〕		

2020年度入試配点表(東京都)

理科	1	2	3	4	5	6	計
	各4点×5	各4点×4	各4点×4 (問4完答)	各4点×4 (問1,問3各完答)	問4　各2点×2 他　各4点×3 (問2完答)	問1　各2点×2 他　各4点×3	100点

社会	1	2	3	4	5	6	計
	各5点×3	各5点×3 (問1・問2・問3 各完答)	各5点×3 (問1・問2各完答)	各5点×4 (問1・問2各完答)	各5点×4	各5点×3 (問1・問2各完答)	100点

東京学参の

中学校別入試過去問題シリーズ

＊出版校は一部変更することがあります。一覧にない学校はお問い合わせください。

東京ラインナップ

あ　青山学院中等部(L04)
麻布中学(K01)
桜蔭中学(K02)
お茶の水女子大附属中学(K07)
か　海城中学(K09)
開成中学(M01)
学習院中等科(M03)
慶應義塾中等部(K04)
啓明学園中学(N29)
晃華学園中学(N13)
攻玉社中学(L11)
国学院大久我山中学
(一般・CC)(N22)
(ＳＴ)(N23)
駒場東邦中学(L01)
さ　芝中学(K16)
芝浦工業大附属中学(M06)
城北中学(M05)
女子学院中学(K03)
巣鴨中学(M02)
成蹊中学(N06)
成城中学(K28)
成城学園中学(L05)
青稜中学(K23)
創価中学(N14)★
た　玉川学園中学部(N17)
中央大附属中学(N08)
筑波大附属中学(K06)
筑波大附属駒場中学(L02)
帝京大中学(N16)
東海大菅生高中等部(N27)
東京学芸大附属竹早中学(K08)
東京都市大付属中学(L13)
桐朋中学(N03)
東洋英和女学院中学部(K15)
豊島岡女子学園中学(M12)
な　日本大第一中学(M14)
日本大第三中学(N19)
日本大第二中学(N10)
は　雙葉中学(K05)
法政大学中学(N11)
本郷中学(M08)
ま　武蔵中学(N01)
明治大付属中野中学(N05)
明治大付属八王子中学(N07)
明治大付属明治中学(K13)
ら　立教池袋中学(M04)
わ　和光中学(N21)
早稲田中学(K10)
早稲田実業学校中等部(K11)
早稲田大高等学院中学部(N12)

神奈川ラインナップ

あ　浅野中学(O04)
栄光学園中学(O06)
か　神奈川大附属中学(O08)
鎌倉女学院中学(O27)
関東学院六浦中学(O31)
慶應義塾湘南藤沢中等部(O07)
慶應義塾普通部(O01)
さ　相模女子大中学部(O32)
サレジオ学院中学(O17)
逗子開成中学(O22)
聖光学院中学(O11)
清泉女学院中学(O20)
洗足学園中学(O18)
搜真女学校中学部(O29)
た　桐蔭学園中等教育学校(O02)
東海大付属相模高中等部(O24)
桐光学園中学(O16)
な　日本大中学(O09)
は　フェリス女学院中学(O03)
法政大第二中学(O19)
や　山手学院中学(O15)
横浜隼人中学(O26)

千・埼・茨・他ラインナップ

あ　市川中学(P01)
浦和明の星女子中学(Q06)
か　海陽中等教育学校
(入試Ⅰ・Ⅱ)(T01)
(特別給費生選抜)(T02)
久留米大附設中学(Y04)
さ　栄東中学(東大・難関大)(Q09)
栄東中学(東大特待)(Q10)
狭山ヶ丘高校付属中学(Q01)
芝浦工業大柏中学(P14)
渋谷教育学園幕張中学(P09)
城北埼玉中学(Q07)
昭和学院秀英中学(P05)
清真学園中学(S01)
西南学院中学(Y02)
西武学園文理中学(Q03)
西武台新座中学(Q02)
専修大松戸中学(P13)
た　筑紫女学園中学(Y03)
千葉日本大第一中学(P07)
千葉明徳中学(P12)
東海大付属浦安高中等部(P06)
東邦大付属東邦中学(P08)
東洋大附属牛久中学(S02)
獨協埼玉中学(Q08)
な　長崎日本大中学(Y01)
成田高校付属中学(P15)
は　函館ラ・サール中学(X01)
日出学園中学(P03)
福岡大附属大濠中学(Y05)
北嶺中学(X03)
細田学園中学(Q04)
や　八千代松陰中学(P10)
ら　ラ・サール中学(Y07)
立命館慶祥中学(X02)
立教新座中学(Q05)
わ　早稲田佐賀中学(Y06)

公立中高一貫校ラインナップ

北海道　市立札幌開成中等教育学校(J22)
宮　城　宮城県仙台二華・古川黎明中学校(J17)
市立仙台青陵中等教育学校(J33)
山　形　県立東桜学館・致道館中学校(J27)
茨　城　茨城県立中学・中等教育学校(J09)
栃　木　県立宇都宮東・佐野・矢板東高校附属中学校(J11)
群　馬　県立中央・市立四ツ葉学園中等教育学校・
市立太田中学校(J10)
埼　玉　市立浦和中学校(J06)
県立伊奈学園中学校(J31)
さいたま市立大宮国際中等教育学校(J32)
川口市立高等学校附属中学校(J35)
千　葉　県立千葉・東葛飾中学校(J07)
市立稲毛国際中等教育学校(J25)
東　京　区立九段中等教育学校(J21)
都立大泉高等学校附属中学校(J28)
都立両国高等学校附属中学校(J01)
都立白鷗高等学校附属中学校(J02)
都立富士高等学校附属中学校(J03)
都立三鷹中等教育学校(J29)
都立南多摩中等教育学校(J30)
都立武蔵高等学校附属中学校(J04)
都立立川国際中等教育学校(J05)
都立小石川中等教育学校(J23)
都立桜修館中等教育学校(J24)
神奈川　川崎市立川崎高等学校附属中学校(J26)
県立平塚・相模原中等教育学校(J08)
横浜市立南高等学校附属中学校(J20)
横浜サイエンスフロンティア高校附属中学校(J34)
広　島　県立広島中学校(J16)
県立三次中学校(J37)
徳　島　県立城ノ内中等教育学校・富岡東・川島中学校(J18)
愛　媛　県立今治東・松山西中等教育学校(J19)
福　岡　福岡県立中学校・中等教育学校(J12)
佐　賀　県立香楠・致遠館・唐津東・武雄青陵中学校(J13)
宮　崎　県立五ヶ瀬中等教育学校・宮崎西・都城泉ヶ丘高校附属中学校(J15)
長　崎　県立長崎東・佐世保北・諫早高校附属中学校(J14)

公立中高一貫校
「適性検査対策」
問題集シリーズ

総合編　作文問題編　資料問題編　数と図形編　生活と科学編　実力確認テスト編

私立中・高スクールガイド
THE《ザ》私立
私立中学&高校の学校生活がわかる!

〈ダウンロードコンテンツについて〉

本問題集のダウンロードコンテンツ、弊社ホームページで配信しております。現在ご利用いただけるのは「2025年度受験用」に対応したもので、**2025年3月末日**までダウンロード可能です。弊社ホームページにアクセスの上、ご利用ください。

※配信期間が終了いたしますと、ご利用いただけませんのでご了承ください。

高校別入試過去問題シリーズ

都立西高等学校　2025年度

ISBN978-4-8141-2950-8

[発行所] 東京学参株式会社

〒153-0043　東京都目黒区東山2-6-4

書籍の内容についてのお問い合わせは右のQRコードから　⇒

※書籍の内容についてのお電話でのお問い合わせ、本書の内容を超えたご質問には対応できませんのでご了承ください。

2024年7月4日　初版